国家出版基金项目
NATIONAL PUBLICATION FOUNDATION

On Cultural Industry

Volume One Cultural Industry Organization

文化产业论

文化产业组织、核心生产暨政府规制

第一卷　文化产业组织

江奔东　著

泰山出版社 · 济南 ·
Taishan Publishing House

图书在版编目（CIP）数据

文化产业论：文化产业组织、核心生产暨政府规制：全三卷/江奔东著.——济南：泰山出版社，2018.5
ISBN 978-7-5519-0491-9

Ⅰ.①文… Ⅱ.①江… Ⅲ.①文化产业—研究—世界 Ⅳ.①G114

中国版本图书馆 CIP 数据核字(2018)第 120982 号

著　　者 江奔东
选题策划 葛玉莹
责任编辑 程　强　王艳艳
装帧设计 路渊源　尚墨文化

文化产业论：文化产业组织、核心生产暨政府规制(全三卷)

出　　版 泰山出版社
社　　址 济南市马鞍山路 58 号　邮编 250002
电　　话 总编室(0531)82022566
发行部(0531)82025510　82020455
网　　址 www.tscbs.com
电子信箱 tscbs@sohu.com
发　　行 新华书店经销
印　　刷 山东华立印务有限公司
规　　格 720mm×1020mm　16K
印　　张 65
字　　数 810 千字
版　　次 2018 年 5 月第 1 版
印　　次 2018 年 5 月第 1 次印刷
印　　数 1-3000
标准书号 ISBN 978-7-5519-0491-9
定　　价 90.00 元(全三卷)

序 言

文化产业伴随第一次工业革命诞生，第二、第三次工业革命对文化产业均产生过重要影响，正在进行的第四次工业革命则深刻地改变着文化生产、传播方式和文化产业业态。文化产业诞生以来的几百年间，文化生产力以前所未有的能量迸发，比过去几千年文化生产的总和还要大。当今世界，文化产品基本上来自文化产业，政府出资、公众共享的公共文化产品，也是通过文化产业的创意、设计、生产而提供的。从这个意义上讲，建设文化强国依赖于强大的文化产业。文化产业强则文化强，已成为全球性共识。

一

中国文化产业发端于20世纪二三十年代，后来因各种原因基本上处于停滞状态。1978年改革开放以后，中国开始重视文化产业的发展。1992年，《中共中央国务院关于加快发展第三产业的决定》涉及了文化产业。2000年，《中共中央关于制定国民经济和社会发展第十个五年计划的建议》提出“推动信息产业与有关文化产业结合”。2001年，九届全国人大四次会议政府工作报告明确了“深化文化体制改革，完善文化经济政策，推动有关文化产业发展”的目标与任务。2003年，中共十六大报告提出“抓紧制定文化体制改革的总体方案”，当年启动了9个省市、35个文化单位进行文化体制改革试点。2005 年，文化体制改革在全国展开，各地开始大力发展文化产业。2009 年国务院颁布《文化产业振兴规划》，提出推动文化产业成为国民经济支柱性产业，文化产业被提升到社会发展和国民经济的战略地位，政府先后出台若干引导政策，刺激文化产业扩张，文化产业发展进入快车道。

中国历经 15 年的努力，与改革初相比，文化产业法人单位的数量、从业人员的数量、增加值的数量、占 GDP 的比重等均有大幅增加，社会文化产品供给的规模、结构和质量等总体上发生了积极的变化，文化产业发展水平上了一个大的台阶。15 年的文化体制改革冲破了单纯计划经济体制的藩篱，初步建立起了市场发挥文化资源配置决定性作用和政府更好发挥作用的现代文化产业体系和市场体系，在很大程度上为文化产业的成长壮大完善了体制机制，为文化产业的健康发展夯实了制度基础。但不可否认的是，文化产业总体上距成为国家战略支柱性产业的要求，还有一定的差距。

回顾我国 15 年来文化体制改革和文化产业发展的历程，深感不易，成就是主要的，但阻力不小、纠缠不断、弯路也有。15 年来文化产业每一步成就的取得，都是文化体制改革、现代文化产业体系构建过程中的红利；每一次波折，都是文化体制改革、现代文化产业体系构建不到位造成的问题。因此，深化文化体制改革、健全现代文化产业体系和市场体系，依然是一项繁重、复杂又艰巨的任务。

通过认真总结我国 15 年来文化产业实践的经验，借鉴发达国家文化产业的有益启示，分析国内外文化产业的教训与不足，我认为，推动文化产业成长壮大，必须做好文化产业组织、文化产业核心生产、文化产业政府规制三个领域的工作。这三个领域的相关理论构成了系统的现代文化产业理论体系。文化生产力的跃升取决于文化产业核心生产环节内容创意产能的提高，而内容创意产能的提高依赖于文化产业组织体制和政府规制。文化产业组织体制和政府规制是文化生产力跃升的舞台，只有搭建起优良的舞台，才能上演精彩的歌舞，二者相辅相成、缺一不可。从一定意义上讲，有什么样的产业组织就要有什么样的政府规制与之相适应，二者也是相辅相成的关系。上述两个相辅相成，构成了关系紧密的现代文化产业体系和相关制度体系。研究文化产业，必须包含文化产业组织、文化产业核心生产和文化产业政府规制三个领域，舍弃其中任何一个领域都说不清楚文化产业。

中国特色社会主义进入新时代，社会主要矛盾已经转化为人民日益增长的美好生活需要和不平衡不充分的发展之间的矛盾，就人民群众的精神文化生活而言，也存在不平衡不充分的矛盾。这是因为：文化产业促成的大众文化伴随社会发展已无法满足人们的需求，过去模仿型、排浪式需求将被新出现的个性化、多样化的更高层次的分众文化消费逐渐取代；文化产业内容创意与第四次工业革命多项技术突破的衔接以及跨界融合，为满足更高层次的新的分众文化需求准备好了物质力量；但是，文化经济体制改革和政府文化管理职能转换滞后，阻碍着内容创意产能较快地提升，致使文化供给，特别是分众文化供给还远远不能满足人民群众精神文化消费需求。可见，供给侧结构性矛盾也是文化发展中亟待解决的问题。多年来，我们提倡综合配套改革，强调顶层设计，目的之一就是为了防止改革不同步造成新的问题。改革同步需要全面、完整、系统的理论指导，这就是我把文化产业组织、文化产业核心生产、文化产业政府规制三个领域的相关理论问题进行综合研究，并构建起一个理论体系的动因。

二

我研究文化产业的思路是：把对文化产业实践活动剖析与理论综合相结合，把问题研究与理论体系构建相结合。按照“两结合”

的思路，首先从全局上对文化产业实践进行整体调研把脉，找准左右文化产业发展的几个关键领域；然后针对这几个关键领域进行学科性的理论探讨，搞清楚相关理论及其逻辑关系；最后再把这几个领域的相关理论进行跨学科的综合，创造性地构建具有独立研究对象的跨学科的新的理论框架体系，以期对实践活动有全面、完整、系统的反映和指导意义。

本书共三卷：第一卷文化产业组织，以优化文化产业资源配置、推动文化产业发展为主线，围绕现代文化产业体系和市场机制展开，主要讨论了文化市场结构、文化企业行为、文化市场绩效，还讨论了文化产业发展、结构、投资、人力资本、关联和布局等。第二卷文化产业核心生产，以提高文化产业核心生产环节的内容创意水平为统领，讨论了内容创意主体、产品、动力、规程、特征、原则、元素、方法、技术、风格、道德、障碍、竞争、项目、绩效等。第三卷文化产业政府规制，以提高政府对文化产业的规制水平为目标，讨论了政府规制背景、机构、特征、类型、目标、工具、过程等规制的基本问题，还讨论了文化产业战略、经济、内容、环境、反垄断、知识产权规制，以及规制博弈和绩效等。

本书的主要学术贡献：

第一，面对全球文化产业，提出了文化产业组织、内容创意和政府规制是左右文化产业发展的三个关键领域的观点。把这三个领域的相关理论整合为以文化产业为研究对象的跨学科的具有严密逻辑关系的新的理论体系。

第二，运用产业组织理论创造性地阐释了现代文化产业体系及其市场机制。针对中国文化体制改革和文化产业崛起中碰到的诸多问题，提出了若干深化改革的思路（比如坚持“事改企”不动摇、改革文化企业准入制度、防止文化产业规划碎片化、避免文化创意园区同质化、规范书画工艺品交易、加强新媒体传播内容规制等）。

第三，指明了内容创意是文化产业核心生产环节，建构了系统的文化产业内容创意理论，提出了内容创意是文化与经济的创新性思维相统一的观点，并指出上述观点与“文化产品内容社会效益第一、社会效益与经济效益相统一”的渊源关系。提出了创意衔技术和创意方法工具箱思想。重视道德力量对文化产业的调节作用，概括了文化创意道德、经济创意道德和创意大师素养的基本要求。

第四，指明了人力资本在文化企业行为和内容创意中的作用，概括了文化产业创意资本人理论，即文化产业内容创意主体是人，人力资本中的一部分就成为创意资本；创意资本是无形资本，投资收益率远远大于有形资本；人的创意能力有高低，能力高的人的创意资本投入效益大于能力低的人；创意资本受价值规律和供求规律的支配，要重视培育创意资本市场。

第五，指出了文化产业实际上是在市场经济制度、混合经济制度和制度文化传统等三大制度背景中运行的。认为中国在使市场发挥文化产业资源配置决定性作用的同时，也必须发挥政府对文化产业规制的积极作用，这既是中国制度文化传统和中国国情使然，更是新时代中国特色社会主义文化建设的必然选择。

第六，针对“文化全球化与多元化、主流文化与非主流文化”等世界性文化争论问题，做了恰当的回应，归纳了各国人民普遍接受的文化内容先进性标准，指出了中国政府规制文化产业必须遵循中国特色社会主义文化发展的指导思想、目标和措施。

第七，提出了借力第四次工业革命牵引文化产业发展迈上新高度的观点。认为第四次工业革命中的互联网、数字技术及其他技术突破是文化产业的一系列重要资源，开发利用好这些资源，将促进文化产业若干高端创意和新业态的形成，推动文化产业结构升级，使文化产业组织和政府规制全方位转型。

须指出的是，经济学中资源配置的“帕累托”最优或次优理论是建立在若干异常苛刻的假设条件之上的。市场经济中“在不能全部满足假设条件的情况下，满足较多的条件的事例并不必然，也不可能优越于满足较少条件的事例”。[①] 经济学运用抽象法进行理论推理，许多抽象的逻辑推理没有实验，而且永远无法通过实验来证明其为真理，但是经济学家们共同认可若干抽象假定研究。虽然经济学因为“抽象假定”的局限性而被广泛质疑，但其理论在解决市场经济条件下的经济问题，包括解决文化产业经济问题时确实管用。

还须指出的是，我们把规制经济学中政府针对微观经济进行规制，扩大为政府针对一个产业进行规制，这是对规制理论的突破。这一突破，更加贴近规制实际，反映了政府对一个产业规制的全貌。但是，我们也不能忽视著名的“卢卡斯批判”及其“理性预期革命”。曾获诺贝尔经济学奖的卢卡斯说：“在个人和企业进行理性预期条件下，政府宏观经济政策无效。”[②] 政府对产业的规制不能混同于经济政策，卢卡斯的上述思想使人们保持了“政府职能边界”的清醒，即政府规制的对象不是无限扩大的，只有在政府职能不越界的情况下规制才能取得良好效果。

三

人类已经置身于第四次工业革命之中。这次工业革命发展速度之快、范围之广、程度之深，都迫使人们不得不反思发展方式、组织创造价值的方式以及人类自身的意义。“当前的决策体系和财富创造的主流模式显然都是前三次工业革命设计出来并逐渐完善的，然而这些体系已不合时宜，在第四次工业革命的背景之下，已经无法

---

① 李普塞、兰卡斯特：《次优的一般理论》，载《经济研究评论》第24卷，1956~1957。

② 钟心：《关注中国——对话经济学大师》，武汉大学出版社，2006，第13页。

满足当代人，更确切地说，是下一代人的需求。这无疑需要进行系统性创新，而不是小规模调整或者边边角角的改革。”① 第四次工业革命诸多技术突破引爆的时间节点不同，其中哪些将使文化产业发生深刻或颠覆性的变化？如何适应这些变化，并实现文化创新性发展？尚有若干问题有待观察探索。文化产业理论体系随时代变化，需要一代又一代学者去修正、丰富和发展。

当前，中国经济已由高速增长阶段转向高质量发展阶段，正处在转变发展方式、优化经济结构、转换增长动力的攻关期。在供给侧结构性改革中，中国经济发展致力于推动互联网、大数据、人工智能与产业深度融合，在中高端消费、创新引领、绿色低碳、共享经济、现代供应链、人力资本服务领域培育新的增长点。与此同时，中国坚持全面深化改革，坚决破除一切不合时宜的思想观念和体制机制弊端，突破利益固化的藩篱，吸收人类文明有益成果，构建系统完备、科学规范、运行有效的制度体系。这一切，为应对第四次工业革命带来的挑战指明了道路，也为文化产业进一步发展提供了良机。在新时代背景下，文化产业要从一般化的内容创意转向高端创意，扩大衍生产品，锻造分众文化供应链；要把握投资格局的变化，既努力吸纳战略投资，也努力吸纳民间投资，使投资对产业成长发挥重要作用；要注重改变碎片化的发展模式，推动文化企业兼并重组，打造“航母”企业，提高国际竞争力；要从数量扩张和价格为主的竞争转向质量型、差异化为主的竞争，提高文化产业效益；政府要进一步精减对文化产业的审批事项，提高行政效率，让市场发挥资源配置的决定性作用，政府发挥内容规制作用，为文化产业壮大提供新动力。

---

① ［德］克劳斯·施瓦布：《第四次工业革命：转型的力量》，李菁译，中信出版社，2016，第 117 页。

中国是具有五千年文明史、文化创意元素丰富的伟大国度，中华民族是思想深邃、智慧而勤奋的伟大民族。中国文化产业一定能够担负起应有的使命，成为国家战略支柱性产业，更有力地实现文化创造，推进文化进步，向人们提供更多更好的精神食粮，满足人民过上美好生活的新期待。可以预期，中国文化产业强大起来，中华文化在全球的影响力将越来越深远，对人类命运共同体的贡献也将越来越大。

感谢泰山出版社将本书申报并入选国家出版基金资助项目。本书肯定还有一些不尽如人意的地方，欢迎指正，以便再版时修改。

总目录

序言 …………………………………………………………………… 1

第一卷　文化产业组织

第一章　文化产业组织理论 ………………………………………… 1
第二章　文化消费及其规律 ………………………………………… 44
第三章　文化供求及其规律 ………………………………………… 71
第四章　文化产业资源配置 ………………………………………… 96
第五章　文化商品、企业和市场 …………………………………… 123
第六章　文化市场结构 ……………………………………………… 154
第七章　文化企业行为 ……………………………………………… 171
第八章　文化产业投资 ……………………………………………… 198
第九章　文化产业人力资本 ………………………………………… 214
第十章　文化市场绩效 ……………………………………………… 233
第十一章　文化产业发展 …………………………………………… 252

第十二章　文化产业结构 …………………………………… 276
第十三章　文化产业关联 …………………………………… 290
第十四章　文化产业布局 …………………………………… 303
第十五章　文化产业政策 …………………………………… 318
第十六章　文化产业效益 …………………………………… 331

第二卷　文化产业核心生产

第十七章　文化产业核心生产概述 ………………………… 349
第十八章　内容创意主体 …………………………………… 373
第十九章　内容创意产品 …………………………………… 386
第二十章　内容创意动力 …………………………………… 407
第二十一章　内容创意规程 ………………………………… 420
第二十二章　内容创意特征 ………………………………… 437
第二十三章　内容创意原则 ………………………………… 460
第二十四章　内容创意元素 ………………………………… 476
第二十五章　内容创意方法 ………………………………… 494
第二十六章　内容创意技术 ………………………………… 519
第二十七章　内容创意风格 ………………………………… 535
第二十八章　内容创意道德 ………………………………… 548
第二十九章　内容创意障碍 ………………………………… 565
第三十章　内容创意竞争 …………………………………… 576
第三十一章　内容创意项目 ………………………………… 593
第三十二章　内容创意绩效 ………………………………… 613

第三卷 文化产业政府规制

第三十三章 文化产业政府规制概述 …… 637

第三十四章 政府规制制度背景 …… 662

第三十五章 政府规制机构 …… 688

第三十六章 政府规制特征 …… 702

第三十七章 政府规制类型 …… 719

第三十八章 政府规制目标 …… 733

第三十九章 政府规制工具 …… 748

第四十章 政府规制过程 …… 767

第四十一章 政府战略规制 …… 780

第四十二章 政府经济规制 …… 815

第四十三章 产品内容规制 …… 851

第四十四章 政府环境规制 …… 888

第四十五章 政府反垄断规制 …… 909

第四十六章 知识产权规制 …… 932

第四十七章 政府规制博弈 …… 961

第四十八章 政府规制绩效 …… 977

主要参考文献 …… 999

目 录

第一章 文化产业组织理论 …… 1

第一节 文化与经济 …… 1

第二节 文化产业及其特征 …… 11

第三节 文化产业组织理论 …… 30

第二章 文化消费及其规律 …… 44

第一节 文化消费水平 …… 44

第二节 文化消费结构 …… 54

第三节 文化消费规律 …… 63

第三章 文化供求及其规律 …… 71

第一节 文化需求 …… 71

第二节 文化供给 …… 80

第三节 文化供求规律 …… 86

第四章 文化产业资源配置 …… 96

第一节 文化产业资源 …… 96
第二节 文化产业资源配置体制 …… 105
第三节 文化产业资源开发 …… 116

第五章 文化商品、企业和市场 …… 123

第一节 文化商品 …… 123
第二节 文化企业 …… 134
第三节 文化市场 …… 146

第六章 文化市场结构 …… 154

第一节 文化产品差异 …… 154
第二节 文化市场集中度 …… 158
第三节 文化企业流动壁垒 …… 166

第七章 文化企业行为 …… 171

第一节 文化企业定价行为 …… 171
第二节 文化企业促销行为 …… 178
第三节 文化企业并购行为 …… 190

第八章 文化产业投资 …… 198

第一节 文化产业资本与投资 …… 198
第二节 文化产业投资决策 …… 206
第三节 文化产业投资效果 …… 209

第九章 文化产业人力资本 …… 214

第一节 文化产业人力资本特点 …… 214
第二节 文化产业人力资本投资 …… 219
第三节 文化产业人力资本集聚 …… 225

第十章 文化市场绩效 …… 233

第一节 文化市场绩效的评价准则 …… 233
第二节 评价文化市场绩效的指标 …… 241
第三节 文化市场秩序与市场绩效 …… 245

第十一章 文化产业发展 …… 252

第一节 文化产业增长 …… 253
第二节 文化产业竞争力 …… 262
第三节 文化产业可持续发展 …… 269

第十二章 文化产业结构 …… 276

第一节 文化产业结构形式 …… 276
第二节 文化产业主导行业 …… 278
第三节 优化文化产业结构 …… 283

第十三章 文化产业关联 …… 290

第一节 文化产业外联 …… 290
第二节 文化产业内联 …… 294
第三节 文化产业关联分析 …… 300

第十四章　文化产业布局 …… 303

第一节　文化产业布局因素 …… 303
第二节　文化产业聚集区 …… 308
第三节　文化产业布局原则 …… 311

第十五章　文化产业政策 …… 318

第一节　文化产业政策功效 …… 318
第二节　文化产业政策类型 …… 321
第三节　文化产业政策体系 …… 327

第十六章　文化产业效益 …… 331

第一节　文化产业效益内涵 …… 331
第二节　文化产业效益指标 …… 335
第三节　提高文化产业效益 …… 340

第一章 文化产业组织理论

文化产业是文化与经济一体化的产业形态。文化产业在各国有不同的表现，究其原因，概缘于文化产业资源配置制度。中国文化体制改革的目标，是构建使市场发挥文化产业资源配置决定性作用和政府更好发挥作用的文化经济体制，即建立“看不见的手”和“看得见的手”共同发挥应有功力的文化经济体制。建立起这样一个体制，才能使文化产业的核心生产环节（内容创意）动能最大化，从而建成一个发达的文化产业。

第一节 文化与经济

当文化作为一个独立的社会活动形态存在时，它只是一个文化现象。但是，当文化与经济相融合，并且形成一个产业的时候，它就不仅仅是一个文化现象，同时又是一个经济现象了。

研究文化产业必须首先弄清楚文化和经济的概念与功能，并且要科学地解释它们在文化产业中所反映出来的关系。

一、文化与经济的功能

1. 文化及其功能

文化一词由来已久，对它的理解至今五花八门。文化属于比较难下定义的那一类词汇。在中国古籍文献中，文化由“人文化成”

简化而来，指人类区别于动物的一切活动及其成果。在中国古代，文化还曾被理解为与“武功”“征服”相对立的“文治”“教化”的施政方法。在英文中，文化最原始的意义是指对“土地的耕耘”“植物的栽培”，到了16世纪转变为对“心智的培育”，在更严格的意义上也常指文艺作品。19世纪以来，文化被用来描述人类知识能力与精神的发展，直至包括了人类社会全部的生活方式。

今天的人们对文化实际上存在广义和狭义的理解，但是对广义和狭义的边界却存在很大的歧义。我赞同以下观点：

广义文化指人类创造的物质财富和精神财富的总和。广义文化体现在人们的活动成果和活动方式中，体现在人们的精神生产、观念形态和思维方式中，渗透到人类社会的一切方面，边界相当宽泛。

从人类社会学意义上理解，广义文化可视为人类任何群体所共有的思想、意识、信仰、观念、习惯、风俗、情感等。此广义文化的定义比前述定义的边界相对窄了一些。此定义中的群体，可以是政治的、地理的、种族的、宗教的或其他具体的人群。在这种不同群体中形成的文化，有东方文化、西方文化、儒家文化、伊斯兰文化、女性主义文化、青少年文化、企业文化、乡村文化等。

狭义文化指人们从事的其产品或作品与人的知识、道德与艺术有关的某种活动。这一活动具有以下特征：一是融入了创意；二是涉及了象征意义的产生与传输；三是其产品或作品中含有知识产权或智慧财产的成分。基本满足这三个条件，即为狭义文化。比如，音乐、美术、舞蹈、戏剧、戏曲、艺术设计，还有文学、新闻、出版、电影、电视、广播、广告、书法、摄影、教育、旅游等。

文化是由人创造并传承的，人是文化的主体。人类在认识世界和改造世界的过程中，所展示出来的体现人的本质、力量、尺度方面的东西就是文化。人类创造了文化，也享受着文化，同时又受文化的约束，还要不断地改造、发展文化。人类既是文化的创造者和继承者，又是文化的消费者和享受者，还是文化的改造者和发展者。

文化的本质是人的精神创造，是人类通过劳动将精神转化为物质形式或物质形式的对象，是人化的东西。可见我们不能将文化仅仅理解为通常所说的精神层面，一幢精美的建筑、一座功能齐备的影城、一条身心愉悦的旅游路线、一场闳约深美的美术作品展等一切心物结合的创意作品，都属于文化的范畴。

文化具有两大基本功能：

一是社会延续遗传功能。文化具有地理性、历史性、凝聚性和开放性。生活于不同地理区域中的人群，创造了不同的文化。不同的区域性文化存在较大的差异，使世界文化丰富多彩。每一种文化的发展都要经历创新、吸收、扬弃的过程，具有鲜明的时代和历史特征。文化伴随人类社会发展而来，必然带有浓厚的历史烙印。原始文化、中世纪文化、近代文化和现代文化存有巨大的差别。文化以其深厚的内涵和底蕴吸引凝聚在其特定文化背景下生活的人们，使他们有共同的审美观念和娱乐情趣，有共同的认同感和归属感。不同文化背景下的人们，总是需要逐步沟通交往，才能相互了解和接受。文化的这种凝聚力，是文化生命力的源泉之一，是文化传承的前提和基础。人不可能只生活在一个特定的文化背景下，从总体上讲，人类是流动的，文化也伴随人们的流动或信息的传播而流动，世界文化的多样性和各区域文化的发展，客观上需要不同文化的相互交流，文化还具备超时空性、渗透性和共融性特征。文化既有封闭性的一面，又具有开放性的特征。文化的开放性，是文化生命力的又一个源泉，是文化不断发扬光大的前提和基础。特定历史阶段中特定区域里的人们创造了特定的文化，一个具体的人或人群的生命是有限的，但他们所创造的文化、所携带的信息却是无限的，在横向或纵向上广为传播。这些信息中，社会政治、经济、科技、精神乃至娱乐生活和管理经验是极为重要的内容，犹如社会基因把人本身和社会按一定的方式、秩序不断地复制出来，以保证社会延续。这就是文化的社会延续遗传功能。

二是社会发展动力功能。文化是由人创造的，人创造的文化反过来又塑造了人，使人通过文化的教化培养，具有知识、技能和行为规范。文化作为人与自然、人与人之间关系的中介，提高了人认识世界和改造世界的能力，给予了人认识世界和改造世界的手段。人是社会生产力中最活跃的因素，人有了文化，一个民族的文化素质全面提高了，这个人或这个民族认识世界、改造世界的能力就得以增强，因为人类的认识能力总是受到文化的制约和规范。这种制约和规范，主要体现为是否正确地处理人与自然、人与人的关系。为了人一时或短期的需求，为了少数人或个别集团的利益，而去破坏人与自然、人与人之间的和谐关系，伤害人类赖以生存的自然环境，都不是科学地认识世界和改造世界能力的体现。文化为社会发展提供最核心的动力。人们把文化力称为软实力，它是政治、经济、科技和社会发展中最重要的、最终的支撑力量。当今世界上的经济强国，大都同时又是文化强国。一般来说，经济强国资源开发运用合理，重视资源环境保护，人力资源素质高，经济持续增长，这些都仰仗发达的文化力。只有经济力而无文化力的国家或民族，最终是发展不起来的。从一定意义上讲，文化力是经历了人类对人与自然、人与人关系的损害和破坏，反思总结了教训之后才真正增强起来的。这就是文化的社会发展动力功能。

2. 经济及其功能

经济指经世济民。经济的要旨是发展，只有发展才能给民众以福祉。经济学永远强调资源的稀缺性，其永恒的主题，或者说所要解决的核心命题，是如何分配有限的资源。关于经济和经济学的概念，学术界不存在多大的分歧。

经济也具有社会延续遗传和社会发展动力两大功能，但其功能发挥作用的方式和机制与文化是不相同的。经济的要旨是发展，其中以社会生产力的发展为核心，它为社会延续遗传和发展动力提供物质力量，文化则主要提供精神力量。

经济有微观经济和宏观经济之说。微观经济是指个人、家庭或企业的经济活动。微观经济学以单个经济主体的行为作为研究对象，考察企业如何利用有限的资源，组织生产和营销，以获取利润最大化；考察个人或家庭在收入有限的约束条件下的消费决策，以获得自身效用最大化。研究微观经济，对个人、家庭或企业的经济活动及其效果有相当积极的作用。

宏观经济是指国民经济全局和总体运动。宏观经济学以国民经济中的经济总量的变化及其规律作为研究对象，考察国民经济生产总值、国民收入、总供给、总需求、物价水平、就业状况、外汇收支等总量变动及其相互之间的关系，并着眼于如何防止和解决总量失衡，以保持国民经济快速、健康和稳定发展。研究宏观经济，对政府干预经济进行宏观调控和宏观经济发展具有重要的指导作用。

经济问题相当复杂，不仅仅是从微观和宏观两个层面显现出来，而且许多问题在微观与宏观之间或者与它们相交叉的部位上，多角度、多侧面地反映出来，从而成为经济学研究的对象。比如，就社会生产再生产过程而言，有针对生产、交换、分配、消费的经济学；就经济部门而言，有农业、工业和第三产业等部门或产业的经济学；就经济地理分布而言，有地缘、区域的经济学；就经济增长和发展模式而言，有针对可持续发展的循环经济学等。经济学各个分支学科的研究，对于探明经济规律、经世济民，具有微观和宏观经济学不可替代的重要作用。

二、文化与经济关系的演变

1. 人类社会早期的文化与经济

从人类社会早期文化和经济的发生来看，文化和经济并不是相互独立的，而是一体化的。当最初人类发生了有意识、有目的的生产活动时，这种活动就既是经济的又是文化的。比如石器时代，当人类把经过打制的石块当作生产工具时，作为工具的石头，就既是经济的又是文化的了。说它是经济的，因为它由人以生存为目的、以直接的物质形态体现了社会生产力的要素，并且促进了物质财富的形成。说它是文化的，因为它同时记载着人类的思想、意识，甚至情感的过程，是精神对于物质所曾达到的文明程度的象征。它包含了经济的因素，也包含了文化的基因，在这一意义上，我们说经济和文化是作为人的生命行为和人的生命存在方式的过程的体现，统一地存在于一个系统中。人类文明初始形态的经济和文化过程，实际上是经济中有文化，文化中有经济，经济和文化共生、同构、一起发力，推动人类的进步和文明的发展。今天的人们对人类早期社会文明程度的把握，就是凭借人手打制的石器工具的精致程度和丰富程度来解读、认识和了解的，这些打制石器记载了人类社会早期经济和文化相统一的活动过程。在人类历史的长河中，文明初始形态的文化经济一体化，经历了相当漫长的岁月。

2. 人类社会活动系统下的文化与经济

人类社会在经历了相当漫长的文明初始形态的文化经济一体化过程之后，进入了文化和经济活动相分离的时代。进入这个时代，文化相对独立，与经济活动相分离，人类社会活动系统区分为经济活动和文化活动。之所以发生这一分离，一是因为人的智力的发展，人们在思想、意识和情感上对文化消费有了需求，需要有一部分社会成员专事提供文化服务；二是因为社会生产力的发展，人们的劳动产品有了剩余，有的人可以不直接从事物质经济活动，而专事文化活动。也就是说，人的生理智力的变化和社会生产力的发展，为文化和经济活动的分离提出了需求并提供了物质力量，这一分离是需求和可能相衔接的过程。

直到工业革命之后，人们一般这样去理解文化与经济的关系：其一，文化和经济是社会活动系统中的两大系统，是社会发展的两翼；其二，经济是基础，文化是上层建筑；其三，经济决定文化的发展，文化作为上层建筑又反作用于经济，支配和影响着经济的发展。

上述关于文化与经济关系的一般性理解，前提是把文化和经济视为人类社会活动中的两个系统。因为是两个相对独立的系统，才有了经济决定文化的发展，在一定条件下文化又反过来支配和影响经济发展的这种关系。人类社会区分为文化活动和经济活动两大系统，或者说可以做这种区分的时间，只有几千年的时间。它是一个历史范畴。

3. 文化产业中的文化与经济

人类在经历了文化和经济活动相互分离的几千年历史之后，今天已经步入了文化与经济一体化的新时代。在这个新时代中，文化与经济一体化最典型的现象就是文化产业的兴起。步入这个新的时代，人们必须以新的视角去观察、分析、判断文化与经济的关系。

首先，在这个新时代中，文化和经济不能再说它们是人类社会活动的两大系统，文化与经济已不再彼此独立，很难截然分开，而是你中有我，我中有你。特别是在文化产业中，文化的本质得到了更直接直观的体现，文化功能有了更广阔的发挥空间，说它是文化活动，或者说它是经济活动，都没有错。

其二，在这个新时代中，经济基础和上层建筑的属性趋向模糊。许多本来视为上层建筑的文化活动，逐渐融入了物质利益和经济效益的因素，成为经济基础的一部分。特别是文化产业运作以追求经济效益为目的，文化在其中只是一个资源要素，或者只是一种手段，一种凭借的舞台，文化与经济共同搭台唱戏。

其三，在这个新时代中，许多场景下文化和经济活动同时进行，共同发力，越来越难以区分它们之间的作用。文化力同经济力一样重要，共同促进文明的传承、社会的发展和人类的进步。许多情况下，文化力同时又是经济力，不仅传承文化、改造文化和创新文化，而且也直接推动经济持续、健康、快速发展。文化在调节经济关系和促进经济可持续发展方面，发挥着越来越显著的作用。

综合以上三点关于文化与经济关系的理解，我们可以看到由于时代背景不同，它同传统的关于文化与经济关系的一般性理解是有区别的。这并非说明传统的一般性理解是错误的，而是时代变了，对它们的关系的理解也必将随着时代的变化而变化，与时俱进。

4. 哲学和史学视角下的文化与经济

从人类文明初始的文化与经济一体化，到人类社会活动区分为文化活动和经济活动两大系统，这既是社会生产力发展物质文明的结果，也是文化发展精神文明的结果。这种区分是人类历史的一个过程。按照哲学否定之否定的规律，从人类文明初始的文化与经济一体化到文化和经济活动区分为两大系统，实质上是文化和经济两大系统的社会形态否定了人类文明初期的文化与经济一体化的社会形态，这种否定是社会的进步。

但是，文化与经济两大系统的社会形态不是永恒不变的，必将在更高层次被文化与经济一体化的社会形态所取代和否定。所以，当今社会文化与经济一体化的趋势，是人类文明在更高层次上的一种回归，是人类社会螺旋式上升进步的必然，也是否定之否定规律使然。当然，这不是机械的循环回归，而是辩证的循环上升。

那么，为什么会出现这样一个否定之否定的循环上升的过程呢？

这要从人类的需求发展与社会对满足需求的可能性的关系中去寻找答案。

从需求上看，文化与经济活动分为两大系统历时数千年，此时人类社会已获得了巨大进步，文明程度也已达到比较高的水平，人们拥有了更多的闲暇时间，对文化消费的水准和数量空前增长，业已存在的传统的文化生产方式，即精英文化生产方式，已经难以满足这种需要，必须寻求一种新的文化生产方式，也就是大众文化批量生产方式，以满足人们日益增长的文化需求。

从可能性上看，经历了数千年文化与经济活动的分化，人类已经进入工业化、知识化和信息数字化的时代，已经具备了信息数字化和文化艺术品批量复制生产的条件，同时又具备了文化产业内容创意和运作、经营、管理能力，大众文化生产经营的主要条件已经形成。人类新的需求和满足这种新的需求的能力相衔接，必然走上文化与经济的一体化。

三、人类社会文化与经济关系发展总趋势

今天，人类已经迈进了文化与经济一体化的新时代，虽然对若干发展中国家来讲，迈进文化与经济一体化的门槛还有一段艰难的历程，但就人类总体而言，毋庸置疑，已经走进了这一新时代。

1998 年 11 月 4 日，联合国教科文组织在巴黎总部首次发表了《世界文化报告 1998》。这是该国际组织第一次就世界文化经济发展趋势以及文化与经济的关系，进行了全面系统的调查之后发表的报告。

报告分析指出，19 世纪末，世界上大多数人生活在村庄里，在他们一生中也不会遇到一位来自遥远文化背景的外国人。到 20 世纪末，大多数人每天都与来自其他文化背景的人交往，其他文化的形象充斥着电视屏幕和电影银幕，在工作单位、大街上、市场上人们

不断地遇到外国商人、移民、旅游者和难民，特别是在城市情况更是如此。在100年的时间里，全球性的文化互动和交往急剧地增加了。世界文化商品的贸易额已达4 000亿美元。该报告宣称，经济全球化对文化的发展产生了巨大和深远的影响，文化正在成为一种主导产业。①

以文化产业为标志的人类社会文化与经济一体化，将以极快的速度迅猛地到来，这是当今文化与经济关系发展的总趋势。

一方面，从高新技术和信息革命的进程上分析，文化与经济一体化的进程将是迅猛的。发达国家已将媒体业、网络服务业、咨询业、广告业和会展业等纳入了信息业，这些行业是文化产业的重要组成部分。我们已经生活在信息化的海洋中，信息化或信息革命的显著特点就是知识（文化、信息）“爆炸”“雪崩”，人类知识生产的速度、方式和传播都发生了质的变化。据英国学者马丁测算，19世纪人类的知识大约每隔50年翻一番，到20世纪初缩短为每隔30年翻一番，50年代再次缩短为10年翻一番，70年代缩短为5年，80年代缩短为3年，近30年来人类创造的知识量等于过去两千年的总和。② 信息化如此迅猛的浪潮，必然带来产业结构以前所未有的速度调整，文化产业成为主导产业的进程将迅速向前推进。

另一方面，从发展中国家发展模式上分析，文化与经济一体化的广度将是空前的。发达国家的文化产业，从理论上的探索到实践

---

① 资料来源：联合国教科文组织2000年发布的《文化商品国际贸易研究1980～1998》，该统计范围包括印刷品、文字资料（如图书、报纸和杂志等）、音乐资料（如录音设备、唱片、磁带及音乐器材等）、视觉艺术（如油画、素描、彩笔画、雕刻、版画和雕塑等）、电影和摄影、广播和电视以及游戏和体育商品。

② 王国荣：《信息化与文化产业》，上海文化出版社，2004，第3页。

中形成一个实在的产业，经过了几十年的时间，最终被认为是一个朝阳产业，直至被一些国家确立为国家发展战略。在这个过程中，有主观认识上的争论反复，也有客观条件的制约，直至条件成熟。文化产业作为一个朝阳产业，作为国家发展的战略之一，已经明白无误地摆在世人面前。广大发展中国家选择发展文化产业，无须再经历发达国家那种较长的探索讨论过程，尽管发展中国家的工业化、信息化水平还处在较低的阶段，但是完全可以从本国国情出发选择文化产业中的部分行业，实现超常规跨越式的发展。许多发展中国家完全有条件把文化产业或其中的某些行业作为本国发展的主导产业或行业，文化与经济一体化的广度将是空前的。

第二节　文化产业及其特征

产业是一种经济活动或经济行为。产业的本质是生产或提供商品和服务。产业发展的根本目的是为了营利，不提供商品或服务，或虽然提供产品或服务但非营利的，不成其为产业。

一、产业起源、变迁与分类

产业一词由来已久。《辞源》对“产业”词条解释如下：一指生产与作业，《史记·高祖本纪》九年：“高祖奉玉卮，起为太上皇寿，曰：‘始大人常以臣无赖，不能治产业，不如仲力，今某之业所就孰与仲多?’”又《史记·苏秦列传》：“出游数岁，大困而归。兄弟嫂妹妻妾窃皆笑之，曰：‘周人之俗，治产业，力工商，逐什二以为务。今子释本而事口舌，困，不亦宜乎?’”二指财产，西汉东方朔《非有先生论》：“减后宫之费，损车马之用……以与贫民无产业者。”

《辞海》对“产业”词条解释如下：一指私有的土地、房屋等财产，家产；二指各种生产的事业，也特指工业。

当代中国产业经济学的学者转引英文产业（Industry）一词的含义，对产业做了如下表述：产业“既可以指工业，又可以泛指国民经济中的各个具体产业部门，如工业、农业、服务业或者更具体的行业部门，如钢铁业、纺织业、食品业、造船业等”。①

古代人和现代人对产业的认识，既有相同之处，也有不同之处。相同之处主要表现为两点：一是古人和今人都认为产业是一种生产活动。汉高祖刘邦的父亲在刘邦青少年时期批评刘邦不能治产业，就是说他游手好闲不从事生产劳动；二是古人和今人讲的产业都包含了财富所有权问题，《辞海》对产业即财产的解释，就有这个意思。

古代人和现代人对产业的不同认识，缘于古代产业与现代产业相比，其经济形态、生产规模、运营方式的巨大差别。汉高祖刘邦所处的时代是以家庭为单位的自给自足的自然经济时代，今天的世界已进入信息数字经济占比重越来越大的后工业化时代，语境发生了巨大的变迁，现代产业与古人讲的产业的含义已相去甚远，不可同日而语。

当今世界，产业是客观存在的。但在人类社会早期，并没有现代意义上的产业。产业是人类历史发展至今，人们认识世界并改造世界的成果之一，是社会生产力发展的产物。

下面，从两个角度讨论产业的起源与变迁。

第一个角度：产业是社会分工的产物

分工是生命体群体活动中活动的独立化或分化。人们观察到许多生命体（比如蚂蚁）具有群体劳动分工的能力。但低级生命体的

---

① 臧旭恒、徐向艺、杨蕙馨：《产业经济学（第三版）》，经济科学出版社，2005，第6页。

劳动分工，对外界环境变化的适应性很差，这是许多动物灭绝和濒危的原因之一。人类则不同，人类是具有从事有目的、有创意的社会劳动分工能力的高级生命群体。

人类在原始野蛮时代，面对自然灾害（比如洪水）和其他生命体（比如狼、虫、虎、豹）的袭击，只能用狂奔来逃避。后来人类打制石头创造了工具，开始了原始的生产活动。工具的创造、火的应用、冶炼技术的掌握，使人类原始先民部落最初集体同时从事一种（或采集植物果实，或狩猎）生产劳动的状态发生了变化，开始了社会分工。

早期人类三次社会大分工，催生了自然经济时代的四大产业。第一次社会大分工，指采集与狩猎的分工。原始人类经过漫长的生存经验的积累，在采集植物基础上创造了农业种植业，在狩猎基础上创造了牲畜养殖业，并且有些部落专事农业，有些部落专事畜牧业，导致了原始农业和畜牧业分离。这一分离，提高了劳动生产效率，带来了不同部落间产品（农业产品与畜牧业产品）的交换，出现了产权关系的萌芽。

第二次社会大分工，指农业与手工业的分工。考古证明，大约在公元前 7 000 年至公元前 4 000 年之间，在黄河流域今河南省地区，人们已经掌握了火烧黏土制陶技术，中国、伊朗、埃及、巴勒斯坦地区已经有了铜的冶炼制品。由于冶炼技术的产生，人可以制造出金属工具，一部分人就从农业中分离出来专事金属器具的手工业生产。农业和手工业的分离，促进了农业生产率的提高。手工业生产是直接以产品交换为目的的商品生产。此时金银贵金属作为交换中介开始执行货币的职能，以货币为交换等价物的市场诞生了。

第三次社会大分工，指商业的形成。农业和手工业的分离推动了商品生产和交换，交换地区的扩大，客观上要求有一部分人专事商品交换业务。货币诞生为商业形成创造了条件，商业从农业、畜牧业和手工业中分化出来形成了一个独立的行业。

第二个角度：产业是技术革命的成果

人类早期的三次社会大分工催生了农业、畜牧业、手工业和商业。从中我们看到了技术发明或者说技术革命在产业起源和变迁中的重要作用。技术发明、进步和革命，既是技术本身发展的成果，同时它也带来产业诞生、产业发展和产业结构升级的成果。

人类早期，从技术角度可划分为石器时代和铁器时代。石器时代又分为旧石器时代和新石器时代。在新石器时代人类最大的发明是钻木取火技术。人首先发明了钻具，利用钻具摩擦生火。火的使用，一是使人类逐渐改变了生食的习惯，从生食到熟食，人的消化系统的负担大大减轻，人体吸收的营养增多，促进了人自身特别是大脑的进化；二是导致了烧制陶器和冶炼金属技术的发明，人类进入铁器时代。

铁器诞生，人类进入农耕自然经济时代。这个时代经历了几千年时间，有两个显著特征：一是人们在生产中不断探索如何利用自然力，以解决生产中的能源和动力问题，技术在许多领域有所进步（如利用畜力拉犁、拉车，利用风力发明了帆船和水车等），但是，在这几千年中划时代的重大技术革命没有出现；二是人类先期三次社会大分工形成的农业、畜牧业、手工业和商业四大产业格局，其经济形态、生产规模和运营方式有所变化，但变化不大。

进入18世纪之后，自然科学基础理论和应用技术理论有了新的突破，发生了划时代的技术革命。人类从铁器农耕自然经济迈入蒸汽机、电力、电子信息、知识经济时代。社会经济的产业格局，也从传统农耕时代的农业、畜牧业、手工业和商业格局，转变为现代经济社会的第一产业（农业）、第二产业（工业）和第三产业（服务业）新格局。

18世纪以来的三次科技革命浪潮，催生了现代第一产业、第二产业和第三产业，形成了当代意义的产业格局。

第一次科技革命为蒸汽机技术革命，发生于18世纪。1733年，英国人约翰·凯伊发明了飞梭，1760年其子罗伯特·凯伊进一步改进制成自动飞梭。飞梭的发明和使用促进了纺织的发展，导致了纺织企业的诞生。1765年，詹姆斯·哈格里夫斯发明了“珍妮机”，此后几年广泛推广应用；后来理查德·罗伯茨又发明了能够自动调节纱锭回转速度的改进型纺纱机。与此同时，有关蒸汽机的基本技术已经成熟，1765年詹姆斯·瓦特成功研制了和汽缸分离的蒸汽机冷凝装置，1776年瓦特与马修·博尔顿合作制造了两台蒸汽机。从此蒸汽机广泛用于纺织工业和其他工业。人类历史上的第一次产业革命，起源于纺织机，发展于蒸汽机。蒸汽机技术大大提高了金属切割机械、陆地和水上运输工具的动力，促进了机械制造业的发展，技术革命引发了工业产业革命，从此人类进入工业化时代，第二产业在国民经济中成为支柱产业。机械工业的发展，使农用机械发生革命性的变革，导致农耕自然经济瓦解，农业发展走向机械化、社会化和企业化的经济运营模式，现代经济中的第一产业（现代农业）逐渐形成。以蒸汽机发明和应用为主要标志的第一次科技革命，是人类科技史上最伟大的事件，也是人类产业发展史上最值得纪念的伟大革命。蒸汽革命翻转了整个（精神和物质）世界，引起人们思维、生产和生活方式的巨大变化，大大促进了社会生产力的发展，推动人类社会从农耕文明向工业文明迈进。

第二次科技革命为电力技术革命，发生于19世纪。1820～1845年，欧洲有线通讯的发明推动了电力技术的发展。1832年比齐研制的世界上第一台发电机在巴黎展示，但尚无实用价值。1870年，比利时人格兰姆研制出具有实用意义的发电机，到1875年发电机已被实际应用。与此同时，电动机也已进入实用阶段。1879年，德国西门子发明电气机车。1883年，英国开始营运电气铁路。电动机也被应用于各种机械设备上，成为机械制造设备的动力装备。电力的另一个应用领域——通信技术也逐渐发展起来。1837 年，科克和惠斯通做了信号传输约 1 英里的电报示范表演。两年后，由他们发明的电极线路真正投入实用运营，这条线路长达 21 千米。1835 年，莫尔斯发明了电报机，创造了“电报号码”，3 年后成功地在纽约进行 16 千米的电报通信。1847 年，世界上第一个电信器材公司——西门子公司在德国诞生。1877 年，美国的贝尔和华生发明了最早的实用电话机，此后爱迪生改进了电话的送话器，使电流传输距离拉长，人类实现了远距离有线通话。1896 年，意大利人马可尼发明了无线电报机和“莫尔斯无线电码”，成功地进行了跨越大西洋的无线电通信。第一次和第二次科技革命，其突破主要集中在生产、交通运输、设备动力和通信方面。蒸汽机技术革命和电力技术革命，人们统称工业革命，其中电力技术在推进人类工业文明发展方面，比蒸汽机技术的作用更为广泛、贡献更大。

第三次科技革命为电子技术革命，发生于 20 世纪中叶。1948 年，美国的巴丁、布拉顿和肖克莱用半导体锗或硅制成了晶体管，从此开启了人类电子技术时代。晶体管代替电子管，使通信、广播、电视设备发生重大技术升级，电子自动化系统取代机械自动系统使工厂的自动化生产设备发生重大升级，电子计算机取代机械和电子管计算机使计算机发生重大技术升级，IC 技术诞生，“电脑”应用于诸多生产领域，进入了寻常百姓家，大大改变了人们的工作方式和日常生活。总体上讲，人类已经进入了后工业化时代，电子信息服务业成为引领各个国家发展的国民经济重要产业。①

产业是同类属性的企业的归类，是一种经济组织结构体系。形

---

① 黄顺基、李庆臻：《大动力》，中国人民大学出版社，1990，第 62 - 81 页。

成一个产业，必须有一定的规模，达到一定的企业数量和产量，要有一大批从业人员，并在社会经济活动中承担一定的角色，发挥不可替代的经济作用。

产业分类有三种基本方法：一是从产品用途上分为生产生产资料的产业和生产消费资料的产业，这种划分对研究分析社会生产中的投入产出关系具有意义；二是按生产要素的集中度分为劳动密集型产业、资本密集型产业和技术密集型产业，这种划分对研究产业结构升级具有意义；三是按人类社会经济发展形态产业分离顺次分为第一产业、第二产业和第三产业，这种划分对统筹社会经济文化发展具有意义。

目前国际上普遍采用三次产业分类法，但各国对其中每个产业所包含的行业范围的规定不尽相同。2003 年 5 月，中华人民共和国国家统计局印发《三次产业划分规定》，并在 2012 年和 2018 年先后进行了部分调整。划分范围如下：第一产业指农、林、牧、渔业（不含农、林、牧、渔专业及辅助性活动）。第二产业指采矿业（不含开采辅助活动），制造业（不含金属制品、机械和设备修理业），电力、热力、燃气及水的生产和供应业，建筑业。第三产业指除第一、二产业以外的其他行业，包括农、林、牧、渔专业及辅助性活动，开采专业及辅助性活动交通运输、仓储和邮政业，住宿和餐饮业，信息传输、软件和信息技术服务业，金融业，房地产业，租赁和商务服务业，科学研究和技术服务业，水利、环境和公共设施管理业，居民服务、修理和其他服务业，教育，卫生和社会工作，文化、体育和娱乐业，公共管理、社会保障和社会组织，国际组织。

二、文化产业的定义

有关机构和学术界提出了若干文化产业的定义，反映了他们从不同角度、层次和侧面对文化产业的理解。下面是其中较有代表性的几个：

一是大卫·施罗斯比的定义。澳大利亚著名学者大卫·施罗斯比教授在《经济学与文化》一书中，首先讨论了什么是文化商品和服务，然后在此基础上定义了若干层次的文化产业。他指出，文化产业是以创意为核心向外延伸与扩大，并与其他各种投入相结合而组成各类文化产品的经济集合。这个定义中的创意，我们可以理解为文化产品的制作与资本、技术等要素结合的创新性思维，也就是文化生产市场化或经济化的创造性的过程。

二是联合国教科文组织的定义。联合国教科文组织提出，文化产业就是按照工业标准，生产、再生产、储存以分配文化产品和服务的一系列活动。所谓按照工业标准，是指有规模地、批量地、连续地生产，而不是小规模地、零星地、无循环地生产。所谓一系列活动，是指文化产品和服务的生产经营活动。

三是中国政协和文化部联合调查组的定义。2001 年，中国政协和国家文化部组成文化产业联合调查组，对国内两个省、一个直辖市所属的九个市的文化产业进行了调查。调查组指出，文化产业是指从事文化产品生产和提供文化服务的经营性行业。调查组同时初步认定文化产业主要包括文化艺术、文化出版、影视和文化旅游四个领域。

四是孙安民在《文化产业理论与实践》一书中提出的定义。书中指出，文化产业是指生产文化产品或提供文化服务以满足社会精神文化需要的行业门类的总称，并指明文化产业包括出版业、影视业、网络信息业、娱乐业、演出业、旅游业、文化教育业、展示业、艺术品业、体育业、广播业、音像业、博物馆业、广告业、装饰业、设计业（包括现代工业设计、环境设计、企业形象设计、个人形象设计）、时装业等。①

---

① 孙安民：《文化产业理论与实践》，北京出版社，2005，第 8－10 页。

借鉴以上定义，本书提出以下定义：文化产业是指生产和提供文化商品或服务的企业集合。这个定义表明了文化产业的以下重要特点：

第一，文化产业的产出品性质是文化商品或商品性的服务。也就是说，文化产业的产出品是“以创意为核心的向外延伸和扩大”的产品，这一产品是商品，并向社会有偿地提供，起着满足社会精神文化需求的作用。

第二，文化产业由文化企业组成。文化企业，它所从事的经济活动的方式无疑是“按照工业标准生产、再生产、储存以及分配”其产品。只要在文化产业的定义中界定了企业，就等于点明了其经营的性质。

第三，文化产业是一种经济集合。在文化产业的定义中必须指明它是企业的集合。即具有相类似的生产技术组织结构、生产文化商品或提供文化服务，并且具有相同的盈利来源的文化企业的集合。

本书提出来的文化产业的定义的科学性表现在三个方面：一是它符合科学定义的原则，准确地指明了定义对象的实质；二是它与产业的定义直接相吻合，是产业大概念下一个具体产业的概念，体现了产业的规定性；三是简明扼要，便于人们理解把握。

三、文化产业行业分类

世界各国或地区对文化产业行业门类的划分不尽相同。之所以出现这种情况，原因有四点：一是因为不同国家或地区的人们对文化的理解存在差异，世界文化的多样性决定了对文化产业分类的多样性；二是因为现代文化经济和文化产业发展不平衡，各国或地区的文化产业的内部结构、与其他行业的关联度以及在整个国民经济中的地位存在差异，这些差异导致人们对文化产业行业分类的差异；三是各国的经济、文化和意识形态管理体制、模式和方法不同，致使对文化产业行业分类的不同；四是执行不同福利政策的国家对公共文化的界定不同，也影响到文化产业的行业分类。有些国家的文化体制在改革当中，随着改革深入，其文化产业行业分类也会发生变动。

文化产业行业分类存在差异是全球文化产业发展过程中的正常现象，当然这给文化产业的国际比较研究带来困境。我们在运用资料进行文化产业的国际比较研究时，要考虑到各国或地区文化产业行业分类的区别，注意其可比性。

从目前世界范围看，文化产业行业分类情况大致如下：

欧洲是文化产业的发达地区。1992 年，欧盟诸国通过签署《马斯特里赫特条约》赋予欧盟管理文化事务的职能。欧洲文化产业类型比较宽泛，各国分类也不相同，较有代表性的是英国。英国国家文化部将文化产业分为表演艺术产业（包括芭蕾舞、现代舞、歌剧、话剧和音乐剧）、音乐产业、文化艺术产业（包括艺术品的生产、修复、保险、鉴定和托运业）、彩票业四个类别，涵盖了出版、音乐、表演艺术、电影、电视和广播、软件、游戏软件、广告、建筑、设计、艺术品和古董交易市场、手工艺品、时装等 13 个行业。

北美是文化产业最为发达的地区。1994 年 7 月，美国、墨西哥和加拿大共同建立了北美产业分类系统（NAICS），其中规定文化产业主要分为娱乐业与电子传媒业（包括电影、电视系列剧、光盘、有线电视、广播）、印刷业与出版业（包括新闻报纸、杂志、书籍出版、书籍印刷、商业品印刷、印刷贸易服务）、旅行与旅游业（包括旅游服务的运输、住宿、饮食、旅行社、会议与展览、国家公园、海滩、博物馆和历史遗址等）三个类别 30 个行业。

1999 年，韩国的《文化产业振兴基本法》将文化产业分为影视、广播、音像、游戏、动画、卡通形象、演出、文物、美术、广告、出版印刷、创意性设计、传统工艺品、传统服装、传统食品、多媒体影像设计、网络以及与其相关的行业、国家总统令指定的行业等类别。

澳大利亚的文化产业较为发达。澳大利亚文化部长委员会将文化产业分为遗产类（包括博物馆、古物和收藏品、环境遗产、图书档案馆）、艺术类（包括文学和印刷、表演艺术，音乐创作和出版，可视艺术作品和手工艺品，设计，广播、电子媒体和电影，其他艺术）、体育和健身娱乐类（包括赛马和赛狗、体育和健身场地、体育和健身服务、体育和健身器材的制造和销售）、其他文化娱乐类（包括博彩、娱乐业、餐饮业、户外娱乐、社区组织、其他文化娱乐服务、文化娱乐设施建设、其他文化娱乐产品的制造和销售）四个类别。

世界贸易组织（WTO）的法律文件《服务贸易总协定》《与贸易有关的知识产权协定》（TRIPS）中，规定了与文化产业直接相关的服务贸易，一是商业性服务中的计算机及其相关服务项下的软件实施服务、数据处理服务；二是商业性服务中的广告服务、展览管理服务、摄影服务、印刷出版服务；三是通信服务中电信服务项下的增值电信服务、视听服务；四是分销服务；五是文化、娱乐及体育服务①。

2018 年 4 月，中国国家统计局发布了新修订的《文化及相关产业分类（2018)》。此分类从中国国情出发，借鉴了联合国教科文组织的分类，兼顾政府部门管理需要，立足于现行统计制度方法的可操作性。该分类是指“文化及相关产业”，统计结果反映了文化产业的大部分状况，但是没有区分经营性文化与公益性文化，把二者一并统计；不包括旅游、教育培训和体育等行业，并非完整意义上的文化产业范畴。人们在运用该统计数据时应当了解这个情况。

国家统计局规定的文化及相关产业是指为社会公众提供文化产

① 孙安民：《文化产业理论与实践》，第 54－56 页。

品和文化相关产品的生产活动的集合，一是以文化为核心内容，为直接满足人们的精神需要而进行的创作、制造、传播、展示等文化产品（包括货物和服务）的生产活动，具体包括新闻信息服务、内容创作生产、创意设计服务、文化传播渠道、文化投资运营和文化娱乐休闲服务等活动；二是为实现文化产品的生产所需的辅助生产和中介服务、文化装备生产和文化消费终端生产（包括制造和销售）等活动。

根据本书对文化产业的定义，参考国际组织、各国或地区对文化产业行业门类的划分和学术界已有的研究成果，我认为文化产业主要包括以下11个行业（或11类企业）：

一是传媒业，包括纸质传媒、音像传媒和电子网络传媒服务等；

二是出版业，包括出版、印刷、知识产权服务等；

三是教育业，包括除国家义务教育之外的各层次各类教育服务等；

四是旅游业，包括人文、自然、经济、历史、军事、文化遗产等各类参观游览服务等；

五是休闲娱乐业，包括各种休闲、健身、度假、娱乐服务等；

六是广告业，包括利用各种传媒为载体的广告策划设计服务等；

七是会展业，包括各种会议、商业和贸易会展服务等；

八是艺术展演业，包括艺术展示和电影、电视、各类艺术院团的表演服务等；

九是文化艺术品产销业，包括文化艺术品以及设备的生产和销售（经纪、拍卖）服务等；

十是咨询业，包括科学、技术、文化、法律、经营、会计、审计、决策咨询服务等；

十一是体育业，包括各种体育项目的竞技活动的服务等。

四、文化产业特征

学术界从多个角度对文化产业的特征，做了若干有益的探讨和归纳。总的说，文化产业比第一、第二产业中的任何一个行业都更为多样、更为复杂，具有以下四大特征。

1. 经济特征：文化产业是一个大市场

18 世纪工业革命以后现代市场经济逐步形成，到 19 世纪 20 年代在文化艺术品市场需求和工业机械技术双重作用下，出现了文化艺术品的工业化复制，文化产业诞生。同其他现代产业一样，文化产业以追求利润、生成财富为目的，现代市场供求和价值规律造就了文化产业。

工业革命之后诞生的、经历了从“复制的创意”到“创意的复制”两个成长阶段的文化产业，具备了产业市场的所有元素和特征，并且日益显现出市场潜力无穷的特色。

这是因为：其一，当人均 GDP 达到 1000 美元左右和城市化水平达到 50% 以上的时候，人们的消费需求水平提高，消费结构向文化精神消费倾斜，市场结构发生相应的变化，大众文化和新的分众文化消费时代到来；其二，社会生产中信息化数字化水平的提高、后工业化的到来、虚拟经济的诞生，导致文化生产力以前所未有的幅度提升，文化艺术品的复制生产能力大为增强，文化产业创意资本聚集水平和创意产品产出水平大为提高，使文化艺术品（包括创意产品）的供给大幅度增加成为可能。这样文化产业市场必然表现出日渐扩大的趋势。文化产业是一个“朝阳”大市场，这里讲的市场，并非局限于文化产品市场，而是指文化产业生产要素的大市场。

在工业社会中经济增长主要依靠资金、技术、劳动力的投入，而在后工业社会中经济增长则主要依靠知识和智力资本的投入。文化产业是知识经济的产业形态，其发展主要依靠人的知识和创新性思维，创意资本在文化产业生产要素中占有极大的比重。20 世纪七八十年代以后，全球进入产业结构大调整时期，发达国家以其越来越先进的科学技术和越来越强大的知识经济能力，率先淘汰或向国外转移了若干高能耗、高污染、拼人力的传统产业，而以大力发展的低能耗、无污染、依靠知识与智力的文化产业代之。从高碳传统产业向低碳新兴产业调整，既是为了满足人们对文化精神产品的需求，也是为了优化人们的生存环境，提高人们的生活质量，是对经济可持续发展的追求。

在全球化经济合作和竞争的时代背景下，发展文化产业还有提高国家软实力的意义。国家间的最终较量，凭借的是软实力。显而易见，文化产业在转变经济发展方式、优化产业结构中具有战略性产业地位。综上所述，经济性是文化产业突出的特征之一。

2. 文化特征：文化产业是文化生产力的主要载体

“文化生产像其他形式的生产一样，依赖于某些生产技术和生产方式。这些技术和生产方式既是文化生产力的一部分，是文化生产的内生变量，又给特定时期的文化打上了深深的烙印。”“新的传播技术及其产业化的运作方式，无疑已经使人类今天和未来经济社会存在的文化方式发生了革命性的变革。”① 诚然，今天和未来社会中文化的繁荣和发展，不仅仅是通过文化产业反映出来，文化的生产也不仅仅局限于文化企业当中，不管社会发展到什么时候，总会有一批不以营利为目的的文化人或文化群体。但是，这样的文化人或文化群体毕竟是少数。人的生存或发展的需求，使绝大多数文化生产的主体自觉不自觉地、或多或少地进入文化大市场，参与到文化产业中来。在知识经济时代，文化生产力主要通过文化产业体现出来，文化产业是文化生产力的主要载体，是人类社会存在的基本文

① 胡惠林：《文化产业学》，高等教育出版社，2006，第 37 页。

化方式。

文化产业产品内容具有多样性。所谓文化产业产品内容的多样性，是指其文化传统和价值观的多样性，即产品从内容上所表现出来的多种多样的思想、意识、信仰、观念、习惯、风俗、情感。世界文化多样性是当代文化格局的显著特点，各国发展文化产业，其中所裹挟的文化必然也是多样的。世界多样性的文化格局并不会伴随文化的产业化运作而有根本性的改变，这是因为：其一，各国发展文化产业首先是为了满足国内市场的需求，各国文化存在差异，本身是多样性的；其二，文化产业强国为了占领世界文化市场，试图让其他国家或地区的民众接受他们的文化和价值观的文化霸权主义行径，虽有时在局部地区得逞，但收效甚微，不可能改变世界多样性的文化格局。事实是，文化产业的崛起和国际文化贸易的展开，促进了各民族文化走向世界舞台，促进了多样性文化进入世界文化市场，全球文化更加丰富多彩。

3. 技术特征：文化产业深含科技力量

科技的发展并不是一个直线上升的过程，往往需要经过多年的积累和沉寂，才能迸发出群体性的突破，形成技术革命；每一次技术革命都将引发产业革命，催生若干新的产业或行业，从而促进经济的新繁荣。文化产业发展壮大与科技的运用紧密相连。比如，现代印刷机的发明和广泛应用，取代了古代印刷作坊，纸质传媒作为文化产业的重要行业发展起来。再比如，有线和无线通信诞生，广播、电视作为文化产业的核心行业发展起来。文化产业发展史就是一部文化生产与科技相结合的历史。每一次新技术的突破，都推动文化产业发展迈上一个新台阶，大大提高了文化生产力水平。文化产业诞生之后 100 多年时间所创造的文化生产力，大大高于此前数千年人类文化生产力的总和，概缘于文化产业中的科学技术含量。

根据康德拉季耶夫经济周期长波理论和熊彼特的创新理论，技术创新是决定经济繁荣、衰退、萧条和复苏过程的主要因素，经济萧条是创新高潮的主要动力，技术创新是经济发展新高潮（复苏、繁荣）的基础。“2003 年 3 月中旬，以技术股为主的美国纳斯达克综合指数遭遇重挫，不断下滑，网络经济危机全面爆发。整个互联网愁云密布，灾难像倾倒的多米诺骨牌，危机很快波及处于产业链上、下游的电信制造业和运营业，整个通信产业步入前所未有的寒冬之中。然而，美联储通过连续 27 次降息刺激房地产，很快扭转了经济的衰退，使得世界经济又维持了五年的繁荣。当 2006 年的房地产泡沫也开始破灭时，世界经济再次逐步滑入危机的泥淖。2008 年，由美国次贷危机引发的金融风暴席卷全球，迅速演变成百年不遇的金融危机”。① 美国是这次危机的中心，在经济全球化背景下，世界各大经济体和国家都难以独善其身，大都受到危机的强烈冲击。2011 年欧债问题加入，欧元地位不稳，加剧了世界金融危机。金融危机严重影响了实体经济，许多国家经济下滑，失业率上升。金融危机已经演变为全面的经济危机。这次世界经济危机延续时间之长，在不同的经济体中表现之复杂，反复之多，都是史无前例的。这次世界经济危机昭告天下：经过多年的沉寂之后，世界新科技革命发展正孕育着新的重大突破；预示着信息科技将进一步推动知识经济成为发展的重要引擎。文化产业是知识经济的重要组成部分。我们逻辑性地判定：文化产业中所包含的新科技以及它与高新技术的进一步结合，将成为促使经济复苏繁荣的一个重要力量。

有人认为，文化产业是文化人的事，这只讲对了一半。更贴切地讲，文化产业是具有专业技术的文化人的事。文化产业需要大批专门技术人才。不懂或不了解相关技术的人，很难从事文化产业。

① 赵刚、汤世国、程建润：《经济危机与新技术革命》，电子工业出版社，2010，第 7 页。

文化产业各行业的技术是千姿百态的，大致可分为硬技术、软技术和衔技术三类。硬技术是指生产工艺、设计、材料应用等劳动技能。软技术主要指生产组织管理方面的技能。衔技术则特指文化产业中文化创意与技术相结合的技能。文化产业生产当中，产品内容生产是核心，产品内容依赖于创意，创意的重要途径之一是运用科学技术的最新最高成果，用高新技术（包括新材料和新的艺术技法）直接或间接地表现文化内容或艺术形式，呈现出新的文化艺术品形态。从当代世界文化艺术多样性的现象上看，正是衔技术推动着文化经济和文化内容的日新月异。

4. 社会特征：文化产业牵连社会建设

文化产业是一个以文化内容生产为核心的产业，其产品（文化内容）的传播和消费，必然作用于人的思想精神世界，从而牵扯、连接和表达为强烈的潜移默化的社会功能。

文化产业所提供的产品或服务的内容并不仅仅是人的一种爱好、兴趣、审美、娱乐、休闲或消费倾向，还表现了一定社会发展阶段和特定文化传统中的意识形态。文化产业生产、传播、引领意识形态。文化产业在为人们提供文化消费的同时，也在改造人，改变人观察、认识世界的思维方式和生活方式，引领人的思想意识、政治理想和社会行为。从这个意义上讲，文化产业产品的文化内容表现出深刻的社会性、显著的政治性和不容忽视的上层建筑性。总之，文化产业在引领人们的社会生活方式，在精神家园、政治和社会建设，在社会和谐、国家稳定和国家安全等方面所发挥的作用均不可忽视。

文化产业是一个特征复杂的集合体。作为一个产业，它是经济基础，其运作的“内容”涉及意识形态，又是上层建筑。文化产业的社会性，一方面，通过思想、观念、精神、文化内容生产传播，引领人们的日常文化生活和社会结构的变迁，推进社会建设；另一方面，当人们的一种文化生活成为广泛的社会方式时，必然对上层建筑发生重要影响，使国家社会建设和管理水平发生变化。文化产业的经济性、文化性、技术性和社会性诸特征当中，最基本的特征是经济性、文化性和社会性。从一定的意义上讲，经济与技术不可分，技术性可看作经济性的一种延伸。指出文化产业具有多重属性的同时，讲明它最基本的特征，对文化产业规制具有重要意义。

五、公共文化与文化产业

世界各国为了提高本民族的科学文化素质、增强经济实力和提高综合国力，大都重视文化建设。加强文化建设有两条途径，一是发展公共文化；二是发展文化产业。研究文化产业，有必要区分公共文化和文化产业，了解它们的相互关系。公共文化和文化产业的区别，主要表现在以下几个方面：

第一，公益性和经营性的区别。公共文化是公益性的，文化产业是经营性的。所谓公共文化，是指不以营利为目的的文化，包括科学技术研究、国家义务教育、国家博物馆、国家图书馆、国家科技馆、公园、国家艺术展演（非营利）等。公益性文化的特征，体现为认知、教育、引导和审美功能，具有上层建筑（意识形态）的本质属性，会产生巨大的社会效应。所谓经营性文化，是指以营利为目的的文化，文化只是作为经营者经营的商品。经营性文化也具有认知、教育、引导和审美功能，也内含意识形态，但更多的是休闲、消遣和娱乐功能，更大程度上体现为经济基础的属性，主要起着推动经济增长的作用。

第二，公共物品和私人物品的区别。公益性文化活动及其创造的产品具有公共物品的性质。文化产业经营的文化产品具有私人物品的性质。所谓公共文化物品，是指以整个社会为对象，社会的每一个成员都可以无偿获取以满足自己的精神文化需求的文化产品。例如，为美化环境而建的社区雕塑，人人都可以欣赏，以享受其美；政府广播电台和电视台，人人都可以收看；公共图书馆，人人都可以去借阅图书、报刊。这些都不具有排他性和竞争性。所谓私人文化物品，是指一个人使用或消费，意味着他人不能同时使用和消费的文化产品。例如，某人在图书市场上购买了一本书，这本书就成为购书者的私人文化物品，归他个人（或家庭）所有和使用；某人在电影市场上购买了一张门票，只能他一个人凭门票去观看这场电影；某个广告公司购买了电台、电视台的播放时段，这个时段就成为该广告公司的私人文化物品，其他广告公司就不能在同一家电台或电视台的同一时段再播发广告。这些都是具有排他性和竞争性的。

第三，公共投入和私人投入的区别。公益性文化产品的公共物品性质，决定了公共文化只能主要由政府财政投入或者通过社会捐助等途径来兴办。政府的公共服务职能，决定了政府应当办而且必须办好公共文化。经营性文化产品的私人物品性质，决定了文化产业要通过市场化的机制，主要由私人投入，进行文化商品或服务的社会化生产。

公共文化和文化产业对一个国家的发展和全面进步来讲是必不可少的。就文化建设而言，既需要发展公益性文化，以满足人民群众的公共性文化需求；也需要发展经营性文化，以满足人民群众的一般性文化消费需求。就经济建设而言，既需要发展公益性文化，以提高劳动力资源的人文素质；也需要发展经营性文化，通过经济产业运作直接促进经济增长。就社会发展而言，发展公共文化和文化产业，对社会的物质文明、精神文明和政治文化建设具有极为重要的作用。许多国家的发展经验证明，发展公共文化和文化产业同等重要，相辅相成，不可偏颇，必须平衡协调发展。

然而，受认识水平、经济社会发展水平、综合国力、经济和文化体制的制约，真正做到公共文化和文化产业平衡协调发展并非易事。发展公共文化和文化产业是一对矛盾，这对矛盾在市场经济条件下，集中反映了政府和市场的矛盾关系。从上文我们曾经讨论的文化产业的行业（企业）分类看，各国或地区关于公共文化与文化产业的界定就有很多不同。一种情况是：同一个行业，有的国家把它列为公共文化，并由政府主办；有的国家则把它列为文化产业，交给市场运作。另一种情况是：同一个行业在同一个国家中，在特定的发展历史阶段中，国家把它列为公共文化，由政府来主办；国家进入新的发展阶段后，则列为文化产业，交给市场运作。这说明，不同的国家存在不同的文化建设政策，各国的文化建设政策也不是一成不变的。

处理公共文化和文化产业关系的总原则是：公益性的文化和公共文化物品的建设，要由政府来办，主要由政府财政投入或动员社会捐助，采取公共服务方式。经营性的文化和私人文化物品，则通过市场化机制，采取产业经济运营方式。政府一方面要办好办足公共文化；另一方面还要通过宏观调控管好文化产业，保证文化产业的可持续发展。通过“办”和“管”，使公共文化和文化产业平衡发展。

第三节　文化产业组织理论

文化产业组织理论是关于文化产业市场运行规律的科学。文化产业组织理论是产业组织理论的一个分支，同时又是现代文化产业理论的一个组成部分。

一、文化产业命题

优化文化产业资源配置，以较小的投入获得较大的产出，使文化产业组织及其运营给人们带来的经济、文化及社会其他方面的福利永续增长且最大化，是文化产业永恒而复杂的命题。破解这个命题，需要很多知识，其中包括文化产业组织理论。

任何一门科学都有理论来源或基础。绝大多数学科的理论来源或基础，不只有一个。文化产业组织理论作为一门跨学科的新兴学科，来源于多门学科，它以多门学科为理论基础，这当中包括了文化学理论、艺术学理论、经济学理论、管理学理论等。文化产业组织理论依据研究对象的规定性，有区别地不等量地经过筛选地对上述各学科的理论加以取舍并创造性地运用，从而形成自己的理论体系。

任何一门科学理论体系的形成，首先是对其理论来源或基础学科的理论的继承，然后才是丰富、发展和创新。衡量一个新兴学科理论体系是否成熟，一要考察这个新兴学科理论体系的构建是否具备完整厚重的理论基础；二要考察这个新兴学科理论体系的构建是否密切联系了新兴学科研究对象的实际，并创造性地运用了理论源头的理论；三要考察这个新的科学理论体系是否经得起实践的检验，是否能够指导理论建设和推动实践发展。

文化产业组织理论主要建立在早期文化产业理论和产业组织理论两个理论基础之上，是对这两个理论体系的交叉、融合和创造性地运用。文化产业组织理论不能忽视上述两个理论来源中的任何一个，否则，文化产业组织理论大厦的基础就是不牢固的，也就难以形成对指导文化产业实践比较有用且经得起实践检验的科学成果。文化产业组织理论体系是破解文化产业命题的答卷之一。

一、早期文化产业理论

早期文化产业理论是文化产业组织理论的一个理论源头或基础。人类社会进入20世纪，第一次工业革命带来的现代工业技术在许多领域得以应用，这也触及了艺术品的制作，文化艺术品工业化的批量生产，显现出文化产业的端倪。在这种背景下，一批思想家从维护文化艺术品传统价值的立场出发，对文化产业进行批判，开启了文化产业理论建设的先河。文化产业理论是在对文化产业的否定和批判中诞生的，这是一种奇特但并不奇怪的理论现象。

理论的诞生和发展大体有四种情况：一是有些理论是从对其研究对象的肯定性、建设性的探索起步，一路高歌，最终形成了科学体系；二是有些理论是从对其研究对象的否定和批判开始，穷追猛打，最终形成了科学体系；三是有些理论是从对其研究对象的肯定和颂扬开始，后来经过反思，转变为否定和批判，传统理论也就失去了存在的价值；四是有些理论是从对其研究对象的否定和批判开始，后来发现否定和批判是错误的，转而肯定和推崇，从而完成了理论体系的建设。以上四种情况，前三种情况比较普遍，可以举出若干例子，第四种情况则比较罕见。

文化产业理论属于上述情况中的第四种情况。从 20 世纪 20 年代中期到 20 世纪 90 年代末，早期文化产业理论经历了诞生、发展和基本成形三个时期，并造就了与之大致相对应的法兰克福学派、英国文化学派和美国文化产业学派三大学派。

早期文化产业理论，是在法兰克福学派对文化产业的否定和批判中产生的，是在英国文化学派对文化产业的褒贬中发展的，是在美国文化产业学派对文化产业的肯定和推崇中基本形成的。

早期文化产业理论在法兰克福学派和英国文化学派时期，研究的重心是围绕精英文化和大众文化而展开的。法兰克福学派的领军人物大多从维护精英文化的立场出发，对大众文化持否定态度，发表了一系列批判性的观点。到了英国文化学派时期，英国文化学派的领军人物提出了一些新的研究角度和方法，转向研究精英文化和大众文化的相互关系，他们对大众文化已经不是排斥，而是主张两种文化共存，实质上肯定了文化产业存在的现实，对文化产业有褒有贬，褒多贬少。

文化产业理论到了美国文化产业学派时期，大众文化、文化产业的存在和发展已是不可逆转的事实，关于精英文化和大众文化的讨论已经没有多大的实际意义（虽然这一争论至今不息）。美国文化产业学派的众多学者对精英文化和大众文化的争论不感兴趣，早期文化产业理论研究的重心转向运用产业组织原理研究文化产业的经营、运行以及宏观管理。

文化产业理论经过法兰克福学派、英国文化学派、美国文化产业学派和此后世界各国学者的研究，可分为两大阶段，其分水岭在英国文化学派的后期和美国文化产业学派的初期。

第一阶段，以法兰克福学派及英国文化学派的早、中期学者的研究为代表，研究领域基本局限于对文化的研究，停留在精英文化和大众文化以及文化产业存在的合理性的争论上。

第二阶段，以英国文化学派后期和美国文化产业学派的研究为代表，这些学者放弃了上述争论，义无反顾地切入文化学与经济学的交叉融合，真正把文化产业当作一个合理存在并且大有前途的产业去进行研究，逐渐步入构建现代文化产业理论大厦的进程之中。

1. 法兰克福学派的思想观点

法兰克福学派最初主要由与1923年成立的德国法兰克福大学社会研究所有关系的一批学者组成。其中，最具代表性的领军人物是阿多诺①、

① 阿多诺（1903—1969），1931年任教于德国法兰克福大学，1938年进入纽约社会研究所从事社会哲学和文化哲学研究，1949年回到德国与霍克海默重建社会研究所，1958年任所长。主要著作：《启蒙辩证法》（与霍克海默合著，1947），《棱镜：文化批判与社会》（1955），《美学理论》（1970）等。

霍克海默①和本雅明②。

阿多诺和霍克海默以否定的眼光看待开始兴起的文化产业，对文化产业进行了批判。他们认为：

第一，文化艺术是对社会的一种持否定态度的批判性的审美审视，本该与现实社会保持一定的距离，并且超越现实。但是到了工业革命后的机器大工业时代，工业技术的广泛应用，使原来高雅的文化艺术品的创作，变成了机械化的重复的作业，成了生产大众文化产品的文化工业，这就丧失了文化的否定批判功能和精神。

第二，文化工业由于其产品的生产是不断地程式化的复制，工业技术技巧取代了传统艺术技巧，消除了传统文化艺术创作中的个性，使文化艺术品类型、内容和风格单调雷同，大大降低了或者丧失了文化艺术品的文化品位、艺术韵味和传统价值，文化艺术陷入粗俗和低劣。

第三，文化工业产品大量涌入社会，消费者被粗俗的文化工业产品及其传媒包围，成了被动的受众，日益弱化了消费者的独立思考、判断和审美能力，消费者成了“单向度的人”。

第四，金钱是文化工业运转的枢纽和动力，是文化工业存在的根源。文化工业中文化艺术品生产的直接目的是为了追求利润的最

---

① 霍克海默（1895—1973），1925 年任教于德国法兰克福大学，1930 年任该校社会研究所所长，1932 年创办《社会研究杂志》，1934 年随社会研究所流亡美国哥伦比亚大学，1949 年回德国法兰克福大学重建社会研究所，1951 ~ 1953 年任法兰克福大学校长，1954 ~ 1959 年赴美讲学直到退休。主要著作：《启蒙辩证法》（与阿多诺合著，1947），《理性的失色》（1947），《工具理性批判》（1967），《批判的理论》（1968）等。

② 瓦尔特·本雅明（1892—1940），20 世纪 20 年代中期加入德国法兰克福社会研究所，并为《文学世界》杂志、《法兰克福报》撰稿，1933 年流亡法国巴黎，主要著作：《德国悲剧的起源》《修饰》《机械复制时代的艺术作品》等。

大化。文化艺术的创造者在文化工业存在的状态下，只能迎合市场的需求，不可能实现自由的创造。

本雅明与阿多诺和霍克海默同属法兰克福学派，但本雅明的观点与阿多诺和霍克海默有许多不同，形成了鲜明的对比。本雅明认为：

第一，工业化社会提供了机械复制的条件，艺术及艺术致力于再现的内容都可以通过现代化的工业技术进行复制，艺术品的生产进入了复制时代。

第二，经典文化艺术被大规模复制，使传统“韵味”走向消失，原作的本真性、唯一性和权威性彻底丧失，但一种新的大众文化诞生，文化产业兴起是艺术史上的一次革命。

第三，文化产业的诞生，解放了人们的视觉世界，刷新了人们的日常生活，适应了工业革命后现代社会生活的变化。

法兰克福学派在文化产业兴起之初，锐敏地看到了大众文化的兴起有可能使传统经典艺术特有的韵味丧失，精英文化或者贵族文化被冲击，有可能丧失其地位。同时这个学派也实事求是地看到并指出了文化产业生产的目的就是追求利润，受“商业”利益的驱使操纵。

法兰克福学派以阿多诺和霍克海默为代表的一批学者对文化产业的否定是错误的。他们对文化产业采取了悲观主义的态度，只看到了文化产业可能带来的消极的一面，而没有看到消极是可以避免的，更没有看到积极的一面。因而他们对文化产业和大众文化的批判是不科学的。充其量，阿多诺和霍克海默反映提示了文化产业的生产目的，他们对文化产业可能带来的消极问题的研究，对后人掌控文化产业是一种有益的警示。

法兰克福学派的另一领军人物本雅明是一位真正有所建树的学者，他认识到了人类已经进入了艺术品的复制时代，最早提出了

“文化产业”的概念，并指出文化产业的诞生适应了现代工业的发展，引起了社会（文化）生活的变化，为文化产业唱响了最初的浪漫主义的颂歌，为文化产业理论建设做出了重要贡献。

2. 英国文化学派的思想观点

英国文化学派崛起于1964年成立的英国伯明翰大学的当代文化研究中心。其中，最具代表性的领军人物有雷蒙德·威廉斯①、斯图亚特·霍尔②和特里·伊格尔顿③。雷蒙德·威廉斯和斯图亚特·霍尔是英国文化学派早期的代表，特里·伊格尔顿是英国文化学派后期的著名学者和代表性人物。

雷蒙德·威廉斯开创了英国文化学派，他认为：

第一，英国保守主义文化批评者严重脱离了其生存的社会环境，保守主义文化批评显得与现实文化的发展格格不入。因此应当反对文化保守主义和法兰克福学派的文化精英主义。

第二，艺术只是一种普通的文化实践，一种普通的人类社会性活动。艺术没有什么特殊性。虽然精英主义文化所推崇的经典文化的内涵丰富，远远胜过较低层次的大众文化，但是要倡导尊重普通民众的文化传统，要关注下层劳动人民的文化需求。

第三，整个社会中，不同的阶层群体有不同的文化，不能片面

---

①　雷蒙德·威廉斯（1921—1988）1961年任剑桥大学讲师，1974年担任该校戏剧学院教授。主要著作：《文化与社会1780—1950》《漫长的革命》《关键词：文化与社会的词汇》等。

②　斯图亚特·霍尔（1932—2014）1969年任伯明翰大学英文系主任，1972年他主持的当代文化研究中心从英文系独立出来，并发起《新左派评论》。主要著作：《电视话语的编码与解码》《文化研究：两种范式》，主编《文化、媒介、语言》等丛书。

③　特里·伊格尔顿（1943—）是当代英国文化学派最具代表性的人物。主要著作：《二十世纪西方文学理论》《审美意识形态》《文化之战》《基础和上层建筑》等。

地固守于精英文化的研究，应当把重点转向研究大众文化，对英国工人阶层的文化传统和文化活动应当给予高度评价。

斯图亚特·霍尔将研究方向瞄准电视传媒。他发现电视传媒的生产过程和消费过程是可以分开的。他认为：电视节目的生产是一个“编码”的过程，其中“代码”的含义是电视节目的创作生产者设定好了的社会文化意义；当节目制作完成或播出之后，即进入了消费过程，也就是进入了电视观众对节目的“解码”过程；电视观众的“解码”有多种方式，未必按照电视节目的制作者预先设定的“代码”去欣赏节目，并不是“单向度”的接受电视节目的内涵意义，而是有所选择，或者有多种多样的理解；如果一种文化形式被大众所接受，那就证明这一文化形式得到了大众的普通赞同。

特里·伊格尔顿认为：文化产业具有一定的政治色彩，但同时又是经济基础的一部分，在后工业社会，文学艺术是一种制造业，艺术产品作为商品，其生产主要取决于特定的生产技术，这种特定的生产方式作为重要因素决定了艺术形式。

英国文化学派对文化产业理论的贡献集中在以下几个方面：

第一，把关于文化的研究重心逐渐从精英主义文化转向大众文化，强调要辩证地对待高雅文化和通俗文化，指出在现代社会中精英贵族文化的垄断和霸主地位的丧失是必然的，应当少一些精英主义文化，多一些下层劳动人民可以领略和参与的文化。

第二，将文化艺术生产过程的研究延伸到文化艺术的传播和消费过程的研究，无论从观察视角还是研究方法上，都是对前人的突破。指出了文化产业中文化艺术的传播消费，不是“单向度”的，对同一个文化艺术产品，消费者的理解是多元的，这就为文化产业存在的合理性找到了又一条重要的论据。

第三，英国文化学派后期的学者明确指出文化产业具有一定的意识形态性质，但同时又是经济基础的一部分，这是重大的理论创新，在文化产业理论发展道路上具有里程碑式的重要意义。他们认识到文化产业既有意识形态属性，又有经济基础属性，这就把关于文化产业的研究从单纯的文化语境带入经济语境中，使文化产业理论研究超越了在文化范畴内争论的局限，进入经济学领域。在文化与经济的关系的讨论中研究文化产业，为文化产业理论进入新境界起到了先导作用。

3. 美国文化产业学派的思想观点

美国是文化产业最发达的国家。文化产业理论成形于美国。美国文化产业学派的领军人物是约翰·费斯克①、赫伯特·甘斯②和弗雷德里克·詹姆逊③。

约翰·费斯克认为：

第一，在前工业社会，文化并不像精英文化主义论者所描述的那样，只属于贵族拥有，大众也拥有自己的文化产品，许多经典的艺术品也是大众创造的。而在工业化社会时代，人民大众不可能拒绝工业技术无限发展所创造的文化商品，但这并不意味着人民大众就再也不可能拥有自己的文化。

第二，文化本身不等同于文化产品，大众文化也不等于文化工业所提供的文化商品。文化是文化产品生产和接受互动过程所产生的现象，是从生活实践中提炼出来的一系列概念和符号体系。文化工业只不过是为民众提供文化“剧目”或文化资源，而大众从文化

---

① 约翰·费斯克（1939—），早年执教于英国和澳大利亚的科汀大学，后长期担任美国威斯康星大学麦迪逊校区传播艺术学教授。主要著作：《理解大众文化》《阅读大众文化》等。

② 赫伯特·甘斯（1927—），美国哥伦比亚大学社会学教授。主要著作：《大众文化和高级文化》。

③ 弗雷德里克·詹姆逊（1934—），美国当代著名的文化理论评论家。主要著作：《后现代主义与消费社会》《政治无意识：作为象征行为的叙事》《后现代主义或资本主义的文化逻辑》《全球化的文化》等。

商品或服务中创造自己的文化，这才是大众文化的核心。

第三，从一定意义上讲，大众文化不是文化工业生产的，而是大众在文化消费中生产的。大众文化只存在于大众日常生活的实践中，大众文化就是日常生活。

第四，大众文化在金融经济和文化经济两个领域中流动，在这两个经济共融的运行中，金融经济追求的是交换价值，流通的是金钱，文化经济关注的是使用价值，流通的是意义和快感。电视节目制作者追求的是观众，因为观众同时又是电视台广告商的市场，追求观众就是追求金钱。民众观看电视节目，则使用自己不同的解码对电视节目提供的文化资源进行重新生产，制造意义和快感。

赫伯特·甘斯认为：

第一，文化没有高低贵贱之分，只有品位的不同。大众文化、精英文化形成的原因有所不同。文化消费者在文化消费中获得的意义和快感，是形成大众文化品位的主要原因。文化品创作者的审美观念和灵感展示，则是形成精英文化品位的主要原因。

第二，大众文化和精英文化之所以可以共存发展，原因在于它们各自拥有不同的受众群体。人们所处社会阶层、生活环境、经济状况和教育程度不同，对文化艺术的理解倾向也不同。大众文化和精英文化虽然品位不同、特点各异，但都服务于社会，对它们不能厚此薄彼。

第三，人是平等的，大众文化反映了大多数人的文化需求，大众文化的流行是多元文化需求下社会的合理现象，每个人都有权利选择自己喜欢的文化。美国文化产业的成功，是资本在其本性驱使下流向文化领域的表现，是经济对文化有益的嫁接。

弗雷德里克·詹姆逊认为：

第一，大众文化的特点是内部和外部、本质和形象、无意识和显意识、真实性和非真实性、能指和所指等五种差异的消失，因而呈现出平面化和无深度。大众文化的经济力量和文化氛围在社会中不断扩张，使得社会从经济生活到文化生活，从日常生活方式到人的精神结构，都不可避免地与之相联系，应当辩证地看待大众文化的消极面和积极面，给予公正的评价。

第二，经济全球化必然导致文化全球化。文化产业的巨大利润是文化全球化的驱动力之一，现代传媒技术的发展使文化全球化趋势不可逆转。世界各国分享着文化全球化带来的益处，但也不可否认文化全球化将对地域文化、民族文化起到消解作用。

美国文化产业学派对文化产业理论发展做出了诸多贡献，使文化产业理论基本形成了理论体系，但是也有错误之处。

第一，提出了“大众文化就是日常生活”的著名观点，对文化进行了再解释和重新定位。这不仅超越了法兰克福学派和英国文化学派，而且对文化产业实践具有鲜明的指导作用。

第二，提出了“文化品位”的概念，阐释了大众文化和精英文化共存的理由，这不仅摆脱了大众文化和精英文化孰优孰劣的争论，而且从理论认识上为文化产业的发展扫清了障碍。与此同时，还指出了大众文化本身存在的“无深度”等消极方面，这对防止文化产业走偏方向有重要的指导作用。

第三，提出了金融经济和文化经济“两种经济”的观点，进一步突破了法兰克福学派和英国文化学派的研究范畴，使文化产业理论的研究从单纯的文化领域转入产业经济领域，开辟了文化产业理论研究的新视野，进入了新境界。这个转变具有特别重要的意义，不仅使文化产业理论研究更加贴近文化产业的实践，而且为文化产业理论科学体系的形成创造了条件。之后，美国和世界各地的文化产业学者，把文化产业理论和产业经济理论交叉融合，把研究方向瞄准文化企业、文化市场和文化政策，深入研究文化产业经济运行管理和宏观调控，逐渐构建了各具特色的文化产业经济学科体系①。

第四，美国文化产业学派提出来的经济全球化必然导致文化全球化的观点是错误的。世界多元的文化格局有着深厚的民族地缘文化根基，不会伴随经济全球化、文化产业对商业利润的追逐以及现代传媒技术的发展而发生根本性的变化。我们主张不同文化要加强交流、相互交融，但不认同文化全球化，因为客观上不存在文化全球化及其趋势。

三、产业组织理论

产业组织理论是关于产业经济活动及其规律的科学体系，研究对象介于宏观经济和微观经济之间，所涉及的经济理论问题以及经济实践现象比较宽泛。

1890 年，英国著名经济学家马歇尔②发现，对规模经济和企业规模扩张的追求，造成了垄断及其弊端。这就是经济学上所说的“马歇尔现象”。马歇尔指出了这个现象，但他没有对这一现象做出理论上的解释。

张伯伦③和罗宾逊④提出了垄断竞争和不完全竞争的概念及其理论，对马歇尔现象做了他们的解释，解决了马歇尔没有解决的问题，开启了产业组织理论研究的先河。

---

① 孙安民:《文化产业理论与实践》，第 75－92 页。

② 马歇尔（1842—1924），英国经济学家，曾任剑桥大学政治经济学教授，剑桥学派的创始人。主要著作:《经济学原理》（1890），《工业经济学》（1879）等。

③ 张伯伦（1899—1967），英国经济学家，哈佛大学教授。主要著作:《垄断竞争理论》（1933），《走向更一般的价值理论》（1957）等。

④ 罗宾逊（1903—1983），英国女经济学家，剑桥大学教授。主要著作:《不完全竞争经济学》（1933），《资本的积累》（1956）等。

20世纪30年代，梅森①在美国哈佛大学成立了产业组织研究机构（梅森联谊会），一批学者开始涉入产业组织问题的研究，后来经过贝恩②和谢勒③等学术领军人物的努力，形成了哈佛学派。哈佛学派提出了系统的产业组织理论，即市场结构、企业行为和市场绩效（SCP）理论体系。在20世纪七八十年代，欧美学术界普遍认为产业组织（SCP）理论是产业经济理论的标准框架体系，哈佛学派被视为产业组织理论的主流学派。

芝加哥学派是与哈佛学派共时的一个产业经济理论学派，被视为产业组织理论的非主流学派，其领军人物为斯蒂格勒茨、德梅塞茨等④。芝加哥学派针对竞争问题提出了自己“完全竞争”的理论假设，对哈佛学派的SCP理论进行了若干批评，致使产业组织理论研究由经验实证研究向逻辑实证分析转变。芝加哥学派认为企业效率是影响市场结构的重要因素，对反垄断持保留态度。

新产业组织理论是指继哈佛学派和芝加哥学派之后新形成的产业组织理论。所谓“新”，主要是指采取了新的研究方法，即普遍采用了博弈论，克服了SCP范式的诸多缺陷，但由于将高度数学化的

---

① 梅森（1899—1992），美国经济学家，哈佛大学教授。主要著作：《现代社会的公司》（1959），《欠发达地区的经济规划：政府与企业》（1958）等。

② 贝恩（1912—1991），美国经济学家，哈佛大学教授。主要著作：《产业组织》（1959），《新竞争的壁垒》（1956）等。

③ 谢勒（1932—），美国经济学家，哈佛大学教授。主要著作：《产业市场结构与经济绩效》（1970），《产业结构、战略与公共政策》（1994）等。

④ 斯蒂格勒茨（1943—），美国经济学家，斯坦福大学、哥伦比亚大学教授。主要著作：《公共部门经济学》（1986），《全球化的缺憾》（2002）等。

德梅塞茨（1930—），美国经济学家，加州大学洛杉矶分校教授。主要著作：《产权理论探讨》（1967），《产业结构、市场竞争与公共政策》（1973），《厂商经济学：七个关键评论》（1995）等。

博弈论方法运用于产业组织研究领域，成了若干个难以普遍应用的特指的数学模型的堆砌，也暴露出这个学派的重大缺陷。

20 世纪五六十年代，日本经济高速增长，到 70 年代初成为世界第二经济大国，被经济学界称为“东亚奇迹”。“东亚奇迹”有其特定的历史背景和诸多原因，一些学者（主要是部分日本学者）认为，“东亚奇迹”最重要的原因，是日本推行产业引导政策、产业保护政策和进行产业结构调整。于是，日本经济学家把产业结构纳入产业组织的研究中去。之后，许多国家，包括中国的经济学家，又把与产业相关的一系列问题，如产业发展、产业布局、产业关联、产业政策等，也纳入产业组织研究领域，使其成了一门研究领域比较宽泛的学科。

第二章　文化消费及其规律

文化产业运行的过程，是不断地满足人们日益增长的文化需求的过程，也是不断地解决文化商品或服务供求之间矛盾的过程。当了解了文化消费规律和文化供求规律之后，也就比较容易理解文化企业和文化市场的实质，进而掌握优化文化产业资源配置的理论。

第一节　文化消费水平

文化消费是消费的重要组成部分。研究文化消费，首先要研究文化消费水平。文化消费水平从一个方面反映了人们日益增长的精神文化生活需求实现的程度。

一、文化消费

1. 文化消费的定义

文化消费，是指人们享受文化消费品或文化服务的过程。人的消费是一个过程，人的一生都在消费，所有的人都在消费。吃是消费食品，穿是消费衣、帽、鞋、袜，住是消费房屋及其房屋内的陈设，行是消费交通工具和交通设施。人接受幼儿、小学、中学、大学和研究生教育的过程，观看电影、电视、网络节目的过程，阅读报纸、刊物和书籍的过程，观看文艺节目演出和欣赏艺术品的过程，休闲、旅游和健身娱乐的过程等都是文化消费。

一般认为，文化消费是一个历史范畴，人们首先要解决温饱问题，然后才谈得上精神文化需求。这个观点是唯物的，但也不是绝对的。人类的先民们虽然衣、食、住、行条件极其简陋，但也有他们的精神生活，与现代文化消费相比只是消费的内容和形式不同罢了。

按照消费经济学原理，消费有广义和狭义之说，广义消费是指人们在生产和生活中对物质产品和劳动力的消费。狭义消费专指满足个人、家庭或群体在生活中对物质产品、精神产品和劳务的消费。狭义消费中对精神产品的消费就是文化消费。

2. 文化消费的特征

第一，文化消费具有多样性。人们所处的社会经济、文化、法律、习俗不同，个人的文化程度、家庭背景、职业状况、宗教信仰乃至生活地域不同，这就会产生千差万别的文化消费需要、文化消费行为、文化消费结构、文化消费方式和文化消费水平。在现代社会中，就文化消费的供给看，既有公共服务提供的公益性的文化消费，也有文化产业提供的有偿性的文化消费，这使得文化消费变得更加丰富多彩。文化的多样性，是文化本质的体现，将长期存在。因此，文化消费的多样性也将长期存在。文化产业兴起之初，法兰克福学派对大众文化的批判是不对的，错就错在他们不懂得文化消费的多样性。世界各种文化相互渗透融合是文化发展中的必然现象，但这绝不是趋向文化的单一化，而是多样化基础上的相互交流、学习、借鉴和融合。文化消费的多样性，是人类精神生活的永恒现象。

第二，文化消费具有层次性。按照消费经济学原理，人们的消费不仅具有多样性，而且具有层次性。第一层次是生存消费，指为满足人的生理需要、保证生命存在或延续所进行的消费；第二层次是享受消费，指为满足人的休闲、娱乐、享受所进行的消费；第三层次是发展消费，指为满足人的智力体力发展所进行的消费。上述三个层次中第二、第三个层次的消费，属于文化消费。这就是说，文化消费本身起码可以分成享受消费和发展消费两个层次，在每个层次中又可以按照不同的标准分为若干个更小的层次，如教育消费属于发展消费，教育又有普通教育和高等教育的层次之分。另外，社会在不断地发展变化，人们文化消费的层次也在不断地发展变化，一是就消费对象的形式和内容而言，某项文化消费今天属于发展消费层次，明天就可能降至享受消费层次，每个层次的消费内容和形式总是处于从低级向高级的变动之中；二是就消费主体而言，一个人今天主要在享受消费中，明天就可能主要在发展消费中，后天可能又到休闲消费中，人在不同的文化消费层次之间不断地游动，就人类总体而言，文化消费的规律是从低层次向高层次发展。

第三，文化消费存在有限性和无限性。就一个人、一群人或者某一时间、某一地域而言，文化消费存在有限性。这就是说，一个人或一群人生活的空间或生命的时间总是有限的，他或他们的文化消费也是有限的。但是就整个人类而言，社会是不断发展的，人类是不断进步的，人们的文化消费欲望没有止境，文化消费不断更新升级，消费的内容和形式的变化是无限的，这是一种客观的必然。掌握文化消费的有限性和无限性，对于谋划文化产业的发展和调控人们的文化消费行为有重要的意义。就谋划文化产业的发展而言，一是要依照特定历史阶段人们文化消费的需求，发展那些人们急需的文化产业行业和产品或服务，超越现实文化消费的限度是不行的；二是从长远看必须大力发展文化产业，以满足人们无限增长的文化消费需求。就调控人们的文化消费行为而言，必须依据经济社会发展的阶段性水平，对人们的文化消费能力、范围、层次做出正确的判断，科学地引导文化消费，既不可过分超前“高消费”，更不可滞后消费造成市场“疲软”。一个正常发展的国家或地区，总是要不断地满足人们日益增长或无限发展的文化消费需求，抑制这一需求是不对的。

第四，文化消费存在个性化和社会化。文化消费的个性化，是指不同的人或人群有自己的文化消费爱好，这是文化消费多样性的原因之一。人的性情不同，年龄、性别、民族不同，生活阅历、受教育的水平不同，生活的地域不同，政治、经济、文化制度环境不同，个人或家庭收入水平不同，使得人对文化消费的选择不同，呈现个性化。文化消费的个性化使文化消费千姿百态、斑斓纷繁。文化消费呈现个性化的同时又具有明显的社会化特征。文化消费是人类社会活动的基本内容之一，从一定的意义上讲，人人都参与文化消费，文化消费是社会的文化消费。这是因为，每个人的文化消费都要受其亲属、朋友或社会环境的影响，离开社会的文化消费其实是不存在的。社会公共服务提供的文化消费最具文化消费的社会性，文化产业提供的文化商品和服务的消费最能直接体现文化消费的社会性。广而言之，文化消费的社会化还表现为文化消费的国际化趋势。当前这一趋势已十分明显，文化消费的国际示范效应不断扩大，使各国的文化消费观念、消费方式和消费行为互相影响、互相渗透。特别是现代传媒和互联网的发展，大大推进了跨国文化消费，促进了文化消费的国际化。

第五，文化消费具有时间的延伸性。文化消费是一种精神生活，它与物质消费或物质生活不同，物质消费的效率表现为时间的节约，而文化消费和效率则表现为时间的延伸。人们在一项文化消费上占用的时间越长，说明这项文化消费对人的吸引力越大，这项文化项目对文化企业经营而言，赚钱的可能性就越大。从文化消费的作用讲，文化消费时间的延伸性还表现为对人的“灵魂”的塑造。文化消费作为一种精神生活，它不仅仅存在于进行这种消费的同时，还可能持续到消费之后的很长时间。比如，人们看一场电影，不是说走出电影院，这个消费就完结了，电影中的场景、蕴含的意义可能使人们久久回味，甚至对人的世界观、价值观和人生观产生一辈子的影响。文化消费不仅能引导、改变、塑造人们的审美观念、情趣和能力，还能引领科学、健康和文明的社会生活方式，使全社会形成蓬勃向上、团结和谐的风貌，对国家起着长治久安的作用。

第六，文化消费存在无偿性和有偿性。文化消费就消费品的供给方而言存在无偿和有偿，就消费主体而言存在无须付酬和必须付酬两种情况。政府公共文化服务职能所提供的文化消费品和服务，消费者作为纳税人都有平等的享受权利，这是国家公共文化福利的一部分，无须缴纳费用，是无偿提供的。而文化企业提供的文化消费品和服务，消费者必须缴纳费用，是文化企业有偿提供的。文化产业所提供的文化消费除了具有上述消费的多样性、层次性、有限性和无限性、个性化和社会化、消费时间的延伸性五个特征之外，其独有的一个特征就是消费的有偿性。

二、文化消费水平的定义及其指标

1. 文化消费水平的定义

文化消费水平，有广义和狭义之分。狭义的文化消费水平，是指文化消费品或服务的数量，反映人们文化需要实际满足的程度。它可以用实物指标表示，如每年人均订几份报纸或刊物、看多少场电影或艺术表演。它还可以用货币指标表示，如每年人均文化消费额多少元，人均娱乐消费支出多少元。

广义的文化消费水平，不仅包括文化消费品的数量，而且包括文化消费品的质量。文化消费品的质量高低，反映了满足文化需求的程度，进而反映了文化消费水平的高低。文化消费水平内含文化消费品或服务的数量和质量两个方面，提高文化消费水平，既指量的增加，又指质的提高。只有数量的增加，而无质量的提高，不可能大幅度提高文化消费水平。

文化产业组织理论重视广义文化消费水平的研究，既讨论文化消费的数量，又讨论文化消费的质量，还讨论文化消费的环境等。

2. 文化消费水平指标

文化消费水平指标是一个体系，基本指标为人均文化消费额，是指反映一定时期内（通常为一年）以货币形式表现的人均消费量。计算公式如下：

$$人均文化消费额=\frac{消费总额}{人口总量}$$

人均文化消费额是反映文化消费水平的综合性指标，人均文化消费额增加通常表明文化消费水平提高。人均文化消费额受文化商品或服务价格的影响，对人均文化消费额进行动态比较分析时，应剔除价格变动的因素，注意可比性。对人均文化消费额进行国别比较分析时，通过外汇比价换算之后，即可判断文化消费水平的差异。

人均文化实物消费量，是指反映一定时期内（通常为一年）人均拥有或消费的实物形态的文化消费品的数量。如图书消费量，当年国内市场图书销售总量与进口图书的销售总量之和，除以人口总量，大致可以得到人均图书消费量。当然，当年入境外国人也会在国内市场上购买图书，特别是以旅游为支柱产业的国家和地区，入境外国人图书消费的数量可能还不小，应当剔除外国人购书的部分。不同国度和地区的文化实物消费量的差异，往往反映着消费水平的差异。

人均文化服务消费量，是指反映一个时期内（通常为一年）人均消费的文化服务形态的数量。比如，人均休闲旅游的次数及其消费额。文化服务消费量和实物消费量按同一方向但未必按正比例增长。这是因为文化消费水平越高，文化服务消费量与文化实物消费量相比，文化服务消费量的增幅就越大。

按照广义文化消费水平的概念，仅仅通过以上基本指标评价文化消费水平是不够的，还要结合文化消费结构、人口状况、人们的闲暇时间、地理环境、气候环境、人文环境、出行环境、经济环境和制度环境等诸多条件和因素来评价文化消费水平的高低。

三、文化消费水平差异及其标准

1. 文化消费水平差异

正是由于以上诸多因素共同发挥作用，文化消费水平在不同的国家、地区和不同的职业群体中存在着差异。

一是国家间文化消费水平的差异。当今世界，国与国之间文化消费水平存在着巨大差距，发达国家与发展中国家的人均文化消费额相差悬殊。原因主要是社会生产力发展水平不同，再就是人口状况和人文背景不同。广大发展中国家文化消费绝对量和人均量都还很低。欧美国家则具有很高的文化消费水平，这些国家的文化产业比较发达，这就决定了欧美与广大发展中国家在文化消费的内容和形式上存在着诸多差异，进而影响文化消费水平。

二是城乡居民间文化消费水平的差异。世界各国的城市化水平不同，绝大多数国家特别是发展中国家城乡差别还比较明显，这就导致城乡文化消费水平存在差异。城乡差别和城乡文化消费水平差异是一致的。发达国家城市化水平高，城乡差别小，城乡文化消费水平差异就小，其微小差异主要是城乡不同的文化消费环境、习俗等因素所致。发展中国家特别是一些比较贫困的国家，城乡差别大，城乡文化消费水平差异就大，其差异主要是地域经济发展水平和居民收入水平不同所致。中国的城市化水平还比较低，城乡二元经济结构和城乡差别导致的城乡文化消费水平的差异还比较大。

三是家庭之间文化消费水平的差异。家庭之间文化消费水平的差异主要是家庭收入的差别造成的。就以对中国深圳市的抽样调查为例：1998 年该市按照人均可支配收入水平，20% 的低收入户的人均娱乐、文教、服务消费支出为 1 374 元，占消费性支出的 13.2%；60% 的中等收入户为 2 067 元，占 14.3%；20% 的高收入户为 3 398 元，占 13.6%。① 这个资料说明了由家庭收入差别导致的文化消费水平的差异。

调查分析研究文化消费水平具有重要意义。从宏观上讲，它是制定文化消费发展战略的客观依据，同时又是制定文化产业发展战略、对外文化经贸战略和宏观调控政策体系的依据之一。从微观上讲，它是谋划文化企业的经营目标、战略和策略，乃至选择策划文化产业项目的客观依据之一。

2. 文化消费水平标准

文化消费水平标准，有最低文化消费水平和合理文化消费水平之分。所谓最低文化消费水平，是指维持劳动力再生产的必需的文化消费品（或服务）的最低数量界限。实现最低文化消费水平，是指满足人最起码的教育和娱乐方面的需要。最低文化消费费用 = 最低文化消费品量 × 价格 + 最低文化服务量 × 价格。确定最低文化消费水平标准，依据国民收入的增长情况、平均工资和最低工资水平以及消费水平的差异。最低文化消费水平标准不是一成不变的，而是随着经济增长、国民收入的增长、工资水平的提高，隔一个时期确定一次。

提出最低文化消费水平的概念有两个益处：一是让人们知道最低消费水平当中不只是最低的生存资料的消费，还包括必不可少的最低的文化消费；二是在制定文化消费发展战略、文化产业发展战略和相关宏观调控政策时，不要忽视文化消费的弱势群体。

---

① 胡惠林、李康化：《文化经济学》，上海文艺出版社，2003，第 95 页。

合理文化消费水平，是指在特定生产力和文化力发展条件下，合理地利用资源，使经济和文化健康稳定发展，使人们的文化需要得到最大限度的满足。就整个消费而言，讲合理消费面对着两组矛盾：一是生产和生活的矛盾，也就是生产和消费的关系问题。有人讲，先生产后生活，这是片面的。正确的观点是，既要生产又要生活，生产是为了生活，生活促进生产。合理消费水平，就是在现有条件下最大限度地满足消费需要，又能大大促进生产发展的消费水平。二是消费当中的生存消费、发展消费和享乐消费之间的矛盾问题。消费水平合理与否，不仅仅指总的消费量水平，还应当考虑其中生活、发展和享乐消费之间的比例。从大的方面讲，就是物质消费和文化消费的比例合理与否，这是合理消费水平的重要表现。

合理文化消费水平标准，不是一成不变的，它随经济、社会、文化和科技的发展而变化。这个变化包括三个方面的内容，一是文化消费总额的变化；二是文化消费中消费内容的变化；三是消费项目质量的变化。合理文化消费水平标准的合理化变动趋势是：消费总额越来越大，消费内容越来越丰富，消费层次越来越高，消费质量越来越好。

3. 提高文化消费水平的途径

第一，增加文化消费品（或服务）的供给。通常情况下，文化消费品（或服务）的供给与人们日益增长的文化精神需求之间存在着矛盾，解决这一矛盾的途径之一就是增加文化消费品（或服务）的供给。增加供给包括三个方面的内容：一是增加文化消费品（或服务）供给的数量；二是提高文化消费品（或服务）的质量；三是提升文化消费品（或服务）的层次，扩大供给领域，丰富文化消费的内涵。当人们的文化消费水平达到一定幅度之后，低层次的文化消费品（或服务）的供给可能已经过剩，但高层次高质量的文化消费品（或服务）却可能供不应求，此时增加高层次高质量文化消费品（或服务）的生产能力和供给能力十分必要。

第二，提高消费者的收入和教育水平。文化消费水平同消费者的收入水平和受教育的水平有直接的关系，文化消费水平的差异主要是由居民收入水平和受教育水平造成的。以中国为例，2001 年对长沙市文化消费水平的抽象调查说明，影响文化消费的主要因素的排行如下：收入水平 49.3%，闲暇时间 29.0%，文化程度 9.98%，其他 11.7%。① 另据多项资料显示，文化消费水平与消费者受教育的程度呈正相关，文化程度越高的人文化消费水平也越高，居民平均文化程度越高的地区文化消费水平越高。所以，提高消费者的收入和受教育水平，是提高文化消费水平的重要途径。

第三，增加消费者的闲暇时间。所谓闲暇时间，是指人们可以自由支配的时间，人们在工作岗位上的时间不可能自由支配，文化消费大都在闲暇时间进行。美国、加拿大、欧洲、澳大利亚、新西兰和其他文化消费水平比较高的国家和地区，居民的闲暇时间普遍较长。从上述中国长沙市的调查资料中可以看出，在影响文化消费水平的诸因素中，闲暇时间是仅次于收入水平的第二位因素。显然，增加人们的闲暇时间是提高文化消费水平的有效途径。

第四，大力发展文化产业。大力发展文化产业是增加文化消费品（或服务）供给的必然选择，凡是文化产业发达的国家都是文化消费水平比较高的国家。文化产业一般来讲与大众文化相连接。仅靠精英文化，受众有限，不可能大幅度提高文化消费总额。只有大众文化兴起，消费者众多，才可能大幅提高文化消费总额。另外，从消费领域观察，大众文化的兴起，使文化消费的内容大大扩展，形式千姿百态，可以满足不同层次、不同收入水平、不同职业的人的文化消费需求，这也大大提高了全社会的文化消费水平。

---

① 胡惠林、李康化：《文化经济学》，第 97 页。

第五，改善文化消费环境。文化消费环境是文化消费质量的有机内容。文化消费环境，包括文化消费的硬件（设施）和软件（服务、法制）环境两大方面。软件环境当中，最重要的是文化消费品的价格环境，要注意保护文化消费者的正当权益。文化消费品的价格垄断现象无益于提高文化消费水平。优良的消费环境，可以扩展人们的消费空间。只有改善文化消费环境，才能提高文化消费水平。

第二节　文化消费结构

文化消费结构，反映了人们的文化消费水平、文化消费质量以及对文化消费需求满足的状况。

一、文化消费结构的定义和影响因素

1. 文化消费结构的定义

文化消费结构，是指人们在文化消费过程中享用的各种不同类型的文化消费品（或服务）的比例关系。主要包括：按文化消费的表现形态，有享用文化消费品与享用文化服务之间的比例；按文化消费的经济形式，有商品性文化消费与自给性文化消费之间的比例；按文化消费的方式，有个人文化消费与集团文化消费之间的比例；文化消费品各种实物形态之间的比例；各种文化消费品和服务价值形态之间的比例。

一般地讲，实物形式的文化消费结构决定价值形态的消费结构，价值形态的消费结构近似地反映实物形态的消费结构，并可以弥补某些实物文化消费品不可避免的缺陷。但是由于文化消费中文化服务型的消费占有一定比例且占的分量将越来越高，加之文化消费品（或服务）的价格因素等，实物形态的消费结构与价值形态消费结构

之间，实际上存在差别。这个差别不可忽略。

文化消费结构具有层次性。文化消费结构的层次性具有两个方面的含义：一是从某个国家或地区发展的不同时期（纵向比较）看，有低层次、较高层次和高层次，并且层次的变化随时间的推移和经济、社会文化、科技的发展而递进升级；二是从同一时间内不同发展水平的国家、地区以及不同的消费群体（横向比较）看，具有不同的层次。即在同一时间内，有的处于高层次，有的处于较高层次，有的处于低层次。研究文化消费结构层次，可以预测不同国家、地区、群体未来的文化消费趋势，对于制定文化消费战略和谋划文化产业发展具有重要意义。

2. 影响文化消费结构的因素

影响文化消费结构的因素很多，既有经济因素，也有文化因素，还有制度因素。特定的文化消费结构状况，是特定的经济、文化和制度等众多因素综合作用的结果。通常讨论影响文化消费结构的因素是指那些直接的因素，主要有以下因素：

第一，收入。收入是影响文化消费结构直接的、重要的、基本的因素。人均国民收入的变化，不仅影响文化消费水平，而且影响文化消费结构。在国民收入分配中，积累和消费的比例、消费基金的增长速度、消费基金中个人消费基金的增长速度，对社会文化消费结构和居民家庭文化消费结构都有直接的影响。收入变化，会影响文化消费结构层次的变化。收入提高，意味着人们对文化消费品（或服务）的购买力的提高，文化消费需求层次也会提高，必然导致文化消费结构层次升级。这就是说，人们收入变化后，对文化消费品（或服务）的需求弹性发生了变化，对有些文化消费品（或服务）的需求可能维持在一个水平上甚至下降，对另外一些文化消费品（或服务）的需求可能大增，进而影响文化消费类型方式比例发生变化，使文化消费结构层次由低向高逐级递进。

第二，价格。价格是影响文化消费结构重要的、基本的因素。在其他因素不变的情况下，文化消费品（或服务）价格总水平的高低，一方面影响文化消费水平，另一方面影响文化消费结构。一般地讲，当某种文化消费品（或服务）价格下降，人们对它的需求就会增加，消费也随之增加；当某种文化消费品（或服务）价格上升，人们对它的需求就会下降，消费也随之下降。价格直接影响需求弹性，进而影响消费结构。当然，这里有一个理论假设，即在其他因素不变的情况下。现实生活中，价格之外的因素也在时刻变化，如受消费心理的影响，人们对价格，也会买涨不买跌。再比如，不同的消费群体消费心理是不同的，消费的动机非常复杂，对某些“老板”“大款”而言，在他们的商务交际中，讲究的是派头，追求的是奢华消费。这些特殊情况在讨论价格对文化消费结构的影响时不能不考虑到，在一定的环境下和一定的时段上消费，包括文化消费疲软的情况也有可能发生，即使物价水平较低，人们本来也有需求，却就是“拒购”或持币待购，似乎价格因素不起作用，这就需要从多方面分析原因了。但总的来看，价格的变化对文化消费结构的影响还是非常直接的。

第三，闲暇。人们的闲暇时间是影响文化消费结构的重要因素。一是影响消费类型中文化消费品与文化服务之间的比例，一般地讲，闲暇时间长，文化服务消费量就大一些，比重就高一些；二是影响文化消费方式中如教育型消费与娱乐型消费的比例，一般地讲，闲暇时间长，娱乐（包括旅游）消费量就大一些，比重就高一些；三是影响文化消费结构层次的变化，一般地讲，闲暇时间越长，文化消费结构层次越高。

第四，供给。文化消费品（或服务）的供给是影响文化消费结构的基本因素。一般来说，文化消费品（或服务）的供给结构影响着文化消费结构，供给结构的变化影响着消费结构的变化。当然，供给转化为现实的消费，中间有一个交换的环节，供过于求和供不应求是经常发生的现象，所以文化消费结构又反过来影响文化供给结构。文化供给结构和文化消费结构是互为影响、互为作用的。以中国为例，在计划经济体制的年代里，文化供给比较单调，文化消费也单调；改革开放以后，文化供给相对丰富了，文化消费也随之丰富起来。再引申一步讨论，文化供给结构是由产业结构所决定的，如果在三次产业中第三产业的比重过低，第三产业中的文化产业不发达，文化供给结构的层次肯定低，所以产业结构是影响文化消费结构的一个间接因素。

第五，人口。文化消费的主体是人，人口的数量和人口的结构是影响文化消费结构的重要因素。人口数量影响人均文化消费额，从而影响文化消费结构。人口的城乡、性别、年龄、文化程度、居住地域、民族等结构的不同，都造成文化消费偏好的差异，从而使文化消费结构出现较大差异。当人口的上述种种结构发生变化时，都会影响文化消费结构的变化。比如，城市化进程使人口的城乡结构发生了变化，城乡文化消费习俗差异必然使文化消费结构发生变化。再比如，一些国家开始进入老龄化社会，人口年龄结构发生了变化，年龄文化消费差异必然使文化消费结构发生变化。

此外，有些学者把文化消费心理、文化消费习俗、价值观、文化观、宗教信仰等作为影响文化消费结构的因素，还有的学者把文化经济体制、政府文化规制和国家产业引导政策也作为影响文化消费结构的因素，都是有一定道理的。

二、文化消费结构合理化

文化消费结构合理化，是指文化消费结构由不合理状态逐步向合理状态调整或变迁的过程。有意识地改变不合理的文化消费结构，目的是追求合理的文化消费。

1. 合理文化消费结构

第一，文化消费结构的层次合理。文化消费结构的层次是否合理，主要是看它与当时社会生产力的发展是否协调。只有社会生产力不断发展，人们的收入才能不断增加，从而提高文化消费水平，确立相应的文化消费结构。超越社会生产力发展阶段性水平的文化消费结构，不利于国民经济的可持续发展，并最终损害人们的文化消费。这是因为，虽然生产决定消费，但文化消费对文化生产结构、流通结构和分配结构也有很大的反作用，文化消费结构对第三产业结构也有很大影响，与社会生产力发展水平相协调的文化消费结构层次，才是合理的文化消费结构。

第二，文化消费类别比例合理。也就是文化消费的实物性消费与服务性消费之间、商品性消费与自给性消费之间、个人消费与集团消费之间、娱乐性消费与发展性消费之间比例的协调。在一定的社会生产力发展水平和人们的收入水平上，不同的消费类型、形式和内容是客观存在的，它们之间的比例总有一种是最合理的，人们不可能充分实现文化消费的所有需求，而是应当分清轻重缓急，各有各的文化消费重点。就全社会而言，不同的发展阶段，也应当有不同的文化消费重点。如果上述各类文化消费的比例不和谐，势必出现文化消费的畸形结构。出现畸形文化消费结构的后果，就是人们的支出结构发生偏差，损害的还是消费者自己。各种类型、形式和内容比例和谐的文化消费结构，才是合理的文化消费结构。

第三，具有良好的文化消费效果。文化消费结构合理，就会产生良好的文化消费效果：一是文化消费反作用于文化生产、交换和分配，促进了文化的社会再生产；二是文化消费与文化以外的生活消费协调，使社会整体消费顺畅；三是促成了健康向上的文化消费风气。健康的文化消费风气源自合理的文化消费结构，健康的文化消费是合理文化消费结构不可忽视的重要内容。如果文化消费品和活动，存在一些低级、庸俗、腐朽、没落的内容，就会影响人们的身心健康，对社会造成精神污染，这一文化消费结构就是不合理的。产生良好消费效果的文化消费结构，才是合理的文化消费结构。

综上所述，文化消费结构合理化实际上存在经济、生理和社会等三个标准，也就是说，文化消费结构合理化意味着能够推进社会生产力的可持续发展，能够保障人们的身心健康，能够推动社会物质文明、精神文明和政治文明向前发展。当然，合理文化消费结构也是相对的，它随时间、地域和其他条件的变化而变化。在一定时期、一定区域和一定条件下，它可能是合理的；在另一时期、另一区域和另一条件下，它可能就变为不合理。文化消费结构合理与否，必须从一定时期、一定区域和一定条件的实际去看，并且要随着时期、区域和条件的变化进行动态的分析。

2. 文化消费结构合理化的途径

第一，提高居民的收入水平，促进文化消费结构升级。美国经济学家霍利斯·钱纳里等人的研究表明，人均GNP在1000美元左右时，居民消费占GDP的份额大体为61%。许多发展中国家的消费水平尚达不到这一比例，整个消费率过低，使文化消费以及文化消费结构升级受到需求约束，因此只有提高居民特别是中低收入居民的收入水平，才能带动文化消费结构的变化。在消费倾向既定的情况下，居民收入水平决定着支出水平，而居民的支出水平又决定着消费结构。消费倾向是有界限的，人们不可能把收入全部用来支付文化消费，文化消费不可能无限度地扩张，只有提高居民的收入水平，才能使文化消费的绝对量和文化消费倾向有所改变，实现文化消费结构的合理化或文化消费结构升级。

第二，调整产业结构，发展文化产业。文化消费品（或服务）的供给依靠第三产业中的文化产业。大多数发展中国家的一、二、三次产业的结构不理想，主要是第三产业的规模偏小。因此需要大力调整一、二、三次产业的结构，提高第三产业的比重。第三产业的门类很多，与文化消费直接有关的是文化产业，因此又必须大力发展文化产业。只有大力发展文化产业，才能促进文化的生产结构升级换代，文化消费品（或服务）供给量越多，内容越丰富，才能为建立合理的文化消费结构创造物质条件或基础。

第三，确保文化消费价格合理，形成合理的文化消费结构。在一定的产业结构和居民收入的情况下，能否形成比较合理的文化消费结构，与文化消费品（或服务）的价格及其比价有一定的关系。文化消费品（或服务）的价格、不同文化消费品（或服务）之间的比价制约着人们的文化消费倾向、消费的绝对量和消费结构。国家要建立和健全对文化消费品（或服务）价格的调控体系，一是保证价格合理、比价合理，防止价格垄断；二是要防止文化消费品（或服务）价格的大起大落，防止“通货膨胀”和“低迷”；三是要加强对文化市场的监管，保证文化消费品（或服务）的质量，打击假冒伪劣，做到货真价实。

第四，正确引导文化消费，营造健康的文化消费氛围。在一定意义上讲，或者说在客观条件既定的情况下，消费者的主观认识、态度和指向对文化消费结构的形成和变化也有一定的影响。人们文化消费的观念、心理、兴趣、爱好都制约着文化消费的绝对量、重点和结构，从而影响文化消费结构的合理化或升级。世界各国政府都对文化消费进行一定的监管和控制，完全放任不管的政府几乎没有，只是监控的内容、手段和方法不同而已。正确地引领文化消费，一是确保国家文化安全，许多国家把爱国主义教育寓于文化消费之中，并把它作为对文化消费进行监控的重点，作为引领文化消费的核心内容；二是防止低级腐朽的文化消费内容导致人们特别是青少年精神颓废甚至犯罪，改造那些不正确、不健康、不文明的文化消费观念、心理和偏向。当然，由于价值观不同，不同制度的国家对文化消费健康与否的评价尺度是不同的，在一国习以为常的东西在另一国可能视为不可容忍。但是不管意识形态差异多大，在文化消费中融入诸如博爱、平等、和谐等内容，还是全人类的共识。

三、文化消费结构升级

1. 文化消费结构升级的含义

文化消费结构升级，是社会文化消费需求由代表低一级消费时代的主流消费品（或服务）到代表高一级时代的主流消费品（或服务）的变动过程。文化消费结构升级是文化消费结构层次的递升。代表每一文化消费时代的主流消费品（或服务）的消费都有一个消费周期，都要经过消费潮流初期的积蓄期，然后达到消费潮流接近中期的鼎盛期，之后进入消费潮流后期的衰落期，直至表现为消费需求缩小，文化消费潮流方向发生变化，进入另一个更高一级的消费潮流期。“甲”文化消费潮流代表性消费品（或服务）的消费，与“乙”文化消费潮流代表性消费品（或服务）的消费，是压茬更替的。“甲”潮流后期的衰弱期，同时又是“乙”潮流初期的积蓄期。需要指出的是，文化消费结构的升级周期，从低级向高级一次比一次间隔积蓄的时间长。究其原因，主要是越高一级的文化消费结构，消费支出越大。文化消费潮流积蓄期拉大，给文化消费结构升级带来更为复杂的变化因素。还需要指出的是，代表性文化消费品（或服务）的消费潮流与文化消费结构时代，不是等同的概念，它们既有联系又有区别。往往是若干个或若干种文化消费品（或服务）消费潮流积累在一起（这些文化消费品和服务均有代表性），引起文化消费结构时代的升级。

2. 文化消费结构升级的趋势

第一，从文化消费表现形式上看，服务性文化消费的比重趋大，实物性文化消费的比重趋小。实物性文化消费，顾名思义，文化消费的对象为实物，如图书、期刊、画展、影展等。伴随经济的发展和社会的进步，人们的文化消费需求越来越大，实物性文化消费的绝对量将逐渐增长。但从文化消费表现形式结构（即实物性文化消费与服务性文化消费比例）上讲，实物性文化消费的比重趋向缩小。服务性文化消费，顾名思义，享受的是文化服务，如休闲旅游、保健休闲、大众娱乐等活动。从20世纪世界许多国家的文化消费变化状况看，服务性文化消费的绝对性越来越大，同时它在文化消费表现形式结构中的比重趋向扩大。这与文化产业的兴起不无关系。文化产业兴起，提供了更多的大众文化服务性项目，改变着人们的文化消费倾向，引领了文化消费结构升级的趋势。

第二，从文化消费经济形式上看，商品性文化消费的比重趋大，自给性文化消费的比重趋小。商品性文化消费，顾名思义，文化消费品（或服务）需要消费者购买。由于人们收入的增加，购买力增强，特别是文化产业的兴起，商业性的文化活动多了，人们又有大众文化消费的需求，导致不仅商品性文化消费的绝对量增加，而且在文化消费的经济形式结构中比重趋向扩大。自给性的文化消费，是指个人或家庭自己制造、自己欣赏的小规模的文化消费，不需要较多的人财物力，如自编自演的娱乐、自造玩具供孩子玩耍、家庭书法绘画展览自己欣赏等。再比如，家长为培养孩子智力而自己整理的学习资料等。自给性的文化消费古来有之，高雅文明家庭的自给性文化消费的活动量也比较大。有些收入较低的家庭，鉴于购买能力的局限，也常常自己制作一些文化消费品或自办一些文化消费活动。这些都在传统文明活动范围内，但活动内容比较陈旧。文化产业的兴起，引领文化消费商品化的到来，花钱购买比自己制作省时省力且内容新颖，消费效果比自给性文化消费好得多。因此，自给性文化消费的绝对量及其比重都趋向于变小。

第三，从文化消费方式上看，个人文化消费的比重趋大，集团文化消费的比重趋小。从世界范围观察，凡是市场经济体制成熟的国家和地区，在个人文化消费和集团文化消费的比例中，个人文化消费的比重都比较大，集团文化消费的比重很小。即使是北欧这种社会福利型市场经济体制的国家，文化消费的层次较高，有的社区文化娱乐较多，但个人文化消费也占了绝大比重。曾经历过计划经济体制或经济集权型的国家，当时文化消费的层次不高，但集团文化消费的比重普遍较大。计划经济体制的国家现大都在向市场经济体制转型，所以从文化消费方式的发展趋势上看，必然是个人文化消费的比重增大，集团文化消费的比重逐渐变小。

第三节　文化消费规律

所谓规律是指事物之间必然的联系，即一事物的变化及其变化的方向和程度，必然引起另一事物的变化及其相应的变化方向和程度，这就是规律。规律是一个体系，并且具有层次性，在不同层次上有不同的规律，在不同领域中有不同的规律。

文化消费规律主要有以下几条：一是文化消费多样性和层次性的规律；二是文化消费水平从低向高递进的规律；三是消费者闲暇时间增加，文化消费水平上升的规律；四是消费者人均收入增长，文化消费结构升级的规律；五是主流文化消费品（或服务）在文化消费结构升级过程中压茬更替的规律；六是文化消费水平和文化消费结构合理化的规律；七是文化消费结构升级中文化消费的不同表现形式之间、不同经济形式之间、不同消费方式之间比例变化的规律和趋势等。

下面将在更广阔的时空中讨论文化消费规律，即从文化消费与文化消费之外的事物的联系上，主要是文化消费与经济增长水平、文化消费与工业化水平、文化消费与城市化水平、文化消费与信息化水平、文化消费与教育发展水平的联系上探索规律性的东西。这实际上是跳出文化消费来观察文化消费，是到文化消费之外去研究文化消费。文化消费水平上升和文化消费结构升级，既是文化消费领域本身一些具体规律起作用的结果，更是文化消费与相关的经济领域之间必然联系的结果，是更高一级规律发挥作用的结果。

一、文化消费与经济增长水平

文化消费水平与经济增长是一种相互依存、相辅相成的关系。一般认为，经济增长决定文化消费水平，有什么样的经济增长，就有什么样的文化消费；反过来，文化消费水平又影响经济增长，文化消费会拉动经济增长。

第一，文化消费水平随经济增长而提高。消费是对 GDP 的使用，只有 GDP 增长，GDP 中用于文化消费的部分才能增加。在消费经济学中有一个消费倾向的概念，消费倾向是反映消费水平与经济增长关系的价值量经济指标，指消费支出在收入中所占的比重。人们的收入主要用于消费和投资两大块，消费占的过多，势必影响投资，影响 GDP 增长，进而损害消费水平的提高，可见 GDP 增长是消费水平提高的根本条件。随着 GDP 增长，消费倾向呈下降趋势。这是因为：如果消费倾向上升，消费总量增长会快于 GDP 总量增长；如果消费倾向下降，消费总量增长会慢于 GDP 总量增长，虽然消费倾向的上升在短期内意味着消费水平的提高，但长期看消费倾向上升不是消费水平提高的根本因素，消费倾向上升是有限度的。上述关于消费水平与经济增长的关系，也适用于文化消费水平与经济增长的关系。当然，在消费中还有一个其他消费与文化消费的构成问题，在一定发展阶段上，伴随 GDP 的增长，其他消费与文化消费并不一定都会平行的上升，但是从长期和根本条件上看，文化消费水平必然随经济增长而提高。

第二，文化消费水平和文化消费结构随经济增长阶段发生突破性变化。从20世纪世界各国文化消费演变的历史分析中，人们发现人均GDP 1 000美元是一个界点。当人均GDP达到1 000美元左右的时候，社会总消费倾向基本稳定下来，意味着文化消费提高到一个新水平。霍利斯·钱纳里等人研究了人均GNP与消费倾向的关系并得出结论说，在人均GNP 100～1 000美元的时候，随着人均收入的增长，消费倾向下降，其中在人均GNP 100～200美元的区间，消费倾向下降较快，达到人均GNP 200美元后速度变慢，在人均GNP达到1 000美元之后，总消费倾向就稳定下来。消费倾向下降，是指居民支出中用于消费的比重下降，这并不意味着消费水平下降，因为随着人均GNP的增长，消费水平和规模总是在上升和扩大的。消费倾向不再下降，并且稳定下来，意味着随着人均GNP的增长，消费水平和规模会有更快的上升和更大的扩张。GNP和GDP不是一个概念，但是霍利斯·钱纳里的理论可以作为一个论据，说明经济增长到一定阶段，消费水平发生层次性的提升。一般来说，随着总消费水平的提升，文化消费水平也会提升。当人均GDP达到1 000美元左右的时候，在总消费水平提升中，一般物质性消费（特别是食品）的比重下降，文化消费的比重上升，此时人们开始追求一种文化（精神）含量更多的消费方式，整个社会开始向文化（精神）消费转型。当人均GDP达到1 000美元左右的时候，文化消费结构也发生变化，文化消费结构的表现形式、经济形式和文化消费方式均发生较大的变化，从低一级层次上升到高一级层次。文化消费结构升级反作用于文化消费品（或服务）的供给，促使文化产业和大众文化的兴起兴盛，又进一步促进文化消费，从而实现文化消费水平和文化消费结构突破性的变化。

二、文化消费与工业化水平

社会再生产中，生产决定消费的对象、水平和结构。只有生产出消费资料才能有可供消费的对象，生产的内容决定消费的内容，生产力水平决定消费的水平，生产结构决定消费的结构。社会发展到工业化时期，工业化对文化消费的主体、内容、水平和结构，均发生了至关重要的影响。

第一，文化消费的主体变得更为广泛了。在前工业化时期，文化消费的主体主要是贵族阶层，消费内容是所谓古典高雅的精英主义文化。工业化之后，文化产业兴起，大众文化消费占据了文化消费的广大领域，文化消费的主体更多的是大众百姓，这比少数贵族阶层从人数上看广泛得多。人的观念随着步入工业化时代发生了前所未有的变化，农业社会中形成的封闭、自给自足、狭隘的文化价值观念，被现代工业文明中形成的开放、商品化、社会化的文化价值观念所取代，人们的消费心理偏好与前工业化时期相比发生了时代性的巨变。

第二，文化消费内容变得更加丰富多彩了。大众文化比精英文化，更体现文化的多样性，消费的内容和领域大大拓宽。文化消费结构的层次比之前工业化时代大大升级，不论从文化消费的表现形式、经济形式还是文化消费的方式上看，都发生了时代性的巨变。

第三，从动态上看，工业化水平与文化消费水平、文化消费结构呈现正相关关系。工业化水平越高，文化消费水平和文化消费结构层次也随之升高，这是规律。需要特别指出的是，到了工业化中后期，现代高新技术在工业中广泛运用，文化产业的技术构成发生重要变化，又催生了新的文化消费需求，如网络教育和网络游戏等，使文化消费水平和文化消费结构进一步升级。

三、文化消费与城市化水平

所谓城市化，是指人口由农村不断向城市和城镇集聚的过程。城市化起步于工业化初期，发达工业化国家已经完成了城市化，城镇人口占总人口的绝大部分，农村人口仅占很小的比重。大多数发展中国家尚处在城市化的过程之中，有些发展中国家城市化水平还很低。城市化水平直接影响着文化消费水平和文化消费结构。

第一，从文化消费对象上看，城市居民和农村居民的文化程度、素养、习俗不同，文化消费的观念和偏好存在较大的差异。城市居民与农村居民相比，消费观念更贴近现代文化消费，而且城市居民的人均收入一般比农村居民高，城市居民的文化消费支付能力也高于农村居民的文化消费支出能力。

第二，从文化消费内容上看，城市特别是现代大都市具有社会生活知识化、知识文化国际化、交通通信网络化和文化基础设施现代化的特点。这些都是现代文化消费必不可少的条件，有了这些条件，文化消费的内容就可以大大拓展。

第三，从文化消费品供给上看，一般地讲，文化产业的绝大部分资源集中在城市，城市是文化产业的主要载体，文化企业大都建在城市和城市群中，有的城市（如美国洛杉矶的好莱坞镇）的形成就源于文化产业。在城市中文化消费品和服务的供给，在交换环节的费用通常小于农村。显而易见，城市文化消费水平高于农村。

总之，城市化水平与文化消费水平、文化消费结构呈正相关，从动态上看也是如此，城市化水平越高，文化消费水平与文化消费结构层次也随之升高，这是规律。目前，绝大多数发展中国家的城市化水平还比较低，有的仍然是城乡二元经济结构，因此文化消费也呈现城乡二元结构的状况。发展中国家要想大幅度提高文化消费水平，使文化消费结构进一步升级，必须加速城市化进程。

四、文化消费与信息化水平

人类已经进入了信息化、数字化时代，同时也进入了信息化、数字化文化消费时代。20 世纪初，当文化产业初见端倪，大众文化消费兴起之际，法兰克福学派曾对文化工业和大众文化消费持否定和批判的态度。而在 20 世纪末，当高新技术与文化艺术产业资源结合形成新的文化产业形态的时候，当信息数字传输服务与现代文化消费娱乐结合形成新的文化消费方式的时候，就鲜见学者对它进行否定和批判了。

所谓信息化，是指应用信息技术和数字技术的过程。信息技术是以微电子技术、计算机技术和数字技术为核心，包括信息的采集、处理、存储、传播和开发利用，涉及传感技术、多媒体技术、光导纤维技术、集成电路技术、人工智能技术和网络技术等一系列高新技术。当前，信息技术已进入大规模工业化应用阶段，渗透到国民经济的各个领域，迅速改变着产品结构、生产结构和产业结构，也迅速改变着人们的生产方式、思维方式和生活消费方式。信息技术在人类生产和生活的众多领域都引领了革命性的变革，其中对文化消费的影响表现如下：

第一，信息数字化提供了新形态的文化消费品（或服务）。生产决定消费，有什么样的文化消费品和服务的生产，就会产生什么样的文化消费。高新技术与文化艺术产业资源结合形成了文化产业的新业态，与此相对应也形成了建立在多媒体技术和传播网络基础之上的“动漫游戏”“在线游戏”“数字娱乐”等文化消费品（或服务）的新的文化消费形态。这就是说，以信息数字技术为核心的文化产业新形态，引起了文化消费水平和文化消费结构时代性的变化。

第二，信息数字化“塑造”了新的消费主体。进入信息数字时代，自然就“制造”出一批懂信息数字技术的人，也就“制造”出一批新的文化消费形态的消费者。新的文化消费主体，包括两部分人：一是接受信息数字技术教育的人（教育消费），社会信息数字化水平越高，接受这一教育的人就会越多；二是消费信息数字基础上的“在线游戏”和“数字游戏”的人（娱乐消费），社会信息数字化水平越高，进入这一消费领域的人就越多。

第三，信息数字化加速了文化消费的国际化。由于现代信息传播和网络技术的应用，推动了数字娱乐业的规模化和国际化经营，使文化消费穿越了国界的屏障，成了现代文化消费的重要形式之一。文化消费的国际化，对消费者的审美观、价值观、偏好都将产生重要的影响，由此引起文化消费倾向、文化消费水平和文化消费结构的变化。对于广大发展中国家而言，文化消费的国际化所带来的影响有利也有弊，既表现在物质经济领域，也表现在精神文化领域。发展中国家不应当也不可能阻止文化消费国际化的进程，正确的选择是趋利避害。

五、文化消费与教育发展水平

居民的文化水平是影响文化消费水平和文化消费结构的重要因素，决定居民文化水平的是教育发展水平。教育发展水平与文化消费的关系表现为以下几个方面：

第一，教育发展水平影响文化消费者的消费偏好和能力。我们在前面的讨论中已经指出，不同文化程度的人群，文化消费水平是存在差异的。特别是在文化消费新的形态（如“在线游戏”和“数字游戏”）诞生之后，没有一定的文化，不会“玩”电脑，就不能从事这类游戏。一个国家和地区教育发展水平越高，接受中高级教育的人越多，能够进入文化消费新形态的人就越多，从而社会文化消费水平和文化消费结构层次就越高，教育发展水平影响文化消费需求结构。

第二，教育发展水平影响文化产业人力资源。文化消费水平和文化消费结构与文化消费品和服务的供给有关，文化消费品和服务的供给决定于文化产业发展状况，文化产业发展状况决定于文化产业资源配置状况。在文化产业众多资源中，人才资源是一个极为重要的资源。美国文化产业之所以发达，得益于它有众多高素质的文化创意人才。美国之所以具备众多高素质的文化创意人才，根本原因是它有全世界最发达的高等教育。教育发展水平高，培养出高水平的文化产业需要的人才，文化产业就发达，生产决定消费，文化消费自然就在一个高的层次上。

以上侧重从文化需求和文化供给上讨论教育发展水平与文化消费的关系，如果深入文化需求结构和文化供给结构内部，还可以就教育发展水平与文化消费找出若干对应的必然的联系。总的来说，教育发展水平与文化消费水平和文化消费层次呈正相关关系。

第三章　文化供求及其规律

文化需求与文化供给是一对矛盾，在社会文化经济运行中，它们表现为从失衡到均衡、再失衡到再均衡的不断往复的运动，从而使文化经济不断发展，使人们对文化消费水平、文化消费质量和文化消费结构的需求不断得到满足。

第一节　文化需求

研究文化需求，主要讨论文化需求的产生、类型、规律、影响文化需求的因素、文化需求的发展趋势以及对文化需求的宏观调节和控制等。

一、文化需求及其类型

1. 文化需求起源

文化需求，是指人们为了满足各种精神生活需要形成的对文化及其服务的要求，这一要求包括了对文化消费水平、文化消费质量和文化消费结构的要求。有的学者在讨论需求的时候，仅仅指出了需求的量，而忽视了需求的质和结构，这是片面的。每一个人对文化的需求，不只是有一个量的要求，还有一个质的要求，同时又有一个在什么层次上消费或者是他（她）的各种文化消费是一个什么样的构成（比例）的要求。就文化社会需求而言，不仅要研究它的量，同时又要研究它的质，还要研究它的结构。所谓文化的社会需求不足，既表现为量的不足，有时也表现为质的低劣，或者是需求结构不合理。

人的需求是如何产生的？代表性的解释是弗洛伊德的精神分析论和马斯洛的需求层次论。

弗洛伊德认为，人类各种行为的源泉和力量，在于人类从动物祖先那里继承下来的那些本能的作用。随着人类社会的发展，出现了与人实现本能相冲突的因素，人的行为在人的本能与实现本能相冲突因素的共同作用中体现为人格。人格主要由本我、自我和超我组成。本我是立即满足原始欲望，是本能的冲动。自我是既要满足个人的欲望，而又不能招致惩罚。超我是后天所受的教育和价值观念，一般指既追求合理的又可自我控制不合理的欲望，按社会行为规范来实现个人的需求。

马斯洛认为，人是有需要的动物，其行为取决于已经得到的东西和尚未得到的东西，尚未满足的需要是激励人的行为的因素。人的需要都是有轻重层次的，一种需要得到了满足，另一种需要就会出现又需满足。人的需要自下而上分为生理需要、安全需要、情感和归属的需要、尊重的需要、自我实现（精神满足）的需要五个层次，并逐级上升。

学术界对弗洛伊德和马斯洛的消费需求理论存在争议。他们的观点基本是正确的。他们都在一定程度上解释了人类的需求、需求的起源以及需求的心理和行为。我们须补充的是，人的需求更多的是由社会生活因素所决定的。

人的文化需求，作为人类生活的精神现象是人类自然发展和人类社会发展的必然产物。

就人类的自然发展而言，精神生活需求是人类从动物祖先那里继承下来的一种本能的现象。我们注意到哺乳动物的幼崽有一种相互嬉闹的娱乐现象，人类的婴儿也有一种喜欢他人挑逗而获得精神愉悦满足的现象。这些都是娱乐消费的雏形。人的大脑中有一个掌管人的精神娱乐的区域，它是与生俱来的。弗洛伊德指出，人的本能主要是性本能和自卫本能。我们认为，娱乐其实也是一种本能，把精神娱乐文化生活解释归结为人类的社会需求和较高层次消费出现之后才有的现象，恐怕不够准确。

就人类社会发展而言，精神生活需求是人的社会本性的一种表现。所谓人的社会本性，是指人要与人在一起，不仅与家庭成员在一起，还要与家庭成员之外的人在一起，大家在一起才成为社会。大家在一起就要彼此交往，产生彼此交往的需求。在彼此交往中就有一种归属感并要求得到承认和尊重，希望施展自己的能力或者才能，这就是人的社会精神生活需求。社会发展到一定阶段，精神生活需求成为人类需求的重要内容，这是因为社会生产力的发展，全面促进了人的生活水平的提高，人们在实现了物质生存需求之后，要追求精神的需求，精神需求当中不仅仅是娱乐消费的需求，还有自我完善和发展的文化消费的需求。文化产业组织理论把人类精神层面的休闲、娱乐、自我完善和发展等消费需求，称为文化需求。

2. 文化需求类型

从文化需求的起源、对象方式及满足程度的角度，可以把文化需求分为若干类型，下面从三个角度讨论六个类型。

一是自然文化消费需求和社会文化消费需求。如前所述，人的文化需求包含自然性需求和社会性文化需求，所谓自然文化消费需求是指人们为维持生理生存中的心理精神因素所必需的本能需要。所谓社会性文化消费需求是指人们为了维持社会生活而进行的社会生产和交往中形成的文化需要。自然性文化消费需求是社会性文化消费需求的前提，一个严重精神病人失去了自然文化消费需求，也就失去了社会文化消费的需求。社会性文化消费需求是自然文化消费需求的延伸和升华，比之自然文化消费需求，社会文化消费需求是更高级的文化需求、是人们追求的主要目标。人的文化需求主要表现为社会性文化需求，当然也不应当忽视自然文化消费需求，这是因为一个人的一生中，随着年龄的变化，精神生活将发生若干变化，这些精神层面的变化有一些源自生理自然因素而不是源自社会因素。

二是个人文化消费需求和公共文化消费需求。所谓个人文化消费需求，是指人们依靠个人收入以个人或家庭消费形式而实现的文化需求，这是文化需求最基本、最大量的形式。所谓公共文化消费需求，是指人们依靠政府公共文化服务职能供给而实现的文化需求，公共文化消费面对全体公民，如街头雕塑、广场音乐会、博物馆、图书馆的服务等。文化产业组织理论主要研究个人文化消费需求，也重视研究整个社会文化需求中的个人与公共文化消费需求的比例变化。这是因为：其一，在文化消费总量既定的情况下，个人与公共文化消费需求的量是此消彼长的；其二，个人和公共文化需求的区分是在社会分配领域中形成的，不管是个人还是公共文化消费品都是由文化企业所生产的，都对文化产业的发展具有反作用，从而影响文化市场和文化产品结构。

三是实际文化消费需求和潜在文化消费需求。所谓实际文化消费需求，是指在消费者的支付能力范围内，已经发生了消费行为的文化消费需要。研究实际文化消费需求，对于文化产业各个行业和企业来讲，是它们确定行业和企业经营目标的依据，影响着文化行业企业的行为，只有适应居民实际文化消费的需求（适应市场），才能取得理想的经济效果。所谓潜在文化消费需求，是指消费者仅有消费欲望，但无条件实现的文化消费需求。潜在文化消费需求中有一个需求弹性的问题，需求弹性由两个因素构成：一是消费者文化消费欲望的大小；二是尚未实现的消费欲望如果实现的话其难易程度。研究潜在文化消费需求及其需求弹性，对于文化企业开发新的文化消费产品、创意新的文化消费服务项目及其储备具有重要意义，也是政府制定文化消费战略和文化产业行业引导政策的重要依据之一。

二、文化需求规律

文化需求规律，是指人们对文化消费品（或服务）的需求与影响这一需求的因素之间的必然的联系。其中，文化需求包括文化消费水平需求、文化消费质量需求和文化消费结构需求三项基本内容。影响文化消费的因素主要包括人们的收入水平、闲暇时间长短和文化消费品的价格水平。这样，在文化消费需求的内容与影响文化需求的因素之间，实际上主要存在九对关系（图3－1）。

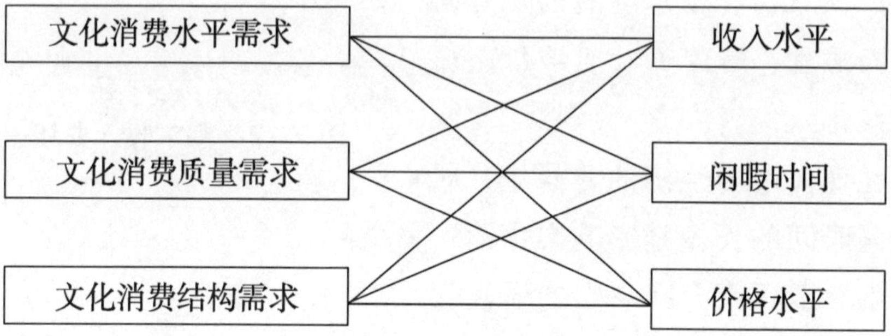

图3－1　文化需求与影响需求因素的关系

在这九对关系中，每一对关系，在其他各对关系情况不变的条件下，都有自己的函数变动规律。如果科研工作和实际工作需要，应当对它们中的每一对关系进行静态或动态的分析。

下面，仅就文化消费需求量与居民收入、闲暇时间和价格水平三对基本的关系进行分析。

1. 文化消费需求量随居民收入增加而递增、随居民收入减少而递减的规律

在现代市场经济的背景下，居民收入水平是影响文化消费需求

的基本因素。居民的收入水平决定着居民的文化消费能力，当人们具备了文化消费能力之后才可能产生与之相适应的文化消费需求，并可能实现这一需求使之成为实际的消费活动。在其他因素不变的条件下，居民收入越高，对文化消费品（或服务）的需求量就越多；反之，居民收入越低，对文化消费（或服务）的需求量就越少，从而呈现文化消费需求与居民收入正相关的变动规律。

图3－2反映了文化消费需求量与居民收入水平的变动关系，$Q=f(I)$，其中：Q表示文化消费（或服务）的需求量，I表示居民收入水平，DD_1是文化商品需求曲线。

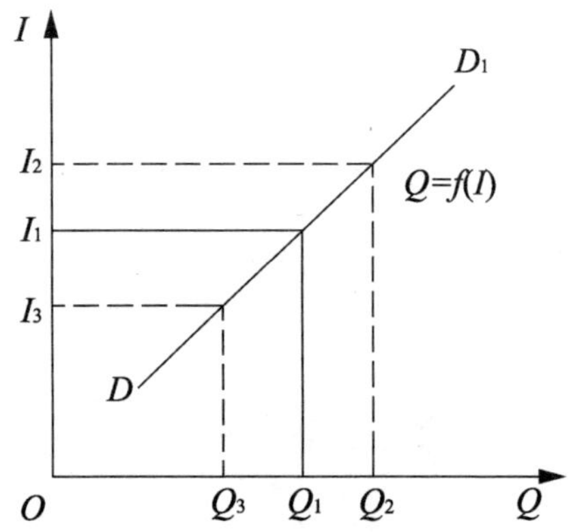

图3－2　需求收入曲线

2. 文化消费需求量随闲暇时间加长而递增、随闲暇时间缩短而递减的规律

在现代市场经济的背景中，居民闲暇时间的长短是影响文化消费需求的重要因素。在一定的居民收入水平、文化商品价格水平和其他因素不变的条件下，居民闲暇时间加长，文化消费需求量就会增大；反之，居民闲暇时间缩短，文化消费需求量就会减少，从而呈现文化消费需求与居民闲暇时间正相关的变动规律。

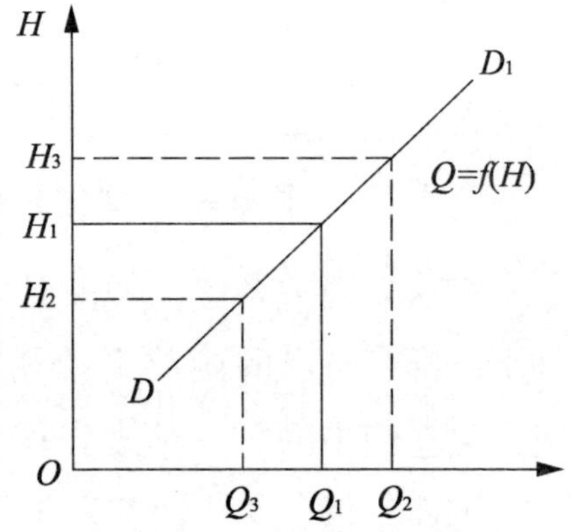

图3－3　需求闲暇曲线

图3－3反映了文化消费需求量与居民闲暇时间长短的变动关系，$Q=f(H)$，其中：Q表示文化消费和服务的需求量，H表示居民闲暇时间长短，DD_1是文化商品需求曲线。

3. 文化消费需求量随价格上升而递减、随价格下降而递增的规律

在现代市场经济的背景下，文化消费品和服务的价格是影响文化消费需求的基本因素。在其他诸因素不变的条件下，文化消费需求总是随文化消费品（或服务）价格的变化而变化。文化消费品（或服务）的价格上升，文化消费需求量就会减少；反之，文化消费品（或服务）的价格下降，文化消费需求量就会增加，从而呈现文化消费需求与价格水平负相关（的变动）规律。

图3－4反映了文化消费需求量与价格水平的变动关系，$D=f(P)$，其中：Q表示文化消费需求量，P表示文化消费品（或服务）的价格，DD_1是文化商品需求曲线。

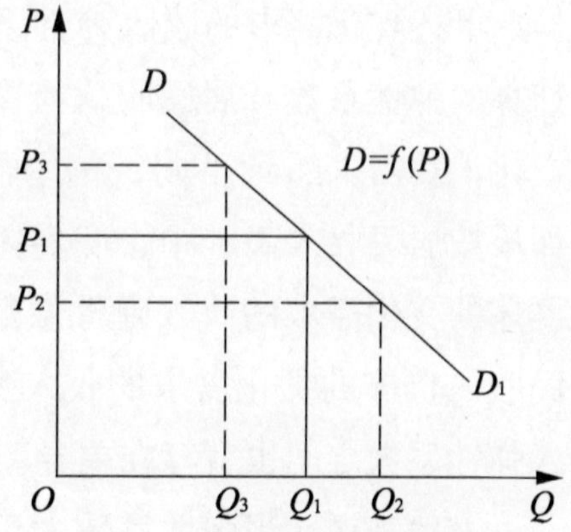

图3－4　需求价格曲线

三、文化需求弹性

所谓文化需求弹性，是指在影响文化消费需求变化的各种因素中任何一个因素的变化的现象。文化消费需求与居民收入之间的变化关系，称为文化需求的收入弹性。文化消费需求与文化消费（或服务）价格之间的变化的关系，称为文化需求的价格弹性。由于存在需求弹性，那么文化消费需求量的变化程度与收入或价格的变化程度之间，就存在一个比率，这一比率就是弹性系数。

1. 文化需求的收入弹性系数

文化需求的收入弹性系数的计算公式如下：

$$E_I=\frac{\text{需求量变动的百分比}}{\text{收入变动的百分比}}=\frac{\Delta Q}{Q}\div\frac{\Delta I}{I}=\frac{\Delta Q}{\Delta I}\cdot\frac{I}{Q}$$

式中，E_I为文化消费需求的收入弹性系数；I为收入，ΔI为变

动后的收入；Q 为文化需求量，ΔQ 为变动后的文化需求量。

由于文化消费需求量与居民收入之间是正相关的变动规律，E_I 为正数。当 $E_I>1$ 时，居民收入一定的增幅，会引起文化需求量更大的增幅；当 $E_I=1$ 时，居民收入一定的增幅，会引起文化需求量同一比例的增幅；当 $E_I<1$ 时，居民收入一定的减幅，只会引起文化需求量较小幅度的变化。

上述文化需求的收入弹性系数是以居民收入总水平或人均水平计算的弹性系数。居民收入有高、中、低群体之分，其中每个群体文化消费需求的量不同，每个群体的居民人数也是变动的。因此，如果按居民收入高、中、低群体，或者在不同时段上计算每个收入群体的文化需求的收入弹性系数，则有很大的差异。这样，各个居民收入群体的文化需求的收入弹性系数与社会平均的文化需求的收入弹性系数之间也就存在差异。

一般来说，当弹性系数大于社会平均弹性系数的那一收入群体的收入增加时，它的收入一定的增幅，会引起文化消费需求量更大的增幅（图 3－5）；当弹性系数低于社会平均弹性系数的那一群体的收入增加时，它的收入一定的增幅，会引起文化消费需求量较小幅度的变化（图 3－6）。图 3－5 与图 3－6 中 DD_1 曲线的倾斜程度

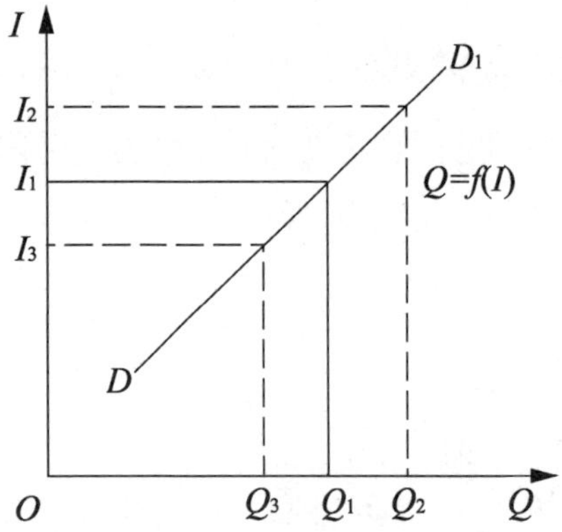

图 3－5　需求收入弹性曲线

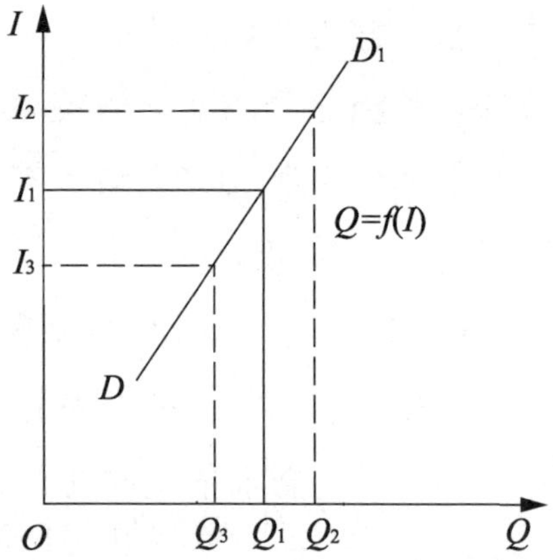

图 3－6　需求收入弹性曲线的变化

反映了这两种不同的情况。图3－6中DD_1曲线比图3－5中DD_1曲线朝逆时针方向转动倾斜度变大了，说明文化消费需求量的变化幅度图3－6小于图3－5。

一般地讲，在一定地域和一定时间内，文化消费需求的收入弹性系数不会有太大的变化，是一个常量。这样，人们就可以通过前一段时间文化消费需求的收入弹性系数的测定，结合今后居民收入变动的趋势来预测今后的文化消费需求量。这对于制定文化消费战略和谋划文化产业的发展，都是重要的依据之一。

2. 文化消费需求的价格弹性系数

文化消费需求的价格弹性系数的计算公式如下：

$$E_P=\frac{需求量变动的百分比}{价格变动的百分比}=\frac{\Delta Q}{Q}\div\frac{\Delta P}{P}=\frac{\Delta Q}{\Delta P}\cdot\frac{P}{Q}$$

式中，E_P为文化消费需求的价格弹性系数；P为价格，ΔP为变量后的价格；Q为文化需求量，ΔQ为变量后的文化需求量。

由于文化消费需求量与文化消费品（或服务）价格之间是负相关的变动规律，E_P为负数。当$E_P>P$时，文化商品价格一定的增幅，会引起文化消费需求量更大幅度的变化（图3－7）。当$E_P=1$时，文化商品价格一定的增幅，会引起文化消费需求量同比例的增幅；当$E_P<P$时，文化商品价格一定的增幅，会引起文化消费需求量较小的增幅变化（图3－8）。

图3－7与图3－8中DD_1曲线的倾斜程度反映了这两种不同的情况。图3－8中DD_1曲线比图3－7中DD_1曲线朝顺时针方向转动倾斜度变大了，说明文化消费量的变动幅度图3－8大于图3－7。上述文化需求的价格弹性系数是以文化商品（或服务）价格的平均水平计算的弹性系数。

文化商品品种和文化消费服务项目成百上千，构成极为复杂，决定文化商品价格的因素也相当复杂，不同文化商品的价格弹性是

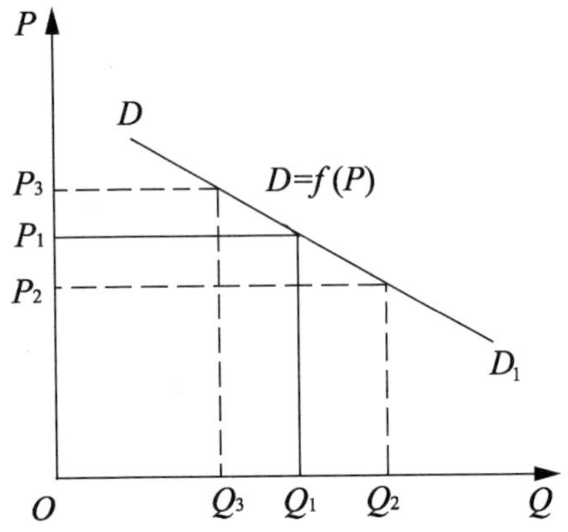

图 3-7　需求价格弹性曲线

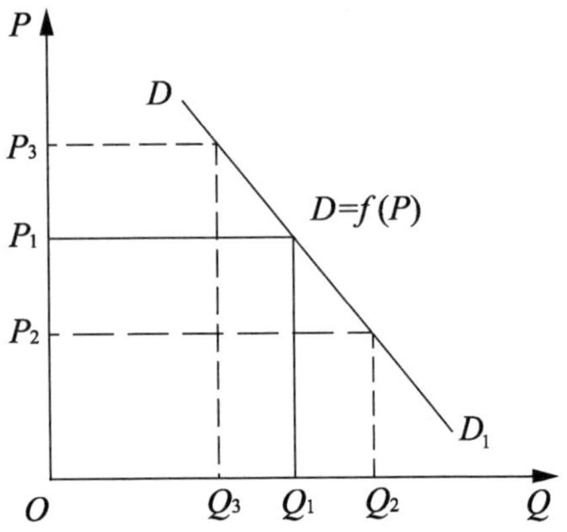

图 3-8　需求价格弹性曲线的变化

不一样的，同一种文化商品在不同时期价格也是不一样的。艺术品在流通和交换环节会发生各种复杂的情况以至于影响了价格。

鉴于以上原因，文化商品价格对文化消费需求量变化的影响，有时按照 DD_1 曲线倾斜变化的规律直接地表现出来，有时则不能直接表现出来，有时甚至从表象上看价格作用本身发生了扭曲。所以，在分析价格因素对文化消费需求量的影响时，要具体情况具体分析，全面综合地看问题。

还须进一步指出的是，影响文化消费需求的因素，除了居民收入、居民闲暇时间和价格水平三个直接因素外，还有许多间接因素，如政治的、体制的、地缘的、传统的、家庭的、习俗的和心理的种种因素。文化消费需求是直接因素和间接因素共同作用的结果，间接因素如政治和体制因素的作用有时会很大，在特殊背景下研究文化消费需求不得不考虑那些非经济的间接因素。

第二节　文化供给

文化供给与文化需求相对应，共同构成文化经济的基本矛盾运动。研究文化供给，主要讨论文化供给的类型、影响文化供给的因素和文化供给规律。

一、文化供给的类型

文化供给，是指文化企业适应文化消费需求在一定时期向市场提供的文化商品和服务。在市场经济背景下，文化消费的供给由文化企业承担，文化企业向文化消费者提供文化商品和服务，通常情况下都是有偿的，一般不存在文化消费品的无偿供给问题。

1. 文化供给的实物形式和非实物形式

文化供给包括两种存在形式：一是实物形式的供给，包括图书、报刊、音像制品、美术品等，实物供给的文化商品，被消费者支付货币购买后将永久性地占有，属于占有性的供给；二是非实物形式的供给，包括电影、电视、广播、文艺表演、文博展览等，非实物供给的文化商品，被购买者支付货币购买后只能在有限的时间和空间中占有，属于有限占有供给。文化供给者可以把有限占有供给的同一文化商品不断地供给不同的消费者。如同一电影可反复放映若干场次，同一电视内容可以反复播放多次，同一艺术展可在不同的展地展览多场。

同一个文化商品（如艺术品），既可以作为占有性的供给商品，一次性地被消费者购买后永久性地占有；又可以作为有限占有性的供给商品，被消费者反复不断地购买享用（如参观艺术品展），但供给者不丧失其最终占有权。

有些属于有限占有供给性质的文化商品的价值，随着一次又一次反复出售，其价值逐渐降低以至于失去了交换价值；有些艺术品，虽然一次又一次反复出售（反复展览），其价值非但不降反而攀升，交换价值越来越高。

文化消费服务项目的供给属于非实物形式的供给。绝大多数文化消费服务项目具有供给的永久占有和有限占有双重属性，如具有知识产权性质的文化服务项目，消费者可以把某一文化服务项目的专利买断，那就永久性占有了；也可以一次次地享受这一文化服务消费，那只能是在一定的时间和空间里有限占有。有些文化消费服务项目供给，通常只具备供给的有限占有属性，如导游导购员的服务、高尔夫球童的服务、博彩分牌员服务和休闲保健按摩技师的服务，消费者只能在一定的时间和空间里享用，而不能永久性占有。

2. 文化供给的商品性供给和非商品性供给

文化供给还可以分为商品性供给和非商品性供给。通常情况下，文化企业的产品都要进入市场，属于商品性供给。有时也有例外，如文化企业捐赠社会公益文化和艺术院团的义演等，就不具有商品性供给的性质，而是非商品性供给。文化艺术家向公益性博物馆、美术馆、图书馆捐赠作品或艺术藏品，以供公众阅览观赏，是非商品性的供给。

有的学者认为，政府公共文化服务属于非商品性供给，这是不确切的。在市场经济背景下，除了捐赠、义演之外，所有的文化商品和服务都要进入市场，通过商品交换环节才能到达消费者，变成消费者的消费活动。文化企业是供给的主体，居民是供给的客体。在政府兴办的公共文化中，政府只是充当了居民（消费者）代表的角色，政府拿了纳税人上缴财政的钱，购买文化商品或兴办文化设施，无偿地让居民消费。从公共文化服务文化商品流通的过程看，文化商品从文化企业到政府，经过了商品交换环节，无疑属于商品性供给；再从政府到居民，则属于无偿性消费。在传统计划经济背景下，除了文化品的社会捐赠、文艺院团的义演之外，从最严格的意义上讲，也不存在非商品性的文化供给。计划经济排斥商品生产，但是它无法消除以货币为媒介的商品交换，否则整个社会再生产就要崩溃。计划经济体制同市场经济体制下政府兴办公共文化的过程是一样的，都是商品性的文化供给在先，无偿的文化消费在后。从文化商品的整个流程分析，不存在非商品性的供给，只有无偿性的消费。

有的学者认为，政府兴办的公共文化中，政府与居民间没有发生商品交换关系，就视之为非商品性供给，这显然是发生了概念和过程混淆的错误。政府兴办公共文化的过程中：前一段与文化企业发生关系，这是文化供给主体和客体的关系，是文化供给领域中的问题；后一段与居民发生关系，这是消费者的代表与消费者的关系，是文化消费领域中的问题。绝对不应当把两个概念、范畴、领域和过程中的问题，混为一谈。政府兴办公共文化，如街头雕塑、街头画廊、音乐会、广播电视节目，也需要投入资金。文化企业，除了捐赠，它向居民提供产品和向政府提供产品都是一样的，都是商品性提供。

二、文化供给规律

文化供给规律，是指文化企业对文化消费品和服务的供给与影响这一供给的因素之间的必然的联系。其中，文化供给包括文化供给水平、文化供给质量和文化供给结构三项基本内容；影响文化供给的因素主要包括企业生产成本、经营能力和产品价格水平。这样，在文化供给与影响文化供给的因素之间，实际上主要存在九对关系（图3－9）。

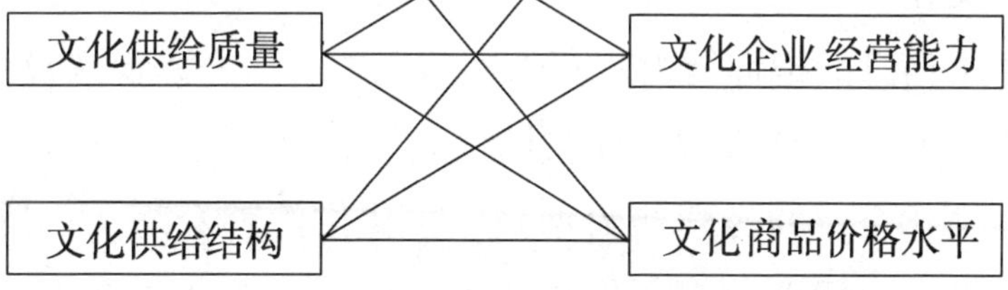

图3－9　文化供给与影响供给因素的关系

在这九对关系中，每一对关系，在其他各对关系情况不变的条件下，都有自己的函数变动规律。如果科研工作和实际工作需要，应当对它们当中的每一对关系进行细致的静态或动态分析。下面仅就文化供给量与生产成本、经营能力和价格水平三对基本关系进行分析。

1. 文化供给量随文化企业生产成本上升而递减、随生产成本下降而递增的规律

在现代市场经济背景下，文化企业文化商品生产的成本和文化服务的费用是影响文化供给的基本因素。文化企业的生产成本决定着企业的生产水平和管理水平，进而影响企业的供给能力。在影响文化供给其他因素特别是文化商品价格水平不变的条件下，生产成本上升，文化商品供给量就会减少；反之，生产成本下降，文化商品供给量就会增加，从而呈现文化供给量与生产成本负相关的变动规律。图 3－10 反映了文化供给量与成本的变动关系，$S=f(Z)$，其中：Q 表示文化供给量，Z 表示生产成本，SS_1 是文化供给成本曲线。

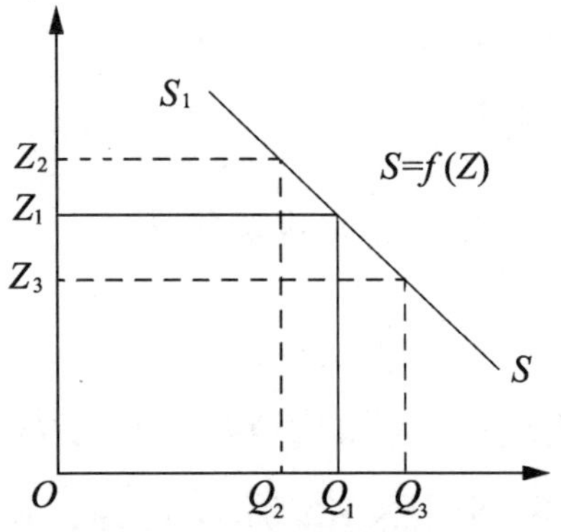

图 3－10 文化供给成本曲线

2. 文化供给量随文化企业经营能力增强而递增、随经营能力减弱而递减的规律

现代文化企业经营能力的表现是多方面的，其核心能力体现为对市场供求信息的把握能力、商品推销能力和新产品研发储备能力，这三个方面的能力是影响文化供给的重要因素。在其他因素不变的条件下，文化企业的经营能力增强，文化供给就会增加；反之，文化企业经营能力减弱，文化供给就会减少，从而呈现文化供给量与

文化企业经营能力正相关变动的规律。图 3－11 反映了文化供给与文化企业经营能力的变动关系，$S=f\ (L)$，其中：Q 表示文化供给量，L 表示文化企业经营能力，SS_1 是文化供给企业能力曲线。

3. 文化供给量随文化商品价格上升而递增、随价格下降而递减的规律

在现代市场经济中，文化消费品（或服务）的价格水平，既是影响文化消费需求量的基本因素，也是影响文化供给量的基本因素。在其他因素不变的条件下，文化消费品（或服务）的价格上升，文化供给量就增加；反之，文化消费品（或服务）的价格下降，文化供给量就会减少，从而呈现文化供给量与文化消费品（或服务）价格水平正相关的变动规律。图 3－12 反映了价格与文化供给量的变动关系，$S=f\ (P)$，其中：S 表示文化消费品和服务的供给量，P 表示价格水平，SS_1 是文化供给价格曲线。

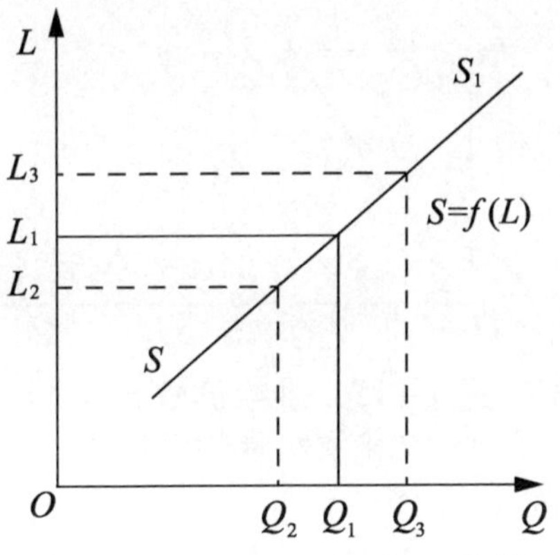

图 3－11　供给企业能力曲线

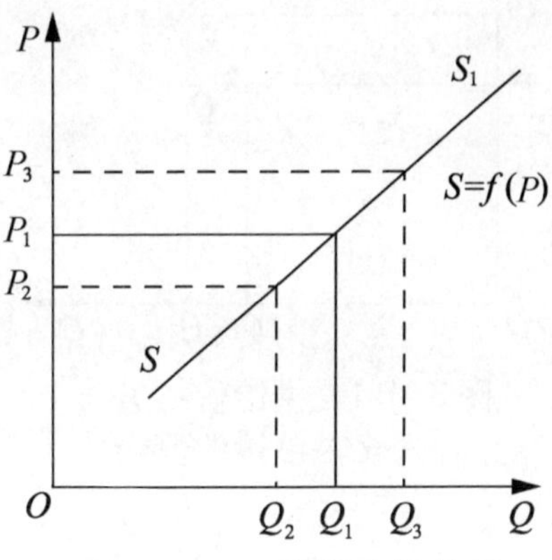

图 3－12　供给价格曲线

文化供给价格弹性系数，是指反映文化供给量变动幅度与价格水平变动幅度之间关系的指标，计算公式如下：

$$Es=\frac{\text{供给量变动的百分比}}{\text{价格变动的百分比}}=\frac{\Delta Q}{Q}\div\frac{\Delta P}{P}=\frac{\Delta Q}{\Delta P}\cdot\frac{P}{Q}$$

式中，Es 为文化供给价格弹性系数；P 为价格，ΔP 为变动后的

价格；Q 为文化供给量，ΔQ 为变动后的文化供给量。

由于文化供给量与价格水平是正相关的变动规律，Es 为正数。当 $Es>1$ 时，价格水平一定的上升，会引起文化供给量较大的增幅（图 3－13）；当 $Es=1$ 时，价格水平一定的上升，会引起文化供给量同一比例的增幅（图 3－14）；当 $Es<1$ 时，价格水平一定的下降，只会引起文化供给量较小幅度的变化（图 3－15）。

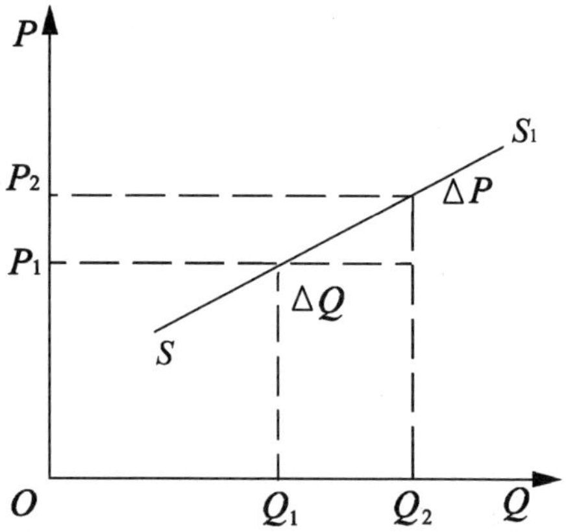

图 3－13　供给价格 $Es>1$ 文化供给量的变化

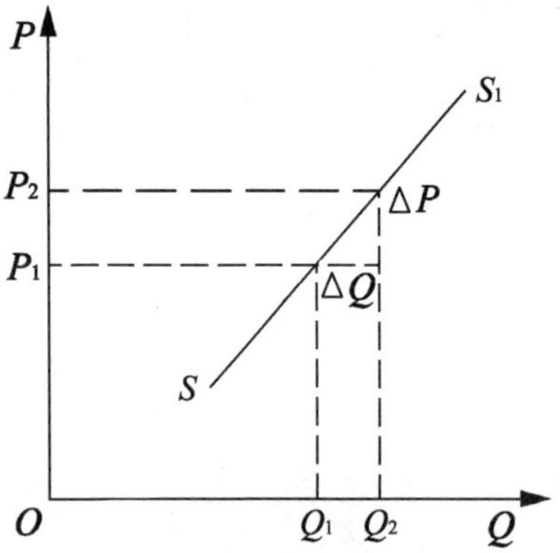

图 3－14　供给价格 $Es=1$ 文化供给量的变化

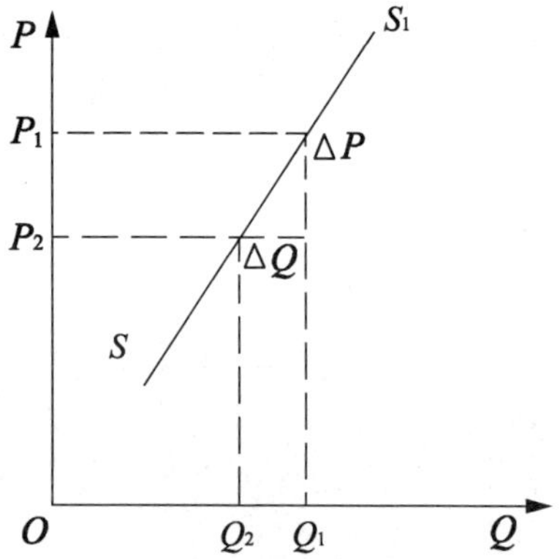

图 3－15　供给价格 $Es<1$ 文化供给量的变化

第三节　文化供求规律

文化供给和文化需求是文化商品流通领域中的两个重要方面。文化供给和文化需求各以对方为自己存在的条件，既相互对立又相互联系。供给和需求彼此适应为均衡，反之则为失衡。

一、文化供求的矛盾

文化供给和文化需求的矛盾，主要表现在以下三个方面：

1. 文化供求的水平性矛盾

所谓文化供求水平性矛盾，一般是指文化供给和文化需求在数量上发生的矛盾。文化供求数量上发生矛盾主要是两种情况；一是通常情况下的供不应求（表现为供给不足）；二是特殊背景下的供过于求（表现为需求疲软）。

发生文化供给不足的原因，主要是文化商品生产和服务能力滞后于文化消费水平需求的增长。一般来说，人们的文化消费水平需求是日益增长的，收入也是不断增加的，人们可支配收入中用于文化消费的开支部分也是不断增加的，具备了文化消费的实际能力和支付能力。但是由于种种原因，文化企业的生产能力或文化服务性企业的服务能力跟不上，供给数量上不去，不能实现有效的供给。

文化供给来源于文化商品生产企业和文化服务业的生产能力和服务能力，生产服务能力是生产者、生产资料和资本等生产要素配置的结果。现代文化商品的生产，需要较高素质的人力资源，也需要一定的科技资源，它基本属于知识经济、智能经济范畴，其生产能力的增强需要一定时间、一定过程。另外，文化消费水平差异性的特点，使其具有了引领消费和示范的作用，当世界上消费水平上一个台阶的时候，尚未达到这一台阶的人们很容易产生这一新的文化消费需求，但其所处国家或地区未必具备新台阶上的文化商品生产和服务能力，必然出现文化供给不足的现象。

发生文化需求疲软的原因，主要是经济出现了较大的波动和下滑。一般来说，当宏观经济增长放慢或进入低谷的背景下，一是失业率上升，人们的收入减少，导致消费包括文化消费的支付能力下降，使社会文化消费需求下降；二是人们对经济发展的预期变坏，消费心理发生了变化，文化消费意向变小，或文化消费时间后移，导致一定时间内文化消费需求量下降。这两点都必然引起文化需求疲软现象。

2. 文化供求的质量性矛盾

文化消费不仅存在对数量的需求，而且还存在对质量的需求。与之相对，文化供给不仅存在数量的供给问题，而且也存在质量的供给问题。随着经济、社会、文化和技术的发展，人们的物质和文化生活水平越来越高，人们实现文化消费需求的支付能力越来越强；随着居民受教育水平的提高，人们的审美能力、文化消费偏好和心理发生了变化，对文化商品和服务的质量要求越来越高；随着某些国家或地区文化产业的崛起，这些国家和地区文化产业向居民提供的文化商品的质量大大提高，引领其他国家或地区文化消费的质量需求。但是，通常情况下，文化企业的高质量文化商品的生产能力（包括研发能力、推出新产品的能力）的增强，滞后于居民文化消费对质量的需求，这就必然产生文化供求之间质量上的矛盾。

法兰克福文化产业理论学派的早期人物之所以反对和否定文化工业，其依据就是他们看到了文化工业的产品中有一些粗俗低劣的东西。这就警示后人：文化的供给中有一个质量问题，文化供求的矛盾中有一个质量的矛盾。

产生文化供求质量上的矛盾，主要原因是文化企业生产的直接目的是追求利润。对于低层次的企业老板而言，为了追求利润，往往忽视产品质量，将大量低俗、庸俗、媚俗产品推向市场。当然，在一个监控机制健全和规范成熟的文化市场的大背景中，文化企业也会主动追求文化产品的质量。只有高质量的文化产品才具备竞争力，只有质量竞争力大的产品才能真正赚到钱。尽管如此，由于人力资源的素质、科技能力、资本投入和生产要素配置水平上的差异，并不是所有文化企业的产品都能够达到高质量，文化商品供求上也就总是存在质量性矛盾现象。

3. 文化供求的结构性矛盾

文化消费和文化供给都有个结构问题，必然引起文化供求的结构性矛盾。当文化需求结构发生变化，文化供给结构的变化跟不上文化需求结构的变化时，就产生文化供求的结构性矛盾。当一个国家或地区的文化供给结构升级了，就要引领并导致其他国家或地区居民文化消费需求结构的升级，后面这些国家或地区尚不具备文化供给结构升级的能力时，就要发生文化供求的结构性矛盾。当一个国家或地区的文化产业引导政策有利于文化供给结构适应文化需求结构时，文化供求矛盾就小一些；反之，则引起文化供求的结构性矛盾。当一个国家或地区的文化消费引导政策中的文化消费结构升级的设计及其实践结果，与文化供给结构实际能力相适应的时候，文化供求矛盾就小一些；反之，则引起文化供求的结构性矛盾。

可见，产生文化供求结构性矛盾的原因是极为复杂的。从供给方看原因，主要是文化企业的产品结构调整能力和经营管理水平所致，这包括文化企业对市场的把握程度、企业的新产品研发储备能力等。由于文化产品的生产周期不同于物质产品的生产周期，相比之下文化产品如电影、电视剧、戏剧、图书、文化服务项目的生产周期较长，文化企业新产品开发和产品结构调整比其他企业要难，因此文化供给结构往往滞后于文化需求结构的变化。从需求方看，主要原因是文化消费具有不断升级的“天然”规律，这一规律的形成条件主要不是出自供给方面，而是出自居民的收入水平、文化水平和欣赏享受能力的变化。如果对文化消费引导不力，就势必发生文化供求大的矛盾。

需要特别指出的是，在文化供求的矛盾当中，既存在水平（数量）性的矛盾，也存在质量性的矛盾，但经常碰到的或大量存在的是结构性的矛盾。不同的国家和地区之间，一个国家或地区中不同的地域、城市、城乡之间，不同的职业群体居民之间，文化消费需求结构存在很大的差异，而文化供给结构在一定时间内很难兼顾这种不同的需求结构，因而文化供求的结构性矛盾是经常地大量地存在着的现象。对于绝大多数发展中国家来讲，在文化供求的矛盾中，既要解决水平（数量）性的矛盾，也要解决质量性的矛盾，但经常需要解决的是结构性矛盾。中国当前碰到的大量的也是结构性矛盾，在结构性矛盾中最突出的是城乡之间的矛盾。中国农村的文化需求结构已经发生了巨大的变化，但针对农村的文化供给结构变化滞后，不解决农村的文化供给问题，很难使全体居民的文化消费结构进一步升级。这正如一个前进中的舰队，不提高航速比较慢的那些舰船的航速，整个舰队的航速很难提高一个档次。

二、文化供求规律

1. 文化供求的均衡与失衡

所谓文化供求均衡，是指文化供给与文化需求相适应。文化供求均衡有狭义和广义之分，狭义的文化供求均衡，是指文化供给量与文化需求量相适应；广义的文化供求均衡，除了文化供求量均衡外，还包括文化供给质量与文化需求质量、文化供给结构与文化需求结构相适应。反之，文化供给与文化需求不相适应，即为不均衡，也称失衡。

在文化商品的流通领域中，文化供求总是处在从失衡到均衡、再失衡到再均衡不断地循环往复运动之中。如何理解文化供求的这一矛盾运动呢？

其一，文化供求矛盾运动的趋势或者说其中的各个阶段性的运动趋向是供求的均衡。但是供求之间的常态或者其基本存在的形式却是失衡的（不均衡）。只有不均衡，才有趋向均衡的运动。当然，在不同时间不同文化商品或服务项目上，失衡的程度是不同的。

其二，文化供求的均衡，严格地讲只是一个点，从时间上讲这个点是瞬间的事情。实际文化商品的流通中，讲供求均衡是相对于供求失衡而言的，文化供求靠近均衡点（在均衡点附近上下波动）应视为供求基本均衡。

其三，指出文化供求的基本存在形式是失衡，绝不意味着失衡是正常的。只有文化供给和文化需求维持在均衡点或者靠近均衡点，即基本均衡，才能保证文化经济稳定健康地发展，才能满足人们的实际文化消费需求。

其四，要认真研究和郑重对待文化供求中的各种矛盾，善于发现矛盾，准确判断矛盾的程度，及时地调整供求关系，促进供求从失衡走向均衡，力争均衡或基本均衡保持较长的时间，以推动文化经济平稳持续健康发展。

2. 文化供求规律

文化供求规律，是指文化供求变化与影响文化供求变化的因素变化的必然联系。在前面文化需求规律和文化供给规律的研究中，已经讨论了影响文化需求和文化供给的诸项因素，这些因素的变化当然也是影响文化供求变化的因素。这样，在文化供求变化与影响文化供求变化的因素之间，实际上主要存在十五对关系（图 3－16）。

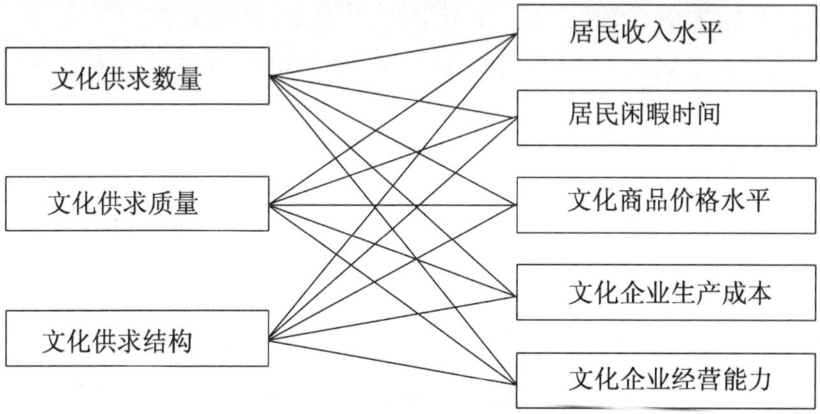

图 3－16　文化供求与影响供求的因素

在这十五对关系中，影响文化供求的五项主要因素［即居民收入水平、居民闲暇时间、文化商品（或服务）价格水平、文化企业生产成本和文化企业经营能力］中，任何一项因素的变化都将引起文化供求的变化。在这因与果的关系系列中有些是必然的，就是说某一因素的某种方向、某种程度的变化必然引起供求关系某种方向和某种程度的变化，这就是规律。如果某一因素某种方向、某种程度的变化，对供求关系方向和程度变化的影响是不确定的，可能是一种情况也可能是另一种情况，没有必然的因果联系，那就不是规律。

文化供求规律是一个体系，这一体系由若干具体的文化供求规律构成。在这十五对关系中，从因果上可以找寻出若干对必然联系，即规律。

试举例如下：

一是居民收入与文化供求之间的规律。如果文化供求原来处在均衡状态，在其他因素不变的条件下，当居民收入水平上升一个较大的台阶之初，文化供求将出现大的失衡（供不应求）；当居民收入水平稳定之后，文化供求将实现新的均衡状态。反之，如果文化供求原来处于均衡状态，在其他因素不变的条件下，当居民收入水平下降一个较大的台阶之初，文化供求将出现大的失衡（供过于求）；当居民收入水平在新的台阶上稳定之后，文化供求将实现新的均衡状态。

二是居民闲暇时间与文化供求之间的规律。如果文化供求原来处在均衡状态，在其他因素不变的条件下，当居民闲暇时间变为较长的时间之初，文化供求将出现大的失衡（供不应求）；当居民闲暇时间在新的长度上稳定之后，文化供求将实现新的均衡。反之，如果文化供求原来处在均衡状态，在其他因素不变的条件下，当居民闲暇时间变为较短的时间之初，文化供求将出现大的失衡（供过于求）；当居民闲暇时间在新的长度上稳定之后，文化供求将实现新的均衡状态。

三是文化企业生产成本与文化供求之间的规律。如果文化供求原来处在均衡状态，在其他因素不变的条件下，当文化企业生产成本普遍有一个大的下降之初，文化供求将出现大的失衡（供过于求）；企业生产成本在新的水平上稳定之后，文化供求将实现新的均衡状态。反之，如果文化供求原来处于均衡状态，在其他因素不变的条件下，当文化企业生产成本普遍有一个大的上升之初，文化供求将出现大的失衡（供不应求）；企业生产成本在新的水平上稳定之后，文化供求将实现新的均衡状态。

四是文化企业经营管理与文化供求之间的规律。如果文化供求原来处在均衡状态，在其他因素不变的条件下，当文化企业经营管理水平普遍提高一个大的层级之初，文化供求将出现大的失衡（供过于求）；文化企业经营管理水平在新的层级上稳定之后，文化供求将实现新的均衡状态。反之，如果文化供求原来处在均衡状态，在其他因素不变的条件下，当文化企业经营管理水平普遍降低一个层级之初，文化供求将出现大的失衡（供不应求）；文化企业经营管理水平在新的层级上稳定之后，文化供求将实现新的均衡状态。

五是文化商品价格与文化供求之间的规律。如果文化供求量原来处在均衡状态，此时的文化商品价格水平即为文化供求的均衡价格，与之相对应的文化供求量是均衡供求量。在其他因素不变的条件下，当文化商品价格水平朝高于均衡价格的方向变化，价格的上扬，对供给者有利，对消费者不利，于是引起供给增加而需求减少的逆向运动，文化市场呈现供大于求的失衡状态；由于价值规律和市场竞争机制的共同作用，供给的增加和需求的减少必然导致价格的回落，价格回落又对供求双方产生新的逆向运动，从而使供给减少、需求增加，文化供求将实现新的均衡状态。在其他因素不变的条件下，当文化商品价格水平朝低于均衡价格的方向变化，价格的走低，对供给者不利，对消费者有利，于是引起供给减少而需求增加的逆向运动，文化市场呈现供不应求的失衡状态；由于价值规律和市场竞争机制的共同作用，供给的减少和需求的增加必然导致价格的回升，价格回升又对供求双方产生新的逆向运动，从而使供给增加、需求减少，文化供求将实现新的均衡状态。

图 3－17 反映了文化供求量与文化商品价格的变动关系，DD_1 为文化需求曲线，SS_1 为文化供给曲线，P_E 为均衡价格，E 为供求量均衡点。当价格 P 背离 P_E 点变化时，DD_1 和 SS_1 也背离 E 点朝着不同的方向运动，然而在价值规律和竞争机制的作用下，价格必然再面向 P_E 点做靠近 P_E 点的运动，DD_1 和 SS_1 也必然再面向 E 点运动，以致达到 E 点，实现新的供求量的均衡。

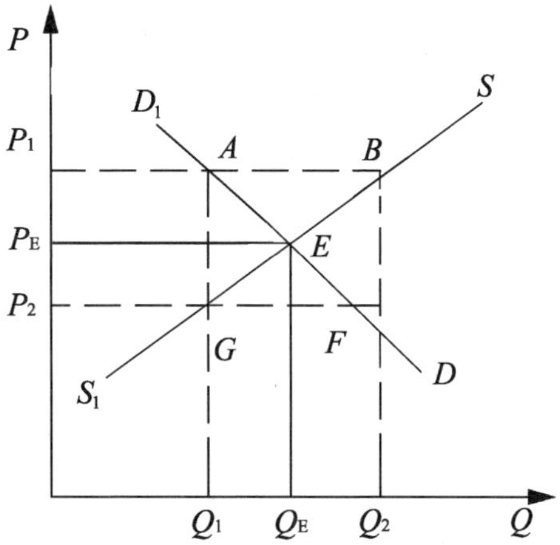

图 3－17　文化供求价格曲线

三、文化供求的调控

在一个成熟规范的市场经济环境中，文化商品和服务供求在文化供求规律和竞争机制共同作用下，由价值规律这只看不见的手自动调节，以保持基本均衡。原则上讲，人们不应当干预或尽量少干预文化供求，充分发挥文化商品和服务的市场作用。

但是，当文化供求出现了严重失衡，市场已经严重失灵，政府就须在宏观上进行必要的调节和控制，以帮助市场正常运转，促进文化供求走出严重失衡，实现供求基本均衡，这就是文化供求的调控。讨论文化供求调控要把握几个要点：一是文化供求调控的背景是在市场发挥资源配置的决定性作用的前提下，是市场经济体制下的调控，市场经济与计划经济文化资源的配置机制是截然不同的；二是文化调控的主体是政府，是政府在宏观层面的行为，非政府组织和人员无权对文化供求进行调控，在微观层面无须也不应当干预文化供求；三是文化供求调控发生在市场失灵或预见到市场将要失灵之时，如果市场运转正常，无须干预调控；四是文化供求调控的手段多种多样，主要是运用经济手段、中介组织或综合运用各种手段（避免单纯的行政手段），不得不运用行政手段时也要把握好出台与撤出的时点，掌握好力度。

第四章　文化产业资源配置

优化文化产业资源配置，是贯穿文化产业组织理论体系的一条主线，是文化产业组织理论体系架构的灵魂。

第一节　文化产业资源

资源、文化资源、文化产业资源是三个有联系但内涵与外延均不相同的概念。文化产业资源具有自己特定的含义、特征和类别。

一、文化产业资源的特征

1. 资源、文化资源和文化产业资源

资源，是指人类进行生产、社会活动和生活所需要的自然存在和人们已经创造出的物质与精神文明成果资料。通俗地讲，资源是指人类生存和发展所能使用的东西。资源是一个包容非常宽泛的概念。

人们对资源的认识是逐步升华的，现在与过去相比有三点进步：一是在资源的来源方面，过去仅仅把存在于大自然中或大自然赋予的天然的生产和生活资料视为资源，现在把人们已经创造出的、形成了人们继续社会活动基础的、一切物质的和精神的文明成果资料都视为资源；二是在人类所创造的文明成果方面，过去仅仅把物质文明成果资料视为资源，现在把精神文明成果资料也视为资源，并把精神文明成果资料视为国家的软实力；三是在人类生产劳动三要素（人、劳动工具、劳动对象）方面，过去仅仅把劳动对象视为资源，现在把人、劳动工具也视为资源，并且强调人力资源是第一资源。

文化资源，是指人类已经创造出的精神文明（文化）成果资料。文化资源的绝大部分可以成为文化产业资源，有一部分则不能成为文化产业资源。比如，一件特别珍贵的文物，它只能放在国家博物馆中收藏展览，而不可作为商业性文化艺术品拍卖，那它就不是文化产业资源，而仅仅是文化资源。

文化产业资源，是指文化商品生产和服务中的一系列要素①。根据这个定义，自然资料、社会物质文明资料、社会精神文明资料中，凡是能够作为文化商品生产和服务要素的，比如土地、环境、资金、技术、设备、人才、文化、艺术……都可以成为文化产业资源。文化艺术要素是文化产业中极为重要的资源。

许多学者把文化资源同文化产业资源混为一谈，这是不行的。研究文化产业，必须明确文化资源和文化产业资源的概念，区分文化资源与文化产业资源。从经济学意义上看，文化产业中诸如土地、资金、人才等生产要素，同其他产业中的这些要素的性质大致相同，唯独文化和艺术等要素是其他产业涉及较少的。

2. 文化产业资源的特征

第一，文化产业资源中无形资源占有很重的分量。文化资源包括有形的物质资源和无形的精神资源两个部分。有形的物质资源指自然生态景观、文物、文化历史遗址、民俗制品、文化设施和设备等。无形的精神资源指艺术审美观、文化品牌、民族精神传统、非物质文化遗产等，在文化产业资源中无形的文化资源占有很大的比

① 江奔东：《论文化产业资源配置》，《齐鲁学刊》2006 年第 4 期。

重，这是其他产业资源所不具备的。

第二，文化产业资源集多重价值于一身。文化产业资源本身蕴藏着文化价值、精神价值和思想价值，通过社会生产及市场转换，还可以产生巨大的使用价值和经济价值，它是集多重价值于一身的独特资源。优化文化产业资源配置，就是使其社会价值和经济价值都能发挥出来，实现社会效益和经济效益的统一。

第三，文化产业资源具有纵横传播功能。文化产业资源可传播流动。一方面，艺术审美观、文化品牌、民族精神、非物质文化遗产等无形文化资源可以纵向世代相传，潜移默化，且相对稳定稳固；另一方面，它又在不同的地域和民族间不断地横向流淌，相互交流、借鉴、交叉和融合，从而丰富和发展人类的精神文化生活。

第四，文化产业资源具有可再生性和稀缺性。与自然物质资源的不可再生性不同，文化产业资源中的无形精神资源都是非消耗性的，可反复利用，这是文化产业资源的一大特征，是经营文化产业的重要考量和优势所在。但这不等于说文化产业资源取之不尽、用之不竭。文化作为一种产业经济资源，它的脆弱性显而易见。一个历史文化遗存被破坏了，再难复原。一种优秀民族精神被异化劣变了，也难复兴。我们不同意法兰克福学派文化工业吞噬文化艺术的观点，也不赞成过分渲染文化资源的非消耗性和可再生性，因为经济学永远讲资源的稀缺性，当文化资源可以作为一个产业的资源时，它同时也就具有了稀缺性的特性。文化产业资源是可再生性与稀缺性并存。

二、文化产业资源的类别

文化艺术要素是文化商品生产或服务中的核心资源，以生产或服务要素划分，文化产业资源主要包括以下类型：

1. 文化艺术产品资源

文化艺术产品资源，包括两大部分：一是文化艺术遗存资源，是指古人创造存留下来的文化艺术遗迹、文物。其中，有的一直在地上，有的已经出土，有的尚未出土。有的可移动（如图书典籍、艺术品、宗教器物、劳动工具、生活物品等），有的不能或不可移动（如文化遗址、遗迹、建筑、地下陵墓、崖画、石刻等）。二是现代文化艺术品资源，包括各种文化制品和艺术创作品。这些产品中，有的是文化企业生产出来的，有的是文化艺术家创作出来的，都有可能作为要素投入文化商品生产或服务中去，或成为文化艺术再生产和文化产业经济运行中的要素源泉。文化艺术产品资源的明显特点，是以有形的物质形态存在，其精神内涵通过有形的存在表达出来，无形寓于有形之中。

2. 文化艺术理念资源

文化艺术理念资源，是指人们在文化艺术活动中形成的思想方法、立场和观点，其中主要包括文化艺术的审美观、价值观和社会观，这些都是无形的东西。如果说文化艺术要素是文化产业资源中的核心资源的话，那么文化艺术理念则是核心中的核心。文化艺术理念资源在文化产业资源中的重要地位表现在以下两方面：其一，有什么样的文化艺术理念，就会生产出什么样的文化艺术商品。其二，科学技术是第一生产力，也是第一文化生产力，文化艺术理念中包含技术应用理念。现代文化商品的生产者和服务者，从思维观念上必须有很强的科学技术思维，大众文化艺术品的生产和服务离不开高新技术。大到现代传媒产业，小至一件儿童玩具的生产，都依赖新技术。因此，要十分重视对文化艺术理念资源的研究，重视文化艺术理念资源的开发与配置。

3. 文化传统习俗资源

文化传统习俗资源，是指人们在一定的社会生活中形成并遗传下来的文化艺术心理、风俗、民风、爱好、行为、性格和非物质文化遗产等。简言之，就是人们已经习惯了的那些文化艺术爱好和行为。在世界上的不同地域中，人们既有相同的文化传统习俗，又有不同的文化传统习俗，凡是能够流传至今的文化艺术习俗，都有它存在的合理性。世界文化艺术是多样的，文化艺术习俗也是多样的，各有各的受众。文化传统习俗是文化产业创意的重要源泉，开发文化传统习俗资源是发展文化产业的重要途径。需特别指出的是，非物质文化遗产是极为重要的文化传统习俗资源，应当十分重视对非物质文化遗产资源的研究、利用和开发，同时也要加强对它的保护。在旅游产业、娱乐产业、动漫产业中，运用文化传统习俗资源创意文化产业项目，并取得成功的案例不胜枚举。

4. 高新技术资源

第一次工业革命催生了文化产业，第二、三次工业革命推进文化产业若干业态的生成。正在进行的第四次工业革命的一系列技术突破将使文化产业发生深刻的结构变化。以互联网、数字技术为主要标志的第四次工业革命中涌现的高新技术，是文化产业最重要的资源。文化产业＋互联网数字技术将呈现无穷的产业潜能，不仅大大丰富文化的内容和形式，大大提高文化传播速度和覆盖面，而且使文化消费方式发生巨大的变化。文化产业只有充分地开发利用互联网和数字技术资源，才能不断地发展壮大。

5. 文化产业环境资源

文化产业环境资源，是指文化商品生产和服务活动所处的地缘、人文、经济等环境。不同的环境，造成了不同的物质生产方式，也造成了不同的文化生产和服务方式。以地缘环境为例，青藏高原有神山崇拜文化，蒙古草原有游牧文化，沿海地区有海洋文化等。这些不同的文化有着不同的生产方法、产品形式和产品结构，概缘于产生在不同的地域。环境，造就了人。人既是文化艺术的消费者，同时又是文化艺术的创造者、生产者。人的文化艺术理念习俗、爱好和性格的形成来自世代居住的环境，环境造就了文化艺术。从这个意义上讲，环境是文化商品生产和服务中的一个要素，是文化产业的一个资源。如果某一地域地处适合人类居住的经纬度，气候条件良好，人文社会科学发达，经济发展水平高，居民富裕，一般来说就会有发达的文化产业；反之，如果某一地域地处不太适合人类居住的经纬度，气候条件恶劣，人文环境落后，经济又不发达，居民贫穷，一般来说就不会有发达的文化产业。可见，环境资源的重要性。

6. 体制制度资源

文化产业制度资源，是指文化商品生产和服务活动所处的政治、经济、文化等外部体制制度。首先要说明的是，制度资源是文化产业环境资源的一部分，前面讲的环境资源侧重于地缘、人文和经济环境，这里则专门从制度层面讲文化产业发展的环境问题。文化产业作为一个产业属于经济基础，社会政治、经济和文化制度属于上层建筑。制度，对文化乃至文化产业的发展具有巨大的激励或约束作用，从而成为文化产业的一种资源。发展文化产业、策划文化产业项目，要充分论证制度环境的许可情况，要充分运用制度所给予的空间和可能，否则是行不通的。

三、文化产业资源的评价

文化产业资源的评价，是以发展文化产业为目标，对文化产业资源的可开发利用价值的估量。

1. 文化产业资源评价的内容

第一，文化产业资源的品质。文化产业资源品质评估，是指对文化产业资源内在文化品质高低大小的评估。文化产业资源的品质，包括文化资源的历史传承（时间久远性、外观品相、分布和存量、濒危程度）、文化特色（文化内涵深度、辐射力、延伸潜力、独特程度）、美学特性（观赏性、协调性、新奇度）、可再生程度和稀缺程度等内容。

第二，文化产业资源的市场。文化产业资源市场评估，是指对文化产业资源作为文化商品和服务中的要素有无市场及市场大小的评估。文化产业资源的市场，包括市场区位（市场地缘和范围、人口和经济状况、人文素质和环境条件）、居民文化消费需求水平（居民收入水平、居民文化水平、消费理念和诉求）、市场潜力（文化消费品的结构、消费市场规模和前景）等内容。

第三，文化产业资源的效用。文化产业资源效用评估，是指对文化产业资源利用开发、进行文化产业商品生产和服务所取得的效果前景的评估。文化产业资源的效用，包括经济效益（投入产出比，投资回报率和回报期、生产成本大小，产业链接潜力和规模）、社会效益（生产经营文化安全度、资源存量的承载能力、对当地文化经济发展的贡献率）、文化生态环境保护和可持续发展等内容。

以上三个方面数十项内容的评估，其目的就是确认文化产业资源开发利用的价值、开发的条件如何、最终的效益大小。

文化产业资源的评价指标，是实际工作部门和学术界正在探讨摸索中的一项工作。制定文化产业资源评价指标很有必要，文化产业资源评价指标是一个体系，既要有综合性的评价指标，又要有针对不同类别、不同内容、不同方面的具体指标。综合性的评价，要在对不同类别、不同内容、不同方面具体评价的基础上，通过综合分析，依据实际经验，确定不同的权重后得出结论。

2. 文化产业资源评估的方法

评估文化产业资源，一般包括确立评估对象（有全产业普查评估、分行业调查评估、单项资源调查评估之分）、设立评价指标、现场考察咨询、收集整理资料、分析讨论计算、取得评估结论和提交评估报告等环节。

评估文化产业资源的方法主要有两种：一是经验性评估；二是技术性评估。

所谓经验性评估，就是请对评估对象有所了解和调查的人根据知识和经验对文化产业资源进行评估。具体做法：一是问卷评估，即首先对各种需要调查并需得出评估结论的问题，设计成问卷，发给文化产业资源专家学者、文化企业经营管理人员和文化消费者，请他们回答，然后综合分析答卷并得出评估结论；二是通信评估，即运用信函方式征求专家或有关人士的意见，函询评估中有时采取匿名反馈意见的办法，以充分听取每位被函询者的真实意见；三是会议评估，即请专家和有关人士利用开会的形式，听取大家意见，协商得出评估结论。上述三种经验性评估办法，既可单独运用，也可同时并用，还可以顺序运用（即把问卷评估和通信评估特别是匿名反馈的意见，拿到会议评估中进一步论证，并得出最终的评估结论）。

所谓技术性评估，就是对资源或资源某一方面的内容进行技术经济的测量、计算、评估。模型方法也是一种带技术性评估特征的评估方法。所谓模型方法，就是在广泛收集资料的基础上，把基础资源数据输入事先设定的数字模型进行运算，得出数量评估结论。数学模型方法有实验统计求取等级比重法、模糊综合评价法和集值统计法。须指出的是，数学模型法是一个先进的方法，但其中权重的划分，通常离不开经验评估办法（凭经验而定），所以数学模型法有一定的局限性。尽管如此，还是要提倡采用数学模型方法。经验性评估方法与数学模型评估方法是互相不可代替的两种基本的资源评估方法。它们各有优长，各有局限。为了更准确地对文化产业资源进行评估，应当两种方法并用，以起到彼此印证评估结论的作用。人们往往折中这两种方法得出的评估结论，以保证评估结论的可靠性。

评价文化产业资源的目的是，根据资源品质和开发条件，求得其能否进入市场并取得什么样的效益的结论。为此，在评估方法上要做好以下四个结合：

第一，规范性评估与特殊性评估相结合。文化产业资源评价和数据统计有通行的要求和规范的形式，但由于文化产业资源的种类繁多，差异性大，通行的要求和规范不可能把它们都包容起来，在普遍性要求中，总会有特殊性的东西。因此，在遵从通行规范的前提下，要充分考虑特殊情况，做到一切从实际出发，实事求是。在数据统计方面，要维护统计的严肃性，删除统计中的“水分”，还要充分考虑被统计对象的特殊性，尤其是在加权计算环节，更要实事求是。只有把评估的规范性要求和特殊性对待有机地结合起来，才能提高评估质量。

第二，定性评估与定量评估相结合。从文化产业资源评估目的的意义上讲，所谓文化产业资源的定性和定量评估，就是指出资源能否进入市场（定性）和在多大程度上能够进入市场（定量）；进入市场后能否取得效益（定性）和取得多大的效益（定量）。这是评估最终必须回答的问题。定性评估和定量评估都有其存在的重要价值，如对文化产业资源的品质以及它进入市场后取得的社会效益必须做出判断，一个品质恶劣的将带来不良的社会效益的资源，不能盲目地去开发；投资回报率小，资金回收周期长，投入产出比不划算的资源，没有开发的价值。对那些可以用经济技术指标度量的文化产业资源的评估，必须做出定量的分析。有数据分析的评估报告通常是有说服力的。

第三，经济效益评估与社会效益评估相结合。文化产业经营者主观上以追求经济效益为主要目的，客观上则带来经济和社会两个效益，文化产业的社会效益是由其配置的文化资源的意识形态属性所决定的。发展文化产业，策划文化产业项目，在对文化产业资源进行评估时，既要评估其所带来的经济效益，也要重视评估其社会效益，搞好经济效益评估和社会效益评估的结合。这既是对文化产业投资经营者的经济利益负责，也是对国家、对社会负责。那些一时有经济效益，而无社会效益的资源，最终也不会有经济效益，是不能可持续利用、没有开发价值的资源。任何一个国家或地区的政府都对文化产业进行必要的意识形态管制，不会允许危害社会的文化项目或活动存在。评估文化产业资源，必须对其社会效益做出负责任的评估结论。

第四，全面评估与重点评估相结合。文化产业资源评估的内容极其复杂，在实际评估工作中要力求对其全面地评估，以获得对资源开发价值比较完整的认识。在文化产业开发和项目策划的资源评估工作中，有时无须对所涉及的文化产业资源或资源的方方面面逐一评估，而是常常抓住核心的资源或核心资源的主要方面进行评估，这就是重点评估。重点评估，就是抓主要矛盾和矛盾的主要方面。重点评估可以节省评估时间，节约评估费用。评估文化产业资源，要善于将全面评估与重点评估相结合，该全面评估的则全面评估，该重点评估的则重点评估，凡是不需要全面评估的就不必全面评估。

第二节　文化产业资源配置体制

经济学永恒的主题是如何有效地配置资源。优化文化产业资源配置，是指在既定的文化产业资源状况和文化生产力水平下，对文化产业资源合理地选择、安排和搭配，以尽可能地满足人们的文化消费需求。实现文化产业资源优化配置包含两个层面：在微观层面，要研究是什么在发挥资源配置的决定性作用；在宏观层面，要研究政府如何对资源配置进行宏观调控管理。文化产业资源配置的微观机制和宏观规制构成了文化产业资源配置体制。文化产业资源配置体制不仅事关文化产业资源配置的效率，而且是决定文化产业发展、结构、布局和效益的根本原因。

一、文化产业资源配置机制

1. 文化资源配置机制及其运作前提

资源配置，首先要在不同的经济主体（资源拥有者）之间传递资源需求的信息，然后根据信息安排资源在不同的经济主体间的分配。资源配置机制的形成有两个重要因素：一是经济主体及其格局，经济主体格局是指经济主体的单元化或多元化程度，它是形成资源配置机制的产权基础；二是资源需求信息传导方式，它是资源配置的中介环节，信息传导方式的优劣决定资源配置的优劣。

现代社会中，存在着两种最基本的文化产业资源配置机制：一个是计划经济体制下，政府把文化生产或服务作为附属事业单位进行事业化管理，主要由事业计划指标来执行文化产业资源需求信息传导的功能；另一个是市场经济体制下，把文化生产或服务作为企业进行产业化管理，主要由文化商品和服务的价格来执行文化产业资源需求信息传导的功能。

从理论上讲，上述两种机制都可以圆满地解决文化产业资源的优化配置问题。在事业化管理机制中，解决优化配置问题起码要满足两个条件：一是政府文化行政部门拥有最充分完整的文化供求信息；二是各个文化事业单位忠实地执行和完成上级下达的事业发展计划指标。在产业化管理机制中，解决优化配置问题起码也要满足两个条件：一是价格绝对遵从资源供求变动；二是市场是完全竞争的市场。

在现实中，满足事业化机制的起码条件是不具备的，政府文化行政部门不可能做到充分地拥有供求信息，也难以解决各个文化事业单位的执行动力问题。那么，降格以求，政府文化行政部门可不可以做到拥有比较充分的信息，使事业计划指标比较靠近准确的文化供求呢？我们认为，现实的社会生产力发展水平还不具备这种物质力量。即使假设政府文化行政部门能够拥有充分的供求信息、事业计划指标完全可靠，现实中人们的管理水平和思想觉悟水平，也还不具备忠实地执行计划和完成计划指标的能力。一言以蔽之，事业化管理机制不是一种有效的机制。

在现实中，满足产业化机制的起码条件也是不具备的，价格绝对遵从供求变动是不可能的，它只能相对地围绕供求变动。完全竞争的市场是不存在的，但国家可通过宏观管制和调控，反对垄断、规范市场、保护竞争，使市场力求比较靠近完全竞争，以实现文化产业资源配置效率的最大化。这就是说，凭借文化商品和服务价格信息这个中介，使市场在国家宏观调控下发挥文化产业资源的决定作用的机制，是现实中最有效的一种资源配置机制。

2. 文化产业资源配置机制的效果

为什么产业化机制是比事业化机制更有效的资源信息传导和配置机制呢？

从家庭层次上看，家庭本身就拥有文化产业资源。优化家庭文化产业资源配置，就是家庭出售所拥有的资源（主要指劳动力），将家庭收入进行投放，购买文化消费品，在允许的消费倾向和其他条件下，使家庭实现最大的文化消费满足。最大的文化消费满足是指家庭出售资源和购买文化消费品的配置方式，已经再没有更好的办法来提高家庭的文化消费满足程度。

在计划经济体制中，很难形成一个充分合理的劳动用工计划和工资计划，劳动力的价格与劳动力的价值扭曲，劳动力的流动受到限制，家庭所拥有的基本资源利用不畅，家庭收入也就不能实现最大化，也就谈不上实现家庭的文化消费的最大满足。特别须指出的是，在计划经济体制下，一些具备文化创意和生产能力的人，未必就能在相关岗位上就业，这是某些家庭拥有文化产业资源优化配置的最大障碍。

在市场经济体制中，家庭拥有的资源通过市场配置，劳动者可以自由择业，也可以自由出售家庭的资源包括文化产业资源，这样就可以实现家庭收入的最大化和文化消费允许条件下的最大满足。

从文化生产单位层次上看，文化生产单位的情况远比家庭复杂。文化生产单位文化产业资源优化配置，是指这个单位文化产业资源组合方式的利润最大化，除此再不可能有更合理的组合方式去增加利润。

在计划经济体制中，文化生产单位为事业单位，是政府文化部门的下属单位，单位的生产任务和所需人、财、物靠上级下达指标。而上级分配的指标往往脱离实际，当上级供给不足时，单位可以理直气壮地完不成任务，当上级供给过剩时，单位又可以不讲管理不计成本，文化事业单位缺乏提高文化效益和经济效益的原动力。文化产业资源配置事业型机制，一不能保证政府向文化事业单位传递反映社会文化供求的准确信息；二不能解决文化事业单位实现赢利的资源配置动力问题，所以不是文化产业资源配置效率最大化的良好机制。

在市场经济体制中，文化生产单位为文化企业，企业的目标十分明确，就是赢利赚钱。为了利润的最大化，企业要千方百计降低生产成本、增加产量、提高质量、优化产品结构、抢占和扩大市场，这就解决了事业化机制中无法解决的资源配置动力问题。

当然，解决了文化生产的动力问题，只是满足了产业化机制中文化产业资源优化配置的一个条件，还须讨论文化企业获得的资源信息的充分度问题。在市场经济体制中，文化企业对资源的取舍凭借市场价格信号。在一个完全竞争的大市场中，市场价格是随文化资源供求均衡配置趋向而相应变化的，文化企业受价格驱使。这样从文化企业总体上而言，就获得了充分准确的文化产业资源供求信息，也就能够完成资源优化配置。显然，在市场经济文化产业化机制中，有一只看不见的手在自动地配置文化产业资源，这比计划经济文化事业化机制中靠人工操作要先进的多。

如果从单个文化企业来看，有没有资源配置失败的可能呢？完全有这个可能，成败与否，取决于企业经营者对文化市场的把握和经营战略策略。在市场经济文化产业化机制中，单个文化企业失败是正常现象，而且是不可避免的。一个文化企业资源配置失败了，这个企业的资源就流向另一个文化企业，可能造成另一个文化企业资源配置的成功。企业在成功与失败的交迭中实现文化产业资源整体上的高效率配置。一个企业在竞争中失败，其实就是企业资源配置的失败，也就是对价格信息把握不准造成的失败。但就全部文化企业而言，价格信息总量是充分的，每个文化企业获取信息的机会待遇是均等的。这同计划经济事业化机制中计划指标先天性的信息总量不充分、单位机会待遇不均等是截然不同的。

总而言之，市场经济的文化产业化机制是比计划经济的文化事业化机制更有效、更合理的一种文化产业资源配置机制。

3. 产权制度与文化产业资源配置机制的关系

在现代社会大生产条件下，文化产业资源配置实际上是文化经济主体之间以权能和利益为内容的交往关系。这一交往关系包含文化经济生产活动和交易活动。所谓权能和利益，即产权。这就是说，文化产业资源配置是文化经济产权主体之间的交往关系。为保证交往顺利进行，就需要人们共同认可并遵守的规则，以规范交往活动行为，这样就形成了特定的文化产业资源配置机制。

一般地讲，有什么样的文化经济产权主体格局，就产生什么样的交往规则，形成什么样的文化产业资源配置机制。这里所说的产权主体格局，主要是指文化经济产权主体的单一化或多元化程度。产权包括所有权和经营权，那么产权主体也就包含了所有权主体和经营权主体，也就存在所有权主体或经营权主体的单一化或多元化。文化经济所有权或经营权主体的单一化或多元化，对文化产业资源配置机制的形成均有很大的影响。

为了更好地理解文化经济产权主体格局与文化产业资源配置机制之间的关系，有必要从一般意义上讨论产权主体格局与资源配置机制之间的联系。

工业革命以来，产权主体格局及其资源配置机制经历了由低级向高级演进的历史过程，其中具有典型意义的是以下四种情况：

一是在所有权主体与经营权主体尚未发生分离，产权主体分散、多元化的情况下，资源配置通过市场自由竞争，资源信息由价格来传导。价格是自由竞争所形成的价格或均衡价格，基本上反映了资源供求，资源配置的效率较高。这是自由资本主义时期的状况。

二是在所有权主体与经营权主体不分离和分离并存，产权主体向少数人手中集中、趋于单一化的情况下，资源配置虽然通过市场，资源信息虽然由价格来传导，但价格是垄断价格，背离资源供求，资源配置的效率较低。这是资本主义曾一度出现垄断现象时的状况。

三是在所有权主体与经营权主体不分离，产权主体集中、相对单一化的情况下，资源配置由中央政府统一按计划调拨，而计划指标不能反映资源供求，资源配置的效率较低。这是传统计划经济体制下的状况。

四是在所有权主体与经营权主体不分离和分离并存，产权主体分散、多元化的情况下，国家宏观调控下市场在资源配置中起基础性作用，资源信息由价格来传导，防止垄断和不正当竞争，价格反映了资源供求，资源配置的效率较高。这是当今发达市场经济国家的状况。

以上四种产权主体格局及其资源配置机制模式的发展过程，也是否定之否定的逻辑进程。就产权主体格局来说，第一种为多元化，第二、三种为单一化，第四种为多元化。第二、三种格局否定了第一种格局，但又在更高的形态上被第四种格局所否定。就资源配置机制来说，第一种为市场机制，第二、三种为计划机制，第四种为市场机制（在第二种情况中，当垄断扩大到全社会即市场垄断走向极端时，价格只是定价者的主观意愿，严重背离价值，这一点同计划经济机制没有实质性的区别）。第二、三种机制否定了第一种机制，但又在更高的形态上被第四种机制所否定。

透过以上资源配置机制发展的历史过程和逻辑进程，可发现一个规律，即如果排除非经济因素，产权主体格局与资源配置机制之间具有一种必然的联系，也就是产权主体单一化与计划经济机制相顺、与市场经济机制相悖；产权主体多元化与市场经济机制相顺、与计划经济机制相悖①。

文化产业资源是整个社会生产生活资源的组成部分，文化经济产权主体格局与其资源配置机制的关系也不可能违背上述规律。文化产业资源配置机制根源于文化经济产权主体格局。计划经济体制下的文化经济产权理论，用一句话来概括，就是纯粹的公有制、国家拥有文化产业资源并采取事业化的配置机制。但是，这一理论在许多国家经过20世纪80年代以前半个多世纪的实践，已经证明行不通，只是一种空想。为了提高文化产业资源配置效率，绝大多数曾实行计划经济体制的国家，都选择了以文化经济产权主体多元化为目标的文化产业化改革之路。

---

① 江奔东：《中国资源配置机制转换论》，山东大学出版社，2001，第2－12页。

二、两种文化产业资源配置机制

近代以来，产生了两种文化产业资源配置机制：一个是计划经济体制下文化资源配置的高度集中统制；另一个是市场经济体制下文化资源配置市场机制。

1. 计划经济体制下文化产业资源配置的特点

工业革命之后，社会化大生产与生产资料私人占有的矛盾显露出来，生活在那个时代的思想家们面对这一矛盾和为了解决这一矛盾，设想实行生产资料的全民公有制，认为整个社会生产、交换、分配和消费应当有一个社会指挥中心，通过计划手段加以调度。这就是计划经济思想的源头。后来建立了计划经济体制的国家，其政府就充当了社会生产指挥中心的角色，同时也充当了文化生产调度中心的角色。计划经济体制下，政府把文化当作事业直接去办，文化事业单位作为政府的附属物从属政府。计划经济政府文化管理的特点如下：

第一，排斥市场的决定性作用。计划经济思想最核心的内容就是排斥市场在资源配置中的决定性作用，说到底它是要最终取消商品生产，不要市场，这只是乌托邦式的幻想。当今世界，任何一个国家都离不开市场这个大环境。计划经济政府排斥市场在文化商品生产和服务中的作用，靠计划指令配置文化资源，已经被实践证明是错误的。其一，按照劳动价值论，价值是商品的一种社会属性，人类的劳动只有经过商品的交换，才能把凝结在商品中的抽象劳动的社会属性显现出来，交换的场所是市场，离开市场，人的劳动的社会属性就不能实现。其二，按照价值规律，商品的价值决定于生产这种商品的社会平均的劳动时间，当生产某一商品的劳动时间低于生产这种商品的社会平均劳动时间时，商品的个别价值就低于这种商品的平均价值，经营者就可赢利，只有把商品拿到市场上交换赢利才可实现。其三，按照资源配置优化规律，某一商品的个别价值之所以能够低于这种商品的社会平均价值，是因为生产这一商品的资源配置效率高于生产这种商品的社会平均的资源配置效率，资源总是朝着配置效率高的领域流动。资源高效率地流动，要依赖市场价格中介，而不是计划指标中介。所以文化资源配置的事业化管理，靠计划不靠市场，不可能成功。

第二，追求单一化的文化产权主体格局。曾经实行计划经济体制的国家在产权制度上的教训是深刻的，这就是追求单一形式的产权主体格局。以人力产权制度为例，劳动力是劳动者的个人财产并且是劳动者赖以生存和发展的源泉，是劳动者最基础的资本。劳动者应当拥有对劳动力的权利，成为人力资本产权的主体。劳动者投入劳动力，应当与投资一样，能够分享到利润。人人都是劳动力产权的主体，劳动力产权主体格局就最大限度地多元化了，与此相应的资源配置机制就自然而然地形成了，人力资源配置效率就提高了。然而，在计划经济体制中，没有把目标锁定在确定劳动者对劳动力的所有权上面，而是把目标放在了集中统制上面，实质上人力资本产权归国家所有，政府成了个人劳动力产权的主体，靠劳动计划指标决定劳动力的使用和流动。这种产权主体单一化，也表现在其他包括文化经济等一切产权领域，导致了资源配置效率的低下。计划经济对产权主体单一化的追求还表现为产权中所有权与经营权不分，即国家所有国家经营、集体所有集体经营，不仅所有权主体单一，经营权主体也单一。造成文化经济产权主体单一化，除了计划经济体制原因之外，文化的意识形态属性也是原因之一。

第三，采取行政的直接的控制。计划经济体制下，政府对文化产业资源配置采取了行政性的、包揽式的、直接的统一管理办法。文化产业资源配置通过层层上报、审批、下达计划指标来完成，行政性的计划指标像神经连接着社会文化生活的各部位、各关节。文化事业单位没有人、财、物支配权，任何文化事业单位和个人离开文化计划指标或行政批文，都寸步难行。

2. 市场经济体制下文化产业资源配置的特点

所谓市场经济，是指市场在资源配置中发挥决定性作用。市场经济，也可以表述为产权主体格局多元化、资源配置决策权高度分散的自由企业制度。在市场经济体制中，文化产业资源的配置通过市场化、产业化机制完成。但是，市场经济不是万能的，市场机制也存在缺陷，也有市场失灵的时候，这就需要政府对资源配置进行干预、调节和控制。

从15世纪西欧封建制度解体和资本主义生产方式产生到今天的市场经济，政府干预经济的思想理论数百年间几经变迁，先后有原始国家干预主义、自由放任主义、凯恩斯主义、新凯恩斯主义和新自由主义之说。总揽他们的观点可以看出以下两点：一是他们在每个时期不同观点的区别或对立，只是政府干预调控的着眼点不同、范围不同、力度不同；二是他们在每个时期的政策设计和提供方面，都表现了灵活机变的态度，而且彼此间相互借鉴，取人之长，补己之短，求同存异。

目前全球经济学家和各个经济学派趋向以下共识：

——优化资源配置要使市场发挥资源配置的决定性作用。实践证明，计划经济体制下的资源配置理论和机制是一个错误。

——资源市场化配置的同时，不可缺少政府对资源配置的宏观调控。现代市场是政府调控下的市场，现代市场竞争是政府管理下的市场竞争。

——合理配置资源不仅需要有完备的市场体系和适应社会化大生产的现代企业制度，而且要求政府在资源配置调控中选择恰当的灵活的政策。通常情况下，政府应当少干预经济。政府必须干预时，也是有限干预，以充分发挥市场的自我调节作用。

上述共识适用于对文化产业资源的优化配置。市场经济体制下文化产业资源配置的特点如下：

第一，坚持市场决定机制。现代市场经济的国家，市场在文化产业资源配置中的决定性作用，是既定的，不言而喻的。工业化及其现代工业孕育的资本主义生产关系已经造就了市场，所有可以成为生产要素的资源无一例外不可阻挡地都要进入市场。工业化使居民的生活水平有了提高，人们的文化消费支付能力增强，同时工业化也为文化艺术品的复制创造了条件，文化工业产品需要市场，市场也需要文化工业商品。原始国家干预思想，主张政府干预经济，其真实意图是为市场经济的建立开辟道路；凯恩斯主义和新凯恩斯主义强调政府干预，但它是在市场发挥资源配置的决定性作用的框架之内；放任自由主义和新自由主义则更加重视充分发挥市场在资源配置中的决定性作用。

第二，运用中介间接规制。市场经济体制下，政府对文化产业资源的调控，一般地讲，都是采取间接的方式，即运用经济的、法律的和文化经济中介组织去进行，政府运用行政性的直接调控的情况比较少。市场经济比较完善成熟的国家中，文化经济中介组织是非常发达的，各种文化基金会、协会、创作室、文化投资代理机构、文化投资风险公司，都达到了相当现代化的程度。这些现代文化经济服务组织在文化产业资源配置中发挥着双重作用。一方面，维护市场配置文化产业资源的正常秩序；另一方面，贯彻政府的法令法规，发挥政府调控文化产业资源的中介作用。文化经济中介服务业的发展状况和水平，是衡量文化产业发达程度、市场发达程度和政府规制文化经济水平的试金石之一。

第三，采纳政策空间广阔。由于市场经济体制下政府文化规制采取了间接的方式，这就为文化产业资源配置调控政策的选择和体系的建立营造了广阔的空间，可以选取经济的、法律的、中介性的办法中的任何一种方法，也可以兼而取之；可以采纳任何一个学派的政策主张，也可以兼而纳之。

第四，重视建立监督体系。在市场经济比较发达的国家中，普遍建立了与文化产业资源配置相关的庞大严密的权威监督体系，这一体系能够高效及时地发现并处理各种违规和腐败问题。之所以能够形成这样一种监督体系，原因主要包括以下四点：其一，市场经济体制中文化经济是产权主体格局多元化的文化经济，文化经济的决策权分散于众多的产权主体，为了维护产权主体间的交往秩序和产权主体的经济利益，客观上要求对产权间的交往进行有效的监督；其二，政府作为国家财政（纳税人所纳税金）的管理者，其财政决策、经济决策和文化决策关乎每个纳税人的利益，纳税人要求对政府的行为进行有效的监督；其三，文化具有意识形态的鲜明属性，文化的发展方向和状况，对人的思想精神的影响巨大，事关人心向背和国家安全，政府需要、公众也要求政府对文化进行有效的监管。

第三节 文化产业资源开发

科学合理地利用、开发和保护文化产业资源，是文化产业可持续发展所面临的课题。

一、文化产业资源开发的条件

所谓文化产业资源开发，是指发现、评价并对文化产业资源进行产业配置的过程。资源不是资本，资源只是一种价值的存在或潜在形式，资源只有被当作生产要素投入生产过程之后才能变成资本。简言之，文化产业资源开发是文化产业资源资本化的过程。

文化产业资源资本化，需要满足以下五个条件：

1. 文化产业资源可转化为文化消费的物质形式

文化产业资源不管它原来是有形的，还是无形的，都必须具有能够转化为消费者可视、可听、可感觉或可体验的物质形式。比如，一个天然景区，当把它开发为旅游景点后，游客可看到它的秀丽、浑厚或雄伟，可听到它的猴鸣或鸟语，可感觉它的清新空气，可体验它的美……这些都是物质的存在。再比如，人们的工作或生活都可以作为文学创作或电影创意的素材，这类素材有的是有形的，有的是无形的，写成了小说，制作出电影，也就变成了可读可视的物质存在。

2. 文化产业资源具有交换价值

文化产业资源本身只有具备消费者可接受的价值，能够推向市场，具有交换价值，才可开发。比如，一个少数民族的婚嫁习俗，对其他民族的旅游者而言，就具有可观赏的文化价值。如果把这一习俗开发为旅游项目，让游客穿着婚装，领略其文化，就是一种有意思的体验。这一婚嫁习俗就变成了文化商品，就推向了市场。反之，人们都了解或者都身在其中的习俗，虽然也是文化，却没有文化产业项目开发的价值，不可能资本化。

3. 文化产业资源具有明确的产权

产权即归属权，包括所有权和经营权。绝大多数文化产业资源是有直接的明确的产权的，比如一个具有旅游开发价值的区域，其地产通常是明确的，一件文化艺术品其产权自然归属创作者或收藏者。须指出的是，现实生活中没有明确的归属权的文化资源也是存在的。比如，上面讲的婚嫁习俗，一个民族居住区的居民都有这一习俗，共有这种资源，它没有明确的具体的归属。但当把它转化为一个旅游文化开发项目的物质存在形式后，其产权只能归属投资开发者，并由投资者拿去与游客进行商品交换。再比如，现实世界中文学创作的素材到处可见，这种文化资源没有明确的归属，当作者把它们拿来写成小说后，作者就有了小说的知识产权。如果其他人把小说改编为剧本，生产出电影，就必须给小说作者以经济补偿。

4. 文化产业资源转化的成本具有可控性

资源开发要支付费用，资源资本化要有成本。资源资本化的成本是可控制的，它才能实现资本化。比如，一个电影制片人制作一部电影，一要选择剧本，所谓好剧本的标准，就是有市场、有观众、上座率高；二要考虑制作成本，要计算投入产出比。制片人肯定优先选择那些成本可控制、投入产出比划算的，而不会选择那些不可预见性因素过多和成本难以控制的。剧本对于制片人而言，是一个资源。剧本成千上万，真正能转换成电影的只是少数。大量的剧本不能被拍出电影，除了剧本的质量和水平不理想之外，原因之一就是其制作成本和推广成本的不可预见或不可控制性。

5. 文化产业资源具有市场竞争力

市场竞争力是资源资本化的一个重要条件。没有竞争力就不能进入市场，或者进入了市场最后还要出局。文化产业资源的市场竞争力表现在两个方面：一是文化产业资源本身的形态和价值的市场竞争力。市场竞争力决定着文化商品和服务在市场上的生死存亡，而形成文化商品和服务的市场竞争力的重要来源或基础之一，是构成文化商品生产和服务的要素即文化产业资源。所谓文化商品品牌，有的就是资源竞争力所致。比如，埃及的金字塔、中国西安的兵马俑，都是世界闻名的文化旅游产业品牌，它们源自文化遗存资源。可见，文化产业资源的独特性或不可替代性是市场竞争力的重要内容之一。二是文化产业资源在其开发中的投入产出比表现出来的竞争力。少投入多产出或大投入大产出的资源，一般具有较强的市场竞争力。同类同种文化产业资源在资本化的过程中能够取得较大的经济效益的项目，是具有市场竞争力的项目。

二、文化产业资源开发的原则

1. 抢占市场的原则

文化产业资源开发，要面向市场，能够进入市场，并在市场中占有一定的或较大的份额。文化产业资源开发是一个资源资本化的过程，从资源形态转变成商品形态形成资本要通过市场，只有在市场中资源才能完成这一转化。因此在对文化产业资源利用开发中，首要的任务是研究市场。研究市场，就要按照市场供求的规律，调查某种文化产业资源的供求。一是要调查需求的量、需求的质以及这一需求在需求结构中的比例，还要调查需求的时点，也就是在什么时间开发投入市场会得到较大的回报；二是要分析供给的量、供给的质、这一供给在供给结构中的比例和供给时点上的状况；三是要讨论供求的状态，研究开发利用某一文化产业资源其所形成的产品在市场中的地位，能否打开并占领市场，有没有效益，在什么时间投入市场最有利。所谓抢占市场就是抓住打入市场的最佳时机。有些文化商品和服务，并非进入市场越早越好，这就如同打仗一样，有一个战机问题，抓住战机就是胜利。

2. 自主创意的原则

创意是一种文化商品和服务在市场上立于不败之地的根本，也是文化产业资源开发利用中的根本原则。同样一种资源，不同的人开发，会做出差异很大的商品来，区别就在于有无创意。要想占领市场，在文化产业资源利用开发中，必须树立强烈的创意尤其是自主创意意识。一种文化商品和服务，如果同其他同类商品质量上相同、品位上相同、内容上雷同，就很难再进入市场，更别说占领市场了。在文化产业资源开发中，一要善于发现那些可供文化新产品研制的新资源，有了新兴资源，就可能获得新产品；二要善于创新技术、工艺、生产设备和生产流程；三要抓创意，创意是文化产业资源利用开发中的核心环节，有了新的创意，有了别人不曾有过的创意，就可能做出一个好的文化品牌，进而占领市场。创意是文化产业崛起之源。

3. 两个效益的原则

文化产业对社会经济文化发展而言，将释放出社会效益和经济效益。从根本上讲，这两个效益最终是统一的。但是从局部上讲，对某一文化产业资源的利用和开发而言，在一定时间里可能存在相矛盾的现象。比如，某一剧本转化为电影可能有较大的票房价值，但其思想内容对国家的主流意识形态不利，对人们的价值观具有误导作用，作为制片人，就不应当为了经济利益而不顾社会效益制作这一电影。再比如，某一文化遗存属于濒危遗存，如果开发为旅游景点，可能游客会很多，获得较大的经济效益，但同时也会对这一文化遗存造成破坏，作为旅游开发商就不应选择开发这一资源。政府在文化管理中，不会批准那些污染文化环境、腐蚀人们灵魂、损伤文化濒危遗存、破坏国家文化安全的文化产业资源开发项目。在文化产业资源开发中，投资开发商一定要把握好两个效益的原则，社会效益第一，社会效益与经济效益相统一，千万不要盲目开发那些只有经济效益而无社会效益的项目，以免造成投资浪费。

4. 奇特独有的原则

凡是奇特的东西，一般都能吸引人们的“眼球”。凡是独有的东西，一般都具有奇特性。凡是奇特独有的文化产业资源，诸如文学作品、历史事件、地理环境等，一般都具有较大的开发价值。文学名著是各国独有的，由文学名著改编的电影、电视大都有市场。中国的四大名著《三国演义》《西游记》《水浒传》《红楼梦》被先后搬上荧屏，拥有较高的收视率。每个历史事件都有它发生发展的特殊背景和因素，历史不会重演。1912 年，在大西洋上发生了震惊世界的泰坦尼克号海难，美国人取材于这一事件，加上凄美的爱情故事，成就了一部震撼人心和催人泪下的电影大片，在当年创造了数十亿美元的票房神话。世界各国取材于惨烈的第二次世界大战，制作了大量影视片，均有较高的收视率。20 世纪初美国加州海岸地区还十分荒凉，呼啸的海风、银色的长滩、辽阔的戈壁、古朴的小镇、散乱的车辙、丰富的地貌，却无形中造就了一个独特天然的电影外景地。一批批电影制片人来到这里，构筑起大规模的电影制作拍摄基地，电影产值从 20 世纪 30 年代的 30 多亿美元到 20 世纪末已达 150 亿美元以上，昔日荒芜之地变成了今天的一座以电影产业及其产业链为支柱的国际大都市——洛杉矶。

三、文化产业资源保护

在文化产业资源开发中不可避免地要碰到资源保护问题。开发与保护是一个问题的两个方面，要开发必须保护，没有保护就不能开发，保护是为了更好地开发，只讲开发不讲保护最终也就没有了可供开发的资源。之所以重视文化产业资源保护，是因为文化产业资源属于稀缺资源。

文化产业资源中，有些资源是可复制再生的，有些资源则不能。如文化遗存，消失了就永远消失了，它是不可替代的。每个历史时期的文化产品，都有它显著的时代烙印，蕴含着它所处历史时期的人文内涵，今人很难完全复制还原过去的历史文化作品。这就是说，文化产业资源的稀缺性，不仅仅从经济学意义上表现出来，还从史学意义上表现出来，它是双重的稀缺。

文化遗产包括物质文化遗产和非物质文化遗产两类。文化遗产濒危的原因是缺乏保护、错位开发和超容量开发。世界有关组织和各国政府保护文化遗产的做法如下：

一是通过法令法规手段保护文化遗产。比如，早在 1793 年法国通过的“共和二年法令”中就明确规定，领土内的任何一类艺术品都应受到保护。1913 年，法国《保护历史古迹法》诞生，这是世界上第一部保护文化遗产的现代法律。

二是通过公布《文化遗产名录》和《濒危文化遗产名录》保护文化遗产。联合国教科文组织组织各国或地区申报文化遗产，经过专家论证，确立文化遗产和濒危文化遗产名录，规定对进入名录的文化遗产实行保护，对保护不到位、错位开发的将从名录中撤销以示惩罚。许多国家仿照国际组织的这一做法，设立了本国的文化遗产名录。

三是通过各种活动加强文化遗产保护的宣传。法国人首创文化遗产日，将每年 9 月第三个周末的两天规定为“遗产日”，人们以各种形式纪念古代文化遗存。许多国家还开展了文化遗产保护志愿者活动。

四是加强文化遗产保护重要性教育。一些国家如西班牙在中小学开设了世界遗产保护课程，从“娃娃”抓起，形成全社会尊重、爱护、保护文化遗产的意识。

五是强化对文化遗产旅游的管理。许多文化遗产已开发为旅游景点，对此政府做出有关规定，要求景区的经营管理者对游客的行为加以规范，对客流量加以控制，警惕和防止旅游开发对文化遗产造成的损伤和破坏。

第五章　文化商品、企业和市场

文化商品、文化企业和文化市场除了具有一般商品、企业和市场的特点之外，还具有自己的特殊性。

第一节　文化商品

关于商品有两个要点：一是它能够满足人们的某种需要；二是它能够用来交换。文化，能够满足人们精神生活的需要，又能够用来交换时，就成了商品即文化商品。

一、文化商品的使用价值

文化商品同一般商品一样，具有使用价值和价值，是使用价值与价值的统一。文化商品同一般商品的使用价值是有区别的。文化商品的使用价值，是指它作用于人的精神世界后所产生和发挥的效益的广泛有用性。文化商品使用价值的特征如下：

1. 文化商品使用价值是满足人们精神和心理的需要

一般商品的使用价值通常直接表现为满足人们衣、食、住、行等物质生活的需要。虽然现代人的生活中有所谓服装文化、饮食文化、住宅文化、汽车文化之说，且人们着衣、吃饭、家居、驾车已经不仅仅是一种物质追求，有很大的精神追求在其中，但是从直接的第一位的意义上讲，一般商品的使用价值主要还是满足人们的物质消费需求。

文化商品的使用价值则不同，文化商品主要是满足人们的精神生活需求。文化商品的使用价值，表现在人们的情感体验、意义想象、感知交流、社会认知、价值判断、审美情趣等精神的心理的领域。正是因为一般商品和文化商品对人们的使用价值的直接的第一位的主要表现形式不同，才有了一般商品和文化商品的区别。

2. 文化商品使用价值的终极效果可改变人们的精神世界

人们在使用文化商品或接受文化服务当中与其所包含的（文化和精神）内容进行多种形式的心灵对话，最终对人的世界观、人生观、价值观都将产生重要的影响。这同一般商品的使用价值是截然不同的。人们买一个面包目的就是充饥，最终效果是解决吃的需要。而人们买一本书，最终却可能改变人的精神世界。文化商品的使用价值中，不仅包括娱乐、休闲属性，而且也包括教育和意识形态属性，后者是其他一般商品所不具备的。

3. 文化商品使用价值的效果具有潜隐性与多元性

文化商品是价值符号和意义符号的载体，它承载着文化商品创作者、生产者对人与世界的关系中有关文化、艺术、哲学乃至宗教的思考，是人与世界的关系的精神对话和灵魂探索的产物。每个时代的文化商品，都承载了那个时代文化商品创作者和生产者的审美倾向、价值观念、道德标准以及哲学理念。这些精神产物是不断发展变化的，是可以超前探索的，文化商品创作者、生产者往往把他们的超前认知反映在他们的文化商品当中，这就使得文化商品的使用价值具有了潜隐性。

由于人们审美观、价值观、道德观和哲学观的不同，也由于文化商品使用价值具有潜隐性的特点，人们对同一个文化商品所承载的价值符号和意义符号可以产生众多的不同的理解和阐释。文化商品使用价值的效果是多元的，有一百个观众就会有一百个哈姆雷特，这同其他一般商品不同。

4. 文化商品使用价值具有永久性效果

既然文化商品中承载着文化商品创作者、生产者的世界观、价值观、人生观等意识形态的属性，可以改变人的精神世界，那么文化商品使用价值也就同时具有了较长的生命周期与永久性效果的特征。

文化商品发展史说明，文化商品中蕴涵的意义符号，越是接近于真理，越是深刻丰富，其生命周期越长，使用价值的效果就越久远。比如，一件优秀的艺术品，年代越久远，反而越具有价值。文化商品所内含的意义，如果对人的世界观、价值观和人生观发生了影响，将长久地发生作用，可以左右人的一生，甚至一个社会群体或者一个民族的精神风貌，进而形成一种社会文化传统，代代相继。

二、文化商品的价值

关于商品价值，传统的理解有三个要点：一是商品的价值由抽象劳动形成，是商品交换的基础；二是社会必要劳动时间决定商品的价值量；三是某商品价值量大小与凝结在该商品中的社会必要劳动量成正比、与劳动生产率成反比。文化商品的价值与一般商品的价值是有区别的。文化商品的价值，是指凝结在文化商品中的人类劳动，是劳动主体创造性的结晶。文化商品价值的特征如下：

1. 文化商品价值由精神劳动和抽象劳动决定

文化商品的生产有两种情况：一种情况是原创性的独一无二的文化商品的生产，这类文化商品的生产是人的精神劳动，精神劳动的实质或意义在于精神发现和精神创造。独一无二的原创性文化商品的价值量，由凝结在这类商品中的精神劳动（精神发现和精神创造）所满足的人们的精神需求的程度决定。满足需求的程度越高，这一文化商品的价值量就越大。毫无疑问，原创性文化商品的生产目的是为了交换，不管生产者是与文化艺术品的收藏家交换、还是与为了复制批量生产这一原创文化商品的文化企业家交换，都是为了追求利润。独一无二的原创性文化商品的价值不能抽象为社会必要劳动时间，这是因为：其一，独一无二的原创性文化商品的生产，只有个别劳动时间，没有社会必要劳动时间；其二，独一无二的原创性文化商品的生产，虽然不仅仅是某个人或少数人的能力的耗费，还凝结着他人或前人的劳动耗费（指对文化商品实际创作者能力培养的耗费），但是无法找到其中的社会必要劳动时间。

另一种情况是工业化复制文化商品的批量生产，这类文化商品的人类劳动，存在并可以抽象为社会必要劳动时间。工业化复制批量生产的文化商品的价值，由凝结在这类文化商品中的社会必要劳动时间决定，其价值量与社会必要劳动时间成正比例关系。生产某一文化商品的社会必要劳动时间越长，这一文化商品的价值量就越大。须特别指出的是，工业化复制批量生产的文化商品最初都有它的原创形态，它的原创形态也是独一无二的文化商品，原创形态文化商品的生产是人的精神劳动。原创形态文化商品的价值，不是由社会必要劳动时间决定的，它要转移并凝结到后来的复制品中去并成为复制文化商品的价值的一部分。显而易见，工业化复制批量生产的文化商品的价值由凝结在这类文化商品中的两部分劳动所决定：一是批量生产之后的社会必要劳动；二是由原创形态转移分摊过来的精神劳动（精神发现和精神创造）。

2. 文化商品价值量具有不确定性

其一，如上所述，独一无二的原创性文化商品的价值的社会必要劳动时间是无法认定和量化的。谁也无法规定出一部小说、一幅美术作品、一部交响乐、一部电视剧、一件广告作品的社会必要劳动时间。十年写成的长篇小说，未必比十天写的短篇小说更有价值。

其二，凝结在文化商品中的精神劳动（精神发现和精神创造）

所满足人们精神需求的程度，是难以度量的。因为原创者的精神发现和精神创造是不同的，文化商品的消费者对同一件文化商品中蕴含的精神发现和精神创造的感悟是多元的，而且也是随时随地变化的。

其三，对于工业化复制批量生产的文化商品而言，它进入工业化复制批量生产之后其价值由社会必要劳动时间决定，但所能决定的只是文化商品价值的一部分，这一产品的原生态的价值不是由社会必要劳动时间决定的。工业化复制批量生产的文化商品的价值构成中由原生态转移分摊过来的价值部分是难以确定的，从理论上抽象来讲，原创形态文化商品价值是要永远平均分摊到每一件复制品中去的，有一批次或多批次的分摊，这就增加了文化商品价值认定的难度和不确定性。这是文化商品和一般商品价值决定显著的不同点。

3. 文化商品价值量与其凝结的人类劳动量没有必然的联系

对于一般商品而言，某商品价值量大小与凝结在该商品中的社会必要劳动量成正比例关系。这一条规律对于文化商品这一特殊商品是不完全适用的，这是因为：

一是文化商品价值构成中有一块是原生态、原创性精神劳动的凝结，对于独有的一件原生态精神创作文化商品而言，不存在所谓社会必要劳动时间。有些看上去投入劳动量很大的文化商品其价值未必很大，甚至有些文化商品其价值恰恰与投入劳动量成反比。比如，拍摄制作三年的30集电视剧未必比拍摄制作一年、放映仅数小时的电影价值更高。

二是文化商品消费者的审美观、价值观、兴奋点是多元的。同一件艺术品在拍卖市场上，买者会举牌报出多种价格，从几万元到几十万元、上百万元不等。凝结在某一文化商品中的人类劳动量从这个文化商品生产出来之后就是既定的了，然而它的价格（价值的实现形态）却是多重价位，这种价格的不确定性，说明了文化商品价值同凝结在文化商品中的人类劳动量没有必然的联系。

三是文化商品价值量的认定往往有一个滞后期，一件文化艺术品问世之时，人们可能并不认同它的价值，但是若干年后，甚至是时间越久远，人们越加认可它的价值。显而易见，在这里文化商品的价值量同凝结在这一商品中的人类劳动量无关，却与商品在世上的存留时间有关。比如，鉴定一件文物的价值，基本上取决于这件文物当时的稀缺程度和时代的久远程度两个因素，而不取决于当时生产这件文物的人类劳动量，生产这件文物的劳动量本身也是无法考证的。

三、文化商品的形态

文化商品形态，是指文化商品的存在形式、状态和样式。文化商品形态是多种类型的，而且是不断发展变化着的。文化商品是一个大的体系，传统的、近代的、新兴的文化商品共存于世界，不同类型的文化商品之间还存在许多重叠或相互交叉的方面。归纳起来，文化商品可具体划分为以下形态：

1. 独立物质形态的文化商品

这类文化商品有独立的物质存在形式，又有文化符号的象征意义，如书、画、摄影作品、音像制品等。这类文化商品，是创作生产主体根据自己的文化、艺术、精神、生命体验创作生产的一种符号系统，并把它物化在某种物态材料上。创作生产主体所创造的文化和经济价值，通过文化商品的出售而实现。

2. 服务行为形态的文化商品

这类文化商品是一种劳动行为，是与文化生产过程同时存在的。比如，音乐、戏剧、戏曲、舞蹈、杂技、曲艺等艺术表演，还有导游人员、高尔夫球童、休闲保健技师的服务等，都属于行为形态的文化商品。这类文化商品价值的实现过程，是生产主体生产过程和消费主体消费过程统一同步的过程。一台音乐会表演开始了，观众的消费过程也就开始了，表演结束了，消费也就结束了。这类文化商品的价值不可能脱离文化生产过程而独立地存在。虽然现代技术可以把艺术表演行为和文化服务行为通过录音带、唱片、光盘录制下来，但消费者享受的绝对不是录音带、唱片、光盘这些物质材料本身，而是它们所承载的艺术表演和服务行为过程。

3. 知识产权形态的文化商品

这类文化商品是以产权形态存在的。文化商品，如文学、美术、音乐、戏曲、影视、音像、广告、设计等作品一旦创作出来，它就有了与生俱来的知识产权。这同一般商品是不同的，属于发明创造的一般商品，经过申请并被批准为专利，才能获得知识产权。这类文化商品，不需要专利的申请批准，它一诞生自然就具有了法律意义上的产权归属。知识产权属于原生态的文化商品，其价值表现是可为文化商品的工业化复制批量生产提供“原材料”，它是重要的文化产业资源，是有价的，可以在文化产权市场上有偿转让。

需要特别指出的是，一般商品包括文化商品的商标，属于文化创意和内容创作产品，也是知识产权性的文化商品。一件商标创作出来，本身就有了与生俱来的知识产权。但是生活中，商标侵权现象屡屡发生，纠纷不断，且有些难以认定归属，所以法律上规定，商标须注册而明确其产权归属。商标，是一种商品区别于另一种商品的标记，是商品品质、信誉、品牌的识别符号。商标可以独立于它所标示的商品，而以“创意”“内容”的知识产权形态存在，并给它所标示的商品创造附加值。商标，是有价的，可在产权市场上进行有偿转让。

4. 附加值形态的文化商品

工业设计中有工业技术性能设计，还有造型艺术设计。造型艺术的创意和内容是文化商品，有自己的价值，这种价值是附加在工业商品中的。

所谓附加值形态的文化商品，是指附着在其他物质形态商品身上或融入其他商品销售过程之中，并增加其被附着或融入商品价值的文化创意或内容形态的商品。人们在消费被附着、被融入的一般商品的同时，也就消费了附加值形态的文化商品，从而获得某种文化消费的满足和享受。附加值形态的文化商品的价值实现同被它附着融合的商品价值的实现是统一同步的。当然，也有例外，比如商标、品牌，也可以视作附加值形态的文化商品，但它们可单独出售，实现自己的价值。

附加值形态的文化商品对其他商品的“附加”基本为以下三种情形：一是生产附加，即在一般商品的生产过程中直接附加进去，如机械产品的造型艺术设计；二是销售附加，即在商品销售过程中附加进去，如销售广告设计与带有文化创意和内容的营销活动，利用运动赛事、传统节庆和非物质文化遗产，给某些商品打上这类活动或内容的印记以扩大商品销售；三是双重附加，即在文化商品的生产和销售两个环节中附加进去。比如，一部新影片制作完成准备销售，以各种形式造势，这种造势活动本身充满了文化创意和文化内容，从而增加了票房价值。

现代经济中，附加值形态的文化商品的地位越来越重要，作用越来越大。所谓附加，就是追加、提升、扩容、增量，是对其被附加、被融入商品的使用价值和价值的“能量”的扩展加强，提高其价格或市场占有率，从而获得更多的利润。现实生活中，已经有不少附加值形态的文化商品的价值大大超过了被其所依附、所融入的商品的价值。比如，在名牌服装价格构成中，作为一般商品的服装的价值有些实际上小于其“品牌”的价值，这类服装的经营者，与其说是在经营服装，不如说是在经营品牌，也就是在经营附加值形态的文化商品。

5. 数字信息形态的文化商品

把现代数字信息技术运用到文化商品生产和文化消费之中，形成了以虚拟方式存在的新的文化商品，这就是数字信息形态的文化商品，如文娱节目、体育赛事的数字化传输等。再比如，在剧院舞台上演一台歌剧，受众坐在台下观看，这种传统的文化商品的生产和消费方式，同在摄影棚里或外景地运用数字信息技术生产这台电视歌剧，整个的导演、表演、制作、生产过程乃至传送给受众和受众消费的形式与过程都是大不一样的。两者区别主要体现在两个方面：一是生产技术方式、制作工艺、置景设备的区别；二是在不同生产技术方式、工艺和设备条件下，导演、表演形式和手段的区别。文化艺术商品的数字化信息化生产、储存、传输、播放，既是现代数字信息技术的应用过程，又是适用于技术应用的文化创造的过程。这第二个过程，是一种精神劳动，即文化精神的发现和创造，它的发现创造物是一种新的文化商品。这种新的文化商品的价值是附着叠加在这台歌剧文化商品上的，它是有价的，可以通过交换实现价值。

需要特别指出的是，数字信息技术在文化商品生产和消费领域有着广阔的发展空间，文化商品原态和被附着叠加上数字信息形态的文化商品会越来越多，人们对这种两重形态文化商品的需求量也会越来越大。用数字信息技术制作的新闻节目制品、动漫制品、影视制品、音乐制品、美术制品、远程教育节目制品等已进入寻常百姓家。在现代社会中，这类文化商品将成为最主要的文化商品，有着极其广阔的市场前景。

四、文化商品的价格

价格是以货币作为一般等价物来表现的价值形式。按照经济学理论，商品价格以价值为基础，价格的变动反映了价值的变动。但是当研究文化商品这个特殊商品的价格时，人们却发现，文化商品价格既有以价值为基础的表现，又有不以价值为基础的表现。文化商品的价格具有以下特征：

1. 文化商品价格由产权价格和市场价格组成

文化商品同其他商品的价值与价格一样，是由三部分构成的：一是生产所耗费的原材料价值形成的不变部分（C）；二是生产者必要劳动创造的价值中维持劳动力再生产所必需的消费资料价值部分（V）；三是生产者在必要劳动之外创造的新价值（M）。在前面讨论文化商品的价值时已经指出，文化商品的价值是由精神劳动和抽象劳动创造的，这里则进一步说明，精神劳动所创造的文化价值表现为产权价格，抽象劳动所创造的价值表现为市场价格。所谓产权价格，是指用以约定判断文化商品价值标准的特殊的货币表现形式，它是通过对文化商品的知识产权价格形式实现的，它的交易场所就是知识产权市场或拍卖市场。所谓市场价格，是指原创（原生）形态的文化商品被资本化，从而进入复制批量化生产之后的文化商品的价值的货币表现形式，它同其他一般商品的价格基础是一致的，由复制生产这种商品的社会必要劳动时间决定，交易场所是一般市场。如果一件文化商品是原创性的独一无二的，那么它就只有产权价格。如果一件文化商品从原创产品已经进入复制批量化生产，形成了批量化商品，那么它的价格中不仅有产权价格还有市场价格，或者说它的市场价格中已经包含了产权价格，这是因为产权价值（价格）已经作为其生产中所耗费的“原材料”价值形成了该商品价值（价格）的不变部分（C）。

2. 文化商品价格不以价值为基础的表现

文化产业的绝大多数商品都是工业化、信息化、数字化批量生产的文化复制品，其价格由产权价格和市场价格组合而成。也就是说，文化商品在其价值形成和实现过程中经历了两次价值判断和价格构成。产权价格是它的前价值判断，以人们的个别劳动时间为基础，约定而成，具有不确定性。市场价格是它的后价值判断，以社会必要劳动时间为基础，具有确定性。文化商品价格不以价值为基础的表现，指的是产权价格。前面在讨论文化商品价值时，已经说明原创性文化商品的价值是难以确定或不确定的，文化商品价值量与凝结在文化商品中的人类劳动量没有必然的联系，所以产权价格反映的是一种难以确定或不确定的价值，即不是以价值为基础的。

3. 文化商品的一次性、多次性和垄断性价格

由于文化商品的价格构成组合和交易方式的不同，它的价格表现为一次性、多次性和垄断性。音乐、舞蹈、戏剧、戏曲、杂技的演出，演出同时也是消费者消费，演出结束则消费结束，门票就是它的价格，属于一次性价格。一部电视剧的播映权，可以多次出售给不同的电视台，每次出售的价格可能是不同的，电视剧播映权的价格就是多次性价格。图书一经出版，版权页上就注明了价格，一批图书在售完再版之前价格不会变动，也不会随其需求量而价格上涨，这属于垄断性价格。当然图书也有特价处理的现象，那是另外一个性质的问题。

4. 文化商品的统一价格、浮动价格和自由价格

物价调控是国家宏观经济调控的重要手段之一。比如，有些国家影视演员片酬过高，造成了不良风气，政府就要干预，就会影响价格。文化商品价格按照物价调控标准可分为统一价格、浮动价格和自由价格。所谓统一价格，是指国家物价管理部门规定的统一定价标准制定的价格。所谓浮动价格，是指政府部门规定的在一定范

围幅度内进行浮动形成的价格。在市场经济体制下，统一价格和浮动价格的文化商品是极少的，但又是必不可缺的。所谓自由价格，是指文化商品生产者不受任何行政约束，根据市场供求自主决定的价格。在市场经济体制下，基本上是自由价格形式。自由定价，是商品生产、市场竞争、优化资源配置的不可缺少的条件。

第二节 文化企业

在现代文化经济中，文化企业是文化产业资源配置的主体，文化产业资源的绝大部分要在文化企业中完成配置。

一、文化企业的产生

现代文化企业同现代企业一样，是现代市场经济体制背景下的产物。工业革命之后资本主义生产关系扩展，资本主义生产关系演化成熟的进程中产生了一批又一批现代企业，根本原因在于资源配置的需要。最早提出现代企业为什么产生和存在这一命题的学者是罗纳德·科斯，他在《企业的性质》一文中指出了企业配置资源的主体身份，并进而提出了企业配置资源是对企业外部的资源配置——市场价格机制的取代。科斯在解释产生企业的原因时提出了交易成本的假设，他认为将外部交易转变为一个组织内部的交易，可节省某些交易成本，这是企业产生的根本原因。阿尔弗雷德·钱德勒和本杰明·克莱因等人还从技术进步、市场扩大以及可剥削租金等范畴上解释了企业配置资源的主体性质及其企业生成的原因。科斯以来所有学者的研究说明，现代企业内部资源配置是以外部资源配置即市场机制为条件的，没有企业外部市场配置，仅有企业内部配置，不可能生成现代企业制度。也就是说，现代企业是市场机制进行资源配置这一大背景下的产物。

计划经济体制背景下，不可能生成真正的企业。这是因为计划经济体制下资源配置凭借层层“计划指标”从上到下贯彻到企业内部，不存在在企业内部或外部交易的问题，也就不会出现交易成本的比较问题。只有现代市场经济体制，才能生成现代文化企业。

现代西方社会是一个消费社会，享乐主义的消费观普遍盛行，尤其大众文化如广播、电影、电视、广告等兴起后，注重休闲、娱乐、刺激的享受成了一种社会消费的主流风尚，这种消费风尚所衍生的文化消费需求大大增加，进而要求文化消费的供给大大增加。大众文化的形成和发展与现代文化企业的产生和发展相联系，在相辅相成中大众文化向广度和深层发展，现代文化企业也从雏形走向成熟并形成规模。从这个意义上讲，现代文化企业是现代文化消费催生的产物。当然，这里讲的催生不是单向的，而是相互的。

二、文化企业的功能

功能，是指事物所具有的作用和效能，通常表现为一事物结构或系统对他事物结构或系统的作用力和影响力。文化企业具有财富创造和文化生产的双重功能。

1. 文化企业的财富创造功能

文化企业经营者最直接的目的就是通过文化商品的生产经营赚取投入与产出之间的差价，即利润。人们之所以兴办企业包括文化企业就是为了赚取利润。文化企业的基本功能是它的经济功能，就是获取利润创造财富。

文化企业发展史说明了以下几点：一是文化作为商品进行交换自古有之，但是要通过文化赚大把的金钱，必须把文化艺术品进行复制投入批量生产；二是虽然文化企业所有者和经营者的初衷是为了追逐利润，但是自从有了现代文化企业，人类的文化生产力超过了过去数千年所积累的文化生产力的总和，这种发展不仅给社会带来了更多的文化精神财富，也直接或间接地带来了更多的物质财富；三是正是因为文化企业的发展，使文化产业成为某些发达国家的支柱产业，增加了财政收入，创造了就业机会，增强了国家经济实力，其经济作用日益显现。

2. 文化企业的文化生产功能

文化企业的文化生产功能，是指文化商品生产或服务中的文化认识、传播、审美、教育的作用和效能。这个作用和效能，通过文化企业提供的商品或服务对文化消费主体的精神世界产生影响而表现出来。文化企业的财富创造功能是创造物质财富，文化企业的文化生产功能则是创造精神财富。文化企业的文化生产功能具体表现在以下几个方面：

一是意识形态功能。文化企业以批量化文化商品和广泛的文化服务，潜移默化地改变着广大受众的文化心态、知识结构乃至世界观、人生观和价值观。这是因为大部分文化商品或服务中内含着善与恶、美与丑、真理与谬误、进步与反动、健康与腐朽等鲜明的意识形态倾向，并且会伴随文化消费影响或最终转化为消费受众的思想、情感或意识，使某种意识形态得以传承。

二是审美功能。文化企业创造设计并生产出的文化商品或设计组织的文化服务活动，是文化创作者和生产者精神发现和精神创造的产物，融入了美的感受、体验和判断，这些使文化商品和服务的受众在不知不觉中获得美的享受，从而提高了受众的艺术欣赏水平，并给人以休闲、娱乐和陶冶。如休闲、旅游和文娱活动，可以使现代人缓解工作压力，增加情趣，陶冶精神，促进身心健康。

三是传播功能。传播是文化企业的主要功能，那些现代文化艺术品生产企业，由于生产效率高，产品批量大，传输手段先进，这种现代工业化文化生产和经营方式从时间和空间上都大大促进了文化品的传播速度、普及程度和传承效率。美国文化在世界各地的扩散和影响，就得益于它有实力雄厚的文化企业。

四是教育功能。高等院校是以文化培养为内容的劳动力商品的生产场所，学校产出的是有文化的劳动力商品。从产业化、商品化生产这个意义上讲，学校（国家义务教育学校除外）与文化企业的性质没有根本性的区别，只是名称不同罢了。有些教育形式，如远程教育就直接冠名某某公司。学校的教育功能是显而易见的。另外，文化企业的意识形态、审美、文化传播功能也同时发挥着教育的功效。

文化企业的财富创造和文化生产双重功能是对立统一的。财富创造功能，获得经济效益，促进社会物质文明；文化生产功能，获得社会效益，促进社会精神文明。具体到一个文化企业，如果它的所有者和经营者的经营管理理念中，不懂得正确发挥企业的双重功能，一味地追逐利润，而忽视了发挥文化企业产品的社会效益和促进精神文明的社会责任，那就走上了歧路，企业最终不可能真正做大做强。

三、文化企业的类型

文化企业类型可以以生产服务形式划分，也可以以行业形态划分。以生产服务形式分为两大类型：一类是生产性文化企业，是指从事艺术品、工艺品、文化品、广告产品、传媒产品等创意、生产和制作的企业；另一类是服务性文化企业，是指从事休闲、旅游、娱乐、教育、咨询等服务活动的企业。这两类文化企业功能的作用形式有区别，但又不是截然隔绝的。生产性文化企业的生产经营过程，有时也存在服务。服务性文化企业的服务经营过程，有时也存在生产。

（一）以生产服务形式划分

1. 生产性文化企业

生产性文化企业的产品主要是物质存在形态的文化商品。物质存在形态的文化商品的生产，实际上存在两种情况：第一种情况是文化创意也即原创形态的文化艺术品的生产，它的制作者往往是艺术家、工艺家，比如工艺陶瓷制造厂的单体产品，每一件产品都出自不同的艺术家和工艺家之手，然后直接进入市场；第二种情况是批量复制的文化产品，它的制作者为艺术家、工艺家和工人。批量生产的文化产品的产出过程，实际上应分为两个阶段：第一阶段为文化艺术品创意研发阶段，由艺术家完成，此时产品还只是“半成品”，不直接进入市场，而是进入复制过程；第二阶段为批量复制生产阶段，主要由工艺工程师和工人完成，产品进入市场。批量生产文化商品的企业规模往往较大，与生产环节相链接的生产链也比较广泛，可组成生产链群。这类文化企业的生产效率一般较高，所带来的经济效益和社会效益也大。

2. 服务性文化企业

所谓服务，是指一方能够向另一方提供的基本上是无形的需要的行为活动。文化服务的特点：一是服务过程与受众的消费过程同时进行，不可分割；二是服务程式、质量和水平可变，具有可拓展和不稳定性；三是服务者与被服务者可以互动，在互动中理解、拓宽服务的使用价值和价值；四是对同一服务内容，服务者与被服务者可以有不同的理解，“编码”是一回事，“解码”可能是另一回事。服务性文化企业的服务内容极为丰富，服务方式多种多样，市场极为广阔。服务性文化企业的发展水平、结构和规模是判断文化产业发展水平的尺度之一，发达的文化产业中必定有众多形形色色的高水平服务性文化企业。广大发展中国家文化产业欠发达，既表现在生产性文化企业的发展上，更表现在服务性文化企业的发展上。

（二）以行业形态划分

按文化企业经营业态，大致可分为以下类型：

1. 通讯、广播、电视企业

通讯社、广播电台、无线电视和有线电视台是现代传媒产业的重要组成部分。世界大多数通讯社为企业。须指出的是，有的通讯社为国家控制，享受财政扶持，严格地说不能称之为企业（但业务中的有些部分或环节为企业化经营）。广播、电视企业的生产经营内容主要为节目经营、广告经营、技术经营、网络经营和衍生品经营几个部分。广播、电视企业的盈利主要来自广告等服务业务收费。广播、电视企业竞争的手段主要是争夺听众、观众即提高市场占有率。争夺市场，一靠节目的品位、特色和品牌，其中新闻节目最重要的是信息量、真实性和时效性；二靠企业的生产经营规模，其中技术经营、技术服务和衍生品经营即产品产业链的延伸是扩大生产经营规模的重要途径。多元产品和服务的集团化经营是广播电视企业的发展趋势。全球著名的通讯社有美国的美联社和合众国际社、英国的路透社、法国的法新社、德国的德新社、俄罗斯的塔斯社、中国的新华社、日本的共同社、意大利的安莎社、西班牙的埃菲社、埃及的中东社等。全球著名的传媒企业集团有时代华纳、迪士尼、维康、通信公司、通用电器、贝塔斯曼、新闻集团、索尼和西格拉姆。世界著名的电视台有美国全国广播公司、美国广播公司、哥伦比亚广播公司、美国有线新闻网、英国广播公司、日本广播协会、法国电视一台、俄罗斯公共电视台、德国公共广播联盟、意大利广播电视公司和中国中央电视台。

2. 网络企业

所谓网络企业，是指以网络文化（数字内容、数字娱乐）为生产服务产品和项目的企业。网络企业的经营项目，既包括原有的一些文化产品或服务在互联网上的传播、延伸和扩展，如报纸、杂志、图书、音像制品网络传播等，也包括借助互联网新开发的文化商品，如网络游戏、广告、天气预报、新闻和其他艺术表演娱乐节目等。

网络企业还生产网络动漫节目，经营电子邮箱服务、搜索引擎服务、下载服务、电子商务服务等。网络企业的盈利来自客户缴费减去信道（网络）租金和网络节目的制作费用。网络企业的主要竞争手段是争夺客户，为了争取客户，有些网络服务项目会竭尽所能地争夺受众，受众多意味着客户也多。网络企业也有一个规模经济效益的问题，综合化服务、扩大企业规模和形成产品链，是提高其市场竞争力的重要途径。网络企业是新兴的文化企业，有广阔的发展前景。

3. 纸质传媒企业

纸质传媒企业包括报社、期刊社、出版社等。纸质传媒企业的生产流程基本是两个部分：一是编辑，二是印刷发行。广告是纸质传媒企业的重要经营内容。报纸期刊的盈利来自发行量和广告收入，图书的盈利则依靠发行数量。纸质传媒企业竞争的手段，主要是争夺读者，也包括提高市场占有率。争夺市场，一靠纸质传媒产品的特色和品牌，二靠企业的生产经营规模。多元综合集团化经营是纸质传媒企业的发展趋势。全球著名或发行量比较大的报纸有美国的《华尔街日报》《今日美国》《纽约时报》，英国的《太阳报》《泰晤士报》，法国的《世界报》，德国的《图片报》，瑞士的《新苏黎世报》，日本的《读卖新闻》《朝日新闻》《每日新闻》《日本经济新闻》《中日新闻》《产经新闻》《东京体育报》，中国的《参考消息》《人民日报》等。世界著名的期刊有英国的《自然》《新科学家》《经济学人》，美国的《时代》《新闻周刊》《科学》《福布斯》《财富》等。中国著名的期刊有《中国社会科学》《新华文摘》《读者》《亚洲周刊》（香港）等。

4. 教育“企业”

教育，一种是直接以“公司”冠名的教育企业，主要从事各种文化知识、技术和技能的短期培训和远程教育；另一种是学校。学校是一种特殊的文化企业，它所生产的是具备了一定的文化科技知识的劳动力商品即人力资本或社会科学及自然科学技术（知识产权）产品。学校的盈利是收缴学费与办学成本的差额，学校经营的重要规则是不以营利为目的，盈利要用于学校的再发展。学校的主要竞争手段表现在两个方面：一是办学规模，学校虽然是微利的，但可以“薄利多销”，通过规模来提高在教育市场上的竞争力，发达国家的大学已进入大众教育阶段，有些高校不仅在本国而且在世界范围内争夺生源；二是培养质量，也就是能不能培养出贴近世界文化科学技术前沿的学生。哈佛大学、耶鲁大学、剑桥大学、牛津大学、加州理工学院、伦敦帝国学院、伦敦大学学院、芝加哥大学、麻省理工学院、哥伦比亚大学、宾夕法尼亚大学、普林斯顿大学、杜克大学、约翰·霍普金斯大学、康奈尔大学等是全球著名的高校。哈佛大学培养出了若干位政治家，被称为总统的摇篮。麻省理工学院培养出了众多自然科学家，被誉为科学家的摇篮。英国伦敦经济学院规模不大，却是多位诺贝尔经济学奖得主的母校。可以说，世界级的名校都是以培养输送世界级人才为标志的。

5. 旅游企业

所谓旅游，是指人们为观赏自然、人文、民情风俗、休闲和参加一些节庆，而离开通常的工作生活环境，前往某些地方并做一年内短暂停留的活动。为人们这种活动进行服务（包括饮食、住宿、交通、商业和娱乐）的企业，就是旅游企业。旅游企业，主要是指旅游经纪公司即旅行社。当然，酒店、宾馆和客运交通公司也可划归旅游企业。旅游企业盈利来自对客户的收费和服务费用的差额。旅游企业的竞争手段，主要是争夺客源，占领市场。占领市场的途径，一是旅游商品（景点、线路、活动）的特色和品牌，二是服务水平和质量，三是企业规模。为了做大做强企业，许多旅游公司与娱乐、艺术表演和博彩企业联合，进行多元项目的综合性开发经营。

6. 休闲娱乐企业

休闲娱乐企业主要指歌剧院、歌舞厅、夜总会、公园、高尔夫球场、健身房、游乐园、休闲俱乐部等。休闲娱乐企业的盈利来自门票和服务收费与服务费用的差额。休闲娱乐企业的竞争，主要是争夺客源，手段为服务品牌和质量。休闲娱乐企业与旅游企业、演艺企业、体育企业的关联度极高，这几类企业的经营之间互相影响、互相促进，有时也互相交叉融合。比如休闲旅游，就是休闲与旅游的融合，是比观光旅游更高一个层次的旅游活动，那么旅行社就要针对休闲旅游设计策划服务项目。一般来说，在旅游胜地往往休闲娱乐企业云集，竞争激烈，管理规范，效益较好。休闲娱乐企业的经营和规模的定位十分重要，不管经营哪种休闲娱乐项目，不管规模大小，定位准确才能将企业做大做强。

7. 广告企业

广告企业主要指广告公司。广告公司是典型的信息形态文化商品的生产经营企业，从事广告信息的传播服务活动。广告公司的生产经营内容，主要为寻找或接受广告客户（信源）、选定传播媒介（信道）、创意设计制作广告（信息内容）和传输广告（信宿）四个程序。广告企业的盈利来自客户缴费减去信道租金和广告设计制作费用。广告企业的竞争手段主要是争夺客户，为了争夺客户还要争夺受众，受众多的广告公司，客户也必定会多。广告产品讲究品位，其核心为真实性。广告内容的真实性和诱导性是争夺受众的根本所在。传播媒介（信道）的选择对广告公司来讲也是重要的竞争手段，这要看广告客户的要求和广告内容而定，广播、电视媒体具有信息传输快捷的特点，但记忆存储瞬间而过，纸质媒体具有记忆存储时间长的特点。在城乡建筑物上、交通要道两侧以及机场、车站设立广告牌，也是广告的重要形式。同一内容的广告通过不同的媒体（信道）传输，会收到不同的效果。当然，广告的创意设计制作能力也是竞争力的重要表现，其中创意设计制作周期和广告发布的时机是客户特别关心的，这些都是广告公司服务水平的体现。世界著名的广告公司有日本的电通传媒和美国的奥美、麦肯、智威汤逊、李奥贝纳、精信、电扬、天联广告等。

8. 会展企业

会展企业是专门经办展览、展销和会议服务的文化企业。会展包括商品交易会、经贸洽谈会、文化博览会、航空博览会、汽车博览会、园艺博览会等。会议包括政府或民间社团主办组织的各种政治的、经济的、文教的、体育的、卫生的、科技的、国防的等会议或论坛。会展企业的盈利来自收取的场所或摊位租金与办会费用的差额。会展企业的运作模式多种多样，其竞争主要表现为展览内容、展览地点和规模。据测算，展览本身赚1元钱，可推动其他如旅游、休闲娱乐、广告等文化企业赚9元钱。美国、法国和德国是会展企业发达、会展市场成熟的国家。世界各地的著名大都市大都建有会展中心，分布着会展企业。德国的汉诺威国际展览公司、杜塞尔多夫展览公司、慕尼黑国际展览集团、法兰克福国际展览公司，法国的爱博展览集团、巴黎展览集团，英国励展博览集团等都是世界著名的会展企业。

9. 艺术企业

艺术企业有两种：一是艺术生产企业，如文学创作室、艺术品创作生产公司、剧团、影视公司等；二是艺术经纪企业，如影视发行公司、影剧院、艺术演出经纪和中介服务公司、艺术品商店、书画廊、艺术品拍卖公司、艺术品经纪或代理等中介公司。艺术企业的盈利来自艺术品销售收入与制作成本和经营费用之间的差价，影视公司、剧团的销售收入就是票房价值。艺术企业竞争的主要手段：一是靠规模经济，获利高的艺术企业往往是那些资本运营规模大的公司，美国好莱坞的著名影视公司大都以资本运营规模取胜，有些企业则靠综合性生产经营取胜；二是靠文化艺术品牌，美国纽约的百老汇、法国巴黎的红磨坊、中国桂林漓江山水剧院等都是以节目的品牌效应取胜。艺术经纪企业对艺术经济的发展和艺术的繁荣，发挥着重要的作用。艺术经纪在艺术产品与艺术市场之间搭起一座桥梁，促进了艺术品使用价值和价值的实现。从一定意义上讲，艺术经纪企业的发展水平、业态结构和规模是衡量艺术市场是否成熟的标志。成熟的艺术市场经济，必然有经纪水平较高、专业结构布局合理、众多的艺术经纪企业为支撑。

10. 研究咨询企业

现代文化经济的一个重要特点，就是有众多的以科研与咨询服务为工作内容的研究咨询服务公司，如为国家和政府服务的战略研究所、政策研究所，为公司和民众服务的投资研究所、会计师事务所、法律事务所、心理咨询研究所和各类文化基金会等。这类文化企业为客户提供中介服务，其盈利来自收取客户的服务费用。美国兰德公司经常承担美国政府、五角大楼和各大公司的科研项目，收入不菲。美国历任总统卸任后，大都成立了以自己名字命名的文化基金会，从事研究和咨询活动。许多大实业家也有自己的文化基金会，一方面为本公司的经营出谋划策，另一方面从事社会咨询服务经营。研究咨询企业的竞争手段：一靠规模，二靠研究水平，三靠服务质量。研究咨询企业实质上是一个“智库”，从事最典型的精神生产的精神发现和精神创造活动，依靠提出思想、点子和办法来争夺用户，占领市场。研究咨询企业的作用，从宏观层面，可以影响联合国、区域集团及政府的内外政策；从中观层面，可以支配一个公司企业的经营战略；从微观层面，可以左右一个家庭的生计或一个人的身心健康。美国的兰德公司、巴特尔研究所、布鲁金斯学会、胡佛研究所，英国的伦敦战略研究所，日本的野村综合研究所、三菱综合研究所，设在维也纳的由十七个国家组成的国际应用系统分析研究所等是全球著名的战略性“智库”①，对世界和所在国的政治、经济和文化生活发生着重要的影响。美国的麦肯锡公司、波士顿咨询、贝恩公司、A.T. 科尔尼、怡安咨询、盖洛普咨询、IBM 咨询，德国的罗兰贝格，法国的凯捷咨询等都是著名的咨询企业。研究咨询企业的发展水平、业态结构和规模，是衡量现代社会文化经济发展水平和文明程度的重要标志，发达国家无一例外地都具有众多的发达的研究咨询性文化企业。

11. 体育企业

体育企业是一种特殊的文化企业，主要包括健身娱乐企业和竞赛表演企业。再具体可细分为：体育项目俱乐部和健身俱乐部、体育赛事经营公司、体育用品生产企业、体育广告企业、体育博彩公司、体育保险公司、体育场地出租公司、体育纪念品销售公司、体育冠名权经营公司、体育设施建筑公司体育场、滑雪场、高尔夫球场等、体育图书报刊出版社或公司、体育文化展览经营公司等。总体上观察，体育企业的盈利主要来自票房、广告和博彩收入。体育企业的竞争手段：一靠规模经济，二靠服务质量。体育经纪企业对体育经济的发展和体育的繁荣发挥着重要的作用，这类体育企业的发展水平、业态结构和规模是衡量体育市场是否成熟的标志。体育设施、器械、用品、服装企业是体育产业的重要领域。

四、文化企业的性质

文化企业与一般企业相对照，除了生产经营的产品不同之外，就企业性质而言，它们是完全相同的。

古典企业理论认为，企业是一个投入产出并赚取投入产出差价

---

① 江奔东：《社会科学研究与管理》，济南出版社，2000，第 151 页。

以实现利润最大化的组织。古典企业理论强调技术的作用，强调规模收益对企业规模的决定作用，在完全竞争的假设下分析了最优产量与投入和价格的变动关系。这些都是有意义的。古典企业理论有三点缺陷：一是把企业看作完全有效运转的东西，完全忽略了企业内部制度问题；二是没有讨论企业内部的组织结构和利益关系；三是并未确定令人满意的企业边界。

现代企业理论解决了古典企业理论没有完全解决的命题，回答了企业的性质问题。现代企业理论认为：

第一，企业是一系列契约的有机组合，并且这些契约是不完备的，于是产生了交易费用。由于签约各方的利己主义行为致使交易存在利益冲突，企业内部必须建立相应制度以降低交易成本。

第二，现代企业内部等级科层组织结构，是通过“权威”解决矛盾和冲突，并完成资源配置的。现代企业多为股份公司，典型特征是公司所有权与经营权的分离，所有者委托经营者代理，并形成了企业法人治理结构和等级科层组织结构。

第三，企业内部等级组织结构和法人治理结构所要解决的根本问题，是保证企业内部资源配置的成本不能高于市场配置的成本，这就是所谓企业的边界。如果企业内部资源配置的成本高于市场配置的成本，企业就没有存在的必要了。企业之所以成为企业，就是因为它在外部市场经济体制的大背景下，可以通过内部的科层组织和法人治理等制度安排，以资源配置主体身份确保内部资源配置成本低于市场资源配置成本，这就是企业的性质。

第三节　文化市场

文化商品和企业与文化市场紧密相连，文化商品进入市场才能实现其价值，文化企业进入市场才能发挥其功能。

一、文化市场及其构成

文化市场，是指文化商品买卖的场所。市场反映了各种商品供给和有支付能力需求的关系。文化市场，由文化消费主体（即文化消费的需求方、买方）和文化生产经营主体（即文化商品和服务的供给方、卖方）构成。所谓文化消费的需求方，既指居民家庭或个人（最终文化消费主体），也指作为文化生产要素需求者的文化企业。文化企业在文化市场中实际上是双重身份，它生产创作的“原料”从市场上获得，它就是一个买者；它的产品进入市场，它就成为一个卖者。所谓文化生产经营主体，既指文化商品或服务的个体生产经营者，也指文化企业。作为文化生产经营主体的文化企业分为三种情况：一是从事文化商品生产的企业（须指出理论上可以做这种划分，但实际上任何生产企业都不可能脱离经营）；二是从事文化商品和服务经营的企业；三是文化商品生产和经营一体化的企业。

文化市场，是一个非常广泛的范畴。文化商品的种类成千上万，文化商业性服务的种类形式成千上万，文化消费需求及其需求方（买者）成千上万，文化生产经营的个体或企业（卖者）成千上万，这样就结成了成千上万对买卖关系，存在着成千上万个买卖活动。

文化市场，又是一个非常简单的范畴。运用抽象思维方法，它就是一个场，一个文化商品和服务买卖双方交换的场，一种通过买卖配置文化资源的场。哪里有文化商品和服务的买卖活动，哪里就有这个场。在现代生活中，人们大都身处文化市场。凡是从事以卖为目的的文化商品生产者，从生产的最初活动就已经进入了这个场；凡是买了文化消费品或有文化消费需求的人，都以事实或潜在形式身处这个场。人们从幼儿起要接触若干启蒙教育的文化商品，进入了文化商品或玩具市场；长大一些要看电影电视，进入了影视市场；成年工作之后，要休闲旅游，进入了休闲旅游文化市场；如果当一名表演艺术家，则以文化商品或服务主体的身份进入演艺市场。从事实和潜在的意义上说，每一个现代人，一个正常生活着的人都是文化市场中的一分子。

二、文化市场的类型

1. 按文化产业形态划分的文化市场

按文化商品生产或服务的业态，可把文化市场分为文化产品市场、文化服务市场和文化要素市场。文化产品市场，又可细分为艺术品市场、报刊市场、图书市场、音像制品市场、影像制品市场、体育用品市场、文教设备市场等。文化服务市场，是文化服务活动的买卖市场，如艺术表演市场、休闲娱乐健身服务市场、科研咨询服务市场、广告策划服务市场、创意设计服务市场、网络服务市场等。文化要素市场，是各类文化商品生产和服务的要素买卖市场，如文化产业的知识产权市场、资金市场、技术市场、人才市场等。

2. 按流通区域划分的文化市场

按流通范围，文化市场可分为国内市场和国际市场，还有区域集团市场如欧盟文化市场。国内文化市场是指一国范围内文化商品和服务交换活动的总和。国际文化市场是指全球范围发生的文化商品和服务的交换活动。区域集团文化市场是指某些国家范围内的文化商品和服务的交换活动，通常为区域集团市场的一部分。如果区域集团就文化商品和服务的交换签署专门的约定，那就形成了特定意义上的国际文化市场。

3. 按产品生产流程划分的文化市场

按产品生产流程，可划分为上游产品市场和下游产品市场。许多文化产品的上游产品市场属于虚拟形态、创意形态或知识产权形态的市场，这是文化市场同一般市场不同的重要特征之一。比如，图书的版权市场是上游产品市场，图书出版之后的订货会则是下游产品市场。

正确地划分文化市场类型是管理文化市场的需要。各类文化市场中文化商品和服务交换活动，既有共通之处，也有不同的特点。比如，图书交易和版权交易的特点就不是一样的。国内外文化商品和服务交易的特点也不是完全相同的。各国政府一般都比较重视对文化市场的监管，并且针对不同类型的文化市场采取不同的政策和方法。发达国家由于文化市场比较发达，法制型的文化市场监管体系相对完备一些。发展中国家的文化市场还在发展之中，各类文化市场的发育还不平衡，所以监管体系相对落后。在国际文化市场上，以美国为代表的少数发达国家处于强势地位，包括中国在内的广大发展中国家尚处于劣势地位。在国际文化贸易中，少数发达国家顺差、多数发展中国家逆差的现象还很严重。

三、文化市场的竞争

文化市场中存在着复杂的经济关系。具体讲，一是买卖双方的关系；二是卖方与卖方的关系；三是买方与买方的关系；四是市场内已有的买方和卖方与正在进入或可能进入市场的买方与卖方的关系。这些关系的综合反映就是文化市场的竞争和垄断。

竞争是市场的基本特征。从一定意义上讲，没有竞争不成其为市场，没有哪个市场不充满竞争。竞争，是市场运转的动力和魅力所在，是市场的题中应有之义。在市场经济条件下，资源配置经过两个途径：一是在企业内部，靠契约关系等级科层制度机制；二是在企业外部，靠市场供求和竞争机制。市场竞争垄断理论是产业组织理论的基础。

根据竞争和垄断程度，文化市场的竞争垄断可假设为以下四种基本情况：

1. 完全竞争文化市场

所谓完全竞争文化市场，是指不存在垄断的竞争程度最高的文化市场。特征是：一是文化市场上存在大量的独立的买方和卖方，企业规模小，任何一个文化企业都不可能影响文化市场的价格；二是所有文化企业投放市场的文化商品无差异；三是文化企业能够自由地进入或退出文化市场，没有任何限制文化产业资源流动和价格变化的障碍；四是所有文化企业都能获得应有的生产技术；五是所有买方和卖方都能获得完全的文化供求信息，不存在因获取信息不均等而发生的交易和交易成本。显然，具备上述全部特征的文化市场在现实中很罕见。这种假设主要是具有理论分析的意义。

图 5－1 为完全竞争市场曲线。在完全竞争市场假设基础上，如果每个企业都追求利润最大化，则价格等于边际成本，即 $P=MC$。同时每个企业所面对的需求曲线是水平的，价格也是所有企业都接受的，由此 $P=MR$。完全竞争市场上的企业均衡条件就是 $P=MC=MR$。图 5－1 中的 E 点为长期均衡点。

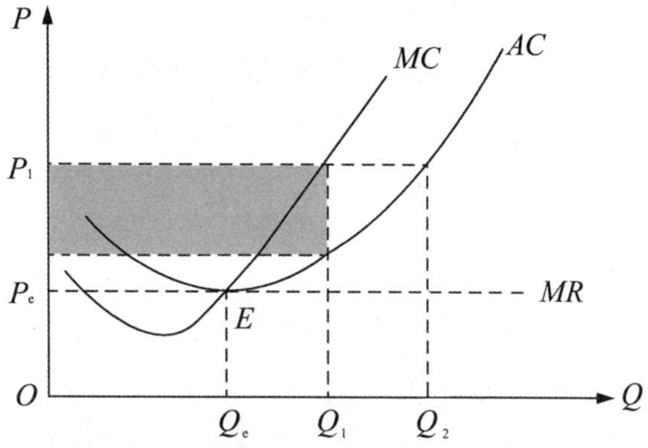

图 5－1　完全竞争市场模型

2. 完全垄断文化市场

所谓完全垄断文化市场，是指不存在竞争的完全垄断的文化市场。特征是：一是文化市场上只有一个文化企业；二是完全垄断文化企业所提供的文化产品，没有替代品；三是其他企业难以进入文化市场并与垄断文化企业竞争。完全垄断文化市场在现实中确实存在，如某传统工艺品的生产只此一家，但比较少见。这里的讨论，更大意义上是一种假设，具有理论分析的作用。

图 5－2 为完全垄断市场曲线。与完全竞争市场相比，完全垄断市场的产量低而价格高。按照边际成本等于边际收益原则，垄断企业的产品价格远远高于平均成本水平，垄断企业获得超额利润（图中阴影部分）。

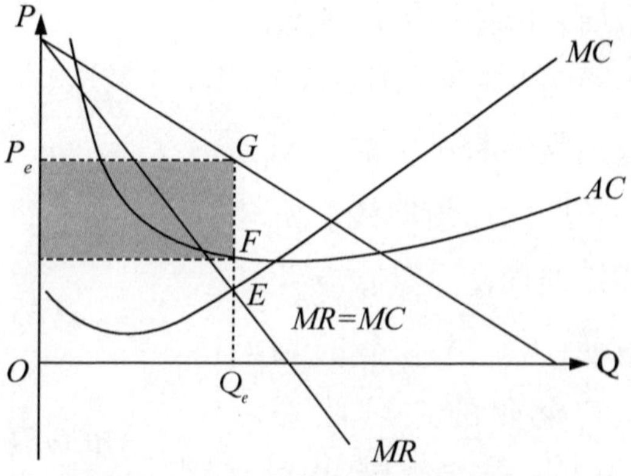

图 5－2　完全垄断市场模型

需说明的是，在这里各种假设的前提是在市场经济体制中。在计划经济体制中存在垄断“市场”（当然计划经济下的市场是极其不完整的、非真正意义上的市场），但垄断者不是企业（计划经济体制下没有准确定义下的企业，企业只是政府的附属物），而是政府。计划经济体制下是政府垄断文化市场。

3. 垄断竞争文化市场

所谓垄断竞争文化市场，是指垄断和竞争并存的文化市场。特征是：一是文化市场上有许多文化企业，他们可对市场施加有限影响，但不能控制文化市场的价格；二是各个文化企业的产品或服务存在差别，但差别又不是大得不能互相替代；三是文化企业能够自由进入或退出市场，进退障碍比较小。显然，垄断竞争文化市场比较接近

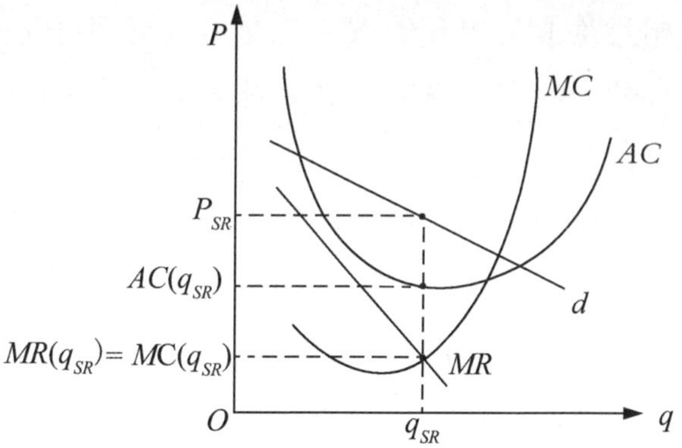

图 5－3　短期均衡下的垄断竞争模型

市场经济体制下的现实。

图5－3、图5－4分别为垄断竞争的短期和长期的均衡曲线。所谓短期均衡，是指企业数量一定情况下的均衡，企业的边际收益（MR）等于边际成本时，产量为 q_{SR}，这里的均衡取决于短期市场中的企业数量。所谓长期均衡，是允许企业自由进入中的均衡，此时企业价格高于最低平均成本，也就是市场价格高于企业的边际成本。从市场上看，则是由企业进退（竞争）数量达到的一种生产成本最小化和资源配置效率最大化下的一种均衡。

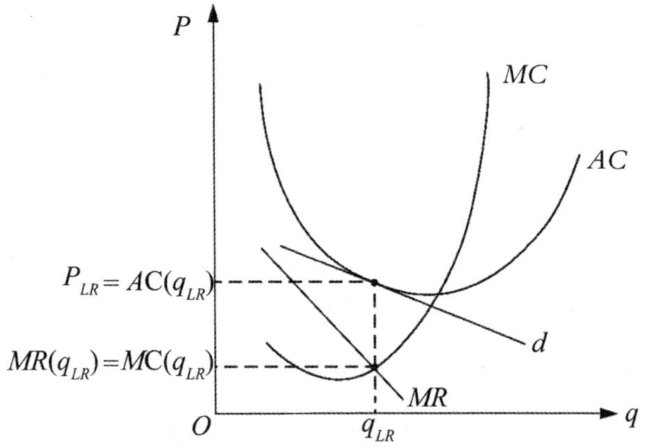

图5－4　长期均衡下的垄断竞争模型

4. 寡头垄断文化市场

所谓寡头垄断文化市场，是指由少数几个企业垄断的文化市场。特征是：一是文化产业或行业内只有少数几个文化企业，他们之间既相互竞争又相互依赖；二是这少数几个企业中，每个文化企业都占有相当的市场份额，并且能够对价格产生一定的影响；三是文化市场进退障碍大，新文化企业进入文化市场或老文化企业退出文化市场都很困难。在市场经济体制中，寡头垄断文化市场是存在的，比如大多数发达国家的电讯传媒被少数几个通讯社垄断，进退壁垒森严，他人很难插足①。

产业组织理论在讨论市场竞争和垄断时，特别强调上述四种理

① 臧旭恒、徐向艺、杨蕙馨：《产业经济学（第三版）》，第17－26页。

论假设的意义。但文化市场不同于一般市场，上述理论假设在现实文化市场中却并非假设，而是或多或少地存在。比如书画市场从不同角度（不同的假设条件）看，它既是完全竞争文化市场，又是完全垄断市场。如果改变假设条件，文化市场的竞争垄断不仅可以抽象出上述四种情况，还可以抽象出更为复杂的类别。

在上面的讨论中，我们既正视了文化市场中竞争垄断与一般市场中竞争垄断的相同之处，更注重研究了它们的不同之处。这是因为，文化产业市场不可能脱离市场竞争垄断的一般规律。但文化市场毕竟是一种特殊的市场，文化商品和服务的复杂形式和内容、文化企业的双重功能特点，决定了文化市场的竞争垄断的复杂情况。下面有关章节的讨论，将从不同角度和层面上深入分析文化企业的竞争，从而更清晰地了解文化市场与一般市场的不同之处。

第六章　文化市场结构

所谓文化市场结构，是指文化企业的数量、分布、规模以及由此形成的文化市场竞争和垄断格局。文化市场结构反映了文化企业包括买方之间、卖方之间、买卖双方之间、市场内已有的买方卖方与正在进入或可能进入市场的企业之间存在的交易、利益和竞争（垄断）格局。影响文化市场结构有三大因素：一是文化产品差异，二是文化市场集中度，三是文化企业流动壁垒。

哈佛（结构主义）学派认为，市场结构决定企业行为，并通过企业行为影响市场绩效。芝加哥（行为主义）学派认为，企业行为和市场绩效决定市场结构。后来的理论预期学派、新奥地利学派、新制度经济学派、哈佛的波特等都是哈佛学派和芝加哥学派派生的，他们有各自的观点，从不同角度发展了结构主义和行为主义。

第一节　文化产品差异

文化产品差异，是指不同文化企业生产的同类文化产品，由于品位、质量、性能、销售服务和文化消费者偏好等方面存在差异，从而导致产品间替代的不完全性状况。

一、同类文化产品的差异

文化产品差异中概念的同类文化产品是一个不可忽视的范畴。

同类文化产品，一般指工业化复制批量生产的文化产品，而不是指原创性的文化产品。原创性文化产品的差异性，源自创作生产者的精神劳动（精神发现和精神创造），是完全不可替代的。

这里讲的是复制批量生产的文化产品的差异性，是指可替代但替代不完全的状况，这种差异源自企业组织结构、生产工艺技术和经营管理水平。文化产业组织理论讨论文化产品差异，把原创差异作为既定的条件加以抽象和排除。前面讲过，有些文化产品是先原创后复制，具有原创和复制双重价值，这里只是讨论它投入市场的成品的差异，假定它的原生态（半成品）卖给了几个或众多文化企业，那么半成品市场中的差异就不在讨论之列。原创文化艺术作品的差异性，是艺术学研究的任务。只有复制批量生产的文化产品的差异性，才是文化产业组织理论研究的对象。

现实中认定同类产品是很复杂的，同类的划分存在一个层次问题。比如，图书就可以划分为若干层次的同类。书与其他文化产品相对照，所有的书都可以认定为同类产品。再缩小一下范围，自然科学、社会科学可分别认定为是同类图书。自然科学图书中又可分为若干学科类型的书，社会科学也可分为若干类型的书，那就看从什么层次上确定同类。比如，把经济学学术图书视为同类图书，其编辑、设计、印刷水平就存在较大的差异。这就是同类产品的差异性。

虽然从理论上文化产品差异的含义限定为工业化复制批量生产的文化产品，但是现实中有些文化产品的原创和复制是交织在一起的。比如一个传统剧目的表演中，可能会有演员新的创造，“复制”和新创交融在一起。从这个意义上讲，讨论文化产品差异，不可能完全脱离文化艺术原创造成的差异，正是原创和复制共同造成的差异，才使得文化产品差异比其他产业的产品差异更加明显。

二、文化产品差异的成因

在现代文化经济中，完全无产品差异的文化市场，基本上是不存在的，在文化市场中只存在产品差异程度的不同。20 世纪 50 年代初，美国学者贝恩对美国寡占产业产品差异的程度进行了考察，后来日本学者植草益在贝恩研究的基础上具体分析了中间品、投资品、耐用消费品和非耐用消费品四类产品的差异程度和原因。根据不同产业的产品差异程度，可把产业划分为高度产品差异产业、中度产品差异产业、轻度产品差异产业和产品差异可以忽略的产业。文化产业属于高度产品差异产业。这是因为：

第一，部分文化艺术品的创作和生产是分派别的，不同的创作风格造成了产品的差异。比如，美国电影东部片和西部片风格浑然不同，即便是同一体裁同一内容的影片，东西部电影公司制作出来差异也很大。再比如，同为花鸟画，中国南北方画派的作品风格就相差甚远，南方画派的作品细腻，北方画派的作品粗犷。

第二，工业化批量生产的文化产品，制作中依然保留了若干个体工艺制作技术，带来产品的差异。比如现代陶瓷制品上的图案，有的工厂采用瓷用花纸技术印制上去，有的沿用人工绘画仿制上去，显然两种印制技法的差异性就很大。就瓷用花纸本身而言，不同厂家制作的同一图案的花纸也存在较大的差异。

第三，艺术表演或服务天然存在差异。比如戏剧表演，在舞台上不同演员诠释同一个角色，演艺水平是不同的，表演效果就存在差异。再比如同一条旅游线路，由于导游的知识面和服务水平不同，不同导游的讲解和服务水平也存在差异。

第四，文化艺术产品销售服务水平的区别，导致文化产品的差异。比如在电影、戏剧、戏曲、电视剧、音乐表演中，新节目上演之前，有的很会炒作，有的不善于炒作，造成差异。同一台节目在甲地炒作得好，票房收入就高，在乙地炒作不到位，票房收入就低，形成差异。文化产品的炒作，可视为一种特殊的销售服务。另外，以物质形态存在的文化产品，售后服务水平不同，也是造成产品差异的重要原因。

第五，文化艺术消费爱好造成了差异。不同的人，观赏同一件艺术产品、看同一部电影、读同一本书，都会有不同的评价、感受和体会。文化产品消费的这种差异性及其差异的程度，是其他商品消费中所不具备的。比如同一台洗衣机不同的人使用后感觉可能存在差异，但是它绝对不如同一部电影不同的人看了以后所产生的差异大。文化消费的差异导致人们对文化产品爱好的差异，一部分人特别喜爱某个文化企业的产品（品牌），另一部分人可能特别喜爱另一个文化企业的产品（品牌）。一部分人喜爱某电影公司的影片，另一部分人则可能喜爱另一个电影公司的影片等。可见，文化产业是高度产品差异产业。

三、文化产品差异与文化市场结构的关系

文化产品差异与文化市场结构的关系，是通过与文化市场结构的其他因素的关系间接体现的，具体情形如下：

1. 文化产品差异影响文化企业的数量

文化产品差异，是文化企业保持其在文化市场上的地位、阻止其他企业进入、形成市场进入壁垒的重要因素之一。对准备进入的企业来讲，越是文化产品差异程度高的市场，如广播、电视、网络传媒市场，进入时所碰到的障碍就越严重。正因如此，准备进入文化市场的企业可以研发出具有自己特色的文化产品打开市场，利用文化产品的差异，进入文化企业的行列。

2. 文化产品差异与市场集中度相互影响

一方面，文化市场上较大规模的文化企业可以通过扩大文化产

品差异程度，来保持或增加市场占有份额，提高市场集中度水平。另一方面，文化市场上较小规模的文化企业可以通过研发新的技术，形成新的文化产品差异，提高自己的市场占有份额，改变市场集中度水平，进而改变文化企业规模分布。

3. 文化产品差异影响文化市场的竞争垄断格局

文化产品差异将影响企业定价。由于文化产品消费存在偏好，消费者在价格差别不大或可承受的范围内，即使偏好产品的价格高于其他产品，消费者也往往在多个同类产品中选择购买偏好厂家的产品。这样，文化市场上实际存在产品差异性的非价格竞争，并在一定程度上影响文化企业的定价。产品差异性的非价格竞争，是指通过技术开发销售活动等来扩大文化产品差别的非价格竞争行为。比如，打造文化产品品牌就是最明显的非价格竞争的例子。文化产品差异的竞争参与进来，使原来的市场竞争更加激烈，影响了文化市场的结构。

需说明的是，文化产品差异与文化市场结构的关系远不止以上三条。文化产品差异对文化企业行为、文化市场绩效也有影响，进而间接地影响文化市场结构。文化市场结构与文化企业行为、文化市场绩效的关系，在后面的讨论中将逐步展开。

第二节 文化市场集中度

文化市场集中度是影响文化市场结构的重要因素之一。文化市场集中度与文化企业的数量、文化企业的生命周期等相关。

一、文化企业的数量

文化企业的数量，是影响左右文化市场上买方之间、卖方之间、买卖双方之间以及市场内已有的买方卖方与正在进入或可能进入市场的买方卖方之间关系及其竞争格局的主要因素。

为什么会有文化企业的数量变化呢？这是因为企业是一个生命体，具有生命周期。各类文化企业在发展与消亡中形成了一种格局，这一格局又对文化企业的生生死死产生重大影响，从而在不同时期呈现着企业数量的不同。所有企业包括文化企业都是有生命的。文化企业的生命体性质，可从以下几个方面去理解：

第一，文化企业的活动是企业所有者意愿支配的结果。文化企业是由人创造并组成的，人是有生命的。文化企业的所有生产和经营活动受企业所有者意愿的支配，企业中所有人具有维持企业生存和发展的共同目标，也有其各自的目标。当企业所有者的目标与企业内其他人的目标相一致时，即企业表现为较强的内部统一性、协调性时，这个文化企业在社会上就具有较强的竞争力，这个文化企业就充满了生机，显示了较强的生命力。

第二，文化企业是一个不断吐故纳新的开放系统。任何一个生命体都是一个开放系统，只有开放才能从体外不断地吸收生命的能量。文化企业是一个开放的系统要吐故纳新，文化企业从市场上获取供求信息、资金、原材物料、创意资源，然后生产出产品，投放市场，赚取利润。正是因为文化企业具有这种对外部环境（文化市场）开放或交流的能力，它才成为一个积极的生命体。

第三，文化企业具有应变能力。任何生命体都是对外部环境“适者生存”的结果，外部环境有时会发生突变，有无应对突变的能力，是生命力的重要体现。企业的生存环境是市场，市场竞争激烈，瞬息万变，文化企业相对文化市场，也是适者生逆者亡。做得好的强势文化企业，大都在产品方向、产品结构、经营方式和内部管理机制方面随市场变化而变化，主动适应以求发展。现实生活中，不少文化企业是从其他行业转型过来的，从而焕发了企业的第二次“青春”，这就是企业应变转产能力的表现。反之，对市场突变没有应变能力的企业必然破产出局。

第四，文化企业具有预谋能力。生命体有高级和低级之分，预谋能力是高级生命体的一种重要能力，成功的文化企业都具有这种能力。文化企业的预谋能力表现在：一是适应市场，从市场和企业的自身条件出发，选择正确的企业发展战略的能力；二是对企业长期目标和短期目标、长期利益和短期利益、各项业务之间、企业与社会之间的协调能力；三是企业内部运营管理架构的设计水平及其主动性、自觉性、创新性方面的能力。企业的整体预谋能力是一种合力，不仅表现在企业所有者身上，而且表现在全体员工身上。有了整体预谋能力，企业就经得起风浪的考验，能够从容应对外部环境的突变，就会一次次升华，保持旺盛的生命力，立于不败之地。

二、影响文化企业生命周期的因素

任何生命体都有生命周期，都要经历从诞生、成长、衰老到死亡的过程。文化企业作为一个生命组织，也具有生命周期。全球每年都有数千个新文化企业的设立、许多原有文化企业的破产以及文化企业形态也不断地变化和发展，无不反映了文化企业生命周期的存在。文化企业的生命周期有长有短，主要受以下三个方面因素的影响：

1. 文化企业所有者的法律形式

文化企业所有者的法律形式是影响文化企业生命周期的因素之一。按照当前通行的文化企业所有权法律形式，文化企业包括个人所有制企业、合伙制企业和公司制企业。从理论上讲，个人所有制文化企业的生命周期取决于其业主的执业生命周期，这是因为企业行为能力与业主的生命周期相吻合。比如一个画家执业的画廊的生计状况与画家的生命周期是一致的，画家创作高峰时期往往是画廊生意最好的时期。

合伙制文化企业的生命周期受制于合伙人执业生命周期，但其生命特征与个体所有制文化企业不同。合伙制文化企业注定是要消亡的，这是因为随着所有合伙人生命的终结，企业的生命也要终结。但有些文化企业可能在壮年时期，就由于某个合伙人的退出而需要重新登记，导致原企业的消亡。有些合伙制企业，也可能由于某个合伙人的中途加入，而使这个企业延长生命。

公司制文化企业特别是上市公司，人员是持续变动的，且公司制企业大都所有权与经营管理权相分离，所以其企业生命周期与所有者的执业生命周期相分离。这种分离表现在两个方面：一是企业可能处在壮年兴盛期，但由于企业所有人的（董事会）的决定，也可结束企业的生命；二是由于企业所有人的分散和持续变动，以及不断地调换经营管理者，企业可能会长久地处在兴盛状态，当然这不是说公司制文化企业最终不会消亡。

没有哪类企业能够逃避生命周期。资料显示，美国企业的平均生命为40年，日本企业的平均生命为30年，发展中国家的企业平均生命为10年。文化企业作为朝阳产业中的企业，目前还难判断它的平均生命周期，在一个国家中文化企业的平均生命不会长于其他企业的平均生命，这主要是由于文化产品或服务项目的更新换代较快所致。

2. 文化企业生命周期的子周期

文化企业生命周期由战略周期、人员周期、创意周期、产品（或服务项目）周期、结构周期和设施周期六个子周期构成（图6－1）。这六个子周

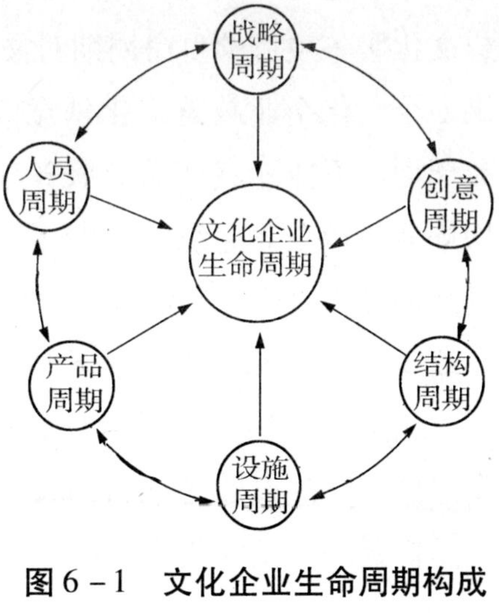

图6－1　文化企业生命周期构成

期的力量强弱、时间长短及其相互作用综合决定了文化企业的生命周期。所谓战略周期，简言之，就是对企业发展战略的认识决策过程和时间。它对企业生命周期的影响主要表现为战略决策的时效和决策正确与否。选择正确的战略期，在正确的时间做出正确的战略，对企业生存发展至为关键。所谓人员周期，是指特定的员工构成、知识水平、能力和素质条件下形成适合企业运作的合力的过程和时间，这个过程表现为开始不适应，经过磨合适应了，在新的发展环境面前又不适应的交替。企业每次批量招工或辞退，都较大地影响人员周期的变化。企业的任何活动都是由人来完成的，企业人员周期深刻影响着其他子周期和企业生命周期。所谓创意周期，是指文化商品和服务项目的研究设计原创的过程和时间，创意周期体现了文化企业研发新产品和新服务项目的能力，及其新产品、新项目的储备量，这是文化企业的核心竞争力，事关文化企业的生死存亡。所谓文化产品或服务项目周期，是指一种文化产品或服务项目经历的投入市场（诞生）、销售量逐渐扩大（成长）、满足市场需求（成熟）、销量下降（衰退）直至退出市场（死亡）的全过程。一种文化产品或文化服务项目销量下降退出市场，是由可以代替它的新产品的出现引起的。文化产品和服务项目是在企业中生成的，文化产品或文化服务项目的生命周期对文化企业的生命周期有重要的影响。如果一个文化企业缺乏文化创意能力，缺少新产品的研发储备，其生命周期则可能随其产品或服务项目生命周期的终结而终结。所谓结构周期是指企业组织结构的生命期限。所谓设施周期是指企业固定资产的使用寿命。它们显然对企业生命周期也有影响。

3. 文化企业生命周期的调整

文化企业的生命周期可以通过调整企业发展战略、人员构成、创意思路、产品或服务项目结构、企业组织结构、企业工装技术设备设施而延长。企业生命周期的调整，可以使企业经久不衰，焕发出一次又一次的生命力。比如，日本索尼公司早先是一个生产经营电器的企业，后来经过一次又一次产品结构调整，已经转型为以文化产品为支柱产品的企业，使其获得了一次又一次的新的生命力。世界著名的百年企业，无一例外地都经历过若干次的生命周期调整，调整是影响和改变企业生命周期的重要原因。

三、文化市场集中度与文化企业生命周期

文化市场集中度，通常指文化市场中少数几个最大文化企业所占的市场份额。文化市场集中度，反映了文化市场中竞争或垄断程度的高低，是决定市场结构的基本因素。

一般地讲，某一文化市场集中度较高，意味着少数文化企业的市场占有率较高，在这一占有率之内的最大规模文化企业的数量较少，这为数较少的文化企业可凭借较高的市场占有率来左右市场价格，从而垄断市场，形成卖方垄断市场结构。反之，某一文化市场集中度较低，意味着少数文化企业的市场占有率较低，在这一文化市场中文化企业数量较多，在各个文化企业市场占有率差别不是太悬殊的情况下，任何一个文化企业或少数文化企业难以凭借市场占有率来左右市场价格，并垄断市场，此种情况下就形成卖方竞争市场结构。

须指出的是，文化产业中各个行业的文化企业分布的特点是不同的，也就是说各类文化市场中的市场集中度的运动特征是不同的。比如，传媒市场与书画市场相比，前者市场集中度较高，后者市场集中度较低。在传媒市场中，广播、电视、网络传媒与报社、期刊和图书传媒相比，前者市场集中度较高，后者市场集中度较低。

文化产业（或文化产业的某一行业）发展的全过程中，随着其生命周期成长、成熟、衰退的递次演进，市场集中度将呈现上升、

稳定、再上升的变动曲线（图6－2）。

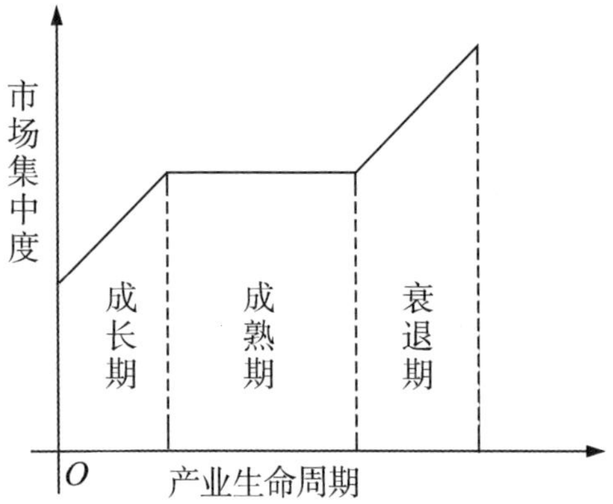

图6－2　文化企业周期与市场集中度变化

在文化产业（行业）发展初期，大量文化企业涌入，市场集中度较低。当产业（行业）发展成熟，进入繁荣期时，市场集中度会逐步提高并趋于相对的动态均衡。文化产业（特别是其中的某些行业）也是要走上衰退的，如果进入衰退期，部分文化企业将退出，市场集中度就会再度上升。

四、文化企业的规模

文化企业的规模是影响文化市场结构的重要因素。文化企业都有追求规模经济效益的驱动力。所谓文化企业规模经济效益，是指在其他因素既定的条件下，由于生产经营规模的扩大所带来的经济收益。这是因为，对于同一种文化产品的生产经营而言，文化企业的规模不同，年均生产成本和收益也不同。通常情况下，生产规模大，生产成本就小，企业在利润的驱动下，要不断地扩大生产经营规模。如果企业规模扩大的幅度大于收益增加的幅度，则为规模收益递增。如果企业规模扩大的幅度等于收益增加的幅度，则为规模收益不变。如果企业规模扩大的幅度小于收益增加的幅度，则为规模收益递减。

文化企业生产经营规模的扩大并不是一蹴而就的，它要经过若干阶段，在每个阶段上其收益增加的幅度是不一样的。文化企业规模扩大与规模经济收益的关系，如图6－3所示呈现以下规律：在扩大生产经营规模的最初阶段，规模经济收益递增；在扩大生产经营规模的中间阶段，规模经济收益不变；如果继续扩大生产经营规模的阶段，规模经济收益则递减。

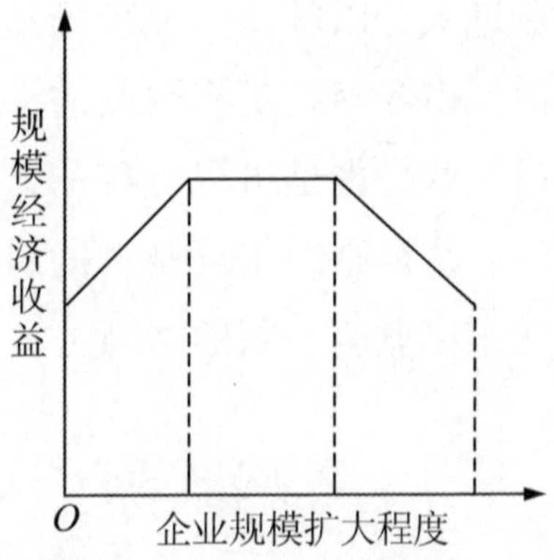

图6－3 文化企业规模扩大与规模经济的关系

扩大生产经营规模，追求规模经济收益，是文化企业竞争的重要手段，由此形成了规模经济竞争垄断的市场结构以及相应的市场绩效，特定的规模经济竞争垄断市场结构和市场绩效，又引发和决定着企业扩大规模、追求规模经济收益的行为。结构主义学派认为市场结构决定企业行为和市场绩效。行为主义学派认为企业行为和市场绩效决定市场结构。实际上市场结构、企业行为、市场绩效之间不是单向的关系，而是双向的互相影响、互相决定的关系。

在现实的竞争垄断文化市场中，由于竞争和垄断的成分不同，表现为不同的格局，有时竞争的成分大一些，有时则垄断的成分大一些。在一个地域内竞争的成分大一些，在另一个地域内则垄断的成分大一些。文化市场的竞争垄断格局，是由进入文化市场的文化企业的数量、分布和规模以及由此形成的买方之间、卖方之间和买卖双方之间相互关系、相互作用形成的，同时又是由已进入文化市场的企业与正在进入或可能进入的企业之间相互关系、相互作用形成的。

可见，文化企业是决定文化市场竞争垄断格局的基本力量（还有其他，如政府市场调控政策的力量）。文化企业以盈利为目的，文化企业只有通过市场才能获得展开生产经营活动所需要的资源，并在市场上实现企业的目的。所有文化企业由其企业性质所决定，都有一种垄断资源、追求规模经济收益、扩大市场占有率、排斥其他企业进入，以求得形成市场垄断地位的本能冲动。然而，资源是稀缺的，市场容纳是有限度的，规模收益对企业规模是有约束的，市场进入壁垒也是可以打破的，企业追求垄断地位要遭受这些条件的制约。这种制约与反制约的对立统一运动，构成了各个不同时空中文化市场竞争垄断的格局。

第三节 文化企业流动壁垒

企业是一个生命体，它是要游动或流动的。企业在产业之间或某行业之间游动或流动会碰到障碍，经济学把这种障碍称为企业流动壁垒。

一、文化企业流动

文化企业流动，是指文化企业进入或退出市场以及在不同文化行业市场中的进入或退出。文化企业进入存在两种方式：一种是模仿进入，即新进入文化企业全部或部分仿照在位文化企业的生产经营活动。模仿进入一般发生在进入壁垒不是太高、生产技术比较成熟、文化消费偏好相对稳定的情况下。模仿进入的竞争手段通常为价格竞争，也就是新进入文化企业以比原在位文化企业价格低的同类产品或可替代产品与原在位文化企业争夺市场。由于有现成的生产技术模仿，模仿进入的成本相对比较低。另一种是创立进入，即以全新创办、收购或内部转型为文化企业。创立进入通常采取产品差异性非价格竞争手段，创立进入的成本相对较高，难度较大，但效果较好。

考察文化企业进入涉及两个问题：一是进入的程度，这可用市场占有份额来反映；二是进入的速度，主要观察进入文化企业以多大的规模进入。文化企业进入指标如下：

$$总进入率=\frac{新进入文化企业数量}{原在位文化企业数量+新进入文化企业数量}\times 100\%$$

$$净进入率=\frac{新进入文化企业数量-退出文化企业数量}{原在位文化企业数量+新进入文化企业数量}\times 100\%$$

$$进入渗透率=\frac{新进入文化企业的销售额}{整个文化市场的销售额}\times 100\%$$

文化企业退出存在两种形式：一种是一次性全部退出，另一种是逐渐缩小规模分步退出。考察文化企业退出也涉及两个问题：一是退出程度，二是退出速度。文化企业退出指标如下：

$$总退出率=\frac{退出文化企业数量}{原在位文化企业数量+新进入文化企业数量}\times 100\%$$

$$净退出率=\frac{退出文化企业数量-新进入文化企业数量}{原在位文化企业数量+新进入文化企业数量}\times 100\%$$

现代市场经济体制可描述为自由企业制度，企业有进入退出市场流动的自由，有在不同的产业和行业之间自由选择行走的权力。竞争是市场不可或缺的规则，企业流动既是竞争的原因，同时又是竞争的结果。竞争是企业流动的驱动力，竞争通过新的富有活力的企业的进入，迫使丧失了活力的企业退出，从而保持经济的发展。

二、文化企业流动壁垒

文化企业流动壁垒，是指文化企业流动时所遇到的困难和障碍。文化企业流动壁垒包括文化企业进入壁垒和退出壁垒。

1. 文化企业进入壁垒

文化企业进入壁垒，是指文化市场上的在位文化企业能够阻止新的企业进入的那些因素。前面已经指出，影响文化市场竞争垄断格局的因素有价格竞争和非价格竞争手段、文化企业的数量和集中度、文化企业规模经济状况等。进入壁垒在决定文化企业的数量和市场集中度方面起着“中枢”作用，影响着文化企业的产品差异竞争能力和价格竞争能力。文化市场进入壁垒低，会有大批潜在进入的文化企业随时准备取代那些活力不足的在位文化企业。文化市场进入壁垒高，在位文化企业缺乏潜在进入的威胁，对效率和技术进步的追求则可能动力不足。凡是可以降低其他文化企业进入的可能性、进入的范围和进入的速度的因素都属于进入壁垒的范围。文化企业进入壁垒包括文化壁垒、经济壁垒和规制壁垒三种情况。

文化企业进入文化壁垒，是指文化产业（或行业）的在位企业，在文化产品生产或创意乃至表现在文化服务策划设计方面阻止新的企业进入文化产业（或行业）的那些因素。这类因素可归纳为两个方面：一是表现在文化产品精神劳动的精神发现和精神创造的能力方面。比如具有民族文化传统的剧种的表演技能，都是一代代艺人口传身教继承下来的，这类演艺市场其他人很难进入。二是表现在文化消费偏好以及文化传统方面。比如世界上许多地域有当地民众喜闻乐见的传统的文艺娱乐形式，也有当地的民间艺术表演院团，其他艺术形式及其表演院团很难进入这一市场。

文化企业进入经济壁垒，是指文化市场的在位文化企业赚取超额利润时能够阻止新的企业进入的那些因素。这类因素可归纳为两个方面：一是市场结构性壁垒，即文化市场结构、规模经济和市场容量所造成的壁垒，也就是欲进入企业遇到的经济障碍以及克服障碍所导致的高成本。新进入企业要从产品品质和推销方面占领一定的市场，必须打破在位老企业在生产经营方面的成本优势，这就需要投入比在位企业更多的成本。任何文化市场的容量都是有限度的，在位企业由于占有成本优势，常常坚持产品的低价位，以阻止其他企业进入，从而保住市场份额和已有的生产规模。二是企业行为性壁垒，在位文化企业采取的如压价或扬言对欲新进入企业采取经济打击报复行动，使欲进企业望而却步等都属于行为性壁垒。

文化企业进入规制壁垒，是指欲进入文化市场的企业碰到的阻止其进入的国家法律或政府规制方面的障碍因素。这类因素可归纳为两个方面：一是法律壁垒，如知识产权保护、发明专利权保护、商标权保护等；二是政府的特许权和审批权壁垒，如政府只允许某些文化企业生产经营某些文化产品，而不准其他企业介入。

2. 文化企业退出壁垒

文化企业退出壁垒，是指阻止文化市场中在位企业退出的种种因素，这些因素多种多样，有文化的、经济的以及政府规制方面的等。文化企业退出壁垒也包括文化壁垒、经济壁垒和政府规制壁垒三种情况。

文化企业退出文化壁垒，主要表现在地方特色文化艺术表演活动和项目上，比如某地方特色的文化活动和项目的经营，经济收益已经很低了，但它代表了一个地方的特色或者说是一种文化的象征，经济收益虽然不高，但社会效益尚存，甚至是一个文化遗产品牌。文化企业出于社会文化遗产品牌的考虑，而不退出，形成了退出壁垒。

文化企业退出经济壁垒，是指在位文化企业不能获得正常利润（即亏损）而决定退出时所负担的成本。也就是说如果退出将蒙受经济损失并付出代价，在一定时间内，这种损失和代价比之在位继续生产经营亏损还要惨痛，形成了退出壁垒。

所谓文化企业退出规制壁垒，是指国家法律和政府规定的阻止文化企业退出形成的障碍。比如有的国家规定不管是公立还是私立学校，当学校停办时，其校舍不得挪作他用，校舍资产处置只能转让给他人继续办学。正是这一规定，可能使那些不想继续办学的人还得办下去。这就是国家法律形成的学校退出壁垒。再比如国家为了保护濒危非物质文化遗产，对某些艺术表演院团进行财政补贴，也是为了阻止其退出。

须指出的是，退出是进入的反面，但退出壁垒与进入壁垒的内容则不是完全对应的。政府规制中，经常运用的是税收或财政补贴保护手段，既可形成进入壁垒，又可形成退出壁垒。在国际文化市场中，各国为了支持保护本民族文化、文化企业和文化产业，采取若干鼓励出口限制进口的政策，或通过配额政策达到鼓励出口限制进口的目的，从而形成了文化企业外贸进出口壁垒。这种壁垒，对本国文化企业表现为退出壁垒，对他国文化企业则表现为进入壁垒。

文化企业流动及其壁垒是文化产业资源配置中的现象。文化企业流动的实质是文化产业资源的流动，流动壁垒的实质是阻止资源的流动。作为企业流动和阻止流动都是资源配置的手段，都是竞争或垄断的需要。文化企业进入壁垒越高，进入文化市场的文化企业的数量也就越少，也就越容易形成垄断。反之，进入壁垒越低，进入越容易，进入文化市场的文化企业的数量越多，产生垄断的可能性就越小。

文化企业进入壁垒的正面效应为：一是产品差异性进入壁垒越高，产品越具差异，可满足社会多样性的文化需求；二是有利于提高市场集中度，从而提高文化产业的规模经济效益；三是有利于在位文化企业生产经营的稳定性，降低在位文化企业面对众多进入者情况下重新配置资源的成本。

文化企业进入壁垒的负面效应为：一是影响文化企业数量的增加；二是在文化需求不变的情况下，导致文化产品和服务价格上涨；三是文化企业的利润提高；四是文化市场集中度提高。因此，易于形成垄断性文化市场结构，导致价格扭曲，对文化消费者不利，对优化文化产业资源配置不利。

就退出壁垒而言，也具有双重的效应，退出壁垒越高，文化市场中的文化企业数量越多，竞争就越充分；反之，退出壁垒越低，退出的文化企业越多，就越容易形成垄断。从长期和全局上看，垄断是无助于优化文化产业资源配置的。

第七章　文化企业行为

文化产业组织理论重视分析文化市场结构，文化企业由其本质决定了就是追求利润最大化，为达此目标必须尽可能高地占有市场份额。企业围绕实现利润最大化和提高市场占有率主要表现为定价行为、促销行为和并购行为。文化企业行为由文化市场结构所决定，又对文化市场结构产生重要影响。

第一节　文化企业定价行为

文化企业产品或服务价格的高低，直接影响着文化产品或服务的竞争力、市场占有率，决定着企业的收入与利润。价格竞争是文化企业之间竞争的主要手段之一，其他的竞争手段如产品差异性竞争也不可能完全脱离价格。

一、文化企业定价行为与企业目标

文化企业作为企业的本质决定了其经营目标是实现利润的最大化和尽可能多地占有市场。但是实际工作中，各个文化企业的经营目标在其实现程度和策略上还是有区别的。由于在一定时空中具体经营目标和策略不同，其定价行为不同。大致分为以下三种情况：

1. 满意的利润率定价行为

满意的利润率定价行为，是指由于受到文化企业内外多种因素的制约，企业追求利润最大化实际上很难实现，转而追求一个满意的利润率，由此决定的定价行为。企业追求利润最大化，这是理论层面的一个概念，反映了企业的本质。企业只有在完全垄断、百分之百地占有市场的情况下，才可能实现利润的最大化。现实生活中，完全垄断是不允许的，也是不可能的。企业比较实际的追求，就是较为满意地占有部分市场和获取较为满意的利润率。

2. 单目标最大化定价行为

单目标最大化定价行为，是指文化企业在利润率、销售额、资产、企业增长等多重经营目标中仅追求其中一个目标的最大化，由此决定的定价行为。比如追求销售额的最大化，暂不考虑利润率最大化，由此确定产品或服务的价格。再比如一定时期内追求企业增长最大化，由此确定文化产品或服务的价格。这种定价行为中，由于最大化目标不同，其产品或服务的价格存在很大的差别。

3. 多目标效用最大化定价行为

多目标效用最大化定价行为，是指权衡多重目标利弊综合选择效用最大化方案的定价行为。具体说，就是文化企业把经营目标定为包括提高利润、提升企业形象、适应或避免竞争、阻止其他企业进入、保持或扩大市场份额、稳定市场价格等多重目标，针对实现上述多重目标，可以找到多个价格方案，权衡利弊选择最有利的方案。

二、影响文化企业定价的因素

1. 文化艺术因素

文化艺术品的使用价值和价值对定价产生重要的影响，其中主要包括三个方面：一是品位，文化艺术产品或服务的品位如著名艺术家的作品（绘画作品、工艺品）价格定位就高，著名艺术院团（交响乐、民族乐）的演出门票一般也较高；二是质量，对工业化批量复制艺术产品而言，质量高的产品一般定价较高，反之定价则低；三是年代（时间），一般说来艺术品（字画、陶瓷制品、图书等）产出年代越早，距今越久远，存量越少，越珍贵，价格越高。

2. 经济效益因素

对经济效益的追求决定了文化企业的定价行为，其中主要包括四个方面：一是利润，在生产成本既定的状况下定价高利润就大，但定价过高销售不畅也不能实现大的利润，定价应当适中才能实现满意的利润率；二是成本，在实现利润目标既定的情况下，成本决定定价，成本高定价就高，反之就低；三是需求，对社会需求大的产品可采取高定价（价高也有需求）或低价多销的办法，对社会需求小的产品，则只能低价出售；四是市场结构，如果市场上竞争对手多则必须压价与之竞争，如果竞争对手少则可保持高价位，当然还要依据竞争对手的产品价格升降趋势来确定本文化企业产品的价格。

3. 文化规制因素

政府对文化艺术产品或服务的价格规制，也影响文化企业的定价行为，其中主要包括三个方面：一是政府调控物价上涨指数（防止和治理通货膨胀）；二是国际商贸活动中的反倾销；三是政府对文化产业或文化产业中某些行业、某些产品的扶持或保护政策，如给予减税、免税或财政补贴政策。这三个方面，都会影响文化企业的定价行为方式或策略。

另外，政府的就业政策和劳工（工会）组织保护职工利益的举措（主要是最低工资标准），直接影响企业成本，也间接影响企业的定价行为。决定文化企业的定价行为因素中，还应当包括一个重要因素，就是文化企业本身的经营策略。策略性定价造成企业流动壁垒，是在位文化企业阻止其他企业进入文化市场，或在位文化企业逼其他在位企业退出文化市场的重要手段之一。

由此可见，文化企业的定价行为是多重因素综合作用的结果。这些因素当中，既有文化艺术产品或服务本身的又有经济利益方面的，既有文化企业内部的又有文化企业外部的。其中最核心的因素还是反映企业本质的那个因素，即对利润的追求。

文化企业的定价行为是一个动态过程。对产品的定价，绝不是一次定价定终身，而是每隔一个时间段存在二次、三次乃至多次定价的现象。企业对利润的追求，一般是通过对同一产品的多次定价来实现的，而不是在短时间仅仅由一次定价实现的。追求利润最大化，是一次次定价总决算的结果。长期观察才能判断出一个文化企业的定价行为。

三、文化企业定价方式

文化企业定价行为可归纳为策略性定价和竞争性定价两类。策略性定价主要体现为营销策略，包括心理策略性定价和歧视性定价。竞争性定价主要表现为竞争的需要，包括阻止进入定价和掠夺性定价。当然，营销性定价也是为了竞争，竞争性定价也是营销的策略，所以它们又不是截然分开的。

1. 心理策略性定价

心理策略性定价，是指根据人们的消费偏好和支付心理而决定的策略性定价行为。其中，文化产品品牌定价和特殊文化产品定价属于依据消费偏好定价，整数定价和尾数定价则属于依据支付心理定价。一场演出的门票，如果是50元可以断定文化企业运用了整数定价策略，如果是95元一般讲文化企业运用了尾数定价策略。一件文化商品定价为98元、99元或定价为101元、102元，虽然只相差3元或4元，但对大多数顾客而言，支付心理是不同的。几十元钱和一百多元钱，一般顾客承受的心态是不同的。凡是价格水平向上紧靠一位整数的商品，企业大都运用了支付心理定价策略。

2. 歧视性定价

歧视性定价，是指文化企业以不同的价格出售完全相同的文化产品或服务。歧视性定价分为三级。一级价格歧视，是指文化企业根据对消费者的最大支付能力的了解，对每单位产品规定不同的价格。比如，对一幅字画，卖者了解到欲购者 A 能够接受 5 万元，就定价 5 万元；如果卖者了解到欲购者 B 能够接受 8 万元，则定价 8 万元。二级价格歧视，是指根据购买者购买的数量，分批量定价。比如，一批文化产品以 100 件为限，一次性买 100 件以内是一个单价，买 100 件以上是另一个单价。三级价格歧视，是指根据不同的文化市场或针对不同的消费群体对象，规定不同的价格。比如，同一台艺术表演在城市和农村演出是两种价格。同一艺术品，在旅游景点是一种价格，在其他地方是另一种价格。

营销中的差价策略可归为歧视性定价，包括地区差价、时间（季节）差价和品质差价。如上所述，同一台艺演在城市和农村演出，门票价格不同，这是地区差价。在盛夏海滨旅游旺季，游览休闲项目价格高于平时，甚至数倍于淡季，这是典型的季节差价。在文化艺术品市场上，同一幅油画（复制品），由于所用装框的材质不同，价格不同，则属于品质差价。此外，替代产品价格、折扣价格、搭配产品价格和降价等，都是常见的营销策略性定价。

文化企业实施歧视性定价的前提如下：

第一，文化企业了解与其完全相同的产品或服务的社会供给量及其分布状况。也就是说，卖者了解消费者到其他市场上买某种文化产品受到种种限制和困难这个情况，自然可以对该产品歧视性定价。

第二，文化企业拥有将价格定于边际成本之上以求获利的能力，占有一定的市场份额。否则，就难以以高于市场竞争性价格的价格卖出产品。通俗地讲，企业有能力高定价，才可能实施价格歧视。

第三，文化企业了解买者的支付能力和意愿。这当中，包括买者对购买品种数量和价格的意愿。一般来讲，凡批量购买的买主都希望单价下落，购买的批量越大，要求单价下落的幅度越大。

第四，文化企业能够做到阻止或限制买主将产品卖给支付更高价的另外的买主，尤其是对批量买主更是如此。批量买主将购得产品再次销售是必然的，但是否抬价或抬多少，文化企业能够控制。不然，价格歧视无效。

须特别指出的是，歧视性定价是文化企业常见的定价行为，是文化企业竞争的重要手段，尤其是在艺术品市场中价格歧视随处可见。

3. 阻止进入定价

阻止进入定价，是指在位文化企业防范其他企业进入的定价行为，一般通过制定低于诱发进入价格，使潜在进入者意识到预期回报与克服进入障碍以及遭到的报复所付出的代价相比不划算，从而放弃进入。

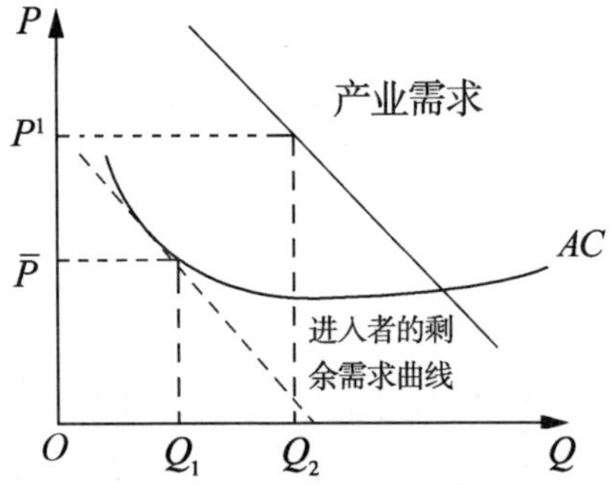

图 7-1 阻止进入定价

图7-1为阻止进入定价模型。Q 为新进入企业的产量，Q_2 为在位者企业的产量，总产量为 Q_1+Q_2，价格水平为 P。新企业产量为 Q_1 时，$\bar{P}$ 等于它的平均成本，进入无意义。只要老企业把产量定在 Q_2，新企业面临的剩余曲线就低于或等于其平均成本曲线，进入就无意义。价格 $\bar{P}$ 阻止了新企业的进入。

现实生活中，欲进入文化企业不会相信市场价格长期处于低水平，在位文化企业也难以通过低价完全阻止其他企业进入。在位文化企业在高成本状况的时候，也不会采取低价阻止或低价竞争。在位文化企业阻止进入，往往投资形成过剩生产能力，使对方相信自己产品低价位可以保持较长时间，从而达到阻止进入的目的。阻止进入定价还必须有其他的经营策略加以配合，才能有效。

4. 掠夺性定价

掠夺性定价，是指文化企业为使新进入企业或其他在位企业退出市场而降价，待竞争对手退出后再行提价。

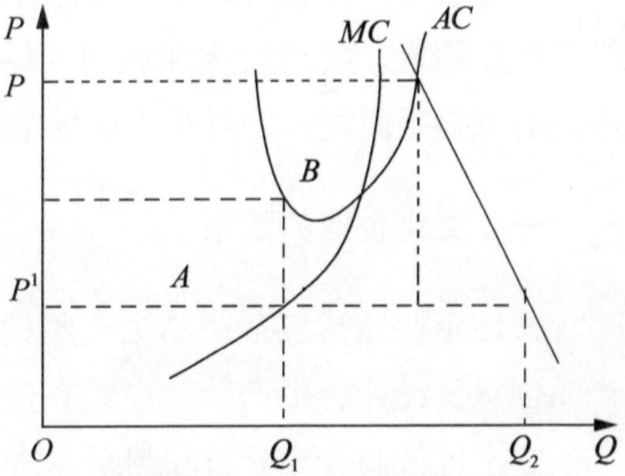

图 7－2　掠夺性定价

图 7－2 为掠夺性定价模型。假定文化市场上只有新老两个文化企业，两个企业的成本函数相同，老企业逼新企业退出。老企业压价为 P^1，社会需求产量为 Q_2。新企业不退，产量为 Q_1（此产量时的边际成本为 P^1），则损失为 A（区）。老企业必须产出 Q_2-Q_1，则边际成本和平均成本比新企业高，损失为 A（区）$+B$（区）。老企业比新企业多损失 B（区）。由此可见，掠夺性定价企业由于降价在一定时间内必然承受一定的损失。一旦对手被逐出市场，掠夺方肯定再行提价以弥补降价造成的亏损。

掠夺性定价成败与否，取决于掠夺方企业比对手企业是否具有成本、技术、品牌或规模优势。就以成本而言，本来是低成本的企业采取掠夺性定价，降价幅度可以做得很大，对对手的打击也大，而承担的损失却小。从受损失程度考虑，本来是高成本的企业采取掠夺性定价，降价幅度空间有限，承担的损失却大。生产同一、同类或可替代产品的文化企业，谁的成本低，谁就具有实行掠夺性定价的优势。如果一个高成本企业采取掠夺性定价，却让对手误认为它是低成本企业，将对手逐出市场，那就是运用信息战实施了非常成功的掠夺性定价行为。

第二节 文化企业促销行为

文化企业促销，目的在于引起买方的注意，激发顾客购买欲望，扩大产品销售，实现或增加利润。促销，是文化企业市场竞争不可或缺的重要手段之一，对文化市场结构产生重要的影响。

一、文化企业的营销

文化企业经营包括产品生产和销售。生产在企业内进行，包括产品创意、设计、生产等。当然在产品创意和设计之前，需要对市场的需求进行调查、分析和判断。销售在企业外的文化市场上进行，包括确认销售渠道、促销、实施销售、售后服务和信息反馈等。

文化企业营销的目标从根本上讲就是追求利润。围绕实现和增加利润，文化企业营销的具体目标如下：

一是销售增长目标，包括产品品种增长目标、产销数量增长目标、产销额增长目标。

二是市场占有目标，包括产品市场方向目标、地域目标和占有率目标。也就是占有哪些文化产品市场、占有哪个地方的文化市场、在上述市场中实现多大的销售量，从而达到占有多大的市场份额。

三是企业和产品（或服务）品牌目标。品牌是文化企业重要的营销手段和内容。品牌目标，包括创造什么样的品牌（品牌品种）、创造多少品牌（品牌数量）、占领哪个文化市场（品牌市场）、创造多大收益（品牌效益）等。

四是企业和产品（或服务）形象目标。企业形象目标，包括企业树立一种什么样的形象，如一个出版公司是以“学术”前沿著作还是以科普知识著作为目标，图书的设计、装潢是以高贵典雅还是以普通价廉为特点，这都事关出版公司的企业形象，也是一种品牌象征，关系到企业产品的销售额和市场占有率。产品形象目标，包括产品品位、档次、水平、质量、价位、售后服务等。在不同的档次和价位上，产品营销的收益是不同的。不管在什么样的档次和价位上，如果确立了品牌形象，顾客受众信得过，则可确保相应的市场销售额和市场占有率。

五是生产创作者形象目标。文化产品和其他产品的一个不同之处，在于文化产品中凝结了生产创作者的精神劳动、精神发现和精神创造。塑造生产创作者的形象是文化企业的一个极为重要的营销特点。比如一件水晶内壁绘画工艺品，其品位、质量、价位取决于生产创作者的生产创作水平，只要生产创作者的知名度高，成为大家公认的工艺大师，他的所有产品都会以高价出售。同理，著名小说家的作品，一般是畅销的。著名表演艺术家的演出，一般也都有较高的票房收入。

为了实现营销目标，文化企业要选择合适的营销策略。所谓文化企业的营销策略，是指文化企业营销手段和方法的谋划。营销策略，包括产品策略、价格策略、分销策略和促销策略。价格策略在前面文化企业定价行为中已经讨论过了。促销策略将在本节第二个问题中专门阐述。下面讨论产品策略和分销策略。

1. 文化营销产品策略

第一种是文化产品组合策略。文化产品是核心文化、有形文化与辅助文化的组合。组合的好不好，关乎产品的销量。所谓核心文化，是指文化产品中蕴含着的精神内涵，是给消费者带来精神享受层面的因素，比如一本书中传递的文化知识、精神理念和情感层面的东西，而不是书的纸质物质存在形态的东西。所谓有形文化是指核心文化的载体，比如书的纸质材料，少了它们做载体，核心文化无法传递。当然有形文化比如书本身也存在设计、印刷的式样和质量问题，也是营销的内容。所谓辅助文化，是指增加文化产品的销售价格或增加销售量的那些辅助的带有文化“色彩”的因素。比如，旅行社组织草原观光旅游，不是单纯地让游客观览草原风光，而是集合了骑马、住蒙古包、观看草原歌舞等多种体验，让游客感受草原文化，这就是一种产品组合营销策略。

另一种是产品生命周期策略。批量复制生产的文化产品生命周期性特征非常明显。在文化产品生命周期不同的阶段，要采取不同的营销办法。在一个新的文化产品上市之前，通常要大力推介，引起顾客受众的兴趣；在产品巩固期，则采取密集式的销售，占领并扩大市场；在产品成熟期，则要保持与消费者的联系，巩固市场占有率，保持销售利润率。

须特别指出的是，对电影、电视、戏剧、戏曲、音乐节目等艺术表演而言，其产品生命周期是非常明显的。虽然其中有些影片或节目会成为经典，生命周期相当长久，但电影、电视和戏剧、戏曲、音乐节目的生命周期基本或主要表现为最初上市后的集中销售期，这个时期一过往往就不会再来一次销售高峰。因此一个新片或新节目上市前的推介非常重要。美国电影大片上市前，电影公司往往投入大量财力，有些甚至高达制作成本的60%进行推介，以引起观众的注意和兴趣。电影一旦上市，又千方百计进行鼓吹和评论，以极为密集的方式集中销售。

文化产品多为一种精神体验，时代感、时效性很强，如第二次世界大战胜利70周年纪念日前后，全球上映了一批“二战”题材的新的战争片，纪念活动一过，这些影片的生命周期也就基本完结了。德国是一个音乐的国度，节庆音乐会和音乐家纪念音乐会名目繁多，各个音乐公司、音乐厅都利用这众多的节庆纪念日营销产品，效益一般较好。

2. 文化营销分销策略

文化企业销售文化产品，一般采取直销、独销、选销、广销和联销等分销策略。采取什么样的分销策略，取决于产品特点、产品规模、消费者分布、市场竞争状况以及文化企业本身的推销成本等方面的能力。

所谓直销，就是文化企业自产自销。企业设立销售部，推销员流动销售或上门推销，或邮售网售，或前店后厂。直销的优点是中间环节少、流通费用低，但产品广告和推销机构人员管理费用较高。

所谓独销，就是文化企业在一定的地区内选定一家分销商专营自己的产品。独销的优点是便于强化产品宣传和控制经销商的业务，有利于树立企业和产品的形象，但市场覆盖面窄，风险较大。

所谓选销，就是文化企业在一定的地区内选择几家分销商代理自己产品的销售。选销的优点是克服了独销市场覆盖面窄的缺点，但难以避免经销本企业产品分销商之间的竞争，分销商对文化企业的忠诚度、责任心不及独销商。

所谓广销，就是文化企业大量选用各个层次的经销商，广布销售渠道。广销的优点是市场覆盖面大，销售机会多，但流通费用高，难以避免自家产品分销商间的竞争。

所谓联销，就是文化企业与经销商，或批发商与零售商，或销售商与售后服务之间，组成一体化的联合营销网络。联销的优点很多，可减少推销的机构设置，节省费用，加快产品流转，提高经济效益。联销日益成为许多文化企业采纳的营销策略。

二、文化企业的促销行为

现代文化市场营销，不仅要求文化企业产出适销对路的产品，制定恰当的价格，选择合适的分销方式，还要求文化企业加强促销活动，以扩大销售，加速销售，实现营销目标。

所谓促销，是指企业为了引导和影响人们的购买行为消费方式而进行的宣传、说服、沟通等一系列活动。这种活动具体包括广告宣传、营业推广、公共关系和个人推销几种形式。文化企业促销是企业与顾客受众间的信息沟通行为，目的是让顾客购买企业的产品或服务。

文化企业的促销模式有以下几种：

一是推式促销。推式促销，是指推销产品或服务所采取的手段方法，包括：产品展销，售前、售中和售后服务，建立销售网络等。

二是拉式促销。拉式促销，是指拉客户扩大销售的手段方法，包括：广告宣传手段，产品订货会，代销、试销等。

三是综合促销。综合促销，是指综合运用各种促销策略的促销手段方法。通常情况下，文化生产企业主要运用广告、营业推广并辅以公共关系手段。文化批发或代理企业，则主要运用人员推销、营业推广并辅以广告宣传手段。

1. 广告促销

文化企业的广告宣传既是将产品或服务推向市场的手段，又是拉顾客购买其产品的手段，它具有推产品、拉客户的双重作用。在现代文化经济中，广告宣传是文化企业普遍采用的一种非价格竞争促销行为。

广告宣传具有以下促销的特征：

第一，可控性。广告宣传对文化企业而言是可控制的，广告的内容、形式、借用媒体、推出时间和方式由广告主最终决定，对什么人、在什么范围内做广告宣传，也是可控制的。

第二，诱导性。广告宣传具有劝说、诱导消费者购买广告主企业产品和服务的作用，同时也有引领消费观念的作用。广告宣传，一是迎合顾客，二是引领消费。迎合和引领都是为了诱导消费者接受其产品。广告宣传的诱导性要比个人推销中的随机诱导更考究。

第三，广泛性。广告载体多种多样，街头（或建筑物）上的广告栏，飞机、火车、轮船、汽车内的广告画，报纸、期刊中广告页，广播、电视、网络中的广告。不管哪种广告（信道）载体形式，共同的特点都是受众广泛。同时，广播、电视、网络还有一个信息传播速度快的特点。

第四，主体性。有确定的广告主体，这是广告宣传的关键特征。广告宣传使受众一看一听便知是谁家的广告，到谁家去购买广告宣传中的产品，到哪里去接受文化服务。确定的广告主体，还有公开承担广告责任的作用。广告内容必须真实，这是第一位的责任。

在不同的文化产品生命周期，广告宣传的策略不同，广告内容和手段不同，具体情况如下：

在产品诞生期，产品准备或刚刚投入市场。此时广告宣传主要是提高产品的知名度，广告推出要快，范围要广，使更多的人了解这个新产品的用途、性能、质量、特点以及比其他老产品的优越之处，求得第一批购买者，力争迅速占领市场。如果竞争对手多，此时应舍得广告费用的投入。

在产品的成长成熟期，已经有了一定的市场份额，年销量稳定增长，可达10%以上，产品也基本定型。此时广告宣传主要是宣传产品的可靠性，巩固客户，继续扩大销售，并从宣传产品往宣传厂家过渡，提高企业形象，在争创品牌上下功夫。

在产品的衰退期，产品已显老化，市场销售锐减，行将退出市场。此时的广告宣传，一般是尽量降低广告费用，不再因此增加促销费用。如果想尽量延长产品生命周期，则要宣传产品不可替代的那些优点。

2. 会展促销

各种形式的文化博览会、订货会、联展会是一种重要的促销形式，会展促销的特征如下：

一是可比性。会展是同行业、同产品文化企业参加的展览和演示场所，客户对各个文化企业的产品可做现场的比较筛选。正是这种比较，为产品扩大销售提供了机会。当然，这是对那些适销对路产品或优质产品而言。

二是竞争激烈性。会展的可比性，决定了会展促销竞争的激烈性特征。凡参加会展的文化企业，大都用尽浑身解数，提高布展水平，以达促销目的。

三是集中性。会展一般是定期或不定期举办，每次时间也不会太长，而是集中展出。其优点是集中吸引客户，促销费用集中使用，相对节省。缺点是不如广告宣传灵活，广告宣传可以长年使用。

三、文化企业的品牌行为

文化企业品牌行为，是指文化企业品牌策划、控制、传播、保护的运作过程。品牌具有多方面的功能，经营品牌的目的之一是促销。品牌，既是一个直接的促销手段，又是一个战略性的竞争手段。

1. 文化商品品牌的特征

文化商品品牌，是指文化企业的产品或服务的名称、符号、设计及其组合的一种标识，这是一企业及其产品或服务区别于其他企业的产品或服务的识别象征依据。文化企业品牌是文化企业、商标、产品、服务、包装、色彩、质量、水平等多种因素的综合体现，是企业形象的缩影和标志。品牌，浓缩了一个企业或产品或服务的全部形象、质量和特征。品牌当中有知名品牌和著名品牌。

品牌研究者往往从视觉印象和效果、可感知性、市场定位、附加价值、形象、个性化等方面来认识品牌的内涵。下面重点叙述文化商品品牌的三个特征：

一是排他性。文化商品或服务品牌，只能归属一个文化企业，而不能同时属于几个文化企业。在商标法和反不正当竞争法中，都有品牌专用服务条款，维护品牌的排他性。冒用品牌是犯法的行为，要追究法律责任。凡经注册的品牌，一旦被冒用，文化企业可通过法律索取经济赔偿，保护自己的权益。

二是可感性。文化商品或服务的品牌是一个符号，这个符号所表达的是一种感觉、一种形象。当提起某文化商品或服务品牌时，人们想到的或是某文化企业的形象、规模、能力、产品品种；或是某文化产品的用途、性能、水平、质量、包装、色彩和价格；或是某文化服务的过程、特点、水平和质量；或是人们对它们的评价等可感性的东西。

三是增值性。文化商品或服务的品牌是有价的，品牌产品的价格往往大大高于非品牌产品的价格。同种产品是否具有品牌，价格差别很大。贴了著名品牌标记的文化产品价格会扶摇直上，品牌能够给产品带来附加值。品牌背后蕴含的是技术、质量和价值。对于文化企业来讲，品牌是其无形的资产，具有价值和价格。当然，品牌价格是难以确定和不确定的，依时空的变化而不断变化。

2. 文化商品品牌的作用

第一，文化商品品牌内含着促销的作用。文化商品品牌，特别是知名品牌和著名品牌，其本身就是一个“无形的广告”，而且其宣传效应远远超出广告。通俗地说，知名品牌或著名品牌文化企业或文化产品和服务，它们已经具备了极高的知名度和良好的信誉，这种声誉发挥着最有力的促销作用。正是企业家看到了品牌的这种促销作用，才千方百计想方设法打造品牌。

第二，文化商品品牌体现了市场竞争力。品牌文化企业、品牌文化产品、品牌文化服务，代表的是它们的竞争力。人们在同类企业、同类产品、同类服务中之所以选择品牌企业、产品和服务，是因为品牌企业、产品和服务的实力强、水平高、质量好、信得过。企业家之所以千方百计打造品牌，也是看到了品牌的这种无形的竞争力。

第三，文化品牌具有巨大的增值作用。美国品牌专家琼斯认为，品牌的附加价值是品牌区别于一般产品的重要内容①。品牌对文化企业而言，是一笔巨大的无形资产（知识产权），并且具有增值作用。国际上通常以商标的价值来说明品牌的知识产权。1995 年迪士尼年销售额为 105.22 亿美元，但商标的价值为 153.58 亿美元，当年商标价值与销售额的比值为 1.45，商标价值高出年销售额许多，由此可见品牌的价值及其增值作用。

3. 文化商品品牌行为

所谓文化商品品牌行为，是指塑造文化商品品牌的指导思想、方法和途径。文化企业品牌行为过程，是企业满足消费者文化消费需求的文化产品或服务的文化创意过程，是给企业的产品或服务增加科技含量、文化含量、情感含量乃至增加附加值的过程，也是塑造和传播企业形象的过程。文化企业品牌行为的指导思想是，一切以满足消费者的需求为中心，提高产品或服务的科技、文化、情感含量，增大产品或服务的附加值，树立企业的良好形象，扩大市场占有率。

文化企业品牌行为主要包含以下四个环节（图 7－3）：

第一，品牌策划。所谓品牌策划，是文化企业选择市场目标、创意定位品牌、确定营销方案的过程。品牌策划，细分包括市场调查、整合信息、选定市场目标、创意设计、品牌定位、制定营销策略等流程。

品牌策划的关键在于解决打造一个什么样的品牌问题。文化产品或服务不同于其他一般商品或服务。文化商品品牌策划的关键是品牌创意设计。品牌创意设计须突出解决的问题是，使文化产品或

---

① 孙安民：《文化产业理论与实践》，第 167 页。

服务具有丰富的文化内涵。通俗地说，就是使文化商品品牌要有文化，没有文化成不了文化商品品牌。

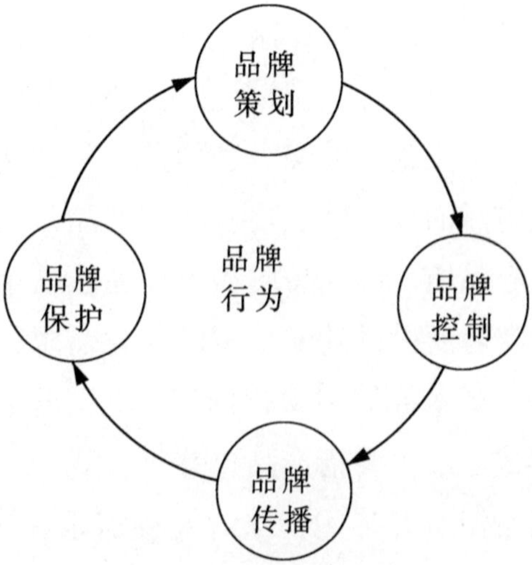

图 7－3　品牌行为环节

为什么在文化商品品牌创意设计中要突出地解决文化产品或服务的文化内涵呢？或者说，文化商品品牌为什么必须要有文化呢？首先，文化产品或服务的文化内涵越丰富，就越能够满足消费者的审美、娱乐、教育、交流、表现、识别、认同等文化需要，它的价值就越大，就越能激起人们的购买欲望；其次，品牌同产品一样也是有生命周期的，许多文化商品品牌的兴衰史证明，文化商品品牌的生命周期长短与文化内涵丰富程度成正比，越是文化内涵丰富的品牌生命周期越长久，反之就越短暂；最后，随着社会发展，人们文化消费层次上升，品牌消费与非品牌消费比例中品牌消费比重增大。在这种背景下，品牌是否适销对路就成为品牌策划一个不可回避的命题。文化企业大多在打造品牌，但是真正树立起品牌并经久不衰的却不多，究其原因就是缺乏文化内涵。

品牌策划中的品牌定位，是指品牌针对的消费群体和市场，也就是品牌策划面向什么样的消费群体和投放哪个或哪些文化市场。品牌定位准确与否，关乎市场占有份额，决定品牌效应大小。有了丰富文化内涵的品牌，找不准消费群体和市场，品牌策划不能算成功。找准了消费群体和市场，缺乏科学的营销策划，也不能算成功的品牌策划。品牌策划中的市场需求调查、产品创意设计、消费群体和市场定位、制定营销策略，都必须做好，缺一不可。

第二，品牌控制。所谓品牌控制，是指品牌品质的控制。品牌品质，包括了产品设计、包装、形象及其传播多方面的内容，还反映了文化企业的实力和形象，是文化企业创意水平、技术水平、文化内涵的综合性表现。品牌产品品质，内涵十分丰富，主要表现为核心品质、形式品质和附加品质三个方面。核心品质是品牌产品为消费者所提供的最根本的文化需求，比如一件工艺品，核心品质就是其艺术价值和文化内涵，它是这件工艺品品牌的最根本的东西。形式品质主要指产品包装、款式、标志、色彩等外在的东西，能够满足消费者某些特殊的心理需求，比如买一件品牌工艺品送亲友，总希望包装精美一些，并且有品牌的标志。附加品质是消费者享用品牌所获得的附加服务和利益，比如免费包装、送货、售后服务等，它是核心品质和形式品质的延伸。品牌控制，对巩固品牌形象、扩大品牌影响、确保品牌长盛不衰具有极其重要的意义和作用。文化企业有了成功的品牌策划，意味着已经将品牌推向市场或者说已经占有一定的市场份额，如果品牌品质控制不力，产品品位、质量不稳定，忽高忽低，那就会大大降低品牌的声誉，损害品牌的形象，甚至倒了牌子。

第三，品牌传播。所谓品牌传播，是指文化企业将品牌的用途、特点、品质传播出去到达消费者的过程。品牌传播实际上就是企业围绕品牌所做的宣传活动，包括广告推销和促销中的宣传。

品牌传播是一项系统工作，包括传播内容、传播地域、受众对象、传播媒介、传播形式、传播时点等多方面要素。一个创意策划优良并且品质控制稳固的文化商品品牌，必须加上成功的传播，品牌产品才可能迅速占领市场并不断扩大市场份额。

对于文化商品品牌来讲，由于对同一产品的受众而言，会产生各种不同的消费体验，因此品牌传播显得尤为重要。比如，一个新的旅游项目品牌，其文化内涵比较丰富，游客经过一次游览仅凭自己体验，未必能体会到它的全部。这种情况下企业如果没有比较讲究的品牌宣传，而是单凭游客体验“宣传”，可能就要大大降低人们对这一旅游项目品位质量的了解，降低其“成色”。

品牌传播对品牌而言就是一种“舆论”引导，“舆论”引导正确是品牌之福，“舆论”引导失误是品牌之祸。品牌宣传必须科学地整合传播要素，设计好宣传内容，选准传播的地域和受众，采用恰当的媒介和传播方式，把握好传播时点。传播内容必须真实，有节奏地、不间断地、灵活地传播，才能收到好的效果。

第四，品牌保护。所谓品牌保护，是指保护品牌品质和权益的活动。品牌保护从两个方面进行：一是企业内的保护。也就是品牌品质控制，使品牌品位、质量稳固。品牌品质保护，不仅仅是指品质稳固，更重要的保护途径是品质的创新，品质创新是更为积极主动地保护。二是企业外的保护。也就是通过法律法规防止抢注、盗用、假冒本企业品牌，或者在发生了盗用行为后，通过法律维护品牌的权益，追究赔偿，挽回损失。品牌企业外的保护通过企业内设和外聘的律师完成，相关人员应当熟知知识产权保护方面的法律法规，具有相应的法律诉讼经验。

文化企业品牌行为的四个过程密切联系在一起，从品牌策划开始，经过品牌控制、品牌传播和品牌保护会发现若干问题，又回到整个品牌行为的起点（品牌策划），针对存在的问题修正原策划，使品牌进一步提升。知名和著名文化商品品牌，都是在这种不断反复循环的过程中，不断提升而“尽善尽美”起来的。这就是说，品牌绝对不是一劳永逸的。品牌本身也要不断创新，只有那些不断创新的品牌才能长盛不衰。不求创新的品牌，必然丢失品牌地位。

第三节 文化企业并购行为

并购行为是企业的重要行为之一。并购行为会对市场结构发生重要影响，又是市场结构影响的结果。并购直接作用于市场，对市场绩效发生作用。

一、并购行为特征

文化企业并购，是指由一个文化企业吞并接办另一个文化企业而发生的资本集中的经济过程。特征如下：

第一，并购指全部或主体生产要素，包括资金、厂房、设备、人员、无形资产在企业间的流动，而不仅仅是小部分或非主体生产要素在企业间的流动。这种流动包含着产权隶属关系的有偿转移和企业法人资格的更替，即并购方取得企业资产的产权和法人地位，被并购方失去产权和法人地位。

第二，并购完成之后，原来的两个企业成为一个企业实体，被并购企业实体不复存在，两个企业原来的组织机构完全被打破。

第三，企业并购的动因之一就是产品链基础上的优化生产要素配置，并购的结果一般是并购企业对被并购企业进行生产或技术的全面的专业化或综合化的改组。

二、并购行为动因

文化企业并购的动因是多种多样的。一个并购事件发生的原因可能是多种因素，多数文化企业的并购是多重因素综合作用的结果。

1. 追求 $1+1>2$ 的协同效应

所谓协同效应，是指并购给企业生产经营效率带来的变化及效率提高所产生的效益。$1+1>2$ 的协同效应，是指两个文化企业并购后，其效益大于两个企业独立存在时企业效益的算术和。产生协同效应，促进经济效率，提高经济效益，这是并购的重要动因。为什么并购会产生1+1>2的协同效应呢？具体原因有三条：一是并购可扩大生产规模、充分发挥原两个企业已有的生产能力和运用原两个企业积累的生产经验，这些综合起来就会发生1+1>2的效应。据统计，生产经验累积每翻一番，可使单位成本降低25%左右①。创意经验是文化企业的核心经验，电影大片的制作经验对成本控制而言相当重要。并购使生产经验相加，可迅速降低成本，获得低成本优势。二是并购后许多生产环节及管理部门可合并，裁并重复的部门，可减少人员、降低工资和减少管理费用。三是企业并购后，生产规模扩大，但促销费用并不随销售额扩大同比例扩大，这样可降低单位产品销售费用。

2. 突破进入壁垒

突破进入壁垒是文化企业并购的动因之一。并购可突破进入壁垒表现在三个方面：一是文化企业采取并购方式，短期内生产能力扩大但不显露，市场上各个文化企业占有份额的比例格局变化不大，遭受到的价格报复或其他进入障碍比新建企业要小得多。二是并购比新建企业要节省若干费用，如开业费用、广告费用、推销费用、购买专利的费用等，投资方面的障碍小。三是并购碰到的政府管制限制少，一个企业想进入文化产业和文化市场，可以通过购置吞并一个文化企业，利用被并购的文化企业的“资制”，绕过政府管制壁垒。

3. 节省交易费用和规避交易风险

文化产业是一个产业链，文化产品的生产是专业化与协作化的社会化大生产，大多数文化企业与文化企业之间结成了谁也离不开

① 臧旭恒、徐向艺、杨蕙馨：《产业经济学（第三版）》，第165页。

谁的上下游产品的产业链关系。这样，上游产品生产企业和下游产品生产企业之间就形成了市场上的交易关系，并存在着交易费用。如果两个上下游文化企业合并为一个企业，就把原来市场上的交易关系变成了企业内部调配关系，从而节省了交易费用。

并购还起着规避交易风险的作用，这是因为企业在市场上交易，不确定的因素比比皆是，不确定因素就是风险，市场变化越快风险越大。企业并购后起码消除了两个并购企业间的交易风险，如果这两个企业在并购前是主要交易对象的话，规避交易风险的意义就更大。当然，并购并不能规避与另外的企业之间的交易风险。

4. 提高竞争力和扩大市场占有率

提高在市场上的竞争力，进而扩大市场占有率，是文化企业并购的重要动因。并购后，企业规模扩大，生产能力增强，收到了1 + 1 >2 的协同效应，显示出低成本和低销售费用等优势，自然而然提高了企业在市场上的竞争力。

并购行为的一个直接结果，是减少了产业中的文化企业的数量，引起市场结构的变化，进而引起竞争垄断格局的变化。在竞争垄断格局中，减少市场中的竞争对手，扩大市场势力，获取垄断利润，也是并购的一个重要动因。当然，企业并购可以形成垄断，会使文化产业发展造成效率损失。政府须对并购行为进行管制，反垄断法是禁止形成垄断的，如果垄断形成就要拆散垄断企业。

5. 企业成长发展的需要

并购往往成为企业成长发展中的战略性举措。当一个文化企业的产品处于饱和期，已经成为和行将成为市场中的最大生产者，占有了最理想的份额，赚取了巨大利润，已经没有或者不值得再扩大市场空间时，为了避免产品进入衰退期后的被动局面，往往就要凭借自己的实力选择经营新的文化产品的企业推动并购，完成企业的产品方向的战略转移，以确保企业的成长和发展。图7－4 为甲、乙两种产品不同生命周期中的企业并购行为，甲产品的衰退期，并购行为发生，也就是乙产品的成长期。乙产品的衰退期，又将是再次并购行为的开始。

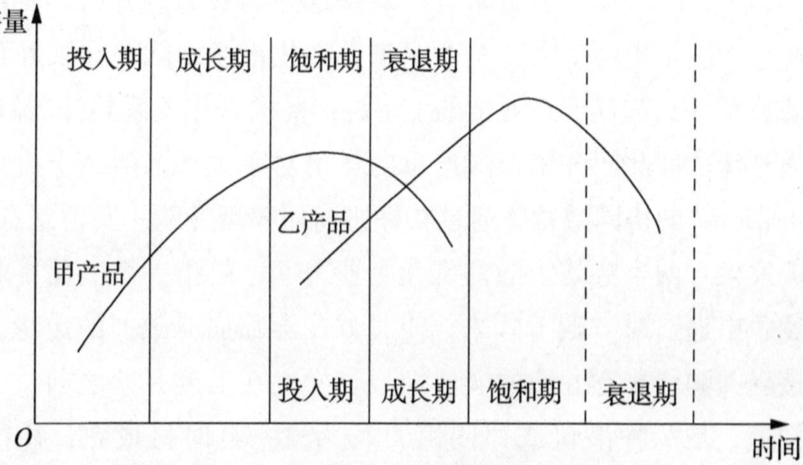

图 7－4　不同产品生命周期的并购行为

各国文化产业发展史说明，在文化产业的整个发展过程中，产业的成长期为并购行为的频发期。这种情况说明，多数文化产业行业不属于资本密集型，并购相对容易操作，文化产业在成长阶段竞争极为激烈。

研究文化企业的并购行为有非常重要的意义。世界上大的传媒文化企业大都几经并购才发展起来。几十年来，美国好莱坞的电影制作公司和电影销售公司经过了数十轮的并购才形成今天的格局。世界范围内的文化企业（特别是传媒企业）的并购行为仍将接连不断，应当重视对它的研究。

6. 经营者追求功利

许多企业并购行为是经营者或经营者团队功利主义的结果：一是经营者为了显示自己的经营业绩和管理能力，以提高自己获得更高职业和职位的声望；二是如果其薪水与企业效益相连接的话，企业并购做大，效益高了，薪水也随之水涨船高。

三、并购行为方式

从不同的角度可把并购行为划分为不同的方式，具体分析如下。

第一，从市场竞争策略看，有善意并购和恶意并购。所谓善意并购，一般是指两个文化企业本来在文化市场中就存在某种合作默契的关系（比如属于产业链的上下游产品的合作关系），或者是双方实力悬殊、彼此间并未形成严重的竞争对手关系，两个企业为了追求 1 +1 >2 的协同效益，通过友好协商而实现并购。所谓恶意并购，一般发生在两个势均力敌的文化企业之间，是指一个文化企业在市场竞争中逼迫对方败下阵来，使对方在濒临崩溃破产的边缘，不得不接受并购。恶意并购的实质性过程发生在实施并购之前，不使对方知道，是一种潜伏或“阴谋”行为，一旦时机成熟，往往强制推行。

第二，从市场关系的变化看，有纵向并购、横向并购和混合并购。所谓纵向并购，是指同一生产序列企业间、经营上下游产品的文化企业间的并购行为，比如出版社对印刷厂的并购，或者是营销上下环节的文化企业间并购，比如电影制片公司对影片发行公司的并购。所谓横向并购，是指两个产品结构相同或是不同文化产业行业的文化企业间的并购，比如两个科技出版社之间的并购、两个动漫制片公司之间的并购，或者是一个旅游公司并购一个音乐舞蹈表现艺术院团。所谓混合并购，是指并购中既有纵向又有横向并购的成分。一个旅游公司并购一个音乐舞蹈表演艺术院团，如果这个艺术院团主要是在这个旅游公司经营的景点上演出，构成了旅游项目中的一个环节，从一定意义上讲，这个并购具有了纵向并购的性质，但终归它是两个不同文化产业行业间的横向并购，所以也可以称之为混合并购。

第三，从出资方式看，有购买、承担债务、举债、吸收股份和控股并购。所谓购买并购，是指一个文化企业出资购买另一个文化企业，以实现并购。所谓承担债务并购，是指一个文化企业承担另一个资债相当或资不抵债的文化企业的全部债务，以实现并购。所谓举债并购，是指一个文化企业以负债的形式购买另一个文化企业，以实现并购。所谓吸收股份并购，是指一个股份制文化企业将另一个文化企业以资抵股，即将被并购方的全部资产吸收为并购企业的股份，以实现并购。所谓控股并购，是指一个文化企业购买被并购文化企业的股份达到能够控股，以实现的并购。

须指出的是，各种出资方式的并购，在善意并购和恶意并购中均可使用。比如对一个企业而言，如果不是对方阴谋所至导致资不抵债，这种情况下的承担债务并购，应视为善意并购。反之，就是恶意并购。控股并购，也有善恶之分。如果双方处于追求 $1+1>2$ 的协同效应动因，由并购方大量买进被并购方的股票，以实现控股并购，可视为善意并购。如果在被并购方不知情的状态下，一方为了吞并另一方，突然袭击，对对方控股兼并，多数可视为恶意并购。

四、并购行为要义

企业并购行为是企业的所有者将整个企业当作商品投入要素市场，是企业产权的交易和转让活动，这种交易和转让必须遵守政府的有关规定。企业并购行为的前提如下：

一是企业并购是企业所有者之间的行为。并购双方的企业产权主体是明确的，企业的所有者与经营者的界限清晰分明。这是因为，只有企业资产的所有者才有权进行企业产权的转让，企业经营者是受雇于所有者经营企业，无权处置企业产权。

二是并购企业的双方隶属不同的产权主体。并购企业和被并购企业隶属不同的资产所有者，在并购中才可能发生产权归属的转移。并购要在政府有关部门监督下进行，遵守国家的有关规制。

三是并购之后资产责任完成转移。并购意味着被并购方在获得现金、股份或债务解除的补偿的同时失去产权，并购方则拥有了对原属于被并购方的资产的处置和享受收益的权利，承担起相应资产责任。

文化企业并购行为中应当把握的要义如下：

第一，明晰文化企业产权主体。明晰产权主体问题，在成熟的市场经济国家中是不成问题的问题，而在曾经实行计划经济体制的国家中则是一个大问题。计划经济体制的国家对文化采取事业化管理，在向市场经济体制的改革中，许多文化基层单位要改制为企业。这些单位的产权主体应当明晰，否则就无法并购，因为缺乏并购的前提。

第二，确认被并购方的资产。在并购中，并购方必须掌握并确认被并购方的资产数额，这包括有形资产和无形资产，并且要防止在并购实施过程中被并购方“私逃”资产，发生资产转移行为。在成熟的市场经济体制中，对企业资产的认定通常是委托资产评估中介机构进行，有资质、有威望和有良好声誉的企业资产评估公司，可以坚持中立立场不偏不倚、切实公正地对资产做出评估。

第三，确保并购的绩效。不管并购处于什么动因，在并购前都应当对并购后的绩效有一个可靠的预见性分析和判断。也就是说要确认并购可达到 $1+1>2$ 的协同效应，或可实现突破进入壁垒的目的，或可节省交易费用和规避交易风险，或可提高竞争力和扩大市场占有率，或可促进企业的发展壮大。现实生活中，企业并购每时每刻都在发生，有许多成功的案例，但也有失败的案例。究其原因，除了部分并购缺乏并购前提外，大多是在并购前对并购绩效缺乏科学的论证所致。

第四，实施严格的并购步骤。并购一般是通过并购方与被并购方签署并购协议，然后按协议条款实施并购。也有的以要约的方式实施并购。大多数国家中，文化企业并购须经政府批准，因此在有了并购意向签署并购协议前，或实施并购前要按政府管制法规报批，政府批准方可并购。政府之所以对文化企业并购实行严肃的监管，一是经济原因，即防止并购造成垄断，如果并购具有垄断市场的性质，将被制止叫停；二是政治原因，在计划经济向市场经济体制转型的国家中，在文化产业宏观调控体系尚不完善的背景下，一定时间内个人资本还不允许进入某些文化产业领域，如果违犯规定并购将被制止、叫停。

第八章　文化产业投资

资本的本性就是增值。文化产业运营说到底是资本的经营。文化产业资本经营是文化产业资源配置的一种“资本化”了的表现形式。从世界文化产业运营来看，大量的投资来自文化企业和公众个人，政府投资占的比重较小。

第一节　文化产业资本与投资

所有产业的融资与投资，就资本经营的实质而言没有什么不同，都是为了资本增值即赚取并分享利润。但是，由于每个产业运行中所需资源的不同，其投资又有不同的特点。各个产业资本的形态和结构的不同，决定了不同产业投资的特点不同。

一、文化产业资本形态

资本是用来创造价值的价值，根据这一定义，资本具有多种形态，文化产业的资本有以下形态：

一是货币形态的资本。货币是一般等价物。货币如果用来支付个人物质和文化的生活消费，它就不是资本。货币如果被用来投向文化产业的经营，以增值为目的，它就变成了文化产业资本。

二是有形资产形态的资本。比如，土地、房屋、设施、设备等。当把这些有形的资产投入文化产业，并且以赚取和分享利润为目的时，它们就变成了文化产业资本。有形资产是有价的，把它们投向文化产业，如同把货币投向文化产业，目的实质是一样的。需要特别指出的是，自然环境、地理区位也属于有形资产，当把它们投入文化产业，并以赚取和分享利润为目的时，它们就变成了文化产业资本。“自然环境”“地理区位”资产的价值，主要表现为不同环境与区位之间的差别，其差别是其资本增值大小（回报多少）的主要原因。谁拥有好的自然环境和地理区位，将它投入文化产业，谁就可以获得较大的回报。

三是无形资产形态的资本。比如，知识、信息、概念、创意、经验、品牌等。这些无形的东西是有价的，当以赚取并分享利润为目的把它们投入文化产业时，它们就变成了文化产业资本。需要明确的是，品牌之所以划归无形资产，是因为它看似有形，其实无形，其形只是无形资产的一个载体，其价值主要为它内含的“文化”。一件名牌服装，其制作成本可能只有几百元或千元左右，但可以卖到几千元甚至数万元，卖的是其内含的“文化”，“文化”在这里是无形的资本。一项文化产业创意一旦生成，比如一件新型的工艺品，投入工业化复制，可以赚取更多利润。

如何理解创意资本在资本增值过程中的作用呢？

$V + C = M$，当$M > V + C$时，就实现了价值增值，式中V为产品生产中消耗的原材料、设施、设备的价值，它们转移到产品中去，并不引起增值；C为活劳动的价值，可以理解为付给劳动者的工资，也要转移到产品中去；M之所以大于$V + C$，是活劳动在转移过程中创造了新的价值，即剩余价值，引起了资本的增值。文化产品的生产是各种生产要素资源配置的过程，在诸生产要素资源投入中，只是活劳动引起了资本的增值。

两件工艺品，一件是老式的，市场上已经流行了许多年；另件是新型的，投入市场不久。假定两件工艺品采用的原料及其数量完全相同，生产这两件工艺品的工装设备也完全相同，只是两件工艺品的外形和款式（创意）不同，然而在市场上新型工艺品比老式工艺品卖出了更高的价格。显而易见，生产该新产品的活劳动包括两部分：一是创意的活劳动，二是复制生产中的活劳动。复制生产中的活劳动，对于老式工艺品和新型工艺品是一样的（这是一种假定，实际生产中工艺品一旦进入复制阶段，用工数量、工艺和制作时间对于新型工艺品和老式工艺品来讲，差别不大）。那么新型工艺品之所以卖高价，其高出老式工艺品的部分，显然是创意活劳动引起的，创意活劳动创造了新的价值，导致了资本增值。创意在资本增值中的作用，表明了创意的重要性。在文化产业投资中，人们从现象上看容易误认为货币资本投入引起了资本增值。其实不然，是活劳动特别是活劳动中的创意劳动创造了新的财富。

二、文化产业资本结构

文化产业资本结构，是指文化产业各种形态的资本之间的比例关系。这里讲的资本结构，同经济学中讲的资本构成，不是一个概念。资本构成，是指货币资本中固定资金和流动资金的比例关系。由于文化产业资本经营中的无形资本大多为流动资本，因此文化产业资本结构的讨论中，必然涉及资本构成问题。

文化产业中存在各种行业，每个行业的资本结构和资本构成是不一样的。研究文化产业资本结构，要从两个层面去讨论：第一个层面，是把文化产业同其他产业相比较，找寻文化产业各个行业共同的资本结构特点；第二个层面，是从文化产业内部分行业类别，去看资本结构的不同特点。

1. 文化产业总的资本结构特点

第一，无形资本占的比重较大。文化产业作为第三产业的一部分，与第一、第二产业相比较，在资本结构中无形资本所占比重较大。比如，投资建一座现代化的工厂与建一家现代化的报社相比较，建工厂需要投入土地、建造厂房、安装设备，建报社虽然也要投入土地、建造房子、安装设备，但与建工厂相比，显然有形资本投入的规模要小得多。建报社需要大量有采编能力的编辑记者，与建工厂需要大量工人相比，人力资本中的知识含量是不同的，无形资本的比重是不同的。道理很简单，文化产业是一个知识经济形态的产业，与第一、第二产业相比，“知识、信息、创意”这些东西所占比重大，无形资本的投入必然占有较大比重。

第二，流动资金占的比重较大。同第一、第二产业相对比，在文化产业货币资本中，购置固定资产的支出与流动资金相比，流动资金所占比例较大。整个第三产业与第一、二产业相对比，货币资本中的流动资金的比重都大，而第三产业中的文化产业这个特点更为明显。比如，一部现代电影的制作运营，一台表演节目的运营，基本上是流动资金的运营，基本上不形成或者形成很小的固定资产。第一、第二产业不同，整个投资运营最终要形成较大规模的固定资产。

第三，有形资本的更新快。由于文化产业属于新兴的一个产业，并且是一个高新技术含量比较大的产业，而当代高新技术日新月异，所以文化产业资本中的有形资本（主要指设施设备）更新的速率频繁。由于有形资本更新快，所以在讨论文化产业资本结构时，不能静态地看待其中货币资本、有形资本、无形资本的比例关系，必须动态地分析它们的结构变动。虽然第一、第二产业也存在一个设施设备更新换代的问题。但与文化产业相比，第一、第二产业更新换代的周期相对较长。

2. 文化产业中不同行业的资本结构特点

文化产业具体到每个行业，企业的数量规模各异，企业的产品各异；文化产业同一行业中的项目各异，项目的规模也不同，而且企业、项目和行业都在发展变动之中，资本的投入量也不是一成不变的。因此，具体比较各个行业的资本结构非常困难。在这种情况下，我们就要采取经济学中常用的抽象法，假定各行业内部企业的产品相同、企业规模相同，而且不发生变化。在这一假定前提下，把行业粗略地归类，来考察它们资本结构的特点，大致如下：

第一，传媒业、教育业、旅游业的基础设施一次性投资大，但使用年限较长。通讯社、电台、电视台、报社、期刊社、出版社、学校、旅游景点的建筑设施（主要指房屋，作为这些行业的有形资本），一旦建成投入，可长期使用。比如大学校舍一旦建成，可以使用上百年，甚至几百年，其间只是维修而已。一些旅游景点的人工建筑，也是如此。当这些设施财务折旧完成之后，仍可以发挥作用。

第二，电影、电视、艺术表演行业的无形资本（特别是创意资本）占了主要比重，而从货币资本构成上看，又主要是流动资金的投入。比如，一部电影大片的创作生产，就制作成本和销售费用而言，有的高达几千万美元，编导、演职人员的报酬、摄影场地的租金、推销的广告费用等，都要计入制作成本和费用。投资基本用于这些方面。

第三，传媒业、影视业有形资产中的设备更新快。传媒业中的内容制作和传输设备、影视节目的制作和传输设备更新换代的速率很快，累计资本投入量较大。但是，这类投资不是一次性的，而是多次性的。严格说来，后来的投入可认定为企业投产经营环节中的事项，而且可以在首次投资取得收益之后进行。所以，传媒业、影视业、教育业中设备投入，虽然累计叠加量不小，但并不是一次性投入，投资可以分期进行。

第四，人力作为特殊的资本形式在文化产业各个行业中表现差异很大。如玩具业是劳动密集型行业，需要大量人力，而影、视、广播节目的编创制作，特别是电影、电视片的人力投入，则表现为

"临时"用工。各个行业用工特点的不同，反映在资本链上则是货币资本构成不同。

三、文化产业投资特点

资本不论身处哪一个产业或行业，其本质都是增值。所谓投资，是将资本投入市场，经营某种经济项目或活动，以获得未来收益为目的的行为。投资，是指资本的筹集、投放和回收的过程。

投资是为了获取利润，利润取决于投资成本和收益的比较。一般情况下，投资规模与收益成正比，投资规模越大利润量越大。相同规模的投资，依产业或行业的不同，资本利润率是不同的。但投资规模大的产业或行业或项目，一般情况下生产成本和费用也大，这是影响投资利润率的因素之一。

资本运营的基本规律是：资本周转速度越快，产生的利润量越大；反之，若在资本循环过程中出现不畅、缓慢或停滞，则要遭受经济损失。由于不同的产业或行业资本结构和货币资本构成不同，所以资本的周转速度不同。

资本运营中必须考虑资本的时间价值。不论是货币资本，还是有形资本，或者是无形资本，都有一个时间价值问题。所谓资本的时间价值，是指在不同的时点上同一资本的价值或增值作用。这是不相同的。今天的 1 万元比一年后的 1 万元可能更值钱，今天 50 亩地一年后可能大大升值，今天的一个创意比一年后的同一个创意可能更赚钱。

投资存在一个回收期问题。所谓投资回收期，是指项目从投资建设之日起，用项目各年的净收入，将全部投资收回所需的年限。任何一个投资者进行投资，总要考虑资本回收期，这是投资中最起码的考量，收回投资（保本）之后，才谈得上资本增值（赚钱）问题。

资本运营还必须考虑投资风险问题。风险来源于不确定性，其中包括资本时间价值的不确定性、生成成本的不确定性、产品销路的不确定性、技术进步的不确定性和国家宏观调控政策的不确定性等。这些都会给投资带来风险，使资本循环过程中出现不畅、缓慢甚至停滞，带来经济损失。

文化产业投资具有以下特点：

1. 投资规模相对较小

由于文化产业无形资本占的比重较大，有形资本（基础设施和设备）占的比重较小，与第一、第二产业相比，文化产业是一个投资规模较小的产业。比如，发生在20世纪末的亚洲金融危机，导致许多国家经济低迷，韩国也遭受重创。当时的韩国政府为了摆脱危机，提出了大力发展以动漫为主的文化产业的应对措施，就是看到了文化产业投资规模较小的特点。也正是因为采取了这一战略（当然还有其他措施，但主要是发展文化产业的措施），很快使韩国从亚洲金融危机的阴影中走了出来，并使韩国迈进了文化产业发达国家的行列。进入21世纪，许多国家认识到了文化产业是一个不需要太大投资的产业，相继采取了鼓励发展文化产业的国策。

2. 投资回收期相对较短

由于文化产业无形资本占的比重较大，货币资本中流动资金占有的比重较大，资本周转和循环速度较快，因而文化产业是一个投资回收期较短的产业。当然，这是与第一、第二产业相比，从相对意义上讲的。文化产业由于对设备更新的需求大，文化产业投资常常不是一次性就完成的，最初投资回收之后，往往还要进行第二次、第三次、第四次投资，甚至是前面的投资尚未收回，就要进行下次投资。但是总体看，文化产业投资规模相对较小，投资回收期还是比较短的。

3. 投资收益率相对较高

由于文化产业资本周转速度较快，与第一、第二产业相比，文化产业是利润率较高、投资收益率较高的一个产业。许多投资家热衷于投资文化产业，就是看中了它是一个投资收益率较高的产业。当代发达国家中文化产业之所以方兴未艾，就是因为这个产业的利润率高，无论对投资的企业家而言，还是对国家发展而言，都是一个致富的增长点。

4. 投资时效要求相对较高

由于文化产业资本结构中无形资本（主要指创意资本）占有较大的比重，文化产业投资中对资本时间价值的判断极为重要，要求很高。创意主体 A 的一个好的文化产业创意生成，如不迅速投入，创意主体 B 同样的创意就可能已生成投入，投资机会瞬息而过。对创意资本时间价值的把握，与货币资本和其他有形（商品）资本时间价值（价格）的把握，需要不同的知识和经验。货币和有形商品的价格变动趋势比较容易判断，而创意资本的价格变动趋势的判断就困难得多。金融家可以预测货币价格变动趋势，商人可以预测商品价格变动趋势，他们却未必能够预测创意资本价格变动趋势，只有文化产业创意者与经营者联合起来（意指具有文化产业创意与经营的眼光），才能对创意资本时间价值（价格）做出准确的判断，才能比较准确地把握文化产业创意投资时效。

5. 投资风险相对较大

由于文化产业资本时间价值的不确定性和文化产业相关技术的快速进步，以及文化艺术消费需求的多样性和对市场需求的难以判断，使得文化产业投资与第一、第二产业投资相比，风险较大。比如，一些国家每年制作大量电影、电视，但是上座率、收视率却不高，大部分投资失败。这说明文化产业是一个投资风险比较大的产业。当然，有些国家影视片投资失败，另有管理体制和文化产业运行机制方面的原因。

综上所述，投资规模较小、投资收益率较高、投资回收期较短、投资时效性要求高、投资风险较大，进而投资决策难度较大，是文化产业投资的基本特点。

第二节　文化产业投资决策

文化产业投资决策，是指在一个设定目标指导下选择和决定投资方案的行为。在成熟的市场经济体制下，文化产业投资决策主要表现为文化企业和公众个人行为。文化企业融资，主要通过两个途径：一是向银行贷款；二是把企业办成股份公司，发行股票和债券。公众个人投资文化产业，主要是购买文化股份公司的股票，成为文化企业的股东，或者是购买文化基金会的债券，成为文化公司的债权者。

一、文化企业投资决策程序

文化企业长期投资决策主要有以下三个程序：

1. 提出各种备选的投资方案

文化企业投资是一种“资本化”了的资源配置表现形式。投资方案大致有三种：一是企业内部的资本调整与筹集；二是企业之间的资本收购、兼并、参股和重组；三是通过资本市场进行产权重组或产权转移。文化企业投资可依不同的目标或同一目标设计出各种各样的投资方案，如为了扩大生产能力、为了开拓新的销售市场、为了降低产品生产成本、为了上新的产品项目、为了储备新的创意或技术等。在同一目标上，为实现目标可设计出各种路径方案，如降低产品生成成本就可以有多种办法。

2. 估算每个方案中的现金流量

由于现金流量发生在未来，存在着若干不确定因素，估算投资的现金流量是非常必要的。估算现金流量的报告中，必须阐明以下几个问题：一是企业采纳本方案与不采纳本方案现金流量的差别，要看是否增加或增加了多少投资；二是现金流量要以税后指标为准；三是采纳本方案之后，对整个企业或有关部门和环节的经营成本、费用和收益乃至现金流量产生什么影响；四是采纳本方案后，对企业过去已经发生而得不到补偿的成本不应考虑；五是采纳本方案后，企业原有的哪些资源将不被使用，使用的资源如设备则应以设备现值而不是原值计算等。

3. 选择最恰当的投资方案

通过各种投资目标和投资方案的比较，根据企业的实力，就可选择最佳方案进行投资。投资是资本运营的形式之一，最终目的是通过优化资源配置实现企业资本增值的最大化。直接意义在于：能有效地扩大经营规模，降低经营风险，扩大市场占有率。企业投资是竞争的需要或者说是竞争的一种结果，选择什么样的投资方案因企业而异。企业选择投资方案，只能从本身的实际出发，哪个方案对企业生存和发展有利，就采纳哪个方案。

二、文化企业投资决策原则和投资方案的选择

1. 投资决策原则

文化企业的经营目标是追求投资的价值最大化。企业利润最大时，边际收入等于边际成本。企业是否投资，投资多少，决断的基本原则是增加投入要素达到边际收入等于边际成本为止，也就是使增加的各种投入，达到投资收益等于资金成本率为止。

假设某文化企业有 A、B、C、D、E 五个投资备选方案，需投资分别为 3 000 万元、4 000 万元、3 000 万元、2 000 万元和 2 000 万元，预期收益率分别为 18%、17%、16%、8%、4%。如图 8－1，随着投资规模不断扩大，平均内部收益率下降，筹集成本逐渐上升。

企业为了利润最大化，应选择投资收益等于资金成本率，即选择A、B到C方案，共投资1亿元，放弃D、E方案。

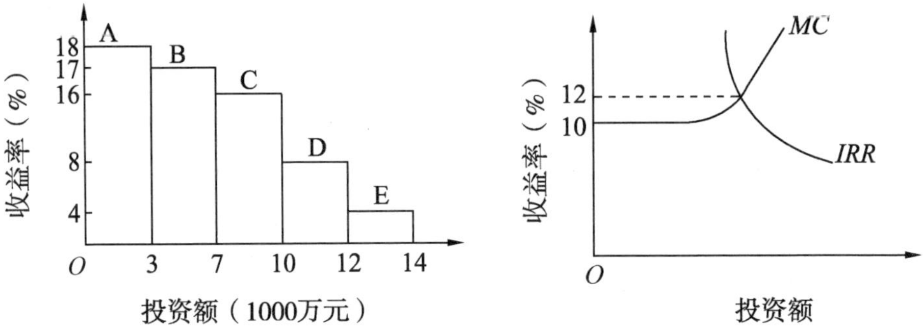

图8－1 文化企业投资原则模型

所谓资金成本率，是指使用资金与付出的代价（成本）之间的比率，一般以每年一定的百分率表示。使用资金100元，每年成本为12元，资金成本率为12%。使用资金100元，每年最少要赚12元，否则就要亏本。如果投资收益率达不到资金成本率，则意味着投资失败。资金成本的基本计算公式如下：

贷款资金成本 $Ke = Re\ (1 - T)$

式中：Re 为借款利率，T 为所得税税率。

$$债券成本\ K_b = \frac{R_b(1 - T)}{B(1 - F_b)}$$

式中：R_b 为债券每年的实际利息，B 为债券发行总额，F_b 为债券筹资费用率。

此外，文化企业资金还来自企业权益资本，权益资本包括企业发行普通股、优先股和企业自己的保留盈余等，那么就有一个权益资本成本率指标。另外，还有依权益资本和债务资本结构加权计算的资本成本率指标。这些指标，都是选择投资方案时的重要依据。

2. 决策方案的比较选择

文化产业投资决策方案选择存在两种情况。第一种情况：在多个投资方案中，如果选择其中一个方案，就意味着要放弃其他方案，拟选方案是互相排斥的。比如甲、乙两个投资寿命期和基准收益率相同的方案，经过测算甲方案实现的净现值大于乙方案，那肯定要采纳甲方案而放弃乙方案。再比如某传媒公司面对甲、乙两个设备更新方案，两个方案购置的设备每年的产出量和基准收益率相同，但使用年限不同（甲方案使用10年，乙方案使用12年），各年投资运行额度不同。经过测算第一年甲方案比乙方案投资要少，累计计算甲方案10年投资比乙方案12年投资要少得多，通常情况下要采纳甲方案，因为如果采纳乙方案，一是投资量过大，二是传媒设备技术进步快，12年过去设备可能大大落后了。在这种情况下当然要选择投资节省并且为设备再次更新留下空间的甲方案。

第二种情况：在以产品或效益为目标的多个投资方案中，每个方案都是独立的，互相之间不存在排斥性，如果选择一个方案，并不影响采纳其他的方案。只要资金许可，投资效益好，可以顺序选择其中的多个方案。例如在前述图8－1中，就顺序选择了A、B、C三个方案。在资金受限的情况下，通过对每个独立方案的分析，也可以把每个方案中的有利因素抽出来，根据资金量另组新的方案形成新的方案系列，而顺序采纳原各方案中的一部分内容。

第三节　文化产业投资效果

文化产业投资效果，讲的是投资安全性、收益大小，主要表现为投资回收期、投资收益率及其他一系列相关指标。

一、投资效果主要指标

1. 投资回收期

所谓投资回收期，是指文化产业项目从投资建设之日起，用项目各年的净收入将全部投资收回所需的年限。投资回收期越短，说明项目的经济效益越好，反之项目经济效益就越差。投资回收期指标不但简单易用，而且综合地反映了投资的经济性和风险性。这是因为，一般来说投资的风险性与投资回收期长短成正比，投资回收期越长，投资实施期中的不确立性因素越多，风险越大，碰上不可预见性风险，经济效益就差。投资回收期越短，资金越安全。投资回收期计算公式如下：

$$\sum_{t=0}^{P_t} (CI - CO)_t = 0$$

式中：$(CI - CO)_t$ 表示第 t 年的现金收入减去现金支出，为第 t 年的净现金支出。

某建设项目建设期为三年，第一、二、三年的年初分别投资500万元、500万元、200万元。项目建成后，第三年末开始产生效益，第三、四、五、六、七、八年净收益分别为100万元、200万元、300万元、400万元、400万元、400万元。则

$$\text{投资回收期} = [\text{累计净现金流量开始出现正值的年份数}] - 1 + \left[\frac{\text{上年累计净现金流量绝对值}}{\text{当年净现金流量}}\right]$$

$$= 7 - 1 + \frac{|-200|}{400}$$

$$= 6.5 \text{（年）}$$①

2. 投资收益率

所谓投资收益率，是指文化产业项目在正常生产年份的净收益与投资总额的比值，主要反映了投资项目的盈利能力。计算公式如下：

$$R = \frac{NB}{I}$$

① 池仁勇：《管理经济学》，科学出版社，2005，第272页。

式中：I 为投资总额，NB 为净收益。

3. 投资利润率

投资收益率还可通过投资利润率表现出来，投资利润率是投资收益率指标体系中的一个重要指标，计算公式如下：

$$投资利润率=\frac{年利润总额或年平均利润总额}{项目总投资}\times 100\%$$

式中：年利润总额表示纯收入。如果年利润总额表示纯收入加折旧时，投资收益率又称投资回收率。

4. 投资利税率

投资利税率是投资收益率系列指标中的另一个指标，反映了投资对国家（公众）的贡献，计算公式如下：

$$投资利税率=\frac{年利税总额或年平均利税总额}{项目总投资}\times 100\%$$

式中：年利税总额为年利润总额加下年销售税金及附加，或为年销售收入减去年总成本费用。

5. 资本金利润率

资本金利润率也是投资收益率系列指标中的一个，反映了项目投入资本金的盈利能力，计算公式如下：

$$资本金利润率=\frac{年利润总额或年平均利润总额}{项目资本金}\times 100\%$$

二、投资风险效用

1. 投资风险效用理论

由于文化产业投资具有风险大的特点，投资风险效用理论对文化产业而言显得特别必要。投资风险效用理论的要点如下：

第一，不同的人对投资风险的态度各异。之所以对投资风险的态度不同，由人的性格所致。有的人，生性谨慎，追求稳健，不去冒险。有的人，天生大胆，不惧风险，寻求刺激，爱做那些具有风险的事。

第二，投资者的实力不同对投资风险的态度不同。同一个具有风险的项目，对于经济实力不同的投资者而言，导致的风险程度相去甚远。图 8－2 反映了资产实力与投资风险态度的关系，其中 A 为避险型、B 为漠视风险型、C 为趋险型。“假定企业的资产为 10 万元，投资成功可带来 15 万元的盈利，给企业带来 3 个单位的效用，如果投资失败则损失 5 个单位效用。而对于拥有 65 万元资产的企业而言，盈利 15 万元，对企业产生的效用仅为 1 个单位，投资失败也仅损失 2 个单位效用。”① 也就是说，对于实力弱的投资者而言，投资失败，可能是灭顶之灾，倾家荡产。对于实力强的投资者而言，可能就不存在那么大的威胁。显然，投资者实力对投资风险态度具有很大的影响。

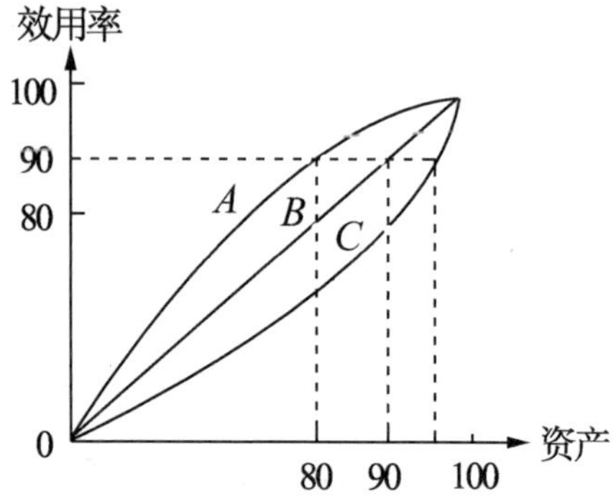

图 8－2 资产－效用曲线

第三，人们对投资风险的态度归根结底是对资本升值的追求，不敢冒险的人是怕投资失败造成损失，敢冒险的人是看到了风险越大利润越大。文化产业与其他产业相比，就是一个投资风险较大、投资收益率高的产业。

第四，投资风险效用理论还应补充一条，即对投资风险的态度，还取决于人们的投资经验。投资经验丰富者对投资风险比较敏感，知道如何规避风险，经验不足者则对风险表现迟钝。这一条，不以人们的资产实力为转移。当然，一般说来实力雄厚的企业，大都有投资经营管理的经验，对投资风险相对敏感。但是，也确有“孙损

① 池仁勇：《管理经济学》，第 282 页。

爷田”不心痛的盲目投资者。

2. 文化产业投资中应当注意的问题

第一，要正视文化产业投资是一个风险较大但风险效用也大的产业。文化产业的发展需要大批敢冒风险的投资者，只有敢冒投资风险的人，才可能把文化产业项目做起来，从而带来丰厚的利润。凡做大事者，不可能不冒风险。凡赚大钱者，也不可能不冒风险。那些生性胆小不爱冒险的投资者，最好不要涉足文化产业。

第二，要对自己的资本实力有一个清醒的估量。文化产业资本是多形态的，尤其是创意资本的实力，是涉足文化产业投资的重要考量。货币资本和资产实力是重要的，但只有货币资本和有形资产，而不掌握雄厚的创意资本，投资文化产业是要冒很大风险的。

第三，要积极地量力而行，有多少资本实力，就做多大的项目。当然，这不是谨小慎微。要尽可能发挥资本的风险效用，学会规避风险。积极还是消极的量力而行，区别就在于敢不敢有掌控地“冒风险”。

第四，要提出各种投资方案进行比较论证，把规避风险作为比较选择方案中的重要因素加以重视，既要具有风险效用意识，更要具有规避风险意识。有些风险是可以通过规避方案或出现风险之后的弥补预案尽量减少损失的。

总之，投资者只要对自己的性格（包括对风险的心理承受能力）和资本实力有清醒的认识，只要具有风险效用和规避风险的意识，只要对各种投资方案进行周密的比较、论证、筛选，积极地量力而行，对文化产业进行投资是会收到良好的投资效果的。

第九章 文化产业人力资本

人、劳动工具、生产资料是生产力的三要素，其中最活跃的因素是人。在诸资源中，人力资源是第一资源。优化资源配置最关键的是优化人力资源配置。人力是资本，人力资本经营是企业的行为之一。

第一节 文化产业人力资本特点

人是高级的生命体，劳动力是经过教育培养训练具备了劳动本领的人。所谓人力资本，是指体现在人身上的、以其数量和质量形态表现出来的劳动力资本。

一、人对人力认识的四个阶段

人类对人力的认识，经历了漫长的道路。伴随社会生产力的发展和人在社会发展中的作用，人对自身（人力）的认识逐步升华，越来越深刻。近代以来，人们对人力的认识经历了人是“经济人”“社会人”“资本人”和“创意资本人”四个阶段。

1. 经济人

19 世纪末，以美国管理学家泰罗为代表的学者认为，在企业做工的人的一切行为，都是为了获得报酬（工资和奖金），是为了满足他们自己的经济利益需求，除此之外别无所求。因此在企业辛苦做工的人，是实利人或者叫理性“经济人”。

2. 社会人

20 世纪 20 年代，以美国管理学家梅奥为代表的学者认为，人工作不单纯是泰罗所讲的为了赚取工资和奖金，人除了经济利益需求之外，还有满足安全、社会交往、投入社会并渴望得到社会认同和回报的需求。因此，人不仅仅是“经济人”，还是“社会人”。

3. 资本人

20 世纪 60 年代，美国经济学家舒尔茨和贝克创立了人力资本理论，使人们对人力的认识上升到“资本人”的阶段。舒尔茨、贝克的人力资本理论的要点是：人力是资本，人力资本是经济学的核心问题；在经济增长中，人力资本投资与国民收入成正比，比物质资源投入增长速度快；人力资本的核心是提高人口质量，教育投资是人力投资的主要部分，不应当把人力资本的再生产仅仅视为一种消费，而应视为一种投资，这种投资的经济效益远大于物质投资的经济效益；教育是提高人力资本最基本的手段，因此可把人力投资视为教育投资问题；人力资源存在知识技术程度高低的不同，知识技术程度高的人带来的效益明显高于知识技术程度低的人；教育投资应以教育（人力）市场供求为依据，以人力资本价值（价格）为依据①。

4. 创意资本人

20 世纪末以来，世界一些经济学家、管理学家特别是文化产业研究的学者认为，创意也是资本。他们所说的创意是广义的，泛指一切经济生活、技术进步乃至经营管理中的创新性思维，同时认为在知识经济到来的时代，创意是推动发展的主要力量。

---

① 李向民、王晨、成乔明：《文化产业管理概论》，山西人民出版社，2006，第 189－190 页。

我们把人们对人力的这种新认识归纳为对人力认识的“创意资本人”的新阶段，并对创意资本理论的要点概括如下：创意也是资本，创意主体是人，人力资本中的一部分就成为创意资本；创意资本为无形资本，在现代经济发展中，无形资本的作用大于有形资本，无形资本投资收益率远远大于有形资本，人力资本投资对发展的重要作用越来越集中地表现为创意资本投资的重要作用；正如人力的传统知识水平技能程度存在差异一样，人力的创意能力也有高低差异，创意能力高的人力带来的效益明显高于能力低的人力；创意人才的培养（创意资本的集聚），对于经济、社会和文化的可持续发展具有特别重要的意义；创意人力资源配置必须以市场为基础，创意资本投资受价值规律和供求规律的支配，要重视创意资本培育，唯此才能实现全社会最高的创意资本收益；优化创意资源配置、提高创意资本投资效果日益成为经济学的核心问题。提出“创意资本人”概念、对创意资本理论的要点做出上述概括，对文化企业人力资本经营具有重要意义。

二、文化产业人力资本的特点

1. 文化产业人力的人文知识水平普遍较高

人力资本质量的一个重要方面是人文知识水平。文化产业是一个知识经济产业，从业人员受教育的层次、人文知识水平、艺术技能技法水平，相对于第一、第二产业普遍较高。比如，工艺品厂与机械厂的普通工人相对比，工艺品厂的工人一般都要经过文化艺术知识及其技能技法的专门训练。文化产业中有些工艺品的制造过程，虽主要为复制，但也并非完全复制，在基本复制中也存在部分或少量的创意，没有一定的文化艺术修养，难以胜任此项工作。

2. 文化产业人力资本重点体现为文化产业创意资本

人力资本对文化产业发展的贡献，重点体现为文化产业创意资本的贡献。如前所述，在文化产业资本结构当中，无形资本占了较大的比重，无形资本投资收益率大大高于有形资本投资收益率，而无形资本主要指文化产业创意资本。在文化产业从业人员中，既有普通工人、科技人员、经营管理人员，还有内容创意人员。在这些各种各样的人力中，创意人员的能力对一个文化企业而言居于企业核心竞争力的地位。在文化企业各类人力资源的配置当中，对文化创意人力资源的使用、搭配、培养、训练，处于人力管理的重要地位。从一定意义上讲，创意团队的能力是文化企业的生命线，事关企业的生死存亡。人力资本投资，在文化产业或文化企业发展当中的作用，主要体现为文化产业创意资本投资的作用。

3. 文化产业人力的骨干大多为复合型知识人才

文化产业是一个知识产业，与第一、第二产业相比，其管理团队、科技团队和创意团队中知识复合型人才更多。第一、第二产业中，管理团队的成员，具有管理知识和相应的农业或工业知识，就可以胜任管理工作，科技团队的成员具有农业或工业科技知识，就可以胜任科技研发工作。文化产业中管理团队的成员，不仅要具有管理知识，而且要具有相应的产业知识，还要具有比较广博的人文社会科学知识，才能胜任管理工作。文化企业中创意团队的成员，一般是具有相应的人文知识和科技知识的复合知识型人才。显而易见，文化产业中的人力骨干比第一、第二产业中的人力骨干，知识水平要求更为全面、更为广博。

4. 文化产业人力资本的一部分表现为社会独立资本

由于文化产业的特殊性，文化产业人力中相当一部分人力为自由职业者。在发达国家中，表演艺术家、作家、画家、诗人、撰稿人等大都以自由职业者的面目呈现就业状况。自由职业者独立性强，游动性强，表现为社会独立游动资本。所谓社会独立游动人力资本，是与在文化单位中长期固定的人力资本相比较而言的一个相对性的概念。从根本上讲，人力资本都是有独立“人格”的，都在不断地流动，唯此才能实现人力资源的最佳配置，才能获得人力资本投资的最佳收益率。我们之所以提出社会独立游动人力资本的概念，一是因为文化产业的人力资本比第一、第二产业的人力资本，资本的独立性、流动性更强，这是一个显著的特征；二是因为社会独立游动人力资本与文化企业中的人力资本经营主体不同，不搞清楚它们的差异，就不能全面准确地把握文化产业人力资本经营方式。中国改革开放以来，不少文化艺术人才走上了自由职业者的就业道路。北京、上海、广州、杭州、深圳等许多大中城市，有不少表演艺术家、画家、艺人辞去原单位的工作，而在社会上“漂”着，追求一种自由的创作状态。也有一大批高等艺术院校的毕业生不寻求相对固定的工作岗位，而是以自由职业者的身份追求自己的艺术理想。可以说，这一从业就业方式是中国社会的一种进步。

三、文化产业人力资本经营

文化产业产品的生产和价值的实现，需要人力资本的投入。人的知识、专业技能、能力不同，各类人力资源搭配起来才能进行文化产品的生产经营。例如，画家需要艺术品经销商经销他的作品，小说家需要出版商将其作品出版，制片人需要编剧、导演、演员、摄像、剪辑、化妆、会计、发行商等人员才能完成一部影片的制作。投资主体对人力的吸纳和运用是要付酬的，这就是所谓人力资本投资。投资主体之所以进行人力资本投资，就是为了完成文化产品的生产并带来利润。投资主体投入的人力资本的质量越高，实现的利润越大。为了保证利润的最大化，投资主体往往对人进行培养训练，这就是体现在人的数量和质量形态表现出来的人力资本的集聚。

由此可见，人力资本经营存在两个过程：一是把人作为生产力要素投入文化产业产品生产或销售中去人力“资本”化了的过程，人力资本投资与生产力其他要素（劳动工具、生产资料）投入通常同时进行；二是为了提高人的素质对人进行培养训练的劳动力生产再生产，表现为人力资本集聚的过程。集聚人力资本的最终目的，是要把集聚起来的人力资本投入到文化产品生产中去。可见人力资本集聚可以理解为一种特殊的“融资”，实质是一种前瞻形式的人力资本投资。

之所以把人力资本经营区分为人力资本投资和人力资本集聚（有的学者不做这一个区分，统称为人力资本投资），是因为现实生活中存在这种区别和界限。从投资主体看，有的例如各类学校或培训班仅承担人力资本的集聚，从事人力的培养，进行劳动力的生产再生产。有的例如文化企业则仅是投资（雇用）人力进行文化产品生产或销售，并不去进行人力培养和训练。当然有些高明的文化企业在使用人力的同时非常重视对人力的培训提高，这是把人力资本投资和人力资本集聚很好地结合起来了。也有一些文化企业不惜高薪挑选雇用那些水平高的人力，而不对雇用的人力进行专门的训练，这样做节省了企业的人力培训费用。

无论从全社会还是从一个企业内部而言，都存在人力资本投资与人力资本集聚两个直接目的和行为方式不同的投资问题。前者为人力雇用投入，后者为人力培养投入。虽然用人和培养人都得投资，但用人和培养人毕竟是两回事。我们认为，提出人力资本集聚的概念，以区分用人的投资和培养人的投资，很有必要。

第二节　文化产业人力资本投资

所谓文化产业人力资本投资，是指投资主体从人力资本市场上招募人力，投入文化产业产品生产中去的过程。投资的目的，是将人力资本与其他资本相搭配，使投入的各种资本价值之和，从货币形态上表现为升值，赚取投资收益。

一、文化产业人力资本市场

文化产业人力市场是一个复杂的市场。文化产业人力市场上大致有以下三类劳动力商品：

第一类为文化产业的普通劳动力。

文化产业的普通劳动力，按行业举例如传媒中的普通编辑、记者、演艺业中的普通演员、旅游业中的导游、休闲产业中的服务技工、教育产业中的教师、艺术品复制企业中的普通工人及各行业中必不可少的文秘、会计、司机等。这类劳动力的特点是具有普通的专门技能，劳动力价格相对较低。

第二类为文化产业的创意劳动力。

如传媒业中的总编辑或高级编辑、演艺业中的编剧和导演、知名画家、音乐作曲家、舞美设计师、工艺美术设计师等。这类劳动力的特点是既具有专门的知识和技能，又能在其专业领域进行创新性思维，引领专业的发展。这类劳动力价格相对较高。许多创意人力为自由职业者，流动性很强。

第三类为文化产业的经营管理劳动力。

如文化企业中的各级经营管理高级职员、艺术品经纪、影视制片、文化产业项目经理、文化产业创意公司的经理等。这类劳动力的特点是既具有经营管理的知识和能力，又有文化产业行业必不可少的专门知识，在文化产业劳动力市场上这类劳动力的价格最高。

二、文化企业人力资本投资的程序

1. 制定人力资本投资规划

创办一个文化企业或实施一个文化项目的规划方案，必不可少的一项内容就是明确人力资本投资规划方案，即对该企业或项目需要多少人、需要什么样的人、以什么形式付酬、付酬多少等问题做出规划。规划中应当提出多种方案，经过比较论证，淘汰那些人浮于事浪费财力的方案，选定那种各类人才搭配合理、最富效率、投资额适当、收益率高的方案。

2. 考察人力市场招募劳动力

人力资本投资规划确定之后，要依据规划，考察人力市场，进入人力市场招募劳动力。招募劳动力一般要经过考试、面试和调查招募对象专业知识、能力、人格、诚信度等过程，对达到要求的加以录用。有的企业在正式录用之前，采取试用期的办法，以确保人力质量。

3. 使用和考核招募的员工

劳动力录用上岗之后，并不是人力资本投资就完成了，人力资本投资贯穿人力使用的全过程。每一次付给员工工资和奖金都是一次“投资”。为了保证投资效益，必须对劳动力进行定期或不定期的绩效考核。劳动力工资和奖金形式是多种多样的，计时工资、计件工资、一次性的项目工资及其对做出突出贡献的人发奖金，都是建立在工作绩效考核结果基础之上的。

4. 评估投资收益调整用工

文化企业对人力资本投资收益应当定期进行评估，也就是对一定时期中的用工情况进行总结，看用工是否得当、搭配是否合理、报酬是否科学、哪些需要调整等，解决是否需要补充人力、是否需要辞退、给哪些员工晋级加薪、加多少薪等问题。定期评估，起到了对原来的用工规划、招募劳动力、使用劳动力情况和效果的检查反馈作用。调整用工，可以说是又一期新的用工“规划”。

文化企业的人力资本经营，就是在上述四个程序的不断循环交替中完成的。文化企业通常是一批一批的录用劳动力，上述四个程序根据企业生产和发展的需要大多压茬进行。

三、文化产业人力资本投资的原则

文化企业之所以进行人力资本投资，是为了组织文化产品的生产，追求投资收益。投资要摊入企业生产成本，成本高了收益率就低。劳动力工资低，积极性调动不起来，收益率也高不了。招募的劳动力质量高，投资就要大，成本也大。但是，招募的劳动力质量低，虽然投资小些，但劳动力创造的利润也小。人力资本投资原则如下：

1. 确立科学实际的人力标准

文化产业用人主要表现为文化企业用人问题，那么有的人可能就认为文化产业用人标准就是企业用人标准。其实不然，文化企业的种类很多，比如专门以创意产品为经营内容的文化产业创意公司，就不能以企业标准用人，而更多地要以"科研"标准用人。这是因为，创意公司为"点子"公司，属于思想库，必须雇用一大批具有人文知识、创新性思维、且能产出创意内容产品的人。由此可见，文化产业的人力标准是有类别和层次的。前述文化产业人力资本市场上的三类劳动力，即普通劳动力、创意劳动力和经营管理劳动力，就有不同的标准。

下面以经营管理者标准举例：

美国管理协会曾对全美事业成功的1800名企业家进行调查，提出了经营管理者（企业家）人才的20条标准：①工作效率高；②逻辑思维能力强，善于分析问题；③有主动进取精神，总想不断改进工作；④有概括能力；⑤有很强的判断能力；⑥有自信心；⑦能影响别人提高工作能力；⑧能以自己的行为影响别人；⑨善于用人；⑩善于调动别人的积极性；⑪善于利用谈心做工作；⑫热情关心别人；⑬能使别人积极而又乐观地工作；⑭能实行集体领导；⑮能自我控制；⑯能自行做出决策；⑰能客观听取各方面意见；⑱对自己有正确估计，能以他人之长补己之短；⑲勤俭；⑳管理人员还必须具有技术和管理方面的知识。

美国普林斯顿大学的鲍莫尔提出了企业领导人必须具备的10条素质标准：①合作精神（愿与他人共事、合作，对人不压服，用说服和感服）；②决策才能（据实、不凭主观做决策，具有高瞻远瞩的能力）；③组织能力（善于发掘下级才智，善于组织人力、物力、财力）；④恰当授权（把握方向，抓住大事，小事分给下级做）；⑤善于应变（能随机应变，不墨守成规）；⑥勇于负责（对社会、职工、消费者有高度责任心）；⑦敢于创新（对新事物、新环境、新技术、新观念有敏锐的感受力）；⑧敢冒风险（有雄心，敢于承担对企业发展不利的风险，敢于打开新局面）；⑨尊重他人（能听取别人意见，并能吸取合理的意见，不狂妄，能器重下级）；⑩品质超人（品质为社会和企业内的人们所敬仰）①。

通过分析以上两个不同的企业家标准和学术界、实业界提出来的其他若干人力标准，我们认为制定人力标准的要点如下：一是人力标准必须区分类别和层次，企业家属于经营管理类人群，属于高层次人才，企业家标准与一般职工的人力标准决不应当一样；二是人力标准要具体，有明确地指向，使人们在考察和招募人力中可操作；三是人力标准内容上，既要重视人力的知识能力，也要重视人力的人格品质，只有能力而无人品的人最终有可能败坏事业，但只有人品而无能力的人则从一开始就不会把事情办好；四是人的人格品质是相当重要的，在人力标准诸内容中占据很重要的地位，人最好是德才兼备；五是不能求全责备，“金无足赤，人无完人”，德才兼备的人才总是少数，企业不可能全部用“完人”，也找不到那么多“完人”，因此“用人之长、避人之恶”也是选人

① 郭辉勤：《创意经济学》，重庆出版社，2007，第218－220页。

的一种标准。

2. 重视创意人才的使用

文化产业和企业要十分重视创意资本的投资，十分重视创意人力的使用和管理。文化产业创意质量和水平，是文化企业的核心竞争力，创意的主体是创意人才。能不能汇集大批的高质量的创意人力，形成具有实力的创意团队，事关文化企业的生死存亡和可持续发展。因此文化企业在人力资本投资中要不惜重金招募创意人才。

文化产业创意人才是分类型和层次的，不同的行业对创意的要求也是不同的。招募创意人才，除了把握好人力的普遍性标准之外，还要考察创意人才的知识和专业程度，要看其属于哪种类型和层次的创新性思维人才。所谓创意人才的类型和层次，是指原创层面或操作层面的创意人才。在文化产业产品的生产中，不同的产品或同一产品生产的不同环节，对创意的要求不同，必须区分不同要求选人用人。

3. 坚持企业和员工双赢

企业经营管理者雇用员工进行人力资本投资，目的是把企业搞好，获取利润、赚钱。人们到企业做工，是把自己身上的劳动力出售，基本目的是获取经济利益，使生活过得更好。作为企业，总想花最少的钱，雇用最好的劳力。作为员工，总想自己的劳动力出售个好价钱。毋庸讳言，企业和员工在劳动力价格上是存在矛盾的。人力资本投资正确地抉择是企业和员工双赢，确定一个合适的人力资本投资收益率。人力资本市场上劳动力价格是在变化的，人力是可以自由流动的。一个文化企业，如果做不到企业和员工双赢，给员工恰当的报酬，人才人力就可能流失。凡是成功的企业，都是包揽汇集了众多人才的企业，也都是重视员工利益的企业。

第三节　文化产业人力资本集聚

所谓人力资本集聚，是指劳动力的生产再生产的过程，即实现人力的数量增长和质量提高所综合表现出来的资本成长过程。人力资本集聚是人力资本投资的特殊形式。搞好文化产业人力资本集聚可为文化产业发展储备源源不断的人力资源。

一、人才因素

早在1921年，美国心理学家特尔曼就通过实证研究得出两条重要结论：一是人的智力与成才具有重要相关性，但不具有完全相关性；二是人的性格品质与成才具有密切相关性。也就是说，人的智力能力对于成才是重要的，但性格品质更为重要，具有决定性作用。

所谓人的能力，是指人在完成活动的可能性方面的个性心理特征，它是人顺利完成某种活动的必要的心理条件①。能力分为一般能力和特殊能力。人的一般能力又称基本能力或智力，是指人在各种活动中都必须具备的能力，比如注意力、观察力、记忆力、思维力、想象力等。人的特殊能力又称专门能力，是指完成某种专业活动的能力，比如计算、音乐、绘画、形象思维、空间想象、创意思维等。在人的实践活动中，一般能力和特殊能力共同起作用，一般能力是各种特殊能力的基础，通常一般能力强的人有利于特殊能力的发掘，但两者之间不是绝对的互反关系。

须指出的是，人的能力不等同于知识。知识是人类社会实践经

---

①　北京师范大学公共课《心理学》编写组：《心理学》，北京师范大学出版社，1985，第255页。

验的总结和概括。人在学习知识中的掌握速度、理解记忆程度、运用知识的悟性才属于能力（智力）。人的能力也不等同于技能，技能是一种固定的操作概念方式，能力是在掌握、调节和运用技能中表现出来的。

人顺利完成某种活动，其能力主要体现为掌握这一活动的速度和活动成果的质量。比如某画家画得又快又好，说明该画家是有才能的；某影视制片人制作一部电影思想艺术性好，制作周期短，票房价值高，说明该制片人也是有才能的。

顺利完成某种活动，是各种能力的结合。画家必须将形象观察记忆能力、色彩鉴赏识别能力、视觉引申想象能力、文化领悟能力、技能技法能力相结合，才能创作出高水平的作品。电影制片人必须将对剧本的鉴赏能力、对导演演员的识别能力、对电影市场的预见能力、对制作成本及其投资收益率的控制能力相结合，才能拍出思想内涵深刻、情感丰富、观众喜爱并拥有高回报率的影片。

人的性格品质统称人格。美国心理学家加登纳提出了人格智能理论。他认为，人格智能是由内省智能和人际智能组成的。所谓内省智能，是指人对自己的认知能力，这种能力会使个人在感受中进行辨别，并用语言或文字去表明和固化这些感受，而后利用其来理顺与指导自己的行为。许多天才人物或成功人士一般都具有较发达的内省智能，经常总结自己的成功或反省自己的失误，善于认识自己。所谓人际智能，是指人对外界和他人行为的感受和认知能力。某些人比如领导管理者中的一些人，他们善于观察人，知道别人在想什么、想干什么，善于发现人际间的矛盾或冲突，知道如何调动大家的积极性创造性，如何避免内耗和分裂，使大家为了一个目标团结奋斗。人格智能中的内省智能与人际智能是紧密联系在一起的，谁也离不开谁。通俗地说，人格智能是一个人为人处事的主要能力。

在智力能力当中，人格智能是最高层次的能力，是人成才的最实用、最必要、最核心的主要能力①。

二、人力资本集聚形式

所谓人力资本集聚形式，是指人力投资主体从事劳动力生产所凭借的具体教育培养训练（育人）形式。大致分为以下三种形式：

第一种，普通高等教育和职业教育。学校教育是文化产业人力培养教育的主要模式。在发达国家中，高等教育已经产业化了，本身就是文化产业的组成部分，学校投资的主体为中央政府、地方政府和私人，其中有的以国家（政府）投资为主，有的以私人投资为主，多数为中央、地方政府和私人投资并举。具体到一所学校，有的是公立（中央或地方政府）学校，有的是私立（独立或股份制）学校，有的则是公立或私立混合所有制学校。不论是公立还是私立学校对学生都收学费。

第二种，文化企业员工培训。文化企业为了使员工更适合在本企业工作，胜任相关岗位，具有完成工作任务的知识、技能和能力，常常把员工送到有关学校或训练班进行学习，或者是企业组织专门的训练班进行培训，也有的大型文化企业本身就设有技师技工学校对员工分批定期轮训。有的企业对员工培训，员工要付一定的学习费用，有的则不需要员工交学费，培训费由企业承担。从总体上看，文化企业人力资本集聚的投资主体基本上是企业。

第三种，员工在职自主参加学习。文化产业的人力除了学校培养和文化企业培养之外，许多在职员工还自主去参加一些学习活动，并由个人承担学习费用。在文化教育产业发达的国家中，文化艺术

① 郭辉勤：《创意经济学》，第231－237页。

职业技术各种形式的训练中心和训练班繁多。这类职业技术教育形式，对文化艺术人才的培养发挥着重要的作用，它们的培训内容实用，教育方法灵活，是发达国家中人力培训的重要模式。在发达国家中，成人教育是教育产业的一支生力军，但一般收费较高。

三、人力资本集聚效应

人力资本集聚效应，是指人力教育培养训练的效果，也就是体现在劳动力的数量和质量表现出来的收益。在投资一定的情况下，培养出来的劳动力的数量多、劳动力的质量高，则人力资本集聚效应高，反之则集聚效应低。

提高人力资本集聚效应，主要是遵循人才成长规律，树立科学的教育理念，采用正确的教学方法。从各国教育实践看，比如高等院校艺术人才的培养，应当把握以下几个问题：

第一，艺术教育要重视人文底蕴的培养。现代学校艺术教育的起源不同，以西欧为代表的现代艺术教育是与现代大学共生共长的；以东亚为代表的学校艺术教育是从梨园艺术教育模式过渡过来的，且仍残留了若干梨园教育的模式。梨园艺术教育模式与现代高等艺术教育模式的分水岭，是梨园教育比较重视艺术专业技能技法的培养，不太重视人文文化底蕴的培养，对学生知识的灌输单一；现代高等艺术教育不仅重视艺术专业技能技法的培养，也十分重视人文文化底蕴的培养，对学生知识的灌输丰富。这两种教育的效应是不一样的，梨园教育也能够成就一部分专门艺术人才，但成就大才的概率不高。这是因为梨园教育培养出来的人人文知识单一、综合素质不高，如果学生在学校毕业后不增强自身的人文底蕴，就不可能成为高水平的艺术人才。现代高等艺术教育不同，它培养出来的学生，人文底蕴深厚，知识面宽，学校毕业进入社会以后，以人文底蕴和艺术理论为根基，在艺术实践中进一步提高艺术技能技法，就可以成就一流的艺术人才，成为艺术大师的概率比梨园教育高得多，这已经被世界艺术教育发展的历史所证明。目前中国内地的高等艺术教育，普遍存在重专业技能技法、轻人文底蕴与理论素养的现象，少数艺术高校是匠人治校，而不是教授治校，培养出来的学生技能单一，知识面窄，综合素质不高，适应社会的能力较差，最大的问题是成就艺术大师的概率很低，这不能不说是高等艺术教育理念与实践上的悲哀。中国内地高等教育的有识之士已经指出了这一问题，呼吁更新艺术教育理念，改革教育模式，改进培养方法，一些学校也在向现代高等艺术教育模式转变。

第二，艺术教育要重视文化艺术经营和创意人才的培养。发达国家的艺术教育，不仅培养美术家、音乐家、戏剧家、设计艺术家、舞蹈家，同时也培养影视制片人、艺术品经纪人、艺术产业创意人才、文化艺术管理人才等。如果我们承认欧美是文化产业发达国家，就不得不承认欧美文化产业人才培养是成功的，其中成功的表现之一是它的艺术教育专业设置齐全，培养出了文化产业所需的各类人才。以欧美为代表的发达国家的艺术教育同社会对人才的需求是紧密相连的，艺术产业需要什么样的人才，学校就设置什么样的专业和课程。许多在校生在校学习期间就已经与用人企业签订了拟就业合同，甚至部分特别优秀的学生在高年级学习的费用已经由准备聘用他的公司支付。当然，这并不是说欧美艺术产业人才不存在需求与供给的结构性矛盾。中国内地目前高等艺术教育的缺陷之一，是长期以来单纯固守艺术传统专业，忽视文化艺术经纪管理和文化艺术创意人才的培养，专业设置与社会需求脱离的现象还比较严重，艺术高校毕业生就业难的问题还非常突出，社会需要大批经纪管理和文化内容创意人才，而学校输送出的学生专业不对路，人力资本集聚效应低。艺术高校毕业生就业难，学校应当从自身找原因。如果学校专业和课程设置与社会需求两张皮，产需脱节，学生就业必然困难。

第三，艺术教育要重视人格智能的培养。根据人才成长的因素，人的性格和品质对成才起着非常重要的作用，人的知识技能只是成才中的一部分因素。因此对人的培养应当是既重视知识的灌输和能力的培养，更要重视人格的塑造。长期以来，有些国家教育只重视知识的传授而忽视能力的培养，尤其忽视人格的塑造，这是教育的一大悲哀。在中国艺术教育中，有些人片面地强调艺术教育的特殊性，忽视了人才成长的普遍性规律，结果艺术院校培养出来的一些学生与社会隔膜，不能融入社会，更有甚者连艺术圈也不能融入，成了人群中的另类。综观世界各国绝大多数的著名艺术家，他们不仅有较高的专业技能技法水平，也都有人格魅力，人们推崇他们，绝不仅仅是因为他们在艺术上做出了巨大贡献，还因为他们的人品对引领社会健康发展做出了贡献。文化艺术教育必须既重视知识能力的培养，也重视人格和素质的培养，文化艺术人力资本集聚效应才能达到最优。

四、文化企业人力管理

人力管理是企业管理的重要内容。企业方方面面的事情都是由人完成的，人的积极性创造性调动起来，企业才能正常健康的运转并发展壮大。企业管理，悠悠万事，唯人力管理为大。

1. 文化企业人力管理体系

文化企业人力管理是企业管理体系中的组织部分，在企业管理大体系中它是一个分支体系。人力管理分支体系，由以下六个方面内容构成：一是人力资源及其投资规划管理；二是招募人力的制度管理；三是人力组织及岗位管理；四是人力工作绩效管理；五是人力工资及奖酬管理；六是人力培训及人力资本集聚管理。

上述六个方面的管理内容，体现为人力管理理念、管理艺术、管理制度、管理机制和管理方法。人力管理理念先进，管理艺术高超，自然就形成好的制度、机制和方法。

2. 文化企业人才战略

人才资源是第一资源。从一定意义上讲，一个国家、地区或企业的发展战略中，人才战略是最重要的核心战略。

文化企业人才战略有许多种，凡是成功的文化企业家都在用人上有成功之处。下面重点介绍四个战略：

一是引诱战略。这种战略主要是以丰厚的薪金、奖金和优越的在职学习培训制度，引诱人才，留住人才，从而形成一支稳定的高素质的员工队伍。其中，对创意人才的薪酬尤为优厚，从而形成一个高水平的稳定的创意团队。这是一种“重赏之下必有勇夫”的用人战略。

二是储备战略。这种战略是在使用人力成本和投资绩效之间，不去计较短期的绩效，而是重视投资的长期绩效。在用人上聘用多方面知识和技能的职工，在员工培训上舍得花钱，把人才储备起来，形成一个具备各种技能的人才库，以有利于企业转型、转产，研发新的产品，开辟新的市场。这是一种灵活经营应对风险的人力管理战略。

三是捆绑战略。这种战略主要是将员工的利益与企业的利益捆绑在一起，让员工与企业形成利益共同体，让员工享受到企业成功和发展带来的实惠，使员工关心企业、愿意服务于企业。西方发达国家中，工业革命时期那种劳资对立的现象，在当今文化企业中已经不存在了。这是一种调整老板与员工关系的双赢战略。

四是外借战略。这种战略主要是从企业外部开辟培育员工源，或为企业解决生产经营上的某些临时性难题储备下临时应召的人才源。比如文化企业为特别优秀的高等院校学生提供学费和奖学金（待他们毕业后招募为员工），与高等院校联合承接一些科研项目，或承担高等院校的学生实践基地，或组织各种名目的企业联谊会，目的是团结联络一批人才。一旦需要，临时请他们帮助企业解决生产经营中的难题，或者请他们担任企业的参谋顾问，利用他们身处企业之外“旁观者清”的优势为企业出谋划策。这是一种借用外力的人力管理战略。

第十章 文化市场绩效

文化市场结构、文化企业行为与文化市场绩效是相互联系在一起的，市场结构是产业组织的表现形式，企业行为是市场结构形成与变化的推动力量，市场绩效则是评判市场结构和文化企业行为的尺子。

第一节 文化市场绩效的评价准则

文化市场绩效，主要是指在一定的文化市场结构和文化企业行为中文化产业的价格、费用、利润、产量和品种的状况。评价市场绩效，主要是以提高经济的、文化的和社会其他方面的福利水平为依据。这里讲的社会福利，包括了经济活动的效率、公平、稳定和文明进步等多层次、多方面的内容。

一、优化产业资源配置的准则

文化市场在文化产业资源配置中发挥着决定性的作用，文化产业资源配置合理与否、资源是否得到充分利用是对文化市场绩效的一个检验。从优化文化产业资源配置上评价文化市场绩效，主要从以下三个角度入手：

一是通过文化商品（或服务）的价格对文化生产要素的导向作用。在市场经济中，价格对资源配置起着“中介”信号的作用。如果文化商品（或服务）的价格及其变动，引导文化产业资源（生产要素）流向效益好的文化企业，文化市场绩效就好；反之，文化市场绩效就差。

二是通过文化产业的经济效益。优化文化产业资源配置很大程度上从经济效益（即投入产业比）上反映出来。在不同的市场结构情况下，文化产业的经济效益是不同的。在一定的市场结构中，由于文化企业行为的不同，文化产业的经济效益也是不同的。经济效益是一个相对指标，不仅要看产量、产值和利润，还要看生产消耗、生产成本和产品销售费用。最终要看投入产出比的情况，即资本利润率、成本利润率和销售费用利润率等。

三是通过文化市场中文化商品（或服务）的质量、品种对消费者的满足度，即文化商品（或服务）能否满足消费者的需要，或在多大程度上满足了消费者的需要。文化商品（或服务）长时间的供不应求或供大于求，也就是短缺和过剩，都意味着资源配置发生了问题。如果文化商品（或服务）的供给能够适应或满足人们日益增长的文化消费需求，文化市场绩效就好；反之，文化市场绩效就差。

优化文化产业资源配置之所以成为评价文化市场绩效的一个准则，实质上是对文化市场结构和文化企业行为的一个评判，其中最核心的是对市场是竞争还是垄断的一个评判。在通常情况下，市场竞争越充分资源配置的效率就越高，市场竞争不充分资源配置效率就越低。就是说，充分竞争的文化市场绩效好，垄断的文化市场绩效差。

二、产业规模经济的准则

产业规模经济包含两层意思：一是指产业内的企业本身是否达到规模经济的要求；二是指产业内企业的数量规模及其企业结构是否达到了规模经济的要求。文化产业规模经济主要从四个方面表现出来：一是是否形成了一大批达到规模经济要求的大型的文化企业，这类企业一般为整个产业的支柱，体现着产业规模经济；二是整个产业的文化企业的数量是否达到一定规模，没有文化企业数量上的规模，不可能实现整个产业的规模经济；三是整个文化产业中大、中、小文化企业的比例是否达到合理化；四是整个文化产业中各行业的企业比例是否达到合理化。大、中、小文化企业的比例和各行业的企业的比例的合理化至为重要，它们从企业结构和行业结构上体现了规模经济。

实现文化产业规模经济主要通过两个途径：一是国家政府文化产业政策的导引（引导、扶持和保护），许多国家都有文化产业规划，经过规划实现产业规模经济；二是市场竞争，这是最基础的途径，国家文化产业政策要通过文化市场中的竞争来推行落实，文化产业规模经济是在市场竞争中逐渐实现的。

文化企业有天然的追求规模经济的动力，它总想最大限度地占领市场。这就需要国家和政府做好宏观经济调控和市场监管，切实把握住文化商品（或服务）的总供给与总需求的平衡，切实保证市场的充分竞争，一般来说就可以实现文化产业的规模经济。反之，如果市场在文化资源配置中的决定性作用遭到破坏，或者国家在宏观经济调控中发生了失误，文化市场秩序发生了混乱，发生了垄断，那么就不可能实现文化产业的规模经济。

三、产业技术进步的准则

技术是指人类认识自然、改造自然的劳动手段、知识、经验和方法，包括劳动工具、生产工艺规模、制作技艺和生产组织管理等。技术进步是指在原有技术或技术体系的基础上改造、革新、研发出新的技术或技术体系。技术进步包含两方面的含义：一是如果技术进步表现为对原技术或技术体系的发展、创造时，称之为技术进化；

二是如果技术或技术体系的发展发生质的飞跃性变革时，称之为技术革命。

文化产业各个行业中的技术或技术体系是千姿百态和非常复杂的。文化产业中的技术分为以下三类：

一是硬技术，即人们通常讲的狭义的技术，包括劳动者的劳动技能、设备能源原材料和工艺的采用技术、新产品和工艺的设计技术、降耗或提高投入产出率的技术等。

二是软技术，即人们通常讲的广义的技术。这里讲文化产业的软技术，特指文化产业硬技术之外的事关技术组织管理方面的技能，主要包括管理者的科学技术管理知识、科学技术资源的配置能力、科技体制的构建能力以及科技政策的制定能力。

三是衔技术，即文化产业中文化创意与现代技术相结合的手段、知识、经验和方法。这是文化产业中特有的必不可少的一种关键技术，在文化产业许多商品（或服务）的生产过程中存在着衔技术。

文化产业中的硬技术、软技术和衔技术是统一的技术体系，他们在技术进步的过程中是相互推动、共同发展的。硬技术进步要求软技术、衔技术与之相适应，软技术、衔技术进步则推动硬技术迈上新台阶。

人们常讲，文化 + 创意 = 财富，事实上现代文化产业中许多文化商品的生产过程是文化创意与现代技术结合的过程。在电影制作、广播节目制作、电视节目制作、互联网节目制作、动漫产品制作、广告节目制作、艺术品制作、音乐舞蹈等表演节目制作、旅游项目制作中，都经常碰到文化创意与现代技术的衔接问题。因此上述等式应改为文化 + 创意 + 技术 = 财富。源于文化元素的文化创意，只有与现代技术相衔接（有机地结合起来），才能生产出文化产业的新产品，才能生成财富。图 10 - 1 表达了这样一种关系。

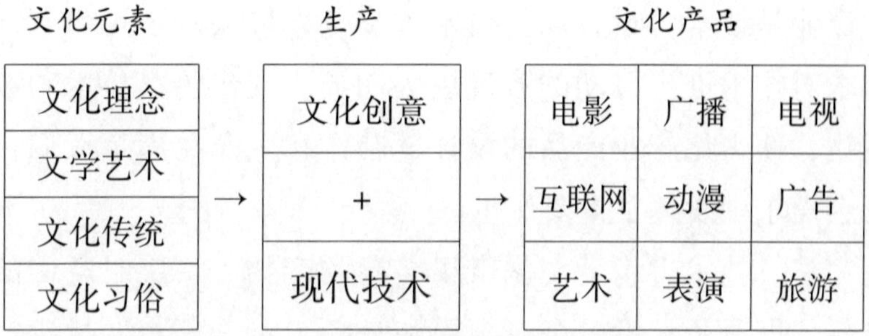

图 10－1　文化产业生产过程示意图

文化产业技术进步，不仅仅指硬技术的进步，还指软技术的进步，当然也包含衔技术的进步。从一定的意义上讲，衔技术进步是文化产业最核心的技术进步，衔技术进步是文化产业技术进步的重要关节。提出衔技术概念的重要意义就是引导人们重视衔技术及其衔技术进步，搞好文化创意与现代技术的结合，产出更多更好的文化商品。

文化产业技术进步，是评价文化市场绩效的一个准则。这是因为：

第一，技术进步是文化企业家的重要行为。企业家进行技术改造的动机就是对利润的追逐。文化企业家之所以愿意投资某个新技术，就是因为他们看到了其他人没有看到的，或者其他人虽然看到但不敢投资的盈利机会。追求高额利润，是所有文化企业家技术创新行为的基本推动力。文化产业技术进步将影响文化市场需求、文化市场竞争垄断格局的变化，从而反映出文化市场绩效。

第二，技术进步是文化市场需求拉动的结果。文化产业技术创新来源于文化商品（或服务）消费者与文化企业的需求，需求对技术创新的拉动具有普遍性。资料显示，英国和其他西方工业化国家近代重大技术创新的 2/3～3/4 是需求拉动的结果。关于英国的另外一项研究成果表明，技术创新的 27% 来自技术发展的惯性，73% 来自需求拉动（其中，市场需求为 48%，企业生产需求为 25%）①。

① 臧旭恒、徐向艺、杨蕙馨：《产业经济学（第三版）》，234 页。

文化产业是技术含量较高、技术进步速率较快的一个新兴产业，市场需求对技术进步拉动的表现更为明显。现代传媒技术和数字技术的运用，使文化产业产品的设计、制作和生产在满足人们日益增长的社会需求中发挥了重要作用。

第三，技术进步是文化市场结构的产物。一定时空中的文化市场结构，即竞争程度、企业规模和垄断力量这三个变量决定着技术进步。竞争使企业家通过技术进步追求高额利润，企业规模决定着技术创新的能力及其新产品的市场占有率，垄断则可以保持技术创新生成的市场优势。但是，从市场结构不断变化的动态上看，只有良性运转、充分竞争的市场结构，才有可能推动技术不断地进步，竞争因素是决定文化产业技术进步的根本力量，垄断因素则最终将阻碍技术进步。一定的文化市场结构（主要是竞争垄断格局）决定文化产业技术进步的状态，技术进步推动文化市场结构的变动，变化了的文化市场结构（主要是竞争垄断格局）决定文化产业新一轮的技术进步状态，新一轮的技术进步又推动文化市场结构再次发生变动。文化市场结构与文化产业技术在不断地相互作用中，推动着技术的不断创新和进步。

第四，技术进步是政府对文化市场调控的目标之一。政府通过宏观调控手段对整个市场进行必要的调控，其中主要是调控经济增长率、通货膨胀率、就业率和国际收支平衡四大指标，以保证国民经济持续稳定发展。科学技术是第一生产力，任何明智的政府都懂得对市场（实质上是对资源配置）的宏观调控中，必须推动技术的进步，从而确保经济持续稳定发展。政府宏观调控是间接的，以市场运作为前提。政府对文化产业技术进步，往往通过文化产业引导、保护和扶持政策与科技政策来实现。政府制定政策，一是立足于文化市场的需求；二是着眼于文化产业技术发展前沿；三是符合国家发展利益和公众利益，其中也包括了吸纳文化企业家的有益的意见。

当然，文化企业家在技术创新行为中，也应遵循政府的产业发展规划和政策。

图 10 – 2 为文化产业技术进步与市场绩效模型。从中可以看到，文化产业技术进步主要靠文化企业、科技发展惯性和政府政策三个方面的推动；技术进步拉动了市场需求，影响了市场绩效和市场结构；文化企业的行为最基本的是受市场的驱使，同时也受政府政策的激励或约束；政府文化产业政策则受市场和文化企业的影响；政府制定政策和企业决策之间是相互作用的对应关系。总而言之，文化产业技术进步推动并反映了文化市场绩效。

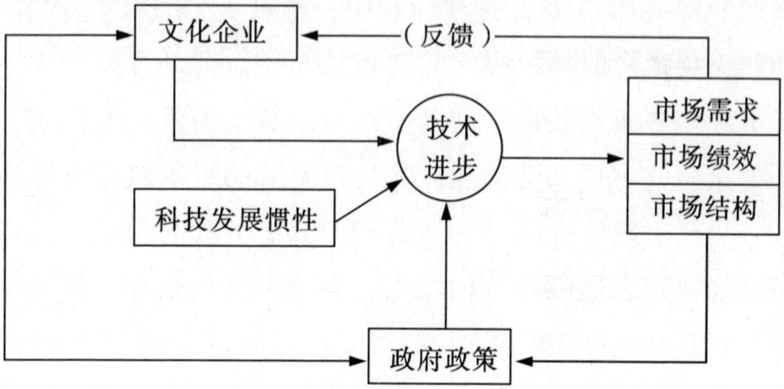

图 10 – 2 文化产业技术进步与市场绩效模型

四、提高企业组织管理效率的准则

整个文化产业资源配置在两个领域中进行：一是在文化市场上，二是在文化企业内。文化产业资源的市场配置和企业内部配置是紧密联系在一起的，如果所有企业内部的资源配置是高效率的，那么资源的市场配置就相对单纯简捷。如果许多企业内部的资源配置效率发生了问题，甚至导致一些企业破产，那么市场配置就相对复杂繁重。文化企业组织管理的效率也间接地影响着市场绩效，也反映了市场绩效。

所谓文化企业组织管理效率，主要是指企业的各种投入及其投入的效率，同时要考察企业的产出情况，最后综合观察其经济效益，即投入产业比。凡是能以较少的投入获取较大的产出的，说明企业的组织管理效率是高的。反之，组织管理效率就低。

就资金投入而言，投资效率主要以投资系数来表示。所谓资金投资系数，是指每增加一单位产出量所需的资金投入额。投资系数大表明投资效率低，投资系数小表明投资效率高。假定其他因素不变（比如资金投入量不变等），文化企业投入效率与产出量成正比。

就劳动投入而言，主要以劳动力增长率、劳动生产率增长率和劳动组织效率来体现投入效率。其中，劳动力增长率是有前提的，即企业扩大规模的时候，确实需要增加员工。劳动投入效率，主要取决于劳动生产率增长率。劳动生产率由劳动力素质所决定，提高劳动力的素质就可提高劳动生产率。提高劳动组织效率主要通过两个途径：一是正确处理劳动力与劳动工具、劳动对象的关系，把合适的劳动力放在合适的工作岗位上，充分发挥其技能，从而提高劳动生产率；二是搞好生产中的专业化分工和协作，充分发挥劳动力的“合力”作用，节约使用劳动力，从而提高综合生产效率。

企业各种投入效率的高低，主要取决于技术进步水平及其新技术的应用。就文化产业而言，各种投入效率的高低主要取决于文化创意与现代技术结合的水平即衔技术的运用和衔技术进步的程度。衔技术涉及了文化元素、资源、劳动、硬技术和软技术及其他资源的投入。从一定意义上讲，衔技术投放效率是各种投入效率的一个综合反映，因此衔技术投入效率是文化企业最核心、最讲究的一个投入效率。

五、社会效益第一、经济效益和社会效益相统一的准则

文化产业的产品具有两个属性：一是商品属性，对应文化产业

的经济效益，体现在文化产业经济运行和文化企业运营中就是投入的回报，要实现价值并生成利润，为社会创造物质财富；二是文化属性，它对应文化产业的社会效益，体现在文化产业经济运行和文化企业运营中，就是要提供积极健康向上的文化产品，为社会精神文明进步服务。

文化企业发展史证明，一个文化企业要想做大做强，必须坚持经济效益和社会效益相统一的原则，那些迎合少数人不健康需求的低级趣味的文化产品一时可能会带来一些经济利益，但绝对不可能占领大的市场，也绝对不可能持久。任何一个明智的负责任的政府，都不会允许低级趣味的文化产品在市场上流通，这是因为落后的腐朽的文化产品是社会发展进步中的毒瘤。

当然，也必须指出总有一些低劣的投机商，为了赚钱，利润动机驱使他投资于低级趣味的文化商品生产或服务。现实生活中，低级趣味的文化商品或服务之所以还有一定的市场空间，就是因为社会上还有一些喜欢追求低级趣味的人，或者说人们的意识中还存在一些低级趣味的需求。正是这一情况的存在，给文化企业家和政府提出了一个严肃的课题。对文化企业家而言，是做一个真正的企业家，还是做一个损害社会的投机商？对政府而言，是加强对文化市场的监管、保证文化市场健康运作，还是放纵文化投机商胡作非为，最终导致人们对政府失去信任？由此可见，文化产业的社会效益第一、社会效益和经济效益相统一，是评价文化市场绩效乃至政府公共服务水平的一个准则。

第二节　评价文化市场绩效的指标

文化市场绩效，要根据文化市场绩效评价准则制定一系列评价指标来反映。

一、利润率

在经济学中利润分为经济利润和会计利润。经济利润为收入减去劳动、物资消耗和资本成本。会计利润是根据会计原则规定所计算的利润。在完全竞争的市场上，各种资源在产业间、企业间自由搭配，各产业的利润率趋于平均化，不存在垄断利润。是否形成了平均利润率是衡量一个产业内部结构效率是否达到最优的基本依据。

从理论上讲，评价市场绩效的利润率应为经济利润率，但是在实际工作中，常运用会计利润率来观察市场绩效，计算公式如下：

$$R=(\pi-T)/E$$

式中：R 为税后资本收益率，π 为税前利润，T 为税收额，E 为自有资本（包括股本或所有者权益）。

二、勒纳指数

勒纳指数反映了价格与边际成本的偏离率，计算公式如下：

$$L=(P-MC)/P$$

式中：L 为勒纳指数，P 为价格，MC 为边际成本。

勒纳指数数值在 0 和 1 之间变动，不会超过 1。显然，勒纳指数越小，趋于 0，市场竞争程度越高，市场绩效越好；勒纳指数越大，趋于 1，则市场垄断程度越强，市场绩效越差。

运用勒纳指数评价文化市场绩效，要了解以下三种情况：一是绝大多数文化产品的市场绩效是可以通过勒纳指数来考察的；二是当有的企业为谋取巩固垄断地位而采取限制性定价和掠夺性定价时，勒纳指数难以准确地反映此时的市场绩效；三是一部分艺术品的生产是独特的，一件产品一个价格，经济学中边际效益递减的规律不适用于这类艺术品的生产流通和收益，因此不能用勒纳指数反映市场绩效。

三、贝恩指数

贝恩指数是经济利润与投资总额的比率，反映了市场中存在的超额（经济）利润率的高低。如果市场中长时间地持续存在超额利润，则说明市场上存在垄断，超额利润越高，垄断力量越强。运用贝恩指数考察市场绩效时要把握“持续存在”四个字。如果短期存在超额利润则可能属于以下三种情况：一是风险性实业投资回报的风险利润；二是不可预期的需求和费用形成的利润；三是技术创新进步带来的利润。这三种利润都不可能长久持续的存在。贝恩指数计算公式如下：

$$\pi_\alpha = R - C - D$$

式中：π_α 为会计利润，R 为总收益，C 为即期总成本，D 为折旧。

$$\pi_\beta = \pi_\alpha - iV$$

式中：π_β 为经济利润，i 为正常投资收益率，V 为投资总额。

贝恩指数 $B = \pi_\beta / V$。

四、托宾指数

托宾指数为企业资产的市值与资产重置成本的比率，反映了市场资源配置的状况。计算公式如下：

$$q = (R_1 + R_2) / Q$$

式中：q 为托宾指数，R_1 为股票市值，R_2 为债券市值，Q 为企业资产重置成本。

如果 $q > 1$，也就是企业的市场价值大于其重置成本，意味着该企业在市场上能获得超额利润，q 值越大，该企业获得的超额利润越大，市场绩效就越低。

托宾指数是通过考察个别企业是否存在或存在多大超额利润来

评价市场（全局）绩效的一种办法。从理论上讲，q 值反映了市场绩效，但实际工作中此法并不常用。这是因为：其一，抽取哪些企业或抽取多少企业进行 P 值计算能够真实地反映市场绩效，是难以决断的事情；其二，在 P 值计算中虽然取得企业市值数据不难，但取得企业资产重置成本数据比较困难。

P 值对于科研工作来讲是很重要的，托宾指数的运用本身就是一个很有意义的科研选题。比如抽取多少企业、抽取什么样的企业来进行 P 值计算可以真实地反映市场绩效，就有待于研究攻克。此选题的破解，将对实际工作有重要的作用。

五、技术进步率

技术进步率反映了一定时间内技术进步的程度，通常用资金和劳动产出状况来表示技术进步的程度，计算公式如下：

$$\alpha = Y - \alpha K - \beta L$$

式中：α 为技术进步率；Y 为产出增长速度（通常可用企业产值或销售收入的增长速度表示）；α 为资金产出弹性系数，K 为资源投入量；β 为劳动产出弹性系数，L 为劳动投入量；$\alpha + \beta = 1$，用经验办法确定 α 和 β 值，α 在 0.2～0.4 之间，β 在 0.6～0.8 之间。

通过技术进步率计算公式，还可求出技术进步对产业产值（净产值）的贡献率（$E_A = \frac{\alpha}{Y} \times 100\%$）和劳动资金产值率（$C = \frac{Y}{L} \times \frac{Y}{K}$）。技术进步贡献率直接反映了技术进步对经济增长的作用，劳动资金产值率则把劳动生产率和资金产值率加以组合用来反映技术水平。这两个综合性指标都是反映市场绩效的指标①。

① 臧旭恒、徐向艺、杨蕙馨：《产业经济学（第三版）》，第 227－229 页。

第三节　文化市场秩序与市场绩效

一、文化市场秩序

秩序是指系统运行所呈现的那种有规律、可预见的和谐稳定的状态。文化市场秩序是市场秩序中的一种。文化市场秩序与文化市场绩效之间存在必然的联系。所谓文化市场秩序，是指以明晰的产权为基本制度基础、以价格为资源配置信息传导中介、以有效竞争为市场结构特点的文化经济系统运行中呈现的有规律、可预见的和谐稳定的状态。文化市场秩序包含以下三个方面的内容：

1. 和谐

首先表现为利益的和谐。一是个体利益与社会公共利益和谐，在成熟的市场经济体制中，任何经济主体追求自身利益最大化，并不妨碍社会公共利益，能够实现社会公共利益的最大化；二是个体利益之间的和谐，在市场经济中个体的偏好不同，但是由于产权主体格局的多元化和决策的分散性，个体的偏好及其利益的实现要通过平等的竞争。在公平竞争中实现个体利益，个体需要对市场“行情”进行判断，竞争机制使不同的个体之间协调起来。在市场经济体制中，各个个体利益之间以及个体与社会公共利益之间，利益的实现表现为正的作用，体现为双赢或共赢，大家在和谐中各得其所，而不表现为必然互相损害或损害公共利益。

和谐还表现为各种关系的和谐。一是在统一的规则制度面前人人平等，没有双重规则，不会因为双重标准导致文化经济主体行为的混乱；二是文化规则与经济规则之间的和谐，文化市场秩序不仅仅指经济秩序，也包括文化意识形态秩序，不存在因为文化规制造成经济上的混乱，也不存在因为经济规制造成意识形态上的混乱；

三是政府宏观管理调控与微观运行机制之间的和谐，政府宏观管理调控不阻碍市场发挥文化产业资源配置中的决定性作用，市场是政府宏观管理调控下的市场，文化企业服从政府的调控管理。

2. 有序

有序，是指在文化市场秩序中经济主体追求利益最大化都会遵守市场规则的自身行为模式，谁偏离这一行为模式注定在竞争中处于不利地位并被市场竞争所淘汰。经济主体的行为有序：一是遵守市场规则，即追求个体利益最大化的时候，不得侵犯他人的合法利益，他人也有追求个体利益最大化的权利，同时还不得侵犯社会公共利益，公众也有追求公共利益最大化的权利；二是只要不损害他人和公众的合法利益，就可以自由地、任意地、创造性地做出决策，去追求个体利益的最大化；三是经济主体的决策是可以预期的行为，其结果一般为交易双方“双赢”或社会公众“共赢”。也就是说有钱双方赚、大家赚，赚钱的时候要对公共利益有所贡献（照章纳税等）。

文化市场秩序中的有序，主要指经济主体的创意行为、投资行为、用工行为、交易行为、竞争行为和纳税行为有序。创意行为有序：一是创意内容健康向上，有利于人们身心发展和休闲娱乐，有利于国家文化安全，没有色情低级趣味以及有损国家文化安全的东西；二是创意内容有利于市场公平竞争，没有非法或垄断性的东西。投资行为有序：一是依法进行投融资活动；二是创造公平、自由、公正、透明的投资环境；三是根除资本市场暗箱操作、幕后交易、信息垄断等非法活动。用工行为有序：一是遵守国家政府用工上的法律规定，维护员工的合法权益；二是没有人才的恶性争夺，遵守人才市场的规则。交易行为有序：一是交易双方恪守自愿，没有强制交易，包括价格强迫交易；二是政府不干预正常交易，让市场发挥作用。竞争行为有序，是指竞争的强度、力度、范围、方式和途径具有合理性、合法性，没有过度竞争、无序竞争和非法不正当竞争。纳税行为有序，是指纳税人依法按时足额纳税，税务部门依法征税，没有因为税务混乱造成文化经济紊乱的现象。有序的文化市场，是各经济主体和社会公众共同要求的一种秩序，是所有卖方和买方行为共同“自然地”塑造的一种秩序，是政府看得见的手和市场看不见的手共同发挥作用的产物。

3. 稳定

文化市场秩序的稳定，是指市场运行模式稳固，不会因为某些干扰而偏离运转方式，具有自我维持运行的机制。

文化市场稳定有三层含义：第一，从微观上看经济主体的行为具有可预期性和稳定性，这源自市场竞争的压力，其中有些源自创意竞争的压力。经济主体行为的可预期性和稳定性，当然是指正常行为前提下的可预期性和稳定性，经济主体如果偏离竞争规则都有被市场竞争力量所淘汰的可能。在市场经济比较发达国家中，经济主体的诚信是非常重要的，那些在诚信上有不良记录的经济主体很难在市场中立足。负责任的政府，也不会允许文化在创意内容上背离它的文化法规。各国都有电影、电视的审查制度，依照本国意识形态规制，未通过审查不允许发行。所谓经济主体行为可预期，不仅仅指企业守法可以顺当地经营下去，也指如果违规将受到惩罚。第二，文化市场秩序是自动维持的，大家都遵守市场竞争规则，每个经济主体都可获得收益的最大化，否定了这种秩序（规则）大家的利益都会受到损害。在这种情况下，没有人“赞成”改变固有的秩序。如果有人不遵守已有的秩序，也不会造成秩序的混乱，其结局只能是被市场驱除（即被市场淘汰）。第三，文化市场稳定是利益格局的和谐。文化市场是文化产业资源配置的场所，文化市场秩序反映了在文化产业资源配置过程中体现出来的利益的和谐、关系的和谐、收益的共享、有效的竞争、交易的有序以及由此造成的文化经济主体行为的稳定。总而言之，文化市场秩序是一种利益和谐共享的秩序，是一种规则约束前提下的自我纠偏、自我维持的自由秩序，是一种激发经济主体活力的可扩容性的富有效率的稳定性秩序。这就是文化市场秩序的本质。

二、文化市场秩序与文化市场绩效的关系

文化市场秩序与文化市场绩效之间有着非常重要的内在联系。文化市场秩序是取得或提高文化市场绩效的前提。按照文化市场绩效评价的准则，优化文化产业资源配置、文化产业规模经济、文化产业技术进步、提高文化企业组织管理效率、实现文化产业经济与社会效益相统一，均要以“利益和谐、关系和谐、收益共享、有效竞争、交易有序、行为稳定”的文化市场秩序做保证。离开了文化市场秩序，文化市场绩效的实现和提高就是一句空话。这是因为：

第一，文化市场秩序是一种经济制度安排下所形成的秩序。在市场经济体制下，文化经济的产权主体是清晰的，是以现代产权制度为核心的资源配置制度，也就是使市场在国家宏观调控下发挥资源配置的决定性作用的一种经济制度。在当前社会生产力水平、文化生产力水平和人们的管理水平、思想觉悟水平下是一种资源配置效率最高的经济体制。

第二，文化市场秩序是一种有利于文化产业规模经济的秩序。文化产业规模经济的形成是有效竞争的产物，有效竞争恰恰是文化市场秩序的重要内涵。文化市场中正常竞争秩序下，文化经济主体行为是正常的稳定的。追求利润最大化，促使文化企业的数量以及大中小文化企业的比例趋向产业规模经济。市场竞争对企业而言是双刃剑，企业规模上不去在竞争中是不利的，追求产业或行业垄断注定是要失败的。

第三，文化市场秩序是一种推进技术进步的秩序。技术进步特

别是对衔技术的掌握是文化企业的重要竞争手段，既然文化市场秩序是有效竞争的秩序，在这种秩序中文化企业必然千方百计增强这个竞争手段，从而推动整个产业技术进步迈上一个又一个新的台阶。透过世界现代奥林匹克运动会开幕式、闭幕式的文艺演出，不难发现其中有许多衔技术的运用，技艺一届比一届高超，吸引着观众的眼球。衔技术的应用和升级，将推动文化产业迅速发展。

第四，文化市场秩序是一种促进文化企业提高管理水平的秩序。市场竞争是企业发展的动力之一，只要文化市场竞争是有效的，那么所有文化企业就必然千方百计增加产品品种、提高产品档次、扩大产品产量、保证产品质量、降低生产成本和经营费用。这些不仅反映了微观上文化企业的经济效益状况，也反映了宏观上文化市场的绩效状况。

第五，文化市场秩序是一种经济效益与社会效益相统一的秩序。是否实现了经济效益与社会效益相统一，是评判文化市场绩效的重要内容。文化产品意识形态的作用不可忽视，包含腐朽、低劣内容的文化产品，损害青少年儿童的成长，败坏社会风气，阻碍社会文明进步，侵犯他人利益和公共利益，这与文化市场秩序的利益和谐是不兼容的。文化经济主体在内容创意方面，追求经济利益最大化的时候，必须同时追求社会效益，这是进入或占领文化市场的前提条件，是文化市场秩序的本质要求。

三、如何提高文化市场绩效

如何提高文化市场绩效是一个世界性的命题。它面对三种不同的国度，一是成熟的市场经济国家，二是广大发展中国家，三是曾经实行过计划经济正在向市场经济转型中的国家。对这些不同的国家而言，提高文化市场绩效的目标、路径和着力点是不同的，甚至差别非常之大。

这里讨论提高文化市场绩效，前提是在比较成熟的市场经济体制下。如果是集权和二元市场经济，或者是计划经济向市场经济转型中的不成熟的市场经济，那就得首先讨论如何建立文化市场秩序，离开成熟的文化市场秩序，讨论文化市场绩效将使问题变得极为复杂。

当然，文化市场秩序即便是在市场经济比较成熟国家中也不是一成不变的东西，也需要进一步的发展和完善。因而讨论如何提高文化市场绩效，一是不能完全脱离文化市场秩序去讨论文化市场绩效，因为绩效都是在特定的秩序中产生的。不管在成熟的或者是不成熟的文化市场中，都有一个市场绩效的评价问题。二是把文化市场秩序作为既定的前提很有必要，这使问题的讨论变得简单得多。

对于那些集权与市场并存的经济体制和计划经济向市场经济转型尚不成熟的市场经济而言，提高文化市场绩效最基本的着力点是首先把文化市场秩序建立起来，把文化产业资源推向市场，使市场发挥资源配置的决定性作用。然后才谈得上如何进一步提高文化市场绩效问题。缺少文化市场秩序这个前提，文化市场绩效不可能大幅度提高，或者文化市场绩效不可能达到最大化。

在比较成熟的市场经济体制下，或者说在具备了文化市场秩序的情况下，提高文化市场绩效主要是遵循文化市场绩效的评价准则，优化文化产业资源配置，推进和实现产业规模经济，推进产业技术进步，提高文化企业的组织管理水平，引导文化企业追求经济效益的同时注重提高社会效益，实现整个产业经济效益与社会效益相统一。

需要特别指出的是，提高文化市场绩效，在文化产业资源配置方面重中之重是发展文化产业创意，在实现产业规模经济方面重点是发展文化企业集团化，在产业技术进步方面要特别重视衔技术的应用和创新，文化企业的定价、推销、兼并、投资、人力运作行为必须遵守市场规则。

将市场秩序问题的研究纳入对文化市场绩效的讨论，具有特别重要的意义。这不单纯是因为文化产业是一个深含“意识形态”的产业，文化市场秩序需要规范，还因为市场秩序与市场绩效之间存在规律性东西。科学研究的任务就是探索不同事物之间的内在联系，找寻规律，照规律办事。广大发展中国家和从计划经济向市场经济转型的国家，在发展文化产业的起步阶段，注重文化市场秩序与文化市场绩效之间的关系研究对文化产业发展非常重要。

第十一章　文化产业发展

产业发展是一个综合性问题，涉及产业的全局，包含产业增长、产业结构、产业布局、产业组织、产业对国民经济的贡献、产业对环境的影响、产业竞争力、产业可持续发展等一系列问题。

研究文化产业发展，一般说要从以下三个方面入手：

一是把文化产业发展放在国民经济发展全局中去考量，分析文化产业发展对国民经济发展起到或将起到什么作用。如果脱离了文化产业的外部客观条件或可能，孤立地讨论文化产业发展，就有可能犯片面性的错误，就很难得出正确的结论。

二是研究文化产业发展，必须研究它的方方面面，全面、完整、科学地看问题。不能只注重文化产业的一个方面，而忽视了其他方面。比如，只注重产值增长，忽视结构或布局的优化，尤其是不可忽视产业竞争力和可持续发展问题。

三是要在动态中研究文化产业，任何一个产业都要经历从产生、发展、兴盛、衰落直至消亡的过程。现代化农业的兴起，意味着农业自然经济的衰落和消亡。文化产业的技术构成和产业组织形式也会不断地更新变化。研究一个国家或一个地区的文化产业发展，必须研究它的过去、现在和将来，要通过文化产业的变化来看文化产业的发展。

下面主要讨论文化产业增长、文化产业竞争力和文化产业可持续发展三个问题。

第一节　文化产业增长

文化产业增长，是指文化产业产量的增长，表现在价值量上就是指产值的增长。文化产业增长是文化产业发展的重要表现，较快的文化产业增长是文化产业竞争力的重要表现。

一、文化产业增长核算

文化产业增长的程度，可以用产量（或产值）增长率来反映。即

$$Gt = \frac{Yt - Y_{t-1}}{Y_{t-1}}$$

式中：Gt 为增长率，Yt 为 t 期的产量（或产值），Y_{t-1} 为（$t-1$）期的产量（或产值）。计算产值增长率时，必须换算为可比价格。

研究分析文化产业增长，人们发现了如下三个事实：一是不同国家的文化产业对国民收入的贡献率存在巨大的差异；二是文化产业增长率在国家间存在显著差异；三是文化产业增长率并不一定保持稳定。这样就提出了两个问题：一是为什么文化产业有的国家发达，有的国家落后？二是什么是文化产业增长的源泉？

解答上述问题，有两条思路：第一条思路，找寻决定文化产业增长率的各种因素，并分别计算出它们对文化产业产量增长的贡献程度。第二条思路，分析文化产业增长过程中，各种投入要素变动中的相互关系并用数学模型表示出这种相互关系。这两种办法互为补充，就可以找到文化产业增长的源泉，就基本解答了为什么有的国家文化产业发达而有的国家文化产业落后。

生产函数表达了投入与产出间的数量关系，设文化产业的生产

函数为：

$$Y = AF\ (N、K、C)$$

式中：Y 为总产出，N 为投入劳动量，K 为投入资本量、C 为投入创意量，A 为经济技术状况（即全要素生产率 IEP）。

运用数学微积分知识和微观经济学中的边际产量理论，就可以得出文化产业产量增长的核算公式：

$$\frac{\Delta Y}{Y} = \alpha\left(\frac{\Delta N}{N}\right) + \beta\left(\frac{\Delta K}{K}\right) + \mu\left(\frac{\Delta C}{C}\right) + \frac{\Delta A}{A}$$

式中：α 为劳动份额，β 为资本份额，μ 为创意份额。显然，文化产业经济增长由四种力量来解释，即劳动量的变动、资本量的变动、创意量的变动和技术变动。换句话说，文化产业增长因素可归结为劳动增加、投资增加、创意提升和技术进步。

二、文化产业增长因素

美国经济学家丹尼森关于经济增长因素的分析思路和方法影响较大。丹尼森把整个国民经济增长因素分为两大类：一类是生产要素，主要指劳动、资本和土地的投入；另一类是要素生产率，即产量与投入之比，也就是单位投入量的产出量，并认为要素生产率主要取决于资源配置状况、规模经济和知识进展。丹尼森具体归结了劳动、资本存量的规模、资源配置状况、规模经济、知识进展、其他影响单位投入产量六个方面的因素。他计算分析了美国 1929 ~ 1982 年国民收入 2.92% 的增长率中，总要素投入为 1.90（劳动 1.34，资本 0.56），单位投入的产量为 1.02（知识 0.66，资源配置 0.23，规模经济 0.26，其他 0.03）①。

① 高鸿业：《西方经济学》，中国人民大学出版社，2007，第 691 - 692 页。

丹尼森分析整个国民经济增长的思路和方法，是可以借鉴来分析文化产业经济增长的。当然分析一个产业与分析整个国民经济相比，范围不同，增长因素也不尽相同。当运用丹尼森经济增长分析方法来分析文化产业增长时，必须严格区分研究对象范围的不同。

文化产业增长的主要因素如下：

1. 劳动

讲劳动，通常指劳动的规模和劳动的质量。一个产业的劳动规模，是指这个产业的全部从业人员的数量乘以他们的劳动时间，劳动时间是法定的，所以劳动规模一般理解为全产业劳动力的数量。在劳动力素质和技术进步水平既定的情况下，劳动规模反映了产业的规模，产业规模反映了全产业的生产能力。在全产业劳动力数量既定的情况下，劳动力素质和结构决定着劳动质量，劳动质量可以近似地理解为全产业劳动生产率。劳动力数量增加、劳动力素质提高和劳动力结构优化是文化产业增长的重要因素。

2. 资本

资本能够增值，它是所有产业包括文化产业生产要素中最具穿透力的因素。资本总是为利润所驱使，流向最能盈利的经济领域。文化产业作为现代经济中最具活力的产业之一，自然吸引着大量资本的流入，资本作为文化产业增长因素是毫无疑义的，进入文化产业的资本规模扩大或者资本结构优化都会大大促进文化产业增长。文化产业作为一个特殊的产业，各国对资本的进入都有若干特殊政策，主要是为了促进文化产业发展的同时又保证国家文化安全。这些政策直接影响着资本规模和结构，也就影响了文化产业增长。

3. 规模经济

文化产业规模经济作为产业增长因素，其作用表现在两个方面：一是文化企业规模经济的作用。企业规模经济是指随着所有生产要素投入而成比例地增加，总产量会相应地甚至超比例地增长。发展具有规模经济的大企业（支柱企业），无疑会推动整个产业增长。这是由企业规模收益带来的产业规模收益。二是产业集群的作用。文化产业集群，是指以大量文化企业及其相关企业高度集聚的空间集合。由于产业集群具有聚集经济、产业化分工协作、知识溢出效应和自组织型等特征，集群规模和结构决定着上述特征的发挥程度，也从规模经济上对整个产业增长发生重要影响。

4. 创意

文化产业的文化内容创意水平直接关系到文化产品内容的质量和水平。创意水平高，内容产品市场占有率高，销量大，需求作用于供给，产量就大，反之产量就小。文化产业是内容产品比重很大的一个产业，所以创意是决定文化产业增长的一个极为重要的因素。知识进展是国民经济增长的最重要的因素。文化产业作为新经济形态的产业，其产业增长中的知识进展因素，主要表现为创意知识进展和创意实践能力的增强上。发达国家中文化产业产量（产值）高，对 GNP 贡献大，主要原因是文化产业产品内容创意水平高。

5. 技术进步

科学技术是第一生产力。在文化产业增长中，技术进步的作用是十分明显的。比如从传媒行业制作传输设备的技术进步上看，信息数字技术的出现大大提高了内容产品的生产能力和产量。文化产业产生和发展的每一个阶段都伴随技术进步的因素，现代高新技术在文化产业中的运用，大大推进了文化产业增长。

三、文化产业增长的贡献

文化产业增长的贡献是多方面的，它提高了公众物质的或精神的福利水平，对国民经济发展起着不容小觑的作用。

1. 文化产业增长对国民经济增长的贡献

1998 年，著名的摩根·斯坦利咨询公司发表的一份全球投资报告，对11种产业建立有世界级竞争能力的大企业所需年限进行了统计分析，发现大众传媒所需年限仅为8年，其收益远远快于医药、银行、电力、能源产业①。许多发达国家的文化产业已经成为国民经济的支柱产业，美国文化产业产值已占GDP的18%～25%。文化产业作为一个朝阳产业，其增长将取代和弥补“夕阳”产业退出的空间，支撑着国民经济保持一定的增长率。

近几年来，全球娱乐和传媒业的增长速度已大大超过世界经济的平均增长速度。从世界经济发展的总趋势看，许多国家都认识到文化产业是一个投资相对较少、投资回收快、利润丰厚的产业，加之世界性产业结构调整的需要，各发达国家和相当一批发展中国家的文化产业产值在GDP中的比重将越来越大，文化产业已成为一个新的经济增长点。

2. 文化产业增长对容纳就业的贡献

充分就业是一国社会福利的重要表现。劳动既是文化产业增长的重要因素，又依赖文化产业增长寻求空间。文化产业增长为容纳就业做出了重要贡献，在发达国家中文化产业从业人员已占全社会从业人员的3%～6%，澳大利亚占了劳动力市场的10%。

文化产业各个行业或每个行业的各个领域，对容纳就业的贡献而言特点是不一样的。一是劳动集约型，如中国华东一些地区的草编工艺品，不需要太复杂的技术，但需要大量的劳动力，农民千家万户从事草编，增加了一些收入，其产品远销世界许多国家和地区；二是技术集约型，如电影或电视传媒节目的制作，则需要经过那些受过专门教育和训练、技能较高的劳动力完成。

文化产业是一个朝阳产业，从世界范围看，因为文化企业经营不善而造成的员工失业现象并不多见。即使个别文化企业裁员，其

① 孙安民：《文化产业理论与实践》，第39页。

员工回到劳动力市场，也能短期内在其他文化企业重新就业。不仅如此，文化产业还成为容纳在其他产业失业的劳动力的一个新领域。在发达国家为文化产业培训劳动力“后备军”的各种教育机构很多，从传统制造业中失业的劳动力通过在这类学校或短训班的学习，获得了在文化产业中就业的资格得以重新就业。文化产业在解决结构性失业、保证社会充分就业方面，做出了突出贡献①。

3. 文化产业增长对防止通货膨胀的贡献

GDP、失业和通货膨胀都是经济运行状况的指示器。我们前面已经讨论了文化产业增长对 GDP 和就业的贡献。当一个经济中的大多数商品和劳务的价格连续在一段时间内普遍上涨时，就是宏观经济学中所讲的通货膨胀。通货膨胀率是指从一个时期到另一个时期价格水平变动的百分比，即

$$\pi t=\frac{Pt-P_{t-1}}{P_{t-1}}$$

式中：πt 为 t 时期的通货膨胀率（%）；Pt 为 t 时期的价格水平；P_{t-1}为（$t-1$）时期的价格水平。

西方学者普遍认为，每年物价上升 10% 以内为温和的通货膨胀，10% ~100% 为奔腾的通货膨胀，100% 以上为超级通货膨胀，通货膨胀率的安全临界点为 4%，这与失业率 4% 的安全警戒线是一致的。

文化产业对就业的贡献及其产业增长方式，可以反证文化产业增长对防止通货膨胀的贡献，其条件和逻辑关系如下：

就通货膨胀的成因上看，有货币供给增加的货币现象的通货膨胀，有总需求超过总供给的需求拉动的通货膨胀，有生产成本提高

① 根据奥肯定律：失业率每高于自然失业率 1 个百分点，实际 GDP 将低于潜在 GDP 2 个百分点。文化产业在解决结构性失业方面的贡献，也印证了它对 GDP 增长的贡献。

引起的成本推动通货膨胀，还有在没有需求拉动和成本推动的情况下由于经济结构变动引起的结构性通货膨胀。

在可能发生成本推动或结构性通货膨胀的条件下，由于文化产业增长对劳动力的需求增加，有可能缓解劳动力市场上的劳动力价格上涨水平，从而防止工资上涨引发成本推动通货膨胀的发生。由于文化产业属于新经济形态，总体上讲它的产业增长是平缓的，不是陡高的，不像某些产业如房地产产业容易在短期内过热。有些行业的工资水平陡涨，容易引起其他行业员工工资水平的攀比，全社会工资增速超过生产率增速，就会导致结构性通货膨胀。文化产业主要是其中的少数高科技人员和创意人员的工资水平较高，文化产业增长不会引起全产业工资陡涨，更不会引起社会攀比，成为结构性通货膨胀的诱因。

综上所述，在经济结构调整的时代背景下，大力发展文化产业推进文化产业增长，一般不必担心引起通货膨胀，恰恰相反，文化产业的发展能够防止通货膨胀。在滞胀发生的情况下，推进文化产业增长，还能起到治理通货膨胀造成的经济停滞与复苏经济的作用。

4. 文化产业增长对平衡国际收支的贡献

国际收支，是指一国在一定时期内从国外收进的全部货币资金和向国外支付的全部货币资金的对比关系。一国的国际收支状况通过该国的国际收支平衡表反映。国际收支平衡表由经常账户、资本账户及官方储备三大部分组成。经常账户记录商品劳务交易和转移支付，资本账户记录国际间的资本流动，官方储备指官方的黄金和外汇储备。每个国家在一定时期内都可能发生经常账户和资本账户的顺差或逆差。国际收支平衡是指国际收支差额为零的情况。国际收支差额则是净出口和净资本流出的差额。如果国际收支差额为正即为国际收支出现顺差，也称国际收支盈余。如果国际收支差额为负，则为国际收支逆差，也称国际收支赤字。计算国际收支还有一个汇率的问题，汇率的变动对国际收支差额无疑存在一定的影响。

现实世界中完全封闭的经济是不存在的，为什么会发生国际间的经贸往来？从18世纪开始，先后有英国经济学家亚当·斯密的绝对优势理论、李嘉图的比较优势理论、瑞典经济学家赫克歇尔和俄林的资源禀赋理论、美国经济学家克鲁格曼的规模经济理论，这些理论从不同角度或者从他们所处的时代阐释了国际间经贸往来的原因。发展国际贸易是国家利益的需要，是为了在国际市场中"赚钱"，当然为了赚钱必须讲互利双赢。

国际收支状况，是衡量一国经济运行状况的重要指示器。国际收支盈余或赤字常常被用来作为调整宏观经济运行的手段。通常情况下，政府追求国际收支平衡或收支盈余，有时也通过国际收支赤字来刺激国内经济发展。

20世纪末文化产品的国际贸易额呈几何级数增长。1980～1998年间，印刷品、文学作品、音乐、视觉艺术、摄影、广播、电视、游戏及体育用品的年国际贸易额从953.4亿美元激增至3 879.3亿美元，18年间增长了4倍以上，这还不包括20世纪90年代多媒体、视听艺术、软件和其他版权新产品的贸易额。1996年，美国电影、音乐、电视节目、图书杂志、计算机软件等文化产品的出口额达600多亿美元，首次超过了汽车、农业、航空和军火产品，到2001年上述文化产品出口额达到1 600亿美元，位居美国所有出口产品之首。[①] 透过美国文化产品的出口，可以明显看出文化产业增长对平衡国际收支的贡献。

四、促进文化产业增长的途径

通过文化产业增长 $Y=AF$（N、K、C）核算方程和对文化产业

① 孙安民：《文化产业理论与实践》，第51、60页。

增长因素的讨论，可知促进文化产业增长的主要途径如下：

1. 增加劳动供给

增加文化产业的劳动供给会引起文化产业增长。有些国家的文化产业之所以落后，主要是文化产业的劳动供给不足，劳动规模小，劳动力素质低。制约中国文化产业增长的“瓶颈”也是文化产业劳动供给。文化产业当中，有些领域属于劳动技术不复杂的人力集约型行业，主要依靠增加劳动力数量供给。有些领域属于劳动力数量不多但技术要求高的技术密集型，主要依靠提高劳动力的素质。增加劳动供给，要区分这两种情况。

2. 扩大产业融资

文化产业资本存量规模对产业增长极为重要。要鼓励社会各方面的资金向文化产业流动，形成文化产业的货币资本、固定资本和人力资本。货币资本的投入（投资）规模直接影响其他资本形成的规模。整个产业资本达到一定规模之后，才能形成内生性产业增长的机制和活力。在文化产业起步阶段，扩大文化产业融资，推动资本的形成，有效的办法是发挥资本市场的作用，保护合理竞争，打破资本进入的行政壁垒和打破行业垄断。

3. 提升创意质量

文化产业增长很大程度上依赖于内容创意供给。提升创意供给，一指量的增加，二指质的提高。广大发展中国家文化产业欠发达，从内容创意的量和质上都表现为能力不足。提升创意水平和质量，要重视创意人才的培养（也即创意人力资本集聚），尤要重视创意的开放性（也即创意视野的拓展）。就中国而言，不缺乏创意文化底蕴，但缺少创意人才。目前中国文化产业创意人群的创意思维局限性很大，甚至有些思维上的封闭。中国文化产业要想提升创意能力，必须在创意人才队伍的扩展上和创意人才的开放性思维上下大功夫。

4. 推动技术进步

技术进步对国民经济包括国民经济各部门、各产业经济增长的促进作用是显而易见的。新古典增长理论和内生增长理论都论证过技术进步对经济增长的作用。要鼓励推动文化产业技术进步：一是重视文化产业所需高新技术的研究和开发，特别是衔技术的研究和开发；二是注重文化产业技术人才的培养，通过学校和学校后的培养，加速文化产业人力资本集聚；三是保护文化产业的知识产权，维护文化产业创意主体的合法权益。

第二节　文化产业竞争力

一切生命体的诞生进化都是优胜劣汰的结果，只有那些具有竞争力的生命体才能发展壮大起来。文化产业也是一个生命体。研究文化产业发展，必须讨论文化产业的竞争力。

一、文化产业竞争力定义

竞争力是指一个生命体比其他生命体具有更多优势的生存发展的能力，竞争力存在于自然界和人类社会生活的各个领域。

按人类社会不同的活动领域，竞争力可分为经济竞争力、文化竞争力、科技竞争力、军事竞争力、区域竞争力、国际竞争力等。有的学者认为文化竞争力有两层含义：一是指在文化市场上的竞争能力；二是指传播某一种文化或推行某一种文化的能力①。美国总统竞争力委员会在《关于产业竞争力的报告》中指出：“国际竞争力是在自由的、良好的市场条件下，能够在国际市场上提供好的产

① 胡惠林：《文化产业概论》，云南大学出版社，2005，第175页。

品、好的服务，同时又能提高本国人民生活水平的能力。”① 还有的学者按社会经济的层次把竞争力划分为宏观层次的综合竞争力、中观层次的产业竞争力和微观层次的企业竞争力，并指出产业竞争力是指某一产业如金融产业、造船产业、汽车产业等，通过对生产要素和资源的高效配置和转换，稳定、持续地生产出比竞争对手更多、更好财富的能力②。人们普遍认为，国家竞争力包括资源、经济、科技、军事等硬实力，也包括文化、管理、创新等软实力，而且软实力是更为核心的竞争力。

所谓文化产业竞争力，首先是指文化产业组织的优势能力，体现为某文化产业发展与其他文化产业发展相比，给人们带来的福利增长的能力；其次是指文化与经济的结合力，即文化竞争力与经济竞争力有机结合的优势的文化经济的产业表现；第三，是指既表现为在市场竞争中现实的优势力量，也表现为未来可预见的可持续竞争的优势能力。

二、文化产业竞争力内涵

1. 影响产业竞争力的因素

在讨论文化产业的竞争力内涵之前，须首先讨论影响产业竞争力的因素。竞争力有天然竞争力和人为竞争力之说。天然竞争力指自然资源的禀赋。当这种禀赋特别有利于某一产业发展并被用来发展这个产业且形成了产业优势能力的时候，则成了这个产业竞争力的一部分。如美国的夏威夷岛是一个天然的旅游资源，人们利用它发展旅游形成了旅游产业的优势。天然竞争力与人为竞争力相结合，

---

① 谢立新：《区域产业竞争力》，社会科学文献出版社，2004，第6页。

② 花建、巫志南、郭法敏、王国荣、吴文娟：《文化产业竞争力》，广东人民出版社，2005，第20－21页。

才能形成产业竞争力。自然禀赋只是自然存在的潜在竞争力，只有人们对它进行产业利用开发之后才能形成产业竞争力。产业竞争力属于人为竞争力，没有人的行为参与，产业竞争力无从谈起。影响产业竞争力的因素有哪些？学术界进行了多方面的研究，较有代表性的理论观点如下：

其一为波特的“钻石”模型。迈克尔·波特认为，产业竞争力受六个因素的影响：一是生产要素，即一个国家在特定产业竞争中有关生产方面的表现；二是需求条件，即国内市场对该产业产品或服务的需求；三是相关与支持性产业，即该产业的相关产业和上游产业是否具有国际竞争力；四是企业的战略、结构和同业竞争，即该产业的企业经营管理状况及国内市场中同业竞争对手的表现；五是机遇，即外部环境（如科技进步或战争）给该产业造成的正面或负面的发展机会；六是政府，即政府的干预。前四个为基本因素，后两个为辅助因素（图 11－1）。

其二为波特－邓宁模型。邓宁认为，跨国公司的商务活动（MBA）也是影响产业竞争力的重要因素，补充了波特的“钻石”模型。这一补充更加适合 20 世纪 90 年代以后经济全球化和国际资本流动对产业竞争力的影响（图 11－2）。

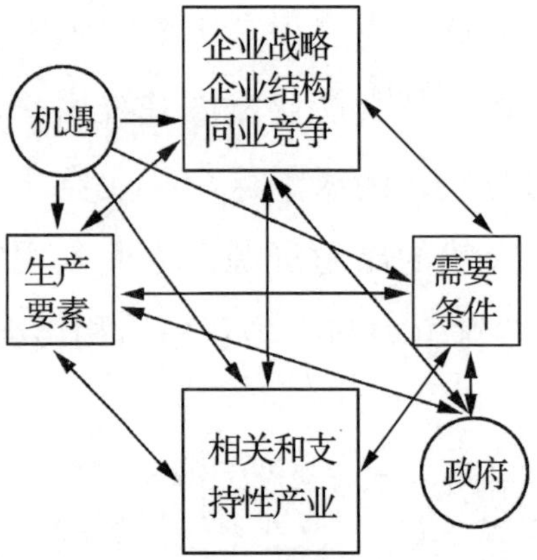

图 11－1　波特“钻石”模型

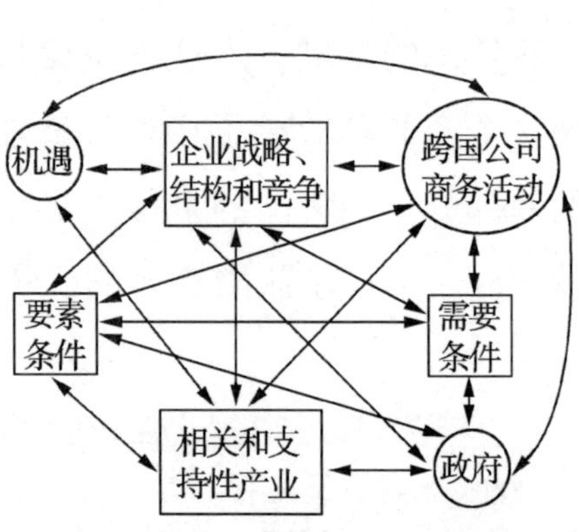

图 11－2　波特－邓宁模型

波特的“钻石”模型和波特－邓宁模型对研究各国各个产业的竞争力都是基本适用的。另外，不少学者又从多个角度提出了若干影响产业竞争力的因素，比如经济外向度因素、经济体制因素、社会分配再分配制度因素等，进一步丰富和发展了产业竞争力理论①。

2. 文化产业竞争力的内涵

高级生命体都是一个复杂的系统，其机体的各个部分具有特定的功能，这些功能构成了生命体的能力体系。文化产业“生命体”的竞争力体系中绝大部分能力与其他产业中的能力是相同的，但也有一部分能力是文化产业突出具有的，这是文化产业竞争力的特殊表现形式，是文化产业能力体系与其他产业能力体系的区别之处。

图 11－3 为文化产业竞争力体系。该图直观地反映了文化产业竞争力的内涵，特作说明如下：

其一，所谓文化产业竞争力，实质上就是优化文化产业资源配置的产业组织能力。这个能力主要表现为微观层面的文化产业资源配置机制建构能力和宏观层面的文化产业政府规制能力。

其二，在市场经济条件下，文化产业竞争力主要包括文化企业经营、文化市场运营、文化产业创意、政府宏观规制和产业永续发展五大能力。其中，企业经营、市场运营、政府规制、产业永续发展四个能力是所有产业共有的能力，文化产业内容创意能力则属于文化产业内突出具有的能力，是文化产业的核心竞争力。

其三，文化产业五大能力中每个能力又可以细分为许多更为具体的能力。这些具体的能力是相互影响的。五大能力中的具体能力在五大能力之间也有交叉，比如文化产业内容创意能力在文化企业经营中、文化市场运营中或整个产业运行中都有表现。

---

① 臧旭恒、徐向艺、杨蕙馨：《产业经济学（第三版）》，第 404－405 页。

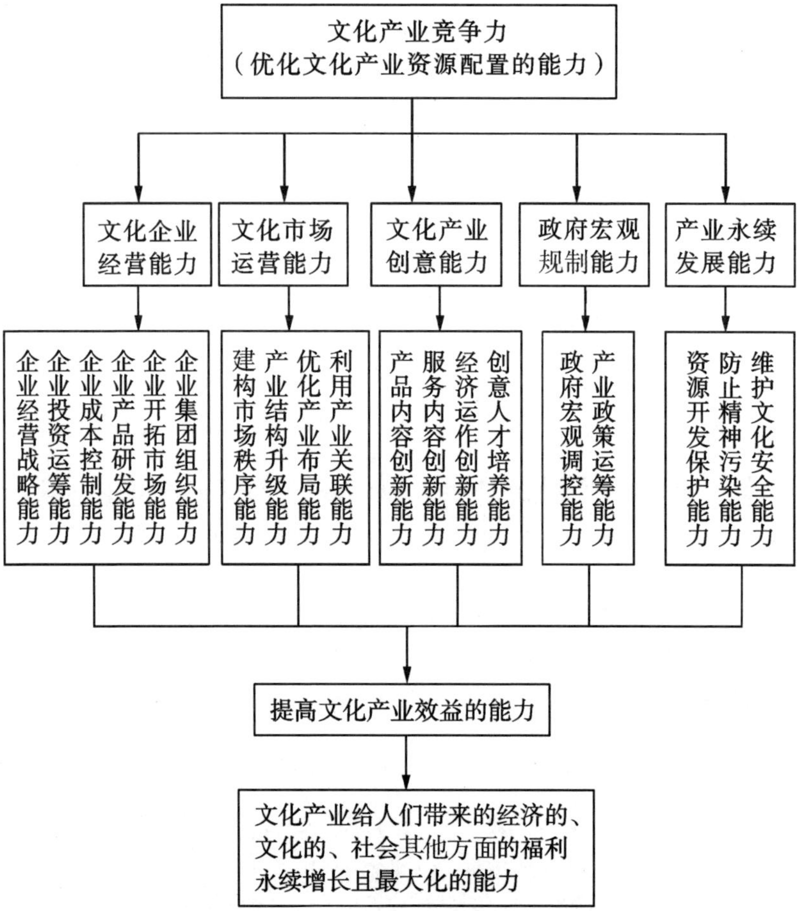

图 11－3　文化产业竞争力体系

其四，文化产业五大能力及其各个具体的能力的合力归结为提高产业效益的能力，最终表现为给人们带来得经济的、文化的、社会其他方面的福利永续增长且最大化的能力。

三、文化企业集团或财团

在文化产业竞争力的各项能力当中，通过文化企业集团或财团表达出来的产业组织和企业组织能力是极为重要的一个能力。今天凡是具有强大实力的文化企业无一不是以文化企业集团或财团的企业组织结构形式呈现在世人的面前。当代文化产业发达的国家，无一不是以具有多个强势的文化企业集团或财团呈现在世人面前。

文化企业集团或财团的成因如下：

1. 文化企业集团或财团是文化企业追求规模经济、专业化协作和市场竞争力的产物

世界500强企业中，索尼、维旺迪环球、时代华纳、迪士尼、维亚康姆、贝塔斯曼、新闻集团、拉加代尔等文化企业都是集团化或财团化的公司。文化企业对规模经济和市场地位的追求促成了文化产业的“辛迪加”和“托拉斯”。

2. 文化企业集团或财团是文化产业资本、金融资本和信息技术资本相融合的产物

“辛迪加”“托拉斯”是产业资本与金融资本的结合，“新兴文化产业得益于资本市场和信息技术两驾马车拉动，才有了前所未有的高速度，才将大批文化资源转化为产业和财富”。① 前两者结合与后两者结合的再结合，形成了大型的文化企业集团或财团。

3. 文化企业集团或财团是经济全球化背景下产业结构调整的产物

20世纪90年代开始的全球性产业结构调整中，发达国家原来以传统工业行业为主打行业的“辛迪加”“托拉斯”，逐步放弃了一些“过时”的行业，或者将传统行业向国外转移，他们把目光转向知识经济产业。部分“辛迪加”“托拉斯”凭借雄厚的资本、技术、人才实力，逐渐演变为文化产业行业主打的文化企业集团或财团。

总之，从根本上讲，文化企业集团或财团是市场竞争的结果。近30年来发达国家中文化企业的兼并浪潮风起云涌，目的就是提高竞争力。当然政府文化产业政策的引导和扶持，也是文化企业集团

---

① 顾江：《文化产业经济学》，南京大学出版社，2007，第283页。

或财团形成的一个原因。政府要依法对文化企业的兼并行为进行规制。文化企业集团成功和失败的案例表明，政府的过度干预不利于文化企业集团的生成和成长。

四、如何提高文化产业竞争力

在市场经济条件下提高文化产业竞争力，最根本的是增强优化文化产业资源配置的产业组织能力，增强文化产业各个具体的能力。下面主要讨论三个问题：

第一，提高文化产业竞争力要抓住核心竞争力。任何事情，总有一个对全局起重大影响的核心部位和环节。解决任何问题，都要善于抓住事情的核心部位和环节。文化产业内容创意能力是文化产业的核心竞争力。抓住文化产业创意能力，就是抓住了提高文化产业竞争力的纲，纲举目张，将使文化产业竞争力大大提高。抓住提高文化产业内容的创意能力，对提高文化产业竞争力将起到事半功倍的效果。

第二，广大发展中国家要特别重视文化产业创意人才的培养。对于绝大多数发展中国家而言，制约文化产业竞争力的主要因素为人才“瓶颈”。打破这个“瓶颈”，要加速文化产业人力的培养，加速创意人力资本的聚集。没有人，什么事情都办不成。没有高水平的文化产业创意人才做支撑，提高文化产业竞争力，只能是一句空话。

第三，从传统计划经济体制向市场经济体制转型中的国家，提高文化产业竞争力则主要是深化文化经济体制改革。在这类国家中，文化经济体制制约是阻碍文化产业发展和阻碍文化产业竞争力提高的深层原因，如果不从深层上解除体制性障碍，提高文化产业竞争力则步履维艰，或者说文化产业竞争力不可能大幅度提高。

第三节　文化产业可持续发展

所谓可持续发展，是指“既满足当代人的需要，又不对后代人满足其需要的能力构成危害的发展”。① 该定义包含了两层意思：一是发展的目的是满足人们的需要，既满足当代人的需要又满足后代人的需要；二是在满足当代人需要的时候，不能对后代人满足其需要的能力造成危害，从而使发展是可持续的。

文化产业作为人类文化力和经济力的载体，承担着发展社会文化经济力的任务，作为社会生产力有机组成部分的文化经济力，是人类和谐地利用自然与文化资源创造财富的能力。人们在发展文化经济力的过程中，只有合理地利用文化产业资源，才能既满足当代人对文化消费的需求和对财富的追求，又能使后代人发展文化经济的力量得以延续，以满足后代人对文化消费的需求和对财富的追求。

一、文化产业可持续发展的命题

文化产业作为一个朝阳产业，如旭日东升，正在冉冉升起。那么，为什么还要把可持续发展作为一个命题提出来？我们认为，所有产业从它诞生之日起就面对着可持续发展的深刻命题，所有国家在选择支柱产业的伊始就面对着该产业可持续发展的深刻命题。人们在谋划产业发展时，应当有这个自觉。

第一，文化产业作为一个产业，面对的永恒主题是资源的稀缺性。虽然某些文化资源或文化产品（对消费者而言）具有非消耗性的特点，但绝不是所有文化资源都具备这个特点。对文化资源进行

① 世界环境与发展委员会：《我们共同的未来》，世界知识出版社，1989，第 19 页。

掠夺性开发，对应当保护的不加保护，文化资源一旦受到破坏将再难复原。

第二，文化产业从它诞生之日起就曾受到法兰克福学派的质疑，法兰克福学派批评文化产业，认为文化复制品的大量生产，使低俗产品大量涌现，使高雅、经典的文化受到冲击。现实生活中，也确实发生过并依然存在着鄙俗黄色的文化产品污染文化环境的现象，这是文化产业可持续发展的“克星”。

第三，文化产业深受经济人假定的影响，潜伏着不可持续发展的“危机”。现代西方经济学的经济人假定认为，个人在经济活动中所追求的唯一目标是自身经济利益的最大化和最优化。经济人假定的缺陷在于：它只重视强调经济当事人的经济利益最大化，而对由同一代人组成的社会的利益基本不予考虑，对所消耗的资源导致的环境破坏基本不予考虑，对后代人的经济利益和社会利益基本不予考虑①。现代西方经济学在经济人假定受到多方面批评的情况下，对经济人假定做了一些纠正补充，在强调经济人利益的同时，试图说明也应兼顾社会和宏观利益，但还是没有考虑子孙后代的利益。

第四，从世界许多国家产业发展历史上看，比如日本的重化工业走了一条“先污染、后治理”的道路，为了治理污染付出了沉重的代价。文化产业不应当再重复老的传统产业发展史中所犯的错误。其实，北美、欧洲和东南亚某些国家文化产业中的某些行业已经在污染社会，伴随这些国家的文明进步，污染社会的文化产业行业迟早是要被治理的，不会无限制地让它存在下去。

第五，长期以来，人们把产业增长混同于产业发展，只注重产量产值的增长，忽视优化产业布局和结构、产业规模经济、产业组

① 马传栋：《可持续发展经济学》，山东人民出版社，2002，第9－10页。

织升级、产业技术进步、产业关联效应、产业增长对环境的影响等，造成了一起又一起的产业发展悲剧。例如以羊毛为原材料的纺织业，本来在某些国家有天然的发展条件，但是由于缺乏科学的产业发展理念，纺织业过度增长，刺激了羊毛生产和畜牧业的过度增长，造成了草原草场退化，以至于再难恢复。草原草场荒漠化，土地载畜力下降，羊毛供应不足，纺织业萎缩，导致产业链上的畜牧业、羊毛经销业和纺织业工人大批失业，使本来可以成为优势的产业变成了制约国民经济全局发展的负面因素。

那么，文化产业会不会也犯上述类似的错误呢？个别发达国家凭借文化产业优势，在文化经济人假定的驱使下，并且掺杂上意识形态的动机，肆意对外扩张，甚至倾销文化产品。殊不知，世界文化市场不可能永远一霸独强。因为文化的消费同其他物质产品的消费不同，任何力量都最终不可能改变世界文化多样性的根本格局。为了发展民族经济和维护国家文化安全，广大发展中国家大力发展文化产业的觉醒之日已为期不远。同时，文化产业某些产品对世界文化生态和谐的破坏，也要受到惩罚。

鉴于以上诸条，文化产业可持续发展问题，实际上已成为一个世界性的产业发展的重要课题。破解这个课题，对于发达国家和发展中国家同样重要。

二、发展中国家文化产业发展中碰到的问题

文化+创意=财富。越来越多的发展中国家认识到，文化不仅具有民族凝聚的功能，而且也有振兴民族经济的功能，处在文化经济一体化进程和经济全球化的时代中要着力发展文化产业。总体来看，发展中国家在文化产业发展中碰到的主要问题如下：

第一，对本国文化产业资源的调查不够。发展中国家经济、文化、社会、政治条件不同，地缘文化经济状况差异很大。就一国而

言，究竟有些什么样的资源可以用来发展文化产业？在什么行业、什么领域、什么方向上发展文化产业？这是首先要回答的问题。

第二，缺乏文化产业人力的支撑。由于广大发展中国家教育发展水平的限制，发展文化产业所需人力资本聚集不够，特别是缺乏文化产业创意人才，大大制约着文化产业的起步。认识到文化产业是一个新的增长点，不等于文化产业就能迅速起步或崛起，解决文化产业所需人才是发展文化产业的关键问题。

第三，对曾实行计划经济正向市场经济体制转型的发展中国家而言，除了解决以上两个问题之外，碰到的显著问题之一是文化经济体制的制度性约束。能否建立起使市场发挥文化产业资源配置决定性作用和政府更好发挥作用的文化经济体制，是这些国家文化产业可持续发展的最重要的问题。

第四，对那些经济结构相对落后的发展中国家而言，比如有些发展中国家还处在城乡二元经济状况，城市化水平比较低，发展文化产业就要从二元经济的实际出发，摸准二元经济结构下的社会文化需求，而不能照搬发达国家文化产业的模式。中国二元经济结构显著，曾经80%的人口生活在农村，城市化之后，也将有几亿人依然生活在农村，农村是一个大的文化产业市场，在解决城市居民文化需求的同时，解决农民的文化需求，是中国文化产业发展的一个命题。

第五，发展中国家发展文化产业都面对着“外强内弱”的现实。当今世界以美国为代表的少数几个发达国家已占据国际文化产业市场的绝大份额，他们处于强势地位，其产品已经进入广大的发展中国家。在这种情况下，发展中国家的文化产业试图占领国际市场的一定份额就举步维艰。发展中国家，一不可能完全杜绝外国文化产品的进入，闭关锁国不可能把文化产业做大做强；二也不应当无限制地允许外国侵占本国的文化市场，否则民族文化产业就永远失去了出头之日。发展中国家都面临着如何制定文化产业扶持和保护政策，如何应对文化市场开放与“入侵”的关系的抉择问题。

总而言之，广大发展中国家要分析透本国文化市场的需求，看清世界文化市场的走向及其本国在世界文化市场中的位置，看准本国文化产业发展的条件和可能，制定出可行性的战略目标、重点、步骤、措施和政策，就一定可以实现文化产业可持续发展。

三、第四次工业革命与文化产业发展

如前所述，每一次工业革命都对文化产业发展产生了重要影响，使文化产业业态发生重要变化，引领文化产业迈上新的台阶。已经开始的第四次工业革命，正在彻底颠覆人类的生活、工作和互相关联的方式，其规模、广度和复杂程度都与人类过去经历的变革截然不同。

1. 第四次工业革命的技术突破推动文化产业新业态生成

第四次工业革命是在数字革命的基础上发展起来的，与过去相比，有如下特点：一是互联网变得无处不在，移动性大幅提高；二是传感器变得更小，性能更强大，成本更低；三是人工智能、机器人进入生产管理和人们的日常生活，开始崭露锋芒；四是技术突破和跨界融合使互动变得更为普遍。2015 年 9 月，世界经济论坛发布了一份报告，指出某些技术突破冲击主流社会的时间节点，它们的到来，将营造一个高度互联的数字化世界，为我们预见社会可能发生的重大变化提供了“天气预报”。该报告认为，预计在 2025 年前，10% 的人穿戴接入互联网的服饰，90% 的人享受免费的（广告商赞助的）无限存储空间，1 万亿传感器将接入互联网，10% 的阅读眼镜接入互联网，80% 的人在互联网上拥有数字身份，首款植入式手机将商业化，5% 的消费都是 3D 打印而成，90% 的人使用智能手机，90% 的人可经常接入互联网，30% 的企业审计由人工智能执行，政

府首次采用区块链技术收税，全球10%的GDP以区块链技术进行存储，第一个人工智能机器人将加入公司董事会，家中电器和设备将占一半以上的互联网流量……人们可发挥充分的想象力，当一个高度互联的数字化世界到来的时候，人类的物质生活、精神生活、相互交往及其需求将发生什么样的变化，在新的需求的激励下，物质生产、精神生产、文化供给和公司运营将发生什么样的变化①。

第四次工业革命将催生出文化产业诸多新的业态，引领文化产业转型进入新模式。这一新模式，以互联网和数学技术为基础，按照信息的生产、再生产、储存以及分配的要求或原则，提供产品或服务。首先，人们对信息的接收大多从传统媒介转移到新媒体，以微信、微博和客户端为介质的新媒体平台在信息传播中发挥着重要作用，并且推向了私人订制的新时代。第二，影视音乐以互联网为载体，出现了自制网络影视音乐新的文化业态。依托VR/AR互联网虚拟信息技术，构建虚拟视觉场景，应用于游戏、建筑设计、教学培训、娱乐等，形成了虚拟文化形态。第三，IP（知识产权）的运用成了具有特定品牌影响力和可持续挖掘的文化资源，体现出商业价值，优质IP资源成为颇受传播市场和资本市场青睐的对象，泛娱乐经济文化业态形成。

2. 第四次工业革命引领文化产业发展迈上新高度

第四次工业革命引领文化产业构建以“高端创意、跨界融合、模式创新”为特征的新的产业体系，全面促进产业结构优化升级，迈上产业发展的新高度。在这个过程中，一是注重以互联网和数字技术为支撑的高端创意，其高科技含量、高技术含量、高附加值含量和低资源消耗量，将超越传统文化产业体系。二是文化产业互联

① ［德］克劳斯·施瓦布：《第四次工业革命——转型的力量》，第27页。

网当作跨界融合的平台，这种融合不是简单的传统跨界，而是对文化产业资源深层次的颠覆或重新配置，是商业模式和生产组织架构的深层改革。三是推动文化产业组织和政府规制，从传统思维、传统模式转型为适应高度互联数字化世界的新的思维、新的模式，使文化产业发展迈上新高度①。

一个产业的发展，不仅存在对资源的开发利用、对环境的影响优劣以及可持续发展的问题，而且还有这一产业对新的工业革命顺应借力的本领有多大的问题。顺之者昌，逆之者亡。在第四次工业革命的时代背景下，互联网和数字技术是重要的资源。文化产业要善于利用和开发这一资源，这是文化产业创意中最重要的衔技术，舍此文化产业发展不可能迈上新高度。

---

① 王林生：《互联网文化新业态的产业特征与发展趋势》，《新华文摘》2018 年第 3 期。

第十二章　文化产业结构

产业结构，是指国民经济不同产业间的相互联系与比例关系。文化产业结构，则指文化产业内部从一定视角按一定标准划分的不同的经济体（比如不同行业）之间的相互联系与比例关系。文化产业增长促进文化产业结构的变动、演化和升级，文化产业结构升级推动文化产业增长。文化产业发展本身就包含着文化产业结构升级。讨论文化产业结构是对文化产业发展问题研究的继续和深入。

第一节　文化产业结构形式

文化产业行业结构是文化产业结构的重要表现形式，但不是唯一表现形式，从不同视角和标准划分文化产业结构有多种表现形式。文化产业结构是市场和政府文化产业政策共同起作用的结果。

一、文化产业结构形式的划分

1. 按行业划分的文化产业结构

按行业划分的文化产业结构，反映了文化产业各行业发展的相互关系和比例，能够比较直观地观测到各个行业的发展状况，从而分析文化产业的行业发展趋势。从各国的划分来看，由于分类界限不同，难以对国家间的行业结构进行对比分析。

2. 按生产经营方式划分的文化产业结构

为了理论研究或实证研究的需要，可以按生产经营方式把文化产业分为文化产品制作生产性与文化休闲娱乐服务性两大文化企业类别。生产性文化企业从事物质类文化产品的生产，向市场提供物质文化产品，属于文化品制造业范围。服务性文化企业从事提供文化消费的服务，属于文化服务业范围。从这两类文化企业产量、产值与营业额比重的变动中，可以判断出文化产业发展变化的趋势。

3. 按产品性质划分的文化产业结构

文化产业当中有一部分是生产经营无形创意产品的企业，其他的则是生产经营有形物质文化产品的企业。如果按无形内容产品和有形物质产品划分，则可以更加真切地反映出文化产业的一种结构形式。在文化产业产品总量中，内容产品比重增加，无疑昭示着文化产业结构升级和文化产业获得了较大发展。

4. 按要素集约程度划分的文化产业结构

根据不同的文化企业在生产过程中对生产要素的需求种类和需求依赖程度的不同，可以把文化企业划分为劳动集约型、资本集约型、技术集约型和创意集约型。按要素集约程度划分的文化产业结构变动，不仅能够反映出文化产业结构变动、演化和升级情况，还可以透射出文化产业资源流动、流速和搭配的情况，反映文化产业增长对其他产业的影响及其对国民经济发展的贡献情况。

二、影响和决定文化产业结构的因素

任何影响文化产业增长和发展的因素都可能引起文化产业结构的变化。供求，是影响文化产业增长和发展的基本因素，也是影响和决定文化产业结构的基本因素。

从供给上看，自然条件和文化资源的禀赋（即劳动力素质）、科技进步、资金供应、各种文化产品（或服务）生产的上游产品（或服务）的供给，都对文化产业结构产生重要影响。

从需求上看，文化消费水平和结构、投资需求结构和规模、国际文化贸易的需求等也影响或决定着文化产业结构。此外，政府的产业政策、政府支持或扶持哪些文化行业领域、限制哪些文化行业领域、政府对市场的管制、市场的竞争公平与否、有无行业垄断现象等对文化产业结构也有重大的影响。

总之，在成熟的市场经济中，文化市场供求、市场秩序决定文化企业行为进而影响或决定市场结构和市场绩效，文化市场结构和绩效又影响或决定文化产业增长和文化产业结构。

第二节　文化产业主导行业

在文化产业不同的发展阶段和不同的产业结构中，各个行业的发展速度是不同的，有的发展快一些，有的发展慢一些，还有的可能不再发展甚至处于萎缩状态。因此，各行业对整个文化产业发展的作用和贡献是不同的。

文化产业增长常常是一些关键性行业的迅速增长所产生的效应，这些关键性行业就是主导行业。所谓主导行业，一般是指在文化产业结构系统中处于带头地位的行业。这些行业的状况在很大程度上影响或决定着文化产业结构的未来。主导行业应该是那些最迅速、最有效地吸收产业发展中的新理念、新技术、新创意并不断满足市场最新、最大需求，从而获得较高增长和可持续发展的行业。

文化产业中主导行业与非主导行业的相互关系和比例状况，对文化产业增长和发展非常重要。因为任何一个国家和地区发展文化产业，从客观条件和可能性上看，各行各业都不会平行地发展，总要有一些行业率先迅速发展。主导行业对文化产业结构的演化起着举足轻重的作用。主导行业有的是在市场竞争中自然而然形成的，有的则是在政府产业行业政策引导下形成的。

一、主导行业的特征

1. 文化产业主导行业具有创新并创造新的市场需求的能力

就一个产业而言，其中某些行业的创新并不一定能够为整个产业带来新的市场需求。它不能带来新的市场需求，对促进产业发展的作用就非常有限，也就不能引领其他行业，这些行业是不能作为主导产业的。只有那些通过（产品、技术和企业制度等）创新，创造了新的市场需求，推动了整个产业的结构升级，并对其他行业发展产生了巨大带动引领作用的行业才可以作为主导产业。有的国家或地区把旅游行业作为文化产业的主导产业，有的国家或地区把动漫行业作为文化产业的主导产业，有的国家或地区把传媒行业作为文化产业的主导产业，都是因为这些行业对这些国家或地区创造了新的相关文化需求并能带动其他文化需求。

2. 文化产业主导行业具有持续的高增长率

文化产业主导行业的创新，促进了技术进步，创造了新的市场需求，获得了行业增长的空间，表现出较高的行业增长率。这种增长势头，一般不会因为整个国民经济增长的周期性波动而产生过大的波动，或者因为其他因素而大起大落，在遭受重大突发因素时能够从容应对并很快恢复常态，从而保持持续稳定的增长率。非主导行业则不同，一是它的行业增长率一般不高，二是它在国民经济周期波动或文化产业的周期性波动中表现不佳。文化产业的个别行业，在一定条件下（如国外订货激增）也可能一时间忽然有一个较高的增长率，但是很快因条件的变化（如国外订货缩减）而回落，行业增长表现为大起大落，经不起风浪的考验，不能较为持久地支撑整个文化产业的增长和发展。

3. 文化产业主导行业具有诱发其他行业增长的作用

文化产业主导行业对文化产业发展和结构变动具有诱发、扩散和辐射三大作用。所谓诱发作用，是指由于主导行业产品市场需求的不断增长，行业持续的高增长率，引起人们对该行业技术进步、智力投入和创新的关注，从而促进了相关行业的发展和进步。比如以传媒为文化产业主导行业的国家中，与传媒相关的文化产业行业领域，一般来讲也是比较发达的。所谓扩散作用，是指有些主导行业产品的生产，需要有若干与其配套的文化企业进行生产，有些主导行业的产品还可以派生出若干衍生产品，主导行业增长与其产品配套或衍生品行业也随之增长。所谓辐射作用，是指文化产业主导行业的先进的经营管理、技术进步和研发创新，对文化产业其他行业乃至国民经济的影响。比如美国夏威夷以海洋旅游休闲为主导产业，该地区与休闲旅游相关的衍生旅游纪念品的生产、演艺表演业、酒店宾馆等服务业也保持着较高的增长，并且表现为产品的高质量和先进的经营管理服务水平。

二、文化产业主导行业的选择

1. 文化产业主导行业的选择方式

文化产业主导行业的选择，是文化产业发展战略的重要内容，主导行业是文化产业发展战略的重点之一。选择文化产业主导行业，要依据一国国情、文化产业总体发展阶段水平和文化产业结构的现时状况，要以能够带动文化产业增长和促进文化产业结构合理化、高级化为目标，要以最大限度地满足人民群众对文化产品与服务的需求和提高对国民经济发展的贡献率为任务。

文化产业主导行业在两个层面上有两种选择方式：一是自然选择，即在市场竞争中自然地形成了主导行业。自然选择是由众多文化企业自发选择的结果，主要是通过“看不见的手”在优胜劣汰中造就主导行业。二是主动选择，即政府发布产业引导政策确认文化产业主导行业并加以扶持，引导社会人力、物力和财力往主导行业上集中（通过市场机制的作用）形成了主导产业。自然选择形成的主导行业，在国民经济发展和文化产业发展中的地位比较稳固，但形成的周期很长，付出的成本和代价较高。主动选择形成的主导行业，形成的周期较短，付出的成本代价较低，当然前提是选择方向要准确。对于广大发展中国家而言，在文化产业的起步阶段要主动选择文化产业的主导行业，从而实现文化产业跨越式发展。根据世界文化产业发展的经验，当一国人均国民收入达到1 000美元左右的时候，即进入文化产业迅速成长期，这也是制定文化产业发展战略和选择文化产业主导行业的最佳时机。

2. 选择文化产业主导行业的基准

借鉴国民经济主导产业选择基准的方法，我们认为选择文化产业主导行业有以下几个基本标准。

一是需求收入弹性基准。需求收入弹性，是指需求增长率与收入增长率之比，反映了需求增长对收入增长的依赖程度。文化产业行业需求收入弹性系数的公式如下：

$$E_i = \frac{\Delta Q_i}{Q_1} \div \frac{\Delta Y}{Y}$$

式中：E_i 为 i 行业的需求收入弹性分数，$\frac{\Delta Q_i}{Q_1}$为 i 行业的需求增长率，$\frac{\Delta Y}{Y}$为 i 行业的收入增长率。

随着收入的增加，人们对不同文化商品需求量的增长率是不同的，对某些文化商品需求的增幅将快于收入的增幅，对另外一些商品需求的增幅将慢于收入的增幅。选择需求收入弹性系数高的行业为主导行业，意味着以满足社会需求为出发点，适应文化产业行业结构的变化，推动文化产业增长和发展。

二是容纳就业能力基准。充分就业始终是经济发展中的命题。文化产业主导行业的选择，应当以容纳就业能力作为标准之一。相对于第一、第二产业，文化产业是一个劳动舒适和安全程度较高的产业，人们一般有在文化产业中就业的欲望和追求。为了更好地满足人们的这种就业需求，应当选择容纳就业能力强的那些行业作为主导行业优先发展。文化产业有劳动集约型和技术集约型行业之分，在文化产业发展的不同水平和阶段中它们对容纳就业的贡献是不一样的。一般说来在文化产业发展的低级阶段劳动集约型的行业对容纳就业的贡献较大，到了中高级阶段技术集约型行业对容纳就业的贡献变得越来越大。这是因为在文化产业发展的低级阶段，劳动力市场上的劳动力素质是比较低的，人们对文化消费的需求层次也低，此时选择劳动集约型行业为主导行业，既适应了人们对文化消费的需求，又适应了劳动的供给，比如发展草编工艺品行业可以容纳大量劳动力，发展观光旅游业可以容纳大批劳动力在导游等服务岗位上就业。在文化产业的中高级发展阶段，传媒信息文化行业获得了长足发展，此时整个社会劳动力接受教育的程度和科学文化素养普遍提高，选择传媒、出版、教育为主导行业，就可以解决很多社会成员的就业问题。

三是消除制约基准。在广大发展中国家，由于国情的不同，发展文化产业的起步阶段和进程中，总会存在因某些文化产业行业发展水平低而制约整个文化产业发展的情况，这就是所谓文化产业发展的薄弱环节或“瓶颈”制约。“瓶颈”制约，有的表现为“瓶颈”行业基础设施建设滞后，有的表现为行业劳动力素质低，还有种种其他表现。消除某一“瓶颈”制约，常常只有一条路径，其他路径不可替代。在这种情况下，就必须把消除“瓶颈”制约、发展对全产业制约性的行业作为这个时期的主导行业，从而使文化产业增长大大提升一个幅度。当然，或许也会发生短时期内这个主导行业的增长对整个文化产业增长的贡献率不是太高的情况，但是由于打破或消除了形成“瓶颈”的那些因素，这个行业从“制约”变为“主导”，从长期看必将大大推动整个文化产业的增长和发展。

此外，对文化经济增长贡献率、行业和产业关联程度、循环文化经济能力、对文化生态的影响程度等都是选择文化产业主导行业可以或应当考察的基准。

第三节　优化文化产业结构

优化文化产业结构，是指通过调整使文化产业各行业实现协调发展，并满足社会不断增长的文化需求的过程。优化文化产业结构是使文化产业结构合理化和高级化。合理化是高级化的基础，高级化是合理化的目的，二者相辅相成。

一、文化产业结构合理化

所谓文化产业结构合理化，主要是指文化产业的各个部分（如行业与行业）之间协调能力和关联水平提高的动态过程。合理化就是要促进文化产业结构的动态均衡。文化产业结构协调，结构整体能力就高，否则整体能力就低。这就是说，文化产业的整体能力很大程度上取决于文化产业结构的协调。

文化产业结构合理化就是从不协调向协调转化的一个过程。造成文化产业结构不协调的主要原因是供求关系的不协调。供求不协调大致有如下两种情况（每个情况中有三种表现形式）：

第一种情况，文化产业供给结构的变化不能适应需求结构的变化。一是需求结构变化，供给结构不变，造成供给不足；二是需求结构变化，供给结构变化滞后，造成供给滞后；三是需求结构变化，供给结构变化过度，造成供给过剩。

第二种情况，文化产业需求结构的变化不能适应供给结构的变化。一是供给结构变化，需求结构不变，造成需求不足；二是供给结构变化，需求结构变化滞后，造成需求滞后；三是供给结构变化，需求结构变化过度，造成需求超前。

1. 文化产业结构合理化的内容

文化产业结构合理化的标志是：能充分有效地利用文化产业资源，使文化产业的生产和服务顺畅进行，社会的文化需求得以满足，保持健康持续较高的产业增长，文化产业各行业、各领域协调发展。

文化产业各行业、各领域之间是否处于协调状况，可从以下几个方面进行观察和分析：

第一，文化产业各行业、各领域之间素质的协调与否，主要观察相关行业、相关领域是否存在技术水平的断层和劳动生产率的巨大反差。

比如，某国每年电影的生产数量很大，但真正有上座率的影片却不多，票房总收入很低。这种现象排除电影管理体制和投资体制方面的原因，或者假定体制是优良的，则主要反映了电影创意劳动生产率与制作劳动生产率之间的强烈反差，说明该国电影剧本创作能力和水平太低，制作能力和水平还可以。这是电影领域生产环节之间劳动生产率反差表现出来的不协调。当代某些文化产品生产环节已分化为相对独立的行业，在美国好莱坞剧本创作、影片摄制、成片发行早已分解为不同的公司，如果这些公司劳动生产率的数值分布离散无序，表现为不协调，势必影响整个电影业的产业增长和发展。

第二，文化产业各行业、各领域的联系方式协调与否，主要观察上下游产品（或服务）是否存在衔接失衡或相互掣肘。

比如，造纸行业对于纸质传媒业来讲属于上游行业，如果纸张生产的数量、品种、质量不能满足图书、杂志和报纸出版的需求，供给和需求失衡，投入与产出失衡，就必然掣肘纸质传媒业的增长和发展，这就是行业联系的不协调。

再比如，某旅游胜地过量建设了许多宾馆饭店，超出了到该地旅游的游客的最大可能量，这是宾馆饭店服务业与旅游业联系的不协调。现代生活中，文化产业中上下游产品行业之间、服务业和衍生服务业之间，相互脱节、相互掣肘、相互削弱的不协调现象是经常发生的。

第三，文化产业的各行业、各领域增长速度与规模协调与否，主要观察各行业、各领域在整个文化产业结构中的地位和作用与其增长速度及规模是否存在不一致的问题。

比如，某岛国海洋风光秀丽，是一个天然的海洋旅游休闲胜地，每年游客如织。显而易见，海洋度假休闲业是该国文化产业的主导行业。该岛国也盛产木材，这种木材生长期短、成材率高，是纸浆的天然原料，生产纸浆也是该国文化产业的重要行业。在一定时期内，该岛国旅游行业的增长速度应当高于纸浆生产行业，前者的行业规模也应当大于后者。因为前者是文化产业的主导行业，其地位高于后者，作用大于后者。如果不是这种关系，而是后者增长快于前者，规模大于前者，就是产业结构不协调，就有可能发生灾难性后果。因为纸浆的过量生产，一是破坏森林植被生态；二是容易污染自然环境，对休闲度假旅游业的发展是致命的损伤。该岛国只能采取大力发展旅游业的策略，对纸浆业采取严格控制有限发展的产业政策。

第四，文化产业的供给与需求协调与否，主要观察人们正常的文化需求是否逐渐得以满足，文化总供给与总需求之间是否基本平衡。

所谓正常的文化需求，是指社会经济发展到一定阶段的文化需求水平，这种一定阶段上的正常的文化需求结构也是不断变动的，要求供给结构也随之变动，从而引起文化产业结构的变动，使文化产业结构合理化。如果供求发生了明显的不协调，人们需求的文化产品或服务供给不足，人们不再大量需求的文化产品或服务生产过剩，就昭示着文化产业结构上发生了大的失衡。

在此须强调指出两点：一是文化总需求与总供给的协调是文化产业结构是否合理的重要观察点；二是也必须明白，文化总需求与总供给的不平衡是经常发生的。只要不是较长时间发生大的失衡，市场机制看不见的手是可以自动地进行调节，促使文化产业结构趋向合理化的。当然如果长时间地发生了大的失衡，仅靠市场则难以自动调节，就需要政府进行必要的干预了。

2. 文化产业结构合理化的路径

文化产业结构合理化，实质上是一个以行业结构为主的从不平衡到平衡，再到不平衡又到平衡，不断交替的总过程。其中每一次的从不平衡到平衡，都使文化产业结构合理化迈上一个新台阶。文化产业结构合理化的路径如下：

第一，行业素质的协调。如果是因为某些行业素质反差引起了文化产业结构失衡，就要针对那些低素质的行业，以提高这些行业的素质为目标进行协调。要设法通过增加这些行业企业的劳动力素质、提高技术进步水平、产业组织水平以及经营管理水平，使其行业素质同其他行业匹配，缩小行业之间要素劳动生产率的差距。

第二，行业联系的协调。如果发生了行业联系比如上游产品行业和下游产品行业的不均衡，就要从上下游产品生产链和产业（行业）链的供求平衡上加以协调。当供不应求时，要着力提高供给，当供大于求时，要着力拉动需求。当然其前提是文化总需求与一定经济文化社会发展阶段相适应。

第三，行业增长的协调。如果发生了行业增长与其在文化产业结构中的地位和作用相悖的状况，造成了文化产业结构的不合理，比如非主导行业增长超常攀升，主导行业增长超常低落，显然就要压制非主导行业的增幅，扶持主导行业增幅回升，使它们各自的增长与其在整个文化产业中的地位相一致。

3. 文化产业结构调整手段

文化产业结构调整分为长期性调整和临时性调整。长期调整期一般为5年以上，主要是通过国家文化产业政策加以引导调整。临时性调整期一般为3年以内，主要是在发生了文化品和服务总需求与总供给失衡的情况下，运用国家宏观文化经济调控体系，通过价格杠杆、经济手段、法规手段或辅以必要的行政手段进行调整。

临时性调整，有时是在总需求与总供给出现了失衡苗头时进行前瞻性的调整，以预防失衡出现。有时是在失衡后，进行反应性调整。前者是主动调整，后者为被动调整。被动调整，到了一定程度，当文化总需求与总供给失衡状况趋于基本消失时，要及时地停止执行，以免调整过度，出现另一个方向上的失衡。

在市场经济体制条件下，政府调控手段的运用原则上是间接的，即政府作用于市场，由市场跟进调整，使产业（行业）结构趋向合理化。文化经济是一个非常敏感的经济领域，国家文化经济调控体系的建立和完善，调控手段及其调控时机的选择，都要非常慎重，来不得半点马虎和疏漏。

二、文化产业结构高级化

世界各国的文化产业发展史说明，文化产业结构存在着一个不断从低级结构向高级结构演变的过程和规律。

一个国家文化产业发展的最初阶段，一般普通文化艺术品复制行业、大众化的艺术表演业、纸质传媒业等传统文化产业行业占有较大比重。到了中期阶段，观光、休闲旅游业比重增大，教育和体育产业比重增大，电影业的创作水平和制作水平提高经济效益凸现，电视传媒业集团化水平提高且规模经济效益大增，此阶段传统文化产业行业的比重因现代旅游、教育、体育、传媒业的增长而明显变小。中期阶段之后，如当今美国的现代传媒、报纸、网络、电视、电影、教育、体育，德国的出版行业，日本、韩国的动漫行业等已成为文化产业的主导行业，创意和内容行业在文化产业中占了绝大比重，传统文化产业行业只占较小的比重。

所谓文化产业结构高级化，是指文化产业结构状况从比较低级的形态向较高级的形态转换的过程，每一个阶段的转换都标志着文化产业结构的升级。

1. 文化产业结构升级的原因

第一，供求因素的变化是文化产业结构升级的基本原因。随着人均国民收入的增长，人们对文化的需求升级，要求文化产业结构升级。随着文化产业创意能力增长和技术进步，对文化产品或服务的供给升级，带来文化产业结构升级。

第二，国外文化产业发展的引领是文化产业结构升级的重要原因。对一国特别是对发展中国家来讲，国外文化产业发展的水平和国际文化市场上产品结构状况，必然影响国内文化产业结构的变化。通常情况下，将引领国内文化产业结构逐步升级。

第三，城市化是文化产业结构升级的直接原因。城市化与文化消费结构和水平呈正相关关系，城市化带来文化需求结构升级，文化需求结构升级带来文化产业结构升级。一般来说，城市化水平高的国家文化产业都比较发达，且文化产业结构也呈现着较高级的形态，城市化与文化产业结构高级化是同步的。

第四，其他产业发展的影响是文化产业结构升级的间接原因。文化产业之外的其他产业，如农业、工业、金融、通讯、交通运输业等国民经济各部门的技术进步、产业组织创新，也会对文化产业的发展和产业结构产生影响，引起文化产业结构升级。

第五，政府产业引导是文化产业结构升级的政策原因。许多国家从国家发展和国民经济增长的需要出发，制定了产业政策。如果某国认为在某个时期中其文化产业结构须进一步升级，并出台了促进文化产业结构升级的政策措施，则会对文化产业结构升级发生重要作用。

2. 文化产业结构升级的表现形式

文化产业结构升级，主要是通过主导行业的不断更替而从一个结构状态迈向更高级的结构状态的。也就是说，文化产业结构升级的表现形式为主导行业的更替。主导行业从传统文化产业行业更替为新型文化产业行业，昭示着整个文化产业结构的升级。

当代文化产业中主导行业已经从单个行业变为一组行业，已经不是由一个行业而是由一个“主导行业群”来带动文化产业发展和文化产业结构升级，文化产业结构升级已经表现为主导行业群的形成和主导行业群组成的变化。

3. 文化产业结构升级与文化产业发展

文化产业结构升级与文化产业发展的关系，是许多国家特别是发展中国家面临的一个课题。从理论上讲，文化产业结构升级与文化产业发展是正相关关系，产业结构升级是产业发展的应有之义，文化产业结构升级的过程也是文化产业发展的过程。

但是，从各国实践来看，不能超越条件和可能盲目地追求文化产业结构升级。比如某内陆草原国家草原观光旅游业是其文化产业的主导行业，它就没有必要把现代传媒业或动漫业当作文化产业的主导行业。

由此可见，文化产业发展中也存在一个选择什么样的文化产业结构的现实问题。什么样的文化产业结构有利于一个国家文化产业增长、有利于提高文化产业对国民经济的贡献率、有利于满足人民群众对文化的需求，就是恰当的文化产业结构。

第十三章　文化产业关联

产业关联理论是从量上考察产业之间经济技术联系与联系方法的理论。运用这一理论研究文化产业，可从两个层次上展开：一是考察文化产业与其他产业的关联（即外联）；二是考察文化产业内部不同行业之间的关联（即内联）。研究文化产业关联不能局限于考察技术经济方面的联系，还要考察文化经济方面的联系。所谓文化产业关联，是指文化产业在文化经济和技术经济上与其他产业及其内部不同行业之间的联系。

第一节　文化产业外联

研究文化产业外联，主要是从量上考察文化产业与其他产业之间文化经济、技术经济的联系和联系方法。

一、产业关联的内涵

美国经济学家瓦西里·里昂惕夫是产业关联理论的杰出贡献者，他创立的投入产出法揭示了不同产业之间技术经济联系的量化比例关系。投入产出分析法中的投入是指产品生产所消耗的原材料、燃料、动力、固定资产折旧与劳动力，产出是指产品生产出来后用于生产消费、生活消费或积累的去向和数量。用投入产出法去分析产业间的联系，是说甲产业的产出为乙产出的投入，乙产业的产出又为丙产业的投入……当这一投入产出关系处于平衡状态时，社会生产和再生产才能得以顺利进行。投入产出的平衡关系式如下：

总产品 = 中间产品 + 最终产品

$$X_i = \sum_{j=1}^{n} X_{ij} + Y_i \quad (i=1, 2, \cdots n)$$

式中：X_i 为第 i 种产品的生产总量，X_{ij}为第 i 种产品提供给第 j 种产品生产时的需要量，ij 为第 i 种产品用作最终使用的数量。

劳动力总量 = 各产品生产所需劳动力数量之和

$$L = \sum_{j=1}^{n} L_j \quad (j=1, 2, \cdots n)$$

式中：L 为各种产品所需劳动力数量之和，L_j 为 j 产业生产生产品的劳动力需要量①。

产业关联是产业之间以各种投入品和产出品为连接纽带的技术经济联系。纽带，可以是实物形态的，也可以是价值形态的。在产业关联计量分析中，更多使用的是价值形态的量的关联分析。

二、文化产业外联纽带

所谓文化产业外联纽带，是指文化产业依托什么与其他产业连接起来，也就是文化产业与其他产业关联的具体领域事项。

1. 产品和劳务联系

产品和劳务联系，是文化产业与其他产业之间最基本的联系。文化产业与其他产业协调发展最本质的表现，是相互提供产品和劳务数量比例的均衡。文化产业及其相关联产业劳动生产率和经济效益的提高，最终归结为相互提供的产品和劳务的质量的提高与成本的节约。文化产业与其他产业联系的其他纽带（如投资、价格、生产技术、就业联系等）都是在产品和劳务相联系的基础上派生出

---

① 臧旭恒、徐向艺、杨蕙馨：《产业经济学（第三版）》，第356页。

来的。

2. 生产技术联系

所谓生产技术，一般指工装设备、生产工艺和操作技术等。文化产业许多制作品的生产对其他产业（如机械制造业、材料化工业、电子信息工业）的生产技术依赖度很大，同时其他产业又对文化产业的生产技术发生依赖（如机床的外形要依靠文化产业中的艺术设计技术）。伴随科学技术的进步，文化产业与其他产业在生产技术上的联系越来越紧密，相互依存度越来越高。

3. 劳动就业联系

在西方经济学中，有一种投资乘数在就业中的作用的描述，是说某一产业的发展导致另一产业的发展，这种客观存在的产业发展的关联效应的表现之一是相互带动增加了就业机会。毫无疑问，这是适用于文化产业外联关系的。

4. 文化联系

综合以上产品、劳务、劳动就业三个纽带，不难发现文化产业与其他产业联系中存在着一个重要的领域即文化的联系。应当说文化联系在各种产业之间都是存在的，但是在文化产业与其他产业的联系中因文化产业的特性使这种联系内容尤为突出和明显。文化产业向其他产品提供文化产品、文化服务和具有文化素养的劳动力（指教育产业），同时主要吸纳其他产业当中的带有文化要素的产品（或服务或劳动力）作为自己的投入品。

5. 价格和投资联系

文化产业同其他产业存在价格和投资的联系。价格联系是产品和劳务联系的货币交换关系的表现形式，其比例关系的分析提供了可比的有效计量手段。投资联系直接地反映了文化产业与其他产业之间，在产业增长和发展中的对比关系和相互促进或制约的关系，是投入产出分析中的重要考量因素。

三、文化产业外联方式

1. 前向、后向关联

文化产业的前向关联，是指其生产中与供给其生产投入品的产业的关联。前向关联即供给关联，比如造纸行业的纸浆生产需要木材为原料，林业就是造纸业的前向关联产业。文化产业的后向关联，是指文化产业与需要其产品的产业的关联。后向关联即需求关联，比如建筑业的房屋内外装饰需要文化产业的建筑艺术设计行业提供设计内容产品。

2. 单向、环向关联

文化产业只接受前向产业的供给，或其产品只满足后向产业的需求，后向产业的产品不再反过来成为文化产业生产供给的单方向的联系方式为单向关联。如果若干个产业之间的联系成为环状闭合形式，其中一个产业为文化产业，那么文化产业就具有了环向外联的特征。文化产业的单向外联和环向外联，说明了文化产业与其他产业联系的复杂程度。当然，事实上从生产要素投入和产出角度观察，单向联系和环向联系大多交织在一起，有时很难区分清楚。图13－1就是从不同角度观察的一个单向、环向关联交织在一起的典型案例。

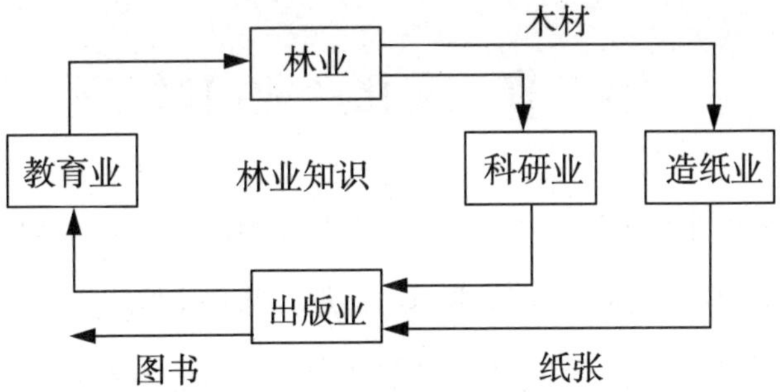

图13－1　单向与环向产业关联

如果就实物形态的投入产出关联而言，林业提供木材给造纸业制造纸浆并生产出纸张，纸张提供给出版业生产出图书、期刊、报纸，图书、期刊、报纸供读者消费，作为文化产业的造纸业、出版业与林业的连接到此为止，属于单向关联。

如果就无形的林业知识产品而言，林业生产管理知识来源于林业实践，科研业把林业知识总结升华，出版业把林业知识变成了教材，教育业用教材培养出具有林业知识的劳动力，劳动力又把知识运用到林业生产经营中去，在这种连续不断的环向循环关联中，完成了林业知识无形产品的生产再生产。科研业、出版业、教育品和林业在林业知识产品生产中属于环向关联。文化产业外联中，很大程度上表现为知识产品（即文化）的环向关联。

3. 直接、间接关联

文化产业与其他产业有的直接发生联系，有的则通过另外的产业间接发生联系。图 13－1 中文化产业的教育业、科研业和造纸业同林业之间的连接都是直接关联。文化产业中的出版业同林业的连接，无论从实物形态产品生产上讲，还是从无形的林业知识产品生产上讲则都是间接关联。就实物形态产品而言，通过造纸业把出版业与林业间接地联系起来。就林业知识产品而言，通过科研业和教育业把出版业与林业间接地联系起来并形成了环向关联。

第二节 文化产业内联

研究文化产业内联，主要是从量上考察文化产业内部行业之间文化经济、技术经济的联系和联系方法。前面讨论文化产业外联中，关于产业关联的内涵、产业联系的纽带、产业关联的方式等基本范畴都适用于文化产业内部的行业关联。下面围绕文化产业行业关联，主要讨论投入产出的中间需求和中间投入、行业关联态式、行业波及效果分析原理与方法。

一、中间需求和中间投入分析

1. 一个判断与一个假定

讨论文化产业行业关联基于一个判断和一个假定。所谓一个判断，是指从现实看文化产业各行业的许多产出品都作为另一个行业的投入品这样一个事实，文化产业的行业之间在很大成分上具有环向关联与循环经济的显著特点。所谓一个假定，是指在研究分析文化产业内联时，把文化产业各行业与文化产业之外的其他产业的联系（文化产业外联），作为既定的因素抽象掉，这个假定是建立在文化产业内联方式的客观特点基础上的。

当然文化产业绝对不是一个“自产自销”的产业，它每一个行业的“入口”或“出口”绝不是仅仅朝着与本产业相关的其他产业，而是朝向各个产业。之所以在讨论文化产业内联时把外联因素抽象掉，这是理论研究工作的需要，这一抽象有学术方法论意义。当然，并不是所有的产业在讨论内联时都可以运用这一抽象法，比如农业和工业内部行业之间的环向关联循环经济的特点并不显著，抽象掉外联因素，缺乏实际的基础，在学术方法论上也无太大意义。

2. 价值型投入产出表

在以上假定的前提下，可以借用价值型投入产出表来分析文化产业行业之间的关联。表 13－1 反映了在一定时期中，一国文化产业各行业之间的相互依存和交易关系。

表中横向数据，反映了各行业的产出作为其他行业的中间投入的情况也反映了毛附加值，即各行业折旧提留加净产值（劳动者报酬和纯收入）的情况。文化产业全产业的总投入为各行业产出的中间投入加各行业附加值合计。纵向数据，反映了各行业中间需求的情况以及最终需求，即各行业的消费（个人消费和社会消费）、积累

（新增固定资产或更新固定资产）和其他需求的情况。文化产业全产业的总需求为各行业的中间需求加各行业最终需求合计。

表 13－1 文化产业价值型投入产出表

<table>
<tr><td colspan="2" rowspan="2"></td><td colspan="4">中间需求</td><td colspan="4">最终需求</td><td rowspan="2">产业总产出</td></tr>
<tr><td>行业1</td><td>行业2</td><td>…</td><td>行业 n</td><td>积累</td><td>消费</td><td>…</td><td>其他需求</td></tr>
<tr><td>各行业产出的中间投入</td><td>行业1
行业2
…
行业 n</td><td colspan="4">Ⅰ</td><td colspan="4">Ⅱ</td><td></td></tr>
<tr><td>毛附加值</td><td>折旧
劳动报酬
产业纯收入</td><td colspan="4">Ⅲ</td><td colspan="4"></td><td></td></tr>
<tr><td>合计</td><td></td><td colspan="4"></td><td colspan="4"></td><td></td></tr>
</table>

表中纵横平衡关系为：横向的各行业产出的中间投入等于纵向的中间需求；横向的毛附加值等于纵向的最终需求；横向的产业总投入等于纵向的总需求。

3. 中间需求和中间投入分析

所谓文化产业中间需求，是指文化产业中的其他行业（包括该行业本身）在生产或服务中对某行业产出的消耗之和（比如文化产业中的出版业、包装业等一切需要将纸张作为原材料的生产或服务行业及其造纸行业本身对纸张的消耗之和）。所谓文化产业中间投入，是指文化产业的某行业在生产或服务中从其他行业（包括该行业本身）得到的投入之和（比如文化产业中的纸质印刷业从造纸业得到的纸张和从出版业得到的文字图片等经过编辑的印刷内容等其他文化产业行业提供的投入之和）。

根据表 13－1，总产出＝中间需求＋最终需求。一般来说，中间需求越大的行业，其产出用作其他行业原材料的成分就越大，就越具有文化产业中基础行业的特点。最终需求越大的行业，其产出用于最终需求的成分就越大，就越具有最终产品行业的特点。同样根据表13－1，总投入＝中间投入＋毛附加值。显然中间投入越大的行业毛附加值就越小。

二、文化产业内联态式分析

1. 文化产业内联的形式

如前所述，产业间的关联存在单向联系和环向循环联系两种形式。同样文化产业行业关联中也存在单向联系和环向循环联系两种形式。在文化产业内联中，单向联系和环向循环联系的比重反映了文化产业发展的阶段性特点。这是因为，如果单向联系形式占的比重较大，说明文化产业总产出中中间需求比较低，最终需求比较大，从而毛附加值部分占的比较大；如果环向循环联系形式占的比重较大，说明文化产业总投入中各行业产出用于中间投入的比较大，用于满足最终需求的比较小，结果是毛附加值部分比较小。

2. 内联形式分析的作用

一般地讲，在文化产业起步阶段，应当重视发展那些具有环向循环联系特点的行业，它们其中的一些行业具有文化产业基础行业的性质，担负着为其他文化产业行业提供中间投入，满足其他文化产业行业中间需求的任务。在文化产业起步阶段，涉足投资文化产业基础行业，可以赚取较高的利润。当文化产业基础行业建立并巩固之后，文化产业中具有单向循环内联特点的行业势必有大的发展，这类行业具有文化产业最终产品行业的性质，其发展将提升文化产业满足社会最终需求的能力，标志着文化产业结构升级和发展的新水平、新阶段。此时，涉足投资文化产业最终产品行业，是可以赚到大钱的。文化产业内联形式的分析，对于文化产业行业选择具有重要意义。

三、文化产业行业波及效果分析

1. 文化产业行业波及

文化产业各行业之间的联系是错综复杂的。所谓行业波及，是指任何一个行业的技术、产品（或服务）价格、工资等的任何变化，都会直接影响与该行业关联的行业产品（或服务）的供给量、需求量、生产成本（服务费用）和价格的变动，并影响到间接关联的行业。波及源就是首先发生变化并影响到其他行业和间接关联行业的那个行业。文化产业行业波及效果分析，主要是指运用投入产出分析方法，对某一行业中的某些因素发生变化时，对本行业或其他行业可能发生的影响进行分析。通过投入产出表，可以看出行业波及效果有两种基本表现形式：一是最终需求发生变化时，引起各行业产出的中间投入的变化，从而连锁波及文化产业各行业；二是毛附加值折旧、工资、利润发生变化时，对各行业（主要是产品价格）发生的影响，从而连锁波及文化产业各行业。行业波及效果形式因波及源的不同，还可以细分为创意波及效果、产品内容波及效果、技术波及效果、价格波及效果、就业波及效果、投资波及效果、政策波及效果等具体的表现形式。

2. 行业波及效果分析的作用

讨论行业波及效果需要明确指出五点：一是行业波及在现实生活中是时时刻刻存在的，是一种不断发生变动中的动态的波及效果；二是波及源在实际生活中不是一个，而是同时存在多个波及源，同时存在多种具体的波及效果表现形式；三是同一时间中各种波及源引起的波及方向、程度和效果是不同的；四是行业波及对整个文化产业的波及效果是一种综合性的表现；五是在特定的时间或时期中总有一种或少数几个波及源引起的波及发生着主要或主导的作用。对这一种或少数几个波及源引起的波及效果的分析是非常有用处的。

需特别指出的是，要重视文化产业行业涉及中的创意波及、产品内容波及和政策波及效果的分析。文化产业行业波及分析对于判断评估文化经济运行状态具有重要意义。

四、文化产业内联与外联的关系

1. 抽象分析与客观现实

现实生活中，文化产业内部行业的关联、文化产业各行业与文化产业之外的产业关联是错综复杂地交织在一起的。文化产业行业波及源，绝不会仅仅局限于文化产业内部，许许多多的波及源存在于文化产业之外。在讨论文化产业内联时，把外联因素抽象掉，是为了逻辑分析的清晰。在讨论文化产业行业波及效果时，把文化产业之外的波及源抽象掉，也是为了逻辑分析的清晰。研究文化产业关联，就方法论而言需要并且可以运用这个抽象法，客观上也存在内联和外联的区别。但是抽象分析之后，必须回到错综复杂的客观现实中来，对内联和外联进行综合性的研究。

2. 产业波及的三种情况

当进行内联、外联的综合性研究时，我们发现：其一，对文化产业关联发生影响的众多波及源中，文化产业内部的那些波及源（特别是“创意”“内容”波及源）对文化产业许多行业的影响程度（影响力系数）高，换句话讲，文化产业中的许多行业对本产业内部的某些波及源的感应程度特别敏感（感应系数高）；其二，文化产业中也有一些行业，主要受文化产业之外的某些波及源的影响；其三，个别国家文化产业的某些行业受波及源的影响微乎其微，保持自己相对独立的行业关联“人格”，这是由其特殊的地缘文化经济或制度因素所决定的。

3. 内联与外联相互交融

文化产业内联、外联是相互交织融合在一起不可分割的关系，当国民经济全局运行中发生重大变化时，这种变化不管是正面的还是负面的，也不管是哪个产业、哪个行业、哪个具体因素引起的，都不可避免地波及文化产业中的一些行业。同理，在文化产业已经成为国民经济支柱产业的国家中，文化产业特别是文化产业主导行业运行中的任何一个重大变化，也必然波及国民经济全局。当国民经济发展碰到困难（陷入低谷）时，有的国家把大力发展文化产业的某些行业作为解困（走出低谷）的“药方”，居然收到成效。文化产业作为一个波及源对国民经济全局的波及作用不可忽视，尤其是知识经济在国民经济中的比重越来越大的时候，这一波及作用将越来越大。

第三节　文化产业关联分析

通过文化产业关联分析，可使人们了解文化产业结构现状，掌握文化产业中对其他行业具有较高影响系数的行业，把握文化产业所处的发展阶段及其趋势，从而为制定文化产业发展战略、总体和行业的规划提供依据，为建立健全国家对文化产业的调控体系提供依据，为制定确保文化产业可持续发展的产业政策提供依据。

一、文化产业关联分析展示的文化产业影像

1. 文化产业关联分析与文化产业结构

文化产业结构主要指文化产业内部行业的比例关系，文化产业内联主要指文化产业内部行业的连接关系。文化产业行业之间的连接方式与文化产业行业结构比例是直接相关的。比如当文化产业行业之间连接方式多为环向循环联系形式的时候，一般来说此时的文化产业行业结构为较低级别，以满足产业内需的中间需求的产品比重较大，文化产业中基础行业的比重较大。当文化产业行业之间多

为单向连接关系时，一般来说此时文化产业行业结构已达到较高级别，主要是满足最终需求，此时文化产业效益也好。

2. 文化产业关联分析与文化产业发展

当人们通过文化产业关联分析得出了文化产业发展水平阶段的判定结论之后，就可以选择那些适合文化产业发展水平阶段的行业作为重点发展的行业，以促进文化产业增长。比如在文化产业起步和发展的初期，应当重点发展那些为文化产业自身生产提供中间需求产品的基础行业，形成文化产业行业间的环向循环，提高文化产业竞争力，促使文化产业自身壮大起来。文化产业发展到了更高水平的发展阶段，则要重点发展那些单向关联并满足最终需求的行业。在文化产业的不同发展阶段上，选准重点发展的行业能有效地促进文化产业增长。否则，选错了重点发展行业，就起不到有效地促进产业增长的作用。

3. 文化产业关联分析与文化产业布局

通过地区文化产业外联的分析，人们可以确定在哪些地区、哪些城市或城镇的哪个街区、布局文化产业或文化产业聚集区，或者对文化产业布局进行调整。一般来说在经济发达的地区，金融、通信、交通、信息产业也相对发达，这些产业与文化产业关联密切，是文化产业发展的重要条件。切实吃透这些条件，可大大提高文化产业的布局规划水平。

二、文化产业关联分析的主要功能

1. 文化产业关联分析与文化经济预测

对文化产业关联进行投入产出动态性的详尽分析，据此就可以对文化经济系统的发展趋势做出分析和预测。这种运用产业之间、行业之间投入产出综合平衡关系做出的经济发展趋势的预见性判断，是国家实施宏观经济调控手段的重要依据。国家实施对文化经济的宏观调控，是为了确保文化经济健康发展，当中最直接的是为了保证文化产业各行业之间中间投入和需求的平衡以及满足社会对文化产业产品（或服务）的最终需求。

2. 文化产业关联分析与文化经济调控

文化产业波及效果是确定文化产业运行宏观调控手段的重要依据，当文化产业某一行业成为宏观经济运行中的波及源时，国家就可以采取经济的、法律的乃至行政的手段间接或直接地干预该行业的发展。当波及源对国民经济其他产业运行起正面波及作用时，国家调控表现为扶持该波及源行业的发展；反之则压制该波及源行业的发展。在价格、工资、就业等问题上，如果波及源为文化产业的某一行业或某一产品或某种服务，国家都可以视波及源的波及程度及其性质，采取必要的手段通过市场加以调控。

3. 文化产业关联分析与文化产业政策

既然文化产业关联与文化产业结构、文化产业增长相关，那么对文化产业关联现状的分析就成为制定文化产业政策的重要依据。在一定的文化产业发展阶段上，通过对文化产业内联和外联形式、波及源及其影响力系数的分析，通过对文化产业各行业、对特定波及源感受力系数的分析，就可以制定出促进文化产业结构升级与文化产业增长的产业扶持或保护政策来。须特别指出的是，国家文化产业政策的制定，不应当仅仅是从经济关联的考量出发，还应当从文化关联主要指创意波及和产品内容波及的考量出发，对文化方面关联波及的分析是制定文化产业政策时不可忽视的依据。

第十四章　文化产业布局

文化产业布局，是指文化产业在一国一地区范围内的空间分布和组合。研究文化产业布局，实质上是研究文化产业资源的空间配置，找寻优化文化产业资源空间配置的规律。

第一节　文化产业布局因素

随着人类生产活动的进展、科学技术的进步和产业革命的推进，产业布局理论相继产生。这些理论不断发展、丰富和完善，对我们今天研究文化产业布局具有不可忽视的指导作用。

一、产业布局理论

1. 古典产业布局区位理论

古典产业布局区位理论，主要是指德国经济学家杜能的孤立国农业圈层区位理论和韦伯等人的工业区位理论。早在1826年杜能就提出，以农作物的保鲜需要及其距离城市的远近，形成以城市为圆心的向外扩散的不同农作物的种植分布圈。1909年韦伯提出，运输费用、劳动费用和聚集力等是影响工业区位分布的三个因素，其核心考虑是运输费用造成的生产成本因素。

2. 新古典均衡区域增长理论

德国地理经济学家克里斯泰勒和廖施对古典产业布局区位理论

进行了补充和修正。他们认为，生产成本低并不意味着利润就大，最小生产成本并不能完全最终确定企业的最优区位，市场因素对产品价格的影响越来越大，以城市为中心构成了多级市场网络体系，其规模和需求结构对企业区位布局发生着重要影响。该理论乐观地认为，给定一个不均衡的区域经济状态，只要存在完全竞争的市场，一般来讲资本将从发达地区向欠发达地区流动，劳动力将从欠发达地区向发达地区流动，仅依靠市场即可实现区域的共同增长。

3. 产业布局的比较优势理论

比较优势理论提出，各国或各地区的资源禀赋上存在差异，这种差异对比中的比较优势是决定产业布局的利益机制。比较优势分为绝对比较优势和相对比较优势，绝对比较优势理论源自亚当·斯密的地域分工学说。亚当·斯密认为，各个国家或地区按其绝对有利的生产条件（最低成本优势）进行生产的专业化分工，然后相互交换其产品，将使各国各地区资源、劳动力和资本得以有效利用。相对比较优势理论出自大卫·李嘉图，他认为，如果各国都把劳动用于最有利于生产和出口相对有优势的商品，进口本国本地区处于生产的劣势商品，这将使各国各地区资源得到有效利用。后来的伯尔蒂尔·俄林于1933年提出了生产要素禀赋比率问题，丰富了相对比较优势理论。

4. 非均衡区域增长理论

非均衡区域增长理论的代表人物是瑞典经济学家缪尔达尔和赫希曼，他们对新古典均衡区域增长理论提出了质疑。缪尔达尔认为，在发达和欠发达地区间的要素流动中，在市场力量的作用下，发达地区得到的效应总是大于欠发达地区得到的效应，从而导致区域差异不断增大。同时代的赫希曼提出了与缪尔达尔相同的观点，他进一步指出，在市场的作用下，如果没有经济政策干预，区域间的差异会不断扩大。1965年，威廉姆斯发表了倒U形曲线。威廉姆斯通过系统的实证分析研究认为，国家经济发展的最初阶段随着经济增长区域差异会逐渐扩大，之后的中期阶段区域差异将保持稳定，进入经济成熟阶段之后随经济总体增长区域差异则逐渐缩小。

5. 区域布局的增长极理论

1958年，法国经济学家费朗索瓦·佩鲁提出了增长极理论。他认为，增长并非同时出现在所有的地方，它首先以较大的强度出现在一些点上，然后通过不同渠道向外辐射，并影响整个经济。所谓区域布局中的增长极，是指在某些地区或大城市由众多产业行业的企业形成的经济中心。这些经济中心，由于企业聚集而形成了资本和技术的高度集中，从而导致经济较高增长，并对其他地区具有较强的经济吸引和辐射作用。作为增长极理论的引申，有人提出了增长带理论，增长带和增长极的实质是一样的。一般认为增长极在地域上是一个圆点状的地区，增长带在地域上是一个带状的地区。佩鲁主张政府应积极干预产业布局，支持建立和形成增长极，带动落后地区的发展。

二、影响文化产业布局的因素

通过上述产业布局理论可见人们对产业布局的观察点和优化产业布局的思路逐渐发生了很大的变化。人们对影响产业布局的因素的观察，从运输因素到成本因素，又到市场需求和结构因素，最后到了环境因素。人们对优化产业布局的路径的追寻，从微观扩展到宏观，从生产条件和资源因素进入了布局机制和政策领域。影响文化产业布局的各种资源因素如下：

1. 自然资源因素

自然条件和自然资源是影响文化产业布局的物质基础和先决条件之一。自然条件是人类赖以生存的自然环境。自然资源是在一定时空和条件下，能产生经济效益以提高人类当前和未来福利的自然因素和条件。在文化产业资源中，有一些就是自然资源，比如旅游业资源中天然的山、海、湖、林、草原等资源，自然观光和休闲旅游业布局不能不依赖以上自然条件，并受其影响。

2. 经济资源因素

经济因素对文化产业布局的影响是巨大的，主要表现在两个主要的方面：一是经济发展水平对文化产业布局的影响。一国当中各个地区经济发展水平是存在差异的，一般来说当地区人均 GDP 达到1 000美元左右的时候文化产业进入发展的快车道。经济发达的地区文化产业通常表现为发达，经济欠发达地区文化产业通常表现为欠发达。二是经济结构对文化产业布局的影响。一国经济中第一、第二、第三产业的结构状态，第三产业的发展水平、比重和布局，直接影响着文化产业的布局。第三产业的发展水平高、比重较大，往往文化产业发展得好一些。第三产业发达的地区也往往是文化产业比较发达的地区。

3. 文化资源因素

文化资源因素是影响文化产业布局的重要因素，主要表现在两个方面：一是从供给上看，文化传统悠长、人文底蕴丰富、人口文化素质高的地区，通常文化产业创意的“原料”丰厚，文化产业生产主体的文化创意能力和水平较高，因而文化产业比较发达；二是从需求看，人们具有较深厚的人文、艺术、文化涵养传统和人口当中接受文化教育水平较高的地区，一般来说文化艺术消费需求量大，需求反作用于供给，导致了文化产业比较发达。须进一步指出的是，文化资源因素对文化产业布局的影响，最根本的是人口接受教育的程度，即人口的文化素质。一个地区悠长的文化传统和丰厚的创意“原料”，只有与高素质的人口结合起来，才能成为影响文化产业发展或布局的文化资源因素。世界上有一些曾经有过辉煌古代文明和深厚文化积淀的国家，其文化创意“原料”非常丰厚，但迄今文化产业却不够发达，究其原因，主要是当今的人口接受教育的总体程度不行，人口文化素质不高。像美国、澳大利亚这样的新兴移民国家，虽仅有几百年历史，但因人口接受教育的程度高，文化产业却很发达。

4. 意识形态资源因素

政治和意识形态也是一种资源，对文化产业布局也有很大影响。当今世界各国政治和意识形态体制是多元的，非常复杂。文化产业不仅仅是一个经济属性的产业，它以文化产品为经营对象，必然带有意识形态的色彩，其布局必然受各国政治体制和意识形态的影响。政治的集权和民主不同程度地影响着文化产业布局。政治和意识形态性质不同的国家对文化产业发展的指向多有不同。世界文化是多元的，各国有权维护各自的文化传统，为了维护国家文化安全，必然有选择地发展文化产业。宗教信仰对文化的发展不容小觑。

5. 体制资源因素

纵观世界各国文化产业布局的形成过程，可见存在不同的文化产业布局形成机制。有什么样的机制，就有什么样的布局。机制是由政治、经济和文化体制所决定的。从 20 世纪 30 年代起，苏联、中国、东欧和亚洲的一系列社会主义国家先后建立起了传统的计划经济体制。从严格的意义上讲，传统计划经济体制下谈不上文化产业的布局，因为它没有严格意义上的文化产业，充其量是文化事业的一种布局。当今世界上绝大多数国家和地区的文化产业布局是通过市场机制完成的，国家政府也通过产业政策对文化产业布局进行引导和指导。

必须指出的是，上述影响文化产业布局的诸资源因素中，体制因素是最为重要的因素，体制和机制是形成文化生产布局的深层原因。许多国家的文化产业布局的进程说明，体制因素的变化可以使文化产业的布局出现很大的改观，取得良好的布局效果。

第二节 文化产业聚集区

所谓文化产业聚集区，是指文化产业比较集中的地域空间。文化产业聚集区的形成，是文化产业地域分布格局中的一个特点，也是文化产业布局和文化产业发展的一大趋势。

一、文化产业聚集区的类型

文化产业的空间聚集现象日益引起人们的关注。讨论文化产业布局应当对文化产业在地域空间中的聚集进行详尽地分析，力求从中找出一些规律性的东西来。文化产业聚集区的类型如下：

1. 按地域空间范围划分的聚集区

按地域空间范围大小，文化产业聚集区包括以下三种情况：

一是世界地区性的文化产业聚集区。从全球看目前已经形成了北美（美国、加拿大）、欧洲（英国、法国、德国）、东亚（日本、韩国、中国）、大洋洲（澳大利亚、新西兰）四大文化产业聚集区。地区性的文化产业聚集区的文化产业产值在GDP中的比重比非聚集区要大，文化产业具有较强的实力，反映了全球性的文化产业分布格局。

二是城镇性的文化产业聚集区。比如，美国的洛杉矶、纽约、拉斯维加斯，英国的伦敦，法国的巴黎，德国的法兰克福，意大利的米兰、威尼斯，日本的东京，韩国的首尔，澳大利亚的悉尼，中国的北京、上海、杭州、深圳等，文化产业已经成为这些城市的支柱产业之一，成为城市发展的显著形象之一。另外在德国和北欧以及世界各地都有一些独具特色的文化产业聚集的小城镇，这些城镇的特点是财政收入和居民收入主要依靠文化产业。

三是街区性的文化产业聚集区。比如，美国洛杉矶的好莱坞电影业街区、纽约的演艺业百老汇街区、英国演艺业伦敦西区、法国巴黎的塞纳河畔街区、德国法兰克福会展业街区等均为世界闻名的文化产业聚集街区。有些城市有一个文化产业聚集街区，有些城市不止一个而是数个文化产业聚集街区。世界许多国家和许多城市在发展文化产业中都开始重视文化产业聚集街区的打造，在世界各地的大都市或城镇中，这样的街区如雨后春笋般出现。

2. 按行业分布划分的聚集区

按行业分布和聚集程度，文化产业聚集区包括以下两种情况：

一是综合性的文化产业聚集区。世界地区性的四大文化产业聚集区均为综合性的文化产业聚集区，文化产业聚集的大都市大多为综合性的文化产业聚集城市，部分街区性的文化产业聚集区也是综合性的。

二是行业性的文化产业聚集区。比如洛杉矶好莱坞、纽约百老汇、伦敦西区、法兰克福会展街区都属于行业性的文化产业聚集城镇或街区。德国和奥地利有许多音乐行业发达的小城镇或街区。世界各地文化产业聚集的小城镇或街区，大多属于各具特色的行业性聚集区。

二、文化产业聚集区的成因

文化产业聚集区是文化产业发展中的一个产物，其成因是多方面的，既有历史原因也有现实原因，既有客观因素也有人为因素，是多种因素综合作用的结果。总括起来分析，主要有以下原因：

1. 文化产业资源禀赋

文化产业聚集区在某一地区、城镇、街区形成而不在其他地方形成，与该地区、城镇、街区的文化产业资源禀赋有关。比如，正是由于一批美国电影制片人看中了美国南加州海岸带的地形地貌，才造就了好莱坞电影产业聚集区。世界旅游产业聚集区，大都因天然资源和人文资源遗存而成。

2. 文化历史底蕴传统

行业性文化产业聚集区的形成与聚集区所在地的文化历史底蕴传统有关。在欧洲不同地区形成的各具特色的文化产业聚集城市、城镇、街区，与法国的绘画雕塑艺术、英格兰舞蹈艺术、德国和奥地利的音乐艺术传统不无关系。文化历史底蕴传统也是文化产业资源禀赋之一。

3. 经济发展的实力

经济发展到一定阶段和水平所具有的实力是文化产业聚集区形成的最根本原因。世界地区性四大文化产业聚集区，皆为全球经济最发达的国家或地区。美国、澳大利亚都是新兴的移民国家，没有多少文化历史底蕴传统，但成了世界文化产业大国，主要原因是他们具有强大的经济实力，人均 GDP 较高。城市性文化产业聚集区，大多为各国首都或大城市，是因为这些城市为金融商贸经济中心，有利于文化与金融资本、与市场的融合。

4. 文化产业规划与政策

综观和分析文化产业聚集区形成的历史，我们发现其中或多或少都有国家政府引导扶持的原因，某些文化产业聚集区就是在国家文化产业发展布局规划指导下形成的。如日本和韩国动漫文化产业聚集带的形成就是政府指导的产物。世界许多国家越来越重视文化产业聚集区的建设，规划了一批文化产业园区。

三、文化产业聚集区建设的意义

1. 发展文化产业的突破口

每个国家或地区的文化产业资源禀赋不同，文化历史传统底蕴不同，经济实力不同，也就是发展文化产业的客观条件存在差异。任何一个国家或地区在发展文化产业的起步阶段，都不可能不顾客观条件，毫无选择地从地域分布上全面铺开，总要依客观条件在地域分布上有选择、有重点地发展。打造文化产业聚集区是发展文化产业现实有效的思路，是发展文化产业的突破口。

2. 提高文化产业竞争力的手段

观察分析文化产业发达国家的情况，它们的文化产业竞争力强，并不是其境内的每个省、州、市、县的文化产业都强。各国或地区的文化产业竞争力，可以说很大程度上表现在各类文化产业聚集区中。因此，建设好文化产业聚集区，是凝聚提高产业竞争力的基本手段之一。这是因为在聚集区中，发展文化产业的专业化协作生产、利用拓展文化产业内联和外联、推进文化产业结构高级化、聚集文化产业的人力资本都有有利条件，可以提高文化产业资源配置的效率，进而呈现出较强的文化产业竞争力。

3. 引领文化产业的发展

文化产业聚集区对其他地区文化产业的发展具有示范和引领作用。欧洲、北美文化产业聚集区引领着世界文化产业的发展，从一定意义上讲，东亚和澳洲两个文化产业聚集区的形成深受欧洲、北美的影响。许多城镇和街区文化产业的聚集区的建设和发展，借鉴了其他城镇型和街区型文化产业聚集区的经验。研究分析总结各层次、各行业文化产业聚集区的发展模式和经验，传播推广这些经验，是文化产业学者的一项重要任务。

第三节　文化产业布局原则

在经济全球化的时代背景下，文化产业布局实践在三个层次上进行：一是全球性布局，二是国家性布局，三是一个国家中的区域性布局。这三个层次上布局的成因、原则及其对布局效果评价的观测点是不完全相同的。

一、全球性文化产业布局

文化产业是一个行业众多和产品生产链复杂的产业，其中若干行业的产品的生产，可以细分并实行专业化的生产。这种专业化生产的分工可以越过国界进行国际性的分工合作。正如波音飞机的零部件可以分散在多个国家进行生产一样，文化产业的一些产品的中间产品，也可以分散在数个国家进行生产。在产业布局比较优势机制的引领下，文化产业的某些行业及其某些产品和中间产品的国际转移是经济全球化过程中的必然趋势，这样就形成了跨越国界的文化产业生产经营的国际分工和全球性文化产业布局。

全球性文化产业布局，是通过国际文化产业市场中的贸易实现的，是国际双边贸易或多边贸易机制下“双赢”或“共赢”的产物。各国文化产业资源禀赋不同，文化产业发展水平不同，大家有进行国际分工和贸易的需求，这种需求是以满足国家利益为目标的，是通过国际市场竞争实现的。如果说存在一个全球性文化产业布局命题的话，那么布局的原则只能是满足各国可以接受的利益（其中既有经济的利益，也有国家文化安全的利益）追求。通俗地说，通过国家间的公平交易，以“双赢”和“共赢”机制形成全球性文化产业布局。

只要贯彻国际文化产业贸易的公平原则，通过“双赢”或“共赢”机制形成全球性文化产业布局，布局的效果就是好的，使各国在互补中共同实现文化产业的发展，以造福于各国人民。如果违背了“双赢”或“共赢”原则，推行经济霸权主义和文化霸权主义，那么势必破坏国际文化产业市场应有的秩序，也就形不成各国可以接受的全球性文化产业布局，不利于文化产业的成长。

二、全国性文化产业布局

世界各国的国土面积是不一样的，讨论全国性文化产业布局主要是针对幅员辽阔的国家，而不是疆域比较小的国家。疆域比较小的国家也存在一个国家文化产业布局的命题，但布局的原则和效果，同疆域比较大的国家是不完全相同的。

疆域较大的国家中，各地区文化产业的资源禀赋不同，经济发展水平存在差异，人们文化消费支付能力存在差异。作为国家来讲，必须从国家全局上谋划布局文化产业。

第一，按照各地条件和基础，搞好文化产业行业和专业化分工的布局。比如，有的地方适合发展旅游业，有的地方适合发展高等教育，有的地方适合发展动漫产业，有的地方适合发展传媒业；或者从专业化分工看，有的地方适合某一文化产业产品的某一中间产品的生产，有的地方则适合终端产品的生产。国家经过论证，对各行业和产品生产链中产品的生产，通过产业政策和宏观调控政策加以引导，科学布点。

第二，按照产业布局理论、产业成长规律和优化资源配置的原则，确定好每个时期中重点发展的区域，并给予重点扶持。按照威廉姆斯倒 U 形曲线，在文化产业发展的初级阶段，按照效率优先的原则，国家在文化产业布局上必须支持文化产业已经先行一步的有优势的地区率先发展。到了中期阶段则要关注或扶持其他欠发达地区的发展，力争逐步缩小地区差距。从而在发展的更高阶段中，实现地区均衡发展，在全局上确保可持续发展。

第三，全国性文化产业布局当中，必须考虑国际文化产业市场因素，把国家文化产业发展放在国际文化产业市场大背景中统筹谋划布局，既要重视文化产业的外向度，利用好国外资源；又要考虑到国外文化企业向本国的“渗透”，保护好本国文化产业。布局一些以打入国际文化产业市场为目标的文化产业增长极、增长带，是十分必要的。

第四，国家文化产业布局要通过产业政策引导在市场资源配置的机制下完成。文化产业的投资者和文化企业要遵循国家文化产业布局规划，通过市场竞争，实现国家的文化产业布局。各地方政府，比如省、州政府在制定本省本州文化产业布局规划或相关政策时，必须服从国家整体布局规划，在国家布局总体框架内发展本省本州的文化产业。

三、区域性文化产业布局

衡量区域文化产业布局效果的主要指标为产业集中度，尤其在一个范围较小的特定的区域中，文化产业的聚集效应是布局文化产业的主要根据。文化企业在区域中的聚集形成了文化产业增长极、增长带。

区域文化产业布局的关键是在什么行业或领域上形成文化产业的增长极、增长带。回答这个命题，一是要调查分析透本区域中文化产业资源的条件、文化经济基础、外部环境条件；二是要尽量选择那些适合本区域上述条件又有产业、行业、产品吸纳力和辐射力的行业或产品，以便形成规模经济、关联经济、循环经济效应。

许多发展中国家的经济结构呈现城乡二元经济的状态，这些国家的文化产业布局面对着城乡居民对文化产品或服务不同支付能力的需求，因此就要从城乡居民不同文化需求的现实出发合理地布局文化产业。要重视并切实解决在大中城市发展什么、在县城和广大农村发展什么的问题。大中城市和县城农村文化产业发展绝不是一个模式，而是应当有所区别。

当前广大发展中国家特别是一些从传统计划经济向市场经济转型中的发展中国家都急迫地想大力发展文化产业，开始重视研究和实施文化产业布局。这些国家在文化产业布局中，应当把握好两个问题：一是要对区域内文化产业资源现状进行切实的调查研究，分析透国情，选准文化产业发展的突破口。这一条，只能从客观条件出发，而不可主观臆断。要研究文化产业成长的规律，按规律办事。在什么区域布点什么行业是有条件的。许多情况下，文化产业增长极、增长带的形成有其客观的条件，并不是人们主观主义所能形成的。二是要彻底摒弃传统计划经济时期政府直接办文化的思维，政府要靠产业引导政策和宏观文化经济调控体系布局文化产业，不可再直接承办具体的文化项目和文化企业。总之，要相信市场的力量，重视价值规律看不见的手的作用，要通过市场机制而不是行政命令来实现文化产业布局。

四、文化产业布局效果

1. 文化产业布局效果的内涵

所谓文化产业布局效果，主要是指文化产业布局使文化产业在空间中的集中程度和均衡程度的变化。一个国家或地区的文化产业空间集中度高，说明该国家或地区中的不同地域之间文化产业发展的不平衡程度大。反之，一个国家或地区文化产业空间均衡程度高，则说明该国家或地区中的文化产业集中度差。

一个国家或地区文化产业的空间集中度或均衡度是高一些还是低一些好，不能简单而论。文化产业空间集中度和均衡度，要视各国或各地实际情况，视文化产业的阶段性发展情况，认真判断其应当处在什么样的发展战略当中。一般来说，在文化产业发展的初期要实施梯度发展战略，集中度要大一些；到了中期则应转向实施均衡发展战略，均衡度要大一些。

总的来讲，判定文化产业布局效果如何，一是从全局上看是否推动了文化产业的增长；二是从全局上看是否推动了文化产业结构升级；三是从全局上看是否更好地满足了人们对文化产业产品或服务的需求；四是是否提高了文化产业的外向度，打入并提高了在国际文化产业市场上的份额；五是是否充分并合理利用了各地区文化产业资源潜力，发挥了各地区的积极性，确保了文化产业的可持续发展。

2. 文化产业空间集中度

文化产业空间集中度反映了文化产业在地域空间内的集中程度。计算公式如下：

$$C=(1-H/T)\times 100$$

式中：C 为集中程度指数（在 0～100 之间波动）；T 为区域内总人口或总面积；H 为占区域半数的地区人口或面积。一般认为，$C\leqslant 50$ 意味着布局相当分散，$50<C\leqslant 70$ 为比较平衡，$70<C\leqslant 90$ 为相当集中，如果 $C\leqslant 90$ 则为高度集中。通过 C 的动态变化的对比，人们可以判断出文化产业布局的效果。

3. 文化产业空间均衡度

运用洛伦兹曲线可以分析判断文化产业空间均衡度，它借助一个正方形内指标累计百分比的曲线拱与对角线间形成的面积反映文化产业空间分布的均衡或不均衡程度。图 14－1 中，横轴为不同布局时期的文化企业累计数，从小到大排序。纵轴为不同布局时期文化产业市场占有率，从小到大排序。一般认为，洛伦兹曲线与正方形的对角线重合意味着分布完全均衡；曲线与正方形的底边和右边重合（构成底线和右边线）则为绝对不均衡；曲线靠近对角线均衡度高，远离对角线均衡度低。通过洛伦兹曲线的弯曲程度的动态变化的对

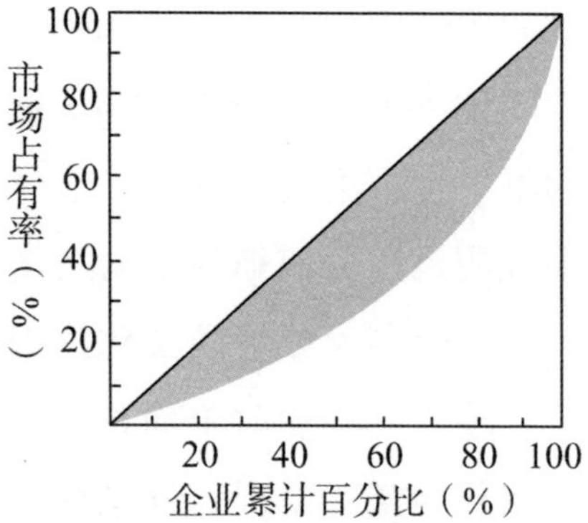

图 14－1　洛伦兹曲线

比，人们可以判断出文化产业布局的效果①。

五、防止文化产业园区同质化碎片化

中国15年来文化产业园有了较大的发展，但也暴露出一些问题，主要是同质化和碎片化。若干没有条件或条件不成熟而盲目上马的文化产业园区，已经改变了产业功能。所谓园区同质化，包括行业同质化、产品同质化或功能同质化。比如，近年来建立了不少动漫产业园区，但大部分不成功；搞了不少大型实景艺术表现项目，但大部分亏损；古镇文化产业园区一度很热，但有些效益并不理想；乡村文旅休闲小镇建设，也呈现雷同的倾向。因此，要重视解决和防止文化产业园区同质化的问题。中国地大物博，人文资源千姿百态，本应具有多样的文化产业园区建设基础，关键是要搞好前期论证和科学规划，把园区搞出各自的特色。

园区同质化也带来了园区碎片化的问题。所谓文化产业园区碎片化，主要指同类文化产业园区规模小和过于分散。这些年，中国建立了不少文化产业园区，其孵化功能和规模却没有一个达到世界一流的水平。因此，应当发挥政府规制和政策的引导作用，采取市场化运作模式，聚集起全国资源建几个大型的文化产业园区，积极发挥孵化平台的聚集功能和规模文化经济效益。中国东方兵学充满了大智慧，中国应当建一座大型的东方兵学文化产业园区，集军事家、著名战役、兵器展示和军事论坛、军事夏令营（军旅体验）、青少年国防教育、军事纪念品、军事体裁影视放映为一体。这对增强民众的国防意识，培育军队后备人才，维护国家安全，是一个深谋远虑的很有意义的构想。

---

① 臧旭恒、徐向艺、杨蕙馨：《产业经济学（第三版）》，第385、387页。

第十五章　文化产业政策

所谓文化产业政策，是指政府为指导和调节文化产业活动所制定的目标、规则和措施。制定和推行文化产业政策是政府文化经济管理职能中的一种表现。文化产业政策的主体是政府，被文化产业政策影响或作用的客体是文化产业（文化企业）与公众。

第一节　文化产业政策功效

关于现代文化产业政策的争论，从现代文化产业政策诞生之初就没有停止过。这个争论，是关于国家干预经济和产业政策功效的争论的一部分。

一、产业政策的有效论与有限论

1. *产业政策有效论*

第二次世界大战后，日本和韩国政府曾大力推行产业政策，20世纪六七十年代两国经济呈现飞跃式发展。当时的日本政府主要是通产省和一批学者认为，这应很大程度上归功于“二战”后日本推行的产业政策。后来的比较制度分析理论研究学者认为，“二战”后日本与韩国的产业政策之所以有效，根源在于政府的产业政策与市场机制有机地结合起来了，产业政策推动了市场机制的完善，促进了市场竞争，归根结底是市场机制发挥了作用。

2. 产业政策有限论

有不少的经济学家认为，日本在20世纪六七十年代的经济腾飞，不能证明日本政府产业政策取得了巨大成效，因为支撑当时日本经济高速增长的还有许多其他因素。有的专家指出，1960～1979年日本产业政策对制造业增长的作用仅为0.99个百分点，1966～1985年韩国经济增长率为年9%左右，产业政策对经济增长的作用仅为0.2个百分点。可见，产业政策对经济发展和增长的作用是非常有限的①。

二、关于产业政策功效争论的评述

产业政策有效还是有限的争论，实质上是对国家干预主义的争论，因为它始终围绕“政府有没有必要、有多大必要以及该如何干预产业活动”展开。世界各国半个多世纪以来推行产业政策的效果说明，产业政策如果建立在完善的市场机制基础之上，就可发生一定（或者说有限度）的积极效用；如果“侵犯”或替代了部分市场机制，非但无用而且有害。

产业政策的效用是有限的。政府是文化产业政策的主体，从前面关于政府缺陷和失灵理论的讨论中，已知政府不是万能的，政府也存在信息的不完全性，政府也存在代表推举它上台的选民“集团”的私利，政府公务人员也可能寻租，政府也可能言而无信。在这种情况下，不能保证政府的产业政策一定是科学的，一个不科学的产业政策，对产业发展和社会福利增长的效用是要大打折扣的。

假定政府的产业政策是科学的也很难完全奏效，这是因为在自由企业制度下，企业不可能百分之百地跟进政府政策，抗拒政府政

① 臧旭恒、徐向艺、杨蕙馨：《产业经济学（第三版）》，第492页。

策是很平常的事情，总有一批企业凭借自己的判断各行其是。

三、文化产业政策的功效分析

人们对产业政策的功能、作用和绩效需要有一个恰当的估价。就文化产业政策而言，这有其存在的合理性。从哲学上讲，存在的东西，就有其存在合理性的一面；但存在的东西，未必都是合理的；当条件发生了一定变化时，原来看似合理的东西可能就变为不合理，不合理的东西必须加以改变。

现代文化产业政策作为产业政策中的政策之一，它的形成与现代产业政策的总脉络是一致的，它是凯恩斯国家干预经济主义的产物。考察世界各国文化产业发展的历史，不难发现文化产业政策作为文化产业政府管制的一种手段，一方面对文化产业的产业增长、结构升级、产业布局和产业发展起到了一定的积极作用；另一方面，由于政府在利用文化产业政策管制中，确有“侵犯”和替代市场机制的表现，政府“意志”导致文化产业发展走了一些弯路，使投资者蒙受了损失，这种例子并不少见。

政府官员往往扩大文化产业政策的功能作用，文化产业实业家往往贬低政府的文化产业政策的功能作用。因此，文化经济学家应以科学求真的态度、客观的实证分析、理性的思考研究，准确地认识文化产业政策的功能和作用。总的来说，文化产业政策是有积极作用的，这种作用依时间、地点、范围、领域、条件的不同特别是政策本身的科学程度呈现出不同的效果；文化产业政策也会发生失误，失误的政策将对文化产业发展起到负面作用；从世界各国文化产业政策的整体效果上分析，从较长时间跨度上观察，文化产业政策的功效是有限的。综上所述，不重视文化产业政策的作用或盲目扩大作用都是有害的。

第二节　文化产业政策类型

在讨论文化产业政策的类型之前，须说明一下文化政策、经济政策和文化产业政策的关系。这三种政策针对的对象不同，文化政策针对文化，经济政策针对经济，文化产业政策则是针对文化产业。由于现代文化政策和现代经济政策形成在前，现代文化产业政策形成在后，也由于现代文化产业是文化与经济的一体化，所以上述三大政策在政策体系中的地位是不同的。文化政策和经济政策是更高层次更广泛的政策，文化产业政策则是较低层次更具体的政策。文化政策和经济政策在文化产业中的运用（当然这种运用不是原封不动，而是针对文化产业的特征和具体情况）形成了文化产业政策。文化产业政策是文化政策和经济政策框定中的延伸和具体运用，受文化政策和经济政策的约束，当然也是对文化政策和经济政策的丰富和发展。文化政策、经济政策和文化产业政策，政府都可以把它们拿来作为进行文化产业管制的手段。在有些国家实际上很难严格区分开文化政策、经济政策和文化产业政策。有的国家没有文化产业政策这个“称谓”，就是文化政策或经济政策。因此，可以这样去理解，凡是针对文化产业或者是文化产业适用的文化政策和经济政策，都可视为文化产业政策。

一、市场主导型政策

美国是实行市场主导型文化产业政策的典型国家，也是文化产业最为发达的国家。

美国政府没有文化部，对文化产业政府基本上采取“无为而治”的政策。美国设有国家艺术拨款委员会，该机构的功能是通过拨款资助和开展影响立法的活动等发挥领导作用，鼓励和支持文化产业的发展。该机构的拨款大多用在表演和展览艺术领域。美国政府规定，电视产业中非美国公民持股不能超过一定比例，非商业电视台必须有政府的少量资金，以确保政府“有话语权”。

美国的各类文化单位和文化企业大多为私人所有，自由运作，独立经营，自我管理。美国文化产业产权清晰，产权主体格局多元分散，文化的商业化、市场化程度很高，凭借市场价格信息传导机制，在市场竞争中由“看不见的手”自动配置文化资源。政府基本上不用或极少利用任何手段对文化经济进行干预，放手让社会和市场的力量去推动文化产业发展。

美国是一个诸如文艺基金会、教育基金会、电影制片人和发行人协会等文化类基金会、学会、研究会、文化艺术团体及其文化中介服务组织非常发达的国家，这些基金会、学会、文化艺术团体、文化服务中介组织的性质属于非政府组织，承担了美国绝大部分的文化活动或文化产业的产前、产中、产后的社会化服务工作。美国政府鼓励基金会、公司和个人向文化产业投资，支持文化产业发展。政府对文化产业为数不多的资金扶持，是通过文化基金会、团体等非政府机构组织审核发放的，并且起到了引领州一级政府资助和社会捐助的作用。

美国重视通过立法来支持保护文化发展，专门制定了新闻法、版权法、图书馆法、保护志愿人员法等各种文化法规。美国非常强调知识产权的保护，营造市场经济的法制环境，推动了文化产业产品内容的繁荣，使美国这样一个历史较短、文化底蕴并不深厚的文化资源“小国”，变成了一个文化产业内容产品丰硕的文化产业强国。

二、政府引导型政策

所谓政府引导，是指政府用行政力量进行引领和指导，而不是用立法、法规形式进行强制性规制。日本是实行政府引导型文化产业政策的典型国家，也是文化产业比较发达的国家。

日本在20世纪末提出了文化立国的战略，制定了文化产业规划，引导帮助产业界向文化产业领域投资，选择具体的发展行业、方向、规模，并且出台了各种刺激性的政策和扶持措施。日本文化产业政策的显著特点是：在充分发挥市场机制的前提下，通过行政力量有指向性地引领指导文化产业发展。日本文化产业政策指向明确、具体且政策措施到位，同时又充分尊重文化企业和公众的“个性”决断，不是强制性的，所以成效比较明显。

日本在20世纪五六十年代非常重视发展重化工业，是一个重化工业大国。20世纪90年代后，日本在经济结构调整中，把产业发展的着力点放到了新兴产业特别是信息工业和文化产业方面来，并加强了行政性引导。日本政府针对文化产业（主要是创意产业内容产业）出台了一系列政策，通过信贷、税收、补贴等优惠手段，促进创意企业和动漫企业的建立和发展，为文化产业发展创造了良好的环境。

日本重视资金在产业调整和产业发展中的作用。为了支持文化产业的成长，政府规定文化产业在享受信贷、税收、补贴优惠政策的同时，还享受“新兴产业研究、投资和科学技术投资”“文化投资”等政府资金支持，这样文化产业就获得了比较雄厚的财力。这是日本文化产业迅速成长的重要原因之一。

日本是一个非常重视科学技术的国家，对世界先进科技产业和成功经济模式的模仿与创新能力很强。当日本发现文化艺术与IT产业的结合有广阔的产业发展前景时，就着力引导文化艺术产业投资与IT产业投资有机地结合起来，使许多企业在产品结构调整中向娱乐、信息和现代传媒的交融上发展，从而使信息传输业、网上游戏业、动漫业等迅速成长，并形成了具有世界强势竞争力的产业。

日本同样重视为文化产业的发展和运行营造法制环境，逐步建立起了一套比较完备的知识产权保护体系，严厉打击知识产权侵权行为，保护文化产业创意，保护文化产业内容，保护动漫产权。另外，日本政府也支持鼓励文化中介服务组织的成立和发展，并通过文化艺术中介服务机构引导文化产业的发展。

澳大利亚也是一个推行政府引导型文化产业政策的国家。1994年澳大利亚联邦政府出台了文化政策条件和文化产业发展方案。澳大利亚的文化产业获得了长足发展，成为文化产业比较发达的国家。

澳大利亚政府强调文化产业对经济发展的重要性，重视文化产业发展，提出了文化产业发展的引导性方案，制定了促进艺术与产业相结合的实验性计划，制定了国家文化观光策略等以促进旅游业的发展。

澳大利亚政府坚持把教育作为产业运作，着力开拓各个层次的教育市场，从世界各地吸收学生，推动教育产业的发展。

澳大利亚政府重视市场机制的作用，利用商业发展计划改进和促成文化的商业化运作，以发展某些文化产业行业，比如大力发展旅游营销和信息传播网上产业。澳大利亚国内文化市场有限，所以十分重视文化产业的外向度，采取各种行之有效的外销策略，尽力扩大在国际文化市场中的份额。

澳大利亚制定了若干包括政府补贴在内的扶持文化产业的措施，重视为文化企业搞好服务，通过州一级政府、社区和民间社团宣传其服务政策，让私人和文化企业了解并利用好政府的扶持政策。

三、政府主导型政策

所谓政府主导型文化产业政策，是在市场经济体制下的政府主导。英国、法国和德国以及东北亚的韩国是实行政府主导型文化产业政策的典型国家，他们也是文化产业比较发达的国家。

英、法、德、韩诸国重视完善文化资源的市场配置机制，支持社会资本进入文化产业，鼓励文化产业竞争，努力培育平等的文化产业市场秩序。1993 年，法国率先提出“文化例外”的主张，奉行文化多样性原则，其实质是保护本国文化免遭其他文化的侵袭，这一主张的提出在某种程度上为主要支持国文化产业的发展铺平了道路。

强调国家对文化经济的干预，重视政府对文化产业的规制作用，通过政府管理职能主导推动文化产业的发展。欧盟许多国家的政府都十分重视对文化企业直接或间接的资助扶持。其中，比较典型的是法国，从 17 世纪末波旁王朝开始，法国就形成了国家资助文化艺术的传统，迄今每年仍以巨资扶持高雅艺术、保护文化遗产、对外展示辉煌的法兰西文化。1946 年英国成立了国家艺术局，政府开始通过该局拨款直接资助各项文化活动。1992 年，英国成立文化、传播及体育局，负责对艺术、广播、休闲产业进行管理，同时也负责对图书馆、博物馆和美术馆等公共文化的管理。1998 年，英国出台了《英国创意工作路径文件》，从组织管理、人才培养、财政支持、经营机制和风险规避等方面形成了一系列政策，成为国际上架构最完整的文化产业政策，可见其政府的主导作用。德国实行集权式的文化管理，文化管理权主要集中在各级政府行政部门手中，联邦议会设有文化事务委员会，联邦文化基金会由政府直接管理。德国文化事务的集权式管理的方式很独特，国家级的文化艺术中心、图书馆、档案馆、博物馆分散于全国各地，由所在地城市和乡镇维持。20 世纪末的亚洲金融危机对韩国经济带来了巨大的冲击，显现了韩国产业结构脆弱的一面，为了摆脱金融危机造成的损害，韩国实行产业结构调整，把产业发展的重点转向新兴的文化产业，制定了支持鼓励以动漫为标志的整个文化产业发展的一系列政策，推动政府主导的文化产业发展战略，并且一举成功，不仅从亚洲金融危机的阴影中走了出来，而且成了一个文化产业比较发达的国家。

英、德、法、韩诸国的政府主导型产业政策与美国市场主导型文化产业政策的区别主要表现在两个方面：一是政府对文化经济干预的方向、程度、力度不同。美国政府奉行对文化产业基本不干预、放手让市场去做的政策，只是对媒体实行有限的意识形态规制。英、法、德、韩政府则是直接或间接地干预文化经济，主导文化产业的发展。二是政府对文化产业“内容”的规制不同。美国是一个移民国家，文化底蕴并不深厚，文化开放性很强。美国对大众文化的理解与英、法、德、韩不同。美国对文化创意及其内容，限制不多，雅俗共存，讲求娱乐性。英、法、德、韩都属于具有浓厚民族文化传统的国家，英国皇家高雅的表演艺术、法兰西绘画雕塑等传统艺术、德国的传统音乐和独特的乡村文化、韩国带有儒学色彩的东方文化，铸就了它们各自的民族文化自尊。这些国家在认识到文化产业是经济发展重要推动力量的同时，也有一种保护民族文化的自觉。经济发展的动因与民族文化自尊的结合，反映在对文化产业内容规制上，就是在主张休闲娱乐的同时也讲求高尚雅致，反对低级，害怕文化的过度商品化、市场化招致弊端。这是形成政府主导的文化产业政策的原因之一。

四、转型国家的文化产业政策

除了以上三种基本类型的文化产业政策外，目前还有像俄罗斯、中国、越南等从传统计划经济向市场经济体制转型国家的过渡型文化产业政策。所谓过渡型文化产业政策，是指从原来政府行政指令性的直接承办文化事业，向发挥市场机制作用、政府宏观调控或政府引导发展文化产业（文化企业）转型的产业政策。这一政策转变的核心问题有三点：一是文化产业资源配置机制的背景变了，从传统计划经济体制向市场经济体制转变；二是政府文化管理职能须相应地转变，要从直接办文化向间接管文化转变；三是政府的公共文化服务职能任务重了，不仅仅表现为公共性文化设施建设和公共性文化服务活动中，还增加了为文化企业发展创造良好的市场条件和政策环境一条。

总的来说，传统计划经济体制向市场经济体制转型的国家，文化和文化产业政策的转型过渡期将是一个十分“痛苦”且步履维艰的过程。由于国情和传统意识形态惯性的原因，文化政策和文化产业政策过渡指向目标，大多为政府主导型，也可能是政府引导型，一般不会过渡到市场主导型。这类国家发展文化产业，首先要把体制改革放在首位，着力转换文化资源配置的机制，同时转变政府管理文化的职能，而且要始终关注国家文化安全问题。

第三节　文化产业政策体系

各国文化产业政策通常为一个体系。研究文化产业政策体系，对于比较各国文化产业政策的功效是必要的，也有助于判断各国文化产业政策发展趋势。

一、文化产业政策体系的划分

1. 按政策功能划分的文化产业政策系统

从政策功能上，文化产业政策可划分为两个子系统：

第一个子系统为文化产业引导政策，这是建立在文化产业发展战略基础上的文化产业发展政策，包括产业发展目标、产业增长、产业布局、产业结构升级、重点发展行业以及步骤和措施等。该子系统还可细分为产业引导、产业扶持和产业保护政策等更低一级的政策子系统。文化产业引导政策多数以政府文件或政策咨询研究报告的形式出现，具有指导性和引领性。

第二个子系统为文化产业运行宏观调控政策体系，该体系往往与国民经济宏观调控体系交织在一起，也可以说是国家宏观经济调控体系中适合调控文化产业运行的条款体系。国家宏观经济调控政策，主要包括调整供求关系的政策、防止和治理通货膨胀的政策、支持和调节劳动就业的政策以及调节国际收支的政策。

2. 按政策作用对象划分的文化产业政策系统

按政策作用的对象，文化产业政策可划分为两个子系统：

第一个子系统为涉文化子系统，即国家政府的文化政策中涉及文化产业的那些条款，或者说文化产业政策中专门针对文化问题的那些条款，共同构成了文化产业政策的涉文化子系统。

第二个子系统为涉经济子系统，即国家政府的经济政策中涉及文化产业的那些条款，或者说文化产业政策中专门针对经济问题的那些条款，共同构成了文化产业政策的涉经济子系统。

3. 按行业划分的文化产业政策系统

各国对文化产业行业的分类存在很大差别。如果按行业划分，把针对每个行业的文化经济政策梳理出来，或者把国家政府文化政策、经济政策和文化产业政策涉及每个行业的政策条款集中起来，这就是按行业划分的文化产业政策的子系统。从中可以分析出政府对不同文化产业行业的政策区别。

需要说明的是，各国文化产业政策体系的差别很大，越是对文化产业干预程度大的国家，文化产业政策体系越复杂，干预程度小的国家相对简单。

二、文化产业政策发展趋势

从世界范围观察，文化产业政策发展呈现以下几点趋势：

第一，不管文化产业政策是有效还是有限，政府都会利用文化产业政策哪怕是有限的作用去推动文化产业进一步发展。当然，这不是说像美国这样典型的市场主导型文化产业政策的国家，还要出台什么新的文化产业政策或者强化政府对文化经济的干预。美国对文化经济不干预或少干预本身就是一种文化产业政策，它还将会坚持这种政策，继续这种政策。西欧英、法、德的政府主导型文化产业政策，他们认为是成功的，并且有效地抵御了美国文化产品的“入侵”，保持了本国民族文化传统，维护了世界文化的多样性，他们会保持现行政策的连续性，欧盟也会保持现行政策的连续性。

第二，通过实施文化产业政策实实在在推动了文化产业发展并获得了巨大实惠的国家，比如日本、韩国、澳大利亚等国家，不管文化产业政策是政府引导还是政府主导，在经济全球化背景下、文化产业与IC产业相融合并充满创意竞争、技术竞争和国际市场竞争的情况下，会继续充实完善其文化产业政策。政策指向主要是提高文化产业和产品（或服务）在国际市场上的竞争力，鼓励文化企业在国际文化市场上占有更大的份额，为此可能在信贷、税收、补贴、进入退出和对外文化贸易等方面做出一些新的政策调整，有可能在一些方面强化政府干预，或者在另外一些方面弱化政府干预。不管是强化还是弱化政府干预，根本目的都是提高文化产业的活力，包括行业结构的升级、向国外转移某些产品的生产、与欧美争夺国际市场等。

第三，广大发展中国家为了国民经济发展的需求，意识到必须大力发展文化产业，以满足人民日益增长的文化需求，同时也为了扭转在国际文化市场中“人强我弱”的被动局面，会把发展文化产业提高到文化和经济发展的战略地位中来。广大发展中国家文化产业政策的变动呈现三种情况：一是有些国家会进一步开放文化市场，吸引外资发展本国的文化产业；二是有些国家会有保留地对外开放，主要依靠本国资源，有选择地发展文化产业，同时防止外国的文化渗透；三是从计划经济向市场经济转型的国家，则面临新建文化产业政策体系，推动大量文化事业单位向文化企业转制等问题。

第四，伴随文化产业进一步在世界范围内的发展与繁荣，伴随国际文化贸易的增长，为了维护本国文化企业的利益，各国会更加强调知识产权的保护，同时也会不断完善本国的知识产权规制，并加强反对盗版等侵权活动的国际性合作。为此，各国将重视建立和完善这方面的政策，以维护国际文化市场的秩序，为文化产业发展营造良好的国际和国内环境。

第五，维护国际文化经济贸易合理制度的要求会越来越强烈。个别文化经济强国利用文化经济贸易强加给他国意识形态价值观，进行颜色革命的做法，将越来越不得人心。个别文化经济强国不可能放弃他们利用文化经济贸易对他国进行文化入侵的伎俩，但是他国则将出台一系列政策加大防范。西欧是最早防范美国文化产业内容入侵的地区之一。广大发展中国家文化产业的兴起和发展，抵御国外文化入侵的能力也会逐步增强。这是文化产业政策发展的重要趋势之一。

第十六章　文化产业效益

贯穿文化产业组织理论的主线是优化文化产业资源配置，环绕这条主线我们从文化消费和文化供求开始，先后讨论了文化市场结构、文化企业行为、文化产业投资、文化产业人力、文化市场绩效、文化产业发展、文化产业结构、文化产业关联、文化产业布局、文化产业政策等。把这些讨论归结到一点，就是为了获得好的文化产业效益。

第一节　文化产业效益内涵

文化产业效益，是指文化产业运营带来的社会福利。文化产业效益，既通过产出的数量、质量和结构反映出来，也通过投入与产出的比率反映出来，并且主要通过投入产出比率反映出来，因为只有投入与产出比率，才能深刻地反映文化产业资源配置的优劣。资源的消耗、利用和保护事关社会福利的永续增长。

一、文化产业产生的福利

每个产业的运行都给社会带来福利，第一产业主要给人们带来食物和提供轻工业的原料，解决人们的衣、食、用等福利问题；第二产业主要给人们带来一些生活必需品和提供农业以及产业的能源、设备和生产资料，解决人们的行和用等福利问题；第三产业则主要解决人们的工作和休闲及其衣、食、住、行、用中所需等福利问题。每个产业的产出在给人们提供上述具体福利的同时也带来了社会财富的增长，“产出”了国民收入，创造了就业机会，推动了人类文明。

文化产业给人们带来的福利如下：

1. 文化福利

文化产业运营带来的文化福利是其所带来的福利的主要部分，也就是文化产业在提升国家文化软实力和满足人们精神文化消费需求上所做的贡献。

首先，文化产业发展提升了国家文化软实力。国家发展最终的较量是软实力的较量，文化产业的发展促进了文化与科技的融合。文化产业的发展，使文化创意和现代传输手段得以普遍运用，在一个方面提升了国家软实力，给人们带来福祉。

第二，文化产业发展增强了国民素质。国民素质是国家最根本的软实力，是第一软实力。一方面，教育产业作为文化产业中的一个大产业，其发展和运营对增强国民素质发挥着直接的效益。从一定意义上讲，发达国家之所以发达是重视教育产业发展的结果。另一方面，文化产业带动了文化消费，文化消费又从诸多领域和方面提高了国民素质。

第三，文化产业发展巩固了民族文化艺术。绝大多数国家都有自己传统的民族文化和民族艺术。民族文化是一个民族得以传承并至今立足于世界民族之林的根本，是民族凝聚力的灵魂。文化产业在继承、丰富和发展民族文化艺术方面，在进行爱国主义教育、民族自尊自强教育、促进民族团结与社会和谐方面，在形成民族核心价值体系方面有着不可低估的重要作用。

第四，文化产业发展促进了各国的文化艺术交流。在文化产业国际贸易中，主导方面是各国民族文化的相互学习、借鉴与交融，发展人类先进的文化。人们常讲，民族的就是世界的。文化交流之所以必要，就是因为世界文化存在多样性的现实。有差异，才有交流。交流的结果，是相互理解、相互学习、交融共存。文化产业国际贸易在促进文化艺术交流中发挥了一定的作用，并且作用越来越大。

2. 经济福利

文化产业运营带来的经济福利，表现为在提升国家经济实力和满足人们物质财富需求上所做的贡献。

首先，文化产业增长拉动了国民经济增长。文化产业增长对国民经济维持一定的增长率有重要作用。发展中国家把发展文化产业作为新的经济增长点，就是看到了文化产业的这个作用。

第二，文化产业的不断发展或发展到一定阶段，昭示着文化产业结构和布局的优化，也即文化产业资源配置的优化，整个产业的投入产出比率趋向更加合理化，提供更多的文化产品，创造更多的财富，获得更多的国民收入。

第三，文化产业发展促进了国民经济结构升级。文化产业作为第三产业的一部分，它的发展和规模扩张能够有效地提高第三产业在国民经济中的比重，使第一、第二、第三产业的合理化，提升国民经济整体质量，推动经济增长方式的转变，提高国家经济竞争力。

3. 其他福利

文化产业效益，还表现为在扩大就业、维护国家文化安全和促进世界和谐与和平事业上所做的贡献。

首先，就业是人们最基本的福利要求。如同任何一个产业的发展和扩张一样，文化产业的发展会提供更多的就业岗位，为公民的充分就业做出贡献。

第二，文化产业的发展，昭示着国家文化力量凭借文化产业得到了增强，提高了国家文化竞争力，这样就可以抵御不利于本国文化安全的文化侵扰，从而维护国家文化安全。

第三，文化产业所承载的文化的国际交流交往，只要不是推行文化霸权主义，就可以使各国人民包括各种不同宗教信仰和各种意识形态的人群，增进相互理解，巩固发展“和平与发展为主题”的国际格局，减少冲突和战争，给人类带来和谐与安宁。

综上所述，如果文化产业在文化、经济和社会其他领域带来了上述福祉，就是正面的效益；如果相反，则是负面的效果。

二、影响文化产业效益的因素

文化产业效益，一般可理解为所有文化企业的投入之和与产出之和的比率。这当中人们发现了三个现象：一是所有文化企业投入之和绝对量的不同，使投入产出比相去甚远；二是所有文化企业投入之和的构成不同，使投入产出比相去甚远；三是所有文化企业投入之和绝对量相同，也会使投入产出之比差异非常大。日常生活中一个生命“机体”，纳入食物的量不同，产生的热量不同，做工的效果不同；纳入食物的构成不同，营养不同，做工的效果不同；纳入食物的量和构成相同，但由于机体本身的吸收、消化和免疫能力上的差异，做工的效果也会有很大差异。显而易见，一个生命“机体”吸收食物的绝对量、食物的构成及其生命体自身的机制，是影响其做工“能力”和效果的三大因素。这与影响文化产业投入与产出之比的因素，道理是一样的。

1. 影响文化产业投入的因素

所谓文化产业投入，主要是指文化产业生产要素投入，这其中包括创意、资金、技术、劳动、设施和土地等。影响文化产业生产要素投入的因素为投入总量和投入构成。文化产业在不同的发展阶段、发展水平和发展规模上生产要素投入的总量是不同的，影响文化产业投入总量的是文化产业资源存量和文化产业发展阶段、水平和规模。通常情况下，文化产业投入总量越大，产出总量越大，呈现同比增长现象，效益越好。但是，并非决然如此，当越过了一定的临界点，再追加投入总量，产出虽然也增大，但不再是同比增长，呈现边际效益递减。文化产业投入构成，是指文化产业诸生产要素投入中的比例关系。影响文化产业投入构成的主要因素是文化产业的行业结构、产品结构和产业布局。因为不同的行业和产品的生产中，投入的生产要素不同。产业布局对投入构成的影响，主要是因为不同区域中的文化产业资源禀赋不同，会影响行业结构或产品结构。一般来说，文化产业行业结构和产品结构越是符合文化产业资源存量的实际，即从实际出发发展文化产业，产业效益就好，全产业行业结构、产品结构越是高级化，产业效益越好。

2. 影响文化产业产出的因素

生产要素投入和经济效率是影响文化产业产出的两大因素。现实生活中，文化产业投入总量和投入构成不变，产出的差异也会非常大，根源在于文化经济运转的效率不同。文化经济运转效率又与文化产业资源配置机制、文化产业政府规制政策等“制度”层面的因素有关。文化经济的运转效率在很大程度上取决于文化产业组织。文化产业组织深受文化体制和经济体制的影响，有什么样的政治、文化和经济体制就会有什么样的文化产业组织制度。文化产业资源存量既定，经济体制不同，文化产业的发展水平不同，给社会带来的福利不同。两个有基本相同的文化产业资源存量的国家，由于制度不同，文化产业发展相去甚远，产业效益也就相去甚远。文化经济体制是影响文化产业产出的最根本的因素。

第二节　文化产业效益指标

文化产业是文化企业的集合。文化产业的效益从两个层面上反映出来：一是文化企业的效益，二是文化产业全产业的效益。文化企业的效益是文化产业全产业效益的基础，如果所有文化企业的效益好了，全产业的效益必然也好。但是现实生活中，文化企业不可能个个处于良好的经营状态中，总有一部分企业经营得好，一部分企业经营得差，从而在全产业层面上反映出效益状况。文化产业的效益要从文化企业和全产业两个层面上去考察，文化产业的效益指标包含文化企业效益和文化产业效益两组指标体系。

一、文化企业效益指标体系

文化企业效益指标体系，是指反映文化企业规模、经营水平、产出收益、成本消耗的一系列经济指标。这一组指标，针对文化企业，反映了文化企业的创意谋划决策能力和生产经营绩效。文化企业效益指标体系同其他企业的经济指标体系大致相同，其中主要包括以下指标：

1. 产值

文化企业产值，是指反映报告期内文化企业发展规模和经营水平的重要经济指标之一。

产值 = 增加值 + 中间消耗

不同行业文化企业产值的计算方法是不相同的。新闻出版、文化艺术、广播影视音像、信息传输和娱乐服务行业企业的产值是其营业收入。文化品制造业文化企业的产值则是工业产值 + 应交销项税。文化品批发零售业企业的产值则是销售毛利 + 应交增值税。

2. 增加值

文化企业增加值，是指反映报告期内企业新创造价值的指标，它是文化企业生产经营活动的最终成果，是企业的核心指标之一。

增加值 = 产值 − 中间消耗

增加值 = 从业人员劳动报酬 + 利润总额 + 营业税金

$$+（期末固定资产原值 \times 折旧率）$$

3. 销售利润

文化企业销售利润，是指反映报告期内企业经济效益的核心指标。

$$销售利润 =（产品销售收入 + 提供劳务收入）-（成本 + 费用 + 税金）$$

4. 资金利税率

文化企业资金利税率，是指反映报告期内企业资金运用水平、分析资金投入效果的重要经济效益指标。

$$资金利税率（\%）= \frac{报告期累计实现利税总额}{\begin{matrix}报告期流动\\资产平均余额\end{matrix} + \begin{matrix}报告期固定\\资产净值平均余额\end{matrix}} \times 100\%$$

5. 成本费用利润率

文化企业成本费用利润率，是指反映报告期内企业实现利润与成本及费用之间关系的经济效益指标，体现了企业创意、经营和管理水平。

$$成本费用利润率（\%）= \frac{报告期实现利润总额}{报告期成本费用总额} \times 100\%$$

6. 劳动生产率

文化企业劳动生产率，是指反映报告期内企业平均每个职工创造的增加值，体现了文化企业劳动投入的经济效益指标。

$$劳动生产率（元/人）= \frac{报告期累计增加值}{报告期全部职工平均人数}$$

二、文化产业效益指标体系

文化产业效益指标体系，是指从总体上反映文化产业发展水平、增长质量、结构优劣、收益高低和对国民经济贡献大小的一系列经济指标。这一组经济指标，针对文化产业全局，反映文化产业的整体状况，其中主要包括以下指标：

1. 增加值

文化产业增加值，是指按市场价格计算的、一定时期内（通常为一年）各个文化企业全部生产和服务活动的总成果的货币表现，是所有文化企业纳入初次分配的最终成果。它既包括固定资产等生产资料的转移价值，也包括新创造的新增价值。

增加值＝（产品价值＋服务价值）－中间投入

式中，中间投入或中间消耗，是指同期投入的全部非固定资产和服务的价值。文化产业增加值是考量文化产业最重要的综合性经济指标之一，直接反映了文化产业的生产或服务能力，反映了文化产业对国民经济的贡献。

2. 增长速度

文化产业增长速度，是指文化产业增加值一定时期内（通常为一年）增长程度的指标，反映了报告期水平比基期水平增加了若干倍（或百分之几）。

$$\text{增长速度（\%）}=\frac{\text{报告期水平}}{\text{基期水平}}-1$$

计算增长速度，报告期水平和基期水平必须采用可比价格。由于采用基期不同，增长速度又分为定基增长速度、环比增长速度和年距增长速度，这些指标在实际工作中是经常要用的。文化产业增长速度也是考量文化产业最重要的综合性经济指标之一，直接反映了文化产业的发展水平，反映了文化产业对国民经济增长的贡献。

3. 从业指数

文化产业从业指标，反映了文化产业就业容纳能力、从业增长状况和对社会提供就业岗位的贡献程度。文化产业从业人员，是指在各个文化企业中工作并领取报酬的全部人员，反映了文化产业容纳就业的能力。文化产业从业人员增长速度，是指文化产业从业人员一定时期内（通常为一年）增长程度的指标，反映了文化产业容纳就业的能力增长的情况。

$$增长速度（\%）=\frac{报告期水平}{基期水平}-1（或-100\%）$$

文化产业从业指数，是指文化产业从业人员占全社会从业人员的比例，反映了文化产业容纳就业方面对社会的贡献程度。

$$从业指数（\%）=\frac{文化产业从业人员}{全社会从业人员}\times\frac{1}{100}$$

4. 价格指数

文化消费价格指数，是指反映居民文化生活消费品零售价格和服务项目收费价格变动趋势和程度的相对数指标。居民文化消费价格的调查范围和内容，是居民日常文化生活消费的全部文化商品和服务的价格。具体操作由国家在全国范围内统一规定必报的代表性的文化商品和服务项目，各地区可依据国家统一的规定，再适当增加当地代表性的文化商品和服务项目。计算文化消费价格指数所采用的价格资料，是同一文化商品或服务项目的平均价格，它是由同时调查的数个调查点的价格进行简单平均计算。月平均价格，用月内各次调查的价格按简单算术平均法计算。年平均价格，用年内各月份价格按简单算术平均法计算。文化消费价格指数是考量文化产业的重要经济指标，反映了文化产业经济的运行质量和效益状况，而且反映了居民文化消费的水平和承受能力，是宏观调控决策的重要考量指标之一。

5. 劳动生产率

文化产业劳动生产率，是指反映一定时期内文化产业劳动者劳动效率的经济指标。该指标是考量文化产业发展状况和经济效益的重要指标。

$$文化产业劳动生产率=\frac{文化产业总产值（或增加值）}{文化产业从业平均人数}$$

文化产业各个行业的劳动生产率，是讨论文化产业人力资源流向、流速、趋势的重要因素，对于研究分析文化产业行业布局、行业结构以及文化产业集中度和产业效益，有时显得尤为重要。

6. 外贸顺差逆差

文化产业对外贸易的顺差或逆差，是指一个国家一定时期内文化商品和服务额进口与出口之间的差额的经济指标，出口大于进口称顺差，反之为逆差。该指标是考量文化产业外向度和在国际文化市场上的竞争力的重要经济指标，反映了文化产业效益，也是分析国民经济国际收支平衡度的重要因素。

7. 贡献率

文化产业国民经济贡献率，是指反映一定时期内文化产业增长对整个国民经济增长拉动作用的经济指标，是评价文化产业效益的核心指标。计算公式如下：

$$文化产业贡献率=\frac{文化产业增长值的增长量}{国内生产总值的增长量}$$

第三节 提高文化产业效益

提高文化产业效益的基本路径是在文化企业和文化产业全产业两个层面上降低成本，扩大产出。提高文化企业经济效益就是降低企业生产经营成本和扩大产出。提高文化产业全产业效益就是降低全产业运营中的总成本，增加全产业的总收益。就文化产业全产业而言，不仅有显性成本和机会成本问题，还有文化经济体制改革、产业结构升级、优化产业布局等成本问题，这些问题事关全产业收益。

发展中国家提高文化产业效益可以尝试以下途径。

一、加强文化企业经营管理

1. 选准产品目标

文化企业必须对文化市场的需求有一个准确的把握，围绕市场需求确定自己的产品方向，并且随市场需求的变动，能够及时地调整产品方向。这是企业经营管理中目标管理的基本功。只有产销对路，努力开拓市场，提高企业产品在市场中的份额，企业才能在激烈的市场竞争中取得好的经济效益。

2. 努力降低成本

文化企业以盈利为目的，为了实现利润最大化，必须努力降低生产经营中的总成本。企业成本含显性成本和隐性成本。显性成本是实际的投入，隐性成本是机会成本。企业总收益减去显性成本为企业会计利润。企业总收益减去隐性成本和显性成本为企业经济利润。企业经济利润反映了企业的经营管理水平。文化企业人力资本运作、技术进步、新产品创意、研发和储备等投入都与降低成本紧密联系在一起，需要科学运筹。

3. 不断扩大产出

文化企业总收益为企业销售产品（或服务）的量乘以产品（或服务）的单价。在成本既定的情况下，不断扩大产出，意味着总收益的增加。文化企业的定价、推销、并购三个基本的企业行为都事关总收益。另外，企业产品（或服务）品牌的打造、对企业规模的追求、产品多元化经营等也事关产出的扩大。

4. 推进集团化经营

现代文化企业兼并风起云涌。文化企业集团化和财团化经营是现代文化企业发展的一种趋势，是扩大文化产业投资、提高规模经济效益、规避风险、提高产业竞争力的必然选择。文化企业集团和财团的形成是市场机制下竞争的产物，而不是政府“拉郎配”的结果。要鼓励支持文化企业走集团化、财团化经营的道路。

二、健全文化市场秩序

1. 重视并发挥市场机制的作用

市场经济体制是人类文明的共同成果，是迄今最有效率的资源（包括文化产业资源）配置机制。不管广大发展中国家的政体如何，都应在国家调控下发挥市场在文化产业资源配置中的基础性作用，建立健全和完善市场经济秩序，从而获得好的产业效益。

2. 明晰知识产权

按照现代知识产权制度，明晰文化产权和知识产权，努力构建多元化的文化产权与知识产权主体格局，是使市场发挥文化产业资源配置基础性作用的前提。文化产权和知识产权模糊，文化产权与知识产权主体格局单一，不可能形成良好的市场经济秩序，还必然产生垄断。垄断性的文化市场，不可能产生好的市场绩效，也不可能带来好的产业效益。

3. 建立现代文化企业制度

现代文化产业是现代文化企业的集合。所谓现代文化企业制度，是指文化企业的法人治理结构，即董事会领导下的总经理负责制和监事会监督下的企业组织制度。从传统计划经济向市场经济转型中的国家，面临着把大量政府行政部门过去直接办的文化事业单位改为现代文化企业的繁重任务。只有这个任务完成之后，文化产业效益才能大幅提高。把文化事业单位改为文化企业，碰到的阻力重重，深层原因是利益格局的变动。在这种情况下，应当鼓励文化事业单位从业人员“下海”创办文化企业，一批新兴的现代文化企业起来了，老的没有文化和经济活力的文化事业单位也就没有存在的价值了，会自然的退出消亡。当然公共文化单位例外。

三、扩大文化产业投资

1. 建立健全文化产业投融资体制

文化产业，一方面行业覆盖领域广，投资周期短，回报率高；另一方面投产的成本高，存在的风险较大。正是由于文化产业的以上特点，使文化产业投资预期效益较难判断。许多发展中国家在文化产业起步时期都碰到了文化产业融资难的问题。针对这种情况，有的学者提出要推进金融与文化产业的结合，建议成立文化产业发展银行、成立文化产业发展基金和成立文化产业风险基金，以扩大文化产业投资。这些都是可行的思路，也是吸引社会资金进入文化产业的有效方法。

2. 改革政府对文化产业投资的管理模式

在市场经济体制下，文化产业政府管制职能是运用文化产业政策和宏观经济调控体系间接管理文化产业，政府一般不得直接投资文化产业项目，否则不仅达不到扩大文化产业投资的目的，反而会适得其反。这是因为由于政府管制职能缺陷的存在，政府可能发生两个方向上的失灵：一是选择项目决策上发生失误；二是削弱了其他人投资的积极性，文化产业行业和项目的投资回收期、回报率是不同的，如果政府也参与文化产业直接投资兴办文化企业和项目，就破坏了公平竞争的市场秩序，势必影响社会其他资金进入文化产业的积极性，最终结果是有悖于扩大文化产业投资。政府只能投资公共文化服务和公共文化设施，而不能直接兴办文化企业和文化产业项目。实行政府主导型文化产业政策的国家，并不意味着政府要直接投资兴办文化企业和项目。发达国家文化产业壮大的历史表明，政府直接投资文化产业大多是失败的，不利于文化产业的发展和繁荣。可能有人要问世界许多国家的政府投资兴办了电台、电视台和通讯社，为什么还指出“政府不要直接投资文化产业”呢？这是因为：其一，政府办的传媒大多应当认定为公共产品和公共服务，并非完全意义上的文化产业；其二，即便政府办了传媒企业，也大多缘于意识形态控制目的，这些本来可以交给“市场”办的事政府自己办，必然牺牲文化产业的经济追求，这原本就是一个悖论；其三，政府投资多了，社会投资肯定就少。为了调动社会资本进入文化产业，大力发展文化产业，“政府不要直接投资文化产业”，政府应当有能力通过其他手段管好包括传媒在内的文化产业。

四、推进文化产业技术进步

1. 重视技术引进、消化和吸收

现代文化产业中的许多行业中的创意、生产和服务方面的技术日新月异。发展中国家应当认真地引进、消化和吸收发达国家文化产业方面的最新技术，促进本国文化产业的技术进步。文化产业创意与技术相结合的衔技术的进步，是文化产业核心竞争力的表现，发达国家的文化产业如影视制作有许多成功的衔技术项目，要学习和借鉴他们创意与技术结合的方法，提高本国文化产业衔技术水平和增强衔技术能力。

2. 创新文化艺术生产和成果传播方式

文化艺术产品属于人类共有的文明成果，正是由于进入了文化艺术产品可复制并迅速传播的时代，才有了现代文化产业。数字网络技术的发展，使文化艺术成果的展示、传播和交流有了不断扩张的新手段，推动了大众文化艺术的发展。在纸质声像传媒制作、电影电视制作、艺术表演、会展教育领域，存在若干技术创新的空间，要重视文化艺术生产和成果传播方式的技术创新。

3. 推动文化产业技术的自主创新

对于文化产业，既要提倡引进先进技术，更要强调技术的自主创新。其实文化产业所涉及的应用技术，许多发展中国家自主研发也是可以掌握的。文化产业技术的自主创新，是文化产业跨越式发展的重要动力之一，是文化产业提高核心竞争力的表现之一。缺乏技术自主创新能力的国家，其文化产业只能跟在他国后面，而不能进入文化产业大国强国的行列。

五、推动文化产业结构升级

1. 推进文化产业结构高级化

从根本上说，文化产业结构升级是在文化消费需求拉动下，在市场机制作用下，由“看不见的手”自动调节的结果。但是这并非等于说政府在文化产业结构升级中不能有所作为。当人们已经科学地判断出文化消费需求变动趋势和文化产业结构升级的方向时，政府可以通过文化产业政策顺势引导，推动文化产业结构升级。政府有无这种自觉性，文化产业结构升级的步伐是不一样的。

2. 突出抓好主导文化产业行业

各国国情不同，文化产业的各个行业不可能平行发展，要有所为有所不为，选好并抓好主导行业的发展。通过突出地抓好主导行业带动相关行业的发展。选择主导行业要有利于文化产业结构升级，并且是一个动态行为。国家发展的不同时期，文化产业的主导行业是变动的。主导行业可以是一个行业，也可以是一组行业。为了支持、扶持主导行业，政府文化产业政策应当引导文化产业相关资源向主导行业流动，促进主导行业提高集中度，形成行业规模经济，以获得良好的经济效益。

3. 促进品牌行业和品牌产品的形成

品牌行业和品牌产品的形成，对于文化产业结构升级有一定的作用。如果品牌行业和品牌产品适应了文化产业行业结构和产品结构升级的方向，则对产业结构升级发生重要的作用。事实上，只有顺应了文化消费结构升级的需求，才能形成品牌行业和品牌产品。

人们不可能设想一个已经过时了的产品，能够打造成品牌。即使是传统品牌，为了保持其品牌地位，也必须与时俱进，不断自我创新，以适应不断升级的文化消费结构的变化。出版业是德国文化产业的主导行业之一，也是德国文化产业的一个品牌行业。德国的图书纸质、印刷、设计、装帧技术总是处在不断创新之中，引领着世界图书出版业。

4. 打破二元文化经济结构

某些发展中国家的文化经济呈现明显的二元结构状态。所谓文化经济二元结构，是指在城乡居民收入水平差距大、公民素质差异大、社会文化氛围差别大等因素造成的文化经济和文化产业层次规模和结构上表现出来的不平衡性。促进文化产业结构升级，必须打破文化产业的二元结构，使文化产业平衡发展。具体办法：一是发挥特色文化产业。文化与经济条件相对落后的地区，在发展文化产业上并非没有潜力，只要善于挖掘当地的文化传统，有好的创意，主要是发展特色行业和项目，也可以把文化产业做大做强。在农民仍占人口大多数的国家中，要把满足农民文化消费需求和农民文化消费结构升级作为重要的导向。二是寄希望于加速城市化进程。文化经济二元结构源自二元经济结构，主要表现为城乡文化产业发展的不平衡。改变城乡二元经济结构的主要办法是加速城市化，当因城市化进程打破了城乡二元经济结构时，文化经济二元结构也就随之改变，从而使文化产业结构走向高级化。

六、优化文化产业布局

1. 把梯度和平衡发展有机结合起来

绝大多数发展中国家文化产业的发展相对落后，布局不够合理，在地区发展上呈现不平衡状态。这样在文化产业布局上，就存在梯度发展与平衡发展的矛盾。在文化产业起步阶段，应当主要实行梯度发展战略，同时也不要忽视平衡发展，因为客观上从一开始只能鼓励那些有条件发展文化产业的地区率先发展起来，起到示范和辐射作用，带动落后地区的发展。文化产业有了一定的发展和规模之后，则应主要实行平衡发展战略，着力支持落后地区发展，从而使文化产业全局上平衡发展，获得良好的产业效益。

2. 建设好文化产业聚集区

发达国家文化产业发展的一条重要经验是建设文化产业聚集区，建设文化产业聚集区是优化文化产业布局的重要手段之一。要搞好文化产业聚集区的布点，搞好每个聚集区的建设规划。有的国家以建设文化产业园区的形式推进文化产业聚集区的形成。政府可以利用产业政策，推进文化产业园区的建设，在减免税收、财政补贴方面给予支持。文化产业的起步阶段，文化产业园区的布点不可太多，待取得建设经验之后，可以适当扩点。文化产业聚集区的形成，将对提高文化产业效益发挥重要作用。

七、发展文化产业循环经济

1. 重视文化产业循环经济

文化产业是一个内外部产业关联非常广泛的产业。文化产业从文化产业创意链、产品与衍生产品链、服务与衍生服务链、资金流动链、设施共用链等多方面看，都存在发展循环经济的巨大空间和潜力。发达国家的文化产业聚集区中，特别是综合性聚集区中，存在许多文化产业循环经济的案例。文化产业循环经济的本质是充分利用开发文化产业资源，以获取文化产业效益。

2. 提高循环文化经济创意能力

发展文化产业循环经济，关键在创意。如建设一个影片外景拍摄地的时候，就应当想到影片拍完之后，这个基地如何继续使用，而不是废弃。中国电视连续剧《闯关东》在放映的同时，小说《闯关东》同时出版发行，小说中主人公的原籍山东章丘的朱家峪村也随之开展了中国北方典型的古村落旅游景点建设，“三箭齐发”。发展文化产业循环经济，要在资源开发链接和实现循环上下大的工夫，要着力提高循环文化经济创意能力。

八、加速文化产业人力资本聚集

1. 重视文化产业人才的培养

发达国家发达的文化产业是靠文化产业人力资本支撑的，也是靠比较成熟的文化产业人才培养体系支撑的。制约发展中国家文化产业发展的“瓶颈”，是缺乏文化产业人才特别是文化产业创意和经纪人才。发展中国家只有大力发展文化产业人才教育，培养出大批可用的文化产业人力，加速文化产业人力资本聚集，才能使文化产业迅速发展起来。

2. 推动文化人才与经济人才的结合

文化人才与经济人才相结合才能拿出好的文化产业创意、生成好的文化产业内容项目。鉴于发展中国家在文化产业专门人才（比如创意人才）的培育上还落后于发达国家，除了发展文化产业人才学校教育之外，同时还要着力引导现有文化人才与经济人才相结合，以解决专门人才匮乏的燃眉之急。发展中国家一些成功的文化产业项目证实，推动这一结合是必要的，也是富有成效的。

国家出版基金项目
NATIONAL PUBLICATION FOUNDATION

On Cultural Industry

Volume Two Core Production of Cultural Industry

文化产业论

文化产业组织、核心生产暨政府规制

第二卷　文化产业核心生产

江奔东　著

泰山出版社 · 济南 ·
TPH Taishan Publishing House

目　录

第十七章　文化产业核心生产概述 …………………………… 349

第一节　产业与创意 ……………………………………… 349

第二节　创意理论基础 …………………………………… 361

第三节　内容创意要旨 …………………………………… 364

第十八章　内容创意主体 ………………………………… 373

第一节　内容创意主体形态 ……………………………… 373

第二节　内容创意主体特性 ……………………………… 377

第三节　内容创意主体本质 ……………………………… 383

第十九章　内容创意产品 ………………………………… 386

第一节　文化产业产品 …………………………………… 386

第二节　创新产品特征 …………………………………… 388

第三节　创意产品类型 …………………………………… 393

第二十章　内容创意动力 …… 407

第一节　创意生理基础 …… 407
第二节　创意经济动力 …… 413
第三节　创意文化动力 …… 415

第二十一章　内容创意规程 …… 420

第一节　创意发生机制 …… 420
第二节　创意路线程序 …… 425
第三节　创意规程模式 …… 428

第二十二章　内容创意特征 …… 437

第一节　创意类型分类 …… 437
第二节　单脑创意特征 …… 442
第三节　群脑创意特征 …… 457

第二十三章　内容创意原则 …… 460

第一节　思维功效原则 …… 461
第二节　资源配置原则 …… 465
第三节　产业效益原则 …… 472

第二十四章　内容创意元素 …… 476

第一节　自然信息元素 …… 476
第二节　文明信息元素 …… 479
第三节　未来信息元素 …… 489

第二十五章　内容创意方法 …………………………… 494

第一节　创意方法研究 ……………………………… 494
第二节　创意方法体系 ……………………………… 497
第三节　典型创意方法 ……………………………… 502

第二十六章　内容创意技术 …………………………… 519

第一节　创意与数字技术 …………………………… 520
第二节　创意与材料技术 …………………………… 525
第三节　创意与艺术技法 …………………………… 529

第二十七章　内容创意风格 …………………………… 535

第一节　创意风格内涵 ……………………………… 535
第二节　创意方法风格 ……………………………… 541
第三节　创意技术风格 ……………………………… 545

第二十八章　内容创意道德 …………………………… 548

第一节　文化创意道德 ……………………………… 549
第二节　经济创意道德 ……………………………… 556
第三节　创意大师素养 ……………………………… 562

第二十九章　内容创意障碍 …………………………… 565

第一节　创意命题障碍 ……………………………… 565
第二节　创意酝酿障碍 ……………………………… 568
第三节　创意生成障碍 ……………………………… 572

第三十章　内容创意竞争 …… 576

第一节　创意市场竞争 …… 576
第二节　创意竞争战略 …… 580
第三节　创意竞争战术 …… 584

第三十一章　内容创意项目 …… 593

第一节　项目策划与规划 …… 593
第二节　项目实施与监控 …… 600
第三节　项目收尾与交接 …… 604

第三十二章　内容创意绩效 …… 613

第一节　创意生成概率 …… 613
第二节　创意综合指数 …… 619
第三节　提高创意绩效 …… 631

第十七章　文化产业核心生产概述

任何产业都有一个居于核心地位的生产环节。农业的核心生产环节是生物基因的保持、防止变异和优化，从而确保农产品品种多样化、质量优良、产量增长和规模农业经济的发展；工业比如汽车产业的核心生产环节是使发动机具有的先进性水平和可靠的质量，从而确保汽车质量上乘、功效优异，实现汽车型号/用途的多样性，促进规模工业经济的发展；文化产业的核心生产环节则是文化产品中所蕴含的文化内容创意，从而确保文化生产的社会效益第一、经济效益与社会效益相统一，实现规模文化经济的发展。文化产业又称创意产业，道出了创意在文化产业诸生产环节中的核心地位。

文化、产业、创意是不同学科的范畴，文化属于文化学范畴，产业属于经济学范畴，创意属于思维学范畴。把文化、产业、创意连接起来的文化产业内容创意是文化学、经济学和思维学有关知识的交叉融合。思维理论与创新理论融合形成了创意理论。文化产业内容创意是创意理论在文化产业核心生产环节中的运用，是创意理论与文化产业相互交叉、有机融合而形成的一种学问。

第一节　产业与创意

研究文化产业内容创意，必须首先弄清楚产业和创意的关系。文化产业与创意的关系在核心生产环节真切地表露出来。

一、产业的内涵

其一，产业是国民经济的载体。产业的本质是生产或提供商品、服务。产业是一种经济活动或经济行为，产业发展的根本目的是为了盈利。不提供商品、服务，或虽然提供产品、服务而非盈利的，不称其为产业。

其二，产业是一种经济组织结构体系，是同类属性的企业的归类。形成一个产业，必须有一定的规模，达到一定的企业数量和产量，要有一大批从业人员，在社会经济活动中承担一定的角色，并发挥不可替代的经济作用。

其三，产业是人类生产社会分工、科技进步和资源配置的产物。资源配置是经济主体之间以权能和利益（产权）为内容的交往关系。产业是有明晰产权（财富所有权和经营权）的产权主体间经济交往、博弈结果的市场表现。

二、创意的含义与本质

《辞源》对创意词条的解释如下：独言立意，指文章中提出的新见解。东汉王充《论衡·超奇》：“及其立义创意，褒贬赏诛，不复因史记者，妙思自出于胸中也。”唐朝李翱《李文公集六答载言书》：“六经之词也，创意造言，皆不相师。”

从各种辞书中，我们看到“创意”一词的“创”字含有创见、创造和创新的意义，“创意”一词的“意”字则指思维、意识和理念。“创”字和“意”字合起来的“创意”一词，是指创新性思维。在中国人的日常生活语境中，“创意”一词既是动词，也是名词，还是形容词。

创意是人的大脑工作的过程，即人类众多思维模式中的一种。比如，人的思维有逻辑思维和形象思维两种基本形式，逻辑思维主要由左脑完成，处理语言、关联、数字、次序、抽象等问题；形象思维主要由右脑完成，处理图像、色彩、架构、节奏、旋律等问题。大脑具有接纳各种信息，识别和储存信息，编排、配置和重组信息，然后把它们传递出去，向人的其他器官发出行动指令的功能。识别、编排、配置和重组信息的过程就是思维。

如果人脑使用重复用过的程序处理信息，即为常规性思维。比如，报社编辑收到了各地记者传回的电讯，按照新闻稿的类型和分量，选择其中的部分消息，安排在新闻版面的适当位置。如果人脑接纳了从未碰到过的信息，或者不是按常规重复过去的程序而是用新的程序来编排、配置、处理信息，则为创新性思维。创新性思维是比常规性思维更高级的思维。

通俗地讲，创意是人的大脑产生与老思想、老点子和老办法不同的新思想、新点子和新办法。人类所有的有形的和无形的创新过程及其结果，最初都可以追溯到某一创意。创意是一切创新活动得以展开的前提和基础，是一切创新的起点或源头。

创意的本质如下：

第一，创意是客观存在的。存在是一个哲学概念。研究事物的本质，首先要指明这个事物是否存在，然后解答它为什么存在，它存在的意义是什么。创意的存在，可从两个方面去理解，一指创意作为一种创新思维是人类大脑活动的过程，存在于人的大脑中。这种存在以物质为基础，是人的大脑物质的物理传递、化学反应等生理机制的过程。二指创意作为人的一种意识，是对创意主体（人）的外部世界客观存在进行反映的过程。人的思维是一种精神、意识或观念活动，这种精神、意识或观念活动来源于人的外部世界，人的外部世界是客观存在的。创意是人类生产劳动实践引起的精神活动。外部世界存在的各种信息进入人的大脑，创意才能进行，并生成创意。综合以上两个方面对“创意存在”的理解，恰好与近 20 年来心理学界关于“灵长类大脑中存在一些被进化所保留下来负责社会认知的特殊区域”，即“社会脑”假说相吻合。创意是“社会脑”工作的一种状态。

第二，创意目的是生存发展。人类在原始野蛮时代，从旧石器时代到新石器时代，就有了创意。特别是钻木取火这一创意的生成，使人从生食到开始熟食，促进了人脑的进化，人的创意能力就越来越大了。人类的每一次生产技术进步或科技革命都可以追溯到一种创意。人类文明就是人不断地创新性思维并将这种思维付诸人的生产、科学实验和社会实践的结果。人为什么具有创意？创意为什么存在？人为了生存才创意，有了创意人才能发展。人创意的目的是人的生存发展，创意为人的生存发展而存在、发展。

第三，创意是思维方法和技术。人的创意能力有大小，创意水平有高低。为什么会有这种差别？因为创意是一种思维方法和技术。创意是人脑活动的过程，大家知道人的脑力是有差别的，这种差别来自人体进化发育程度的差异。人脑力的差别是“基因”遗传的结果之一，天才是客观存在的。同时，我们还知道人的脑力先天差别不大，绝大多数人的脑力是可以经过后天培养训练而得到提高的。人的思维，存在一个科学与否的问题，存在一个方法正确与否的问题，存在一个技术高低的问题。总之，创意作为创新性的思维，是一个思维方法和技术问题。人类进入知识经济时代，知识更新日新月异，创意方法和技术必将发挥越来越重要的作用。

三、产业与创意的关系

人类诞生伊始，创意就支配着人类的生存和发展，创意是产业生成之源。迄今为止，人们观察到创意与产业之间多为间接关系，只是文化产业诞生后创意与产业才有了一种直接的关系。所谓文化产业内容创意，是指文化产业内容生产环节的创新性思维。

1. 创意与产业的间接关系

从前面产业的起源和变迁的讨论中，人们看到农耕自然经济时代的农业、畜牧业、手工业和商业，是人类发明了工具，创造了钻木取火，创制了铁器（这些都是创意付诸生产劳动创新）然后影响产业演进的成果。近代社会的第一、第二、第三产业的形成，也是第一、第二、第三次近代科技革命（科技创新思维影响产业发展）的成果。在这里，创意与产业的关系还是间接的，创意与产业之间有一层或多层的转换环节。蒸汽机创意，使人们造出了蒸汽机；蒸汽机广泛使用，形成了现代工业。蒸汽机和电力创意，使人们发明了蒸汽机和电力，并应用于农业，促进了农业机械化和电气化，形成了现代农业。电子革命创意，应用于各种生产和服务，形成了现代服务业的许多新的行业。以上科技创意通过一层又一层的应用中介环节，间接促成了产业的形成。

2. 创意与产业的直接关系

20 世纪生成的现代文化产业中，创意与产业的关系不再是间接的了，而是变成了一种直接的关系。

为什么在文化产业中产业与创意的关系变成了直接的关系呢？根据现代产业定义的基本内涵和性质，我们做如下的理解：

第一，在文化产业中，创意已经是直接的有经济目的或有经济利益追求的活动，思维活动与经济活动或经济行为之间的界限已经非常模糊，人脑的创新性思维本身已经深深地融化在经济利益追求之中。产业的本质是生产或提供商品和商品性的服务。创意已经是一种特殊的商品而且有价，可以出售。创意已经是一种资本，可以增值，进入知识产权市场或资本市场。在文化产业市场中，创意主体之所以进行创意，目的就是为了盈利。当然，创意主体的创意内容应当是正能量的。

第二，在文化产业发达的国家中，已经形成了专门从事创意

“生产”的企业，他们直接“生产”创意、出售“点子”；与此同时，还形成了不从事“点子”生产但专事“点子”买卖的企业，形成了“创意”期货市场。产业是同类属性企业的归类。“生产”创意的企业和买卖创意的企业，构成了文化产业的核心层。

第三，发端于20世纪末的创意技术是一个重要的科学技术进步。所谓创意技术，简言之，是指以创新性思维为前提，全面运用已有的人文社会科学（包括艺术技法）和自然科学高新技术成果的综合技术。创意技术为衔技术，衔技术概念的提出是相对于硬技术和软技术而言的。硬技术一般指自然科学技术，软技术一般指管理技术。在文化产业中，把文化创意同科技手段相结合的技术为衔技术。衔技术进步的成果为高附加值的人文社科艺术知识（文化）以及高技术含量的产品与服务。

第四，文化产业是不同于现代农业、工业和第三产业中若干传统经济业态的新经济业态，其“新”表现为它以创意为主要生产手段、以内容产品为核心产品。在文化产业诞生之前，所有产业的产品或服务性商品基本上不直接以“创新性思维”内容为产品，唯有文化产业如此鲜明地“声称”创意是自己产业的核心。创意与产业的关系，在文化产业中是那么直截了当、一目了然。

四、从复制的创意到创意的复制

文化产业是复制的创意催生的产物。文化产业的诞生，根源于文化艺术品的可以复制的创新性思维。没有“复制”这个创意，就不会有文化产业。然而，随着人们文化消费水平的提高，总是复制已有的文化艺术产品，已经不能满足不同人群的不同文化需求，必须创造出新的文化艺术产品，这就需要文化内容的创意。文化产业当中，原创性的新的文化艺术品一般要进入复制，只有复制才能占领尽可能大的市场。所以，文化产业自诞生以来，经历了从初级

（复制的创意）到高级（创意的复制）两个大的演变阶段。下面从不同角度分析这两个阶段的特点，从中加深对文化产业创意的理解。

1. 初级阶段：复制的创意

在文化产业诞生之前，不管是阳春白雪的文化艺术，还是下里巴人的文化艺术，都是在特定的场所供人们欣赏、享用的，基本上不存在大量复制、广为销售的产业业态景象。只是到了机器大工业时代，一方面，人们生活水平提高，对文化艺术品的需求大增；另一方面，文化艺术品的工业化复制有了可能，才生成了复制文化艺术品的创意。这个创意造就了大众文化和大众文化消费。复制文化艺术品的创意的性质，应当属于经济、经营或经纪创意。这个创意，虽然曾经遭受早期法兰克福学派的极力抨击，但是“大众文化”文化产业不以法兰克福学派的主观意志为转移，势不可挡地成长起来了。文化艺术品的复制是大众文化和文化产业的一大特征。文化艺术品复制的创意，开了“大众文化”和文化产业的先河。文化产业发展的第一阶段，创意的重心是文化艺术品的复制，这属于经济创新思维范畴。

2. 高级阶段：创意的复制

进入后工业化时代，随着信息经济、知识经济、数字经济的到来，文化产业发展中碰到了新的情况：一方面，人们对文化消费的需求发生了时代性的变化，传统的大量复制的文化艺术品已不能满足人们的文化消费需求，人们渴望有新意的产品；另一方面，信息数字技术为文化产业产品创意提供了信息元素力量和技术支撑。于是，文化产业进入了以产品创意为核心的发展新阶段，即创意复制的新阶段。文化产业进入这个新阶段，不再是对传统文化艺术品的简单复制，而是依托、凭借、采用高新技术对传统文化资源的再创造、再提升，从而创意出适应不同消费层次需求的分众文化，这是对文化产业第一阶段（复制的创意）的全面超越。如果说，文化产业第一阶段是工业机器的直接产物的话，那么文化产业的第二阶段则是信息数字技术革命的直接产物。机器工业革命催生了文化产业，带动了文化产业第一个阶段即文化艺术品复制和大众文化消费的繁荣，信息数字革命则把文化产业带进了创意为核心和分众文化消费繁荣的新阶段。所谓分众文化，是指满足不同消费群体文化消费需求的大众文化。分众文化属于大众文化，是在大众文化基础上发展起来的更加丰富多彩的多元化文化，是大众文化在内容、形式上的全面提升。分众文化的发展依赖于文化产业创意。在文化产业发展的第二阶段，创意的重心是产品内容的创新，这属于文化创新思维范畴。

3. 文化产业初、高级阶段中创意的表现

大家知道，西方发达国家以工业化、城市化为主要特征的现代化已经完成，已进入以知识化、信息化为主要特征的后现代化。现代化以工业化为基础，后现代化以知识化为基础。现代化是机械复制，后现代化是数码复制。现代化是同构的直线因果，后现代化是解构的网络因果。现代化与城市化紧密相连，后现代化与网络信息化紧密相连。现代化集中，后现代化分散。现代化讲究经济效率，后现代化讲究生活质量。现代化讲究变化，后现代化讲究创新。现代化趋同，后现代化多样。现代化的受众是大众，后现代化的受众是分众。现代化多为全球统一的西方风格，后现代化多为全球化的地方风格。

从西方发达国家的文化产业进程中看，文化产业初级阶段与现代化相吻合，文化产业的高级阶段与后现代化相吻合。在文化产业初级阶段和高级阶段中，社会经济发展水平、城市化水平、科学技术水平、人们文化消费需求的水平和结构、文化产业创意的内容和重点、文化产业业态的主要特征、文化产业创意表现以及贡献等，都是不同的（表 17－1）。

表 17－1　内容创意在文化产业初、高级阶段的表现

	文化产业初级阶段	文化产业高级阶段
社会经济发展水平	工业化	后工业化
城市化水平	城市化	高度城市化
科学技术水平	机器大工业技术	信息数字网络技术
文化消费水平和结构	大众文化消费	分众文化消费
文化产业业态特征	文化艺术产品机械模拟复制与文化艺术风格趋同	文化艺术产品内容创新数码复制与文化艺术风格多元
文化产业创意内容	文化艺术品机械复制与市场运营创新	文化艺术品内容创新与虚拟经济市场运营创新
文化产业创意贡献	使文化产业成为国民经济的一个重要产业，促成了大众文化消费	使文化产业在国民经济中的地位大大提升，促成了分众文化消费

五、内容创意的作用

文化产业诞生以来，日益在世界文化和经济舞台上展现着强劲的魅力。文化产业组织及其运营给人们所带来的经济的、文化的、社会其他方面的福利增长已经展现在世人面前。

文化产业创意的作用，主要表现在以下几个方面：

1. 推动文化创新

文化产业的产品是文化商品。文化商品，顾名思义，蕴含着文化。文化商品具有一般商品的基本特征，又在许多方面具有区别于一般商品的特征，区别就在于其蕴含文化。不管是独立物质形态的文化商品还是服务行为形态的文化商品，不管是知识产权形态的文化商品还是附加值形态的文化商品以及数字信息形态的文化商品，

它们的共同特征都是间接或直接地表现为文化或艺术，是文化或艺术的间接或直接的外在表现。

文化产业创意的核心为文化产业产品创意。文化产业产品创意本质上是文化产业产品生产制作源头的创新性思维。文化产业创意具有推进文化和文化创新的作用，其中，最典型的例证为在文化产业初级发展阶段艺术品的工业化复制创意催生了大众文化。

世界文化是多元的，因多元而绚丽多彩。我们生活的星球存在东亚文化、印度文化、阿拉伯文化、欧洲文化四大地缘文明文化。这是人类文明的共同成果，但存在较大的差异。人类的和谐安宁，需要不同文化间的理解和沟通。文化产业的兴起和贸易为不同民族和地缘文化的交流提供了平台。文化产业创意超越国界，在正常的国际文化交流中担当了创新文化的“使者”作用。

2. 推动经济创新

人类经历了前工业化时代和工业化时代，现已进入后工业化时代。后工业化时代与工业化时代的最显著区别之一为文化产业新业态的兴起。在工业化时代，人们生产的产品大多为物质产品；到了后工业化时代，人们生产的产品中“精神产品”“知识产品”“版权产品”的比重越来越大，知识产权交易在经济生活领域越来越多。正如黄金是过去时代的财富代表一样，后工业化时代的财富代表便是智力和创意。

这样，以文化产业创意为核心的文化产业的发展，使得整个国民经济格局与工业化时代的国民经济格局大不相同了。如果说在工业化时代国民经济发展主要取决于能源、动力和技术等硬实力的话，那么在后工业化时代则主要取决于文化、知识和创意等软实力。世界首富比尔·盖茨声称，创意犹如原子裂变，一盎司创意就会带来无法计数的商业效益。著名经济学家罗默指出，新创意会衍生出无穷的新产品、新市场和创造财富的新机会，所以新创意才是推动一国经济成长的原动力。文化产业创意使整个经济运行方式和管理方式都发生了新的变化，人们的经济生活方式也发生了时代性的新变化。

文化产业以创意为引擎，在经济危机到来之时，在某些国家或地区往往表现为逆经济周期而持续增长的特征。“2008年以来的金融‘寒流’仍在大面积扩散，但在（中国）天高云淡的西南边陲，闪耀着少数民族光彩的云南文化产业却如火如荼。被业内叫响的‘云南现象’正以饱满的活力使云南从寒冷的漩涡中强势突围。”强悍的“云南现象”包含了纷呈耀目的文化产业创意，展现了经济创新的巨大威力。《云南映象》《印象丽江》《丽水金沙》三台大型歌舞表演项目经久不衰；以荷塘传芳、曲径通幽、亭台温婉为特色的和顺镇旅游项目越做越大；西双版纳的五个傣族文化园景造福了一方百姓。2007年，云南省文化产业增加值262.9亿元，占GDP的5.55%；2008年，达到300亿元，占GDP的5.8%。在世界金融“寒流”袭击经济下滑大背景下，文化产业为本来经济实力不是很强的云南抗御“寒流”立下了汗马大功①。

3. 推动技术应用创新

美国好莱坞的科幻大片运用了衔技术，迪士尼乐园的许多娱乐项目运用了衔技术，现代魔术表演项目中运用了衔技术，动漫片的制作运用了衔技术。现代传媒中的编辑、排版、信息的传输，艺术表演节目的制作、展示和传输等，都运用了衔技术。人们说：文化+创意=财富，准确地说应当是：文化+创意+衔技术=财富，即文化创意加衔技术才生成财富。衔技术是应用性技术，文化产业衔技术创新主要是创意与技术结合的创新，即技术应用的创新。

人类经过近代三次科技革命，高新科技已经达到比较发达的水

① 陈鹏：《金融寒流下“云南现象”》，《瞭望》2009年第17期。

平，短时间内任何一个单项的自然科学技术突破，恐怕再难达到蒸汽机、电力和电子技术曾经给社会生产和生活带来的那种广泛而深刻的影响。在这种情况下，社会发展给人们提出了科技目标：一是在自然科学基础理论上寻求重大突破，取得划时代的、可以指导科技跨越性发展的成果；二是在具体的科技领域诸如纳米、生命科学、新能源、新材料等技术上取得重大进展；三是在全面综合利用人类已有科技成果并转化为现实生产力上取得重大进步。文化产业中的衔技术应当属于上述第三个目标中的一项技术。

4. 推动福利增长

文化产业创意对社会福利增长的推动作用是全方位的，包括直接推动和间接推动两个表现形式。

一方面，文化产业产品创意中，许多是与居民的文化消费直接连接在一起的。比如，学校教材内容的创意、艺术表演中表演者与受众的互动创意、传媒中若干创意，都直接与居民的文化精神艺术生活表演者相连。学生阅读了一本含有新知识的前沿教材，增加了许多文化知识，自然受益。观众观赏了一部有创意的影视片，自然是一个精神享受。游客参加了一次有创意的观光旅游项目，自然乐趣无穷。这些都是与文化产业创意直接相连的文化福利增长。

另一方面，以创意为核心的文化产业的发展，在容纳就业、支持经济增长、发展先进文化、巩固社会主流意识形态、维护社会和谐稳定、凝聚人心、振奋民族精神等方面也有突出的表现，这些是社会福利增长的重要内容或条件。由于文化产业发展的核心为文化产业创意，社会福利增长从逻辑上可追溯到文化产业创意，可视为文化产业创意间接作用的结果。

第二节　创意理论基础

任何一门科学都有理论来源或理论基础，文化产业内容创意把创意理论作为主要的理论来源或理论基础。

创意理论是思维理论与创新理论相交叉、融合的理论，以创新性思维（创意）为研究对象，主要回答“创意是如何发生生成的、人怎样思维才能提升创意水平”等问题。创意理论是心理科学的分支之一。从目前学术界研究的成果看，创意理论大致有以下内容。

一、特尔曼的“人才观”

创意水平与人的智力才能有关。古往今来，那些伟大而辉煌的发现、发明和创意，大都出自天才的头脑。那么，创意是不是只能由那些天才头脑“垄断”，其他人就不能从事创意呢？答案是否定的。

1976 年，美国心理学家特尔曼因主持对 1 528 名天才儿童进行的长达 50 年的追踪研究而获得全美（国）心理学会授予的“卓越科学贡献奖”。特尔曼这项研究的主要结论是：一是智力与成才相关但不完全相关；二是性格品质与成才具有密切相关性。特尔曼上述两条来之不易的结论表明，能力智力对于成才是重要的，但性格品质则是关键因素，具有决定性作用。

1978 年，美国医学家公布了对爱因斯坦大脑 23 年研究的结果：爱因斯坦大脑的重量形状与常人大脑相比没有什么特别之处；其大脑皮层上神经元之间联结（突触）的数量虽与常人差不多，但联结的有效性导通性则大大超过常人。这项研究的结论是：神经细胞联结的组织形态学基础（联结的数量）由遗传基因决定，神经细胞联结的有效性导通性由后天实践决定。

二、加登纳的“人格智能论”

大家知道，才能是人的活动中多种能力的综合，包括技能和能力。技能一般指动作或动作方式的概括。能力则是调节技能方式的心理活动的概括。能力实际上是一种心理品质，包括认知、操作、社交、再造和创造五个基本能力。作为创造活动源头的创新性思维就是创意。美国心理学家加登纳认为：人成才的关键因素是人格智能，人格智能由内省智能和人际智能组成，内省智能是对自己的认知能力，人际智能是对他人的认知能力。

人格智能是人所持有的一种信息加工能力，那些天才人物都具有较高的人格智能。创意需要技术能力，更需要人格智能，伟大而辉煌的创意需要具有天才的人格智能的头脑。人格智能有天赋的成分，但主要是后天实践的结果。爱迪生说：“要做一个发明家，天才只占1%，99%决定于勤奋和汗水。”达尔文说：“我所完成的任何科学工作都是通过长期的考虑、忍耐和勤奋得来的。”爱因斯坦说：“一个人智力上的成就，在很大程度上依赖于性格的伟大，这往往超出人们通常的认识。”所有天才人物大都不约而同地将成功归因于后天的追求、勤奋、意志、毅力与性格品质。

三、皮亚杰的“发生认识论”

1954年当选为国际心理学会主席的瑞典心理学家和哲学家让·皮亚杰，在20世纪四五十年代完成了巨著《发生认识论》（三卷），建立了他的发生认识论理论体系。皮亚杰一生出版了近50部心理学和哲学著作，对心理科学理论建设做出了杰出贡献。1977年，皮亚杰获心理学界最高荣誉“爱德华·李·桑代克奖”。

皮亚杰发生认识论中，用“图式”“同化”“顺应”“平衡”四个基本概念，解释发生认识的机理过程。在皮亚杰看来，人每遇到新事物，就试图用头脑中已有的“图式”去“同化”，如获成功就达到认识上的“平衡”；反之，便做出“顺应”，建立一个新“图式”去“同化”新事物，达到认识上的新的“平衡”。如果不能实现认识上的新的“平衡”，就没有认识的发展。人们认识的发展，就是不断通过“同化”“顺应”（从“平衡”到打破“平衡”，到再“平衡”）认识“图式”由低级向高级不断发展的过程①。

四、奥斯本的“头脑风暴法”

1939年，美国创造学家阿历斯·奥斯本提出了一种激发创造性思维的“头脑风暴法”。所谓“头脑风暴法”，是指团队共同遵守会议讨论问题时的原则的创意形式。奥斯本认为，为了激发与会者的灵感产生更多的创意，会议中要“禁止评论他人构想的好坏，最狂妄的想象是最受欢迎的；为了探求最大量的灵感，任何一种构想都可被接纳；鼓励利用别人的灵感加以想象、变化、组合等以激发更多更新的灵感，不准与会者交头接耳以免打断别人的思维活动”。②其实，集中大家智慧畅所欲言的决策会议方法自古有之，其中不乏寻求创意的会议。战争中指挥部的战略战术会议，由于战场形势瞬息万变，应对措施大多是新的，大多为创新型的集思广益。

五、波诺的“水平思维法”

2003年，英国爱德华·德·波诺出版了《严肃的创造力——运用水平思考法获得创意》一书，总结归纳并提出了水平思维法。所谓水平思维法，是指为获得新思想、新点子、新办法而采取的一

① 郭辉勤：《创意经济学》，重庆出版社，2007年，第168、180、221、223、233页。

② 陈放、武力：《创意学》，金城出版社，2007年，第7页。

套思维方法，主要包括“创造性的质疑”“创造性的停顿”“关注点”“六项思考帽”等具体方法。水平思维区别于逻辑思维，“注重考虑事物多种选择的可能性，而不是过多考虑事物的确定性”“注重提出新观点，而不重于修补旧观念”“注重追求事物的丰富性，而不是一味追求事物的正确性”。① 水平思维的非线性、不连续和不合逻辑，体现了创意的逆向思维和扩散思维特征，反映了创意的某些规律。

第三节　内容创意要旨

文化产业内容创意是创意主体的思维活动。文化产业内容创意，是指创意中的意识的流动，即意识流或者信息的流动即信息流。文化产业内容创意主要表现为文化创新与经济创新相结合，在文化创新思维中是指关于文化的意识流或信息流，在经济创新思维中是指关于经济的意识流或信息流，在文化产业内容创新思维中是指文化创新与经济创新结合的思维中的意识流或信息流。大家知道，意识的形成由意识元素构成，信息的形成由信息元素构成。思维是一种活动，当意识或信息元素流动起来形成意识流或信息流的时候，才能成为文化产业内容创意。不难理解，文化产业内容创意的要旨是文化的创新性思维与经济的创新性思维相结合。一件文化产品，在文化内容上有新意，并且在市场上能卖得好，才是成功的产品。文化产业内容创意必须具备文化创新和市场创新相统一的思维。

人们之所以认为文化产业是以创意为核心的产业形态，是因为文化产业的产品（包括服务性产品）有着显著的文化创意内涵，并且创意（点子）本身也已直接成为商品。

---

① 郭辉勤：《创意经济学》，第 168、180、221、223、233 页。

一、文化产业产品的文化内容

文化产业内容创意作为一种意识流或信息流，其中的“意识”或“信息”的存在绝不是文化产业诞生之后的事情。文化产业创意主体把过去业已存在的创意元素拿来在头脑中“加工”，让元素流动起来，构成了创意内容，生成了文化产品。文化产业产品内容与前文化产业文化产品内容相比，既有共同之处也有许多重大的变化。了解文化产品内容的历史变迁，对于理解文化产业产品创意十分必要。

1. 人类文化存在方式的演变

大家知道，文化存在主要表现为精神意识的表达或传播方式。人类生产的诸如器皿、服装、艺术品等是文化的一种表达方式。人类经历的从语言、文字、电话、电影、广播、电视到网络为媒介的文化，则表达了文化传播方式的变迁。文化在表达或传播方式变迁中，体现出文化内容的变化与存在形式。

“人类原始的文化存在是直接交流的口语，口语借助于人际间面对面的接触，通过身体和声音得以传播，具有直观直觉、形象生动的特点，它使得人可以通过语言的交流建立起与自己同类的关系”。① 当猎人们回到他们的村落，有关打猎中碰到其他部落的故事，就像带回的猎物一样是人们所热烈期待的，大家分享的不仅是猎物，还有人的同类（其他部落的人）活动的内容信息。语言是最初典型的文化，在人们相互的信息交流中起到了重要的媒介作用。

“但是，口语在时间的留存上是一瞬的，在空间上的影响是一隅的。当一小群祭司在古埃及和巴比伦建立起复杂的文字系统，

① 胡惠林：《文化产业学》，高等教育出版社，2006 年，第 37 页。

如使用象形文字和楔形文字时，人类的文化存在就进入了符号的阶段”。[①] 公元11世纪到13世纪人类发明的活字印刷技术，特别是金属活字印刷技术，对人类文化传播的影响是极为深远的。文字传播克服了语言时空限制，在长达近千年中成为人类文化交流及其文化存在的主要形式之一。

19世纪有线电话和无线电报的发明，20世纪电子技术催生的电子数字传播技术，使人类文化传播和文化存在方式发生了革命性的变化。有线电话、无线电报、有线无线广播、电影、电视、计算机网络、手机、3G、4G技术等技术，为现代文化产业创意挟裹的文化存在方式开辟了无限的空间，已经深刻地改变了几乎整个人类社会的文化期望和日常文化生活方式。

电影的出现是人类文化存在方式的一个转折。麦克卢汉曾表达了下面的意思：电影仅仅靠加快机械运转的速度，就把我们带入了创新的外形和结构的世界。伴随文化产业发展娱乐圈中“虚拟明星”的崛起，抢走了不少真电影诞生之初就已置身于大众的包围之中，成为文化产业的一个重要行业，成了大众文化消费的典型文化存在方式。电视具有不同于电影的特点和优势，电视的出现给人类的日常生活和文化存在方式带来了更加广泛的影响，它那集声像于一体及其长驱直入千家万户的传播方式，造成了所谓“电视殖民”，对大众具有难以抵挡的诱惑力。电视以其特点和优势成了文化产业中最具影响力的一个产业，成了当代文化最重要的存在方式之一。计算机网络和手机网络的出现，又一次深刻地改变了社会文化存在方式。比之报刊、广播、电影、电视等老媒体，有的学者把计算机、手机、多媒体及其网络称之为新传媒。新传媒集电话、电报、报纸、期刊、广播、电影、电视传媒的主要功

---

① 胡惠林：《文化产业学》，第38页。

能于一身，成为文化产业新兴领域，把人们带入分众文化消费与新的文化存在方式，使人们进入了意识与意像内容、可触文化与虚拟文化紧密结合的新的文化时代①。

2. 文化产业产品文化内容的特点

第一，文化产业文化创意内容是对传统文化的继承、丰富和发展。当代文化产品绝大多数由文化产业提供，不管是老产品复制的创意，还是新的创意、新的产品，它们的内容都包含了传统文化的元素，是对传统文化的继承、丰富和发展。文化内容的发展是有脉络的，所有的文化创新都不可能脱离文化背景，都不是凭空而来。文化产业创意可以任意想象，内容越新奇新颖越好，但是不可能与过去的文化因子、符号、意识、观念相割裂，也割不断。

第二，文化产业文化创意内容更多地表现为意像形态。在电影、电视、网络等传播技术畅行的当今社会，“巨量的视觉信息、栩栩如生的场景、优美的画面、如云的美女，配上风景的美妙音乐，还有那无所不在的‘覆盖率’，不但使当代大众淹没在一个符号的海洋中，而且深受视觉符号的暴力和侵蚀”。② “在传统文化中，除了造型艺术视觉产品之外，几乎没有其他媒介和途径为公众生产和提供视觉符号产品”。③ 如果把语言文字传递的信息称为意识形态文化内容的话，那么电影、电视、网络传递的信息则更多地为意像形态文化内容。文化产业创意内容不仅通过语言文字“声音”“语意”手段，而且越来越多地通过“画面”这一意像形态手段表达出来，文化产业创意使人类进入了以视觉文化消费为主的时代。

第三，文化产业文化创意内容越来越多地表现为虚拟文化。所

---

① 胡惠林：《文化产业学》，第 39 – 42 页。

② 胡惠林：《文化产业学》，第 44 页。

③ 胡惠林：《文化产业学》，第 45 页。

谓虚拟文化，是指计算机网络技术出现之后所产生的一种新的空间中的文化现象。“爆炸性发展的计算机文化已经开始改变人们社会化和界定自己的方式，改变人们期望云游和经历世界的方式。在一个虚拟现实的系统里，媒介就是运载工具。在计算机空间里，每个人都能做到想是谁就是谁。他们能像换衣服一样容易地改变自己的身份”。① 在互联网中，网友们交流了几年，还不知道对方是哪方人士，不知道对方是男性还是女性，一切都在“虚拟”中往来交流，这是过去未曾有过的文化现象。计算机可以按照莫扎特的技法风格代替莫扎特作曲，从而创造出新的“莫扎特作品”。计算机可以按照电影导演的想象将画面任意拼糅制造出许多场景，人们在银幕上看到的比如《真实的谎言》《空中大灌篮》《侏罗纪公园》《泰坦尼克号》《英雄》中许多奇异的景象、场面并不是摄像机拍摄的，而是通过计算机实现的。网上游戏改变了人们的娱乐消费方式，坐在家里就可以与远在天边的朋友打牌下棋，也可以寻找从未谋面的高手对垒博弈。

总而言之，在现代文化产业文化与经济一体化驱动下，文化产业产品中的文化内容在传统文化基础上发生了革命性的变化，大众文化的诞生及在大众文化基础上的分众文化趋势，预示着文化产业创意的空间越来越大，文化内容将越来越绚丽多彩。

二、文化内容创意与经济创意相统一

文化产业内容创意是文化内容创意与经济创意有机糅合在一起的创意。图 17－1 中，S 为文化创意内容，N 为经济创意内容，O 为两个圆相交叉重叠糅合在一起的部分，这个部分的创意就是文化产业内容创意。

---

① 胡惠林：《文化产业学》，第 47 页。

在文化产业内容创意中，有些创意命题是从文化上需要创新，有些是从经济上需要创新，这两个方面的创新是不可或缺的。文化创新、经济创新是文化产业内容创意的两条基本路径。但是在现实生活中，并不是所有的文化创新和经济创新都可归属于文化产业创意，只有当文化创新思维与经济创新思维有机地糅合在一起时，才说明它们是文化产业创意。

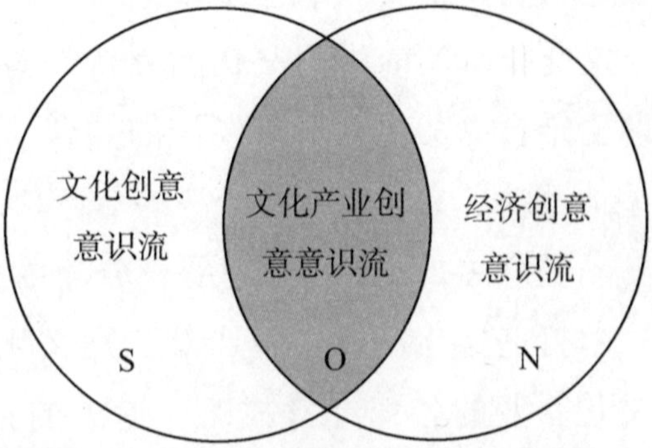

图 17－1　文化与经济创意内容的糅合

下面的理念或案例反映了文化创意与经济创意内容的结合：

理念之一，文化创意要以市场需求为目标。

迪士尼公园的创意是举世皆知的成功的文化艺术创意，这一创意在两个角度上与市场紧密结合：一是顺应了儿童对游戏的消费需求，在总人口当中儿童占据了1/5左右，拥有儿童的家庭年文化消费额的一半左右为儿童消费，儿童消费是一个大市场。迪士尼文化是面向儿童的文化创意，其深层的创意理念中有占领儿童消费市场的动机。二是迪士尼公园在世界各地的复制，则是十分明显地与市场的结合。迪士尼公园创意是文化创意与市场结合的成功的文化产业创意范例。

人们通过对世界名牌高校的考察，发现其共同的特点之一是学科、专业、课程和教学内容的设置均处在科学技术的前沿。毫无疑问，学科专业知识是最直接的文化，最前沿的科技知识是文化的创新。人们还发现，世界名校培养出来的人才紧跟人才市场的需求。社会急需什么样的人才，他们就输送什么样的人才，名校的“产品”适销对路。学校是一个生产“文化”或生产“文化人”的地方，是文化产业的重要领域。学校的学科、专业、课程和教学内容走在科学文化技术的前沿为文化的创新，学校教育与社会人才市场的需求紧密结合为文化创新与经济的结合。世界名校的教育理念，最为典型地反映了文化创新与经济的结合。

理念之二，经济创意要充分挖掘文化附加值。

打造文化产业名牌产品，是文化企业经营管理中的重要内容。文化企业的名牌经营战略，追求的目标之一是挖掘蕴藏于名牌中的文化价值或文化附加值，是经济创新与文化的结合。一件名牌服装的制作成本与同类服装的制作成本相差无几，却可以卖出数倍于同类一般服装的价格，与其说卖的是服装，还不如说卖的是牌子、是文化。可见文化产品创意的重要内容之一是打造品牌创意。

现代传媒业中，电视、电台、报纸栏目的策划设计，以及图书、期刊类别和栏目的策划设计中，一项重要的目标是打造品牌频道、栏目、图书和期刊。品牌打造中的策划设计是文化创意，“打造”则属于经营范围内的事务，二者共同的深层目的是追求文化附加值。文化产业运营中的名牌产品战略是典型的文化创意与经济创意的结合。

理念之三，充分发挥创意资本和创意资本人的活力。

文化产业这一新的产业业态出现之后，“创意为资本，创意主体为创意资本人”的认识已经被人们所接受。这种认识非常深刻地反映了文化创意与经济创意的结合。创意资本、创意资本人的提出是最深邃的创新性思维成果。创意是资本，可创造出价值，并且升值。作为创意主体人，也是资本，并且也可以升值。谁拥有创意，拥有创意资本人，谁就可以发财致富。谁拥有尽可能多的创意，拥有尽可能多的创意资本人，谁就可以发大财，致大富。谁能最大限度地调动创意主体的想象力、创造力，发挥创意资本人的活力，谁就在激烈的市场竞争中保持不败的记录。

专门从事买卖创意“点子”的文化企业是文化产业发展到一定阶段后的产物，在文化产业创意企业中反衬出文化创意与经济创意的结合。在这类文化企业中，创意资本和创意资本人的活力充分展现出来，其经营、经纪的产品就是“创意”，当然也包含了“文化创意”。当文化产业中的以买卖“创意”为经营产品的文化创意企业诞生之后，文化创意与经济创意内容的结合就是直截了当的了。文化产业创业企业的发育程度和规模说明了文化创意内容与经济创意内容的结合程度，是文化产业发展水平的标志。

三、文化产业内容创意之间的关联

文化产业各行业之间以产品观念价值为纽带，形成了文化产业产品之间的复杂关联关系。比如，许多文化产业产品需要通过广告宣传来提升或实现其观念价值，这样就在被宣传产品内容创意与广告内容创意之间建立起一种互为推崇、共赢的关系。我们知道，在其他产业产品之间存在一个上游产品、中游产品、下游产品的关联关系。在文化产业产品中，有些也表现为这种明显的相对稳定的上、中、下游产品的关联，但更多的则表现为产品、衍生品、再衍生品的关联。

上海的时空之旅，把现代音乐、舞蹈、多媒体音像元素注入杂技表演。老的杂技表演是没有主题的，上海时空之旅杂技表演项目的主题为“秀一个上海给世界看”，不断地编排节目，充实表演的内容，并且把旅游公司拉进来，每晚看这个表演又成了旅游公司旅游项目的内容。杂技、音乐、舞蹈、旅游这些原来看上去“隔行如隔山”“风马牛不相及”的艺术形式和行业，在上海时空之旅的表演场内外融为一体。该项文化产业创意项目已经实现了9 000多万元的票房收入和200多万元的衍生收入。

“一项创意多重使用”反映了文化产业创意产品之间紧密关联的关系。所以人们对于文化产业产品生产链关系，一般不用上下游产品的概念，而用衍生产品的概念。上下游产品是相对固定的关联，产品与衍生产品的关联是创意的结果。创意是随机的，有时由直感和灵感而来。

第十八章　内容创意主体

文化产业内容创意有两种存在：一是作为一种创新性思维，它存在于人们的头脑、创意团队或创意企业中；二是作为一种商品或智力资本，它存在于文化市场或资本市场中。文化产业是以创意为核心的产业，其产品是文化产业创意主体直接的或间接的“生产物”，研究文化产业内容创意不能不讨论创意主体的形态、特性和本质。

第一节　内容创意主体形态

文化产业内容创意存在于人的大脑中。作为文化产业内容创意主体的人的存在或组合，表现为以下三种形态。

一、个体形态的内容创意主体

1. 个体形态的内容创意主体的内涵

所谓个体形态的内容创意主体，是指具有法人资格的从事文化产业创意的（个体）自由职业者。在文化产业发达的国家中，媒体撰稿人、作家、诗人、音乐家、画家、戏剧影视导演和演员、服装设计师、会展策划师、影视制片人、艺术品经纪人、咨询研究专家、体育经纪人等，绝大多数是自由职业者。他们存在于文化产业产品生产经营链的各个环节中，活跃在文化市场和创意资本市场中，为社会有偿提供文化产品或服务。这些人是文化产业创意主体的有生力量，担负着文化与经济结合、文化创新与经济创新的思维及其实业活动。

按照文化产业生产经营环节，个体形态的文化产业创意主体主要分为文化产业产品的策划生产者和创意产品经纪人两类。可能有人要问，为什么文化产业内容创意主体还包括诸如影视制片人、艺术品经纪人和体育经纪人等经纪人呢？这是因为，文化产业产品的经纪活动是文化产业经营上必不可少的环节，创意包括文化创意和经济创意以及二者结合的创意。比如，作家创作小说只是文化创意，小说发行销售中的创新性思维则是经济创意，把二者结合起来的创意，才是完整的文化产业内容创意。

在现实生活的市场经济中，凡畅销的文学作品，大都融入了经纪创意：一是作家在策划生产创作他的作品时，已经主动自觉地糅进了经济因素即市场元素，不考虑社会需求与读者多少的作家恐怕是不多的；二是作家在策划选题时一般会征求经纪人或出版商的意见，可以说作品是作家与经纪人或出版商共同创意并“签约”后的产物。有些经纪人或出版商之所以预付给作者高额的创作费用，就是因为双方有了“文化创意与经纪创意”的默契或约定。

西方政要、商界巨子、文化艺术名人大都撰写回忆录，他们与回忆录的经纪人或出版商往往反复商讨写作思路或内容，哪些问题上详述，哪些问题上一笔而过，常常颇费心思。经纪人或出版商的许多意见或建议，作者本人通常是很重视的。文化艺术品经纪人作为中介，也参与了文化产品的创意，也是文化产业内容创意主体之一。

2. 个体形态的内容创意主体的从业方式

文化产业产品策划生产者与创意产品经纪人的从业内容是不同

的。前者侧重从事文化创意，当然他们也将经济元素拼糅在产品策划生产之中；后者侧重经纪创意，当然他们也将文化元素拼糅在经纪创新之中。产品策划生产者与产品经纪人的创意目标是共同的，但“工作”各有侧重，从业方式不完全相同。

个体形态的文化产业创意主体，专门从事文化产业创意或策划，并把他们的创意（思想）卖给文化企业，以获得经济收入。他们与文化企业打交道的方式通常有两种形式，一是甲乙双方以契约的形式，甲方完成乙方（文化企业）交给的创意任务，乙方付给甲方报酬；二是事先没有契约，甲方有了成熟的创意，把该创意的经济收益（绩效）有条件地告知乙方，乙方认为是“好点子”购买甲方的“创意”。这一买卖过程，有的是知识产权的完全转让，有的则是知识产权有条件的部分转让。

在这里所说的文化企业，可能是文化经纪人注册的文化公司，比如文学创作室，也可能是出版社。文学创作室（公司）是介于作家与出版社之间的一种文化企业，从事联络作家策划文学作品业务，其成稿通过出版企业印刷、出版和发行。作家可以把作品交给出版社，也可以交给文学创作室（公司）来运作。作家把作品交给文学创作室（公司）或出版社，取得稿费，发行销售权交给了对方，但著作权依然保留在自己手中。作家与文学创作室（公司）或出版社往往通过契约规定印数，如果加印或再版，作家则要求相应的经济收益，这是知识产权有条件的部分转让。影视编剧（者）的剧本，一次性地卖给影视制片人，则属于知识产权的完全转让，影视产品属于制片人，不归属编剧（者）。

二、团队形态的内容创意主体

1. 团队形态的内容创意主体的内涵

所谓团队形态的内容创意主体，是指没有独立法人资格的文化企业中的专门为企业的发展、经营和产品研发承担创意任务的员工队伍，产品创意、研究和开发为该团队的主要工作任务。发达国家的文化企业中，大都设有产品研发部门和经营战略研究部门，汇聚了一批文化产业产品创意、研究、开发和经营管理人才，同时也从企业外聘用一批“客座”专家学者组成一支兼职团队，为企业发展、经营，特别是对新产品、新技术进行研究，向企业的最高行政执行官（总经理）或董事会提供经营战略战术思想或具体建议，为企业产品的改造完善或新产品的开发储备进行实验研究工作。

2. 团队形态的内容创意主体的工作方式

文化企业中的创意团队所从事的内容创意，只是文化企业经营、发展和生产中的一个环节性的任务。他们是企业组织结构中的一个部门的人员，一般不和企业外部直接发生经济关系。这个团队创意活动的显著特点就是集思，以发挥集体智慧为手段，为企业提供文化产业创意的思想、点子和策划，从文化产业创意方面为企业占领市场和扩大市场占有份额做贡献。这个团队活动的目的，是为所在的文化企业赚取更多的利润。

三、企业形态的内容创意主体

1. 企业形态的内容创意主体的内涵

所谓企业形态的内容创意主体，是指具有法人资格专门从事文化产业创意的文化企业。这类企业中聚集了一大批专业的内容创意复合型人才，形成了阵营强势的创意力量，专门为其他文化企业或单位有偿提供文化产业创意服务，即提供新思想、新点子、新办法。发达国家中的文化产业创意企业，有一些就是从文化企业中分离出来的。当然，绝大多数文化产业创意企业是顺应社会对文化产业创意的需求，由投资者招聘各方面的创意人才组建的。

2. 企业形态的内容创意主体的经营方式

专事内容创意的文化企业，是文化产业中最新的一种业态，是文化产业中最核心的一类企业。这类内容创意企业同其他文化企业或单位打交道的方式有两种：一是契约服务，二是知识产权的转让。

文化产业内容创意企业是文化产业专业化分工的产物。如前所述，在一般的文化企业中大多设置一个创意部门，专门从事创意策划工作。假设把这个专门化的部门独立出来注册为一个新的企业，就是新业态的文化企业。由于它的专门化则更显专业化，加之独定法人地位独立经营，从而可大大提高创意效率和水平。

文化产业创意企业的诞生和发展是文化产业发展水平的一种标志，只有当文化产业发展到一定阶段后，专门的内容创意企业才可能诞生并发展起来。在文化产业发达的国家中，专门从事文化内容的创意公司的数量与规模已经达到了很高的水平。这类新的文化企业是为其他文化企业的产前、产中或产后进行创新性思维服务的。正如现代农业发展需要产前、产中或产后服务公司一样，文化产业也需要产前、产中、产后的服务。

第二节　内容创意主体特性

文化产业创意人才、团队和企业与其他的人、团队和企业相比，有自己独特的素质、工作环境和性质。

一、内容创意人才特性

创意在人的头脑中酝酿生成。个体的人是创意最基本的主体。文化产业创意人才是文化产业创意的第一资源。发达国家的文化产业之所以发达，得益于强势的文化产业创意人力资源的支撑。许多发展中国家文化产业之所以欠发达或落后，主要受掣于文化产业创意人才资源“瓶颈”。

大家知道，关于人才特性、素质、标准的讨论或争论从来没有停止过，这是正常的现象。所谓人才，通常是指那些对人类文明、社会发展和进步做出较大贡献的人。伴随社会发展进步，人才的标准尺度在不断变化，对人才的要求也不一样。在社会生活的不同领域、行业和专业中人才的标准尺度也不一样。人才标准是一个动态的概念，是一个分领域、分行业、分专业的概念。

文化产业作为知识经济形态，其核心层面的人力资源即文化产业创意人才，具有不同于第一、第二和第三产业中其他行业的人才的特征和素质。具体来讲，主要有以下几条：

1. 具有比较广博的知识

知识是人类对自然和社会认识的总结。人的知识来自对前人总结出来的知识的学习和个人工作生活中的经验的积累。文化产业创意人才，一般来讲，具有比较广博的自然科学、人文社会科学和思维科学知识。也就是说，在文化产业创意主体的头脑中，储存着从自然界到社会各方面的大量的鲜活的知识信息，这是进行文化产业创意的基本“头脑”条件。

文化产业创意人才一般都接受过高等教育，专业知识丰富，理论素养较高，为知识复合型专业人才。优秀的文化产业创意人才，大多经历了较长时间的实践锻炼，积累了较多的实际工作经验。人们不能奢望不经过严格的学校教育训练、知识单一、又缺少实践的人，能够成为文化产业创意优秀人才。

2. 懂得多种专门技术

技术是完成一件工作的动作系统。技术的应用性创新是文化产业创意的内涵之一。文化产业创意包含了衔技术创新。就文化产业产品而言，画家完成一幅优秀的绘画作品，作家撰写一部优秀的小说，词曲作家创作一部优秀歌曲，剧作家完成一部优秀剧本，制片人完成一部优秀影片，都包含了诸如绘画、写作、影视制作等技术技法应用的创新，也都存在技术应用创新源头上的创意。如果根本不懂得或不了解有关的技术，就无法从事上述创意。

从一定意义上讲，文化产业经营、经纪、管理也是一种专门技术，即软技术。把自然科技硬技术和经营管理软技术运用到文化产业产品生产和项目创意中的技术为衔技术。优秀的文化产业创意人才不仅懂得硬技术，也懂得软技术，更懂得衔技术，是集多种技术于一身的人才。这里讲的懂得多种技术，并不是说创意主体在每门硬技术和软技术上都非常精通，而是指粗通或了解，能够把各种技术作为创意元素加以运用。

3. 具有活跃的思维能力

美国广告奇才里奥贝纳说："像疯子般工作才会产生创意。"日本创意鬼才吉田秀雄在谈到创意时指出："注意四面八方，让大脑时刻转动。"① 以上两位创意杰出人物道出了创意人才的共同特点，即具有活跃的思维能力和勤奋的工作态度。创意是人脑的工作，人的脑型是有区别的。我们看到现实生活中有的人勤于动脑、善于思考，具有创造力；有的人不爱动脑、懒于思考，缺乏创造力。何以存在这种区别？这既有先天的遗传基因的作用，也有后天培养训练的原因。

文化产业创意人才大都具有活跃的思维能力，善于独立思考，想象力丰富，创造力较强。他们当中的有些人具有极高的主观性，高度自负，个性表现突出，幼稚与文雅、破坏性与建设性、疯狂与理智兼备。优秀的文化产业创意人才都有活跃的科学思维的大脑、创新性独立思考能力、百折不挠的心理素质和勤奋敬业的道德品质。

---

① 陈放、武力：《创意学》，封底。

二、内容创意团队特征

内容创意团队是创意人才的集合体，主要表现为以下特征和素质：

1. 相关方向上多方面知识人才的集合

内容创意团队大多存在于文化企业中，是企业科层组织制度下产品研发与经营战略咨询工作方面知识人才的集合体。比如，某电视台的电视剧创作中心，一定是集中了编创人才的部门。文化产业大的财团公司，常设有企业发展战略研究机构，集中了一批产品研发和经营管理研究人才，从企业发展方向、战略、战术、市场、产品、内部管理诸方面为企业高级行政执行官（总经理）提供决策咨询服务。文化企业中的这种机构，是一个“脑库”，也是一个“知识人才库”。

2. 具有民主、宽松的工作氛围

创意团队的功能是集思，集体出思想、出点子、出办法。为了激发团队每个成员的创意积极性，或者说为了使大家在工作中真正互补，互相启发，从而取得团队最佳的创意绩效，大都建立起了自由、民主、宽松、和谐、畅所欲言的工作氛围。团队鼓励想象力、创造力、逆思维，什么意见建议都可以发表，任何一种构想都可能被采纳，在集思广益中激发并获得创新的灵感。

3. 团队带头人具有较强的组织能力和高尚品质

一个优秀的内容创意团队，必然有一位优秀的属于领导核心地位的团队带头人。这位带头人除具备创意人才普遍具有的广博知识、才能和素质外，还应具备较强的创意组织协调能力以及相关的素质品格。具体讲表现在以下几个方面：一是具有确定团队创意选题的能力，根据公司的发展需求或公司决策层的命令，知道在什么时候、什么方向上、怎样选择和选择什么样的工作目标；二是作风民主，人格高尚，心胸宽广，海纳百川，善于组织集思广益，能够调动大家的工作热情，激发大家的创意灵感；三是敬业勤奋，从而带动整个团队敬业勤奋，人们发现优秀创意团队的带头人，一般都是工作狂、思维狂，只有“首脑”时刻转动的大脑才能带动“脑库”团队时刻转动；四是具有高瞻远瞩的洞察力，能够在众多的想象中发现真正有价值的想象，善于集中好的意见和建议，使团队不断产出创意成果，取得良好业绩。

三、内容创意企业特征

在众多文化企业中，有一种专门靠出思想、出点子、出办法而生存的企业。这类文化企业具有以下重要特点：

1. 具有较强的适应市场能力

文化产业创意企业，除少数综合性的创意公司外，大多为专业化的创意公司。不管是综合性创意公司还是专业化创意公司，一般都有相对固定的客户，通过契约方式为政府、其他文化企业或社会有关方面有偿提供文化产业创意产品。文化产业创意企业比之归属于各种文化企业的创意团队，它同市场的连接就更为紧密，适应市场需求的能力更强。这是因为，文化产业创意企业身处文化产业市场，了解每个行业其他各类文化企业的情况，接受其他文化企业的“委托”，研发创意产品；如果其产品不能在激烈竞争的市场中站住脚，抢占和扩大市场份额，就会失去客户，从而威胁自己的生存。

世界著名的兰德公司，其实质是一个战略性的文化产业创意公司，它的客户主要为美国政府各部门和大的财团决策层，为他们执掌美国政权和财团经营出谋划策。兰德公司聘用了一大批各学科各专业的高端科研人才，政治学、外交学、公共管理学、经济学、社会学、军事学、财政学、金融学，乃至自然科学有关学科的高端专家都有。兰德公司既接受美国政府包括美国国防部或大财团的委托研究项目，也自己选择重要的项目立项研究，然后把研究成果卖给美国政府或财团。由此可见其选题广泛且研究能力很强。遍布世界各地的著名咨询研究机构（公司）都应视为文化产业创意企业，他们本身就是文化产业的一个行业，而且大都承担着为文化产业有关行业服务（出谋划策）的项目。这些公司共同的特点就是适应市场，提供创意产品的能力很强。这种能力，是文化产业创意个体和生存在其他文化企业中的创意团队不可比拟的。

2. 具有较高的创意效率和绩效

所谓创意效率，通俗地讲就是接受一个创意命题后能够拿出可用的创意产品的时间的长短。一般来讲，文化产业创意企业创意效率比较高，这主要得益于它的专门化，它就是以出新思想、新点子和新办法为“谋生手段”的文化企业，集中了一大批创意人才，其中不乏奇才乃至鬼才。这样一批人集合在一起，组织协调得好，工作效率自然就高，从而创意绩效也大。

广告策划是最具刺激性的文化产业创意。广告公司既是文化产业广告行业中的文化企业，也兼有文化产业创意企业的性质。美国密歇根州圣约翰市人里奥贝纳，生于1891年10月，1914年毕业于密歇根州立大学新闻系。1935年，在他44岁的时候，他抵押了自己的房子，创立了里奥贝纳股份有限公司，经营广告业务。他提出了“创意无限”的口号，指导他的公司创下了美国历史上最经久弥新的广告形象，让万宝路牛仔、温情洋溢的联合航空、绿巨人玉米罐头等广告，在竞争激烈的广告市场中脱颖而出。里奥贝纳现已过世，但他的“88个创意圣经”却流传于世。他被公认为世界级的创意奇才和广告大师。他的“创作世界上独一无二的最佳广告”的企业精神，不仅在他创办的公司中被继续忠实执行着，而且成为一个文化遗产被广泛继承。通过里奥贝纳股份有限公司，文化产业创意企业的素质品格，可见一斑①。

① 陈放、武力：《创意学》，第7页。

第三节　内容创意主体本质

在市场经济中，从资源配置角度讲，文化产业内容创意主体是特殊的资本，即人力资本或“创意资本人”资本。人才是第一资源，创意或者创意资本是文化产业发展的第一动能。

一、关于创意主体本质的认识

创意主体的本质是人力资本，文化产业创意为创意资本。这一理论观点的提出具有重要意义：

第一，它进一步回答了为什么要发展文化产业内容创意。对于文化产业这个新的经济业态来讲，发展内容创意和培养造就创意人才，其实质是一个资本运作或者讲是资本积累的过程。我们知道，就整个社会政治经济文化科技发展而言，人力资源是第一资源。对文化产业而言，文化产业创意人才则居于发展产业各种资源中的首位。文化产业创意人才为文化产业第一资源，其创意活动为文化产业第一动能。

第二，任何一个产业的运行，归根结底都是一个资本运作问题。但是各个产业中运作的资本不同。第一、第二和第三产业中的许多行业，靠运作货币资本和物质形态的资本来促进产业的发展壮大。文化产业则不同，主要靠运作创意资本和创意资本人。文化产业的竞争主要表现为创意资本市场和创意资本人市场的竞争，谁占有较多的内容创意资本，谁拥有大批优秀的创意人才，谁就会在激烈的竞争中取胜。

第三，文化产业理论把内容创意作为核心生产环节，作为整个理论体系的重要组成部分，就是基于上述对文化产业创意主体本质的深刻认识。发展文化产业存在一个资本运作的问题，创意主体的本质为创意资本，因而要研究创意主体所承载的创意的学问。

二、内容创意人才成长环境

人力需要培育，资本需要培育。文化产业内容创意人才的成长，既是人才的成长，也是人力资本或创意资本的成长。任何事物的成长，都需要特定的环境。当我们弄懂了内容创意人才的“创意资本人”性质之后，接下来讨论创意人才的成长环境。

事实上，文化产业内容创意人才与文化产业的成长是相辅相成的，或者说基本上是同步的，他们在许多方面面对着共同的外部环境条件。但是，人才与产业的成长毕竟是两码事，他们所需要的外部条件又有许多不同。文化产业内容创意人才成长的环境，主要有以下几个方面：

1. 较高的城市化水平

文化产业和文化产业内容创意人才的成长，面对着一个共同的外部环境，即较高的城市化水平。城市化是社会经济发展达到一定水平之后的产物。一般认为人均 GDP 达到 1 000 美元左右为城市化加速时期，这恰恰与文化产业起步和快速成长时期相吻合。通常认为人均 GDP 达到 800 ~ 1 000 美元的时候，现代文化产业将起步并快速崛起。

城市与文化产业创意人才成长的关系，主要通过城市与文化产业的关系间接表现出来。城市是文化产业的载体，众多的文化企业大都建在城市中，有一些城市比如美国西海岸的洛杉矶就起源于电影产业。城市化与文化消费水平、文化消费结构呈正相关关系，较高文化消费水平和文化消费结构高级化，正是文化产业兴起的原因。城市居民的文化程度、素养、习俗、消费理念和偏好，城市的交通通信设施、信息网络建设水平，城市生活的知识化、信息化、国际化生活氛围，特别是城市中文化产业的发展，为文化产业创意人才成长创造了良好的条件。

2. 发达的学校教育

如前所述，文化产业创意人才大都经历过高等教育，能够接受文化产业创意教育培养和专门训练是创意人才成长最重要的条件。文化产业发达国家高校设有文化产业学科和专业，直接培养文化产业各行业的创意人才。这些学校大多与文化产业实业界建立密切的产、学、研一体化联系，给教师和学生许多实践的机会。美国文化产业的产品，比如电视传媒节目、动漫影视片、广告策划、节庆策划和会展策划等创意产品，许多是由高等学校的文化产业专业的师生完成的，或者是由师生与有关公司共同完成的。

美国俄亥俄州博林格林州立大学的艺术学院并不是一所特别著名的学院，但该院的动漫制作实验室拥有大量最先进的计算机（电脑），好莱坞的科幻动漫大片利用该学院的电脑设备进行创意制作。发达国家文化产业创意人才学校培养的状况，由此可见一斑。

3. 创新型社会氛围

创新是一个民族、一个国家不竭的动力。当今世界的发达国家都是在科学技术领域和产业领域不断创新走在前面的国家。从一定意义上讲，文化产业发展水平是衡量一个国家或地区是否具有创新意识、创新能力和创新成效的试金石。凡具有创新精神的国家，其相关产业总是走在前列。

创新型社会氛围对文化产业创意人才的成长至为重要。这是因为文化产业内容创意人才的成长，很大程度上取决于“人”的理念中是否有一种创新的动力，而这种动力往往来自社会氛围的熏陶。如果一个社会封闭、僵化、不求进取、缺乏创意，很难设想存在于生活于成长于这种社会中的人，能有强烈的创新意识和能力。

第十九章　内容创意产品

所谓文化产业内容创意产品，是指文化产业创新性思维所取得的直接成果。文化产业产品成千上万，并不是所有的产品都被视为创意产品，只有那些文化产业创意主体通过创新性思维所生成或进一步制作的原创产品才是创意产品。

第一节　文化产业产品

文化产业创意产品是文化产业产品的一部分。了解了文化产业产品的特点，才能更准确地把握什么是文化产业内容创意产品。

一、文化产业产品生产是一种商品生产

1. 文化产业产品是商品

关于商品，其定义有两个要点：一是它能够满足人们的某种需要；二是它能够用来交换。文化产业是置身于市场经济中的一个新兴产业，市场经济是一种进行商品生产的经济体制。文化，能够满足人们的精神生活的需要，又被文化产业提供出来，被用来进行交换时就成了商品，即文化商品。

世界各国或国际组织对商品作了若干界定，其中美国规定产品为“具有真正价值的、为进入市场而生产、能够作为组装整体或者作为部件、零件交付的物品”。中国规定商品为“经过加工、制

作，用于销售的产品”。文化产业产品是一种为进入市场为销售而生产的产品。不是为了进入市场，为了在市场中销售的产品不能算作文化产业产品，因为它可能是创意者自我欣赏、享用的东西而不是商品。

在曾经实行计划经济体制的年代里，从理论上只承认产品生产，试图最终取消商品生产和交换。在实践中，把文化艺术品生产的承担者当作事业单位直接从属于政府文化行政部门，文化艺术品生产的产、供、销由政府通过计划指标指令一手控制，导致了文化艺术品严重短缺的现象，人们的文化生活匮乏。今天，在中国提及文化商品没有多少人会发生疑义。孰知，承认文化产品也是一种商品，从产品生产到商品生产，这种思想与实践的转变曾经历了非常艰苦的思想解放与变革过程。

2. 现代文化商品应由现代文化企业进行生产

大力发展文化产业，其目的是大力发展文化商品生产。文化产业是文化企业的集合。现代文化商品的生产应由现代文化企业承担。大力发展文化商品生产，必须建立起现代产权制度基础之上的现代文化企业制度。所谓现代文化企业制度，就是董事会领导下的法人治理结构和监事会监督下的企业制度。在发达国家文化商品的生产早已由现代文化企业制度下的企业承担，形成了发达的文化产业。中国早日完成建立现代文化产权制度和现代文化企业制度的改革，将大大促进文化商品的生产，从而为文化大发展大繁荣创造新的历史机遇。

二、文化产业产品形态

1. 文化产业产品的使用价值和价值

文化产业产品作为商品同一般商品一样，具有使用价值和价值，是使用价值和价值的统一。文化商品使用价值，是指它作用于人的精神世界所产生的效益。文化商品使用价值可满足人们的精神和心理的需要，其终极效果具有多元性、潜隐性和永久性，可改变人们的精神世界。文化商品价值，是指凝结在文化商品中的人类劳动，是劳动主体的创造性结晶。马克思主义经济学常识告诉我们，商品价值量由凝结于商品中的抽象劳动时间确定，并通过价格表现出来。但是文化商品的价值量同一般商品的价值量有所不同，具有难以确定的特点，与其凝结的人类劳动量没有必然的联系。

2. 非创新性与创新性文化产业产品

所谓文化产业产品形态，是指文化产业产品存在的形式、状态和样式。文化产业产品，有的属于物质产品形态的文化商品，并带有文化符号的象征意义，比如书、画、摄影作品、音像制品、影视制品；有的属于服务形态的文化商品，其服务劳动行为与产品生产过程同时存在，比如音乐、戏剧、戏曲、舞蹈、杂技、曲艺等表演艺术，导游、高尔夫球童、休闲保健技师的服务也属于服务形态文化商品。不论是物质产品形态的文化商品，还是服务形态的文化商品，从创意角度分析，都可划分为非创新性与创新性两类产品。只要某个商品（或服务形态）的内容不是新的，就为非创新性文化产业产品，非创新性文化产业产品是已经有的老产品。创新性文化产业产品，顾名思义，是指过去没有的、才设计生产出来的新产品。创新性文化产业产品是独一无二的新品种，有新样式、新的使用价值或新的服务内容的产品。

第二节　创新产品特征

创新产品的多少，反映了文化产业的竞争力与发展水平。这是因为创新产品与非创新性产品不同，具有自己鲜明的特征。

一、文化产业创新产品的特征

1. 创新性

文化产业创新产品是创新性思维的成果。这种创新成果表现形式多种多样，在文化产业的初级发展阶段主要为工业化复制的创新，在文化产业的高级发展阶段则为产品内容的创新。工业化复制为经济或经营的创新，产品内容创新为文化的创新，其生成的创意均属文化产业创新性思维成果。文化产业生产、流通、交换、分配的社会生产全过程中，如果没有创意的思维活动，其成果就不能算作文化产业创新成果。文化产业产品成千上万，其中大量的为复制产品，不是首次复制的产品创意或不包含一定创新密集度内容的产品，不能算作文化产业创新成果。为什么把首次复制的产品也视为文化产业创新产品呢？比如一件艺术品业已存在，但它摆在那儿没有进入市场，人们把它大量复制之后推上了市场，就艺术品的文化内涵而言复制中没有创新，但就经营经济而言复制是一种创意，所以该艺术品的复制品是文化产业经营创新的成果，该艺术品的复制品为文化产业经营创新产品。

2. 独特性

文化产业创新产品的独特性是指与以往产品的差异，这是文化产业创意派生出来的特征。每一件文化产业创新产品都是独特的，不能与以往文化产业产品相同或雷同，总要存在一定的差异，有自己独到之处，否则就不具备创新性。创新产品的独特性源自文化产业创意活动的自主独特特征。自主创新是创意的特征之一，只有自主创新才能使产品具备独特性。

3. 高智力性

文化产业创新产品是高智性的产品。这里讲的高智性通常指创意中的智力和能力，表现为对人们文化消费需求水平和结构变动的预见性和敏感性。创意主体知道人们喜欢什么样的产品，不喜欢什么样的产品，知道人们对产品价格的期待和接受空间，在新产品的创意策划中知道如何保证产品质量和降低成本，因而能够生成创意，并加工制作出可以打入市场的新产品。总之，文化产业创新产品凝结了创意主体高智力的投入。

4. 高附加值性

文化产业创新产品的价值是附着于承载物上的。一件名牌服装的价值，并不在于其布料、做工的价值，而主要是品牌形成中的内容创意，是其中蕴含的文化。文化产业创新产品（包括创意服务型产品）是高文化附加值的产品。文化产业内容创意的一个途径，是在衍生产品和衍生服务上做文章。内容创意产品大多为多衍生产品的产品，其附加值也表现为衍生品链所带来的价值。

二、创新产品的价值

1. 创新产品的功能价值与观念价值

文化产业创新产品作为商品在市场交换中实现其价值和使用价值。“从消费者的角度看，产品的市场价值由功能价值和观念价值两个部分构成。功能价值是消费者为满足自己基本需要时愿意给商品物理属性支付的价格部分，它由科技创造而成，是商品的物质基础。观念价值是商品中包含的能与一些社会群体的精神追求或文化崇尚产生‘共鸣’的无形附加物，因文化创意渗透而生，是附加的文化观念”。①

传统产业是以产品为导向的，传统产业产品的市场竞争着力于新产品的研发，新产品研发是对功能价值的追求与创造。作为新兴

---

①　厉无畏：《文化创意的产业化与产业创新》，《同济大学学报》2009年第1期。

的文化产业也注重新产品的研发，同时更注重对新老产品观念价值的研发与创造。所谓文化产业内容创意，既包含了对新的文化产品的功能价值的研发，也包含了对文化产品观念价值的追求与创造。传统产业追求由商品物理属性带来的功能价值，通常是一次性的。文化产业追求由商品引起的精神追求、文化崇尚带来的观念价值，而这是可以复次性叠加的。所谓文化附加值，是可以多次附加的价值。

2. 创新产品观念价值的实现

创意带来了文化产品的观念价值，观念价值大小取决于消费者的主观感受。许多文化产业创意产品的观念价值与功能价值是合二为一的，比如对艺术表演产品、艺术工艺产品的观念价值的评价主观性就很强，“仁者见仁，智者见智”。

文化产业创意产品的观念价值是一条长长的生产链，包含三个基本的环节：一是产品最初的创意要适应社会新的文化消费观念，由此构成产品中最原始的观念价值部分；二是对产品通过反复展示、推荐、宣传使人们认识产品的价值，当人们对产品价值认识提高之后，产品的观念价值会自行升值，这部分价值是宣介所带来的；三是通过衍生产品创意和生产带来新的观念价值。衍生产品带来的观念价值，既可以视为主产品的附加值，也可以视为一个新的创意产品，并形成新的观念价值生产链。一件文化产业创新产品有 10 个衍生产品，就可能衍生形成 10 条新的产品观念价值生产链，并不断延伸扩展开来。文化产业不同于传统产业，文化产业创新产品生产是边际成本递减、边际效益递增的。传统产业产品生产不可能形成这种规模的衍生产品价值生产链，这就是文化产业创意的魅力所在。

显而易见，文化产业创新产品观念价值的实现主要靠两条：一是靠创意，这包括产品、衍生产品以及衍生产品生产链规模的创意，只要创意出适应社会文化消费需求观念价值高的产品，推向市场就必然获得好的观念价值回报；二是靠宣传，包括产品的反复展示、推荐、宣传。观念这个东西靠灌输，消费观念也须引导，观念价值高的文化产品市场需要培育。人们并不是一开始就对品牌十分了解，品牌要打造和宣传。在信息时代，利用媒体广为宣传文化产业创意产品，本身就是观念价值“生产”与价值实现合二为一的过程。

三、创意产品的生命周期

所谓文化产业产品的生命周期，是指某一文化产业产品从投入市场，在市场中成长、饱和、衰退，直至退出市场的过程。与其他产业产品的生命周期相比，文化产业产品的生命周期有所不同。在某些文化产业产品整个市场生命周期中，包括观念价值周期的成分，这就是文化产业创意产品的生命周期。所谓文化产业创意产品的生命周期，是指文化产业创意产品从投入市场获取观念价值收益，直至该创意产品被大量复制，不再有观念价值收益的过程。说白了，文化产业产品的生命周期由观念价值周期和市场周期两个阶段组成。现实生活中，越是有观念价值收益的文化产业创意产品，越有可能被大量复制；一旦被大量复制，该产品的内容“创意”观念价值也就衰落了，从这个意义上讲生命周期也就结束了。当然，从某产品内容创新性意义上讲的生命周期的结束，并不意味着该产品市场生命周期的结束。有些文化产业创意产品虽然被大量复制，但在没有新的替代产品进入市场之前，该产品的市场生命周期是不会结束的。研究文化产业创意产品生命周期的意义在于：一是为了确保文化产业产品观念价值的实现，必然重视文化产业产品创意的知识产权保护，防止他人盗窃、复制创意成果；二是要懂得文化产业创意产品复制进入市场之后，其观念价值不可避免地会逐渐衰落，为了保值必须对产品进行再创意、再创新。没有新的创意，产品不进行更新换代，观念价值收益不会递增。

第三节　创意产品类型

文化产业创意产品的种类繁多，遍布各个行业，而且特征各异。对文化产业创意产品进行归类是一件比较困难的事情。但是研究文化产业创意，又不能不对其进行必要的分类。因为只有适当分类，人们才能针对不同类型的产品找寻其创意中的普适性的思维规律。文化产业创意产品从不同角度，可划分为以下不同类型。

一、文化产业创意产品类型

1. 按有无载体分类的文化产业创意产品

根据文化产业创意的定义，其成果是无载体的新思想、新点子、新思路、新方法。这种无载体的新思想、新点子、新思路、新方法一旦生成，以知识产权商品的形态存在于创意主体的头脑中，无形又不可触摸，但是它能够满足人们从事文化产业产品生产的消费需求或人们文化生活消费的需求，因而有价值（或价格），可以进入知识产权市场出售。这是文化产业创意产品的本性特征。

在现实的经济生活中，原始的无载体的文化产业创意（新思想、新点子、新思路、新方法）知识产权的直接交易还是少数，大量的文化产业创意知识产权要借助、依附或附着于物质载体进入文化产业物质产品市场进行交易。比如，艺术的表演创意要借助舞台进行演出，或将演出录像刻录成光盘借助光盘进行交易，传媒创意产品要借助媒体进行交易，会展创意要通过会展场所进行交易，广告内容创意要通过媒介进行交易等。舞台、光盘、媒体、会展场所、广告媒介等都是文化产业创意知识产权的载体。

2. 按行业分类的文化产业创意产品

文化产业包括通讯广播电视、网络、纸质传媒、教育、旅游、休闲娱乐、广告、会展、艺术（表演及艺术）品生产与销售、研究咨询、体育等11个行业，可划分为生产型行业和服务型行业。生产型行业的产品，主要是以物质为载体的文化产业创意产品，比如艺术品、工艺品、文化品、广告产品、传媒产品等；服务型行业的产品，主要是以服务为载体的文化产业创意产品，比如休闲、旅游、娱乐、教育、咨询、体育服务项目产品等。当然也可以直接以11个行业划分为：广播电视业产品、网络业产品、纸质传媒业产品、教育业产品、旅游业产品、休闲娱乐业产品、广告业产品、会展业产品、艺术品生产与销售业产品、研究咨询业产品和体育业产品。

在这里需要申明两点：一是只有那些确系蕴含创新性思维的新的文化产业产品，才算得上文化产业创意产品，否则，只能是传统文化产业产品，或复制性的文化产业产品，或过时的文化产业创意产品。这就是说，文化产业产品与文化产业创意产品不是可以完全画等号的两个概念。二是文化产业创意产品是一个动态中的有生命周期的产品。“昨天”的创意产品，经过人们大量复制和广泛使用，“今天”看来已经毫无观念价值了，那就不能再归为创意产品。只有那些充满新概念、新使用价值的产品才称得上创意产品。随着人们创意水平和能力的提高，在激烈的创意市场竞争面前，一般性通常性的文化产业创意产品的生命周期有一种越来越短的趋势。只有那些原始创意水平高且不断更新、始终走在创意前沿的文化产业品牌创意产品，才能保持相对长久的生命周期。

3. 按附加值分类的文化产业创意产品

从经济学意义上讲，有物质载体的文化产业创意产品价值由两部分构成：一是物质载体的价值，二是创意知识产权的价值。文化产业创意产品中这两部分价值比重的显著特点是创意附加值（即知识产权价值）一般要高于其载体价值，比如作为正版的软件，其光盘的刻录成本非常低廉，其价值主要是知识产权。

按创意知识产权价值（附加值）的高、中、低，可把文化产业创意产品划分为高、中、低附加值三类产品。

通常情况下，影视创意产品、广告产品、中小型表演艺术产品、纸质传媒产品、绘画产品、咨询服务产品等可视为高附加值创意产品；中型会展、旅游产品、体育产品等为低附加值创意产品；介于以上两者之间的为中附加值创意产品。

教育产品附加值是一种特殊情况，从教育成本上看投入是高的，从教育产品及劳动力的销售价格上看是发散性的。名牌高校的品牌专业的学生很容易找到高薪的工作，这类学校这类专业毕业的劳动力产品的创意附加值是高的；其他院校其他专业毕业的劳动力产品的附加值一般为中、低创意附加值教育产品。为什么存在这种高等教育产品价格的差异呢？核心在于教育中创意的水平不同。名牌高校名牌专业的教育内容是学术最前沿的知识，培养出来的学生站在时代的前沿，自然价位就高。

4. 按规模分类的文化产业创意产品

按规模可分为大型文化产业创意产品和普通文化产业创意产品。这里讲的规模有两层含义：一是产品的体量，比如世界奥林匹克运动的开幕/闭幕式、国际大型航空产品会展、世界博览会、园艺博览会、大型综合性图书博览会、大型国际电影节等，都属于体量比较大的文化产业创意产品；一件艺术品、一部电影、报刊上的一个栏目、一个电视栏目等，则属于体量比较小的文化产业创意产品。二是产品内容的复合程度，多项的综合性内容的创意产品通常规模是大的，内容单纯单一的创意产品通常规模较小。不管是大体量的、内容多元的综合性文化产业创意产品，还是小体量的、内容单一的文化产业创意产品，都是以创造性思维为源头的人类劳动产出的商品，都挟裹着文化产业（人的脑力劳动）创意的张力与魄力。

二、几种具有较大成长空间的文化产业创意产品

所谓具有较大成长空间的文化产业创意产品，是指在一定的社会经济、文化和技术条件下，有较大的创意密集度、衔技术支撑、社会文化消费需求和市场潜力的文化产业创意产品。文化产业创意产品的成长空间可从两个方面去理解：一是产品内源成长的空间，主要取决于产品内涵的创意密集程度与高新技术的支撑程度；二是产品的外部成长空间，主要取决于人们文化消费需求增长的潜力与产品市场的培育。

从理论上讲，目前文化产业是处于上升时期的“朝阳”产业，所有的产品都具有较大的成长空间。当然，不同的文化产业创意产品的成长空间也是有区别的。文化产业创意产品的成长空间，随内外两方面因素的变化而变化。“昨天”看上去没有成长空间的产品，因创意、衔技术和文化消费水平的提高，“今天”可能成为很有成长空间的产品；“今天”很有成长空间的产品，因市场饱和或文化消费结构的变化，“明天”可能变得没有了成长空间。产品成长空间是一个有条件的动态概念，而不是一个无条件的静态概念。

目前，从世界范围观察，特别是对广大发展中国家发展文化产业而言，以下六大产品为具有较大成长空间的文化产业创意产品。这六大文化产业创意产品的共同特征是“四高一新”，即创意密集度高，信息数字技术含量高，与消费者互动指数高，观念价值或文化附加值高，主要表达为文化内容的创新。“四高一新”是当前判定文化产业创意产品成长空间大小的重要尺度。

1. 新传媒产品

所谓新传媒产品，是指创意与现代信息数字技术相结合的，通过媒体传送的文化内容产品。人们关于新传媒的界定，目前存在较

大的分歧。有人把报纸、期刊、图书等纸质传媒和有线电话、电报、电影、电视、广播称为老传媒，把互联网、移动电话（手机）称为新传媒。可是我们发现计算机网络和数字传播技术已经越来越深地“侵入”、渗透到纸质等所谓老传媒领域，所谓新老传媒难以截然分开。

这里讲的新传媒产品有三个特点：其一，它是应用信息数字技术制作的产品；其二，它的传输“信道”遍布各种媒体；其三，它主要表达为文化内容的创新。新传媒产品是一个广谱性的产品概念，反映了文化产业创意与现代媒介的密切关系，体现着创意与信息数字技术的交融，表达了文化内容的创新性思维成果。文化产业各个行业中的产品有些可能同时被称为新传媒产品。比如，传统的图书内容印在纸上，现在有了电子版图书，图书内容可以刻成光盘随图书一起发行，也可以直接挂在互联网上，甚至可借助手机网络传送。图书的光盘、互联网上的图书等，就是新传媒产品。再比如，音乐、戏剧、戏曲、舞蹈舞台表演录制成光盘就变成了音像制品，音像版权产品为新传媒产品。

借助数字技术制作与传输的文化产业产品，只有当文化内容为创新时，才称得上文化产业新传媒创意产品。这是因为，比如“一套软件光盘里面98%是内容，只有1%～2%是程序；几十个电视频道开播了，观众要看的是节目而不是技术。总之，人们想得到的是你提供的文化内容，而不是内容所依附的介质”。[①] 文化内容越是真实、新颖、前沿，人们就越感兴趣。传媒是文化产业当中体量最大的一个领域，信息数字技术已广泛应用于各种传媒业当中，新传媒

---

① 金元浦：《从文化产业到数字内容产业》，载张晓明、胡惠林、章建刚主编：《2005年：中国文化产业发展报告》，社会科学文献出版社，2005，第80页。

产品是文化产业当中最具创意空间和成长空间的产品。

2. 动漫产品

动漫产品是漫画产品与动画产品的总称。日本是一个动漫大国，动漫行业已成为日本文化产业的主打行业。日本人认为，他们的漫画历史约有1 000年，漫画交易历史近400年，真正形成一个产业约有40年的历史。中国漫画的历史至少有100年，20世纪五六十年代连环画小人书曾经十分畅销，中国漫画作为一个产业运作大概有10年的历史。漫画本来是一种绘画艺术形式，赋予其内容以故事情节就变成了特殊出版物。漫画出版物主要为漫画期刊和图书。动画是移动的漫画。电影出现之后，运用摄影技术和胶卷移动技术制作出电影动画片。电视出现之后，用同样技术原理又制作出电视动画片。

日本动画研究专家渡边泰氏曾介绍动画电影片与动画电视片的制作情况，他说："当时（的日本）制作一部30分钟的动画，需要50个从事原创的动画家描绘30 000张画，每天进行50英尺胶卷的拍摄，耗时从3个月至6个月不等，投入成本总计也需要1 000万日元。然而在美国，比如汉尼拉与帕皮拉公司开发用于电视播出的有限的动画，30人制作，6天之内描绘3 000张，每天进行150英尺胶卷的拍摄，制作费（成本）150万日元就够了。"① 动画随电视进入千家万户，播出中插播商业广告，展示了巨大的商业潜力。

计算机技术广泛应用之后，电脑绘画取代动漫人工描绘，加之数字摄影技术和多媒体技术的应用，使动画内容创意的空间大大拓展，动画生产的效率大大提高，制作费用（成本）大大降低，动漫电视片逐渐成了文化产业的"时髦"产品。日本、北美、欧洲、澳

① ［日］中野晴行：《动漫创意产业论》，甄西译，中国传媒大学出版社，2007，第100页。

洲的动漫产业比较发达，中国也在大力发展动漫产业，漫画出版物和影视动画产品成了大人和孩子都喜欢的具有成长空间的文化产业创意产品，有些动漫内容形象成了家喻户晓的艺术形象。

目前动漫产品的制作技术已经比较成熟了，观察动漫产品主要看两条：一是有无好的脚本，能否塑造出好的动漫形象，能否演绎出好的动漫故事，是动漫产品内容创意成败的标志。米老鼠演绎出80多年的故事，一个动漫形象可为你赚80多年的钱，一个歌星吃青春饭只能为你赚10年的钱，歌星还要分利润，米老鼠不分利润。由此可见动漫产品是成长空间十分巨大的产品。二是有无市场与受众。在日本，有漫画的文化传统氛围，在动画电视片问世之后自然形成了巨大的动漫消费群体，在公共汽车上、高速列车上、休闲酒吧里，许多人不管是大人还是孩子都在阅读漫画杂志或图书，观看动漫电视节目。动漫是仅次于旅游的日本第二大产业。美国、欧洲、澳洲并无深厚的漫画文化传统，但是目前也已形成了较大的动漫消费群体，不仅是孩子，许多中年人和老年人也喜欢动漫。动漫在美国是排名第六的产业。可见，动漫市场与受众群体是可以培育的，动漫产品是一个具有巨大市场潜力的产品。

在中国的动漫市场中，日本和美国的产品长期占据霸主地位，其卡通产品一度占领中国动漫市场份额高达90%。21世纪初，中国湖南的一家民营企业“三辰影库”进入动漫产业，专门从事计算机动画制作软件的系统开发、动画节目制作以及动画形象衍生产品设计、开发和市场营销。三辰公司所在地长沙麓谷软件园中的三辰数字卡通城，已成为中国最有实力的动漫基地。该公司2004年实现销售收入20亿元，创汇2 000万美元。三辰的产品《蓝猫淘气3000问》，策划长达3 000集，先后在中国内地、香港、澳门、台湾1 000多家电视台播出，许多媒体给予高度评价，称之为“卡通片的奇迹，电视圈的神话”。国际动画界巨头迪士尼公司到中国考察后认为"'蓝猫'有望成为继'米老鼠''铁臂阿童木'之后，销售收入超过1 000亿美元的国际性卡通品牌"。被喻为"蓝猫之父"的王宏说："蓝猫的出现是一种历史的必然。一个泱泱大国的文化积淀是相当深厚的。随着改革开放的进程，必然会出现反映时代风貌的大作品。从编剧的角度来看，构成艺术的因素无非四个：战争、爱情、感官刺激和知识。相比较而言，知识卡通最能表现知识，因为它能把知识量化，不管存在于宏观世界还是微观世界，一般的现象和规律都可以用卡通来进行生动展示。""蓝猫"结束了中国动画片50年不赚钱的历史，揭示了中国动漫发展的广阔的前景①。

3. 网络游戏产品

所谓网络游戏产品是指通过计算机网络或手机网络进行的电子游戏产品。人有互动娱乐的天性，游戏是人休闲娱乐的形式。自古以来，人类创造了数以万计的各种游戏，每个国家、民族、人群在不同时代都有其流行的游戏。1961年，由格拉兹、拉塞尔、考托克研发的世界上第一款电子游戏《宇宙战争》诞生。1969年，由瑞克·布罗米研发成功第一款两个人远程连线的网络游戏。1978年，第一款IBM PC游戏《B－1核轰炸机》面世，标志着电子游戏时代来临。20世纪70至90年代是电子游戏蓬勃发展的年代，先后产出了《冒险岛》《最早的冒险》《B－1核轰炸机》《创世纪Ⅲ》《超级马里奥》《模拟城市》《沙丘魔堡2》《神秘岛》《魔兽争霸》《网络创世纪》《命令与征服：红色警报》《星际争霸》《无尽的任务》《亚瑟王的召唤》等主题不同、特点各异、风格多样的一系列电子游戏产品。2002年微软宣布5年投入20亿美元建立网

---

① 《"蓝猫"品牌能值多少个亿?》,《经济时报》2004年4月30日。

络游戏帝国 X – Box Live①。今天人们坐在家中的电脑前，可在网上寻找伙伴或对手进行传统的桥牌、围棋、国际象棋、中国象棋、扑克等游戏；担当运动员进行球类等竞技体育比赛；充任军事指挥员在战场指挥部队战斗。网络游戏进入千家万户，成了百姓的日常生活的一部分。

网络游戏产品的主要特征为：一是与消费者的互动指数高，具有休闲娱乐的吸引力；二是文化内容创意的空间巨大，主题、内容、表现形式、风格多种多样，可满足任何文化背景和年龄段的人的休闲娱乐需求；三是对相关价值链行业贡献大。资料显示，在中国网络游戏每赚 1 元，对通讯业收入的直接贡献为 7.5 元，对 IT 产业的贡献为 3.6 元，对媒体和版权业的直接贡献为 2 元②。网络游戏从产品的创意研发、生产、销售直至进入消费者“手中”消费的全过程，把许多行业牢牢缚在一起并带动了这些行业的发展。网络游戏产品以其高文化附加值，成为一种具有巨大市场潜力与发展前景的文化产业创意产品。

4. 主题公园产品

所谓主题公园产品，是指人工制作的具有特定主题的休闲娱乐活动的场所性产品。美国国家游乐场历史协会将主题公园定义为指由乘骑设施、吸引物、表演和建筑等围绕一个或一组主题而建的娱乐公园③。主题公园多数将旅游、休闲、娱乐、展示、纪念品、餐饮等系列产品营销与服务集于一身。主题公园是城市化的一个产物，伴随城市化水平的提高，人们大都生活于车水马龙、钢筋水泥建筑物林立的大都市里，加之闲暇时间增多，总想寻一去处适当休闲娱

---

① 陈放、武力：《创意学》，第 217 – 219 页。

② 孙安民：《文化产业理论与实践》，北京出版社，2005，第 249 页。

③ 高广新：《国外主题公园业的状况与趋势》，载江蓝生、谢绳武主编《2003 年：中国文化产业发展报告》，社会科学文献出版社，2003，第 282 页。

乐，以放松心情。在传统的自然、人文景观和艺术表演等，无法满足旅游休闲娱乐市场对产品多元化需求的情况下，主题公园应运而生。

主题公园产品的标志是主题，主题内容创意是主题公园建设的核心，主题公园内所有的设施、建筑、色彩、造型、植被、游乐形式都围绕主题并为主题服务。1955 年，美国建造的迪士尼乐园为最早建设、最为典型的主题公园，该公园占地 65 万平方米。1971 年，美国建成了占地 10 900 万平方米的迪士尼世界。1983 年，占地 80 万平方米的日本迪士尼建成。1992 年，占地 650 万平方米的法国迪士尼乐园建成。2001 年，占地 71 万平方米的日本迪士尼海洋游乐园建成。2005 年，香港迪士尼乐园由迪士尼公司建成。1989 年，深圳建成了“锦绣中华微缩景园”，是中国内地第一家真正意义上的主题公园。2006 年，占地 56 万平方米的北京欢乐谷在朝阳区建成，该项目策划设计了峡湾森林、亚特兰蒂斯、失落玛雅、爱琴港、香格里拉、蚂蚁王国六个主题文化区，精心设置了 40 多项娱乐设备、20 多项主题游戏、10 多项艺术表演、50 多处人文生态景观，体现了“时尚、动感、欢乐、梦幻”的娱乐个性，得到了游客与公众的认可与赞许。这些公园的主题鲜明，大都综合运用了机械、建筑、声、光、电、计算机技术，具有持续的吸引力。权威部门提出，在 2 小时车程内有 1 200 万以上居民的地域位置建设主题公园比较理想。伴随广大发展中国家城市化水平的提高，2 小时车程内有 1 200 万以上居民的地域位置将会越来越多，主题公园是一个具有较大成长空间的文化产业创意产品。

5. 品牌策划产品

现代社会生活中的一个重要商业现象是品牌现象。在第一、第二、第三产业各个行业的产品中有一批品牌产品。品牌是一种错综复杂的象征，它是产品属性、名称、包装、价格、历史、声誉等无形意象的总和。品牌更多地表达为文化内涵，体现为观念价值。人们创造品牌追求的是文化附加值，人们使用品牌的动因之一是追求品牌表达出来的观念价值与意象身价。

所谓品牌策划产品，是指无形的围绕品牌策划所生成的创意，即思想、点子、办法。品牌策划产品并不是品牌本身，而是透过品牌表达出来的创新思维的成果。品牌策划产品与品牌本身是两个概念，不可混淆，更不可等同。品牌可以是农业产品、工业产品、建筑业产品、服务项目产品，但是围绕打造品牌进行的创新性思维成果，只能是处于虚拟经济状态的“文化观念”“艺术概念”或“经营理念”等文化产业创意产品。

品牌研发策划通常包含三项内容：一是品牌功能的研发设计，体现为品牌的功能价值和产品质量；二是品牌形象的研发策划，包括产品造型和概念，体现为品牌的观念价值；三是品牌营销策略的谋划，体现为品牌的功能价值和观念价值，并主要体现为观念价值。品牌形象和营销谋划中的新思维、新点子、新办法是品牌创意策划的主要或重要内容，其成果是一种无形的品牌策划产品。品牌策划产品是虚拟状态的产品，最终它要“落实”到品牌中去，并随品牌的出售使其观念价值间接的最终得以实现。在现实文化经济生活中，也有一种专门从事品牌策划的文化产业创意公司。这类公司的产品为直接的品牌策划产品，即品牌策划方案或规划。把方案或规划出售给品牌生产企业，其观念价值则直接得以实现。越来越多的行业、企业重视品牌战略，无形的、虚拟的品牌策划产品具有巨大的潜在市场，品牌策划产品具有较大的成长空间。

6. 城市人文环境策划产品

伴随社会生产力的发展，城市化水平越来越高，经营城市管理城市已经成为时代性的重要课题。人们对其所工作、生活、居住的城市的环境的要求越来越高。文化产业是人均 GDP 和城市化达到一定水平之后的产物，同时又是一个为城市人文环境建设提供产品和服务的重要产业。

城市环境主要包括自然生态和人文生态两大环境。城市的自然生态环境是人们最初选址建城的时候就基本定型了的。一般来讲，自然生态环境随着城市人口的增长、人类生产生活活动的增多，或多或少地要遭受一定的破坏。保护自然生态，避免自然生态的破坏，是城市经营管理的重要职能任务。城市的人文生态环境是人为的结果，是人工打造的产物。城市人文环境从广义上讲包括街区的功能、文化设施、建筑风格、人文特色、城市管理及其城市内在的可持续的经济与文化的生产力；从狭义上讲，城市人文环境主要指城市外观的文化形象，主要包括文化设施、建筑风格、人工植被、人文特色等内容。城市人文环境反映了一个城市的气质、性格和智能，表达了一个城市文化和经济的竞争力，透露出一个城市在多大程度上能够吸引全球性的创造性人才。

塑造或改造一个城市的人文生态环境要进行策划。城市人文环境策划是综合性的文化产业创意项目，其成果为城市人文文化环境建设规划。城市人文文化环境建设规划为综合性的文化产业创意产品，这一产品已经成为历史悠久的世界博览会的指定展品。资料显示，2010 年上海世博会的主题是“城市，让生活更美好”。城市最佳实践区将成为该届世博会的亮点展示项目。城市最佳实践区项目涉及四个展示领域，即宜居家园、可持续的城市化、历史遗产保护和利用、建设环境的科技创新。据说有 60 座城市以实物、展馆或报告等不同方式参展①。

城市人文环境建设已成为城市经济和文化发展战略的有机组成

---

① 唐子来：《上海世博会的城市示范图景》，《瞭望》2009 年第 25 期，第 54 页。

部分。进入21世纪以来，许多城市加强了城市人文环境策划与规划工作，推进了城市文化创意。比如，“始建于1847年的德国鲁尔区，曾是德国经济的‘发动机’，见证了（机器）工业经济的繁荣兴盛。如今，走进这片古老的厂区，树木葱茏，百年前运输煤炭和钢铁的全套设备沉寂着，宽大的厂房、高耸的烟囱、粗粗的铁链、长长的传送带，静静地诉说着曾经的辉煌。当那个红火的工业时代已经远去，鲁尔区又走向何方？是没落还是重生？”“从1986年开始，在经过长达20多年的规划和论证后，鲁尔区找到了自己的定位——矿区变身为文化产业园，联合周边53个城市，发展成为欧洲的文化创意之都。曾经的煤矿建筑有的已为煤矿博物馆、展览馆、舞蹈室、小戏院，有的则成为办公楼、礼品店、餐馆和咖啡馆、学校、工业设计园等，未来这里还将承揽更多的文化活动，引进更多的文化创意公司。今昔对比，令人感慨万千：一个世纪之前这里弥漫着黑色的浓烟和嘈杂的噪音，工人工作一年就会耳聋，现在这里是蓝天绿地、五彩的设计和安静的创新环境；原来这里出入的多是出卖苦力的煤矿工人，现在在这里营生的则是有聪明才智的设计师；原来，鲁尔区的发展动力是煤和钢，现在却是头脑和智力……”“像鲁尔区一样，变化和转型伴随着德国的每一个古老城市：柏林的废弃机场变身为举办柏林时尚节的场所，汉堡的老宾馆更新为作家的创作基地，慕尼黑的旧幼儿园成为设计公司办公室，莱比锡的老工厂变为艺术区……建筑还是那些建筑，可其中的内容有了“质”的转变，老建筑又焕发新的活力，萌生出新的文化创意之魂。”①

此外，伦敦提出建设“文化多样性的世界都市”，曼彻斯特提出建设“创意之都”，巴塞罗那提出建设“文化知识城市的发动机”，

① 张玉玲：《德国：创意设计照亮每个产业》，《光明日报》2009年7月19日第8版。

新加坡提出建设“亚洲文艺复兴城市”，香港提出建设“香港无限。”①

2007年，世界城市化率已超过50%，预计20年后将达到60%。毫无疑问，城市文化发展战略和人文环境规划将越发引起市长们的重视和兴趣，城市人文文化环境策划产品为一种有着较大成长空间的文化产业创意产品。

① 陈超：《文化：新世纪城市新一轮发展的引擎》，载江蓝生、谢绳武主编《2003年：中国文化产业发展报告》，社会科学文献出版社，2003，第274－278页。

第二十章　内容创意动力

人们投身一项事业，从事一种职业，办一件事情背后总有动力。文化产业中，是什么“东西”或力量促使创意主体进行创意？内容创意“意识流”活动的推动力量在哪里？

第一节　创意生理基础

创意作为意识是客观存在。创意“意识流”运动存在于人的大脑之中。人脑中掌管人的生命的生理组织是人思维活动的物质基础。

一、人脑的三个系统

现代医学和生命科学的研究成果告诉我们，人的大脑由三个系统组成。第一个系统是大脑皮层。大脑皮层系统掌管人的认识、抽象思维和想象力。大多数人的大脑皮层在7岁以后开始发育，逻辑思维和高级推理能力就在大脑皮层。

第二个系统是边缘系统，即海马状突起、杏仁核群和下丘脑。边缘脑系统掌管、处理人的情感。人的情感在5岁以上形成，多数或主要为通过与母亲的接触，形成接受温暖、母爱和强烈的纽带感。多数人在青少年时期甚至成年以后，在理性与情感之间挣扎时，大脑边缘系统常常占上风，情感战胜理智。

第三个系统是爬行脑系统，即脑干和小脑。人的大脑中爬行脑系统最重要，掌管人的生存和繁殖。人类从爬行哺乳动物进化为人的过程中，爬行脑系统没有什么变化。生理上的吸引归因于爬行脑。爱斯基摩男人认为圆润、肥胖且强壮的女人有魅力，可能是他们相信这样的女人能够抵御严寒，传宗接代，子女活下来的机会更大①。现代人生理上的偏好与他们每个人的祖先的DNA不无关系。

二、人脑与文化产业内容创意

人们的所有创意，人的大脑中所有创意“意识流”，都深深地带有认识、抽象思维、想象力、情感、生存和“繁殖”（生命传递）的密码。这些密码随“意识流”在人的大脑皮层、边缘和爬行脑三个系统中“流淌”时都会发生作用。创意是文化密码的排列组合过程。创意成果是文化密码的不同排列组合所形成的产物。

曾担任老布什竞选总统时智囊的美国著名心理学、人类学家克洛泰尔·拉帕耶分析了人脑意识中的文化密码。拉帕耶认为：

——当一个男人和一个女人生下一个孩子后，他们的遗传密码决定了它是一个小人类，而不是一只小鸟或一条小鱼。当一个美国男人和一个美国女人生下一个孩子后，他们得到的是一个小美国人。其中的原因就不是遗传上的了，而是因为一个不同的密码在运作，这就是文化密码。

——文化密码是我们凭借生长的文化环境，在无意识里赋予任何事物的意义……美国人对于空旷的边疆有着深厚强烈的文化记忆，法、德两国人对于侵略和战争有着挥之不去的文化记忆……显然他们的文化各不相同。然而人们根本没有意识到，事实上正是这些差异导致我们用不同的方式处理相同的信息。

---

① ［美］克洛泰尔·拉帕耶，《文化密码》，陈亦楠、李晨译，南海出版公司，2008，第56－67页。

——设想有这么一个孩子，他被父母告知不要去碰炉子上的热锅，这对于孩子来说是个抽象的概念，直到他伸手去碰热锅而被烫到为止。孩子从这一刻强烈的疼痛感里学到了“烫”和“烫伤”的意思，而且今后再也不忘记了……经历和随之而来的情感相结合产生了一种广为人知的东西，这就是烙印。烙印一旦产生，它在很大程度上会决定我们的思维过程。

——不同文化间的烙印千差万别，如果……找到这些烙印的源头，“解码”文化中的元素，得以发现与之有关联的情感和意义……就能深入了解人类的行为和它们之间的区别①。

人的大脑皮层系统控制着人的抽象思维。抽象思维又称逻辑思维、线性思维，是借助概念、判断、推理等抽象的形式来反映现象的概括性论证性的思维活动。因为 A≥B，B≥C，所以 A≥C。A 是什么，B 是什么，C 是什么，在抽象、逻辑、线性思维中不去管它，抽象思维要的是推理过程与结论。在抽象思维中，新的推理过程与新的结论，往往就是创意。创意是新的推理且获得新的结论的抽象思维活动。

人的大脑边缘系统和爬行脑系统控制着人的情感和形象思维，形象思维又称艺术思维、非线性思维，这是借助具体形象进行的具有生动性、实感性的思维活动。形象思维以直觉为基础，多角度、多回路、多途径由“形”而“象”，并且产生“形—象”的联想，通过“形—象”的不断筛选、组合、变换，从而产生创意。

人的大脑皮层、边缘脑和爬行脑三个系统共同控制着人的创意。创意是综合思维，是抽象思维与形象思维、逻辑思维与非逻辑思维、线性思维与非线性思维、系统思维与非系统思维结合在一起的最高级的思维活动。当这种高级思维达到一定程度时，人常常产生灵感

---

①［美］克洛泰尔·拉帕耶：《文化密码》，第 4－8 页。

或顿悟，创意于是生成。牛顿发现万有引力，阿基米德发现浮力，门捷列夫发现元素周期表，爱因斯坦发现相对论，都是灵感和顿悟的产物，但都不是凭空而来的，是长期“烙印”积累的“偶然得之”。①

前面讨论创意的本质时曾指出，火的使用使人从生食到熟食，从而促进了人脑的进化，人的创意能力就越来越大了，并且强调：创意的本质是人的生存发展。人的爬行脑系统掌管人的生命，爬行脑死亡了，大脑皮层系统和边缘系统也就失去了存在的意义。整个大脑正常工作取决于爬行脑系统正常工作。

三、“社会脑”问题

一般认为，创意作为创新性思维是认识发生的过程，也即认知意义上的编码加工过程，并由此解释创意生成中的诸如直觉和灵感特征。这是对创意存在的传统的解释。

心理学界研究的“社会脑”前沿课题成果，对人们探索创新性思维和解释创新性思维特征开辟了新的路径。虽然社会脑猜想不是专门针对创新性思维的，但是为解释创意提供了关于人脑和神经研究的新的依据和材料。

我们知道，内容创意的重要元素之一是市场需求。所谓市场需求对创意主体而言，是他人的文化消费需求的意图和愿望，也就是他人的一种心理状态。创意主体对他人的这种心理状态推断准确，创意命题策划正确，创意生成的概率就高。人们了解到有的创意主体感到创意生成中的直觉和灵感似乎并不像“发生认识论”描述的机制那么复杂，直觉和灵感是“瞬间”“直接”冒出来的。因此人们有理由质疑直觉和灵感在多大程度上属于“发生认识论”范畴，

① 陈放、武力：《创意学》，第19页。

也有理由猜想直觉与灵感与大脑神经组织有无更直接的生物物质关系。

心理科学的“社会脑”假说，可以破解上述质疑，可以解释上述猜想。“社会脑”假说认为，人类在自然选择的过程中具有了在神经水平上直接通向他人心理的能力，即“人类大脑承担着适应环境和进化的重大责任；为适应进化过程中的环境，大脑必须有效地解决面临的各种任务或与生存相关的问题；就此意义而言，大脑是个高度特异的信息处理中枢”。①

从事“社会脑”假说研究的心理学家们对人脑系统进行了更为深入细致的生理学研究。他们认为，大脑由杏仁核、眶额叶和颞叶皮质三个脑区组成。这三个脑区承担的“社会脑”的不同功能和作用。人脑的杏仁核和后上颞沟与颞顶交界区域具有通向他人心理、分享他人体验乃至经验的功能和作用。杏仁核和眶额叶损伤后，人通向他人心理的能力大大降低，社会交往中变得孤独。人脑的内侧前额叶皮层区域，在被提问社会交往问题或他人观点意图问题时会被激活，具有在“静息”状态下思考分析研究他人动机目的心理的功能和作用。“社会脑”假说还认为，人脑中存在一个镜像系统，一个人在看到他人某种活动行为时，相关镜像系统会被激活。比如一个人在被暗示他人痛苦时，他自己马上有一种他人痛苦的体验，知道那人为什么痛苦，就像自己碰到了引起痛苦的事情一样，完全可以进入与他人痛苦一样的心理状态。研究“社会脑”假说的心理学专家认为，人脑的镜像系统的激活决定于人所看到的东西，基本上属于无意识的加工过程，不需要意识的调控。

2009 年 4 月，美国学者发表的文章认为：“同情和崇拜等较高

---

① 陈巍、丁峻、陈箐灵：《社会脑研究二十年：回顾与展望》，《西北师大学报》2008 年第 6 期。

层次的人类情感往往被归为文化的产物。但利用大脑扫描技术进行的一项最新研究表明，情况恰好相反：这些情感深植于产生愤怒和恐惧等基本情绪的大脑区域。”“大脑后内侧（区域）皮质，对于维持知觉以及构筑自我同样发挥着作用。”“由于社会情感是由同一系统产生的，因此我们能通过自己的感受传递他人的感受，从而理解他人。”① 美国学者的最新研究成果似乎说明了社会脑的存在。

人们发现灵长类的幼崽对新的外部环境有种种感兴趣的天然举动，人类的幼童更是天生喜爱他尚未涉足的新的自然和社会环境，尽管它（他）们对新环境有时存在一种恐惧的表现，但不可否认的事实是它（他）们都有追求新奇的天赋。

从哲学高度讲，世界是物质的，精神来源于物质，意识是物质的反映或表现，同时精神意识又反作用于物质。灵长类动物生活在同类群体之中，人们有理由猜想同类之间的千万年的交往中的意识和精神对大脑的发育产生的影响造就了社会脑物质。加登纳的人格智能论中的人际智能的天赋成分，很有可能就是社会脑的一种反映。当然，这或许只是从哲学层面上的一种推想或假定。

如果“社会脑”假说成立，最终被证实是科学的理论，那么对人的创意中的一些特征就有了新的解释。当然，目前“社会脑”还只是一种假说，这个假说在解释创意的某些特征时，在多大程度上与“发生认识论”相衔接，或者彻底推翻“发生认识论”的解释，还有待于“社会脑”理论从假说变成科学。或许“社会脑”最终就是一个假说，那么我们就只能按照“发生认识论”的相关理论去解释创意的存在及其某些特征。

宇宙是天人合一的，人是物质与精神合一的。有学者认为：“精

① 美国《时代》周刊网站 2009 年 4 月 17 日文章，《崇拜产生于大脑》，《参考消息》2009 年 4 月 20 日。

神活动与物质活动之间的关系，天生就是那么紧密！或者说，或许它们本来就是一件事物的两个侧面。”“人的内在精神意识是经济的生命与经济活动永续再生的源泉。”① 创意是人脑的活动，人脑是最为复杂的一个生命系统，人类对自己大脑的研究不会停止，因而对创意生理基础的探索也不会完结。

第二节　创意经济动力

人们对物质利益的追求和社会生产力发展的需求，推动了内容创意。文化产业的本质是追求盈利，对财富的追求是内容创意的动力。

一、经济的功能

经济，即经世济民。人要吃、穿、住、行，这些都以必需的物质条件为前提。人们从事经济活动是为了获得这些物质条件。货币出现之后，货币成为一般等价物，可以换取各种各样的生活和生产资料。货币成为财富的“代名词”，人们追逐金钱，实质上是追逐生活和生产资料。资本的本质是增值。所有的企业家运作资本和从事经营的目的，都是为了追求资本增值或利润。经济具有满足人们物质需求的功能。

人类社会发展首先是社会生产力的发展，然后才是经济关系和意识形态的发展。人们的经济活动，主要是经济生产力的活动。社会经济生产力发展了，人们基本的物质生活条件改善了，人类社会才能往前发展，并一代又一代地延续。人类为了生存、发展、延续，

---

① 姜生：《吾心便是宇宙》，载赵炳武、郝克远主编《大众讲坛（第一辑）》，山东教育出版社，2008，第 270－271 页。

就要进行经济活动。经济，改善了人的生活条件，也改变了人，发展了人。人是在认识世界、改造世界能力不断增强之中发展的。“经济人”的发展，是社会发展的动力。

二、经济与内容创意

第一，文化产业是一个新的业态。人们从事文化产业是从事经济活动，这一经济活动的本质是盈利。财富追求和经济利益是文化产业运营的根本目的和动力。

第二，内容创意是文化产业活动的核心。虽然内容创意是文化创新和经济创新的结合，其中文化产品内容的创新只是手段，终极目的是对经济利益即财富的追求。

第三，文化产业是当今时代条件下文化与经济的一体化。在其他产业中，产业的本质（对经济利益的追求）赤裸裸表现出来。而在文化产业中则更多地表现出来的是文化，文化产业的本质（对经济利益的追求）被掩盖起来了。创意主体在进行创意时，绝对不仅仅是追求文化，而是深含着对财富的追求。

世界著名的文化产业内容创意有哪一个不是为了经济利益为了赚钱呢？大家熟悉的电影大片《泰坦尼克号》，借助一个震惊世界的海难事件，加上编织一个催人泪下的爱情故事，歌颂了纯美的爱情，鞭挞了见利忘义和嫌贫爱富，给人以巨大的视觉和情感的冲击力，其文化创意可谓下足了功夫。但其背后的终极目的，是为了赚取观众腰包中的钱。这个影片创造了十几亿美元的票房价值。

迪士尼乐园集娱乐、休闲、表演、旅游创意为一身，身手不凡。如果它仅仅是一个文化创意的话，已经很成功了，既吸引了儿童，也吸引了成年人，使他们领略体验了其中的文化。那他为什么还要在欧洲、中国、日本和世界的其他地方复制呢？迪士尼乐园的复制已经没有了文化内容创新，仅仅是文化的复制而已，可见其中的目的是追求经济利益。

总而言之，文化产业内容创意的终极目的是对经济利益的追求。文化产业中，不管是原创性的产品还是创意产品的复制品，都是为了在市场上能够赚到钱，赚钱或者讲经济追求是内容创意的动力。人们常讲“文化+创意=财富”，道出了内容创意的实质。

第三节　创意文化动力

社会传承延续的要求、人们文化消费的需求、人类发展的追求等，直接推动了内容创意。文化，是创意的内容，也是创意的动力。

一、文化的三个功能

1. 社会传承延续的功能

19世纪以来，文化被用来描述人类认识能力与精神的发展。从人类社会学意义上，文化可理解为人类任何群体所共有的思想、意识、信仰、观念、习惯、风俗、情感等。文化的本质，是人的精神创造。文化，是人的大脑物质化学、物理、生理活动的产物，是人的大脑思维意识流中文化密码的排列组合并通过人的“精神”外在地表现出来的“人化”了的东西。

文化随人类发展而来，带有浓郁的地缘性和时代感。不同地域和不同时代的文化存在差异，这是由人的大脑思维意识流中文化密码的不同排列框架结构造成的。文化差异，是不同地域和不同时代中的人所处地域或时代中，生活环境和经历引起的精神创造的共同“烙印”之间的差异。所有的文化中，都有语言、艺术、生活环境和历史元素，这些元素组合在一起，形成不同的框架结构（密码），构成了不同的文化。欧洲文化、东业文化、阿拉伯文化、印度文化中都有语言、文字、艺术、地缘环境和历史元素，语言、文字、艺术、地缘环境和历史元素是所有文化共有的，但不同的文化中这些元素的排列组合框架结构（密码）不同。

文化由人创造，也由人传承。一个人或一个具体的人群的生命是有限的，但他和他们所创造的文化信息却可以在纵向或横向上传递。人们的思维意识流中的文化密码传给子孙后代或影响左右四邻，使生活在特定地域中和特定历史中的人具有共同的思想、观念、信仰、风俗、习惯、情趣和情感，社会得以延续。

文化传承造就了不同文化背景中的人群，使他们知道自己是中国人、印度人、伊斯兰人、俄罗斯人、英国人、法国人、日本人或美国人，这是一个潜移默化、正在进行中的过程。人创造了多样性的文化，反过来塑造了多样性文化的人；多样性文化的人，又创造了新的多样性文化；新的多样性文化，又塑造了新的多样性文化的人……人类社会是在文化的不断运动和创新中前进的。

2. 满足文化消费需求的功能

一般认为，文化消费是一个历史范畴。人们首先要解决吃、穿、住、行问题，然后再有精神需求。这个观点是唯物的，但也不是绝对的。人之所以谓之人，即人与动物的根本区别，就是人的思维意识流中带有文化密码。人类最初的先民们生活条件极为恶劣险恶，衣、食、住、行极其简陋，也有自己的精神生活。人的精神文化生活，是人之谓人的永恒现象。当代人的精神文化生活并不因贫穷或富有决定其存在，富人有富人的文化生活，贫穷人家也有他们的文化娱乐。

文化对人类而言是一种需求。文化，因人的需求而发生，因人的需求而发展，因人的需求而创新。一个人或一个具体的人群，对文化的需求可能是有限度的；但就人类总体而言，这种需求永无止境。人类之所以不断地创造文化并把文化传承下去，就是因为人有精神文化消费的需求，而文化本身也具有满足人们文化消费需求的功能。饮食文化，既满足人吃的需求，也给人带来精神享受。服饰文化，既满足人穿的需求，也给人带来精神享受。各种各样的文化，在具体满足人的诸如物质、经济需求的同时，都给人带来精神上的享受。

3. 提高发展软实力的功能

不同国家或地区发展的最后较量，不是经济力量，而是文化力量。文化力量相对于经济力量而言，被称之为软实力。就整个人类社会而言，其文明、和谐、进步，最终靠的是文化，而不是经济，更不是战争。文化是人类已有的文明的产物，也是人类走向更加文明和未来的希望之所在。

我们生活的这个星球，自从有了人类，就有了经济利益之争甚至战争。从原始部落到今天的后工业时代，经济利益之争和战争就没有停息过。可是凭借经济利益之争和战争消灭了哪个民族？从来没有过！所有民族的兴盛衰亡都不是经济利益之争和战争的结果，而是文化的力量。

可能有人会说，文化也有争斗。可是，文化的争斗与文化的同化相比，争斗的力量是脆弱的，同化的力量是强大的。纵观古今中外，凭借文化争斗消灭了哪种文化？从来没有过！所有文化的兴盛枯衰都不是文化争斗的结果，而是文化同化的结果。人类社会的发展，最终要依赖文化软实力。文化作为软实力，具有推进发展的功能。

二、文化与内容创意

内容创意是文化创新性思维和经济创新性思维的结合，文化创新是文化创意的重要手段。那么，什么人可以、能够或者胜任文化创新呢？在前面讨论创意主体特征时，我们反复说明内容创意主体为文化层次较高的多学科复合型人才。就是说，文化人才能胜任文化创新，文化人头脑中的文化密码的重组就是文化创新。

当今世界上的文化产业集聚区为北美、欧洲、东亚（日本、韩国和中国台湾）、大洋洲。为什么这些地区的文化产业比较发达，原因之一便是这些地区居民的文化素质比较高。北美地区的美国和加拿大，大洋洲的澳大利亚和新西兰，均为近代移民组成的国家。这些国家的文化历史底蕴并不深厚，但衡量文化发达与否不仅仅靠文化底蕴，还有文化结构。移民国家的居民带来了各个文化底蕴不同的国家的文化，因而以文化产业创意为核心的文化产业比较发达。

总之，不可设想没有多少文化的国家和地区能有发达的文化产业，不可设想没有多少文化的人能够从事文化产业内容创意。人类追求文化的创新，从创新的文化作为创意元素，又形成了新的文化创意。文化，既是内容创意的手段和结果，也是内容创意的动力。

三、文化是一种运动

如同前进中的列车、航船、飞机，文化是一种运动。可能有人要说，中国的万里长城、埃及的金字塔、美国的自由女神，那不也是文化吗？可它们已经不动了。静止了的万里长城、金字塔、自由女神，是已被定格了的文化。

“历史留给我们的文明，看得见的只有文明成果的遗存；而文明的过程，随着时空变迁，已成为逝去的历史。人类几千年的文明史中，失去的东西比保存下来的多得多。现在好像还没有哪一位考古学家，发现了储存下来的文明过程。这就告诉我们，大部分的历史真相永远失去了。也有人试图在历史伟人和文明巨人身上寻觅文明的过程，然而，哪怕是一个扭转乾坤、叱咤风云的人物，在漫漫历史长河中依然是匆匆而去的过客。在浩渺无边的历史文明星河中，伟人和巨人也都是闪了一下亮光的星星而已，绝不会把他运行的过程长留在星空”。①

古老的埃及文化、巴比伦文化、印度文化、华夏文化，分别在尼罗河畔、底格里斯河和幼发拉底河畔、恒河畔、黄河畔曾经那样的气势恢宏。然而它们当中有的并没有像它们的母亲河一样永不间断地流淌下来，它们在文化的运动中变化了，只给后人留下一些历史的遗迹。这些遗迹见证了当时古文化的辉煌与气魄，但是很难让今人通晓当时文化的运动全过程，领略当时涌动着的文化生命、升腾着的文化张力。

撒哈拉大沙漠的热风、底格里斯河幼发拉底河流域的荒漠化、恒河流域的水患和黄土高原的水土流失，以及人为的自然生态环境的破坏，导致了古埃及文化、巴比伦文化、印度文化、华夏文化的变迁，它们有的中断了，有的转换了，有的得以继承延续。不管是中断、转换还是延续，都是在运动。文化从来没有停止过运动，只是运动的方向、内容和方式不同罢了。

今天的人们以文化产业这一特殊的形式继续着文化运动，文化产业承载着文化运动的重任。人们有理由相信，在文化成为一个产业的时代，人类所拥有的文化生产力及其文化运动的规模与能量已经今非昔比了。人们会创造出比古埃及文化、巴比伦文化、印度文化、华夏文化更加辉煌的当代文化。人们在亘古而来的地球上创造了文化，文化将继续下去，文化是人类生存发展的一种动力。

---

①　梅岱：《看文化和文化的看》，《人民文学》2009年第3期。

第二十一章　内容创意规程

创意规程是对创意过程的规律总结的产物。我们曾简要介绍了皮亚杰的“发生认识论”，发生认识论对理解创意及其规程具有指导意义。

第一节　创意发生机制

心理学从哲学中独立出来，成为研究人的心理的发生和发展规律的科学，至今只有百余年的历史。所谓人的心理，是指客观事物引起的人的意识活动。心理现象主要包括“心理过程”和“个性心理”两个方面。心理过程，指人脑对客观现实的反映过程，包括认知、情感、意志等活动。一般说，所有的心理活动都要经历认识、情感、意志相统一的过程。心理现象的另一面是个性心理，即个性倾向性，这是表现在一个人身上的经常的、稳定的、本质的心理特性，包括能力、气质和性格。创意属于认识或认知范畴。创意主体进行创意是一种心理现象，包括了心理过程和个性心理两个方面，体现了创意主体的认知、情感、意志活动，也反映了创意主体的能力、气质和性格①。

① 郭辉勤：《创意经济学》，第 168 页。

一、皮亚杰的四个概念

皮亚杰的发生认识论中的“图式”“同化”“顺应”和“平衡”四个概念，适用于对创意发生的分析。为了理解创意是如何发生的，有必要先讨论这四个概念。

1. 图式

图式，是指人的认识系统的功能或组织。它是一个分类系统，能对客观世界的信息进行整理、归类、创造和改造活动，并做出概括，形成一种图形或结构样式。人头脑中的“图式”功能的绝大部分是遗传的结果。任何图式都没有清晰的起点，人类较早的图式可以在人类最初的生存环境和条件或本能中追溯它的渊源。后来的图式是从最初图式中分化、重组形成的。图式是不断变化、不断发展的，不是一成不变的。人能够凭借图式这一认识功能或组织，逐步认识世界并改造世界。

2. 同化

同化，是人的认识系统的一种功能，分为心理同化和认识同化。心理同化，是指把外部信息同化到动作结构组织，使动作获得协调。认识同化，是指把外部信息变为概念、推理、丰富认识图式。同化是一种“编码”“制图”的过程。

3. 顺应

顺应，是指人原来的认识图式不适应外部世界客体时，对图式进行创造和改造以适应客体。同化和顺应，都是认识主体与环境客体之间的相互作用。顺应是比同化更高级的认识过程。顺应是根据外部环境信息，为了适应环境对旧图式修改或创造新图式。

4. 平衡

人认识系统的图式，不是只有同化，也不是只有顺应，同化和顺应达到平衡才能实现人与外界的平衡和人自身的平衡。平衡是认识的同化和顺应两种功能的平衡，是心理活动的平衡。

没有心理学知识的人，很难理解皮亚杰的上述概念。我们不妨用生活中的例子来说明发生认识中平衡的含义。冬天到了，气温下降，人感到冷了，在人的认识中形成了“冬天冷”的图式，这是人对环境的同化。冬天到了，气温下降，人穿上棉衣，室内通上暖气，就可以御寒，在人的认识中就形成了“要御寒，就要穿棉衣通暖气”的图式，这是人对环境的顺应。人的认识过程，只有同化，而无顺应，就是失衡。如果人只知天冷而不知加衣，人就不能生存。再比如，人摄入食品，消化食品为同化。人改造食品，使其利于人的吸收，更富有营养，则是顺应。可以设想，如果在人的认识中，只有“吃”的图式，而无“做饭”的图式，人不是还要停留在原始人类的生活状态中吗？同化与顺应平衡，人才能更好地生存发展。

平衡是相对的动态的过程。人的认识系统中的同化和顺应的平衡不是不变化的。人对客观环境的认识通过同化、顺应的协调，平衡了；但是外界不断地在变化，人的认识要继续同化和顺应，必然发生同化和顺应的失衡。因此，还需要进行调整，改造旧图式，创造新图式，达到新的平衡。发生认识，是不平衡到平衡、打破平衡、再到平衡、不断变化发展的过程。经过这种反复发展、不断的若干过程，人的认识图式由低级向高级发展。人类早期农耕自然经济中的三次社会大分工，近代以来的三次科技革命，当今的自然科学和人文社会科学知识，都是人的认识图式功能（同化与顺应）以及图式成果变动发展的结果。

二、创意的发生

1. 自我调节

同化、顺应是人与外境相互的作用。同化与顺应的平衡是一个动态的过程。为什么人的思维意识能够达到这种平衡呢？为什么当同化与顺应失衡后能够再次实现这种平衡呢？这是因为人的大脑生理上具有自我调节的组织系统，其功能就是对同化和顺应进行自动调节，使其适应外部环境的变动，达到平衡。这个自我调节系统，充分接受运用外部环境信息，但不受外部环境信息的支配或左右，也不把自己的程序或原来的图式强加于环境，而是通过自主修改更新图式，使同化和顺应平衡起来，从而发生认识。

2. 对比创造

从现象上观察，医生治病首先要听病人对自己症状的陈述，对病人进行病情检查（比如化验），根据病人陈述和检验结果进行疾病的诊断，然后采取治疗措施（比如开出药方）。

从发生认识论上分析，医生治病却是另一种景象，当医生听取病人病情陈述和对病人进行检查时，他首先在脑海中调出在医书上学到的或以前治疗过的同类疾病的图式，如果病状与大脑中的某个图式相同，不待病人说完，他的诊断结论已经有了，处方也形成了。医生运用了图式对比方法，就是将病人的病情与脑海中已有的图式进行对比，然后做出诊断。这个情况是认识的同化过程。

可是，当医生将病人病情与脑海中的图式对比，发现没有相同的图式时，他会想到自己的经验不足，脑中的图式的数量还不足以诊断这个病人的病。他会请教其他医生或提交会诊，以调动其他医生脑中的图式。当医生们的脑海中都没有与该病人病情相同的图式时，这个病将被列入疑难病例，并成为一个临床科研项目。

在科研攻关的过程中，医生们大脑的自我调节系统就活跃起来，修改更新图式，一次次地实施治疗方案，并对治疗的阶段性成果反复对比（实际是对比图式），直至攻克这一疑难病症。这个过程当中包含着两个环节：每次新方案的制订是认识上的顺应，对阶段性治疗的比较是认识上的同化。当同化与顺应平衡了，这种可治愈疑难病症的新图式就形成了。今后再碰到这样的病人，医生就会调出这个新图式去治疗。这个病也就从疑难病症的名单中消失了①。

3. 创意发生在顺应环节

创意，发生在发生认识的顺应功能环节，而不是同化功能环节。在以上的例子当中，我们看到医生针对疑难病例的每一个治疗方案，都是认识上更改旧图式，从而创造新图式，顺应功能起作用的过程。

天冷了，要穿衣御寒；人从生食，到改造食品为大部熟食以增加营养吸收；在河上修桥，以便交通；制造飞机，在空中“行走”；发明电脑，以“帮助”人脑；探测火星，为人类寻找可生活的新的星球等，这一切都是人的认识系统对外部客观世界的顺应的行为，也都是创意。

各个国家通过对他国发展模式的了解、分析、研究，从而形成一定的概念，为同化。各国根据自己的国情，既参考借鉴他国发展模式的经验，又不照搬他国经验，实事求是地确定自己国家的发展模式，为顺应。顺应就是创新，一个民族一个国家没有创新，就失去了生机，就会落后于时代，落后于世界。

有的学者把人的认识表述为编码，编码和图式是一个意思。总之，顺应是人在头脑中的旧编码、旧图式与外部客观世界进入大脑的信息不适应的情况下，对旧编码、旧图式的改造或创造新编码、新图式的过程。这一改造旧编码、旧图式或创造新编码、新图式的顺应过程，都要进行创新性思维。创意就是这样发生的。

创意是人碰到新问题时，或达到新的目标中，思维意识流中的元素的新编码、新图式。顺应本身又存在若干复杂的程序、环节、机理。研究创意要对它们逐一进行探索和分析。

---

① 郭辉勤：《创意经济学》，第 168－171 页。

第二节　创意路线程序

人们攀登一座高山，目标是顶峰，可以选择不同的登山路线，在不同的路线中总有一条最佳路线。人们利用电脑完成一项工作，可以选择不同的程序，在不同的程序中总有一个最佳程序。所谓规程，是指完成一项工作过程中的路线与程序。规程，是人对完成某件事情的操作路线、程序、方式和方法的经验的总结。

一、思维规程概念

大家知道，计算机之所以被称为电脑，是因为电脑部分代替了人脑的功能，是对人脑的仿生。人的思维是有规程的。大脑在完成不同的任务时，按照不同的规程去思考。思维规程，作为人的意识流客观存在于人的大脑中，存在于发生认识的过程中。所谓文化产业创意规程，是指文化产业创新性思维的路线和程序，也即创意主体在创意中的“意识流”运动的规律性过程。

在物资产品生产领域每一种产品的生产都有规程。比如，小麦的生产，要经历早期平整土地、施底肥、播种、浇水，中期施肥、浇水、除草、灭虫，后期追肥、浇水、收割、脱粒、晾晒、入库，才能完成小麦生产的全过程。再比如，机床的生产，要经历先头工序的铸件制作或锻压，中间工序的组件加工（车、铣、铇、磨），最后工序的总装、调制、包装，才能完成生产的全过程。反之，小麦的生产，该施肥时没有施，该浇水了没有浇，该除草了不除草，该收获了不收割，那就不会获得产品。机床的生产，铸件锻件质量不好，机加工不精确，就不可能生产出合格的产品。在小麦生产中不能前、中、后期操作内容颠倒，在机床生产中也不能前、中、后期工序颠倒。物质产品生产规程是一种路线和程序上的规律性的东西，谁也不能违背，否则就拿不出产品，或拿不出高质量高水平的产品。

人脑思维也是有规程的。文化产业创新性思维规程，是思维路线和程序上的规律性的东西，任何创意主体都不能违背，否则就拿不出创意产品，或拿不出高质量高水平的创意产品。人们在文化产业创新性思维当中，先思索什么，中间思索什么，后思索什么，其内容和顺序是不能随便颠倒的一种客观存在。人的主观必须适应这一客观的规律，颠倒了就完不成创意。

研究创意规程的目的，是为了尊重创意规律，避免在思维路线和程序上走弯路，误入歧途。人们不能设想宇航员可以违反操作规程去掌控航天器，也不能设想火车司机违反操作规程去驾驶火车。同样道理，文化产业创意主体也不能违反创新性思维规程去从事创意。马路上车辆川流不息，那些遵守交通规则、选择最佳路线的车辆能够顺利地到达目的地。文化产业创意“意识流”也是川流不息的，只有那些遵守创意规程、选择最佳路线和程序的“意识流”才能顺利到达胜利的彼岸。

二、创意主体形态与创意规程

讨论创意规程，人们自然要问文化产业创意主体的个体形态、团队形态和企业形态的创意规程是一样的吗？有无区别？实际工作中也会碰到这三种形态的创意主体的创意规程问题。

1. 单脑与群脑创意的基本规程相同

文化产业创意主体的个体、团队和企业形态，可以归纳为单脑和群脑。个体形态创意主体为单脑；团队形态和企业形态创意主体为数个单脑的组合，即群脑。从创意是大脑“意识流”活动的意义上讲，群脑可以视为放大了的单脑。个体形态的创意主体（单脑）的创意和群体形态的创意主体（群脑）的创意必须遵循相同的流程才能完成创意全过程。物质产品生产领域，比如小麦的生产，不管是一家一户的个体劳动，还是农业企业的群体劳动，都要经过早期的平整土地、施底肥、播种、浇水，中期的施肥、浇水、除草、灭虫，晚期的收割、脱粒、晾晒、入库等基本的生产路线和程序。小麦生产的基本规程，并不因个体劳动还是群体劳动而改变。同理，文化产业创意的基本规程，也不因单脑创意还是群脑创意而改变。

2. 单脑创意规程相对顺畅

在整个文化产业创意产品中，个体形态创意主体的产品占了绝大的比重。这是因为，一些文化产业创意产品生产过程中的文化创新性思维的表现比较突出，比如艺术品的创新、艺术表演的创新、电视节目的创新、报刊版面的创新等，大多源自单脑的创意。创意个体进行创意，可以按照他自己所掌握的创意规程一路走下去，与群脑创意中复杂的讨论相比，相对更顺利、更通畅、更简单、更便捷。这也是文化产业创意主体存在大量的自由职业者的原因之一。

3. 群脑创意规程相对复杂

在大型文化产业创意项目中，大多采取群脑创意，创意规程相对复杂。这是因为：一是由于创意命题的复杂性，导致创意规程的复杂性；二是由于群脑中的每个单脑思维规程时序上的不一致，导致创意规程的复杂性。大型文化产业创意，非群脑创意并遵照群脑创意规程操作不可。人们知道，世界奥林匹克运动会已经从最初的单纯的体育竞技变为体育与艺术、经济相结合的大型的“文化产业”创意项目，越来越多地展现着体育竞技、艺术表演、经济运作的流光溢彩。诸如奥运会、世博会一类的大型文化产业创意，相对一件艺术品、一个表演节目、一个报刊栏目的创意要复杂得多。

三、创意规程是发展变化的

我们高度评价人们关于创意规程的已有的研究成果，这些成果正在指导着创意主体的思维，并且也显现了许多成效。同时人们也应当知道，人们在创意规程问题上已取得的研究成果还是初步的、阶段性的，这个问题的研究还远远没有完结。

人们不能把目前关于文化产业创意规程的研究成果当成固定不变的模式。这是因为：

一方面，人的大脑是极为复杂的器官且仍在不断地进化之中，大脑接受的外部世界的信号是极为复杂的且也在不断地变化之中。人的创造性思维规程，会随着人脑的进化和外部世界的变化而不断地变化。在这种情况下，如果固守人们总结出来的创意规程，就可能犯思维僵化的错误。

另一方面，人对人的思维的研究还有许多未被认识的“王国”。创意的一个重要原则是不能认为存在的就一定是合理的，要敢于对已有的思想、编码、图式、观念进行质疑。人们已经总结出来的创意规程未必百分之百的准确、科学，如果按照未必完全正确的规程去进行创意，就可能走许多弯路。从事创意的人不能犯这种思维上的低级错误。

总之，内容创意的路线和程序尚无定论，没有固定不变的模式。如同物质领域中的生产规程不断变化和与时俱进一样，文化产业内容创新性思维规程也会不断变化和与时俱进。人们既要尊重践行前人总结出来的创意规程，也要在创意实践中不断发现总结新的规程，只有这样才能促使创意水平逐步提高。

第三节 创意规程模式

内容创意规程分为基本模式和群脑模式两类，其中，基本模式是单脑和群脑大致上共同履行的基本规程，群脑模式则指群脑创意组织协调中的规程。

一、内容创意规程基本模式

所谓内容创意规程基本模式，是指内容创意主体在创新性思维中一般要经历的提出问题、创意酝酿、创意生成和创意定型四个基本的程序或过程（图 21－1）。

提出问题	→	创意酝酿	→	创意生成	→	创意定型
环境或目标变化，旧编码图式不能同化；对旧编码图式发生质疑而提出创造新编码图式的问题	→	通过知识材料能量破坏，否定旧编码图式；同时为顺应新环境或目标，加工孵化新编码图式	→	加工孵化新编码图式达到一定程度，灵感到来，新编码图式诞生，实现了突破，创意初成	→	对创意初成的新编码图式进行进一步加工组装完善定型，创意终成

图 21－1　创意规程基本模式

1. 提出问题

所谓提出问题程序，是指创意主体对旧编码旧图式的怀疑、扬弃或否定的思维程序。提出问题是创意的第一个基本程序，是创意的原点。爱因斯坦说过："提出问题往往比解决一个问题更重要，因为解决问题也许仅仅是一个数学上或实验上的技能而已，而提出新的问题、新的可能性，从新的角度去看旧的问题，都需要有创造性的想象力，而且标志着科学的真正进步。"① 爱因斯坦是人类的科学大师，他创立了相对论并于 1921 年获诺贝尔物理学奖。他关于提出问题比解决问题更重要的观点广为人知，道出了提出问题在科学研究发明创造中的重要意义。

① 韩华洁、肖玲玲：《科学的故事》，中国书籍出版社，2005，第 51 页。

创意中能不能提出问题，在什么方向、什么范畴、什么事情上提出什么样的问题，与创意生成关系极大。虽然提出问题不等于生成创意，提出问题可能这个创意一时还生成不了，但对那些最终可以生成的创意而言，在一定的意义上讲，提出问题离生成创意已经不远了，甚至可以说已经完成了创意的“一半”。

创意主体能不能提出问题进入创意基本规程的第一个程序，需要两个条件：其一，创意主体头脑中应当积累了足够多的旧编码或旧图式，即具有创意所需要的丰富知识和经验；其二，创意主体应当具有破旧立新的思维心理特点和勇气。这两条对于能否提出问题缺一不可。

如果思维主体头脑中没有相当数量的编码图式积累，在客观世界信息进入大脑，大脑不能同化须顺应时，就不知道问题出在哪儿。比如，在科研活动中，一些人不会选题或选不准课题，常常重复别人已经进行过的工作，就是因为他们的头脑中编码图式积累不足或偏少，所以提不出问题来。

真正的自然科学家、社会科学家或创意家，他们是站在知识前沿的，头脑中积累了足够多的旧编码图式，碰到客观事物中从未碰到过的问题，能够判断出其“新”，立即抓出。一般来讲，只有发现和提出问题，才能逐步解决之。如果连问题都发现不了，不知道什么是新的什么是旧的，搞不懂症结出在哪儿，提不出问题来，何谈创意。

提出问题是需要勇气的，首先要在思维中怀疑旧编码图式。这些旧编码图式可能在头脑中已经出现或运动过千百次，在头脑甚至已经“固化”了，思维中已“轻车熟路”了。如果没有破旧立新的心理培养心理素质，怀疑这些旧编码图式是相当困难的。有些创意者就是因为缺乏这种心理素质、胆识和勇气，终究成不了杰出的创意家。

2. 创意酝酿

所谓创意酝酿，是指创意主体针对提出的问题通过知识材料打破旧编码图式为新编码图式的建立做准备的思维程序。这个程序是创意规程基本模式中的核心过程。这个程序包含两个环节：一是破坏否定旧的编码图式，二是加工孵化新的编码图式。

在创意基本规程的第一个程序“提出问题”中，只是对旧编码图式发生了质疑。在创意基本规程的第二个程序“创意酝酿”中，则要对发生质疑的旧编码图式实施破坏、否定。如果破坏、否定成功，则说明原来的质疑是正确的。如果破坏失败，旧的编码图式否定不了，则可能是两种情况：一是原来的质疑是错误的，应放弃这个创意命题；二是原来的质疑是正确的，但是创意主体能力欠缺，还不足以破解这一命题，应强化创意能力。

需要指出的是，在创意酝酿的破坏、否定环节，“知识和材料”工作非常关键。人们对旧编码图式发生质疑，指责其“僵化”“过时”或“不能适应外部新环境”，要拿出“证据”来，凭“材料”说话。如果通过材料对被质疑的旧编码图式成功地破坏了，旧编码图式被否定了，就可进入新的编码图式的加工孵化过程。这里为什么用“孵化”这个字眼呢？这是为了强调创造加工新编码图式需要时间，是一个量变的过程。需要特别强调的是，加工孵化过程中直觉非常重要，孵化量变到一定程度“灵感”随时可能发生。

3. 创意生成

所谓创意生成，是指创意主体在创意酝酿基础上出现灵感，使创意孵化从量变到质变，创造出新的编码图式的程序。根据多位学者研究的结果，创意的生成往往是瞬间灵感，并且这种灵感有时从创意本身以外的事物和场景中获得。

创意生成在创意基本规程中特别重要，它是脑力最紧张最集中的一个程序，是人脑创意力的集中表现。打破旧编码图式不容易，生成新编码图式更难。创意生成对整个创意基本规程来讲，是最艰巨、最有意义和价值的关键核心环节。

4. 创意定型

一般来说，创意灵感发生时获得的新的编码图式，大多还是不完善、不成熟的，需要经过若干微调、修改、加工和完善后定型，新创造的新的编码图式顺应了外部世界，创意就最终生成了。

创意定型，意味着创意产品可以输送出去，进入市场了。内容创意从第一个程序提出问题开始，到第四个程序创意定型为止，其指导思想和目标就是创意产品进入和占领文化市场。所谓创意定型，既包含了文化的创新，也包含了经济的创新。如果一个创意，仅仅是文化创意的生成，而没有把投放市场以及在市场上的竞争能力因素考虑进去，就不能最终定型。如果从文化上看生成了创意，从经济上看没有投放市场的价值，则为创意失败。

在内容创意基本规程的四个程序中，每一个程序都贯穿了创新性思维，每一个程序中的思维都是相当艰苦的。不苦思冥想，不付出心血，不会享受到灵感出现时的快乐，也不会完成创意。只有那些不畏艰辛，勇于并善于思索的人，才能登上创意大厦的顶楼，成为文化产业内容创意的大师级人物。

二、文化产业创意规程群脑模式

所谓文化产业创意规程群脑模式，是指文化产业群脑创意组织协调中经历的特别的程序。这些特别的规程不是指创意人力的组织协调，而是指创新性思维的整合协调，遵循了文化产业创意规程的基本模式，是基本模式的分解、延伸或衍生。

正确理解创意规程群脑模式的关键，在于区分人力的组织协调与思维的整合协调，群脑模式指的是后者而不是前者。创意规程群脑模式，是对群脑中各个单脑思维中的编码图式元素的运用、整合、协调、重组和创新的程序。群脑创意中，要害在于能否尽可能多地调出各个单脑中的旧编码图式，创造新的编码图式。大型文化产业项目或活动的创意和文化企业中创意团队的创意大多为群脑创意，研究创意规程群脑模式有重要的意义。

群脑创意，一般要经历提出创意、分配任务、实施创意、汇总整合和创意终成五个程序（图 21－2）。

图 21－2　创意规程群脑模式

1. 提出创意

所谓提出创意，与创意规程基本模式中的提出问题的内涵是一样的，只不过这里提出的问题的来源存在三种情况：第一种情况是文化企业中的产品研发团队或创意企业自己选择提出来的；第二种情况是文化企业的高层领导给产品研发团队交派的任务；第三种情况是创意企业与被服务的用户签约承担的创意工作。上述三种情况中，专门从事文化产业创意的企业“合同方式”承担的创意最具创意经营的刺激性，创新性思维的难度最大。文化产业能不能做大做强，关键是“合同方式”的创意市场能不能真正培育、发展起来。

2. 分配任务

创意群脑主体不管是自己提出选择了创意选题，还是领受了上级指派的创意命题，或是接受了“合同订货”，首先要依据创意目标和任务，将其分解为若干小任务。比如将任务分解为各个层面或方向上的子系统的创意工作，然后针对团队中每个成员（单脑）

的专业特长分配任务。这个程序是很讲究的，任务分解科学合理与否，是否根据团队的力量和每个人的特长分配了任务，事关最大限度调动每个单脑中的创意元素，并最终能否生成创意。团队力量不足时向团队之外临时聘雇人员也是经常发生的，是实现创意必要的手段。

3. 实施创意

所谓实施创意，是指各个创意单脑主体分头实施子创意任务并在规定的时间中拿出子创意成果的程序。比如奥运会的开幕式，是一个大型艺术表现项目，其中有奥运火炬的点火子创意系统、音乐表演子创意系统、舞蹈表演子创意系统等。在实施创意程序阶段，各个子创意系统要完成创意策划，拿出一个或若干个可供选择的子创意成果。

4. 汇总整合

所谓汇总整合，是指将各个单脑完成的子创意成果拿出来，供团队汇集，从整体上比较、分析、择优、采纳的程序。在此需要说明一个情况，许多大型文化产业创意项目或活动，在“提出创意”程序中，一般都有一个总体框架原则，“分配任务”和“实施创意”两个程序中要求遵照总体框架确定的原则分配任务并分头实施创意。到了“汇总筛选”程序，一是要验证最初的框架原则是否合适；二是如果发现最初的总体框架不是最好的，则要对其进行调整。

5. 创意终成

所谓创意终成，是指对各个子创意成果选定并使整个群脑创意完善定型的程序。群脑创意在汇总整合中，对子创意的有些成果可能会肯定下来，有些可能需要再加工，有些可能被否定。另外，可能还要补充增加新的子创意任务。经过反复分析、比较、酝酿、取舍，总创意最终就生成了。

三、创意的阶段性与连续性问题

研究内容创意规程面对着思维的阶段性和连续性问题。事实上，创意实践中，许多创意都应当视为一个阶段性的创意，许多创意与另一个创意之间既有严格的界限，又不能截然分开。许多创意是连续的、复合的。

1. 大型项目创意的连续性问题

对一个大型文化产业创意项目而言，最初在“提出创意”程序中确定的创意框架原则本身也是一个创意，到了“汇总整合”程序是又一次再创意，既有阶段性，又有连续性。不能说最后的创意生成是创意，最初的框架原则就不是创意了。

2. 不同创意之间的连接机制

每一个创意都有可能成为另一个创意的编码图式元素，这一个创意的结果可能就是另一创意的起点。理解这一条，对提高创新性思维水平非常重要。人们不能孤立地去分析、研究和对待创意。比如就奥运会开幕式演出而言，上一届奥运会可能就是下一届奥运会的创意元素，下一届奥运会又可能是再下一届奥运会的创意元素。不能认为最新举办的一届奥运会是创意，过去举办过的奥运会就不是创意。每一届奥运会开幕式的演出，都是人们创新性思维的连续或延续，只不过是创意主体变动而已。

3. 复合创意的要义

文化产业内容创意大多为复合型的创意，或者说许多内容创意表现为创意点的连线过程，即一个创意关注点的创意生成之后，连接着另一个新的创意关注点，以此类推构成了一条线，甚至构成一个平面，或者构成了一个多维的立体图式，最后才能完成总创意目标。所谓复合创意，是指一个以上的创意（子创意）相互连接或叠加的总创意。这种由一个以上的多个子创意构成的复合创意，其联系可能是线性的、系统的，也可能是非线性的、非系统的。复合创意中存在三个要义：一是创意的阶段性，二是创意的连接转移，三是连接转移的方法。无论单脑创意还是群脑创意都会碰到复合创意命题，进行复合创意时既要遵循创意规程，又要注重复合型创意的连接问题。

第二十二章　内容创意特征

人类的创意是对环境信息的一种反映，同时创意本身又外在地反映出来若干类型与特点，共同构成了创意的特征。通过对文化产业内容创意的调查，可以整理归纳出许多文化产业创新性思维的特征。这些特征是文化产业内容创意经验的总结、提炼和概括，掌握它对搞好创意无疑是重要的。

第一节　创意类型分类

所谓文化产业内容创意类型，是指按创意客体（对象）不同所划分的类别。就创意客体（对象）而言，大致存在三种情况：一是创意内容规模不同，二是行业不同，三是在创意转移意义上的不同。研究内容创意类型的目的是为了探求内容创意特征。

一、按创意内容规模划分的类型

1. 单项创意

所谓单项创意，是指创意内容比较单一且规模较小的创意。比如，一件艺术品的原创、一部小说的创作、报刊上一个栏目的原创、一条旅游线路的原创、一个休闲项目的原创、一件服装的原始设计、一件广告的设计、高校中一个新专业的策划、一个咨询课题的研究、一项健身体育活动项目的原创等，都可视为单项创意。

2. 复合创意

所谓复合创意，是指创意内容相对复杂且规模较大的创意。比如，一个新媒体电视台、电台或报刊的创立策划，一台综合性的大型文艺演出（如中央电视台春节晚会）策划，一届奥运会的整体策划或开幕式、闭幕式文艺演出的策划，一个涉及全局的地区发展战略报告的咨询研究等，都属于复合创意。

当然，单项创意与复合创意是相比较而言的，并无绝对的界限。单项创意中，需要多方面的创意元素，未必单一。单项创意，诸如一条旅游线路的策划，规模也未必就小。复合创意可理解为单项创意的集合，当把复合创意分解成若干单项创意时，又变得简单或单一。辩证地动态地看待单项或复合创意，才能找寻其特性。

二、按文化产业行业划分的类型

1. 新传媒创意

所谓新传媒创意，是指广播、电视、互联网、电视与网络结合、手机与电视结合等新媒体行业中的创新性思维。新传媒是与纸质传媒相区别而提出来的一个概念。新传媒行业是文化产业中较大的一个行业，是较具文化产业业态特征的一个行业。新传媒以其现代传媒技术的优势，展现着丰富而宏大的创意空间。

2. 纸质传媒创意

所谓纸质传媒创意，是指图书、报纸、期刊等传统纸质传媒行业中的创新性思维。新传媒诞生以来，传媒的无纸化是一个趋向。但是，纸质传媒具有新传媒不可替代的功能和作用，图书、报纸、期刊依然是人们生活不可或缺的东西。纸质传媒依然是文化产业中具有生命力的一个行业，并且永存创意空间。

3. 旅游创意

所谓旅游创意，是指旅游业中的创新性思维。人们为观赏自然、人文、民情民俗、休闲和参加一些节庆等而离开通常的工作生活环境，前往某些地方并做一年内短暂停留的活动为旅游。为人们的旅游进行有偿服务的旅游业是文化产业的一个大行业。一般讲，旅游有观光旅游和休闲旅游两种形式。休闲旅游是旅游的高级形式，它与休闲娱乐业交融在一起。在发达国家中，旅游已成为人们生活的重要内容，旅游消费需求日趋增大，对旅游产品的创意水平要求越来越高。

4. 休闲娱乐创意

所谓休闲娱乐创意，是指以休闲和娱乐为一体的休闲娱乐业中的创新性思维。与人们的休闲娱乐生活、休闲娱乐行为、休闲娱乐需求相关的休闲娱乐产业是文化产业的一个重要行业，它与旅游业和艺术表演业交织在一起，有着很大的创意空间。伴随人们文化消费需求的提高，人们对休闲娱乐产品的创意水平要求越来越高。

5. 广告创意

所谓广告创意，是指利用各种传媒为载体的广告策划设计服务业中的创新性思维。广告经营主要包括寻找或接受广告客户（信源）、选定传播媒介（信道）、创意设计制作广告（产品信息内容）和传输广告（送达信宿）四个程序，其中每一个程序中都有创意空间。广告创意的核心是广告产品内容的创意。

6. 会展创意

所谓会展创意，是指各种展览、展销和会议服务业中的创新性思维。会展包括各种商品交易会、经贸洽谈展销会、文化博览会、航空博览会、汽车博览会、图书期刊博览会、园艺博览会、建筑博览会等。会议包括政治的、经济的、文教的、体育的、卫生的、科技的、国防的会议或论坛。据测算，会展本身赚 1 元钱，可推动其他如旅游、休闲娱乐、广告等行业赚 9 元钱。会展内容、时间、地点、形式和规模的策划创意极富挑战性。

7. 艺术展演创意

所谓艺术展演创意，是指各类艺术展示表演（如戏剧、戏曲、音乐、舞蹈、杂技、马戏等）业中的创新性思维。艺术展演创意在两个领域展开：一是艺术展示表演内容的创意，二是艺术展演经纪活动的创意。艺术展示表演业中的创意命题是极为广阔和丰富多彩的，艺术表演业的发展取决于艺术创意与经济创意有机融合的程度，取决于艺术家与经纪人配合的功效。

8. 文化艺术品产销创意

所谓文化艺术品产销创意，是指文化艺术品以及相关设备生产和销售（如经纪、拍卖等）中的创新性思维。这里讲的文化艺术品，主要指艺术表演产品之外的绘画、雕塑、工艺美术等文化艺术产品。文化艺术品产销创意在生产和销售两个环节展开，同样体现了艺术创意与经济创意的有机融合，体现了艺术家与经纪人的结合。

9. 咨询研究创意

所谓咨询研究创意，是指各种咨询服务和科研中的创新性思维。咨询研究创意在两个层面展开：一是咨询研究的内容，科研本身为创新性思维，就是出新思想、新点子和新办法；二是咨询经营中的创新，要把“新思想、新点子、新办法”卖出去。咨询研究业是有偿服务的创意脑库。

10. 体育创意

所谓体育创意，是指各种体育竞技中的经纪活动以及体育设施和用品生产经营中的创新性思维。体育是文化产业中的一个重要产业。在各种体育运动会、健身娱乐和体育博彩活动中，体育项目、健身项目本身的设计和竞技比赛经纪的策划都有创意的空间，体育设施的建筑设计和体育用品的设计对创意也充满了挑战。

上述按行业划分的文化产业内容创意存在交叉，但还是很有意义的。文化产业的行业关联性很强，对文化产业内部的行业无论怎样分类，都避免不了行业的交叉。比如，广告创意是覆盖文化产业各行业的，各行业的产品都可能通过广告促销。由于旅游业与休闲娱乐业的交叉，旅游创意或休闲娱乐创意中的某些创意很可能横跨这两个行业。由于艺术展演业与文化艺术品产销业的交叉，某些艺术展演创意或文化艺术品产销创意则可能在这两个行业中交叉。创意是一种思维。创意不管怎么样分类，总会有一些创意是跨行业的。创意元素五花八门，某一行业中的创意元素甚至主要来自其他行业。由此可见，按行业进行创意分类只是理论上的大致的区分。对内容创意按行业进行分类的主要作用在于分析研究归纳提炼创意的特征，这是因为各个行业的创意中存在着一些其他行业创意所不具备的特殊的独立的特点，对内容创意按行业进行大致区分有利于找寻、分析文化产业的个性特征。另外，我们曾提出教育是文化产业的一个行业，教育创意是指教学传授内容的创新性思维，这是人才培养的重中之重。

三、按创意转移内容划分的类型

1. 文化创意

所谓文化创意，是指文化的创新性思维。文化产业是经营文化产品的一个产业，文化产品的内容对满足人们日益增长的文化精神需求非常重要，文化产品内容的创新源于文化创意。内容创意是文化创意与经济创意的有机融合，但大量的工作在文化创意层面，表现为文化的创新性思维。

2. 经济创意

所谓经济创意，是指经济的创新性思维。文化产业作为一个产业，从全产业到每个行业再到每个文化企业，从文化产业发展、结构、布局乃至关联，从文化企业生产经营管理的各个环节，从文化艺术品经纪活动的各个方面，都面对着众多的需创新性思维之处。

发展文化产业，离不开经济创意。

3. 技术创意

所谓技术创意，是指技术的创新性思维。现代文化产业的重要特点之一是文化经济与技术的结合。现代科学技术在文化产业经济中的应用体现了创意。这里讲的技术创意不是指技术本身的创新，主要是指技术在文化产业经济中运用的创新，即衔技术的创新性思维。文化产业内容创意中的技术创意大量地表现为硬或软技术应用层面的创新。

根据复合创意连续性特点，每个创意生成的终点都可能是另一个创意的起点。从这个意义上讲，将文化产业内容创意大致划分为文化、经济和技术三个类型是很有用处的。在创意不同的阶段中，创意主体思维的重点是不同的。比如创建一个商业电视台，最初要考察市场需求为经济创意，然后考虑电视节目内容的特色为文化创意，电视台运营之后则主要为经营管理就是技术管理创意了。

第二节　单脑创意特征

文化产业单脑创意特征，是指创意主体个体在形态创意中所表现出来的特点。文化产业单脑创意特征分为基本特征和个性特征两类情况。为了搞好内容创意，人们首先要把握各种类型的文化产业创意中共同具有的那些特征，然后再掌握适合不同行业、不同命题的那些创意个性特征。

一、单脑创意的基本特征

文化产业单脑创意的基本特征，是指文化产业单项创意、复合创意、各行业的创意、文化创意、经济创意、衔技术创意等各种创意类型中共同的思维特点。具体表现为以下几方面：

1. 意念的开放性

内容创意意念是开放的而不是闭合的。可从以下角度去理解：

第一，在创意基本规程的第一个程序“提出问题”当中大脑对旧编码图式的质疑，第二个程序“创意酝酿”当中对旧编码图式的否定，第三个程序“创意生成”当中新编码图式的“灵感”和定型，都可以看到创意没有边界和框框。在创意中，意念像决堤的洪水肆意流淌，如脱缰的骏马向任何可能的方向奔驰，像时间隧道中奔驰的列车找不到起点或没有终点。创意意念中对旧编码图式的质疑和否定没有边界和框框，创意的“质疑否定”之箭可射向过去、现在、未来，上、下、左、右、前、后等时空中的任何维度。

第二，创意中特别是在酝酿阶段，接受来自任何领域、任何方向和任何时间中的新鲜的思想、理念和方法，直接或间接运用借鉴其他领域中可为我所用的所有东西。它像大海容纳百川一样对所有的河流都是开放的，像太空允许所有国家的航天器飞行一样不排斥任何国家，像宇宙包含了各个星系、星球乃至宇宙尘埃一样包罗万象。直觉和灵感是创意生成中的奇特现象。直觉和灵感不是凭空而来的，是时空中的各种信息在创意主体头脑中集合并排列组合过程中的现象。创意主体常常从创意本身之外的事物事件中获得某创意的直觉和灵感，反证了创意接纳百川、宽广如海的开放性特点。

第三，内容创意产品可以反证创意的开放性。“美学理论家通常借助与特定艺术作品相联系的‘完整性’和‘开放性’的概念。这两种表达指的就是我们接受艺术作品时一般拥有的一种意识：我们将其视为作者将一系列传播效果以某种方式排列起来的最终产品，这种方式使每个目标受众能够将作者原先设计的结构进行改制。”“事实上，一种艺术作品的形式是否具有审美价值，也恰恰和它是否能够获得多重观赏和理解的角度相对应，这样无须损害原作的精华，也能够使它获得多重不同的共鸣和回响。"① 大多数原创文化艺术作品具有多重观赏价值，能够获得多重的共鸣和反响，这源自创意主体开放性的思维。

创意的开放，对于生成创意极为重要。那些思想陈旧、封闭、僵滞、固执、框框多、顾虑多、常带偏见的人，是搞不好内容创意的。只有那些胸怀博大、思维开阔、机敏灵活、勤于动脑、广开言路、与时俱进、敢冒风险、勇于接受新事物的人，才能搞好内容创意。

2. 信息的拼糅性

根据全息学和经济学理论，皮亚杰的发生认识论中的所谓"同化""顺应"可以理解为信息资源的配置。外部环境信息进入大脑，大脑是信息资源配置的一个场，其资源配置机制就是"发生认识论"机制。图式、编码、同化、顺序这些概念比较抽象，信息、资源、配置这些概念相对通俗。用信息资源配置来解读创意的编码或图式或许更容易理解一些。信息的拼糅是创意的重要特征。所谓内容创意信息的拼糅性，是指创意中对各种信息资源进行拼凑、编辑、搭配、糅合的特点。这可从以下三个角度去理解：

第一，文化产业创意收集获得信息广泛，什么信息都可以拿来使用，都可以作为创意元素。中国 CCTV 春晚的创意，整台节目都是取各种艺术信息拼凑、搭配而成的。世界奥林匹克运动会的开幕式和闭幕式上的文艺演出，最为典型地体现了艺术信息拼糅性特点。通俗地讲，信息的拼糅就像面点厨师做杂面馒头，把小麦面、黑豆面、玉米面混在一起，适当加水之后，反复揉，揉来揉去，才能做出既富营养又有良好口感的面食来。

① ［意］安伯托·艾柯：《开放性作品的诗学》，载约翰·哈特利《创意产业读本》，清华大学出版社，2007，第 150 页。

第二，拼糅是新的文化艺术内容和形式之源。创意是对旧的信息资源配置成果进行质疑，否定旧成果，对信息资源进行重新拼装糅合，最终获得新的信息资源配置成果。纵观整个20世纪下半叶文化艺术的发展，人们发现这是一个大量出现拼糅性文化艺术作品的时代，信息数字、多媒体技术进一步激发并催化了文化艺术创作中的拼糅，文化艺术多媒体作品是对文化教育、艺术表演、装置、音响和数字技术信息进行拼糅性组合配置的产物。

第三，内容创意中对信息资源的配置不仅要拼还要糅。只有拼，而无糅，不可能生成好的创意。拼和糅缺一不可。拼来拼去，糅来糅去，灵感就会发生。信息资源的拼糅最为典型地反映了创意的特点："创意生产者将信息纳入一个确定的形态，将不同的材料整合在同一个体内，也是整理、修订、重排的过程。当创意生产者修改、准备、改编、重获灵感，重新置入语境，精简和消减材料，使得它们'形成一个确定的形态'时，拼编创意正指引道路。"① 创意拼糅，引领文化艺术家完成创意。

3. 思维的自主能动性

所谓内容创意的自主能动性，是指文化产业创意的自主独立、主动开拓、积极进取的特点。这可从以下三个角度去理解：

第一，内容创意作为大脑的思维活动，只能在创意主体的头脑中进行，是创意主体独立自主的创新过程。创意的开放性，指的是思维中接收信息的广度、深度以及信息配置的"手段""眼界""视野"，但这些终归要由创意主体自己的大脑（单脑或群脑）完成。大脑是完整的物质存在，到目前为止还没有听说大脑可以分割移植，更没有听说张三大脑的某个部分移植到李四的头颅中，李四能够按

① ［澳］布拉德·黑斯曼：《创意实践》，载约翰·哈特利《创意产业读本》，清华大学出版社，2007，第141页。

照张三的某些思维进行思维。或许医学的发展，人们能够对大脑分割移植，但是张三能不能替代李四的相关器官的思维功能，恐怕也是未知数。从目前生物学研究成果上看，创意只能是创意者自主独立的行为，别人是不能替代的。此外，从逻辑上讲，创新是有时间界定的，第一时间的创造发明为创新，这只能由创意主体自己进行；如果是“借助”“引进”他人的思维，那已经不是第一时间了，“二手货”算不上创新，不能归属创意。创意只能是创意者在第一时间的自主独立的创新性思维。

第二，创意是创意主体主动而不是被动的思维活动。人类世界有数亿成员，没有哪个人、哪个团体逼迫另外的人、另外的团体必须进行创造性的思维，思维存在于每个人的头脑中，任何人任何团体逼迫他人思维也是不可能的。封建主义法西斯主义可以实行专制，人们在生命生存受到威胁的场景中，可以不发表对抗性的言论，但是不等于没有对抗性的思维。创意是创意主体的主动行为。此外，创意的另一个表现是开拓和发展，而不是守旧或守成。所有的创新或革命，都是开拓性的。如果遵守已有的规矩，奉行已有的思想、理念，那还叫创新性思维吗？显然不是！人的大脑是有先天区别的，那些主动开拓的脑型更能承担创意。当然，主动开拓的脑型是可以后天培养训练塑造的。

第三，创意是积极进取的思维，而不是消极停滞的思维，这是不难理解的。创意的重要表现就是“不怕做不到就怕想不到”“什么都有可能”“没有过不去的火焰山”“没有克服不了的困难”“一切都在于敢想敢干”，创意是积极的、进取的。从动植物物种的漫长进化史中，人们发现了适者生存的铁律，凡是生存下来的生命体物种都是面对外部环境变化积极进取的物种。人类在漫长的进化中如果没有积极进取的创意，恐怕也到不了今天。英国当代最伟大的科学家霍金预言，在今后 1 000 年的时间内地球不可能再适合人类居住，人类在地球上面临着灭顶之灾。1 000 年以后地球究竟是否适合人类居住？今人的认识还是很有限的。假如霍金的预言是准确的，人类开始向其他星球移民的科学探索工作，就是很有必要的了。据太空考查表明，火星大气层内充满了二氧化碳，两极有冰，地下有水。假如将地球的植物“克隆”到火星上，植物在光合作用下，吸收二氧化碳，释放氧气，当火星被森林覆盖，大气层内氧气含量足够时，也就成了适合动物和人类居住的星球，或许火星就是人类的第二个家园。这是迄今为止人类最伟大的、积极进取的创意之一，绝不是胡思乱想，更不是异想天开，它事关人类最终的命运。如果经过探测与实验证明火星不适合人类居住，我们相信在宇宙中总能找到适合人类生存的另一个星球，科技发展的力量、人类创意的力量，是可以实现这个目标的。

4. 与市场的融会性

所谓内容创意与市场的融会性，是指市场是创意中的不可或缺的重要因素。文化产业创意，说白了，以赚钱为目的，钱是从市场上赚的，创意必须与市场交融在一起，离开了市场的思维，不称其为文化产业内容创意。这可从以下三个角度去理解：

第一，在艺术产业创意中，艺术家为艺术而创作，同时也为市场而创作，它追求受众，就是追逐市场。艺术产业创意是为艺术为市场“合二为一”的创新性思维过程。在艺术品市场中，受众与市场是一致的，受众不喜欢的东西不会有市场。内容创意中有一根弦，这根弦连接市场。与市场连接“融会”，才是文化产业内容创意。

第二，市场价格为评价创意产品价值的尺度之一。大家知道，艺术作品的品位、水平和质量的评价标准是多重的，“仁者见仁，智者见智”，存在难以统一评判的问题。我们发现，虽然艺术品存在公认的学术性标准，但绝大多数艺术家非常看重他的作品在市场中的价位，市场价格成了评价艺术品水平的价值尺度之一。一个艺术创意作品，说它艺术价值高，但卖不出高价位，难以令人信服。排除不正常的人为因素，在拍卖市场中拍出高价位的艺术品，人们普遍认同它具有高的艺术价值。

第三，内容创意与市场的融会性还可以从创意主体重视产品发行推销来印证。创意主体大多有自己作品的发售营销平台并雇佣经纪人，其目的就是将自己的创意产品顺利地投入市场，并尽可能占有较大的市场份额。谁能将自己的创意产品投放市场并占有最大的市场份额，谁就是创意的高人、巨子。在一定的意义上讲，是市场在引领内容创意前行。

5. 引起消费者的关注

文化产业是一种注意力产业。引起消费者关注，是内容创意的基本特征。关注性是内容创意与市场融会性特征派生出来的一个特征，但又具有比与市场融会性特征更精确的追求与境界。

第一，广播、电视、出版、艺术表演、旅游等产品的内容创意，都以引起消费者的注意力为目的。这不仅仅是为了进入市场，而且是为了培育市场。文化产业产品品牌创意就是培育市场的手段之一，体现了创意关注特征，品牌创意的成功是吸引消费者注意力的成功。

第二，内容创意中“引起消费者的关注”或“消费者的注意力”是创意的一个重要元素。针对这个元素，提出问题、酝酿创意、生成创意、创意定型，往往可大获成功。谁抓准了注意力元素，谁就会生成创意。这是因为“引起消费者的关注”这个创意特征与市场进而与文化消费的需求联系在一起。内容创意产品必须以销定产，必须适销对路。消费者注意力是创意的第一个指令。

第三，人们对文化产业产品的需求是多方向、多层次、多元的，消费者的关注也是多方向、多层次、多元的。在文化产业蓬勃发展的今天，引起消费者关注、消费者的注意力，既表现为通俗文化、“下里巴人”，也表现为高雅文化、“阳春白雪”。在面向“下里巴人”和“阳春白雪”两个方向上，都会打造出文化产业的品牌产品。能否打造出品牌产品，就看创意者的创意功力了。

二、创意的直觉与灵感特征

直觉与灵感在创意中是一个较普遍存在的现象，但不是所有创意中都存在。人们发现，直觉与灵感对创意生成起着重要的作用，但并不是各种创意生成都是直觉与灵感起了作用。创意大师们一致认同直觉与灵感的重要性，但并不认为自己主要靠直觉与灵感生成创意，而主要是靠创意知识和技能生成创意。直觉与灵感建立在深厚的创意知识和精到的创意经验基础之上，不是凭空而来的。直觉与灵感是创意的重要思维特点。

1. 直觉

所谓直觉，是指似乎不经过逻辑推理和抽象论证直接从事物现象中感觉到解决问题的途径的思维形式。下面从六个角度讨论文化产业内容创意中的直觉。

第一，直觉在相当程度上表现为一种非逻辑性、非线性、非理性的，近似大脑本能的、生理的反映。一般认为，直觉只是人脑思维的一种生理表面现象，它的实质是一种高度省略和浓缩了的创意顺应思维。这个高度省略和浓缩了的顺应思维，可能是非逻辑、非线性的，也可能是逻辑的、线性的，但都应是理性的。

第二，直觉分为直观感受和直观认知两种情形。所谓直观感受，是指对事物感性的直接观照和感受。所谓直观认知，是指对事物本质直接的理性的认识。直觉，是两者的有机融合，包含直观感受，也包含直观认知，是对事物的理性把握。

第三，直觉是创意主体运用水平、想象、类比、拼糅、提喻、模拟、梦幻等创意方法已达到潜移默化、心领神会的一种表现。直觉的特点是知其然而不知其所以然。其实这只是表象，因为“其所以然”已经深入创意主体“灵魂”，然而创意主体却熟视无睹，不能用语言、符号或其他形式表达出来。

第四，创意过程中发生直觉，归因于创意主体的创意知识和经验的积累。在创意中，有的人经常通过直觉生成创意，有的人极少通过直觉生成创意；有的人的直觉结论大多正确，有的人的直觉结论大多错误，概缘于人们的创意知识与经验的积累程度。

第五，直觉在创意生成中极其重要，创意实践“修炼”达到一定程度，才能进入经常发生直觉的境界。直觉具有突如其来、顿悟、柳暗花明的认知效果。直觉对提高创意效率和创意生成概率的作用不容忽视。

第六，大千世界，芸芸众生，凭直觉办事，有的人每每成功，有的人屡屡失败。直觉是一种理性思维，但不等于说直觉的结果一定是正确的，直觉也有局限性。其实，严格说来，所有的思维由于受时间、地点、方法的制约都有其局限性。对创意主体而言，既要努力掌握创意直觉，又不要过于刻意追求直觉。这是因为：一方面，直觉是创意知识和经验积累到一定程度自然而然发生的思维现象；另一方面，直觉还与人的心理品质有关，有的人悟性高，有的人悟性低，这两种人发生直觉的概率不同。

2. 灵感

所谓灵感，是指创新性思维中突然出现的一种短暂的、高度紧张的、有利于突破创意命题并生成创意的意识流活动现象，是一种心理状态、精神创造和智力升华。下面从四个角度讨论文化产业内容创意中的灵感。

第一，灵感是瞬间的思维跨越。按照皮亚杰的发生认识论，灵感是认识顺应中的新图式生成的瞬间现象，即对某一解答创意命题的思维量变达到一定程度发生质变一刹那间的“飞跃”。灵感不是系统的、线性的、逻辑的、渐进的思维，而是瞬间的、短暂的、飘然而至稍纵即逝的思维。你在进行创意时，朝思暮想，苦苦思考，可能一无所获。当无意思索时，灵感却猝然而至，如不及时捕捉，它就可能跑掉了，你再也追忆不起来，令人追悔莫及。许多自然科学家、社会科学家、创意大师和学者在进行创造性思维时，都对这种瞬息而过的灵感有切身体会。

第二，灵感是创意知识经验积累的结晶。灵感同直觉一样，不是凭空而来的，它是创意主体在近乎忘我的全身心投入、高度紧张、效率最高的思维状态中发生的。这种全身心投入、高度紧张、效率最高的思维，反映了创意知识和经验的高势能的积淀和聚集。人们只有经过较长时间的废寝忘食的冥思苦想，灵感才有可能发生。正如柴可夫斯基所说，灵感是这样一位客人，他不爱拜访懒惰者。灵感是对勤奋敬业的创意者的回报，是对创意主体艰苦脑力劳动的最高奖赏。灵感一旦出现，创意者们常表现出异乎寻常的巨大喜悦和精神亢奋，因为这是他们长期的创意生涯经验积累和忘我劳动的结晶。

第三，灵感常表现为触类旁通的产物。创意中的灵感是一个怪物，它时常表现为在破解创意命题之外的事物中被激发。牛顿站在苹果树下，从苹果落地的现象中，想到如果把苹果放大为月亮并提升到月亮的高度，月亮为什么不能落到地球上来呢？由此激发了万有引力定律的灵感。国王交派阿基米德测定王冠中的金子含量是否足额。阿基米德回到家中，把王冠和同样重量的金子称来称去，百思不得其解。当他在浴桶中洗澡的时候，产生了解决国王交派的测定王冠所用的黄金是否足额的灵感，进而发现了浮力定律。为什么会发生这种触类旁通的灵感现象呢？这是因为当创意者绞尽脑汁百思不得其解的时候，常常面临着创意知识和经验中还缺乏一点点别的知识；此时创意者需要创造性的停顿，把创意命题暂时搁置，转移到其他事物中去，以放松心情。正是由于这一暂时的搁置和停顿，却常常使创意者从其他事物中获得启迪、发生顿悟，因而改变思维路线，摆脱思维定式，选择了新的突破口，生成了创意，到达胜利的彼岸。

第四，灵感在创意生成中的作用非常重要。美国化学家普拉特和克曾对234位科学研究人员做过问卷调查，50%的人说自己偶尔有灵感，33%的人认为自己经常有灵感。① 事实上，专家、学者、艺术家在创作时都有灵感，灵感是较为普遍的客观存在。灵感对于文化产业内容创意生成的作用不容忽视。当然不能把灵感认定为创意生成的唯一思维形式，而一味地追求灵感顿悟。如同直觉一样，对于创意主体而言灵感发生的概率，不仅与创意知识经验的积累有关，还与创意者的思维品质有关。创意主体的人格智能与悟性不同，灵感出现的频率不同。

三、创意的个性特征

内容创意个性特征，是指文化产业某些行业或领域中特殊的、独立的创新性思维特点。之所以称为个性特征，是因为这些特征不是内容创意中共有的基本特征。文化产业各行业各领域的创意除了具备内容创意基本特征，或也可能表现出直觉和灵感特征之外，有的还具备或表现出自己特有的个性特征。

1. 主题性

内容创意的主题性，是指创意的中心思想，即创意生成后所要表达的核心观念。在新媒体、出版、广告、教育、旅游、艺术表演、艺术工艺产品、休闲娱乐项目创意中，无论是项目、活动或产品的创意策划，大都围绕一个主题进行。广播、电视有新闻、经济、法律、文艺、生活、旅游等台或频道，主题是不同的；出版有经济、

---

① 郭辉勤：《创意经济学》，第261页。

文艺、科技、机械、少儿、古籍等出版社，主题是不同的。各种报纸、图书、期刊，各式各样的会展，各式各样的广告，各种各样的旅游休闲项目线路景点，各式各样的艺术表演节目，各种门类的艺术品，各种各样的体育赛事，都有不同的主题。虽然创意具有扩展性特征，但在进行具体的创意活动中，大多具有鲜明的中心指导思想和明确的目的性。没有主题、漫无边际、缺乏目的性的内容创意是不多的。创新性思维的主题性与扩展性特征并不矛盾。有了主题，围绕主题进行扩散，从而生成创意。当然，并不是所有的内容创意都具有主题性的显著特征，有些创意就是在漫无目的、不着边际中出现了灵感而生成的。正因为如此，所以说主题性是内容创意的重要的个性特征，而没有把它归类于基本特征之中。

2. 时效性

内容创意的时效性，是指创意中关于时间元素及其效果的思维特点。许多文化产业产品的创意中必须充分考虑时间元素。这是因为，人们对文化消费需求依时间的变化而变化，在不同的时期、时段或时点上，消费内容、消费水平、消费结构、消费倾向是不一样的。文化产业产品创意适应了文化消费需求的变化，则能产生好的创意效果，赚到钱；否则，就不会有好的创意效果，赚不到钱。电台、电视、广告、艺术表演节目、旅游项目、会展活动内容、咨询业务内容等创意中，都存在一个时效性问题。创意的时效性从两个方面表现出来：一是创意产品内容的时效性，比如服装创意设计中的时装的前沿性、前瞻性；二是创意产品推出进入市场的时间，比如利用电视电台播出广告的时间段，在黄金时段播出和非黄金时段播出，效果大不一样。

3. 空间效果性

内容创意的空间效果性，是指创意中关于空间元素及其效果的思维特点。许多文化产业产品的创意中必须充分考虑空间元素。这是因为：其一，不同空间地域中的人对文化消费的需求存在差异；其二，人们对文化消费的需求因其在空间、地域的变动而变化。文化产业产品创意当中必须考虑空间元素中的上述两种情况。产品准备投放哪儿的市场，投入市场的范围有多大，在市场中计划占有多大的份额，不同的市场需求受众爱好是什么，这是在产品创意中要顺应解决的问题。此外，所谓文化产业的布局和文化产业聚集区建设，则是直接以空间文化产业分布为目标的工作。文化产业布局和产业聚集区创意直接体现了创意的空间效果特征。

4. 真实性

内容创意的真实性，是指广告等行业的创意中产品内容的真实特征。广告创意是通过对于来自产品市场的信息进行分析，为了促销对产品进行宣传，艺术地表达产品的创新性思维。广告创意除了具备创意的新颖、奇特、引起消费者关注等文化产业创意的基本特征之外，广告内容的真实性是内容创意的重要特征。广告是将产品广而告之，是向消费者介绍、宣传、推荐某一产品，目的是让人们接受你宣传的思想内容，让消费者购买你广而告之的产品。广告创意，即对产品的推介方法，可以天马行空，任意驰奔，充满类比、想象和联想，但是对产品性能和质量的描述必须真实、坦诚、可靠。产品性能、质量及其售后服务等内容的真实性，是广告创意的重要特征。一个广告创意者或广告公司，要懂得广告创意的真实性，不仅是一个职业道德问题，而且也是创意者和广告公司本身的生命线。虚假的广告骗得了少数人，但骗不了所有的人；骗人一时，却不能骗人一世。在广告创意市场竞争日趋激烈的今天，因虚假广告导致败落的产品和破产的企业还少吗？因制作虚假广告而声誉扫地的广告商还少吗？文化产业各个行业中都存在一个产品推销宣传问题。文化产业的从业者都应当懂得产品宣传中创意的真实性特征。广告的真实性事关被宣传产品的生死存亡，也事关广告创意者的生死存亡。

5. 臻美性

内容创意的臻美性，是指艺术表演业、广告业、艺术品创意中，产品内容的完美、新奇、和谐、朴实、绚丽，乃至前卫、新潮等人们最美好的理想、形象、情感、寄托的特征。文化产业内容创意是文化创意与经济创意的结合，在文化创意中包含了艺术创意。艺术活动与审美活动紧密相连，艺术的创新性思维离不开审美。审美是指“主体对于能够引起人的审美感受的事物及其审美关系的审视、认识和创造”，“在理论外延上，审美广于艺术；在精神涵盖上，审美大于艺术。审美是主河道，艺术是最大的支流。审美是艺术的母体，艺术是审美的核心与集中表现”。① 艺术内容创意中，大多贯穿了审美思维。从广义审美意义上讲，美指人与自然的和谐、人与人的和谐、现实与未来的和谐、精神与物质的和谐、认识与情感的和谐，等等。一件文化产业产品，蕴含其中的创新性思维，最终极的目的是探索人与世界、认识与情感、人的追求与事物运动规律的和谐与统一。从狭义审美意义上讲，艺术活动与审美活动是统一的，对美的追求是艺术的灵魂。文化产业是涉艺术最大的一个产业，文化产业创意是主河道，艺术创意是最大的支流。文化产业许多方面的创意本身是艺术创意，是以臻美为命题的创新性思维。

6. 与技术的衔接性

在新传媒行业、影视行业乃至出版印刷行业中，新的科技成果和新技术的应用，是这些行业经常碰到的问题，因而成为内容创意的一个特征。文化产业这一新的产业业态的形成，很大程度上取决于现代信息数字传输技术进步。“新技术带来的转变使得创意生产者能够自主拓展文化生产的形式和平台。所有这些变化的中央是数字

---

① 田川流：《艺术美学》，山东人民出版社，2007，第 9 页。

媒体接收和发送信息的巨大潜力，这些数字媒体包括电台、手机、电影、电视、电子邮件、游戏、网页……在电影大屏幕和电视小屏幕之后出现的第三种屏幕即电脑屏幕具有巨大的创意潜能，当它与手机及电视相连时更加威力无比”。① 技术，是指人类认识自然、改造自然的劳动手段、知识、经验和方法，包括劳动工具、生产工艺规模、制作技艺和生产组织管理等。技术分为硬技术、软技术和衔技术。衔技术是文化产业中特有的一种技术，指文化创意与现代硬技术、软技术和艺术技法相结合的手段、知识、经验和方法，存在于文化产业许多商品（或服务）的生产过程中。衔技术是文化产业内容创意的一个重要特征。

7. 与消费者的互动性

旅游和艺术展演业创意的一个重要思考是如何与消费者互动，以激发消费者的消费热情，增加卖点。休闲娱乐业和旅游业的创意主体，渴望人们在消费其产品（观看艺术表现，加入旅游项目）时能够积极互动，比如要求观众与舞台上的音乐家共同歌唱，海南岛旅游晚会中请旅客跳竹竿舞，使游客游兴大增。

除以上七个创意的个性特征之外，在文化产业各领域、各层次、各行业特别是产品创意中，还存在许多的个性特征，比如，创意内容的简洁明快性、感官刺激性、幽默性、煽情性、前卫性、注重细节性、返璞归真性、衍生性等。在此需要说明的是，内容创意特征与文化产业创意方法相联系，有些创意特征通过创意方法表现出来，有些创意方法是对创意特征归纳后总结出来的。

但是，内容创意特征与创意方法毕竟是两个不同的概念，不能把它们相混淆。特征是对创意本质特点的表述，方法则是对创意

① 布拉德·黑斯曼：《创意实践》，载约翰·哈特利《创意产业读本》，清华大学出版社，2007，第143页。

“工具”的表述。一件事物的本质特点和做这件事的方法是两码事。创意方法成千上万，绝大多数的方法不能归纳、提炼、升华为内容创意的特征。

第三节　群脑创意特征

群脑是单脑的集合。以上所讲的单脑创意的基本特征和个性特征，毫无疑问地会带入群脑创意中来。群脑创意具有单脑创意的所有特征。但是，群脑毕竟不是单脑，数个单脑集合在一起集体创意中，也就产生了比单脑思维复杂的状态。

一、群脑创意的正效应特征

1. 信息元素多

在创意中，突破否定旧编码图式，创造新的编码图式，需调动大脑中的各种信息元素。大脑中的信息元素存量越多，突破否定旧编码图式、创造新编码图式的可能性越大。群脑比单脑储存的信息元素多，对生成创意而言可能性更大。这是正效应的特征。

2. 思维效率高

通常情况下，群脑创意比单脑创意的思维效率要高，这是因为：其一，由于群脑信息元素存量多，寻找调动信息元素的时间比单脑省时省力；其二，集思广益中，有可能避免许多单脑创意中可能走的弯路，从而提高了思维效率；其三，群脑创意中，某一单脑零乱的创意中的思维火花，有可能成为别一单脑灵感因素，而致创意生成。

二、群脑创意的负效应特征

1. 可能发生“扯皮”

人们对奥斯本的“头脑风暴法”提出若干质疑，目的是否定群脑创意。持这种观点的人认为，创意的灵感归根结底是单脑思维的成果，灵感不会发生在集体讨论之中，群脑创意发生“扯皮”现象不可避免，集思并不是创意的一个好办法。

2. 可能阻碍思维

有的学者认为，“头脑风暴法”中关于大家一起开会创意的会议规定，不管设计得多么好，总是一种“框框”，都有悖于创意规律，可能阻碍创意生成。创意是不允许存在任何约束的一种思维。集体开会创意中，关于“没有框框”的规定本身又是一种新的“框框”，“不隐瞒伪装个人真实观点”的规定本身又是一种新的“隐瞒伪装”，“不要否定他人，避免对抗性思考”的规定本身又是一种新的否定和对抗性思考。总之，本不是阻碍创意初衷的规定，最终可能恰恰阻碍了创意。

三、关于群脑创意特性的认识

应当辩证地看待群脑创意正反两个方面的特征，不能轻率地肯定或否定群脑创意。毕竟当代许多大型的成功的复合创意，大都是群脑集体攻关的结果。“人多力量大”“众人拾柴火焰高”“三个臭皮匠顶上一个诸葛亮”，中国老百姓的这些格言还是很有道理的。当然，实际生活中也确实存在“一个和尚挑水吃，两个和尚抬水吃，三个和尚没水吃”的现象，群脑创意招致失败的案例不少。

群脑创意是建立在单脑独立创意基础之上的。对单脑业已生成的创意进行对比分析、择优录用是群脑创意的本质。按照发生认识论理论，群脑创意只发生在各个单脑创意主体身上，这是顺应。到了择优录用阶段，已经不是顺应（即不是创意了），而只是集体对某一单脑创意的同化。

这样去解析看待群脑创意，事情就十分清晰明快了。既然是大家一起集思，就不能搞“无政府主义”，总要有“政府”。群脑创意中“政府”的作用，不是在创意过程的顺应阶段，而是在同化阶段。也就是说，“政府”不对各个单脑的创意进行任何约束，“政府”只对择优录用阶段的工作进行必要的制度性约束。大凡这样做了的，群脑创意都取得了成效。

当然，把群脑创意解释为两个阶段，绝不是说在群脑创意规程中，先由单脑各自行动，然后单脑把生成的创意拿到会议中汇报，由大家择优录用，使群脑创意形成了界限分明的两个操作过程。如果这样去理解，则是对群脑创意的误解。正确的解释是：在群脑创意的全过程中，各个单脑在集思讨论中尽可能多地释放自己掌握的信息元素，各个单脑在集思讨论中尽可能多地吸纳他人掌握并释放出的信息元素，也就是尽可能多地交流。这样使群脑信息元素多的特征充分地体现，从而提高了创意生成的效率。大凡这样做了的，创意也都取得了成效。

第二十三章　内容创意原则

内容创意原则，是指文化产业内容创意中符合科学规律的指导思想。遵循这些原则将促使创意更加富有效率，从而保证思维质量，提升创意水平，有助于优化文化产业资源配置，以较小的投入获得较大的产出，从整体上提高文化产业效益，给国家和人民以福祉。

讨论内容创意原则，需要指出以下几点：

其一，目前人们关于内容创意原则的讨论是很宽泛的，大多将创新性思维原则移植到文化产业内容创意原则中来，这是没有错误的。但是有些学者忽视了文化产业内容创意中的特殊性原则，如果不指明内容创意的特殊性原则，对创意的指导就显得缺乏针对性。只有针对文化产业讨论创意原则，才能起到应有的指导作用。

其二，目前人们关于内容创意原则的讨论，从学理逻辑上，还没有将创意原则与创意特征和创意方法的关系讲透、分清，因而给人许多模糊乃至混淆的印象。创意原则、特征、方法是有着内在联系但又有严格区别的三个概念。创意原则是对创意特征的进一步凝练。创意特征是对某些可以上升为本质的创意方法的归纳升华，但创意特征绝不仅仅是通过创意方法的归纳而总结出来的。创意方法是一种工具，是实际操作中的东西。文化产业创意原则、特征和方法都表达了创意中的一些规律，它们对思维规律的表达，层次不同，因而作用不同。

其三，目前人们关于内容创意原则的研究成果还是初步的，还需要深入。思维科学理论如果不与思维实际相结合，就使得思维原则过于空洞。原则的提炼本来就是形而上的，但形而上不能空泛。把思维科学理论与文化产业实践紧密结合起来，从而归纳内容创意原则，应当是文化产业内容创意原则探索提炼的正确道路。人们已经归纳总结出来的原则，不是固定不变的，伴随文化产业创意活动的发展，关于文化产业创意原则的研究要与时俱进，尤其是随着文化产业在发展中国家的兴起，各国文化产业创意人会针对各自的国情，总结归纳出一些适合本国情况具有各国特色的文化产业创意原则。文化产业创新性思维原则还在提炼发展之中。

下面从提升思维功效、优化资源配置和提高产业效益三个角度，分别讨论文化产业创意的九大原则。

第一节　思维功效原则

创意存在一个功效问题。有的人一生中有许多发现、发明和创造，被人们称为科学家、社会科学家或发明家。有的人一辈子也没有做出有点创意的事情来。现实生活中，人们发现同为创意工作者领受同一类创意项目，有的人很快就能生成高水平的创意，有的人迟迟生不成创意。人的思维存在一个功效问题，创意更需讲功效。

一、质疑批判原则

创意的开放性特征，是建立在对事物的质疑和批判原则基础之上的。如果不对环境在人们头脑中形成的旧编码图式进行怀疑、批判和否定，就永远不可能产生新的编码图式，也就没有了创意。创意的起点需要质疑，不对旧的东西发生质疑，就没有创意。没有了创意，人们的思想就不能发展，真理就不能被发现，社会就不能前进。真理是伟大的，只要听其自由发展，它自然会得到胜利。谬误是危险的，只要大家可以自由反驳，它就不危险了。真理是与谬误相对而存在的，许多真理是在对谬误的质疑和批判中被发现的。

文化产业作为人类创造的一个新的产业，作为一个以创意为核心的新的业态，无论是在产品创意，或是在文化企业经营创意中必须有一种科学的质疑批判精神，要敢于突破传统思想的禁锢，摆脱“思维定式”，否定“金科玉律”，批判条条框框，丢掉一切思维包袱，充分发挥想象力，大胆“提出问题”。没有对旧事物的质疑，提不出问题来，无法进入创意状态。

内容创意中的质疑批判精神，是指质疑批判的创造性，而不是单纯地批判和否定，不是不分青红皂白把原来的理念统统否定掉，不是一种“是”或“非”的判断，而是一种创新性思维方式的选择，挑战的是思维方式的唯一性。比如，“不管某件文化艺术品创作技法有多么出色，它是不是做得最好的呢？还有没有更好的创作手法呢?”“完成某件事情，现行思路方法是现时条件下最好的思路方法，当条件变化了之后，现行思路方法还可行吗？还是最好的思路方法吗？应当采取什么样的更好的思想方法呢?”诸如这样一些疑问就是正确的质疑批判。人们常讲，没有文学艺术的批判，文学艺术就不能发展。没有质疑批判，内容创意也不能发展。内容创意中，单纯否定旧的是不可取的，尤其不能停留在否定批判之中，着力点应当是寻求寻找新的东西。破的目的，是为了立。破立结合，相辅相成，才为创意。

2002 年 5 月，在日本索尼公司年度战略会议上，董事长出井伸之描述了索尼的前景：索尼将从一个仅仅生产先进、优质、独立产品的公司转变为一个张开双臂迎接网络与数字化到来的宽带娱乐巨人。六年过去了，索尼早已成了这样一个巨人。什么使索尼成功的呢？是索尼的企业精神。索尼企业精神的内涵是质疑和创新。当初索尼只是一个小小的收音机修理店，地处二战之后东京市中心一座被炸毁了的百货商店中的一个角落。今天，它成了以创意产业为支柱的多种经营的商业巨子。索尼的创始人井深大和盛田昭夫领导企业成长的秘诀是“让公司给工程师们提供一个让他们随心所欲冒险创新的环境”“以突破常规的方式思考，获取灵感，俘获全球消费者的想象力”“别只是给消费者他们今天想要的东西……把他们从没想到过的东西变成可能”。[①] 索尼从一个家用电器生产为主的企业转变为文化娱乐业创意产品为主，并引领电子游戏娱乐产品发展的集团，不是偶然的，这与它世代相传的“了解敌方弱穴”“决不模仿用心创造”“突破常规”等质疑创新的企业哲学不无关系，具备了这种企业哲学思想，文化产业才能做大做强。

二、关注点原则

所谓创意关注点，是指创意主体创意中需要集中精力、全神贯注地对待的生成创意最关键的领域和问题。这些领域和问题往往集中表现为一个“点”。内容创意从“提出问题”到“创意酝酿”，到“创意生成”，再到“创意定型”整个基本思维规程中，所思考的问题非常多、相当复杂，需要的知识也多、包罗万象。大家知道，事情总是存在主要矛盾和矛盾的主要方面，抓住了主要矛盾和矛盾的主要方面，解决起来就顺利快捷一些。我们强调文化产业创意的开放性，在后面的讨论中还将了解创意有扩散思维和逆向思维的具体方法，但这些并不意味着创意漫无边际，四面出击。创意中，必须准确地选择关注点，只有找准突破口，才能生成创意。

一般来讲，创意关注点贯穿创意基本规程的全程。创意的第一个程序“提出问题”中最初质疑的“点”，往往正是在“创意酝酿”

---

① Shu Shin Luh：《索尼之路》，孙彦译，中国人民大学出版社，2004，前言第1－4页，第87页。

中早期批判否定的“点”，这个点也是在“创意酝酿”后期和“创意生成”中重新确立的“点”，并且是“创意定型”中进一步核实检验的点。

世界奥林匹克运动会开幕式中的点燃圣火，是历届奥运会开幕式策划团队关注的点，也是最吸引现场观众和亿万电视屏幕观众眼球的看点，历届奥运会组织者为此煞费苦心。每一届奥运会开幕式圣火点燃都与以往不同，都有新意。历届奥运会开幕式圣火点燃仪式的录像集，是一部流芳百世的创意经典集萃。圣火点燃是奥运会开幕式创意的一个关注点，抓住了这个点，创意成功，整个开幕式创意成功了一半。假如圣火点燃缺乏创意，模仿以往奥运会的点火，即便其他演出节目再有新意，则整个开幕式也显得逊色。

三、新颖奇特原则

内容创意一定要有创新，取材新颖和创意成果形式奇特就恰好表达了创新。世界奥林匹克运动会的圣火点燃，一届比一届新颖奇特，其创意水平得到公众的称赞。1992 年 8 月，河南西峡县发现了恐龙蛋化石群。美国好莱坞著名导演斯蒂芬·斯皮尔伯格从中获得创意灵感，运用恐龙复活这一新颖又奇特的素材，加上高科技制作技术于 1993 年成功拍摄成了科幻大片《侏罗纪公园》，创造了高达 9 亿多美元的票房收入，其续集《失落的世界》也创下了 6 亿多美元票房收入。影片《泰坦尼克号》取材于世界罕见的大海难事件，也是创意中取材奇特的成功案例。

影视故事片内容即使是虚构的也大都源于生活，是对生活中各类信息的拼糅。人们发现描写战争体裁的影视故事片，大都选取了奇特的战例。战争是军事家“创意”的舞台，有许多出奇制胜的战例。写实性的战史片，也是在奇特战术关节上浓描重写。20 世纪 30 年代中期中国工农红军的《长征》是军事史上极为罕见的艰苦卓绝的行军，遵义会议后重掌中央红军军权的毛泽东指挥红军四渡赤水，扭转了红军的被动局面。在萧华写的著名《长征组歌》中有“四渡赤水出奇兵，毛主席用兵真如神”的歌词。我们注意到在所有描写《长征》的文学或影视作品中大都描写了四渡赤水战役，写中央红军长征不能不写四渡赤水，这是艺术创作创意取材奇特令人信服的案例。

第二节　资源配置原则

内容创意对旧编码图式的否定、创造新编码图式、创意的生成的整个过程，可以理解为信息资源的配置。思维中的意念信息来源于客观的生活，是现实的文化产业资源配置在头脑中的反映。在这个意义上，内容创意也是优化资源配置的创意，也就存在优化资源配置的创意原则。

一、抢占市场原则

在内容创意中，头脑中必须有一个“市场”的理念，不管创意命题是什么，所有创意归根结底要落实到推进创意产品的生产中来，都是为了使创意产品进入市场，并尽可能多地占有市场。在内容创意的各个规程中，有无“市场”的理念，是创意成功的关键因素。在“提出问题”的创意程序中，之所以对旧的东西发生质疑，是因为旧东西在市场上已经站不住脚了，行将退出市场“舞台”；如果不对“夕阳产品”发生质疑，没有市场的东西还去生产，岂不是会造成产品“积压”，导致经营的失败？只有否定抛弃了旧产品，创意生产出市场需要的新产品，文化企业才能生存发展。文化创意人之所以进行创意，目的是他的创意产品打入市场，能赚到钱，占领越来越大的市场，赚越来越多的钱。打入、占领市场是内容创意的一个根本原则。

没有市场，哪来的产业？市场是文化产业赖以生存的基础。内容创意以文化产业为生存背景，以文化产业为活动平台，依赖的也是市场。计划经济条件下，文化产业创意之所以凋敝，文化产品之所以短缺，就是因为没有市场的依托。市场是内容创意中一个重要的信息源，一个重要的编码图式元素。

江南春的液晶电视广告创意，之所以取得巨大的成功，就是分众传媒公司看到了液晶电视广告广阔的市场前景。《云南映象》和《印象·刘三姐》曾经取得巨大成功，就是因为这两台节目最初的创意策划人，分别看到了彩云之南的昆明四季如春，桂林阳朔的漓江山水甲天下，那里是旅游热线，有游客大市场。

在一定的意义上讲，内容创意是关于文化市场的思维，是应对市场的思维。内容创意如果脱离了市场的考量，不考虑市场需求，创意不可能生成。在这个意义上讲，市场因素是内容创意中的一个法宝。在文化产业各个领域各个层面的创意当中应当把市场元素当作第一位的元素，凡是掌握了这一创意原则的人必将取得创意的成功。

二、重视政府规制原则

内容创意的根本目的是把创意产品投入并占领市场，但市场并不是一个毫无规矩的平台。政府为了维护市场秩序、防止不正当竞争和出现垄断、保证市场正常运转，要通过发放许可证和营业执照、制定行业标准、控制市场价格、监督产品或服务质量、扫黄打非等手段进行文化市场的管理；还通过文化产业政策引导文化产业的发展，还利用货币、信贷或财政政策对文化产业进行宏观调控。

通常情况下，文化产业创意主体的思维中要遵守服从政府规制：一是积极跟进政府的文化产业政策；二是严格执行文化产业行业标准；三是努力提高产品和服务质量，确保文化产品思想的先进性；四是遵守价格规制，不搞价格恶性竞争；五是顺从国家特定时期对文化产业的宏观调控。

需指出的是，不是哪一届政府的产业规制、政策和宏观调控措施都是正确的，政府规制也有失灵的时候。在市场经济条件下，文化企业有决定自己事务的自主权。政府的有关政策是否科学，规制是否恰当，这要由文化企业自己判断。看上去很直观地感到对自己有利的政策，当然要执行；一时看上去对自己不利，但最终对大家都有利的政策，即便近期可能有一定经济损失，也应当执行；对那些近期、远期对自己都不利的政策，文化企业有权拒绝执行。

政府规制与企业的利益攸关。重视政府规制实际上是两句话：一是政府“灵”的政策要坚决遵守；二是政府“失灵”的政策应当拒绝执行。从这个意义上讲，重视政府规制是创意的一个重要原则，这里讲的重视包含了对政府规制科学与否的研判。

三、文化“三性”原则

文化是文化产业资源中的核心资源之一。文化创新是内容创意中的核心任务之一。文化具有多样性、先进性和交融性等三个特点，坚持文化的多样性、先进性和交融性“三性”特点，是内容创意的重要原则。

1. 文化多样性

古往今来，文化是多种多样的。文化艺术的格局是多元的，各个国家、地区、民族都有自己民众喜闻乐见的文化艺术。世界文化艺术因其多样性，文化艺术格局因其多元化，才显其勃勃生机和绚丽多彩。古往今来，任何人试图强制消灭任何一种文化艺术，最终都不可能得逞。任何文化艺术的诞生、发展、壮大、衰老、消失，有其深刻的社会政治、经济以及文化的原因。每一种文化艺术的诞生或消亡都是一个自然的过程。不管有多少文化艺术的诞生或消亡，都没有改变文化的多样性和文化格局的多元化，这是铁的历史和现实。

工业革命之后，文化艺术品借助工业力量进入工业化复制时代，但这绝不等于文化艺术品原创的消失，绝不是文化艺术品只有复制而没有创新。恰恰相反，正是复制性的文化艺术品大量进入市场，促使人们更加追求新鲜的文化艺术形式，包括复制型的新鲜形式，创意于是提上了议程。伴随文化艺术品复制时代的到来，创意时代也一起到来！创意成了文化产业的核心，创意产业（在有些国家）成了文化产业的代名词。文化艺术产品原创的地位，并没有因复制品的大量涌现而有丝毫的降低，反而越来越高。

信息革命之后，视觉听觉艺术与现代电子数字传输技术相结合，诞生了现代艺术表现形式，但这绝不等于传统文艺创作形式、表现形式和文化艺术民族性的衰弱。恰恰相反，正是现代传输技术的发展，给各种文化艺术间的相互交流、学习、借鉴和融合提供了便捷的通道或中介，为各种文化艺术的发展、进步和创新提供了新的条件。文化艺术与现代传媒的结合，并没有改变文化的多样化和文化艺术格局的多元化。

文化产业强国凭借其强势的经济力和强势的文化艺术品创意力，已经占有或将继续占有国际文化艺术市场的大部分份额。但这绝不意味着他们的文化艺术形式就代表了当代文化艺术，其他国家的文化艺术就不是当代文化艺术，更不能说明可以推行文化霸权主义。各种各样的文化艺术根植于各国民众心中，各个国家和地区的文化艺术是民众的精神生活传统使然。近代以来，凭借军事力量或经济力量试图独霸世界的人得逞过吗？没有，从来没有这种可能性！文化霸权主义就更不可能得逞。在一定的意义上讲，现时存在的文化艺术都是当代文化艺术。文化产业只能在尊重文化艺术多样性的前提下，在国际文化艺术市场中的互通有无、“双赢”或“共赢”中才能更好、更快地发展。

发端于20世纪60年代的抽象主义艺术是艺术，产生于美国并在许多国家流行的“波普艺术”“装置艺术”“行为艺术”“身体艺术”“激浪派”“光效应艺术”“偶发艺术”“极简艺术”“大地艺术”“概念艺术”“影像艺术”是艺术。在大众文化和文化产业崛起的当代，只要那个地方的民众喜闻乐见，认为那是艺术就是艺术。但是这绝不意味你那个地方的民众接受的东西，一定也要让其他地方的民众接受，也承认那是艺术，或者更甚承认那是唯一的艺术。恰恰相反，各地民众有自己民族的艺术形式，有自己的喜闻乐见。世界各地的民众在文化艺术形式上有平等的话语权。大众文化和文化产业只有在充分尊重不同人群平等的文化艺术“天赋”话语权的基础上，才能发展兴盛起来。

在当今欧美，写实主义的绘画雕塑艺术江河日下，抽象主义艺术成为主流艺术形式。这不等于在东方比如中国也必须放弃传统的绘画或雕塑。在当今中国，写实主义艺术和抽象主义艺术并存，写实主义艺术作品仍占据了市场的大部份额，喜欢中国水墨画，喜欢写实写意作品的人还很多。在中国发展艺术产业，离不开中国画作品、书法作品和民间工艺作品，这类艺术形式还有很大的发展空间，这是中国当代艺术的重要组成部分。

各国文化艺术传统不同，文化产业资源存量不同。内容创意当中，要树立起“民族的就是世界的”“越是民族的越是世界的”的理念，善于挖掘本民族文化底蕴中的创意元素，在文化多样性上做文章。广大发展中国家的文化产业创意人，不能老跟在发达国家后面，要敢于反潮流，创意出自己民族特色鲜明的作品：一是从实际生活中寻找创意元素，满足本民族民众的文化艺术消费需求；二是越是民族的越有可能走向世界，为世界文化艺术发展做出贡献。

2. 文化先进性

人类文明是一部从野蛮走向文明、从愚昧走向智慧、从落后走向先进的历史。讲文化的多样性，讲多样性文化之间要彼此尊重，讲要承认文化多元化的格局，并不意味着文化没有先进与落后之区别，不能认为反正都是一种文化，既然它存在就一定是合理的。恰恰相反，有些文化的存在并不一定就是合理的。在人类发展的每一个时代总是先进的文化在引领社会向前发展，落后腐朽的文化阻碍着社会前进。

仔细研究人类文明史和文化发展史，不难发现凡是社会大踏步前进的辉煌时代，都是先进文化竞相滋长、宽松成长的时代；社会停滞不前的黑暗时代，大多为落后腐朽文化相互恶斗、摧残人类的时代。当今世界是一个先进文化的发展占主流的光明时代，但是也有不光明的地方，原教旨主义的恐怖主义“圣战”就是落后的文化表现，以“人体炸弹”去维护自己的教旨，去伤害他国的民众，是愚蠢之举。我们今天生活的星球上血腥的动荡热点地区的冲突，说到底是文明和文化的冲突，不管参与其中的各方把自己描绘得多么正义，多么冠冕堂皇，都掩盖不了其冲突是落后文化之间的恶斗的本质。今天在西方出现了不少反恐怖主义的创意艺术作品，西方文化人和艺术家们也应当重视反对当代文化霸权主义。当代文化霸权主义是一种新生的落后文化。正是这种新生的落后文化挑起了与老牌落后文化原教旨主义的文化冲突，导致了无数无辜的生灵的死亡，这是反人类进步的。

文化的先进性本质上表现为文化价值理念的先进。文化价值是人们的理想取向、精神动力、社会心理和行为准则。评判先进文化的标准：一是有利于社会发展，包括社会物质生产力和文化生产力的发展；二是有利于世界的和谐与安宁，对于一个国家和民族而言则是维系国家统一稳定；三是有利于人自身的发展，包括人的生存、就业、福利增长和社会公平，本国人的发展不给他国人发展造成损害，当代人的发展不给后代人发展造成障碍。在这一文化“三个有利于”标准原则下，要着力于创新文化发展范式、创新文化功能、创新文化内容（包括大众文化和精英文化）、创新文化指标体系、创新文化体制和文化经济体制，以满足人们日益增长的经济福利、文化福利和其他福利需求。

就狭义文化而言，有先进与落后的区别，有品质互异、深浅不同的意义。在当代文化产业市场中，文化艺术商品成千上万，总有一些更深刻地反映先进文化的作品，也有许多一般性的作品，人们不会不加区别地把它们视为文化艺术品质相同、深浅相同的东西。显而易见，文化艺术作品的品质，反映了创作者创意中的文化品位，内容创意中要坚持文化的先进性。

3. 文化交融性

先进文化的成长的一个重要源泉，是不同文化之间的交流与融合。“文化的品质是可以改善，也可以计量的。好比玫瑰的品种有红艳如火、大如手掌，但一年只能开花一次；另一种玫瑰是小小的，却年生几回，称为月季花的品种。两者似乎都有些不足，若将它们来个品种改良，不论是月季花根接枝了大玫瑰花，或以大玫瑰花根接上了月季花，在品种互补后，必然可长出又好又俏的玫瑰花种，而且能在品种上加强繁衍的力量……依此类推，文化的品质有待精进与改善……我们怎能只谈多元性的文化，而不去研发可长可久，且能造福民众的精致文化呢？”① 多种文化的相互交流、相互学习、相互融合、取长补短，创造出更加品质优良、品位高洁、风格典雅的文化作品，或者是老百姓更加喜闻乐见的健康向上的大众文化作

---

① 黄光男：《与人偶语》，台湾顶点文化事业有限公司，2006，第236页。

品，是内容创意中必须坚持的重要原则。

第三节　产业效益原则

文化产业以产业效益表现出它的功能效果。讲求产业效益是内容创意的又一个重要原则。不讲产业最终成果，产业效益不高的创意，不能算作成功的创意。

一、低投入高产出原则

产业效益包括多个层面，其中之一是经济效益。经济效益的核心是低投入高产出。盈利是文化产业创意的目标之一，为了实现利润最大化，必须讲求经济效益，努力降低生产成本，不断扩大产出。

在文化企业的经营管理活动中，围绕降低生产成本、扩大产出会提出来若干创意的命题。围绕降低生产成本，创意主体应当对现行成本不断地提出质疑："这是最低的成本吗?""哪些环节上还可以再降低一些费用呢?""有没有更便宜的替代办法呢?"围绕扩大产出，创意主体也应当对现时的产出不断提出质疑："这是最大的产出吗?""工作效率还能不能提高呢?""品种还可不可以扩大呢?""新产品的研发能不能再快一点呢?""质量还可不可以提高呢?""销售渠道能不能再扩展一些呢?""售后服务还能不能再改进呢?"只要创意主体头脑中有一根"低投入高产出"的弦，而不是只讲产出不讲投入，创意一般会结出有效益的果实。

二、讲道德原则

在市场经济中，文化产业创意主体不管是个体、团队还是企业的创意中都有一个道德问题。提高文化产业创意水平，发展文化产业，离不开良好的社会道德基础与创意主体的道德素养。文化产业作为一个以特殊产品（文化产品）为经营对象的产业，文化产业产品作为一种以创意为核心内容的商品，其产业运营或产品研发中面临着大量的直接的道德问题，缺乏高尚的道德观，搞不好内容创意。

现实生活中，文化市场的失灵和失态（黄色低劣作品充斥或发生）都与文化企业经营者或内容创意者缺乏道德有关。法兰克福学派在文化产业出现端倪的时候，就敏感地指出了文化产业可能带来低俗，这个指责并不是没有一点根据和道理。许多国家文化产业的崛起过程中，都经历了一次次“净化”文化市场的工作。可以说，文化产业是在“发展—被污染—清污—再发展—又被污染—再清污—再发展”的交替中成长起来的。

各国文化产业发展铁的现实是，凡搞文化污染的“创意人”，凡是利用文化产业搞颜色“革命”的国家，都不得人心。任何负责任的政府，都不会长期容忍无道德、不文明的文化产品或服务充斥他的国家，伤害他的民众，特别是不允许伤害他的青少年和儿童。世界各国也不会长期容忍个别文化产业强国搞文化霸权主义。世界文化是多元的、多样的，唯多元多样，才呈现丰采多姿。利用文化霸权主义不道德的行径，推销一国的价值观，有悖世界文明走过的总轨迹，也不符合世界文化发展进步的总趋势。

文化产业是一个充满活力的朝阳产业，也是一个复杂的新兴产业。离开意识形态和道德的考量，说不清楚文化产业。对于一个国家、一个文化企业和一个文化产业创意工作者来讲，要想搞好文化产业创意，不走弯路，不出现波折，不遭遇失败，使文化产业保持旺盛的生命力，做大做强文化产业，就必须在创意中认真把握道德原则。

三、可持续发展原则

所谓可持续发展，是指既满足当代人的需要，又不对后代人满足其需要的能力构成危害的发展。任何一个产业，都面对着可持续发展问题。文化产业深受经济人假定的影响，经济人假定的缺陷在于：只重视强调经济当事人的经济利益最大化，对于由同一代人组成的社会的利益基本不予考虑；对所消耗的资源导致的环境破坏基本不予考虑，对后代人的经济利益和社会利益基本不予考虑①。

文化产业虽为一个新兴朝阳产业，但是并不是说它不会面对不可持续发展的危机。人们发现在各国大力发展文化产业的过程中，已经发生了盲目开发利用文化产业资源，并对资源造成了不可逆转的破坏的现象；已经屡次发生破坏文化生态，污染文化环境，败坏社会风气的现象；已经发生了个别国家利用文化产业强势力量，推行文化霸权主义的现象。如果说重工业等物质生产领域造成的污染，通过治理还能够还清新空气、清洁环境于世人的话，精神的污染、文化的败落则很难通过治理拯救过来。日本重工业时期神户赖海遭受了重大污染，日本花费了十几年的大力治污才净化了这片内海。如果一代人生活的文化环境被污染了，恐怕要经历几代人的努力才能净化。文化产业可持续发展问题，实际上已经成为世界性的课题。

广大发展中国家有一种通过文化产业发展经济、发展文化的渴求，但是许多发展中国家又面对着城乡二元经济结构的困局。从一定程度上讲，文化产业是城市化的一个产物，城市化是一个相对漫长的道路，这就给发展提出了一个在什么方向上、什么领域中发展文化产业的严肃的创意课题。中国是一个农民占人口比重较大的国

---

① 马传栋：《可持续发展经济学》，山东人民出版社，2002，第9－10页。

度，城乡二元经济结构十分显著，如何通过大力发展文化产业满足农民的文化需求，是各个层面上文化产业创意中的重要命题。

在文化产业创意中，一定要处理好以下三个关系：一是文化产业资源开发利用和保护的关系。文化产业资源虽然具有非消耗和可再生的特点，但它同时也具有短缺的特点，绝不能一味开发而不加保护。二是经济效益和社会效益的关系。文化产业以赚钱为目的，但是不能一味地赚钱，只讲经济效益而不讲社会效益，而是要把社会效益放在首位，经济效益与社会效益相统一。三是满足城市居民文化需求和满足农村居民文化需求的关系。不能只考虑城里人的需求，也要考虑如何满足广大农民的需求。在内容创意中，这三个关系处理好了，就可保证文化产业的可持续发展。

第二十四章　内容创意元素

所谓内容创意元素，是指创意主体所处时空环境中所有进入他大脑用来进行创新性思维的信息。创意主体所处的时空环境，从空间上讲，大至无限可以到宇宙，小至无限可以深入到物质微粒的内部；从时间上讲，上至无限看不到起点，下至无限看不到尽头。整个时空隧道中的信息，都可以成为文化产业内容创意元素。

第一节　自然信息元素

自然资源是一种信息，这种信息进入人的大脑，成为人创新性思维的元素，人们就可能生成创意。火是自然界中的一种资源，当大火烧毁了森林和烧死了在森林中生活的动物时，原始人类发现烧熟了的动物的肉比生肉好吃。这个信息进入人脑，人就千方百计保存火种并生成了钻木取火的创意。一切自然存在的信息，都是文化产业内容创意的元素。

一、自然存在的物质信息

城市化进程使人类集中在城市工作。当人们在车水马龙的嘈杂的城市中忙碌了一周，总想寻找一个清净的地方度假休闲。于是，海滨、湖区、山区、森林、草原这些大自然的物质存在就成为旅游休闲产业创意的元素。人们寻找它们，并在那里建起了度假村。

我们生活的这个星球美妙无比，有那么多的动植物，还有一些稀缺濒危动植物。人们生活的空间是有限的，人们有一种渴望了解认识大千世界动植物的欲望，总想一睹它们的风采。于是大自然的动植物成了文化产业内容创意的元素，人们把动植物收集在一起，在世界各地建起了那么多动物园、植物园，还建造了专门的蝴蝶馆、鸟馆、蛇馆、熊猫馆、海洋水族馆。不仅如此，在非洲腹地，人们划定了动植物自然保护区，供游客参观考察。人们在世界各地名川、大山、湿地、草原划定了自然保护区，供游客参观考察。

水是人类最宝贵的自然资源，人要生存离不开水。水是内容创意的重要元素，许许多多的文化产业创意项目做足了水的文章：利用海滨湖滨建造度假村和海滨湖滨浴场，“游轮海上两日游”，中国长江上的小三峡一日游、武夷山九曲溪漂流。另外，还有水上体育竞技、沙滩排球、海上帆船竞技等不胜枚举。

空气是自然存在，人离开了空气就不能存活。当现代人类生活在已被污染的都市中时，空气这个自然物也成了内容创意的元素。如上所述，人们之所以找寻山林海滨建造文化产业旅游项目，是在找寻“氧吧”，“氧吧”地价比其他地段价格高出许多。当看似无穷无尽的空气成了内容创意元素时，空气也就成了“有价”的稀缺资源。

二、自然存在的精神信息

人本身也是一种自然存在，人对健康的追求是一种精神的自然存在。人追求健康这个精神的自然存在，也成了内容创意的元素。人们创意了一系列的促进人的健康的休闲娱乐设施和项目，如健身房、足疗馆、俱乐部、歌舞厅等健身娱乐活动。

生物学和经济学深度交叉融合形成了新的学科，生物经济学与神经元经济学。生物经济学家认为，基因就是包含编码信息的资源，经济学理论可以用于分析大脑是如何“经济”地处理信息的，经济学理论可以分析一切有机体，因为生物有机体和企业一样都在资源分配和创造中扮演重要角色。自然界虽然不像经济体那样有货币流通，但也存在能量流通和生产效率等问题。神经元经济学家利用脑电图（EEC）、脑磁图（MEC）、正电子发射断层扫描（PEI）、单光子发射断层扫描（SPECT）、磁共振成像（MRI）、功能性核磁共振成像（FMRI）等技术手段，深入人的大脑内部，观察和研究大脑在意识、思维、认知、决策过程中表现出来的基本特征。生物经济学家认同、坚持并运用经济学的资源配置的“最大化”假设。神经元经济学家不明确反对经济学的“最大化”假设，但认为它并不能完全解释人类在所有背景下的行为根源。生物经济学家从人类进化进程与历史中关注人的行为的终极原因，神经元经济学家则从神经触发机制上关注人的行为的当前原因，他们的研究都在生物进化理论范畴之中①。

人类社会中的利他、道德、情感、公平、公正、博爱、和谐这些精神的东西，主要是通过社会实践中获得的理念，但不能单纯地归因于人后天的社会“习得”，也有自然选择的痕迹，许多人性特征受到生理遗传的影响。人类最初到此后的自然选择中，前人的编码信息资源（基因）的“积累”形成了后人的精神的自然存在。

哺乳动物的幼崽有寻求“母爱”和幼崽之间相互嬉闹娱乐的举动，这是动物“情感”的自然存在。人在幼年与母亲的接触中形成了温暖、爱抚和归属的情感，这是人的精神的自然存在。博爱，既是资产阶级民主革命的思想产物，也可以追溯到人性的自然存在。人与自然和谐相处，既是中国道学思想家的思想产物，也可以追溯

① 杨虎涛、王爱君：《生物经济学近期研究进展》，新华文摘2008年第22期。

到天人合一的自然存在。

东方哲学认为，人之初，性本善，故而追求以伦理治天下。西方哲学认为，人之初，性本恶，故而追求以法理治天下。东西方哲学中都有一个“人之初”的概念，都承认人与生俱来的人性。人性中的东西，有些是后天造成的，有些则是人的精神的天赋。近代以来的伟大思想家们都强调，生命、自由、追求幸福与平等，是人人都有的，不可剥夺的，不言而喻的，天赋的自然权力。

近代以来的中外文学家和影视剧作家们运用“生命”“生存”“博爱”“平等”“自由”“民主”“和谐”这类元素创作了数不尽的文学影视作品，那些闪烁着伟大人性光辉的作品成了传世之作。

总之，自然存在的万千物质信息和人与生俱来的精神信息是内容创意中取之不尽、用之不竭的元素。许多文创大师，都比较善于从自然界或人的精神的自然存在中捕捉创意信息，并融入他们的创意过程。

第二节　文明信息元素

人类文明是与人类野蛮时代相对应的一个范畴，文明是与自然相对应的一个范畴。文明与自然的存在不同，文明系人力所致。今天进入人的大脑的文明信息，都是人类过去的物质生产和精神生产留下来的产品或意识中的“烙印”。

一、物质文明信息

雷电造成火灾中的火是自然力所致，它是自然存在的信息。人钻木取火的技术及其生成的火是人力所致，它是文明的信息。森林大火将地上的陶土烧成了“陶片”，这是自然力所致，是自然存在的信息。人将陶土造型，放在窑中烧制成陶器的制陶技术及其陶器产品，这是人力所致，是文明的信息。人类早期的自然部落，是自然的存在。人类有了分工，形成了农耕自然经济中的农业、手工业和商业，是人力所致，这是文明的信息。物质文明信息包括以下几个组成部分：

1. 物质产品

人穿的衣服，吃的食品，住的房屋，出行乘坐的汽车、火车、飞机、轮船、航天器，通讯的座机、手机、电台，音乐乐器，绘画的笔、墨、纸、张，表演艺术的服装、道具，农业生产中的拖拉机、抽水机、播种机、收割机、化肥、农药，工业生产中的机床、设备、工具，各种军事设施、武器、装备，科学研究的仪器、设备，广泛用于生产生活的电脑等，这些信息都可以或可能成为文化产业创意的元素。

2. 产业

任何现代产业的存在都具有两重性：一是物质形态的存在，也即生产力状态的存在；二是生产力组织结构的存在，也即生产关系的存在。生产力状态的物质存在是物质文明信息。发展产业中的许多问题，比如产品链的问题，产品结构、行业结构、产业结构升级问题，优化产业布局问题，提高经济效益问题，都是直接的物质资源配置问题，既涉及生产力也涉及生产关系，其中直接涉及生产力问题反映出来的信息，都可以或可能成为文化产业内容创意的元素。

3. 市场

市场是人类文明的重要成果。不断变化着的市场对于文化产业内容创意来讲是最重要的元素，这是因为内容创意的本质目的是将产品投放市场。按照创意资本人理论，创意资本的本质是增值，资本进入市场才能实现增值。创意资本进入市场才能将增值的本性表现出来。显而易见，市场信息是内容创意中带有根本性的元素。

4. 财富

财富是一个很宽泛的概念，这里主要指金钱货币财富。货币是物质财富最直接的代表或象征。从经济学意义上讲，货币是一般等价物，是资本，资本可以增值。国民经济、产业经济和居民生活中的许多经济指标都是用货币表达的，比如国民生产总值、产业增加值、国民收入、人均收入等。一个国家或一个地区中财富积累的情况、人均GDP已经达到的水平、人们的文化消费水平，这些信息是内容创意的重要元素。

综上所述，人们见过一座设计精美的建筑，观察过一种先进的技能技术，调查过一个产业、行业和企业的成功运营，了解过一位企业所有者拥有的资产的数量，诸如此类的物质文明信息进入人的大脑，就可以或可能成为文化产业内容创意的元素，从而生成创意。

二、精神文明信息

人类文明不仅仅指物质文明，还包括精神文明。这里讲的精神文明，是指人精神生产或精神创造的成果，是相对于人类愚昧无知、野蛮时代的精神的进步。文化，是人的精神生产和精神创造的成果，是精神文明的重要表现。

1. 知识

知识是人类的精神创造，是精神文明成果。知识总体上包括自然科学知识和人文社会科学知识两大范畴。文化产业创意中需要大量的知识信息，离开了知识信息特别是艺术信息搞不好文化产业创意。文化产业创意主体之所以大都为文化程度较高的人，是因为他们接受过学校教育，头脑中装着较多的知识信息。缺乏知识的人，搞不了文化产业创意。比如，传媒内容的创意，图书特别是学术专业图书的策划，科幻大片的摄制，艺术表演的创意，哪一项创意都离不了相关的人文社会科学、自然科学或艺术科学知识。

值得特别强调的是内容创意需要文化哲学元素。哲学具有文化的属性，欧洲哲学属于欧洲文化，东亚哲学属于东亚文化，印度哲学属于印度文化，阿拉伯哲学属于阿拉伯文化，哲学的异同源于文化的异同。以欧洲哲学为骨干的西方哲学贡献给世界的哲学思想成果是本体论和认识论哲学思想体系。欧洲人从古希腊起，依次关注的是“世界是什么”，“人是否可以认识世界以及如何认识世界”，人的“存在”和人的“存在状况”是怎样的，向何而存在?① 以中国哲学为骨干的东方哲学贡献给世界的哲学思想成果是起源于中国上古时代的人文主义、自然主义及其它们相对、相关、互补、相成的“崇天、爱民、敬德、守礼、顺时、知变、了数、道义、中和”的哲学思想体系。东方敬鬼神而远之的崇天敬地文化与西方有神论的宗教原罪文化，对东西方文化哲学范式产生了根本性的影响。文化哲学是文化人必备的知识，是重要的文化产业内容创意元素。

2. 技能

人类物质生活和生产中的技能，比如做衣服的技能，做饭的技能，建设房屋的技能，制造汽车、火车、飞机、轮船、航天器、电话、电台的技能，艺术创作和表演中的技能，工农业生产中的技能，军事技能，自然科学研究中的实验技能，制造和应用电脑的技能等，人世间曾经有过的或现实存在的生产中的技能信息，都可以或可能成为文化产业内容创意中的元素。

3. 意识形态

人的意识是大脑中的生理现象。意识与形态两个词连接起来的意识形态，则是人类社会发展到一定阶段或时期之后的产物。意识形态是人的精神生产或精神创造的产物，是社会生产关系基础之上

---

① 李鹏程:《论文化哲学的中国资源及其世界意义》,《光明日报》2009年3月17日。

的文明成果。意识形态有先进和落后之分，不管意识形态的先进或落后，它都是相对于人类最初的愚昧无知、野蛮时代的一种精神文明。在大千世界中，不同社会环境中生存的人具有不同的世界观、人生观和价值观，从属于不同的意识形态。在前面关于自然信息元素的讨论中，我们曾涉及“人之初”的人性中的东西，人性中不能否认确有先天的自然成分，但更多的则是后天的“意识形态”。在文化产业内容创意中，从属于不同意识形态的创意主体，其思维必然受意识形态的驱使或约束，离开了意识形态和道德的考量说不清楚文化产业，意识形态信息是文化产业内容创意中的重要元素。

4. 审美观

审美观属于意识形态，是精神创造之文明。大千世界，不同的人具有不同的审美价值观。中国唐代以丰腴为美，现代中国人一般以苗条为美；有的人喜欢冷调色彩，有的人喜欢暖调色彩；有的人喜欢西洋音乐，有的人喜欢民族音乐；有的人喜欢民族唱法，有的人喜欢通俗唱法；有的人喜欢京剧，有的人喜欢歌剧；从哲学意义上讲，美是一个既直观又神秘广为涵盖的概念。同一个银幕形象，有的人喜欢，有的人不喜欢。美不仅存在于人们的视觉听觉之中，也反映了人所从属的意识形态。

5. 民俗

民俗是在同一区域中生活的人们长期形成的共有的生产生活习性风尚，它是潜移默化、约定俗成的东西。民俗是地域文化或地缘文明的有机组成部分。民俗的内涵比地域文化和地缘文明小了许多。同一个地域文化或地缘文明中，会有许许多多不同的民俗。民俗中讲的地域没有严格的界限，上限与地域文化和地缘文明相吻合，下限可至一个县、一个镇、一个村庄。民俗是人们过去生产生活留下来的烙印，深刻地反映了人们的情感。正是民俗的这一性质，使其成为文学艺术作品创作思维中的元素。

大家知道，我国山西有一传统文化名曰晋商文化。在清朝末年走西口悲壮的移民大潮中成就了一批富商，现存比较完整的晋中的乔家大院、王家大院和袁家大院等就是富商或官商合一的大官僚们在家乡建立的私宅，体现了晋商文明。平遥是迄今保存完整的中国三个古城之一，其他两个为湖北的荆州古城和云南的丽江古城。平遥已成为一个旅游胜地。在平遥有一台运用晋商文化元素进行创意并获得成功的舞剧《一把酸枣》。该舞剧的故事梗概是："清末民初，山西晋中富甲一方的殷家日渐衰微、人气不旺，殷氏带着儿子傻少爷苦苦支撑，大伙计嫌贫爱富，为侵吞（殷家）家产，力主私生女酸枣做傻少爷的童养媳。聪明美丽的酸枣与勤劳善良的小伙计相爱，一把酸枣私定终身，酸枣送小伙计走西口经商，小伙计学成归来，被殷氏任命为口外掌柜，酸枣把装酸枣的荷包送给小伙计，却被大伙计在荷包内投毒。成就大业的小伙计归途中与酸枣相遇，兴奋之中误服毒酸枣，绝望的酸枣也随之而去，一对恋人在走西口古道上，用生命写出了千古绝唱。"① 酸枣送哥走西口，一轮晋月洒清辉。有的学者讲，该舞剧沉淀了中国民族最让人感动的传统美德和现代文明的冲突。该剧已入选国家舞台艺术精品工程剧目，先后在全国数十座城市并赴日本、韩国、捷克等国家演出多场，取得了一定的经济效益。

中国皖北、鲁东、陕北、豫北、冀中、晋北、东北三省的广大农村，人们在过春节、祝寿、结婚时有个民俗，在窗户上、装米面的器皿上、嫁妆上等贴剪纸，以示喜庆。剪纸有花鸟、山水、人物或吉祥图案，丰富多彩，惟妙惟肖。中国是剪纸艺术的故乡，发源于中原地区，早在南北朝时期已出现剪纸。近年来，剪纸已成为文化产业内容创意的元素之一，在具有剪纸传统的地区成立了专营剪

---

① 摘自：平遥云锦成演中心舞剧《一把酸枣》海报。

纸工艺品的公司，从乡间收购剪纸作品或复制优秀的作品，装框远销国内外。民俗与民间艺术加上创意，传统的艺术加上现代复制手段，创造出新型的剪纸工艺作品，转化为商品，成了一个产业。

三、地缘文化信息

1. 地缘文明或地域文化

地缘文明或地域文化中既包涵物质文明信息也包含精神文明信息。在讨论文化产业内容创意文明信息元素的时候，我们需要特别强调文化元素的重要性。内容创意是文化创新。文化，是人类的精神的创造，是人类文明的核心。在我们生活的这个星球上，由于最初的人口分布集中的区域不同，形成了不同的地缘文明或地域文化，由此而形成了不同的意识形态、审美观念和艺术形式。内容创意中，一方面，创意主体要深受地缘文明或地域文化的影响；另一方面，为了创意产品的受众，创意中不能不考虑地缘文明或地域文化元素。所谓地缘文明或地域文化，是指生活在特定区域中长期形成的一种共质的文明或文化。

“地球上原本有多个相互独立的文明，原本按照各自的轨迹演进。大约在公元纪年开始前后四五百年之间，它们实现了不同程度的内部整合，也几乎不约而同地开始了区域性（文化与文明）扩张。华夏世界的秦汉帝国在扩张中将中国文化传播到朝鲜、日本和越南；北印度的孔雀帝国统一了南亚大部分地区，印度文化开始向东南亚和中国播散；希腊人侵入西亚，建立了庞大的亚非欧帝国，希腊文化与西亚的波斯文化因之快速融合，为基督教文明乃至现代西方文明的兴起奠定了理念、文化和制度基础。”①

从历史角度看，上述区域性文化与文明的扩张，其实也是一种

---

① 阮炜：《地缘文明》，上海三联书店，2006，第 316 页。

区域性内部文化的交流与融合，由此形成了全球四大地缘文明或文化圈。所谓地缘文明或文化圈，是指地域上接近、历史渊源联系密切、文化特征有许多相近之处的区域。需要强调指出的是，四大地缘文明或文化圈昭示着世界文化的多类别，在每个地缘文明和文化圈内部的不同国家或民族，依然客观存在着属于自己的与众不同的独特文化，更深刻地昭示着世界文化的多样性。

毫无疑问地缘文化信息是内容创意的重要元素。世界文化的多样性决定着文化产业产品内容创意的丰富性。只有丰富多彩的文化内容，才能满足生活于不同地域中的人们多样性的文化消费需求。面对地球上四大地缘文明或文化圈及其更深度的多国家、多民族、多人群、多样化的文化需求，那些试图以一种意识形态、一种意象形态、一种艺术审美观强加于世界的理念和行径，显然是浅薄的一厢情愿。现代信息传播技术可以打破不同文明文化之间的隔阂，但绝对不能消除不同文明文化之间的差别。人类有文字记载的历史只有数千年，在两千年前左右形成了四大地缘文明和文化圈。可以断言，再过几百年，四大地缘文明和文化圈的格局也不会有大的改变。

文化是物质生产力发展到一定程度发生的。世界各国地理分布不同，资源赋存不同，物质生产力和文化生产力总要存在差别，人们的文化消费需求也总要存在差别。社会生产力的发展不可能从根本上消除文化差别，因为文化差别还不仅仅是生产力发展水平差异引起的。从更深刻的层面上讲，文化差别是文化遗传“基因”使然。不同的地缘文明和地域文化作为创意元素在文化产业发展中具有重要价值。

2. 四大文化圈

东亚文化圈。东亚文化圈包括东亚的中国、蒙古、日本、朝鲜、韩国以及东南亚的越南、新加坡等地域。东亚文化圈形成于中国的隋唐时期，其哲学、政治、伦理、信仰、建筑、艺术、医学乃至习俗相近，深受中国春秋时期伟大思想家孔子儒家思想和汉朝时期以及稍后传入中国并兴盛起来的佛教思想的影响。东亚文化圈地缘文明和地域文化的突出特点是以儒学伦理和价值观为核心的儒、释、道三者混合的伦理思想体系，基本主张为敬天、奉祖、修身、治家、天人合一、入世，讲求仁、义、礼、智、信、忠、孝、廉、耻、节。中国汉字对东亚文化圈的形成起到了重要的桥梁作用，现在的日本文字、朝鲜文字、越南文字大都是在汉字基础上经过改造或又吸收了其他文字的成分而形成的。从这个意义上来讲，有的学者称东亚文化圈为汉字文化圈，也不为过。东亚大陆的华夏文化源远流长，一般认为华夏文化由中国古代的齐鲁文化、燕赵文化、秦晋文化、荆楚文化、吴越文化、闽南文化、湘粤文化、云贵文化等八大文化构成，并以中国古鲁国的儒文化为骨干，所以孔子被整个东亚文化圈公认为圣人。孔子出生在 2 500 多年前的中国春秋晚期，活了 70 多岁，是一位博学多才的人物。“他一生办了三件足堪称道之事，一是创立了以‘仁’为中心，有着深刻内涵和广泛外延，颇具人本主义色彩的儒家学派；二是整理编录古代典籍，集他那个时代之前中国夏、商、周三代文化之大成；三是创办私学，突破了在此之前‘学在王宫’的状况，扩大了知识传授”。① 孔子是一位杰出的思想家、教育家和社会活动家，他创立的儒家学派思想对东亚地域诸国乃至世界历史发展，特别是思想文化方面产生了不容忽视的深远影响。“古希腊师承相传的三位先哲苏格拉底、柏拉图、亚里士多德，号称欧洲文明鼻祖。孔子与之相比，不但毫不逊色，而且独具光彩。孔子的出生，早于苏格拉底 80 多年，早于柏拉图 120 多年，早于亚里士多德 160 多年。东汉之后，孔学东传朝鲜、日本，南渐越南等国，长期成为这些国家的‘国学’。17 世纪以后，经利玛窦等传教

---

① 谷牧：《谷牧回忆录》，中央文献出版社，2009 年，第 419 页。

士介绍，孔子和儒家学说又传播到西方，得到法国学者伏尔泰、霍尔巴赫、狄德罗和德国哲学家莱布尼茨的称赞，对欧洲思想启蒙运动起了促进作用”。[①] 孔子不愧为一位东方文化的大师，自中国隋唐时期形成的东亚文化圈实质上就是以孔子思想为辐射源的东方文化圈，东方文化圈地域的经济社会文化发展曾经有过十分辉煌的时代。当然，孔子儒家思想毕竟是奴隶社会向封建社会转型时期农耕自然经济时代的产物，其消极的东西长期阻碍社会的发展，其积极的方面迄今不失其思想光辉，对东亚现代社会的发展起着不可轻视的作用。

欧洲文化圈。欧洲文化圈包括欧洲、美洲和大洋洲等地域。公元前 1 世纪罗马帝国攻陷希腊后，吸收了古希腊的哲学、科学、民主、建筑、文学、艺术，占领西亚巴勒斯坦地区后，吸收了一神教的希伯来文明，形成了欧洲基督教文化。

阿拉伯文化圈。阿拉伯文化圈包括西亚、中亚、北非以及东南亚（马来西亚、印度尼西亚及菲律宾南部岛屿）等地域。阿拉伯文化圈的文化特色是对伊斯兰教的虔诚信仰以及对阿拉伯文字的使用。

印度文化圈。印度文化圈包括南亚次大陆、东南亚的缅甸、老挝、泰国、柬埔寨等地域。印度文化圈诸国的哲学、政治、文学、艺术、建筑乃至习俗许多方面相同与相近。印度教与佛教同为古印度土生土长的宗教，在很长一个时期中互补共存，但在印度的命运却有天壤之别。公元 13 世纪，由于外族入侵等各种原因，印度境内的佛教几乎消失，印度教生存下来最终成为印度最有势力的宗教。

需要申明的是，宗教只是一种信仰样式，信仰只是文明和文化的内容之一。世界总人口中，还有大批的无神论者，他们也有信仰，也有文化，也创造了自己辉煌的文明。

---

① 谷牧：《谷牧回忆录》，中央文献出版社，2009 年，第 420 页。

人类留下来的文化艺术作品，比如欧洲绘画、中国画、壁画、雕塑、石刻中有许许多多儒学与宗教内容，儒学与宗教是人类的文化遗产。儒学与宗教文明所挟裹的信仰、价值观、意识形态、思维模式、文学、艺术、建筑、审美、生活方式、习性和风俗、道德标准等文化，是当代文化产业内容创意元素的巨库。

综上所述，不难看出文明信息元素即文化，指所有人为的创造物。文化分为器物、制度和观念三个层面。器物层面的文化处于文化的表层，变动最频繁。制度层面处于文化的中层，变动缓慢。观念层面处于文化的深层，最为稳固。价值观处于文化的核心。有什么样的文化就有什么样的价值观；反之，有什么样的价值观就会有什么样的文化。了解文化的上述特点，了解文化与价值观的相互关系，对于把握文化产业内容创意的文明信息元素是极为重要的。

第三节　未来信息元素

所谓未来信息是事物的“将来时”，与事物的“过去时”“现在时”相对应。在上述自然信息元素和文明信息元素的讨论中，反复强调了信息的存在，一是自然的存在，二是文明的存在。但是从时空隧道的意义上，还有一种现在没有发生将来可能发生，或者现在没有将来也不会发生的事物，这就是人类对未来的研究、预测、预见和幻想。人对未来的研究，涉及可能发生或不会发生的事物，包括情景、现象、事件，是现在的人的头脑中实实在在存在的一种信息。这些未来可能发生或不会发生，但在人的头脑存在的预测性或幻想性的事物的信息，都可以或可能成为内容创意中的元素。

一、已经发生存在的事物信息与创意

自然信息和文明信息都是已经发生或现实中存在的事物。已经

发生存在的事物有两种情形：一是历史事件，二是近期事件。

自然界和人类社会的历史事件，是内容创意中的重要信息元素。就拿文学艺术创意而言，小说、诗歌、戏剧、影视故事片，有许多取材于历史事件。历史是戏剧、戏曲的重要素材。许多文艺作品是历史事件的再现或历史素材的拼糅，取材于事物的“过去时”。中国改革开放以来，影视界出现的“皇帝热”，取材于古代帝王信息，《大决战》取材于解放战争的辽沈、平津和淮海三大战役。在世界反法西斯战争胜利60周年纪念日前后，各国拍摄了一批纪念二战题材的片子，也是运用了历史事件信息创作出来的。

还有许多文艺作品是描写现实生活的，取材于事物的“现在时”，小说、诗歌、戏剧、戏曲、影视作品中写现实生活的不少。中国改革开放以来，创作了大量的描写农村改革、企业改革的作品，还有许多军事改革、军旅生活的作品，侦破案件的作品也不少。现实生活中的信息，是内容创意中的重要元素。

二、没有发生过的虚构的“历史”事件或传说

历史上没有发生过的故事以文字或传说流传下来，这类信息是内容创意的重要元素。天上本无上帝、真主和佛祖，但人们创造的宗教中却塑造了他们，并且流传下来他们的传记。《圣经》《古兰经》《佛经》中的许多故事成了今天动漫产业内容创意的元素。

中国唐朝大僧玄奘到西方的印度朝拜佛祖学习佛学是真实的历史。中国古典名著《西游记》则是以唐僧西天取经为原型的文学作品，唐僧、孙悟空、沙僧、猪八戒师徒四人历尽千辛万苦，战胜妖魔鬼怪，到达西天极乐世界，终成正果。《西游记》的创意想象力是无与伦比的，其所表达的真、善、美闪烁着思想的光芒。

2009 年 6 月 17 日，英国路透社报道说：“根据科罗拉多大学一个研究小组的报告，火星探测轨道飞行器上的高清晰度科学实验成

像照相机拍下的图像表明，水曾经在火星表面侵蚀出一个50千米长的峡谷。研究人员在《地球物理通讯》月刊上写道，该峡谷湖泊面积可能达到200平方千米，深达450米。”“该湖似乎形成于大约34亿年前，在火星气候突然发生变化后，这个湖可能蒸发或者结冰了。谁也不知道火星为何从一个温暖、潮湿的星球变成了现在这个严寒、没有空气的荒漠。”路透社同时传送了火星该湖泊的复原图片。该信息是内容创意的绝佳元素，人们可以假设34亿年前的温暖、潮湿的火星生活着人类和动物。由于人类本身无节制地消耗能源和排放二氧化碳，在漫长的温室效应下火星逐渐变暖，致使火星温度和水资源存量不再适合火星人生存。火星人运用高度发达的航天技术逐批撤离废弃了火星，定居于太空中的其他星球。经过数十亿年的风化，火星上人类居住过的痕迹荡然无存，变成了荒漠。围绕上述思路，完全可以拍摄一部《撤离火星》的科幻大片，其主题就是节约资源、控制温室效应。这是很有意义的。

三、未来发生的事件信息与创意

人是高智商的生命体，具有对未来进行研究和预测的能力。许多将在未来发生但尚未形成事实的事物，通过人的预见已经在人的头脑中形成了信息。这些信息对文化产业内容创意具有十分重要而独特的作用，为创意开拓了广阔的前景。在自然科学界和社会科学界中有一批学者的研究方向为预测研究，他们预测的内容极为广泛，其结论既有对人类有利的也有对人类不利的。人类要发展就必须面对自然科学家和社会科学家们的科学预测，找出趋利避害的方法。

比如，关于大气温室效应的预测研究成果，促使世界各国开始了应对措施的艰苦的协调过程；关于某些动植物濒危的预测研究成果，促使各国签署了保护动植物的有关国际公约；联合国教科文组织建立申报和公布《文化遗产名录》和《濒危文化遗产名录》的机制，是基于对文化遗产自然消失和濒遭破坏的预测而采取的保护性措施。

关于人口发展的预测研究成果促使人们提高了可持续发展的意识，全人类都在思考地球上的耕地如何养活得了日益增长的人口；能源危机日益逼近人类，关于能源消耗的前景预测促使人类千方百计寻找开发替代能源；经济学家们关于中长期经济发展趋势的预测，促使各国建立或完善宏观调控体系。令人不安的是世界各国的经济学家们并没有对重大经济危机做出令人信服的预见，比如，2008 年大范围大规模经济危机，这次经济危机就像未被预见到的风暴一样，突如其来地袭击人类社会。

未来发生的已经预见到的或尚未预见到的可能发生的事物，已经作为信息存在于人们的头脑中，有的令人欢欣鼓舞，有的令人望而生畏。这些令人欢欣或生畏的未来发生的事物或事件，对内容创意尤其对文学影视创作来讲是绝好的元素。美国大片有许多就是面向未来的，很有票房价值。这类片子取材于科学预测研究成果。

四、未来不可能发生的事物信息与创意

幻想、幻觉是人类意识中一个早已存在的现象。美国生产了不少科幻大片，其他国家也录制了一些“鬼、神”片；儿童片中也有童话神话作品，儿童玩具有一个重要“成员”——变形金刚。人类对自然界和社会始终存在一些幻想，幻想不是绝对消极的东西，没有幻想不会有自然科学和社会科学的发现。当然，有些幻想，毫无依据，纯属胡思乱想，妖魔缠身，则是消极的、有害的。

幻想不管是积极还是消极，也不管是有益还是有害，它是一种业已存在的信息，并进入了人的大脑。世界上本没有神灵鬼怪，永远也不会出现神灵鬼怪，但对鬼神的描写却从未中断过，幻想中的事物、事件信息，可以或可能成为文化产业内容创意的元素。一言

以蔽之，未来可能发生或根本不可能发生的事物事件，一旦成为信息进入人脑，就会成为内容创意特别是文学艺术作品创作的元素。

河南省西峡县发现了恐龙蛋化石群，著名导演斯蒂芬·斯皮尔伯格因此萌发了如果恐龙复活在当今世界会引起什么反响的创意命题，拍摄了巨片《侏罗纪公园》，票房收入高达9亿多美元，创下了好莱坞票房纪录。

第二十五章　内容创意方法

哲学是关于世界观、方法论的学说。内容创意作为对文化产业发展中提出来的各种命题所进行的创新性思维，离不开哲学方法论。所谓文化产业内容创意方法，是指文化产业内容创意运用中形成的思维工具。

第一节　创意方法研究

人类社会是一部创意史，古往今来的各个活动领域中的人类创意创造了当今的文明。人们把创意作为一门学问进行研究，是近代以来的事情。人们对文化产业内容创意及其方法的研究，则是文化产业诞生并成为经济发展的支柱产业之后的事情，这项研究还在不断深化之中。

一、创意方法研究的历史

1906 年，普林德尔发表《发明的艺术》一文，阐述了发明的技巧和方法；同年，克劳福德发表《创造思维的技术》，提出特性列举法。

1938 年，奥斯本提出头脑风暴法，被誉为创造工程之父。

1942 年，茨维基在参与火箭研制中利用排列组合原理提出了形态分析法。

1944年，戈登提出著名的提喻法；同年，市川龟久弥撰写了《创造性研究的方法》。

从1946年开始，苏联制定了《发明课题程序大纲》，形成创造工程理论体系①。

显而易见，创意方法研究源自自然科学、工程科学和技能技术发明创造方法的研究。

20世纪六七十年代起，文化产业在美国逐渐成长为一个支柱产业。美国文化产业学派取代法兰克福学派和英国文化学派成为文化产业的主流学派。此时，有一批文化产业、思维科学和心理学学者涉足文化产业创意的研究，文化产业创意学成为一门新兴交叉学科。

进入21世纪，美国出版了佛罗里达的《创意经济》、凯夫斯的《创意产业经济学》和拉帕耶的《文化密码》等大量专著，发表了众多的文章，对创意方法和文化产业创意方法进行探讨。澳大利亚出版了《创意产业读本》，并被翻译成中文在中国出版。英国、法国、德国、日本、北欧一些国家也陆续发表出版了若干文化产业创意方法的著述。

中国是具有创造性传统的伟大国度，自古以来许多著述中涉及对“创造”的研究。从20世纪五六十年代起，中国高校工科教辅材料中有一些从苏联移植过来的创造工程知识读本。中国学者关注并真正地从事创意和文化产业创意的学科研究，则是最近15年来伴随国家大力发展文化产业“红火”起来的。其中，关于文化产业创意方法的研究成果有一些文章发表，但大多存在于相关著作之中。文化产业创意是文化产业的核心生产环节，发展文化产业需要文化产业内容创意方法理论的指导。

---

① 陈放、武力:《创意学》，第33页。

二、内容创意方法研究中的问题

从事创意，要尊重他人总结出来的方法，但不要拘泥于他人所讲的那些方法，更不可固守他人总结提炼出来的具体方法，不能搞教条主义、本本主义和经验主义。文化产业内容创意是实践性很强的思维活动，在一定的意义上讲，有1 000个创意生成，就有1 000种方法存在。

如何看待现有著述中关于创意方法的研究成果呢？借用鲁迅先生讲过的一句话：世上本没有路，走的人多了，便也成了路。现有著述中所讲的创意方法，是一些人思维成功的“路”，但绝不是唯一的路。“道可道，非常道；名可名，非常名”，创意方法这个东西，很难用语言文字描述得逼真贴切，需要人们在创意实践中，用心体验，细细品味。创意工作者只有在个人卓有成效的创意实践中，总结出自己的方法，才是最可靠的。

内容创意生成取决于两个因素：一是创意命题立意，二是创意方法。创意方法固然对创意生成十分重要，但是创意立意对创意生成的作用也不可忽视。创意立意和创意方法是相辅相成的，有好的命题立意往往产生好的方法，缺乏好的方法往往限制立意。这是因为，创意命题的立意高度、角度、深度和创意动力均为哲学世界观的反映；创意生成中的思维路线、规程、原则、方法、道德、风格等，均受哲学方法论的指导。有什么样的世界观，就有什么样的方法论。研究文化产业创意方法，离不开创意主体、创意内容、创意动力、创意规程、创意特征、创意原则、创意元素、创意技术、创意风格、创意道德、创意障碍、创意竞争和创意环境等。创意方法是综合运用以上知识所获得的成果。

第二节　创意方法体系

破解创意命题生成创意的思维方法是一个复杂的体系，凡是体系总存在一个结构问题。创意方法的结构从两个方面表现出来：一是同类方法的归类，二是针对创意命题（客体）所采取的不同方法的组合。研究创意方法的体系结构，对于掌握创意方法十分必要。

一、同类创意方法的归类

创意方法是创新性思维的工具。所谓文化产业同类创意方法的归类，是将具有相同用途的创意方法进行归属命名。如同把不同型号的各种各样的螺丝刀命名为螺丝刀一样，对创意方法也可以进行这种归类。归类的目的，是为了解决问题的便利，知道针对什么问题，使用什么工具。人们对日常生产中的同类工具的归类已经非常精通了，然而对创意方法（工具）的归类，尚处于相对模糊的水平上，仅对其大致有个轮廓的了解。以下是三种归类模式。

1. 规程性归类

所谓文化产业内容创意方法的规程性归类，是指大体上按照创意规程将各个创意程序中主要采用的创意方法进行归属的分类模式(图 25－1)。这种归类的优点是比较直接实用，缺点是分类不够清晰或者说不可能归类清晰。我们知道工具存在两种情况：一是各种生产中普遍适用的普适性工具，如螺丝刀、钳子、扳手等；二是某些生产环节中专用的工具，如专门用于卸汽车轮胎的千斤顶等。按照创意规程对创意方法进行分类，对各个规程程序中普适性的创意方法很难归类，只能是个大概。比如，在维修汽车当中，在查找故障、拆卸零部件和处理完故障到最后恢复组装零件的不同程序中，都要使用螺丝刀或扳手，它们是普适性工具。如果把螺丝刀和扳手归在某一程序中，在其他程序中就有（螺丝刀、扳手）工具的遗漏。文化产业内容创意方法工具的归类也存在这种很可能发生的现象。

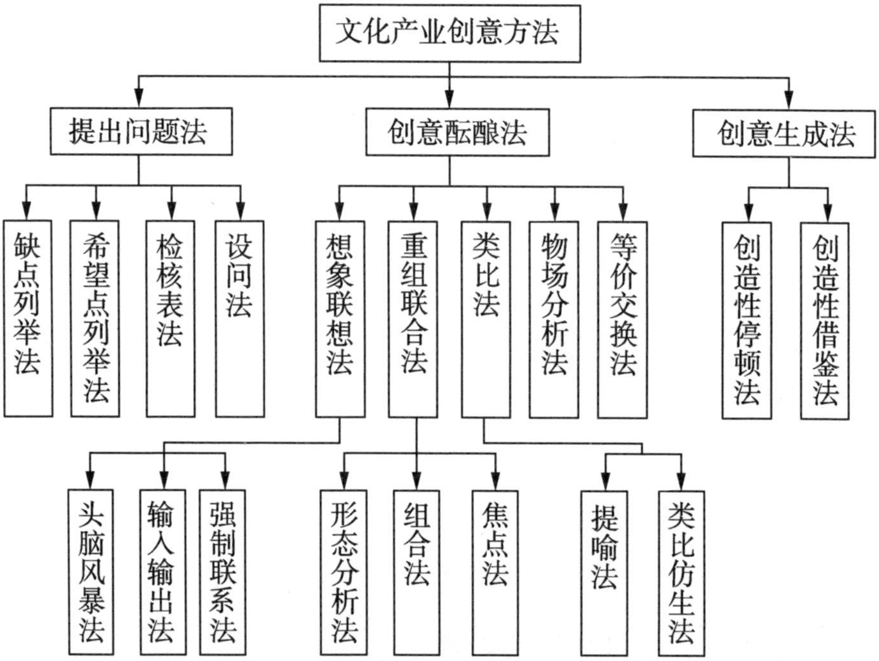

图 25－1　规程性创意方法归类

2. 思维方式归类

所谓文化产业内容创意方法的思维方式归类，是指大体上按照创新性思维方式将每种思维方式中主要采用的创意方法进行归属的分类模式。思维方式归类较为清晰地表达了各种创意立意中主要采用的方法。从创意实际工作者和学术界归纳的成果看，这一归类有多种模式，下面主要介绍三种模式。它们的特点如下：归类Ⅰ（图 25－2）将创新性思维方式分为发散思维、聚合思维和想象思维三类方法，每类方法中所包含的具体方法清晰，便于掌握；归类Ⅱ（图 25－3）突出了提喻法和臻美法，比较适用于文化产业艺术产品的创意；归类Ⅲ（图 25－4）突显了创意的开拓性、无序性、非线性、非系统性，比较适用于文化产业大型复合性文化活动创意①。需要说明的是，以上归类突出了创新性思维方式而不是创意方法的用途。

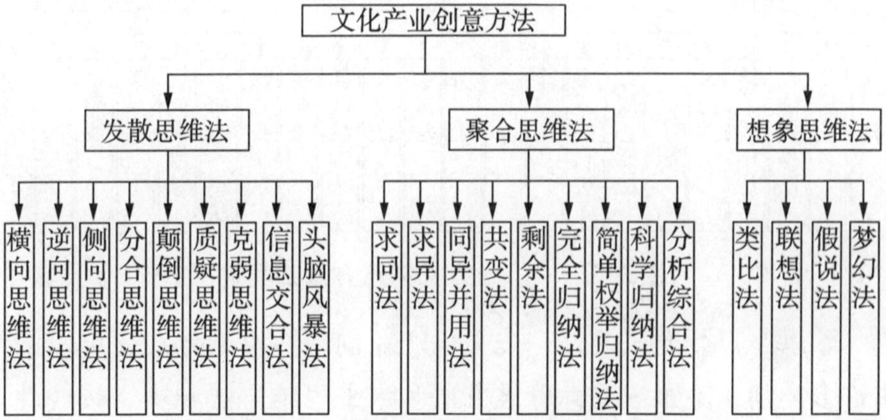

图 25－2　思维方式创意方法归类Ⅰ

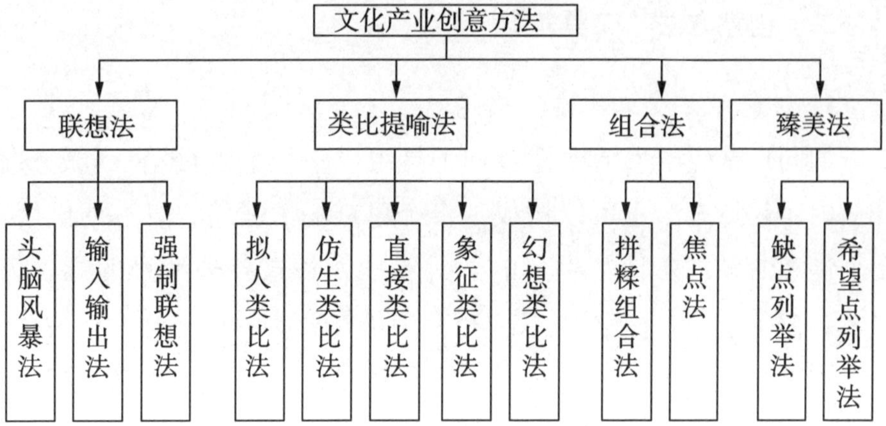

图 25－3　思维方式创意方法归类Ⅱ

① 陈放、武力：《创意学》，第 32－51 页。

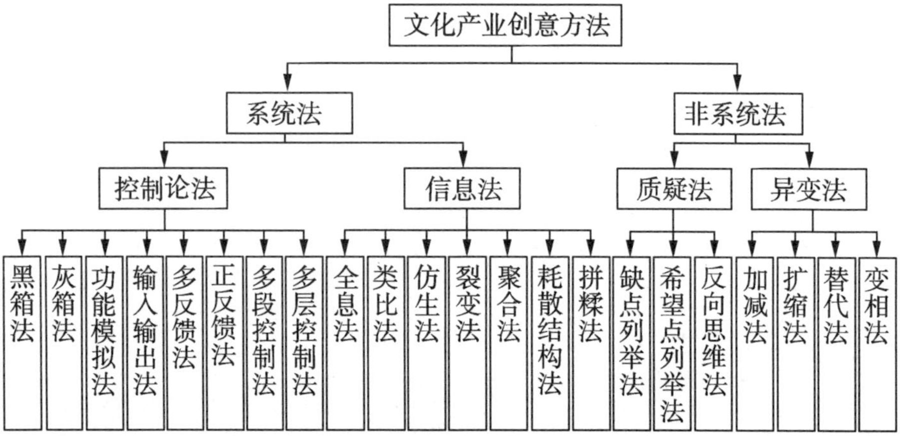

图 25－4　思维方式创意方法归类Ⅲ

除以上归类模式之外，按文化产业创新性思维方式还可以归纳出许多类别，比如按垂直思维方法和水平思维方法归类、按线性思维法和非线性思维法归类、按逻辑思维和非逻辑思维归类等。

二、创意方法“工具箱”

1. 创意方法“工具箱”构想

如同日常生产生活中把各种工具组成一个个工具箱一样，文化产业内容创意方法也可以构成一个个思维的工具箱，以方便破解一个个创意命题。在日常生产的工具箱中，各式各种型号的螺丝刀、钳子、扳手、锉刀、锤子、钻具、千斤顶等形成了一个工具结构体系。大家知道，有许多不同用途的工具箱，如电工工具箱、钳工工具箱、水暖工工具箱、汽车修理工工具箱。每一种工具箱都是一个工具结构体系，这个体系中的每一件工具随时都可能派上用场。人们发明了各式各样的不同用途的工具箱，在各种生产中以解决工具之需，便捷了操作，提高了生产效率。

文化产业内容创意方法工具箱原理同日常生产中的工具箱原理是一样的，把各种不同用途的创意方法搭配在一起，组成一个个结构体系不同的工具箱，以适合破解不同的创意命题。

关于创意方法工具箱的构想面临两个问题：一是制作哪些工具箱，二是每种工具箱中由哪些工具构成。第一个问题不难解决，可依据内容创意命题，比如按文化产业不同领域、不同层面或文化产业行业的创意命题列出工具箱的名单；但第二个问题就比较难以解决，现在还说不清楚在不同领域、不同层面或不同行业的创意中，究竟应该用哪些创意方法（工具）搭配组合成相应用途的工具箱。好在人们已经大体掌握了文化产业创意方法（工具），知道了有哪些工具以及这些工具的基本用途。相信伴随创意实践的发展，人们会逐渐制造出一个个适合不同领域、不同层面或不同行业创意命题的创意方法的工具箱。

2. 创意方法“工具箱”的意义

内容创意的生成归根结底取决于创意主体的思维方法，思维方法科学便可生成创意。破解一个创意命题中往往采取多种创意方法，这样就存在两个问题：一是创意方法的选择，二是创意方法的组合。方法选择恰当，组合科学，就可生成创意或提高创意的效率。

创意方法“工具箱”是按照创意命题所采用的不同创意方法的组合，这样就解决了创新性思维中方法的选择问题。由于解决了创意方法的选择问题，就可以节省在方法选择上的时间，少走弯路，这样便大大提高了创意的效率。

实际上，内容创意大师们的头脑中客观存在着一个个创意方法的“工具箱”，不然他们不会成功地高效率地生成一个个创意。学者的任务是挖掘、整理、归纳出创意工作者的创意实践经验，把创意方法“工具箱”制造出来，给大家提供便利，以提高创意效率。思维是人类所有活动中最为活跃的一种活动，创新性思维方法不断变化，日新月异。虽然我们认为有必要并且期待着创意方法工具箱的问世，以便给创意工作者提供思维方法指导，但是也必须意识到没有一成不变的工具箱。创意方法在不断地发展，创意方法工具箱也要不断地更新。

第三节　典型创意方法

内容创意方法体系中的各个具体的方法，按用途或作用应该是有“辈分”的；由于用途或作用存在许多交叉重叠，辈分非常模糊，很难分得清。人们思维的工具同物质生产中的工具毕竟不同，物质生产中的工具比如螺丝刀就是用来松螺丝或紧螺丝的，比较直观简单。创新性思维的工具比如想象法，其用途和作用就不像螺丝刀那样简单。在破解许多创意命题当中，在创意规程的各个程序当中，都能用到想象法，都会发现想象思维在起作用。

研究创意方法要了解创意方法的上述特点，注意把握以下两条：

其一，不要刻意追寻创意方法的“辈分”。虽然创意方法有大小之分，大方法下面可能存在着许多小方法，有些著述也确实在某方法下面又罗列了若干更为具体的方法，给人存在“辈分”的印象。须知这种排列实际意义不大。对一个创意的生成而言，不存在思维方法的大或小，看上去不起眼的小方法，或许在创意生成中起了关键性的大作用；看上去声名显赫的大方法，或许始终都解决不了某个创意。

其二，不必追逐太多、太杂乱的具体的创意方法。正如前述所言，1 000个创意生成，可能存在1 000 个方法，等人们把这1 000 个创意方法研究完，新的创意方法可能又出来了，你是跟踪不上的。创意方法是不断变化中的动态的东西，是哲学世界观方法论在创意中的运用。人们只要掌握了那些典型的创意基本方法，然后针对具体的创意命题，灵活地举一反三，也就能够胜任创意工作。创新性思维中，有时不可想得太多；想得太多，把简单的问题搞复杂了，反而不利于解决问题。如果追逐过多的创意方法，在大脑中充满了杂乱无章的东西，碰到创意命题，反而不知道从何下手。“复杂的问题用简单的方法去对付”“简单的手段往往能够解决复杂的问题”，这些话是充满了哲理的。当然，这样讲，并不意味着不需要掌握尽可能多的创意基本方法。

一、水平思维法

水平思维法由英国的爱德华·德·波诺提出来，并被收入世界著名权威辞书《牛津英语词典》，定义为“通过非正统或明显不合逻辑的方法来试图解决问题”。提出水平思维法，依据事物存在的两种现象：一是在事前看来合理的，事后看来却不合理；二是在事后看来合理的，事前看来却不合逻辑。正统的逻辑思维解释不了这个现象，所以需要水平思维法去解决。

水平思维法与逻辑思维法不同。“水平思维注重考虑事物多种选择的可能性，而不是过多考虑事物的确定性；注重提出新观点，而不重于修补旧观念；注重追求事物的丰富性，而不是一味追求事物的正确性”。① 逻辑思维是垂直的、系统的、线性的、连续的，水平思维是水平的、非系统的、非线性的、不连续的、非逻辑的。逻辑思维关注“事实”和“是什么”，水平思维关注“可能性”和“可能是什么”。水平思维法，是注重事物多种可能性、用来改变传统理念并产生新的理念、激发人的智力潜能的思维工具。

1. 创造性质疑法

创造性质疑是水平思维法的重要内容之一。创造性质疑挑战的是行事的唯一性，即不管现在做事的方式有多出色，它是不是做这件事的唯一方法呢？

---

① 郭辉勤：《创意经济学》，第180页。

人们通常认为现存的行事方法是最好的方法。这个观点的根据如下：现有方法随着时间的流逝被人们保存下来，它经受了时间的考验；现有方法已经使用了一段时间，它的缺点已被改正；现有方法是逐步改进的结果，已排除了与之竞争的其他不是最好的方法；现有方法是从许多可能性中选出的最好方法；现有方法如果不是最好，它早就被其他方法替代了①。

创造性质疑拒绝接受以上观点逻辑，认为：被保存下来，经受了时间考验的方法，未必是最好的方法；现有方法在使用中诸多缺点已被改正，不等于它就完全没有了缺点；现有方法在竞争中排除了其他方法，但未必排除净了其他方法；现有方法从许多可能性中选出来，但可能性是无穷的，未必不存在更好的可能性；现有方法尚未被其他方法替代并不意味着不存在更好的方法，未必不存在被更好的方法替代的可能性；现有方法只是由于各种原因恰好被采用的方法，未必是最好的方法。

创造性质疑不是单纯的、消极的怀疑、批判、否定，而是建设性的、积极的怀疑、批评和否定。它常常通过列举现有方法的缺点和列举希望点等方法来打破现有方法的唯一性，寻找实现更好的方法的可能性。创意的第一个基本规程为提出问题，提出问题的路径之一是创造性质疑。创意的第二个基本规程为创意酝酿，创意酝酿的内容之一是否定旧编码、旧图式，否定旧编码、旧图式也需要创造性质疑。

2. 关注点法

关注点是水平思维法的另一个重要内容。所谓关注点，是指创意主体在某一创意命题中思维的注意力集中并刻意努力的点。创意关注点，依创意命题或创意内容的不同分为各种相应的类型。比如

① 郭辉勤：《创意经济学》，第182页。

在广大发展中国家发展文化产业总体规划的措施中，把创意人才短缺作为一个关注点，提出若干加速人才培养的建议，这样形成的总体规划就可能切中时弊，显得很有创意。再比如，在利用文化遗产遗址开发旅游项目的策划中，碰到许多诸如资金、道路、基础设施建设等问题，但当把关注点放在正确处理文化遗产开发、利用与保护这个问题上时，形成了科学的经营管理办法，就可能成为一个成功的永续发展的创意项目。

这里所讲的关注点，从哲学方法论上就是抓主要矛盾和矛盾的主要方面的思想方法在创新性思维中的运用。前面所讲的“用简单的办法处理复杂的问题”的思想方法在创意关注点中也有一定的体现。创新性思维不可“眉毛胡子一把抓”，不能“不分西瓜与芝麻”，要运用缺点列举、希望点列举和其他判断方法选择选准关注点，选择选准创意的突破口。在实践中，有许多因关注点正确生成了创意或创意效率较高的案例。认真研究创意案例中的创意关注点，对于提高创意水平是很有用处的。

3. 创造性停顿法

人在走路时有两种停顿：一是消极停顿，二是积极停顿。消极停顿，为彻底停下来，不再前行。积极停顿，是为了观察前进道路周边环境中的某一景象、前进的方向，或寻找新路而刻意的暂时停顿，是为了更好地前行。当你驾车驶近十字路口时，总要放慢速度，观察路标，方可更准确地前进，以到达目的地。当你狼吞虎咽吃饭时，不知食物的味道，只有中途停顿下来，才能判断出食物的真正味道。当你讲话的速度太快并且连续不断时，可能就不能表达清楚你的真正意思；当把讲话速度放慢，适当停顿，想好了再说，可能就表达得更为准确清晰。

所谓创新性思维中的创造性停顿，是指创意主体为了注意问题的某一点而刻意暂时中断创意过程中的思维。创造性停顿是积极停顿，为了思维中的新方向，为了更好地前行，而不是彻底的停顿。在创意中，当创意主体绞尽脑汁百思不得其解的时候，他实际上主要面对三种情况：一是误入了歧途，走进了死胡同；二是思维太宽泛，没有抓住关注点；三是缺乏一点点应有的知识，这个知识需要从创意选题以外的事物中获得灵感。此时此刻，创意主体一般会把创意暂时搁置，把心思转移到其他事情中去，以放松心情。正是由于这一暂时的搁置停顿，却常常使创意主体改变思维路线，或从死胡同中走出来，或选择了集中的突破口，或从其他事物中得到灵感，从而生成创意。

创造性停顿有时对创意生成十分有效，其意义在于：其一，当你对思维中的某一点可能走进死胡同时，暂时的停顿，有可能使你从这个死胡同走出来，转向新的思维方向，使创意生成；其二，当暂时停顿对某一问题的思考而转做其他事情时，可能从其他事物中获得灵感，而使创意生成。学会创造性停顿，养成创造性停顿思维习惯，对提高创意效率和水平大有裨益。

二、想象思维法

所谓想象思维法，是在原有感性事物（形象）的基础上创造出新的事物（形象）的思维方法。比如，作家在其小说中塑造人物形象，工人看过技术图纸对产品部件形状的想象，经济学家依据经济规律对未来可能发生的经济现象的想象。人能通过已经积累的知觉和知识材料，经过大脑加工，想象出从未感知过的，现实中并不存在、尚未发生的新的事物（形象）。想象是创意经常使用的思维工具。

1. 联想法

联想是指由一事物想到另一事物的想象思维形式，包括由当前的事物回忆起相关的另一事物，由想起的一件事物又想起另外一件事物等。客观事物总是相互联系的，事物之间有时空相近、特征相似、相互对立、原因结果等不同的联系方式。这些联系方式反映在大脑思维上就是联想。在文化产业创意中，主动地通过联想进行想象是不可缺少的方法。

第29届奥林匹克运动会吉祥物福娃的创意运用了想象法，并且是多重联想：一是五个福娃的名字为贝贝、晶晶、欢欢、迎迎和妮妮，把五个娃娃的名字连起来即汉语的谐音“北京欢迎你”；二是五个福娃的色彩，贝贝为蓝色，晶晶为黑色，欢欢为红色，迎迎为黄色，妮妮为绿色，与奥运五环标志的颜色相对应；三是每位福娃形象设计采用了古老东方文化元素，寓意美好，向世界传递了友谊、和平、进步、和谐的良好祝愿。贝贝为鱼，使用了中国新石器时代的鱼纹样和水浪纹，象征吉庆有余、年年有余，代表了繁荣与收获。晶晶为憨态可掬的大熊猫，采用了宋代瓷器莲花造型，象征给人们带来欢乐，人与自然和谐相处。欢欢为火娃，采用了敦煌壁画中的火焰纹样，象征圣火和炽热的激情，表达了更快、更高、更强的奥林匹克精神。迎迎为一只机敏灵活的藏羚羊，纹样融入了青藏高原和新疆等中国西部的装饰艺术风格，象征了身手敏捷。妮妮为北京沙燕风筝，象征把春天的喜悦带给人们。活字印刷是中国古代四大发明之一，在北京奥运会的开幕式艺术表演中，有一节反映活字跳动的巨型表演，再现了中国古代科技文明，这段节目的创意就充分应用了联想法。

2. 类比法

类比法，是指根据两个对象某些属性的相同，推出它们的其他方面也可能相同的推理。类比法在创意中经常用到，为否定点、希望点或新假说提供发生认识的新途径，成为创意生成的一个工具。类比法有两个特点：一是类比的前提由两个或两类对象的比较构成，二是类比前提与结论的联系是或然的。类比的可靠程度取决于三点：

一是类比对象之间相同的属性越多，类比结论越可靠；二是类比中相同属性越是接近本质，类比结论越可靠；三是类比对象的相同属性与类推的属性之间具有必然联系，类比结论越可靠①。

类比法具有多种具体形式，并且与提喻法等交叉重叠，属于广谱性创意方法。拟人类比、仿生类比、象征类比、幻想类比等，在文化产业创意中均有成功的表现。在此须申明的是，类比的可靠性在科学研究中非常重要，但在文化产业（特别是文学艺术）创意中并非特别重要。当今的地球自然生态已经不可能使恐龙复活，但并不妨碍人们用幻想类比创意出《侏罗纪公园》中恐龙复活后的人间百态。这是因为，类比是一种想象与联想，只要类比产生了不同于以往的新的事物、图像或表现形式，创意就生成了。在这个过程中，类比前提与结论之间是必然还是或然联系并不十分重要。

科学研究和文化艺术品创意中运用类比法的目的要求具有根本性的区别，在内容创意中运用类比法时要注意到这个区别。通俗地讲，在科学研究创新中不能“乱比”，而在内容创意（特别是文学艺术品创意）中允许“乱比”，越是“乱比”可能会生成越奇妙的创意。比如，小鸡从破壳的鸡蛋中爬出象征新生命的诞生，在鸡蛋破壳的缝隙中生长出一个豆芽，再把鸡蛋想象成一个篮球，一颗种子的幼芽从篮球破裂的缝隙中长出，这不也是新生命的象征吗？这样的艺术设计作品，人们不管怎么样去解读都不失为一个奇思妙想的创意作品。

3. 臻美法

臻美法，是指以达到完美理想境界为目标的创意方法。臻美是想象力、联想力的表现。上述抽象法，追求事物的本质，也可以理

---

① 南开大学哲学系逻辑学教研室：《逻辑学基础教程（第二版）》，南开大学出版社，2008，第184页。

解为一种特殊的臻美法。臻美法把追求创意对象的完美、新奇、和谐、朴实、绚丽等人们最美好的理念、形象、情感、寄托、希望作为主要目标，充分运用各种措施以图生成创意。

臻美法时常被用于艺术创意或创作中。诞生于20世纪60年代的《长征组歌》，是一部取材深邃、主题鲜明、气势磅礴、旋律起伏，征服了整整一代中国人，并且超越了时空依然具有穿透力、运用了臻美创作手法的音乐经典。“《长征组歌》永恒的艺术魅力，首先在于对长征这一人类历史上惊天地、泣鬼神的重大事件的艺术呈现，那史诗般的叙述风格，错落有致的情境铺设，准确丰富的诗化语言，伟岸高远的意境演化，均使作品具有了神奇的力量，它像着了魔似地牵动着人们的心弦，使你不由自主地为之击节，为之荡气澄怀。其次，组歌在音乐语言方面的创造，既包容了民族和地域丰富的音乐素材，典型的地方民歌特色令人为之倾倒和感伤；同时作品又不乏现代音乐表现手法的运用以及交响乐队对于气氛的烘托，使之铭刻上坚实与厚重的历史履痕，嵌印了浓郁的油画般的时代重彩，彰显出独立不移和无法抗拒的民族伟力。在这里，旋律与节奏的自由演绎，调式与和声的有机构成，人声与乐声的和谐共振，使之如泣如歌、如赞如颂，时而催人泪下，时而气壮山河，时而凄美悲烈，时而声遏云天，其自由和奇特的艺术畅想，以及丰富多元的审美创造力，得到淋漓酣畅的展现。愈是随着岁月的流逝，人们便愈加感到它的恢宏与瑰丽”。“《长征组歌》既属于今天，也属于未来；既属于中华民族，也属于世界”。① 臻美创意手法塑造了一部不朽的世界音乐精品。

臻美法属于目标性的创意方法，围绕达到希望点展开创意，各种创意方法的运用都是针对实现创意目标而采纳的，是针对实现某

① 田川流：《艺术与创意》，山东友谊出版社，2009，第190页。

一创意目标的创意方法群。

2003 年，在云南省生成一台颠覆了人们“传统”审美观点的大型原生态歌舞集《云南映象》。这台艺术表演的编舞和主演为中国著名舞蹈家，大部分演员为来自云南各村寨的少数民族演员，舞蹈选材于少数民族民间原生态的舞蹈，并进行产业运营。2004 年《云南映象》获第四届中国舞蹈“荷花奖”五项大奖，先后赴国内外许多城市演出，演出场次已近4 000场。《云南映象》获得了不菲的票房价值。这台大型歌舞给大众和业内人士不小的震撼，受到爱尔兰《大河之舞》演出公司总裁的称赞。《云南映象》的成功来自臻美创意方法，“《云南映像》既不表现甜美也不表现酸涩，她是一个充满人性的舞蹈，她是全人类共性的东西”“这种创意这不是土著人士能有的，也不是旅行者能有的，它是有着国际眼光、乡土情怀、民族责任感和艺术创造力的艺术家才可能具备并最终实现的”。①

三、系统思维法

“系”字为连、缀的意思。系统是相同或相类似的事物按一定秩序和内容连缀（系）组合而成的整体。在系统论看来，世界是一个大系统，各色各样的事物本身又组成不同的子系统，世界由不同领域、不同层次的子系统组成，系统是不断变化的，这些变化是可以认识的，有些变化还是人力可以控制的。运用系统方法人们可以实现若干创意目标，生成创意。

1. 控制论方法

系统控制论在内容创意中的运用主要表现为选择创意关注点，核心在于确认关注点在所进行的创意内容系统中的位置。

---

① 张京成、周学政主编《创意为王》，科学出版社，2007，第 139－140 页。

控制论方法的应用：一是指从事物外部表现考察事物内部系统中某个部位或环节。比如，人体是一个系统，中医通过“望、问、闻、切”等手段，就可诊断人体体系的哪些部位或环节发生了疾病，这就是所谓“黑箱”方法。文化产业中有些创意内容，也是“黑箱”，但不管什么内容，总是处于一个系统当中，而且这个系统的功能也一定会外在地表现出来。通过一些外在表现，人们有可能知道系统内部的部位或环节的重要性，从而产生灵感，找到创意生成的突破点。二是指通过输入输出或正负反馈以实现特定的目标。火炮打靶没有命中目标，根据报靶员反馈回来的信息，调整瞄准仪，第二炮、第三炮就可能击中目标。在实现创意目标的过程中，也会出现这种类似火炮打靶的思维现象，实际上是运用了系统控制论中的自馈法。此外，功能模拟法、输入输出法是与黑箱方法和反馈法原理相关的方法。

2. 信息论方法

根据全息理论，自然界、社会和时空是一个多维的信息系统。各领域、各层次、各维度、各时间、各空间中的信息组成了若干子系统，子系统又组成了整个宇宙时空中的大信息系统，信息之间是互相联系、互相影响、互相作用的。在内容创意中各种信息进入人的大脑，通过相似法、类比法、复制法、外推法，可以产生灵感，生成创意。

运用信息论创意的要义在于两个因素：一是信息量，头脑中的信息量越多，生成创意的可能性越大；二是信息意识流的活跃程度，信息在头脑中越是流动活跃，生成创意的可能性越大。大脑创意恰如一个万花筒，如果万花筒中仅放了两张彩纸片，并且不转动万花筒，万花筒只能呈现一个图像。如果万花筒转起来就会有多个图像，放的彩纸片越多，转动越快，呈现出来的图像就会越多，出现新图像的频率也就越快。大脑中积累的信息越多，并把它们充分调动起来，让信息意识流活跃起来，生成的创意就会越多，创意效率就会越高。

3. 耗散结构论法

根据系统论，系统具有相对稳定封闭的结构，正是由于系统的稳定封闭特征，才使其成为一个系统。但是系统又不是一成不变的，各种系统始终处于不断的运动变化之中。一个系统的变化首先意味着原来稳固的结构被打破，进入开放的耗散状态之中，经过各种因素的加减变化，然后又以新的结构状态稳固下来，成了一个新的系统。这个新系统，或是与原系统的功能不同，或是与原系统的功能相同但能量不同。这就是耗散结论理论的主要内容。

用耗散结构理论解释内容创意的生成尤为贴切。创意中打破否定旧编码图式到创造新编码图式的过程，实质上就是信息在大脑中耗散结构运动的过程。各种信息进入大脑形成了一个信息结构系统，这是发生认识的同化性质的过程，相同的信息进入大脑越多，大脑中业已形成的信息系统结构越是稳定，以致封闭起来。创意，不能固守必须打破大脑中业已形成的稳固的信息结构系统。当创意主体有意识地、主动接纳和调动各种新信息，使一些具有活力的新信息进入大脑时，大脑中原来的稳固的、封闭的信息系统结构被打破，开放了，处于耗散状态，具有活力的新信息进入大脑越来越多，达到一定程度就会形成新的信息系统结构。大脑中新信息进入形成新体系结构的过程是发生认识的顺应性过程，也是创意生成的过程。

四、非系统思维法

系统论中的耗散结构理论告诉了人们系统变化中的一个情节，即原有的稳固封闭的系统被打破，系统开放进入无序的、“变”得无序状况之中。世界的各个领域各个层面的系统，无一例外地时时刻刻处于运动变化之中。从动态的角度上观察，不存在任何真正稳固的、完全封闭的系统。万千事物都在变化，从终极上都是开放的，因而世界是非系统的。非系统论是研究非系统及其规律的学问，主要研究系统从有序到无序的转变问题。

1. 非系统控制法

所谓非系统法，是以非系统论为指导，对系统进行分解或破坏导致系统进入无序状态，在无序状态中实现目标的方法。非系统法是对系统法的反其道而行之。系统控制法以系统论为基础，把事物视为一个系统，通过输入输出正负反馈，进行系统的控制，以达到特定的目的。比如高射炮打飞机一发不中，对瞄准方向和高低进行校正，争取第二发命中，这属于系统控制方法。后来人们发明了群炮打飞机的战术，一个炮连几门双管高射炮，统一用一台扫描仪控制发射。这个现象，就一个炮连而言，雷达扫描利用了系统控制法。但对于某一门炮而言，则放弃了系统控制法，采取的实质上是非系统法。各门炮的炮弹送上去，在非系统的无序中哪个命中目标哪个算数。这是整体的系统控制与个体的非系统控制的典型案例。

2. 异变法

异变法是非系统法的重要方式，其原理为改变系统中的某一要素、某项功能或挑起系统内耗可导致系统走上无序。反常规异变、反原态异变是非系统化的精髓。异变法在文化产业创意中主要体现为“有无别的用处”“能否模仿”“可否变动”“扩大与增加”“缩小与舍去”“代用”“重装与改装”“颠倒”“重组”等技巧的运用，通过改变事物原来的状态，或使系统发生反常规异变，从而在系统的无序中即在非系统中生成创意。

3. 创造性转移法

所谓创造性转移法，是指在复合型的内容创意中某一点的创意生成之后转向其他关注点的方法。许多内容创意是复合型创意。比如内容创意中文化创意与经济创意的结合有两种形式：一是最初进行文化创意时就深深地融入了对经济追求的元素，或者是最初进行经济创意时就深深地融入了对文化创新的元素，即文化创意与经济创意在相融中同步生成创意。二是文化创意与经济创意分步进行，先进行文化创意，待文化创意生成之后，再把文化创意成果作为元素融入经济创意；或者是先进行经济创意，然后再进行文化创意。当文化创意与经济创意分步进行时，就存在一个创意转移问题，在什么情形、什么状态、什么时间、什么地点、什么方向上转移，这对于复合创意最终生成是非常关键的。

如果说复合创意是创意点的组合的话，那么也就可能存在由点连成线的线性系统，但是也可能存在各个点连不成线的非线性系统。那么创意转移也就存在两种可能性：一是按常规的思维定式，进行系统性的、线性的转移；二是改变常规的思维定式，进行非系统性的、非线性的转移。非系统、非线性转移是向任何方向、任何目标、任何时间、不受任何约束的任意转移，与系统性线性转移相比是更高智慧的转移。

江南春的分众传媒和爱尔兰的《大河之舞》的创意，成功地运用了创造性转移方法。

江南春从电梯里张贴的广告画获得灵感，创意出了商务楼宇中的液晶电视广告产品。但江南春没有停留在这一文化创新性思维之中，而是迅速转移到经济创新思维领域，去抢占广告市场，使其液晶电视广告占领一栋栋商场，一座座写字楼，一个个酒店、宾馆和机场。2007 年 7 月，中国分众传媒在美国纽约纳斯达克市场上市，持股 39.7% 的江南春身价倍增，达 2.14 亿美元。

1993 年，爱尔兰在欧洲独特的每年一度的电视歌曲比赛中夺冠。按照规定下一年爱尔兰要承办这个赛事。1994 年，赛事的制作人就设想搞一个表演组合，为这台赛事评委投票时填补舞台空缺，最后决定以 7 分钟的新式爱尔兰踢踏舞助兴演出。这个演出通过电视传遍了整个欧洲，一夜走红。制作人很敏感地决定将其扩充为一台贯穿强有力音乐的，拼入了俄罗斯民间舞、西班牙费拉门戈舞、美国踢踏舞元素的大型舞蹈项目，完成了《大河之舞》的文化创意。此艺术表演项目在世界各地演出数千场、观众达数千万，大获成功。1996 年《大河之舞》在美国纽约演出，人们趋之若鹜，剧团决定一分为二，增补新演员，搞成阵容相同的两个团运营，一个留守伦敦，一个去了美国。后来又搞了第三团在世界各地巡演①。

江南春和“大河之舞”的创意者经营者们，如果不懂得文化创意向经济创意转移，这两个项目恐怕只能停留在文化创意之中，而不能成为优秀的文化产业创意产品。他们成功的秘诀就是创意转移。

五、拼糅思维法

所谓拼糅法，是指以若干不同的创意元素编拼糅合在一起为主导的创意方法。拼糅法与非系统法中的异变法具有异曲同工之妙，与类比法也有相近之处。拼糅法与异变法的不同是，异变法的重点是打破系统，使其进入无序；拼糅法的重点在无序状态中的顺应，即创造新的编码图式。类比法的重点是把相同特点或相关的事物进行比较、归类、组合、拼装；拼糅法没有停留在相同特点或相关事物的比较、归类、组合、拼装上面，更注重不同特点或不相干的事物的提喻（包括似人、仿生、梦幻）、组合与拼装。

拼糅法是内容创意中广泛采用的方法，指引当代文化艺术家完成了许多创意。布拉德·黑斯曼指出：“创意生产者将信息纳入一个确定的形态。将不同的材料整合在同一个体内，也是整理、修订、重排的过程；当创意生产者修改、准备、改编、重获灵感，重新置入语境，精简和削减材料，使得它们‘形成一个确定的形态’时，

① 参见《深圳商报》2003 年 10 月 12 日。

拼编创意正指引道路。”①

中国是一个有着数千年历史的多民族的古国，文化底蕴十分深厚，内容创意的文化艺术元素赋存十分丰富。运用中国古老的文化艺术元素进行拼糅创意，既可以吸引国内民众，更可吸引国外民众。

云南丽江的文化产业是将古城文化与旅游相拼糅的成功创意。比如在丽江的一座古院落里有一台余韵不绝的古乐，这个项目的表演者大多为年余古稀的纳西族老人，一曲据说是唐明皇李隆基所做的宫廷音乐《紫微八卦》拉开了古乐演出的序幕，老艺人们以淡然的神态演奏着，乐曲时而委婉柔美，时而端庄肃穆，时而奔腾千里。年迈的纳西老艺人、老人手中的古乐器、老人们演奏的古老乐曲，是纳西古老音乐的“稀世三宝”。该项目多次在国内巡演，还远赴英国、法国、挪威、芬兰等10多个国家和地区演出②。

在广西柳州，有一位山东籍生意人，最初靠做水果生意完成了资本原始积累，投资房地产赚了大钱，此后抓住广西、贵州一带的古铜鼓文化元素又投资文化产业。他从民间收购了大量各个朝代的古铜鼓数百件，搞了一个铜鼓博物馆，并打算以此为龙头进行古铜鼓文化小镇开发。古韵悠悠，今弦相和。古文化作为现代文化产业内容创意元素，在新的时代条件下将焕发出青春。

六、裂变聚合法

1. 裂变法

大家知道，原子弹的原理是裂变反应。裂变应用于创意中，是将某创意命题分解成一个以上的问题，使其成为多个子命题，从而

---

① ［澳］布拉德·黑斯曼：《创意实践》，约翰·哈利特《创意产业读本》，清华大学出版社，2007，第141页。

② 郭建政：《余韵不绝的纳西古乐》，《齐鲁晚报》2009年5月23日。

成为一个以上的若干新的创意。最终生成的这些新的创意，或可成为最初命题的创意元素，或可成为与最初命题并不再相干的独立的创意成果。

会展创意裂变为各种会展创意，有航空博览会、园艺博览会、图书博览会、糖酒博览会、服装博览会、字画博览会、家电博览会、汽车博览会、儿童用品博览会、妇女用品博览会、机床博览会、金银首饰博览会、玉器制品博览会、影视器材博览会、医药博览会、医药器材博览会、手机博览会、体育器材博览会、军事武器博览会等，最著名的是世博会。

节庆活动创意裂变为各种节庆活动创意，如电影节、图书节、啤酒节、风筝节、水果节等。世界各地各个民族的节庆活动数不胜数，特别是那些大型节庆活动中，每届都融入了若干项新的庆祝活动的创意。

2. 聚合法

大家知道，氢弹的原理是聚合反应。聚合应用于创意中，是将两个或两个以上的并不相干的创意元素组合拼糅一起生成创意。聚合法的要义是突破思维定式，充分发挥想象力，把“不相干”的“硬聚”在一起。一般说来，把相干的元素组合在一起是比较容易的，把不相干的元素聚合在一起并生成创意难度就大。唯其难，创意一旦生成，绩效则高。裂变法与聚合法相比，后者是更高境界、更高水平的创意，也是绩效更大的创意。这正如原子弹与氢弹相比，氢弹的能量更大，威力更大。

聚合法的作用不可小视。坐落在荷兰海滨的美人鱼雕塑，把人和鱼这两个不相干的身体聚合在一起，给人以极大的视觉冲击力，成为世界闻名的经典的雕塑创意作品，成为一个城市的象征。把手机与电脑这两个本来看似不相干的东西聚合在一起将变成“手脑”，手机电视、手机报刊、手机植物园、手机动物园、手机影院、手机学校应运而生。手机与电脑的聚合，将极大地改变人们的生产和生活方式，其中蕴藏着巨大的内容创意的潜力与商机。

七、梦幻法

梦是生理现象。医学界对梦有种种解说，并无定论，其中之一为昼有所思、夜有所梦。其实，夜有所梦、昼未所思的梦也大量存在。医学界对一些心脏停止跳动然后又抢救过来的人进行调查，这些在死亡线上又被抢救回来的人中有人称：做了一场梦，从自己的驱壳中升起来，甚至可回首自己的躯体。一般认为，心脏停止了跳动，供血不足，大脑应该最先死亡。如果疑死病人的上述叙述是真实的，那就是说心脏停止了跳动，大脑中的有些系统可能并未立即死亡，还能维持不完全的工作，形成了梦一样的“思维”。

幻，一指幻觉，二是幻想。幻觉同梦一样是生理现象。梦是在人睡眠后发生的生理现象，幻觉则是人醒着的时候出现的现象。幻想与幻觉不同，幻想是建立在形象思维或逻辑思维基础上的思维形式。幻想有两种情况：一是有些幻想与客观事物发展相抵触，永远都不可能成为现实；二是有些幻想与客观事物发展最终相一致，当条件具备之后可以成为现实。

梦幻是人的大脑的生理活动，其生理机制尚需医学予以解释。梦幻是人类大脑活动的一个客观存在，是一种特殊的“意识流”。梦幻的东西是创意的一个元素，梦幻法也是创意的一种方法。梦幻千奇百怪、天南海北，具有非系统、非线性、非逻辑、开放性、逆向性、扩散性等许多创新性思维的特征。现实的文学艺术作品的创意中，比如科幻小说和科幻影视片就是运用了梦幻法。

第二十六章　内容创意技术

内容创意技术主要是指衔技术。衔技术不同于通常讲的硬技术和软技术，是文化产业特有的一种技术。衔技术是内容创意与现代硬技术、软技术和艺术技法相结合的知识、经验、手段和方法。

内容创意技术非常重要：其一，创意技术是文化产业的技术资源，这一资源开发、利用和保护的效果事关文化产业资源配置和文化产业发展；其二，创意技术是内容创意的元素，某些文化创意离不开这个元素；其三，创意技术是某些创意方法的延伸或具体化，生成创意离不开科学的思维方法，有些创意方法须通过创意技术去落实。创新性思维方法与创意衔技术归属虽然不同，前者为思维科学中的概念，后者为技术应用中的学问，但它们是密不可分的。

人们常把内容创意技术与硬技术、软技术或艺术技法的创新相混淆，这不利于创意的生成。创意技术是对硬技术、软技术或艺术技法的应用或创造性应用，而硬技术、软技术或艺术技法的创新则是硬技术、软技术或艺术技法自身的进步。创意中对硬技术、软技术或艺术技法的应用与硬技术、软技术或艺术技法自身的创新是两码事，不可以画等号。衔技术作为落实创意方法的一个措施，当创意进入酝酿和生成规程时才提上“议程”，这当中并不包含硬技术、软技术或艺术技法本身的创新问题。

在文化产业发展的初级阶段，创意主要表现为文化艺术品的工业化复制，此时仅是硬技术或艺术技法的应用，而非硬技术或艺术技法的创新。在文化产业发展的高级阶段，文化产业产品创意主要为内容创意。在破解内容创意命题时，把对硬技术或艺术技法的应用当成了创新着力点，是创意注意力的错位，不可能生成文化产业创意。

把握文化产业衔技术的要义有四条：第一条，要把各种硬技术、软技术或艺术技法作为内容创意的一种元素，大致了解它们的用途，以便在需要使用衔技术手段时应用它们；第二条，要把硬技术、软技术或艺术技法作为实现创意生成的手段，不能把目的与手段相混淆；第三条，要解决什么情况下需要衔技术以及如何与硬技术、软技术或艺术技法衔接的问题；第四条，虽然衔技术非常重要，但在众多的内容创意中，并不是所有的创意都需要衔技术，千万不要刻意追求衔技术。

第一节　创意与数字技术

人类文化的发展离不开信息革命的支撑。迄今人类经历的五次信息革命，每一次都使文化产品品种得以丰富，文化产品的作用得以提升。人类文化史的技术篇是人类信息技术史，人类信息技术史的“内容篇”则是文化史及文化产业内容创意史。数字技术是当今信息技术的重要形式，也被应用于文化产业内容创意。

一、信息数字技术

所谓信息数字技术，是指信息生产、传递、处理、存储、感测、检索、获取、利用的方法和装备支持。信息为加工知识的原材料与经组织化的数据。数字技术具体表现为数据库技术、多媒体技术、数据压缩存储技术等。

《美国国家地理》（1995 年 10 月号）的《信息革命》一文中，刊登了一张著名的照片。这张照片的背景是一片美丽的森林，比尔·盖茨手里拿着一张光盘，坐在两根离地17米由33万张格式打印纸叠成的白色柱子上说："我手里的这张光盘所包含的信息比我身下的这些纸所包含的信息还要多。"这张照片的寓意是：光盘存储的信息比纸记载的信息多得去了，信息无纸化将保护宝贵的森林，昭告天下人类已经由工业化社会步入信息数字化社会。

信息革命推动了人自身的发展和社会文化经济的发展。"第一次信息革命以语言的产生为标志。有了语言，人类才有了规范的传递信息的工具，人类才有了希腊神话、三皇五帝的传说、荷马英雄史诗并以口耳相传的形式记载下来。第二次信息革命的标志是文字的使用。有了文字，信息传递就不再仅仅是口耳相传，而可以传之久久。于是，柏拉图的《理想国》、孔子的《论语》得以至今仍是人类的宝贵文化遗产。第三次信息革命以印刷术和造纸术的发明为代表。印刷术和造纸术使信息传播范围更广泛，并能使信息更好地保存。文化产品从未有过的丰富，才使人类的思想摆脱中世纪的禁锢，走进近代。第四次信息革命的标志是电信和无线电技术的发明，包括电话、电报、传真、录音、录像、广播、电视等。它们使信息传播的速度大大加快，传播面大大拓宽，可以远距离即时传播；而且信息同能源一样成为社会发展不可或缺的东西，近代的人这才成了现代的人"。① 第五次信息革命以计算机技术和通信技术相结合的互联网为标志。数字技术使人类获取和传播信息的方式发生了革命性变化，实现了全球信息高速传递和共享。信息数字技术的应用使文化产业从初级阶段进入高级发展阶段。人们借助电脑和数字传输网络，使内容创意的效率大大提高，创意生成的概率越来越大。

---

① 王国荣：《信息化与文化产业》，上海文化出版社，2004，第15页。

二、信息数字化与文化产业

所谓信息数字化，是指社会广泛地应用信息数字技术的过程，反映了由机器工业社会向信息数字社会的前进，反映了从有形的、可触摸的物质产品起主导作用的社会到无形的、难以触摸的信息数字产品起主导作用的社会的转型、过渡或演变。信息数字化中的“信息、数字”是指信息数字技术，“化”则指动态的迁移、变化。以计算机技术和通信技术相结合为标志的信息数字化，对人类社会发展的影响的深刻性超过了许多社会先哲、伟人、科学家与幻想家的预期与想象。信息数字化不仅推动了信息传播方式的变化，推动了经济结构、产业结构、文化结构的变化，而且改变了人们的生产方式、生活方式乃至思维方式。

传播是文化的本性，文化在传播中生成和发展。传播是文化资源的流动、共享、重组和配置。文化产业产品（创意）生产、流通、交换、消费依赖于文化信息的传播。文化产业创意者在创意中创造新编码图式和文化产业产品消费者在消费中对新编码图式的解读都依赖于文化信息的传播。20 世纪 20 至 50 年代诞生的电影、无线广播、电视、录音、录像、声音、图像的传播是以电、磁介质为载体的，以电、磁为载体的传播技术应用于文化传播是导致文化产品工业化复制的技术基础和文化产业诞生的原因之一。自从有了以电、磁为介质的传播技术，电影业、广播业、电视业才迅猛发展起来。进入 20 世纪八九十年代，数字传播技术打破了图书、报纸、期刊等传统纸质传媒和广播、电影、电视、音像等传播载体的界限，使信息传播方式和速度发生了前所未有的变化。

信息数字化网络化传播技术应用于文化产业，渗透到文化产业各个行业绝大多数产品的各个生产环节中去，推动文化产业从初级的“复制的创意”阶段迈入高级的“创意的复制”发展阶段。比如，MP3 技术使得音乐被数字化为 0 和 1 的排列组合后，人们可以大量复制，并通过互联网广为传播。数字技术把信息的单向传播变为双向传播，实现了传播方与接受方的互动，从而“创新”出新的文化产业行业或产品形态，其中电子游戏与在线游戏就是一个例子。在线游戏网吧已成为一个文化产业业态之一，其产值与市值已超过了电影业。在社会新闻信息特别是科学研究成果传播领域，网上传播也已成为文化产业的一个重要业态形式，其突出特点是人们可以随时随地地彼此交流讨论，展现着无比广阔的产业发展前景。

多媒体技术对文化产业发生了重要影响。所谓多媒体技术，是指采用数字技术使文字、声音、图像通过计算机统一处理并混合传送的技术。多媒体技术应用的结果：一是由文字、声音、图像等符号融合导致的出版业、广播业、电视业、电影业等文化产业行业的某些融合；二是由传统文化产业行业间交叉融合派生出新的文化产业行业；三是为文化产业由大众文化消费品的生产向分众文化消费品的生产提供了物质技术基础和力量。

比如，以图书馆为例，多媒体技术及其网络带宽的发展，数字图书馆在信息采集、提供服务及资源共享方面通过商业化市场化运作，就成为一个新的文化产业行业形态。数字图书馆中的在线多媒体馆藏与服务涉及信息与节目录制、数字化编辑、提升画面质量等制作程序，读者可通过设在数字图书馆的浏览器或通过电脑浏览在线多媒体馆藏，享受其服务。

再比如，使用数字电影机拍摄电影大大扩展了电影的空间、特殊和特技镜头表现能力和制作能力。美国电影《阿甘正传》是一部大量运用数字技术的生活片，片头片尾中一枚羽毛在空中飘行的诗意画面，用少数现场演员制作出的成千上万民众反越战集会的场面，阿甘与肯尼迪、约翰逊总统握手的场景，均是通过数字技术合成的。《侏罗纪公园》《泰坦尼克号》《珍珠港》等大片，均使用了数字多媒体技术。

三、内容创意中信息数字技术的应用

1. 拓展创意内容的表达方式

我们知道，在信息数字技术诞生之前，许多创意内容是难以逼真地表达、表现出来的，比如美国大片《阿甘正传》中阿甘与肯尼迪、约翰逊总统握手的创意内容。利用传统技术手段，只能挑选特型演员扮演总统。有了信息数字技术，则可用扮演阿甘的演员同过去纪录片中真实的总统活动镜头合成，把创意内容逼真地表达出来。大片《泰坦尼克号》中，利用信息数字技术合成了豪华巨轮与大洋中的冰山相撞，把这一历史上震惊世界的海难在电影屏幕上真实地表达出来了。中国古典名著《西游记》中有美猴王孙悟空拔自身的毛发，使之变成数个自身（孙悟空）的艺术创意，今天用信息数字技术在银幕或屏幕上展现几百个孙悟空的场面已经轻而易举。科幻片《侏罗纪公园》中关于恐龙复活袭扰大都市的奇特场景，通过数字技术活灵活现地表达出来了。如果没有数字编辑合成技术，不管恐龙复活创意包含多少深刻的“保护动植物保护地球”的思想，都不可能在电影屏幕上逼真而完美地表达出来。

2. 延伸产品链的创意内容

自从有了信息数字技术，许多文化产业产品从创意那天起就不单单是一种产品了，比如，人们在用纸质传媒出版发行一部小说的同时会想到发行光盘，人们在策划一台节庆文艺演出的同时会想到要将这台演出录制成光盘出售。内容创意中对信息数字技术的应用，突破了过去产品创意的单一现象，由单一产品的创新性思维变成了系列产品的创新性思维，产品链、主产品和衍生产品等创意理念形成。文化产业产品具有文化附加值较高的特点，信息数字技术的应用大大延伸增强了这个特点，有些创意产品的衍产品所获的利润超过了主产品。比如，以往重大节庆文艺节目演出一场就结束了，门票收入是一定的，现在这台演出的光盘销售收入却大大超过演出的门票收入。如果没有信息数字技术的复制功能，就不会出现这一衍产品销售收入超过主产品的现象。

3. 推动不同艺术形式创意的融合

把文字、声音、图像融合在一起的数字多媒体编辑技术，使得文学、音乐、美术、戏剧、戏曲等不同的传统艺术表现形式拼糅在一起成为现实。比如，电视上常看到的散文朗诵节目，把散文中的意境用图像表现出来，其画面有些是自然景观，有些是绘画作品，有些则是经过排练的演员们的演出。许多散文诗朗诵节目配以背景音乐，受众在听的同时也看，给人以听觉和视觉的享受，印象比过去传统的散文舞台朗诵深刻得多。电视散文朗诵这一新的艺术形式，融合了传统的文学、美术、戏剧、戏曲、音乐艺术形式。有了信息数字多媒体技术，才生成了这种拼糅与融合创意。

第二节　创意与材料技术

材料是人类生存和发展的物质基础。中国古代四大发明中的纸和火药就是材料。材料是人类文明的支柱，是社会进步的里程碑。当今社会，传统材料已有几十万种，人工合成的化学物中相当一部分可发展为新材料，新材料的品种以每年大约5%的速度增长。每个产业包括文化产业的发展，离不开材料。文化产业与材料有着密切的关系，内容创意中对新材料的应用是创意技术形式之一。

一、新材料

新材料是高技术中的新型材料技术的简称，新材料本身就是一种高新技术。了解新材料种类、性能、用途以及使用方法，对于提高内容创意技术是至为重要的。

从技术上看，新材料分为结构材料和功能材料两类。所谓结构材料，是指用于构形的材料。钢铁、有色金属、水泥、橡胶、结构陶瓷、工程塑料均为结构材料，力学性能是其使用的主要考虑。所谓功能材料，是指具有特殊电、光、磁、声、热、力学等功能的材料。半导体电子、光电子、超导体、永磁和磁敏材料，气敏、热敏、压敏材料，光学功能晶体或玻璃，发光与显示材料，光传输和传感材料，记忆合金材料，信息存贮和处理材料，能量转化或贮存材料等均为功能材料，特殊或敏感的性能是其使用的主要考虑。

1. 新型金属材料

新型金属材料主要有铝、镁、钛稀有金属合金。铝合金品种多、重量轻、导电性能好，镁合金既轻又有强度，钛合金既轻又耐摩擦、腐蚀和高温。光电材料、磁性材料大多为稀有金属合金。新型钢材中有微合金钢、低合金高强度钢、双相钢。此外，还有快速冷凝金属，非晶、微晶、纳米金属材料，永磁合金、非晶态软磁合金、形状记忆合金、新型铁氧体和超细金属隐身材料等。

2. 高分子合成材料

高分子合成材料为化工材料，分为合成橡胶、塑料和化学纤维。高分子合成材料用途十分广泛，已在很大程度上取代了钢材、木材和棉花。合成橡胶主要品种为顺丁橡胶、异戊橡胶、乙丙橡胶等。合成塑料材料为聚乙烯、聚丙烯。工程塑料已进入国民经济各个产业部门和百姓生活中，建筑、包装、交通工具、电子电器、家具、仪器零件中广泛使用工程塑料材料。合成纤维材料主要有涤纶、聚丙烯腈纶、维尼纶等。合成纤维丰富了服装原料，在各行业生产中有广泛的用途。

3. 先进复合材料

复合材料是把两种成分以上的材料复合在一起的新材料。复合材料分为结构复合材料和功能复合材料。结构复合材料是作为承力结构使用的材料，由承力增强材料和连接增强材料的基体材料构成。增强材料包括各种玻璃、陶瓷、碳素、高聚物、金属以及天然纤维、织物、晶质和颗粒等。基体材料包括高聚物（树脂）基复合材料、金属基复合材料和陶瓷基复合材料等。功能复合材料主要包括压电型、吸波、屏蔽性、导电功能复合材料。

4. 无机非金属和光电子材料

新型的工业陶瓷、光导纤维、半导体等无机非金属材料和光电子材料为信息数字产业的发展提供了物质基础。工业陶瓷是多种工业设备器件的原材料。光导纤维是可远距离传输光信号的玻璃或塑料纤维。半导体主要为晶体管、集成电路、固态激光器的器件材料。光电子材料指各类光电子半导体材料、光纤和薄膜材料、液晶显示材料、电色材料、相变和光储材料、光子选通材料、光致折变材料、非线性学晶体等①。

二、文化产业与新材料技术

1. 文化产业与新材料的间接关系

不管是新材料中的结构材料还是功能材料，大都被广泛应用为机械制造产品和信息数字技术产品的原材料。文化产业的工装设备大量采纳了新材料为制造原料的机械设备或信息数字技术设备。这样，文化产业与新材料就表达为一种以设备为中介的间接关系。为什么把这种间接关系还视为密切的呢？这是因为文化产业中的许多工装设备技术是文化产业，或文化产业中某一行业，或某一行业中某一生产工序中的专用设备。在制造这些专用设备时采用了新材料，

---

① 林存吉、周勇、李华、江成：《知识经济学》，山东人民出版社，2000，第 202 - 210 页。

如果没有新材料，这类设备可能就制造不出来。再进一步说，如果没有这类专业的专用的设备，文化产业产品的生产工艺可能就是另一种情形，只能停留在工业机械“复制的创意”的低级发展阶段，不能进入“创意的复制”的高级发展阶段。

2. 文化产业与新材料的直接关系

文化产业与新材料的关系不仅表现为以设备为中介的间接关系，还表现为文化产业产品生产中把新材料当作原料的直接关系。比如，美术产业中，雕塑原材料有一些就是特殊金属、不锈钢、新型合金材料，玻璃树脂、合成橡胶和工程塑料新材料。绘画所用的颜料有一些是化学合成新材料。日本的化工工业比较发达，对绘画颜料的研究、提纯和开发走在世界各国前列。比如，电动儿童玩具广泛采用了集成电子线路；再比如，《印象·刘三姐》中，数百名演员穿上了含有“光电”材料制作的服装，在夜幕下变换，给人以臻美感受。

三、内容创意中对新材料的应用

1. 研发新的文化产品

如上所述，新材料的应用在传统文化艺术品生产中有所表现，比如雕塑的传统原材料就是石头、泥巴、木头、铜、铁等，现在拓展到不锈钢、树脂复合新材料。

不仅如此，新材料的应用还创造出新的文化艺术产品，使文化产业进入“创意的复制”发展的高级阶段。比如，化合合成的“玉”“翠”工艺制品，如同天然“玉”“翠”制品一样，不是专业人员很难判定真伪，但价格低廉，成为“大众文化”消费品在市场上走俏。

再比如，化工合成的玻璃和“水晶”制品可制作成各种造型的奖品或纪念品，大大丰富了工艺品种类。运用工程塑料制作的儿童玩具“变形金刚”广受学龄前儿童的喜爱，在儿童精神世界中陶冶了未来“科学”知识和想象力。新材料技术为文化艺术品创意开辟广阔的命题空间，应用新材料制作的新的文化艺术品随着文化产业产品创意水平的提高，将会越来越多。

2. 丰富艺术表演手段

戏剧戏曲中的舞美设计、电影电视中的内景设计、杂技和魔术表演中的道具等选用新材料后，大大丰富了“内容创意”的表达能力，起到了运用传统材料所起不到的良好效果。

第29届世界奥林匹克运动会开幕式和闭幕式大型文艺演出中，演员的服装和道具就采用了一些新材料，有力地支撑了表演创意，呈现了良好的表演效果。当代著名的大型表演艺术编导大师大多具有新材料知识和应用新材料的意识和思维，因而编导的节目给人以臻美的享受。

第三节　创意与艺术技法

内容创意中对艺术技法的应用属于创意技术形式之一。这一创意技术形式比之应用信息数字技术和新材料技术的创意技术形式，讨论起来难度要大。这是因为文化产业创新性思维与艺术技法的创新性思维的界限比较难以把握。为了提高创意应用艺术技法的能力，必须严格区分创意技术与艺术技法创新的界限。

一、艺术技法

艺术，是人类生产和社会活动中审美意识精神文化的创造。艺术活动是人类的一种社会活动，艺术作品是这一社会活动的成果。艺术多种多样，艺术的多样性展现了艺术永恒的生命力。每种类型的艺术都有其艺术创作和制作的技法。艺术技法的不同，导致了艺术类型的区别，并且使艺术对客观世界的审美表达方式、功能和作用不同。

1. 音乐

音乐是指通过有组织的乐音所形成的表达人们的思想感情的艺术形式。音乐分声乐和器乐。声乐包括男、女、高音、中音、低音和童声，有美声、民族、通俗和原生态唱法，有独唱、齐唱、重唱、合唱、对唱、伴唱等形式，作品有抒情、叙事、进行曲等。器乐包括弦乐、管乐、弹拨乐、打击乐，有独奏、齐奏、重奏、伴奏、合奏等形式，作品有序曲、组曲、夜曲、叙事曲、舞曲、协奏曲、交响曲等。音乐技法手段主要为旋律、节奏、和声、复调、曲式、调式、调性等。旋律把高、低、长短不同的乐音按照一定的节奏节拍及调式调性关系组织起来。节奏指音响的长、短、强、弱、轻、重有规律的组合。和声是多声部音乐构成的重叠复合音响。复调、曲式、调式、调性是基本的音乐技法。音乐有特定的内容，表达了人的情感。

2. 美术

美术通常指绘画、雕塑、工艺美术、建筑艺术等造型艺术。绘画是指通过构图、造型和设色在平面上创造出视觉形象或情境的艺术形式。绘画分为中国画、油画、版画、水彩画、水粉画等。中国画用毛笔、墨以及颜料在宣纸或绢素上作画。中国画运用线条、墨色和轻重彩色，通过钩皴点染、干湿浓淡、虚实疏密、留白等技法取得构图造型物象阴阳效果，讲究“形、神、气、韵、外造，中得”。“写意”是中国画的重要手法。画面题诗盖印，将诗文、书法、篆刻融为一体。油画是西洋画的主要画种，用易于油剂调和的颜料在亚麻布、纸版或木版上作画。传统油画注重写实逼真，以透视和明暗方法表现物象体积、质感和空间感，强调光源照射下的色彩效果。雕塑是雕和塑的总称。雕是对雕刻原料进行切削；塑是加减并用，对原材料进行塑造。雕塑材料有石头、木头、金属等多种多样。塑造成型的雕塑，有的还要经过放大、硬质材料复制，并经过锻造、合成、焊接等多种技术手段，才能最终完成。艺术设计、工艺美术、建筑艺术、书法也是重要的造型艺术。色彩、线条、明暗、解剖、透视、二度空间、三度空间、质感、量感、空间感、体积感、轮廓、构图、色相、色度、色调、色性、毛触等，皆为美术技法的专业术语。这些技法的使用传达了美术家、工艺美术家、建筑艺术家和书法家的艺术个性，体现了其艺术风格。

3. 戏剧

戏剧是指由演员扮演角色在舞台上当众表演故事情节的艺术形式。戏剧是由文学、导演、表演、音乐、美术等多种艺术成分组成的综合艺术。在中国，戏剧是戏曲、话剧、歌剧的总称。戏曲是中国传统的戏剧形式，最典型的剧种为京剧、昆曲、豫剧、越剧、黄梅戏、川剧、秦腔、河北梆子等。在西方，戏剧专指话剧，歌剧归为音乐。戏剧是两度创作的艺术形式：一是作为舞台演出基础的戏剧文本（剧本）创作，二是演员创造舞台形象的表演艺术。戏剧作为综合艺术，在吸纳文学、音乐、美术、舞蹈等其他艺术技法的同时，也形成了属于自身的表演审美技术手段，将视觉与听觉、时间与空间、动态与静态、再现与表现结合得浑然一体，通过人物性格、故事情节和舞台情境给观众以审美、人性与社会理性的感受，综合展现了艺术的功能与作用。

4. 舞蹈

舞蹈是指以经过提炼组织艺术加工的人体动作为主要表现手段，来表达人们思想感情、反映社会生活的艺术形式。舞蹈分为生活舞蹈和艺术舞蹈两类。生活舞蹈与人们日常生活联系密切，有交际舞、习俗舞、体操舞等。艺术舞蹈经过艺术创作在舞台上演出，有古典舞、现代舞、民间舞、宫廷舞等。动作姿态、节奏和表情是舞蹈艺术技法的主要手段。

5. 影视

影视为电影和电视艺术的总称。电影是通过画面、色彩和声音共同构成电影语言和银幕上直观感性的艺术形象、意境的综合艺术形式。电影主要分为故事片、纪录片、科教片和美术片等。电视艺术与电影有许多相同之外，同属综合艺术。电视艺术指电视播出的各种文学艺术作品，比如电视剧、艺术节目、艺术娱乐节目等。运动的画面、重组的时空、科技与艺术的交融是影视艺术的基本特征。影视艺术是近代和现代科技与艺术结合的产物，电影经历了从无声到有声、从黑白到彩色、从普通屏幕到宽屏幕的进步过程，电视经历了从黑白到彩色、从电子管到晶体集成线路元件的进步过程。目前电影电视均已进入数字化制作技术阶段。影视艺术共同的艺术技法是由画面、声音、色彩构成影视语言。蒙太奇和长镜头是电影的重要艺术技法。所谓蒙太奇是指不同的镜头、场面和段落的特殊连接，这种特殊连接可产生新的内涵和更强烈的艺术效果。蒙太奇技法是利用长短镜头、对比、变换场景来突出中心和细节，利用时间节奏、因果顺序使人联想等方法的电影技术。所谓长镜头是指对一个动态画面较长时间连续不断的表现，就是长时间拍摄不切割的完整镜头。长镜头技法与蒙太奇技法是相对的，强调原型原貌，提倡真实再现，反对电影过多的人工痕迹。

二、文化产业与艺术技法

艺术的创新性思维在两个方向上展开：一是艺术内容的创新，二是艺术技法的创新。前者属于文化产业内容创新，后者为技法本身的创新。内容创意的实现需要艺术技法的支持，内容创意中对艺术技法的应用属于创意技术范畴。

现实生活中，一些艺术家或艺术评论家把文学创作或艺术技法创新冠以文化产业内容创意的头衔，显然是对文化产业内容创意的一种误读。文学创作方法和艺术实践技法的创新性思维也是创意，但是不能与文化产业内容创意完全画等号。文学创作方法和艺术技法创新性思维同属于技术层面，直接结果是文学或艺术进步。文化产业创新性思维属于商品内容设计层面，直接结果是赢得利润。它们是直接目的不同的两个领域中的创新性思维。

当文学创作艺术技法作为文化产业内容创意中的一个组成部分时，它属于文化产业内容创意；但是并不是所有的文学创作艺术技法一定是文化产业内容创意的一个组成部分。文学创作艺术技法自从有了文学和艺术就有了，但内容创意则是文化产业诞生之后才有的。区分文化产业内容创意与文学创作和艺术技法创新，是非常重要的。

三、内容创意中对艺术技法的应用

1. 内容创意中艺术技法应用的宗旨

内容创意中艺术技法应用的根本宗旨是支持内容创意。这一宗旨包含以下两层意思：

其一，如果有一个好的电影电视剧本，而影视制作者不能熟练地掌握影视制作技术，再好的戏剧文学作品也不可能转化为影视产业产品。如果有一个很好的绘画内容的创意，而作画者不能熟练掌握绘画技法，再好的内容创意也不能转化为绘画商品。艺术产业创意离不开艺术技法的支持。

其二，如果某一艺术技法虽然在艺术创新上有“新”的表现，然而应用这种新的艺术技法创作的艺术作品没有受众，进入不了市场，说明这一技法仅仅停留在艺术本身的创新上，则不能认定为内容创意对艺术技法的成功应用。相反，如果某一传统的老的艺术技法被应用于内容创意时，破解了创意命题，助推了创意生成，创意产品投入市场，取得了良好的经济和社会效益，那就是成功的创意技术。内容创意中对艺术技法的应用，不在于艺术技法本身的新旧，而在于创意内容和艺术技法的衔接成功与否。

2. 文化产业不同发展阶段中的创意技术

在文化产业发展的初级阶段，即“复制的创意”时代，创意的主要表现为复制，发展文化产业的重心为复制。此时，创意技术显得尤为重要。文化产业诞生、成长和壮大得益于工业化带来的种种技术，人们应用这些技术大量地复制文化艺术作品，使大众文化兴起，极大地提高了人们的文化消费水平。科学技术是第一生产力，在文化产业发展的“复制的创意”时代，硬技术包括艺术技法，则是第一文化生产力。

当文化产业发展进入高级阶段，即“创意的复制”的时代，创意的主要表现为内容，发展文化产业的重心由文化艺术品的复制转向文化艺术内容创意。此时虽然由工业化进入后工业化，信息数字技术、新材料技术、艺术技法对文化产业发展仍然起着很大的支持作用，但是与内容创意相比，创意技术是服从和服务于内容创意的。正是由于“内容”创意与“复制”创意在文化产业发展中的地位的互换，“内容”创意取代“复制”创意成了第一文化生产力，文化经济力的发展进入内容创意为王的新境界。内容创意为王，大大推进了文化发展，丰富了文化，一批批从内容到形式都新的文化艺术产业产品问世，使分众文化兴起，在更高结构层次上满足了人们对文化艺术的不同消费需求，进一步提高了全社会的文化消费水平。

第二十七章　内容创意风格

何为风格？《辞海》中讲，风为“空气流动的现象”“风气”“景象”；格为“方形的框子”“量度规模”。风格，一指“风度品格”，《世说新语·德行》：“李元礼风格秀整。”《晋书·和峤传》：“峤少有风格，慕舅夏侯玄之为人，厚自崇重。”“今指作风、品格”。二指“作家、艺术家在创作中所表现出来的艺术特色和创作个性。”风格是比较难下定义的一个语词，其外延和内涵相当宽泛、深细、模糊，但又是比较感性、容易理解掌握的一个语词。所谓内容创意风格，是指文化产业创意主体（个人、团队或文化企业）在创新性思维实践中形成并表现出来的个体的思维特色和个性。内容创意风格，主要体现在创意命题选择、创意方法运用和创意技术采纳方面，并最终反映在每个创意主体所生成的创意产品中去。创意产品风格的不同，反映了创意风格的不同。

第一节　创意风格内涵

首先要搞清楚创意风格与创意特征、原则、方法、技术和产品的关系，随之就容易理解创意风格的内涵了。

一、创意风格与创意特征、方法、技术的关系

1. 创意风格是在创意特性基础上形成的

创意风格作为创意主体（个人、团队或文化企业）的创新性思

维中的思维特色和个性，是建立在创意共性的特征基础之上的，是在创意特性前提下形成的、更细化了的、体现在每个创意主体身上的特色和个性。在前面所讨论的创意特征，主要是从文化产业创新性思维活动这一事物普遍性的规律中总结归纳出来的带有共性的一些基本特征或个性特征。在这里讨论的创意风格则是针对每个文化产业创意主体创意特色或个性总结归纳出来的差异。这种差异是创意基本特征、个性特征框架内的一种差异，是遵循创意共性的基本特征、个性特征前提下创意主体自己形成的一种思维“习惯”、特色和个性。它是创意基本特征中创意主体的“个别”特色，是创意个性特征中创意主体的“个体”个性，并不具有普遍性意义。需要强调的是，在创意特征中包含基本特征和个性特征，其中的个性特征与这里讲的创意风格中的个性有联系但绝对不是同一个概念。前者是针对某些创意命题、内容而言的，后者则是针对创意主体“个体”的思维风格而言的。

2. 创意风格是在创意原则、方法和技术运用中养成的

内容创意原则有许多条，内容创意方法有许多条，内容创意技术也有许多条。有的喜欢运用其中的一部分，有的则喜欢运用另外一部分。比如有的喜欢倾力于文化创新，有的喜欢在经济创新上下大的功夫；有的喜欢系统性思维，有的喜欢非系统性思维；有的喜欢传统技术，有的喜欢电脑数字技术，等等。这种创意原则、方法和技术运用中的倾向性都使创意生成了，而且成了创意主体的一种“擅长”和优势。所以每每破解创意命题时，不同的创意主体都表现为不同的创意原则、方法和技术的运用，由此形成了不同的思维特色、倾向、品质和个性，即风格。世界奥林匹克运动会圣火点燃方法有许多种，只要是创新，其策划当属创意。然而每届运动会的圣火点燃策划的思维方法和技术的表现迥异，创意风格相去甚远。创意风格是客观存在，唯存在不同的创意风格，才呈现创意的魅力。

3. 创意风格更多地表现在创意选题领域

风格是一个内涵和外延深邃而宽泛的概念，内容创意风格在文化产业各层次、各领域、各行业的创意以及创意规程的各个程序中均有表现。大家知道，所谓文学影视的风格表现是多种多样的，日常生活中人们评述一个文学家和影视编导的风格，可以从不同角度和侧面做出若干的评价描述，但是许多人大多从文学影视题材的角度给予评述。比如，张三是军旅作家和影视编导，其创作选题大多集中于军旅生活；李四是儿童作家和影视编导，其创作选题大多集中于儿童生活；王五是农村作家和影视编导，其创作选题大多反映了农村和农民生活。其实，题材只是对创作风格的一个笼统的反映，创作风格是更为细化的特色和个性，但题材真切地、集中地反映了一个文学家影视家的创作风格。同样的道理，内容创意风格更多地表现在创意选题领域。有的人擅长大型文化产业活动的策划创意，有的人擅长一个工艺品的创意设计，由于他们创意命题的选择不同，长期形成了不同的创意风格。

4. 创意风格最终表达为产品的风格

创意风格最终要通过创意产品表达出来。一个人的创意风格是大气磅礴的，那么他的创意产品一般为大型的内容创意产品，比如城市文化形象策划项目产品、重大节庆活动策划项目产品。一个人的创意风格是精致精细的，那么他的创意产品一般为小型作品，比如一部考究的小说或一件精美的绘画、工艺作品。当然，大型的文化活动创意中也包含着创意的精细，一部小说创作中也会体现大气磅礴，那就看你从哪个角度去品味。总之，透过产品或者说透过创意主体绝大部分的产品，可以看出创意主体创意的特色和个性。当然，一个人的创意风格是会变化的，一个创意大师早年、中年和晚年的创意风格可能会有很大的不同。有的人一生致力于高雅文化产业创意产品的策划，有的人一生致力于通俗文化产业创意产品的策划，有的人早年致力于“通俗”晚年致力于“高雅”，或者早年致力于“高雅”晚年致力于“通俗”，这种终其一生保持创意风格不变，或一生中创意风格发生转换乃至多次转换，都是很正常的现象。

二、内容创意风格含义

1. 创意风格是一种思维风格

日常生活中，人们讲一个人“举轻若重”或“举重若轻”、“内向”或“外向”、“粗”或“细”、行为“雅”或“俗”、“办事快”或“办事慢”等，都可视为对一个人风格的评价。轻、重、内、外、粗、细、雅、俗、快、慢等，这些字眼是一个人“风格”的表述。创意风格，是人大脑针对文化产业进行的创新性思维的一种风格。创新性思维需要通过一定的命题选择，运用一定的原则、方法和技术去实现，在处理诸如此类问题中的思维特色、思维品质、思维个性或思维倾向构成了创意风格。创意风格是一种思维活动的风格，是创新性思维活动中形成的风格。

2. 创意风格主要反映了思维的程度与境界

创意风格是一个主要表达“程度”和“境界”的语词，虽然“程度”和“境界”也反映了优劣好坏，但主要不是观察其优劣好坏。创意风格是一个“中性”的概念，反映的主要不是正确与谬误、优与劣、好与坏。不管什么创意风格，只要生成创意，就是对发展文化产业做出贡献。创意风格是客观存在的，风格差异越大，风格表现越多，对繁荣发展文化产业越有利。这样讲，并不是说不去分析讨论创意风格的优长或缺陷，而是说对待“风格”问题不宜过多地用优劣、好坏的概念去评述。文化产业创意大师都具有不同寻常的创意风格，要想成为文化产业创意的大师级人物，一定要有自己超人的、独特的创意风格。

3. 反映创意风格的主要内容

创意风格主要通过文化产业创意主体思维的广度、深度、速度和精度反映出来。所谓创意的广度，是指创意主体在选择创意命题、进行创意中对原则、方法、技术运用的范围和数量。有的人创意选题范围很广，什么行业都插足，什么项目都接；有的人创意选题范围则窄一些，主要集中于某些行业或某些类型的项目上。有的人掌握的创意方法或技术比较全面；有的人只集中掌握某些方法或技术，更专一些。所谓创意的深度，是指创意主体在创意中抓住事物本质的洞察力。有的人面对一个创意命题，能够迅速抓住破除这一命题的要害，在深层上生成创意；有的人则始终抓不住要害，只是在浅层上生成了创意。所谓创意的速度，是指创意主体在创意中“意识流”的流速和应变的敏捷性。同一个创意命题，有的人很快就生成创意，有的人则要用较长的时间。有的人碰到思维中的新问题，会很灵敏地发现，并做出快速反应；有的人则迟迟发现不了问题，或发现了问题应对无力。创意速度，实质上是大脑的工作效率问题。所谓创意的精度，是指创意主体在创意各个规程中思维的精确性和细致性。比如，对创意关注点的把握，有的人把握得准，生成了创意；有的人把握不准，走了弯路。再比如在创意定型程序中，有的人很注重细节，使创意产品比较完善；有的人则比较粗糙，使创意产品总留遗憾。

文化产业创意风格还通过文化产业创意主体思维的境界反映出来。在这里所讲的境界，也应当是一个“中性”的概念。有的人立意高远，总致力于那些思想性很高的精品的策划创意；有的人则重视身边市场的需求，在一般性大众文化消费品的创意上下功夫。有的人热衷于高雅艺术的策划创意，有的人热衷于通俗艺术的策划创意。有的人致力于产品打入国际市场，有的人眼睛则盯着国内市场。有的人致力于进入世界著名电影节，有的人则致力于国内电影市场。

创意境界所表达出来的创意风格是客观存在，不能说进入维也纳金色大厅的音乐活动策划是优秀的创意，进入本地音乐厅的音乐活动创意就不是优秀的创意。不管是大众文化消费时代，还是分众文化消费时代，总需要各种创意境界、风格的创意，唯此才能满足不同人群的文化艺术消费需求。

三、创意风格的本质

创意风格的本质包括两个方面：

其一，创意风格是文化产业创意主体学识和思维原则、方法、技术的产物，反映了其思维能力、学识水平和从属的文化形态。人是社会的，每一个人都归属于一定的文化背景，传承了一定的文化基因，同时人在后天学习和社会实践中会受到各种文化灌输，从而具有了文化知识。人的学识中包括了各种各样的文化基因。这种基因表现为哲学层面上对世界的看法，即世界观、价值观；也表现为处理事物的做法，即方法论。创意风格是不同文化背景的产物，也是世界观、价值观和方法论的反映。

其二，创意风格是文化供求相互作用的产物。一方面，创意风格是社会文化需求多样化作用于创意主体的产物，反映了创意主体对市场需求的顺应，由于有人们对文化商品多风格的消费需求，才有了多风格的创意。另一方面，创意也会引领消费，多风格的创意也会产生带动多风格的文化消费需求，正是因为内容创意风格的这一本质，要求人们鼓励支持推动各种创意风格的形成。世界各国各地区在发展文化产业的过程中，应当大力倡导形成本民族风格的创意，以发展繁荣世界多样性的文化。

四、关于《百家讲坛》的创意风格

2001 年 7 月，中国中央电视台第 10 频道开播《百家讲坛》栏目，开始收视率不高，后经几番调整创意思路，最终创意生成，形成了自己的风格，2006 年以仅次于《新闻联播》栏目的排名被评为“中央电视台十大优秀栏目”，成为央视的一个品牌。

通过电视这一现代传媒，面对亿万观众讲述评论历史文化，这是发展文化的自觉。中央电视台《百家讲坛》栏目的成功在于创意风格的独特，主要有以下几点：一是从内容选择上，最终定位于人文历史，并且把学术研究与大众文化、正史与野史、历史与演义相结合，充分挖掘了历史疑案，关注那些有分歧、有争论的事件，演讲人阐述自己的观点、依据和分析，体现了百家中的一家之言，而且还有意识地引起“争议”，以调动观众，形成互动；二是在节目制作技术上，把演讲人的演讲与后期制作相结合，通过屏幕中的画面配合演讲内容，提高了可视度；三是从艺术表现形式上，把《百家讲坛》搞成了系列，每一集中尽可能给观众一个“悬念”，总有一种“且听下回分解”的心理期待。

以《易中天品三国》《于丹讲论语》为代表的《百家讲坛》，既不同于中国民间早已有之的说书，也不同于现代高等院校中的学术报告，但借鉴了“说书”和“学术报告”的元素，它是 21 世纪初中国文化产业崛起中的一种适应大众文化消费需求的新的文化形式，是新背景下的文化创造，创造出了一个颇为可观的文化消费群体，大大丰富了人民群众的文化生活。

第二节　创意方法风格

人们从甲地到乙地旅行，有人喜欢乘轮船，有人喜欢乘火车，有人喜欢乘飞机，体现出每个人出行方式的不同风格。有的人喜欢用电脑打字，有的人喜欢用钢笔写字，还有的人喜欢用毛笔写字，表现为“写字”方法的不同风格。有的人办事细致周密、举若轻重，有的人办事从容不迫、举重若轻，表现为办事方法的不同风格。以上可以看出人在做事方法上存在不同的风格。同样的道理，人在文化产业的创新性思维方法上也存在不同的风格。

一、创意方法的不同风格表现

前面在讨论文化产业创意方法时，曾列举了若干方法和方法归类，同时提出了创意方法“工具箱”的构想。创意主体在创意方法方面的不同风格，主要是对这些方法使用的规模、数量和结构的不同，表现为方法使用上的不同倾向。有的人头脑中装了许多方法，在应对创意命题时，可以多管齐下，多种方法并用，从而表现为一种风格。有的人头脑中装的方法比较少，应对创意命题时，就用那么几种方法，从而表现为另一种风格。

人们可以深一步推想分析，每个创意主体头脑中实际上装着若干个创意方法“工具箱”，以应对不同的创意命题。工具箱中创意方法的组合搭配是不同的，从而表现为不同的创意方法风格。有人善用拼糅法与臻美法的组合，有的人则善用想象法与类比法的组合，创意方法风格不同。

西方古典主义绘画以写实为主，创作了大量描写宗教故事和战争场面的巨型油画作品。中国画传统方法是写意，目前中国画家大多坚持这一技法，古往今来的中国画的山水、花鸟、人物大多为写意作品。当代抽象主义绘画以抽象为主，在西方绘画市场中目前流行的是抽象主义作品。西方古典主义写实、中国传统写意和现代抽象主义绘画的技法风格大不一样。

在20世纪七八十年代以前的很长一个时期，“实用”是艺术设计的重要理念和方法，而在今天“概念”成了艺术设计的一个流派。“实用”流派和“概念”流派的风格大不一样，“实用”派更注重艺术设计产品的实用性，产品主要是给人用的，满足人们对产品使用价值的需求；“概念”派更注重满足人们对产品艺术观念价值的需求。艺术设计界实际上还存在一个“混合”流派，是把“实用”与“概念”结合起来的一种风格，他们的作品既有使用价值也有观念价值。在中国浙江义乌小“商品城”中有成千上万个艺术造型各异的打火机，俨然一座打火机的“博览会”。打火机外形艺术设计充分运用了创意的想象法、模仿法，把打火机做成了惟妙惟肖的飞机、汽车、炮弹模型，既可当打火机使用，又可观赏。显然，这是艺术设计“混合”派的作品。

创意方法风格还从创意转移方法的运用上鲜明地表现出来。有的人擅长创意转移方法，有的人不擅长转移方法，表现为不同的创意方法风格。江南春的分众传媒和“大河之舞”项目是从文化创新思维转换为经济创新思维的经典之作。大型的综合性文化产业艺术表演项目的策划往往经历多次的创意转移，就演出本身而言，不仅面临音乐、舞蹈、戏剧、小品、曲艺、戏曲片段乃至杂技创意的切换转移，而且还面临着文化艺术创意向经营创意的转移，主产品向衍生品创意的转移，转换的方法不同，产品的风格不同。

二、创意方法的“大手笔”风格

文化产业的繁荣和发展，需要“大手笔”的创意方法风格。所谓创意方法的“大手笔”风格，是指那些立意高远、底蕴深厚、气势磅礴，给人以巨大视听冲击力，留下深刻印象的创意方法风格。在大型的文化产业创意项目中，比如城市文化环境创意、大型的重要节庆活动创意，常常呈现出大手笔的创意方法风格。

东西方文化差异造成了不同的园林创意艺术风格。法国古典主义园林中对称的轴线、均衡的布局、精美的几何构图，充分体现了形式美创意风格。中国古典园林中则曲径通幽、人工山水与人文诗画融为一体，讲究一步一景，体现了天人合一、气韵生动的美学风格。承德避暑山庄、颐和园和圆明园等中国古代皇家园林，更是何等的气派！

如今在中国广西阳朔、云南昆明、山东泰山、河北承德等地的大型实景艺术表演，是典型的创意方法“大手笔”风格项目，均收到良好效益。

俄罗斯圣彼得堡建城300周年纪念活动创意为典型的“大手笔”的创意。该庆典的策划创意主要运用了拼糅组合法，将庆典仪式、纪念物揭幕式、艺术表演、电影夜、涅瓦河上的帆船比赛等4 000多场活动十分协调、紧凑地安排在一起。2003年5月，44位国家元首和政府首脑齐聚圣彼得堡，世界目光为之吸引。世界上很少有哪一个城市的建城庆典如此隆重、多样、豪华和奢侈。该庆典昭示俄罗斯昨天辉煌的同时，也承载着创意策划者的鲜明目标：改善俄美关系，开辟国际舞台新的空间，提升俄罗斯国际影响和地位。俄罗斯以纪念一座城市300年诞辰的独特创意，寄托着民族复兴之愿景。

下面是该庆典开幕日和庆典日的主要活动内容：

——向青铜骑士雕像献花仪式；

——庆祝圣彼得堡建城300周年纪念碑揭幕仪式；

——庆祝圣彼得堡建城300周年隆重的祷告和祈福仪式；

——文化与艺术领域圣彼得堡政府奖颁奖仪式；

——米哈伊洛夫斯基城堡博物馆揭幕仪式；

——朵朵尼车基戏剧作品《彼得大帝》首演；

——水上节目《涅瓦河仙境》；

——庆祝圣彼得堡建城300周年日本艺术家激光表演；

——大众媒体艺术揭幕典礼；

——庆祝建城日电影夜《我爱你，创造者彼得》；

——圣彼得堡国立芭蕾剧院《谁是谁》首演；

——外国元首峰会及为与会者举办的文化活动；

——在亚历山大要塞举办的音乐嘉年华会；

——在美丽的涅瓦河上举行有历史纪念意义的船只游行仪式、舢板和帆船比赛。

透过以上活动内容，圣彼得堡建城300周年庆祝活动的文化创意与项目策划手段的大气、精到和苦心可见一斑①。

第三节 创意技术风格

所谓创意技术风格，是指创意主体在内容创意与技术相结合的衔技术运用中表现出来的特色和个性；在艺术产业中，则指内容创意与艺术技法相结合的衔技术运用中表现出来的特色和个性。

一、创意技术的不同风格表现

有的人在内容创意中擅长应用各种新材料技术，比如《印象·刘三姐》中的一个节目，演员服装就采用了新材料，在夜幕下的湖面上众多演员组成的长长的队伍穿着“光”效应银白色服装，宛如一条来自太空的银色飘带，给人以独到风格的视觉冲击力。美国电影的科幻大片大都采用了高科技技术，使用电脑多媒体技术制作，场面之宏大，变幻之迅捷，是人工所不及的。在电影的许多情节中，多媒体数字技术已经取代特技演员，并且比特技演员“演”得更加逼真。

“有经验的影视导演常常会遇到这种情况，某一专业部门过于突出自己，以至于脱离了综合艺术的总体要求。比如摄像有时刻意追求构图，有可能破坏作品的纪实风格。但是综合艺术中的许多流派

① 邱菀华、邓达、刘晓峰：《现代文化产业项目管理》，机械工业出版社，2005，第169－172页。

恰恰是某些部门因突出自己所开始萌芽的。电影史上的两大流派蒙太奇与形式主义、照相本体论与现实主义，都是技术可能无限伸展和辐射的结果……张艺谋等中国‘第五代’导演所完成的‘影像中心论’，其创意路径也是这样。很难设想，如果张艺谋不是出身于摄像师，这个流派也许不会在他手上创生”。①

在音乐创作中，作曲已经可以通过电脑创作。电脑“创作”的莫扎特新作品，完全承袭了莫扎特的作曲风格，可以以假乱真。在艺术设计领域，应用工程塑料创作的建筑模型，在电视屏幕上放大之后，让人身如其境。总之，创意技术风格的多样性，给人们带来了多样化的创意产品。

二、创意技术的“大手笔”风格

文化产业的繁荣和发展，需要“大手笔”的创意技术风格。所谓创意技术的“大手笔”风格，是指那些主要运用技术手段生成创意内容，并且给人留下深刻记忆具有鲜明特色的创意技术风格。

在第29届奥林匹克运动会开幕式中，用焰火技术创意了一只大脚，从天安门广场沿北京中轴线一路走来，到达“鸟巢”上空。这是创意技术的大手笔。

中国甘肃敦煌莫高窟、天水麦积山石窟、河南洛阳龙门石窟、山西大同云岗石窟，是运用壁画、雕塑、石刻等艺术技法风格不同的作品，都是大手笔。这些当年还算不上文化产业创意的艺术技法的恢宏伟岸、精雕细刻，对当今的文化产业创意大师们应该是一种重要的启迪与引导。

美国南达科他州拉什莫尔山国家纪念公园内的山峰上有一组顺应山势的巨型石刻作品，即乔治·华盛顿、托马斯·杰斐逊、亚伯

① 王万举：《文化产业创意学》，文化艺术出版社，2008，第108页。

拉罕·林肯和西奥多·罗斯福四位美国总统的雕像，远远望去，令人肃然起敬，这也是创意技术风格的大手笔。现代技术和艺术技法的发展，给创意技术的拓宽提供了广阔的空间，衔技术的大手笔创造出令人震撼的伟大作品。

我们尊敬霍金，也重视他关于再过1 000年地球将不再适合人类居住的伟大预言，但是霍金可能低估了人类在解决温室效应与新能源方面的潜力。据说在2 000多年前，中国陕北米脂县的人们将地表的黑油（石油）烧成灰制墨。那时的科技水平，人们还不懂得石油的巨大用途。同理，1 000年后，谁能知道人类又会把现存于地球上的什么物质变成巨大的能源呢？未来在临近1 000年的时候，人类可能要面临一场大的争论和选择：一种意见是转移到其他更适合人类的星球上居住，废弃地球；另一种意见是阻止温室效应，攻克新能源，坚守地球。据此完全可以编创一部“逃离”与“坚守”地球的巨型科幻大片。既然存在逃离与坚守选择的争论，这部大片的情节可以编得跌宕起伏、扣人心弦，很有看点，可唤起人们节约能源、保护环境的崇高意识。制作这样一部科幻大片是不是比星球大战之类的科幻片更有意义呢？

综上所述，内容创意是有风格的，经过长期的创意实践，一个创意者会形成自己的风格，一个创意团队会形成自己的风格，一个文化创意企业也会形成自己的风格。从一定意义上讲，风格是一种标志，也是一种品牌。但需要指出的是，风格不是刻意追求就能形成的，需要长期的创意实践经验的积累，在长期创意实践的基础上才能有“资格”打造自己的风格。从事内容创意，一开始要扎扎实实地学习那些普适性的原则、方法和技术，练好基本功；待有了一定实践经历之后，方可逐渐摸索形成自己的风格。这是一个不可逾越的过程。

第二十八章　内容创意道德

所谓道德，是人们共同生活及其行为的准则和规范。道德通过各种形式的教育和社会舆论的力量，使人们形成一定的信念、习惯和传统，而发生行为规范的作用。文化产业内容创意是文化创意与经济创意的结合。创意主体不管是以个体、团队、文化企业任何一种面目出现，其创意活动中都会有一定的行为表现，创意活动的各个侧面或环节的行为中都存在一个道德问题。

"西方学者只谈利己的个人能使资本主义市场经济达到帕累托最优状态，从而忽视了道德对市场经济有效率运行的重要性。事实上，如果一个社会没有一定的道德基础，该社会的市场经济不但不能达到最理想的状态，相反会出现混乱的局面"。① 道德是效率的必要条件，道德是社会无形资本。提高创意绩效和文化产业效益，离不开良好的道德基础。

离开意识形态和道德的考量说不清楚文化产业。如果一个人通过学习创意知识理论，懂得了什么是文化产业内容创意规程、特征、原则、方法、技术和元素，并且具有从事创意的动力，但没有掌握创意中的道德规范，不具备良好的道德修养，在一定的时间中或许生成十件、八件创意，但很难保证能够取得高水平的、质量合格的

---

① 高鸿业主编《西方经济学（第四版）》，中国人民大学出版社，2004，第 780 页。

创意成果，他终究不可能成就为一个文化产业创意大师。

人类社会传承靠道德力量的调节。大动乱年代，市场失灵，政府瘫痪，社会之所以延续，靠的是道德的力量。市场调节没有道德力量配合，就容易走偏。政府规制没有道德力量配合，就会很有限。

第一节　文化创意道德

所谓文化创意道德，是指文化产业创意主体的创意活动中有关文化方面的创新性思维中的道德行为规范。文化创意道德，事关创意内容的思想性、进步性和满足公众文化需求，对创意的生成和创意绩效起着重要的作用。

一、文化与道德

1. 文化

文化是指人们从事的其产品或作品与人的知识、道德和艺术有关的一种活动。这种活动具有以下特征：一是融入了创意，也就是文化的创新性思维（创作或创造）；二是涉及了“象征意义”的产生与传输，其中包含了道德观念的表现与传播；三是其产品或作品中含有知识产权成分，也即存在财产归属问题。

人在认识世界、改造世界的过程中，所展示出来的体现人的本质、力量、尺度方面，就是文化。人类创造了文化，也享受着文化，同时又受文化的约束，还要不断地改造文化，发展先进文化。

文化的本质，是人的精神创造。文化的功能：一是保证人类社会群体的延续，不同地域中生活的不同人群创造了不同的文化，形成了多元的丰富多彩的全球文化；二是作为动力推动社会向前发展，文化由人创造，反过来又塑造人，提高了人认识世界、改造世界的能力，并规范了人改造世界中的行为。文化是社会发展最核心、最终极的动力。

2. 道德

在中国古代哲学中，道与德是一对范畴。“道”原指人行的道路，借以来表达事物运动变化所必须遵循的普遍规律或万物的本体。“德”和“得”的意义相近，用它来表达具体事物顺从“道”所得的特殊性质。对于“道”的认识修养有行于己，亦称为“德”。

在中国古代儒家道德规范体系中，“仁”是其核心思想之一。从字源学上看，仁字从人、从二，独则无耦，耦则相亲，表达了人人相耦的仁爱。不仅如此，儒家主张：天下兴亡，匹夫有责；先天下之忧而忧，后天下之乐而乐；仁民爱物，己欲立而立人，己欲达而达人；己所不欲，勿施于人，仁者爱人。中国佛学从印度传来并与中国社会相交融完成了本土化，佛学追求积德行善，讲究因果报应，劝人戒欲、戒色、不杀生，和谐和睦。中国道家思想讲求无为而治，天人合一，人与自然界和谐相处。上述道德理念是农耕自然经济时代的产物，有精华，也有糟粕，其中的精华部分，在当今社会的道德规范体系建设中，仍不失其可资借鉴的思想光辉。

肇始于古希腊哲学的先哲们，从柏拉图、亚里士多德到里格尔，其哲学文化思想体系中，道德是重要的组成部分。古代和近代西方哲学中的道德思想的核心，是博爱与自由。东西方的道德理念，既不同根，也不同源，但其内容有许多相似相近之处，从本质上反映了人类共同的人本、人性、人权与人道。值得提及的是，1921 年美国传教士布克曼在英国牛津大学发起“道德重整运动”，并于 1938 年 6 月在瑞士英特雷肯召开了“第一次世界道德重整运动大会”。该运动提出来的“绝对诚实，绝对纯洁，绝对无私，绝对的爱”四条道德绝对标准，以及“以改造人格来改造世界”的思想，对现代西方社会的道德建设产生了一定的影响。西方社会中的道德教育，很大程度上由合法宗教承担，宗教中的朴素的积极成分在规范人们的道德行为中也确实发挥着有益的作用。

任何一个社会时代的道德规范都是一个多层次、多维度的复杂体系。这个体系的框架结构，伴随社会物质生产力和文化生产力的发展，伴随不同国家、地区和民族间的文化交流、碰撞、磨合与汇融而不断地变化。道德以正义与非正义、公正与偏私、公开与黑幕、诚实与虚伪、合理竞争与非法竞争、善与恶、美与丑等字眼（道德概念）来评价人们的各种行为，调整人与人的关系。

当今世界，各国意识形态和文化背景不同，人们的信念、习惯和传统不同，不管人们的道德规范有多大的差异，其中总有一些最基本的东西，为全人类所共同认可或接受。当代人类共同认可的最基本道德行为规范如下：

——人有生存和发展的根本权力，人与人是平等的；

——人应努力为社会发展而工作，人在为自己谋发展谋利益的时候，不能用非法手段损害他人与社会的发展和利益；

——人人有爱心，人与人、人与社会、人与自然界应和谐共处；

——人在为社会做贡献的同时，应公平、公正、公开地共享人类劳动的成果福利；

——当代人在自身发展和享用福利的时候，不能损害后代人的发展和后代人享用文明福利。

二、文化创意行为中的道德问题

考察当今全球文化产业的发展，文化创意中的道德问题主要集中在以下几个问题上：

1. 腐朽文化入侵问题

人们说，文化 + 创意 = 财富。毫无疑问，这里讲的是先进文化。不管是文化艺术的“阳春白雪”，还是“下里巴人”，对人的生存发展有益，对社会和谐有益，对社会进步有助，就是先进的文化。这样的文化通过产业化运作，满足了人们的文化消费需求，改善了人们的精神生活，同时使文化创意人获得经济收益，增加了国家财政收入，创造了社会财富，是大好事。

早期法兰克福学派学者对文化产业引起的文化的粗俗和低劣的界定是有偏颇的。他们不赞成的粗俗和低劣，恰恰许多就是大众文化。但我们必须清醒地看到，法兰克福学派对文化产业的指责绝对不是完全没有依据的，绝对不是无的放矢。他们对“拜金主义”引起的文化的粗俗和低劣的思想，不失为一种有益的警示，是可贵的。事实上，迄今为止的文化产业文化内容中确实出现了或至今依然存在不少的腐朽文化。封建主义和原教旨主义的意识形态、色情、毒品、恶斗、暴力、凶杀之类的糟粕时常入侵文化产业，混杂于文化产业产品内容之中。这种违背最基本的道德规范的行为现象，给文化创意主体提出了严肃的创意道德课题。

从事文化产业创意的目的是为了赚钱，赚钱是不受指责的，但是钱要赚得阳光磊落。一个有社会责任感和人本、人性、人权和人道良知的文化产业内容创意者，不能为了赚钱去触犯人类最基本的道德规范。

2. 当代艺术思潮中的道德问题

文化产业诞生之后特别是文化产业在美国的兴起，文化产业创意深刻地影响了世界艺术发展的走向。20 世纪 50 年代开始，新兴的抽象主义艺术向传统的写实主义艺术发起了挑战，抽象主义艺术不仅占领了美国，成为美国主流的艺术形式，而且打入欧洲，使欧洲传统的古典主义艺术领地越来越小。不仅如此，抽象主义艺术还向世界各地出击，直至形成了所谓世界性的当代艺术思潮。

中外不乏对上述现象进行研究的学者，对“当代艺术”这一概念进行探讨的著述就很多，而且分歧非常之大。有不少的学者从第二次世界大战之后的冷战意识形态的背景上切入，从道德角度透析美国借助当代艺术争霸世界，企图领导世界文化，进而造成了所谓当代艺术思潮的情况。1960年以后，“所有艺术形式的‘当代艺术’，无不产生于美国，‘波普艺术’‘装置艺术’‘行为艺术’‘身体艺术’‘激浪派’‘光效应艺术’‘偶发艺术’‘极简艺术’‘大地艺术’‘概念艺术’‘影像艺术’等”“就基本‘形式’而言，‘当代艺术’凿凿然原产于美国，完全是一种‘美国艺术’”。① 这是讲了实话、真话，指明了美国艺术被冠名为当代艺术，使人们进入误区的背后的重大意识形态及其道德原因。

我们不赞成把美国艺术当作当代世界艺术。当代艺术是多元的、多样的，不是哪一个国家或地区的艺术，就可以随便冠以或自封为“当代世界艺术”的。美国艺术只是当代世界多样性艺术中的一种艺术形式。如果出于某种动机，利用强势经济力量和传媒力量硬把当代艺术中的一种形式哄抬为当代世界艺术，那就违背了“文化平等”的道德规范，就有文化霸权主义之嫌，文化霸权主义是不得人心的。

以抽象主义艺术为核心的美国艺术之所以成为一种世界性的艺术形式思潮，主要有四个原因：

第一，文化产业初见端倪的时候，迎头碰到法兰克福学派的批判。到了英国文化学派时期，才有所缓减，有褒有贬。然而在美国文化产业学派那里，文化产业所挟裹的大众文化已经成了“人们的日常生活”。在一定意义上讲，文化产业是文化艺术工业化复制者、文化产业创意人和文化艺术品经纪人驰骋的园地，而不是固守传统艺术形式的艺术家的园地，所以波普、装置、行为、身体、激浪、光效应、偶发、极简、大地、概念、影像等艺术形式，在“文化产业所挟裹的大众文化已经成了人们的日常生活”的美国诞生，是很

① 河清：《艺术的阴谋》，广西师范大学出版社，2005，第30页。

自然而然的现象。

第二，文化产业的本质是盈利。美国人为了推销他的艺术产品，必然要为美国艺术正名，宣扬他的艺术理论和观念，给以传统艺术观念看来根本不是艺术的艺术戴上当代艺术的皇冠，深层目的是为了打开并占领世界艺术市场。传统艺术品的创作是一种慢功，而文化产业产品的生产要讲效率，以便尽快进入和占领市场。美国的当代艺术，适应了文化产业产品生产的这种要求，是追逐大众文化市场的产物。

第三，美国从骨子里有一种欧洲殖民地的记忆，独立战争之后美国逐渐强大了，他不能容忍经济强大并领先于欧洲的同时在文化上依然依附于欧洲，一定要有自己新的东西与英、法、德抗衡。美国在经济先进的同时，也要标榜自己文化的先进，所以就产生了所谓“当代艺术”（实质上只是美国艺术）的艺术。

第四，文化产业创意的开放性、拼糅性、奇特新颖性、市场融会性、与消费者互动性以及追求感官的刺激、自恋、自我表现的种种特征，催生、造就了美国文化。在当今文化产业强势的欧美，已经不是作品造就艺术家，而是市场、艺术品经纪人或艺术品策展人造就艺术家。那些不懂传统艺术的概念创意人逐渐取得了艺术家的称号，而懂得传统艺术的艺术家却有被逐渐边缘化的危险。在欧美文化市场上，如今传统的、古典的、写实主义的优秀艺术作品的价位越来越低，而以传统艺术理念看上去不是艺术的抽象主义艺术品的价位越来越高，创意的附加值一路飙升，民众就是对所谓“当代艺术”（实际上是美国艺术）作品喜闻乐见。这个现象，从一个侧面（当然不是全部）反映了文化产业创意与文化艺术发展的关系。

最后要特别强调两点：其一，文化产业（复制）创意特征所催生的艺术形式，绝不仅仅是美国艺术，它将催生更多的、更丰富的艺术形式，伴随文化产业在各国特别是广大发展中国家的兴起，各国将产生与文化产业相连的多种多样的艺术新形式。其二，世界性的美国艺术现象，只是一个时间跨度内的现象，并不是艺术发展的终极现象，世界艺术的多元化、多样性才是不可改变的永恒的现象。

3. 文化生态平衡中的道德问题

讨论文化生态平衡，是为了在内容创意中关注文化生态，自觉顺应文化生态平衡，防止对文化产业资源的掠夺性开发，造成资源不可逆转的破坏，以高尚的职业道德从事文化创意。文化是人的存在方式，也是人对客观世界理解的方式。在地球的不同角落，形成了不同的地缘文明和地域文化。伴随社会物质生产力与交通通信的发展，不同地缘文明和地域文化间的交流融合，又促成了各种文化的进化。与此同时，文化本身也细化为不同的领域、部门或类别。这样一个自然过程构成了浑然一体的多元性的、多样化的世界文化生态体系。

如同自然界的生态平衡一样，文化也存在一个生态平衡问题。文化的发展进步，因若干因素的介入，总是在平衡—打破平衡—寻求新的平衡中实现的。世界历史上的许多国家间、民族间、地区间的冲突，归根结底是物质利益的冲突，但是也有不少是文化差异引起的冲突，物质利益的冲突往往以文化冲突的形式表现出来。国家间、民族间、地区间冲突的和解，归根结底是解决利益矛盾的结果，但是也有不少是彼此理解了文化差异的结果，国家间、民族间、地区间的和谐往往以文化生态的平衡表达出来。

纵观整个人类文化史，每当文化生态平衡时，文化就得以发展、繁荣并取得大的进步；每当文化生态失衡时，文化就遭摧残、凋敝甚至倒退。人类之所以创造了数千年灿烂的文化，因为历史中的文化生态平衡是主流，失衡只是短暂的局部的现象。文化生态总是朝着平衡的方向发展，因为文化是人的生存方式，人为了生存不能容忍文化长时间的分裂失衡。道德是文化的一部分，同时又有自己独立的体系。道德规范在保持文化生态平衡中具有重要的功能，发挥着举足轻重、不可替代的作用。

生产力为人们认识世界、改造世界的能力。实际生活中我们看到人们对世界的认识和改造常常表现出幼稚和浅薄。大气污染、温室效应造成自然生态链的断裂。封建主义、原教旨主义、文化霸权主义、色情、毒品、恶斗、凶杀、暴力这类腐朽糟粕的文化内容，混杂于文化产业产品之中，造成了文化分裂。哲学家保罗·蒂利希认为，文化分裂的根源在于人类精神的分裂，正是人类精神发生的表层和底层、现象和本体的分裂，导致具体文化形态之间联系纽带的断裂。所以，要恢复人类精神的完整性，以人类精神本性中的终极关怀，赋予各种文化现象一以贯之的终极意义①。

人类精神本性中的终极关怀，应当是人本、民生、自由、平等、和谐等属于最基本道德规范的东西。道德的核心是人的生存，人的自由平等，人与人的和谐。人体炸弹在杀伤他人的时候也杀了自己，强国对弱国军事入侵也要付出本国士兵的生命，人性分裂是道德败落的表现。内容创意中挟裹的腐朽文化是人类精神的一种分裂，也是道德的一种沦落。

第二节　经济创意道德

经济创意在文化产业内容创意中占有重要的地位和作用。内容创意当中，存在一个经济道德问题。文化产业经济创意中的道德，事关创意的生成和创意绩效。

---

①　丁立群：《文化总体性与文化哲学》，《光明日报》2009年4月21日。

一、道德是文化市场失灵与失态的原因之一

经济学从经济关系的角度分析了文化市场失灵和失态的原因，指出市场不能完全解决经济活动的外部性、公共产品、恶性竞争和垄断造成的市场失灵和失态问题。所谓外部性是指一个行为主体的行动直接或间接地影响另一个或另一些行为主体的福利时，前者的行动对后者具有了外部性。外部性的实质是私人收益与社会收益不等。私人收益大于社会收益时，如文化产业中的色情污染为负的外部性；私人收益小于社会收益时，如没有登记专利的衔技术发明为正的外部性。文化产业创意知识产权受到保护为负的外部性，不受保护则为正的外部性。

经济学上的公共文化产品，是指一种提供给某个文化消费者使用而他人不必另付代价亦可同时得到享用的文化商品或服务。公共文化产品一旦被提供，任何人都可以享用，而不管是否付费。公共文化产品的非竞争性和非排他性特征，使个人和私人公司没有谁愿进行公共文化产品的供给。市场在解决外部性和公共产品上的失灵，说明市场原本就存在缺陷。

对内容创意主体而言，利润的追求是根本动力之一，也正因为存在这一动力才使得文化产业得以发展壮大。创意主体对利润的追逐及其创意中的竞争是天经地义的。这可能产生两个必然的结果：一是其产品（或服务）的创意内容有利于巩固社会主流意识形态，二是其产品（或服务）的创意内容不利于巩固社会主流意识形态。市场机制在上述两个必然结果面前有时显得无能为力。

文化产业中的许多行业，特别是各种传媒担负着传播思想、观念、理想的舆论引导功能，已经上台执政的或准备上台执政的政治集团都懂得利用传媒的重要性。在市场经济背景下，传媒的私人性质决定了传媒不排斥任何可使其获利的宣传内容。在这种情况下，

将产生不同的政治集团或财团控制着不同的传媒的现象。谁控制了传媒，谁就可能牢牢地坐稳江山或者是上台执政。在西方政体下，不管哪个政治集团执政，都不会允许他所控制的传媒所传播的内容，发生与社会主流意识形态相悖的东西；但文化产业强国却千方百计利用他的媒体对外输出他的价值观，对他国进行意识形态渗透，煽动他国的所谓颜色革命。可见，仅仅从经济学意义上解释文化市场失灵与失态是远远不够的，在文化市场失灵与失态的背后深藏着道德的原因。

二、道德是内容创意主体立身之本

在市场经济条件下，讲道德是所有内容创意主体（包括文化企业）的立身之本。我们知道，公信力是经济与伦理的结合。当一个创意主体或文化企业失去了公众的信任时，离倒台的时间也就不远了。创意主体和文化企业以盈利为根本目的，这种功利性目的必须建立在遵守社会伦理道德基础之上，兼顾追求商业利益与维护公众利益之间的统一，否则就很难在庄严的社会道德伦理公信面前和残酷的市场竞争中站稳脚跟。

《华盛顿邮报》的费维曾说：“我不知道公信力是什么，但是失去了它就能感觉到它的存在。我们花了许多年才把那些信任找回来。我们曾经亵渎了公众对我们的信任。”乔治·华盛顿大学的戴索认为：“公信力是一种信赖，也是一个品牌。”①

美国多数媒体归私人所有。传媒文化企业大多高度重视公信力，这是因为传媒企业的老板们在不择手段赚取利润最大化的同时，也深谙媒体的责任铁律、伦理底线和道德成本问题，兼顾了经济追求

---

① 沈荟：《公信力：传媒经济与伦理的融合》，载叶取源、王永章、陈昕主编《中国文化产业评论（第二卷）》，上海人民出版社，2004，第351页。

与公众利益之间的平衡。为了企业的生存和发展，明智的传媒老板都会牺牲局部的、短期的版面或传播时间，忍受利润减少的痛苦，而去做一些诸如开辟学生教育、卫生保健、公益性的宣传节目的工作，并要求企业的创意团队尽可能提供有创意的公益性节目内容服务于公众。

事实上，公众的信赖是传媒文化企业最大的市场，失去了公信也就失去了最大的市场。所谓企业的责任铁律，是指企业的社会道德责任与企业生存的必然关系问题。就拿媒体来说，其“作为社会中的组织形式、被赋予了存在和经营的权力，因而也理应在法定权利和义务的范围内对社会负责。如果拒绝承担责任，则同样也会被社会所拒绝”。“对西方商业媒体而言，经济伦理带有明显的功利性色彩”。“社会公众需要一个自由而负责任的传播系统，而媒体管理者也发现，追求经济目标与追求社会目标具有和谐统一的一面。参与解决社会问题，承担道德义务和责任，塑造良好的公众形象，有助于媒体趋向于取得稳固的长期利润，进而促进其长期持续发展。媒体的成功并不是违背了真实、准确、客观、公正诸原则，而是恰恰遵循了这些准则”。“在现代社会，媒体同其他企业一样，从事不道德的成本加大了。信息传播速度极快，社会舆论的监督力度不断增强，竞争对手的注意与反击，任何突破道德合理性界限的行为几乎马上就能家喻户晓。这样，媒体公信力下降，声誉受损，最重要的无形资产将受到重创”。①

由此可见，经济学意义上无法解释得十分清楚的文化市场失灵与失态，在社会伦理道德学意义上获得了部分解释。道德既可使市

① 沈荟：《公信力：传媒经济与伦理的融合》，载叶取源、王永章、陈昕主编《中国文化产业评论（第二卷）》，上海人民出版社，2004，第352－354页。

场失灵与失态，也可帮助市场正常运转，具有双向的作用。道德是文化企业发展壮大的源泉，也是文化企业败落的原因；是创意者立身成功的桥梁，也是创意者身败名裂的陷阱，同样具有双向的作用。

三、经济创意行为中的道德问题

考察当今全球文化产业的发展，经济创意中的道德问题主要集中在以下几个问题上。

1. 盗版问题

偷盗是一个道德问题，但在内容创意主体的行为中偷盗现象时有发生，盗版侵权难以遏制。在 20 世纪 50 年代，美国出口对版权的依赖度仅为 10% 左右，到 90 年代已超过 50%，现已超过了 65%。盗版与反盗版，已成为各国文化产业发展中的一个焦点问题。人们之所以盗版，无非是为了经济利益。从世界范围看，盗版纠纷层出不穷，侵权案件屡屡发生，就是因为文化产业是一个利润丰厚的产业。反盗版要通过创意知识产权保护立法体系和执法体系来完成。对创意主体而言，一方面，要有法律意识，不要去侵犯别人的利益，不做违法之事；另一方面，必须养成良好的道德修养，不要去做有损个人道德形象之事。

2. 公平竞争问题

市场是一个公平竞争的场所，文化产业内容创意市场竞争也不例外。对于文化产业创意主体而言，其经济创意行为，包括定价、推销、兼购、投资、人力资本运作都应当遵守市场经济的游戏规则，合法地进行经营经纪的竞争，绝不可违犯道德规范去搞恶性竞争。行业垄断破坏公平竞争。按照经济学原理，垄断是市场经济发展的负面产物，垄断与优化资源配置相悖，被视为不合理的东西。在成熟的市场经济中，是不允许产业包括文化产业垄断形成的，有反垄断法加以制约。

由于文化产业的意识形态属性，不管政府有多少正当的理由对文化产业的某些行业实行（行政）垄断，都必须意识到这种垄断是以牺牲公平竞争的道德规范、牺牲文化资源配置效率为代价的。广大发展中国家在发展文化产业过程中，如何既确保国家文化安全，又照经济规律办事，使不得不牺牲的道德规范和经济准则的情况尽量少发生，把文化产业真正做大做强，还是一个有待解决的大课题。西方发达国家在成熟的市场经济竞争范围中，可以确保他们的社会主流意识形态不动摇，我们也能够在成熟的市场经济竞争氛围中确保自己的社会主流意识形态不动摇，其中的关键是处理好公平与效率的关系。

3. 文化艺术品经纪活动中的道德问题

文化艺术品经纪是一个充满创意挑战的经济活动领域，同时也是一个道德“事故”的多发领域。就拿中国字画市场来说，艺术品真伪问题一直困扰着市场。所谓艺术品鉴赏，其鉴即鉴别真伪，赏则是赏识优劣。字画市场上的大量赝品、仿品的存在，说明了文化艺术品经纪活动中存在严重的道德低下行为。

文化艺术品经纪，是文化艺术品生产与经销行业的重要经营内容，对文化艺术品生产与经销行业的发展起着重要的作用。发达的文化艺术品市场中买卖双方，不仅包括收藏家，也包括投资家，而且以投资家居多。人们投资文化艺术品，是为了获取回报。在成熟的书画艺术市场中，有专业画廊、专业拍卖行和书画博览会三种市场，书画艺术与商业的结合，俨然成了一个行业。有市场，就有竞争。有竞争，就存在一个竞争中的行为道德问题。在画廊、拍卖行和博览会的运营中，都有可能发生不道德的行为，比如在艺术品拍卖中，在幕后交易下形成的靠“托”抬高价格炒作的事情，已经不是什么秘密了。

一般来说，在书画作者艺术创作状态稳定的情况下，其作品的存世量与作品市场价格涨幅空间成反比，与其创作严谨程度成反比。作品市场流通量的大小，与投资前景成正比，流通量大，说明大家认同率高。对于书画艺术品经纪人而言，某书画家作品的存世量、市场流通量是可以通过经纪人与书画家的“交易契约”进行控制的。这种控制其艺术效果具有双重性：一是有助于书画艺术繁荣发展，二是阻碍了书画艺术繁荣发展。前者为正常的经纪谋略，后者则为不道德的经纪行为。

4. 收益分配中的道德问题

收益分配公平与否对于社会来讲是一个道德问题。文化产业收益通过文化产业给人们所带来的经济的、文化的、社会其他方面的福利表现出来。在文化企业内部的一次分配和全社会的二次分配中，文化产业收益分配道德均有表现。在一次分配领域中，文化产业产品的价值主要由产品的创意研发者的劳动构成，而我们却观察到许多文化企业并不是“按劳分配”，在一些文化企业中产品研发人员的工资并不比其他从事产品复制的操作性员工的工资多多少，分配中的平均主义和大锅饭还严重存在。在二次分配领域中，我们观察到许多发展中国家文化生活“贫富”悬殊的现象还十分严重，尤其是城乡二元经济结构的国家中，广大农村的文化产业还很不发达，有的地区是空白，广大农民的文化生活还十分贫乏，城里人所享受的文化生活对于贫困地区的农民来讲还是“天方夜谭”。如何解决一次、二次分配中的不公，使人们共享文化产业发展的成果，对于许多发展中国家而言是一个必须关注的大问题。

第三节　创意大师素养

内容创意不仅是智慧的表达，也是道德的表达。我们曾指出了内容创意人才的三个特征，即具有比较广博的知识、懂得多种专门技术和具有活跃的思维能力。内容创意大师级人物，不仅仅具有以上特征，从品德与秉性上还表现为以下形象。

一、具有社会责任感

内容创意产品最终要与公众见面，公众是内容创意成果的最终鉴定者。文化产业内容创意大师对自己所从事的职业，在充满激情的同时，也有一种敬畏之心和谦卑之情，因为它要经得起社会公众的检验，由此积累起一种社会责任感。内容创意大师对自己职业的敬畏之心和谦卑之情，源于对社会对公众的敬畏之心和谦卑之情。社会责任感是道德的表现，这种责任感越强，道德越高尚。我们不否认职业主体的社会责任感是职业功利主义产物的观点，但是功利主义绝不是人发生社会责任感的唯一原因。否则，历史上那些“位卑未敢忘忧国”的仁人志士如何解释呢？文化修养、道德修养、人本修养、价值修养均为社会责任感发生的原因。

二、具有文化的良知

内容创意大师是有文化的，广博的文化艺术知识修养使他们懂得哪些是文化精华，哪些是文化糟粕，具有追求先进文化创新文化的良知。文化良知即文化内容要有利于人的全面发展和社会进步，这是文化人的良心境界。在一定的意义上讲，内容创意大师也是艺术家，但在他们身上表现出来的是深厚的文化底蕴，而很少有匠气。职业是人的一种生存方式，艺术家与艺术匠人的分水岭在于文化底蕴，匠人可以去专营生计，而艺术家在经营生计的同时有文化创新的自觉。内容创意大师是艺术家而不是艺术匠人。

三、具有哲人的气质

内容创意是创新性的思维，创新思维需要哲人的头脑。创意大师，性格品行各异，并非完人。面对众多的创意命题，他们的头脑大多处在活跃的思维状态中。无论他们的性格是风风火火的，还是沉默寡言的，无论他们是合群的，还是善独的，都会流露出哲人的气质。何为哲人？哲人最大的特点是追求真理，讲究事物之间的必然联系。哲人只认真理，遵从规律，而不屈从于权力。内容创意大师在创意当中，不会为了一时一地的利益越过道德规范的底线。创意大师不会都是富有的，不管是富有还是贫困，他们之所以被公认为创意大师，那就一定是其作品中蕴含了思想性、艺术性，给人们带来了文化知识、美的享受、积极的情感等，有助于人的发展和社会的进步。

第二十九章　内容创意障碍

所谓内容创意障碍，是指创意规程各程序或环节中阻挡思维进行的因素。创新性思维的意识流循着正确的路线前行，才能达到创意生成定型的目的。这正如在高速公路上行进的汽车，如果碰上了障碍就不能顺利前行；也如在大洋中行进的航船，如果碰了冰山或台风，航船就不能顺利到达彼岸。任何事物运动中都会碰到障碍，文化产业创新性思维作为人脑组织的一种运动也不例外。障碍在创新性思维规程的各个环节中都可能出现。研究创意障碍的目的在于突破障碍，防止自我设置障碍，从而促成创意，提高创意绩效。

第一节　创意命题障碍

创意，是文化产业的引擎，是文化产业发展的灵魂。人们已经处在未来学家阿尔温·托夫勒所预言的创意时代之中。当创意成了时髦的时候，当创意为王成了一个前卫性理念的时候，人们越是要严格把握内容创意的内涵，不要把不是创新性思维的命题当成创意。

一、与市场相关的创意命题障碍

文化产业内容创意的基本特征之一是创意与市场的融会性。文化产业创意与文化创意、社会创意、艺术创意乃至意识形态创意根本性的区别是其创意产品要走向市场，与市场融会在一起。文化产业创意产品或者文化产业创意资本，都以进入市场为直接目的。市场有需求的，或者能引领市场形成市场需求的，才去创意。创意是“脑力”生产的过程，生产要对路，以销定产。如果创意不能走进市场，积压在仓库（脑袋）里，就是脑力资源的浪费。

人们发现，现实生产中的一些所谓内容创意脱离了市场的需求，在文化市场中没有位置，还美其名曰文化产业创意。不少的所谓文化产业展览会中，创意产品的意向书签订了不少，但是最终进入实质性交易的寥寥无几。何以至此？很显然，在创意命题环节发生了障碍。

内容创意最终必须与满足老百姓的（有偿）文化需求挂起钩来，才具备创意的基本特性。创意者的产品必须走进市场，才能赚到钱。有些创意，就文化、艺术、意识形态而言或许非常成功，但是不能进入市场，或在市场上根本卖不出去，那也仅仅是一个成功的文化、艺术或意识形态创意，而构不成文化产业内容创意。缺乏市场或市场培育意识的所谓创意命题，是文化产业内容创意根本性的障碍。

二、伪命题造成的创意障碍

人们发现在创意的第一个程序“提出问题”中面临着命题的真伪。伪命题是客观存在，研究文化产业内容创意障碍不能不讨论伪命题。所谓文化产业的伪命题，是指无创新意义的命题和为伪装而创意的命题。

1. 无创新意义的伪命题

无创新意义的伪命题，是指从一开始就不具备内容创意基本特征的命题。创意作为创新性思维，其基本特征中最重要的一条是创新。创新是判别创意命题真伪的标志。如果无创新意义，那就是创意的伪命题。比如，在文化产业产品生产中，只有最初的新产品的研发设计制作才具有产品创意创造的特征，此后的批量生产只是工业化复制。创造和复制是不同的概念。原创性的产品为创意，复制性的产品不是创意。人们不能不分原创与复制，把文化产业产品生产统称为创意生产。凡是没有创新意义的思维，都是一般性或者说是通常性思维而不是创意，没有创新的命题是创意伪命题。

无创新意义的命题，从一开始就走进了创意伪命题的死胡同，就陷入了伪创意的泥潭。这类伪命题发生在创意的起点，对创意来讲是方向的迷失。这好比高速公路上的汽车，一上路就走错了方向，自然抵达不到目的地；也好比大海中的航船，一离开港口就走偏了方向，自然抵达不到胜利的彼岸。做一件事情，从一开始就偏离了方向，犯了方向性错误，最终肯定是劳而无功，达不到预期目标，甚至是下的功夫越大，偏离目标越远。由无创新意义的伪命题导致的“创意”为伪创意。伪创意因其伪，而不能生成真正的创意，也就谈不上获得创意绩效。

无创新意义的伪命题导致的伪创意，是内容创意活动中危害极大的思维现象，是内容创意中一种突出的思维障碍。这个障碍不是他人设置的，而是创意主体自己设置的。究其原因：其一，主要是创意主体知识的匮乏和创意技能低下造成的；其二，也不排除创意者受盲目追风、赶时髦的意识支配。当创意经济来临成为一种潮流的时候，有的人把毫无创新的东西也当成了创意，其实他们是在伪命题下搞了伪创意，可能自己还全然不知。

2. 为伪装而作的创意命题

文化产业当中还存在为伪装而作的创意命题，这里的“伪”字与上面讲的无创新意义的伪命题的“伪”字，内涵有所不同。上面讲的无创新意义的伪创意，是说由伪命题导致的所谓创意，并不是真正的创意，是假创意。这里讲的创意，命题目标为假，创意为真，是为伪装而进行的创新性思维。无创新意义的伪命题是命题和创意都伪，为伪装而作的命题则是命题伪而创意真。

为作伪而创意，有两种情况：一种情况属于正常的作伪，比如商战中为了迷惑对手的产品竞争策略性定价以及释放出的企业经营战略战术的假信息之类的“烟幕弹”；另一种情况属于不正常的作伪，比如对产品性能、用途、质量的虚假宣传和虚假广告。

以作伪为目的的创意命题导致的创意为什么是真创意呢？这是因为，虽然命题为伪，而作伪需要创新性的思维，如果作伪中有创新那就符合创意的最基本特征。

正常的作伪创意，做得越伪越好，创意生成的关键在于是否伪装得巧妙。如果以假乱真，起到了迷惑对手、掩盖自己真实意图的作用，创意就生成了。

不正常的作伪，则是创意的障碍。比如广告创意，不管在作伪创意中有多少新意，但是由于在最初的创意命题中违背了广告创意的真实特征，所以是毫无意义的创意。文化产业创意的本质是赚钱，虚假的广告骗人一时，不能骗人永远。虚假广告迟早要被揭露，以害人开始害己告终，通俗地讲这是坏创意。坏创意是创意者自己设置的，自作自受，自食恶果。综上所述，应当竭力防止伪命题导致的诸如假广告之类的坏创意，这是创意的大碍。

第二节　创意酝酿障碍

创意在酝酿规程程序中，主要是围绕创意命题，破除旧的编码图式，建立新的编码图式。破旧立新，需要创意力。创意力取决于创意主体所掌握的知识、信息和方法。创意者所掌握的知识全面、系统、准确，所拥有的创意信息元素量大，所懂得的创意方法多，创意酝酿的效率就高，创意生成的机缘就多。创意主体的思维品格对创意酝酿也有举足轻重的决定作用，那些不适合创意的“脑型”硬去从事内容创意，自然是障碍重重。在创意酝酿程序中，思维障碍的具体表现及其原因如下所述。

一、知识储备匮乏，不知如何下手

爱因斯坦讲过提出问题比解决问题更重要的话，这无疑是创新性思维的真谛。但是，提出了问题，哪怕是非常准确的科学的命题，终归不能代替解决问题。解决问题，寻求答案，才是目的。

对于内容创意来讲，创意酝酿规程就是解答创意命题的过程。人们发现，在这个过程中的思维现象之一，是创意者不知如何“下手”，破旧立新的思维意识流不知往哪儿流，找不到解决创意命题的突破口。

文化产业是一个涉及知识和行业比较宽泛的知识经济形态之一。没有广博的科学思维知识、人文社会科学知识、自然科学知识、信息技术知识、工程技术知识以及相关行业的专业知识储备，是不能胜任内容创意工作的。当然，这是就创意主体全体而言。创意命题成千上万，侧重各有不同。对于承担某类创意的人才，可以不要求他是无所不知的知识储备的全才，但是在他从事的创意命题类型体系中，应当具有比较广博的知识。有些知识可以略懂，有些知识必须专精。知识匮乏是创意酝酿中不知如何下手的重要原因之一。

二、信息元素闭塞，不足以破旧立新

在创意酝酿中，破除旧的编码图式，建立新的编码图式，都需要丰富的信息元素。编码中的码，构建新图式中的“点、线”，来自信息元素。创意信息元素是一个大的系统，而且是一个不断变化的动态系统。

如果说大脑中的知识储备还是创意酝酿的静态元素的话，相对而言，外部信息则是创意酝酿的动态元素。由于其动，所以如不及时捕捉，瞬息而过，就会造成信息闭塞。信息闭塞的直接后果为创意酝酿中的元素量少。创意元素量少，自然就不足以实现破旧立新。显然，信息元素闭塞，是创意酝酿的一大障碍。

高明的军事指挥家都懂得搜集战争情报的重要性。从一定的意义上讲，战争就是情报信息的斗争，谁掌握了最全面、最准确、最及时的情报信息，谁就掌握了取胜的最基本因素。内容创意的竞争，也是信息的竞争，谁掌握了最全面、最准确、最及时的信息，谁就可能最早生成某一创意，打入市场，占领市场，从而取得创意绩效。

三、方法僵化单一，不能应对命题

阻碍内容创意酝酿创意生成的原因之一，是创意方法的僵化单一。创意方法的僵化与思维僵化相联系。思维是一个相对模糊的概念，创意方法则是在创意中总结、归纳、提炼出来的具体思维形式办法。思维僵化，缺少开放意识，固守思维定式，跳不出思维习惯，就不会接受和产生新方法。所谓思维定式，主要是指经验。经验是创意所需要的，也是不可缺少的。但是创意更需要发散性的思维，不能固守经验，犯经验主义的错误。经验是宝贵的，固守经验则是可怕的。固守经验，思维僵化，不可能从容应对丰富、庞大而复杂的各式各样的创意命题。创新性思维离不开创新性的方法。

创意方法的僵化还表现为固守书本上阐释的方法，跳不出书本，犯教条主义或本本主义的错误。书本中的内容创意方法是他人经验的总结，是他人在创意命题破解中依一定的条件和因素而归纳出来的。他人总结的方法适不适合你所选择的创意命题，适不适合你目前的条件，这是要打问号的。举个最简单的小例子，按照鲁迅的说法，书装艺术具有“增强读者的兴趣”“补助文字之所不及”的力量，一般认识书籍封面的创意设计元素应当尽可能与书的内容相对应。但也恰恰是鲁迅当年为了其作品《坟》的封面设计，写信给封面设计者说“只要和‘坟’的意义绝无关系的装饰就好”“不妨毫不切题，自行挥洒也”。[①] 书的封面与书的内容对应切题这本来是封面创意的原则和方法，但在这里鲁迅却要求毫不切题，自行挥洒。显然，对任何一种学问知识都不能采取教条主义的态度。

此外，创意者要尽可能多地学习和掌握创意方法，否则就不能应对复杂多变的创意命题。如果头脑中只有极少的创意方法，在进行创意时，方法选择的余地不大，就很难生成创意。可见，思维僵化、方法单一是内容创意的一大障碍。

四、技术概念不清，误入创意迷途

在文化产业发展的初级阶段创意表现为复制，主要是文化艺术品的复制，此时工业化带来的各种硬技术发挥着重要的作用。在文化产业发展的高级阶段创意表现为内容，主要是文化艺术品内容的创新，此时后工业化带来的各种硬技术以及艺术技法依然发挥着作用。不管是文化产业的初级发展阶段还是高级发展阶段，内容创意技术都要服从和服务于创意命题的破解。

如果把硬技术、软技术和艺术技法的创新当成了内容创意，就是创意目标和手段的混乱，对内容创意而言就是思维障碍。如果对文化产业衍技术概念、内涵、功能和作用不清楚，发生理解上的偏差，就容易造成创意障碍。在文化产业初级发展阶段，工业化复制中硬技术的作用曾经十分重要，人们可能产生了一种依赖硬技术的习惯或心理。当文化产业进入高级发展阶段，内容创意占主导作用的时候，如果把创意生成的注意力放在硬技术方向，依然主要依赖硬技术复制，那就是创意的障碍，必然误入创意迷途，导致创意失败。

---

① 金水明：《书装零墨》，《博览群书》2009 年第 1 期。

第三节　创意生成障碍

创意生成是内容创意规程中最有意义的一个环节。创意命题和创意酝酿程序中的思维障碍，同时也是影响创意生成的障碍。在创意生成程序中，还可能出现以下思维障碍。

一、与市场时空相关的创意生成障碍

人们发现，有一些很好的内容创意在创意几乎要生成的瞬间，创意者忽然终止、放弃了创意，究其原因：一是对创意的前瞻性特点把握不住，二是创意者对市场行情发生了错误的判断。市场是一个具有时间和空间特征的概念。市场是一个不断变化的东西。虽然内容创意以最终进入市场为目的，但是，在什么时间进入哪个市场，是有很大操作余地的。产品创意研发设计，本应具有一定的超前性、前瞻性，不能因为一时一地的市场不需要或需求不旺，而放弃或终止本来很有价值的创意命题。有些创意产品，在今天市场销路不大，不等于明天就不能热销。在甲地市场中销量不大，不等于在乙地市场中销量就小。如果因为对市场需求判断错误，放弃了本来可以旺销的很有价值的创意产品，则非常可惜。

二、与创意关注点有关的创意生成障碍

破解一个创意命题，生成一项创意，大脑中思维的意识流常常处于非常活跃的状态中。创新性思维具有开放性、扩散性的特征，唯此才能突破思维定式，打破传统的框框，否定旧的编码图式，创造新的编码图式。但是这绝不意味着思维的涣散，绝不意味着无的放矢，绝不意味着漫无边际。有效的思维是有针对性的思维，有效的创新性思维是发散与集中良性循环的思维。没有发散思维，带不

来创新的机缘。没有集中思维，带不来创新的灵感。所谓集中思维，就是把脑力集中于一点，犹如光束聚焦于创意生成的关键点上。任何事情的解决都有一个突破口，选准了突破口，事情就解决得很顺利。不懂选择突破口，眉毛胡子一把抓，事情很难顺利解决。创意关注点是创意生成的突破口。思维涣散，缺乏聚焦，找不到突破口，是创意生成的大碍。

三、与创意停顿有关的创意生成障碍

创意生成许多情况下需要灵感。灵感有时不是在创意酝酿、脑力最紧张的时候出现的，而是创意主体在创造性停顿、大脑休息的时候，或者是从创意命题之外的事物中获得的。因此，创意主体如果在创意进入决战阶段，大脑极为紧张，百思不得其解，更严重地讲甚至达到精神要崩溃的时候，应当把创意停顿下来，暂时放弃对创意命题的思考，转而做其他事情，使大脑得到放松，适当休息调整，这样会有助于创意灵感的到来。与此相反，如果创意主体不懂得创造性停顿对创意生成的意义，在该适当停顿的时候不停顿下来，依然耗费脑力紧张工作，甚至钻了牛角尖也不知回头，这对创意而言，就是一种障碍，无助于创意的生成。

四、与创意转移有关的创意生成障碍

文化产业内容创意是文化创意与经济创意的结合。其中，有些创意在“提出问题”（命题）规程中，就已经是文化与经济创意一并进行，“合二为一”了。也有些创意是文化创意与经济创意分步，“一分为二”地实施。一分为二的创意在前一半创意完成后，要迅即转向另一半创意中去，比如，文化创意完成之后，要转向经济创意中去，只有这样才构成完整的内容创意。如果创意的前半部分文化创意完成了，就终止创意，没有转移到经济创意中去，只能是一个

文化创意，而不是内容创意，或者不能算作非常成功的内容创意。爱尔兰的“大河之舞”如果仅仅停留在编舞创意生成阶段，而没有用三个团在世界各地定点或巡演的经营创意，就不能算作一个非常成功的内容创意。

现实生活中，把文化创意与经济创意相互分割，只有文化创意而没有经济创意，缺少创意转移功力。然而自称内容创意的例子举不胜举，这是内容创意中较为普遍存在的一个障碍现象。另外，人们还发现现实生活中只有经济创意而无文化创意却自称内容创意的例子也不少。比如，一片海滨有比较独特的地形地貌，投资者开发为滨海休闲项目，搞了一个度假村，这是有经济创意的。但是整个度假村的建筑设计风格陈旧，毫无艺术美感，而且缺少休闲活动设施，文化氛围浅薄，到该度假村休闲消费的人很少。这就是因缺少文化创意导致了一个本来很有前景的文化产业项目失败。

五、与创意定型有关的行为障碍

内容创意的第四个程序是创意定型。创意定型是创意生成之后对创意进一步的修正完善的过程。就内容创意而言，定型意味着将投入到大批量的复制生产中去，开始投放市场抢占市场份额。在创意产品定型环节的障碍主要表现为两个行为：一是创意生成还没有完全成熟，还有修改完善的空间，不该定型时，急于投放市场定型了；二是创意生成经过完善和试投放市场证明可以定型了，但创意者或者是经营者对产品要求过高，迟迟不予定型。不该定型时定型，该定型时不定型，都是障碍。市场是对创意产品创意的最终检验。一个很有创意的产品还未成熟就定型投入市场，肯定达不到预期销售收益。一个已经成熟了的创意产品，不及时定型投入市场，很可能他人类似或相同的产品率先投入了市场，而贻误了商机。

综上所述，克服或防止内容创意障碍，总起来讲是把握好内容创意的特征。具体讲要义为三点：一是杜绝没有创新的思维命题；二是防止文化创意与经济创意脱节；三是克服思维僵化，方法单一。市场收益是检验内容创意成败的标准。赚不到钱，生不成财富，再好的创意也无用。赚不到钱的思维，是内容创意的根本性障碍。

第三十章　内容创意竞争

竞争是市场的基本特征。没有竞争不称其为市场，没有哪个市场不充满竞争，竞争是市场运转的动力和魅力所在。查尔斯·兰蒂将经济学价值链分析引入文化产业，提出了文化产业生产的五个过程，即文化产业产品的创意、生产、流通、传送与最后接受。美国经济学者安迪·C. 普拉特认为，在全球化条件下文化产业构成了一个巨大产业链，包括创意、生产、再生产和交易四个环节①。文化+创意=财富，最生动地表达了创意在文化产业产品价值链和产业链中的重要地位和作用。创意所带来的财富激励或诱惑，必然使内容创意活动或创意资本之间充满竞争。创意竞争是文化产业发展壮大提升的驱动力。

第一节　创意市场竞争

掌握了创意市场竞争的性质和特点，才能正确地参与竞争，采取科学的竞争战略战术。

① 孟鹰、余来文：《国内外文化产业理论演变综述》，《商业时代》2008年第16期。

一、内容创意市场

大家知道，商品是指能够满足人们的某种需要又能够用来交换的产品。文化产业内容创意产品既能够满足人们的文化生产或消费需要又能够用来交换，所以文化产业内容创意产品为商品。

文化产业创意是精神劳动，其产品是一种无形的精神商品，存在于创意主体的大脑，或创意主体的电脑中，或创意主体的文字图形文本中。文化产业内容创意商品进入市场，一是提供给文化产业的生产者，作为生产中的原创设计投入生产；二是提供给文化消费者，直接进入最终消费领域。文化产业创意商品，对文化产业生产者和生活消费者而言，都具有使用价值。文化产业创意有价，其价值在许多文化产业产品价值链构成中表现为占有较大的比重。人们知道，文化产业商品具有高附加值的特性，文化产业商品的高附加值部分大都是由内容创意带来的。

内容创意商品以独立的、无形的精神产品形态存在。通俗地讲，它就是一种思想、办法和点子。内容创意商品，主要在文化产业创意主体（法人）与各个文化生产企业之间进行交易，这是知识产权的一种交易。文化产业内容创意市场是一种产权交易市场。

需要指出的是，内容创意在文化产业产品生产链中，通常表现为“半成品”，作为新产品设计或产品改革更新“资源”投入产品生产全过程。当内容创意在文化企业内部作为一种资源，按照企业科层制度进行资源配置时，它还不是商品，因为它没有进入市场。

内容创意产品（思想、点子、办法）作为商品或资本进入市场，就形成了内容创意商品市场和创意资本市场两类市场。所谓内容创意商品市场，是指买者买进内容创意产品，直接进行文化产品复制生产的文化市场。所谓内容创意资本市场，是指买者买进内容创意产品作为资本再卖出，以求升值，赢得利润，而不是直接进行文化生产消费的文化市场。文化产业发展越是高级化，内容创意资本市场越是发达。无论是内容创意商品市场还是创意资本市场，都是知识产权交易市场。有些内容创意商品以物质载体的形式，直接进入了居民消费市场而不是进行复制的生产消费市场，比如一幅原创的美术作品直接卖给了收藏家，这无疑也是知识产权的有偿转让。

二、内容创意市场竞争的性质和特点

内容创意市场竞争具有经济竞争和文化竞争的双重性质。内容创意产品作为商品或资本进入市场之后面对着经济竞争。所谓经济竞争，就是以打入市场、尽可能占有较大市场份额、获取利润最大化为目的的竞争活动。为了打入市场，尽可能占有较大市场份额，获取最大利润，内容创意主体要从市场需求出发进行产品的文化创意，也就面临着文化竞争。内容创意市场中的文化竞争以创新文化推进先进文化为目的，当然也存在灌输不同的世界观、价值观、文化观的竞争行为。

内容创意市场竞争，具有其他产业市场和文化市场竞争的所有特点，同时又具有以下鲜明的个性特点。

1. 创意选项竞争特别突出

所有的市场竞争，都存在一个选择什么样的产品、项目和市场的竞争。在内容创意市场中，创意选项竞争表现得尤为突出、激烈和艰难。这是因为：其一，创意的第一个规程为提出问题，提出什么样的命题，事关能否生成创意拿出创意产品，这是创意成败的关键性步骤和环节；其二，创意生成的概率仅为30%左右，其中创意失败的原因大都为创意命题的失误，这就更加彰显创意选项的重要。世上所有的竞争或争斗中最激烈艰巨的情形，都发生在利益攸关的关键性部位。所谓兵家必争之地，就是因为该地事关全局性成败，创意命题是内容创意市场竞争中创意主体的必争之地。

2. 创意时效竞争比较显著

内容创意市场竞争主要表现为创意生成概率的争夺，谁生成的创意水平高、概率大，谁就可以占有市场较大的份额。在前面关于创意特征的讨论中，我们已知创意生成具有直觉和灵感的情况。在创意命题相同、创意主体能力和水平相近的情况下，创意绩效主要取决于直觉和灵感来临的时间早晚。创意生成时效竞争异常激烈，创意生成早意味着成功，在他人创意生成之后再生成则意味着失败。创意生成的概率仅为30%左右，其中创意失败的部分原因，并非创意命题不好，而是创意生成落在了他人后面。

3. 创意保护竞争异常严峻

所谓创意保护竞争，是指市场主体为保护自己的产品安全而展开的竞争。在所有产业的市场竞争中，都存在核心技术和商业核心秘密保护竞争问题。为自己产品安全进行的竞争，对于内容创意而言表现得异常严峻，这是因为：其一，由于内容创意是智力性精神劳动，一般不需要诸如工业农业生产中那么复杂的物质资源的组合配置过程和环节，就是一个“想法”“点子”，一旦泄露，他人可能立即就可生成创意或复制出相应产品，并投入市场。其二，内容创意市场交易中，买卖双方对创意产品的功效的商讨比较难以进行，卖方既要让买方了解自己产品的功效，以便售出产品，又不能让买方侦知或偷盗自己的产品，这是相当艰难的。内容创意产品或资本市场中，卖方在不经意中就被对方侦知或偷盗了自己的创意成果，或者被对方侦知和偷盗了自己的创意成果而自己全然不知的现象屡屡发生，因此创意主体都千方百计地对自己的创意成果进行暗中保护，在群脑创意中常常是以团队法人与团队成员之间签署严格的保密契约，实施团队创意的自我保护。其三，知识产权保护对那些有物质载体的创意是有效的，而对那些以“想法”“点子”无形状态存在的创意产品则显得无能为力。“想法”“点子”一旦进入申请知识产权保护程序，往往恰好增加了泄密的可能性，或者要付出商品的保护费用，创意保护竞争有时也表现为降低保护费用（成本）的竞争。

第二节　创意竞争战略

战略、战术原本是军事用语。第二次世界大战之后，战略、战术等军事词汇被广泛用于发展领域。世界组织和许多国家开始重视经济、技术、文化、社会发展等战略、战术的研究。同样道理，战略、战术也可以用于文化产业创意市场竞争。凡存在竞争，各参与竞争的主体就有一个采取什么样的战略与战术的问题。战略、战术正确在竞争中就会胜利，反之就会在竞争中失败。

所谓战略，泛指竞争中重大的、全局性的、左右胜败的计谋和对策。内容创意市场竞争战略，是指创意主体针对市场竞争就某一创意活动所做的全局性的谋划。这一谋划，包括战略指导思想、战略依据、战略目标、战略重点、战略步骤和战略措施等内容，其中的战略步骤和战略措施，在实施中分解和细化为更具体的实施目标和任务，在实现这些具体实施目标和完成具体实施任务时就要用到战术。

一、创意竞争战略指导思想

所谓内容创意市场竞争战略指导思想，是指创意主体（个人、团队或文化创意企业）对某一创意活动的战略谋划中所要达到的主要意愿、基本目的、总纲领或总方针。当今世界，奥林匹克运动会是规模最大、时间最长、水平最高的体育赛事和文化盛会，奥运会的开幕式和闭幕式是最富挑战性的巨型创意活动，开幕式和闭幕式成功了，奥运会就成功了一半。每届奥运会承办国都围绕举行一次高水平、有特色的奥运会开幕式和闭幕式煞费苦心，也进行创意战略谋划。在奥运会运动场中，体育健儿进行的是体育项目的比赛竞争，而在世界奥林匹克运动的历史长河中，是各承办国对承办这个世界最大赛事的组织运营能力和水平的竞争，其中包含了开幕式和闭幕式这一世界级盛典仪式中文化艺术表演创意的竞争。

中国北京成功地承办了第29届奥运会，其开幕式和闭幕式创意取得了巨大成功。第29届奥运会开幕式和闭幕式创意战略指导思想是："精彩新颖，民族特色，时代特征，世界眼光"，努力达到"闻所未闻，见所未见"，展示"奇思妙想，令人耳目一新"的效果，实现"让中国骄傲、让世界震撼"的目标。北京奥运会开幕式和闭幕式工作团队以上述创意战略指导思想为纲，统领整个创意设计方案，使开幕式和闭幕式表演"精彩程度令人难以置信，只能用不可思议和神奇来形容，所有观看演出的人仿佛置身于魔幻之地。特别是对于千缶齐鸣倒计时、大脚烟花耀京华、活体字模书和谐、长轴画卷演文明、李宁逐日燃圣火等创意的肯定，充分证明了开幕式创意的成功"。① 达到了"闻所未闻，见所未见，奇思妙想，耳目一新"的预期展示效果，实现了"让中国骄傲、让世界震撼"的既定目标。大型文化产业项目必须首先确立正确的战略指导思想，才能在竞争中取胜。

二、创意竞争战略依据

所谓内容创意市场竞争战略依据，是指某项内容创意战略提出的历史、文化以及文化消费需求的背景分析、论证前提或基础。谁对战略依据分析得客观、实在、准确，制定的战略的竞争力就越大，

---

① 朱虹：《主题清晰创意新颖制作精良国际视野》，《光明日报》2008年9月20日。

反之就小。

中国古代军事家孙子有一句名言“知彼知己，百战不殆”，其中的“彼”和“己”就是讲得战略战术的依据。内容创意战略的依据是指与创意战略有关的主要因素的客观实际情况。谁在这些因素中占有优势，并且选择了正确的战略，谁就会在创意竞争中取胜。

北京奥运会开幕式和闭幕式创意团队制定和实施了成功的创意战略，即“同一个世界，同一个梦想”口号，“文明”和“和谐”两大主题，“绿色”“科技”“人文”奥运三大理念。这一成功的创意战略基于对中国承办第29届奥运会的历史文化背景、时代精神和奥运精神的透彻分析，即其一，中国是一个有着数千年历史的文明古国，这届奥运会一定要展示文明古国的优秀文化和风采，这是到会的各国运动健儿和来宾以及全世界电视观众的一种心理期待，开幕式和闭幕式应以合适的文化符号展示东道国的文化内涵；其二，当今时代的主题是和平与发展，“我”和“你”同为地球村一分子，人们厌恶“冷战”，渴望相互理解、和平共处、“双赢”和“共赢”，开幕式、闭幕式把“文明”“和谐”确定为创意战略两大主题，顺应了当今时代的主题；其三，更快、更高、更强是奥林匹克的传统精神和核心追求，绿色奥运、科技奥运、人文奥运三大理念，新颖独到的创意，高科技设施手段，耳目一新的编排，紧凑流畅的节奏和精湛的艺术表演，反映了奥林匹克的精神内涵和追求。

三、创意竞争战略目标

所谓战略目标，是指决定全局的重要方面所瞄准的鹄的。内容创意市场竞争战略目标，是指涉及创意全局的重要方面所瞄准的鹄的。创意竞争战略目标选择正确，可以达到在市场竞争中“克敌制胜”之目的，反之则导致失败。

内容创意市场竞争战略目标与创意命题选择紧密相连，一般与创意命题交融在一起。在大型内容创意活动中，创意命题常常表现为多领域、多层次的命题体系，其中最高层次、最综合性的那个命题中蕴含着创意竞争战略目标。

内容创意市场竞争战略目标的表述，有时通过创意战略指导思想予以表达，战略目标是战略指导思想中的重要内容。在北京举办的第29届奥运会开幕式和闭幕式创意战略指导思想中所阐述的要达到的“闻所未闻、见所未见”，展示“奇思妙想、令人耳目一新”，实现“让中国骄傲、让世界震撼”，即为创意战略目标。

四、创意竞争战略重点

所谓战略重点，是指在实施战略中对于完成战略任务起关键性作用的措施、部位、环节和内容。这些措施、部位、环节和内容，从作用力上来讲存在两种情况：一是可能原本就是优势，通过优势的进一步强化，奠定了战略的成功；二是可能原来是最薄弱的，通过将其强化、弥补，变薄弱为不再薄弱，由制约因素变为积极因素，从而奠定了战略的成功。是否善于找准战略重点并寻求突破，对于实现战略目标非常重要，这是战略家的基本素养之一。

内容创意竞争战略重点，是指实现内容创意竞争战略目标过程中的关键性的、具体的创意子目标和内容，以及所采取的关键性的创意方法或创意技术。在同一个创意命题下，谁抓住了起关键性作用的创意子目标和内容、创意方法或创意技术，谁就会比他人首先生成创意，或者取得比他人水平高的创意成果，谁就会在竞争中取得胜利。反之，抓不住创意战略重点，就要在竞争中失败。

人们都知道，奥运会开幕式的圣火点燃仪式是开幕式创意的一个重点。圣火点燃仪式的创意，在开幕式创意中具有创意战略重点的地位。历届奥运会开幕式和闭幕式创意团队都非常重视圣火点燃仪式创意，都要组织起强势创意班子，倾注大量心血。历届奥运会开幕式圣火点燃仪式的摄影录像集，已成为世界级创意经典。北京奥运会选择曾多次荣获奥运会冠军的体操王子李宁，设计了“飞天逐日燃圣火”的浑宏场景，使人在静静的期待中达到全场的兴奋高潮，从内涵到形式都显现了创意的思想性、方法、技术及对受众心理掌控的超人之处，成为开幕式的一个最大亮点，对开幕式创意的成功起到了关键性的作用。

五、创意竞争战略措施

所谓内容创意竞争战略措施，是指实施创意战略中所采取的重大措施，这些措施主要涉及创意规程和环节中的创意方法和创意技术，在群脑创意中也涉及创意团队的组成、结构和管理等措施。

北京奥运会开幕式和闭幕式创意团队中聘请了世界著名的古典音乐大师陈其钢、焰火专家蔡国强、舞美设计师马克·菲舍，以他们为主承担或参与的有关创意，收到了很好的效果。“大脚烟花耀京华”创意，其精彩程度超过了历届奥运会的焰火表演。开幕式上的升降球成为最大的亮点之一。上述创意内容及其聘请国际性专家参加创意团队，是北京奥运会开幕式和闭幕式创意团队采取的正确的战略措施，为提高创意水平发挥了全局性的支撑作用。

第三节　创意竞争战术

所谓战术，泛指竞争中具体的、局部的左右胜败的原则和方法。内容创意市场竞争战术，是指创意主体针对某一创意市场竞争所确定的具体的原则和方法。

一、“以高速思维取胜”的创意竞争战术

文化产业创新性思维存在一个速度问题。所谓思维速度，是指

从提出问题、创意酝酿、创意生成到创意定型四个规程中所用的时间。完成同一个创意，取得相同创意水平的成果，谁用的时间少，谁的思维速度快，谁就会在竞争中取胜。现实生活中，创意主体不管是个人、团队或文化企业，都面临思维速度的竞争。“兵贵神速”，以速度取胜是创意竞争的重要方法。传媒行业特别是新媒体行业中，新闻传播最主要的特点之一就是快，使人们在第一时间了解世界各个角落发生的重要事件。媒体项目和栏目的创意设计安排，就要运用思维速度战术。在大型文化产业创意项目的招标中，谁的思维速度快，思维充分，谁就可能提出高水平的应标方案，而拿到这个项目。创意速度与创意主体的创意能力有关，与创意主体先天的“脑型”特质也有一定关系。创意速度是一个大脑工作效率的问题。

二、“与受众互动”的创意竞争战术

与受众互动是创意市场竞争的战术之一。这个战术在传媒业创意、旅游项目创意以及艺术表演创意中经常使用，而且呈现日渐扩大的趋势。在美国、欧洲、日本和中国香港的电视节目中的“脱口季”节目很受观众的欢迎，由于这类节目不经过任何加工和剪辑，客串节目主持人或者受众与节目主持人共同主持，现场直播，对创意内容、形式均有很高的要求。

三、“打造精品”的创意竞争战术

创意精品、打造品牌，是内容创意竞争的重要战术之一。精品、品牌既是一个战略问题，也是一个战术问题。传媒中的精品节目、精品栏目、精品图书、精品期刊，艺术中的影视精品片、音乐精品、绘画精品等，都是着意精心打造的产品，其目的之一是扩大产品影响，提高竞争力，占领消费市场，同时也是为了追求“品牌附加

值”。打造什么样的精品，创造什么样的品牌，抢占什么地方的市场，在什么时间将精品品牌投入市场，如何保持品牌长盛不衰，这是打造精品创意战术所要解决的问题。

四、“扬长避短”的创意竞争战术

创意主体在内容创意竞争中一定要懂得扬长避短的道理，要有所为有所不为。创意是复杂的脑力劳动，一个人的精力是有限的，对创意元素、创意方法和创意衔技术的把握，倾一生力量也不可能每个方面精通。每个创意主体都有自己擅长的、熟悉的领域和不擅长的、不熟知的领域。一般说，应当选择那些自己擅长的创意命题，规避那些不熟悉的命题。只有扬长避短，才能提高创意生成的概率，在创意市场竞争中取胜。

五、“连环合纵”的创意竞争战术

通常情况下，内容创意项目常常是多项创意命题交织在一起的复合创意，单项创意的项目不多，孤立的创意常常会失败。比如图书创意实际上包括了选题创意、组稿创意、装帧创意、发行创意乃至精品创意五项创意相连接或相重叠的多项创意。上述五项创意中的任何一个创意如果脱离了另外四项创意孤立地进行，则很难收到良好的创意效果。这是因为，选题要分析市场需求，组稿要选择能够胜任选题的作者，装帧创意内容要与书的内容相吻合，售书要选择合适的渠道和图书市场，品牌创意要贯穿以上所有环节之中。只有掌握了图书的“连环合纵”的创意战术，才可能创意出一部新颖的有市场竞争力、有销量的图书。

六、“链式开发”的创意竞争战术

链式开发，是指通过对某项内容创意知识产权的转让催生出一系列的衍生产品或衍生服务的多元产品品种或多项服务的创意开发。文化产业不同于工业和农业，其产品链式开发的潜在空间非常广阔，循环经济特征极为明显。比如，人们在筹划一个影视片的外景基地设施建设的时候，一定要调动“链式开发”思维，使这个“外景地创意产品”具有多项用途，尽力使其可供多类影视片或同类影视片的拍摄使用，可供人们休闲旅游观光，一举多得。精品战术与链式开发战术相结合，会收到巨大的效益，世界著名的内容创意艺术品牌形象，无一例外地都被授权进行链式开发。《哈利·波特》随着图书的迅速畅销，被开发为画报、服装、食品、游戏软件、电影等，成功地运用了链式开发战术。电影《泰坦尼克号》在取得巨额票房的同时，通过衍生产品也赚了大钱。迪士尼乐园本身就是一个链式开发的成功创意。打造一个品牌，然后围绕这个品牌进行衍生品的创意开发，是内容创意市场竞争的卓有成效的战术原则和方法，应引起创意主体的高度重视。

七、“先声夺人”的创意竞争战术

所谓先声夺人的创意战术，是指内容创意主体在有把握生成某一创意时，为了阻止他人进行这一创意，或为了销售产品，而事前进行的产品广告宣传活动。先声夺人对创意主体而言有两层意思：一是宣示我在进行这个创意并且成功了，其他人就不要再徒劳地搞了；二是使人们了解我这个创意产品，引起大家的消费期待。先声夺人是在产品尚未最后完成时提前抢占市场，阻止其他生产者进入市场，引领消费者消费倾向，使其成为潜在消费者。运用先声夺人战术要点有两个：一是创意生成有绝对的把握，没有创意生成的把握不能运用先声夺人竞争战术；二是选准先声夺人的最佳时间，以求最佳效果。

八、“声东击西”的创意竞争战术

当两个实力相当的创意主体进行市场竞争时，声东击西战术有时也被使用。所谓声东击西战术，是指为了阻击或麻痹竞争对手而释放的创意选题的假信息手段。市场最需求的创意产品，往往是创意主体争夺的焦点。当两个实力相当的创意主体都为这种“焦点产品”进行创意时，创意速度就成为决定胜败的关键。释放正在进行其他创意选题的假信息而掩盖其正在进行的焦点产品创意，会使竞争对手缺少创意的急迫感而掉以轻心，从而争取时间保证自己取得胜利。

九、“主题凝练”的创意竞争战术

一本图书，一部电影，一台艺术表演，一项会展，一个广告，一个公园，一份咨询研究报告，一次文化活动，大都有其主题。主题有两种：一是已有的、重复的，二是尚未有的、创新的。创新的主题来源于创意。主题必须反映消费需求，内容创意市场竞争越来越集中于主题创意及其凝练方面，方兴未艾的主题公园的建设就是证明。1955 年，美国洛杉矶迪士尼主题公园开业，半个多世纪以来在世界的各个角落出现了许多主题公园，其中凡是长盛不衰的都是主题凝练、特色鲜明的，那些惨淡维持的主题公园大多没有凝练好主题。主题公园是由人创造的舞台化的休闲娱乐活动空间，其主题必须有文化内涵、有特色、有亮点，否则就会在创意竞争中失败。

十、“运用节庆”的创意竞争战术

世界上有许多大大小小的节庆活动。“有的节庆从历史深处走来，以其最古老的方式，传承非物质文化遗产，使人类文明沿袭的链条得以巩固。有的节庆从现实生活中诞生，以其游戏的方式，宣传着一种新的理念。我们走进一个个节庆活动，就是走向一个个民族最真实、最感人的内部，在那里发现薪火相传的文化，具有张力和韧性，也感到人类生命繁衍，激情点燃了智慧，智慧催化了力量。”① 在狂欢节上，疯狂的人们卸掉了一切伪装，在一片欢乐声中张扬生命的个性，舒展身心。在国庆节上，人们在共同的精神家园中重温一种记忆，形成民族凝聚的力量。目前全世界比较有影响的节庆近600项，其中国际性的18项，有特色的亚洲198项、欧洲80项、非洲21项、美洲50项、大洋洲8项。节日和纪念日是内容创意主体驰骋的广阔园地，节日和纪念日节庆活动创意充满了竞争。

节日和纪念日的文化庆祝活动的创意分为两种：一种是已经形成了传统的、风格和形式相对稳定的庆祝文化活动，这类节日和纪念日庆祝活动的创意，主要是在不打破传统风格和形式的前提下，赋予与时俱进的新内容；二是对尚未被利用的节日和纪念日，选择部分节日和纪念日进行“节庆”创意开发。德国是一个热爱音乐的国度，每年有数千台音乐家纪念音乐会，分布在许多城镇，俨然成了音乐产业的一种形式。中国是一个文明古国，节日文化资源极为丰富，历史上对国家、民族和社会做出过杰出贡献的文人骚客、军人将士，以及产生过重要影响的重大历史事件、重大技术发明和文学艺术名著等都值得纪念。运用节日和纪念日进行内容创意是一篇大文章。

十一、“超前储备”的创意竞争战术

凡事预则立，不预则废。人们在市场大潮中搏击，不仅要看到今天，还要预见到明天。在文化产业市场中竞争，不仅要看到文化

---

① 郝士钊：《世界最具特色的节庆》，当代世界出版社，2009，前言。

消费今天的需求，还要预见到明天的需求。在内容创意中，通过市场预测分析，对未来市场需求得出可靠的预测结论，超前创意，储备产品，是重要的竞争战术。谁拥有更多的超前储备产品，谁就会在未来市场竞争中占据主动、取胜，反之则会被动、失败。

实现超前储备的关键点有两个：一是对市场需求的调查，要摸准市场需求变动的脉搏，对市场上内容创意产品的生命周期要做出中肯、客观的分析，找到现存市场中的那些已经临近或走向衰亡期的产品，研究它们的可替代新产品，或者是发现新的消费需求，尤其要重视对大众文化基础之上的分众文化需求的调研；二是具备自主创新能力，通常情况下，超前储备的产品一定是自主创新的产品，在超前储备产品的创意中，不管运用什么样的思维方法和创意技术，比如模仿跟进、品类嫁接、替代转换、增值挖掘、品牌更新等，要旨是自主创新。自主是前提，保密最重要。

十二、“有张有弛”的创意竞争战术

内容创意是艰苦的脑力劳动，越是大型的高难度的创意，思维的紧张程度越高。创意活动有张有弛，才能取得良好“战绩”。这是因为：其一，就生理学而言，使大脑处于对某一个问题进行思维的长期的高度紧张状态，是不符合科学用脑原则的，甚至可能导致精神疾患，大脑在紧张中适当休息补给才能养精蓄锐；其二，就创意生成而言，创造性的停顿是灵感产生的思维方法之一，灵感有时需要大脑思维转移到其他事情中去适应、休息后才可能产生。

创意竞争说白了是创意主体之间能力的竞争。创意主体的自我管理是创意能力的一种表现。有张有弛是提高创意竞争力的一个重要方法。创意主体应当学会有张有弛、劳逸结合，保持轻松愉悦的心态，从而实现可持续的创意能力。创意团队应当学会有张有弛、动静有序，保持轻松和谐心情舒畅的团队合作状态，从而实现可持

续的团队创意能力。

十三、“合作共赢”的创意竞争战术

“和”是东方哲学中的一个重要概念，更是中国传统文化的精华。多位诺贝尔获奖者认为，21 世纪的人类要生存下去，必须汲取中国古代卓越思想家孔子有关“和”的思想智慧①。孔子主张“倡仁以达和”“崇礼以致和”“中庸以成和”，这对于今天处理世界事务、治国安邦、从事一项工作，仍不失其思想光辉。

纵观自然界和人类社会史，各种生命体为了生存发展，既相互对抗又彼此依靠。自然界和人类社会发展进步的动力在于各种生命体之间的相互依靠、和谐共处，而不在于彼此的对抗和争斗，对抗和争斗是破坏生命力的存在和发展的。各国历史上的盛世都是社会安定团结的时代，衰世则都是纠纷、对抗和战争的时代。人类之所以能够走向进步创造当今文明，是因为在历史的长河中相互依存、相互支撑、和谐相处占据绝大部分时间，是主流、主导；彼此对抗争斗占据小部分时间，是支流、局部。世界大同的理想，来自人类对社会发展文明源泉的体验。

人类的生存和发展依赖各种资源。在经济学来看，文化产业资源是短缺的，经济学永恒的主题是有效配置资源。所谓优化文化产业资源配置，是指在既定的文化产业资源状况和文化生产力水平下，对文化产业资源合理地选择、安排和搭配，以尽可能地满足人们的文化消费需求，使人们更好地生存和发展。人们在长期的探求、实验和实践之后，逐渐认识到市场经济体制是迄今最有效的资源配置体制。有市场，就有竞争，竞争是市场经济的重要特征之一。

---

① 杨庆存：《孔子“和”文化思想及现代启示》，《北京大学学报》2009 年第 2 期。

竞争有两层含义：一是对抗，二是合作。按照人类文明史的经验，对抗往往两败俱伤，合作才能共赢。按照这一思路，内容创意主体无论是在创意团队内部与同事的相处，还是在市场上与同行的相处，都应当千方百计地寻求合作共赢，而不是对抗，尤其不能搞恶斗。文化产业创意者是文化人，文化人应当懂得合作共赢是竞争的最高境界和最高“艺术”。

第三十一章　内容创意项目

大家知道，项目运作遍布经济、科技、文化、教育、艺术、卫生、交通、军事等社会各个领域。实际生活中，文化产业内容创意主要表现为项目运作。从一定意义上讲，文化产业是通过一个个内容创意项目的策划、运筹、实施、完成而发展起来的，文化产业创意大师是通过一个个内容创意项目的实践而成长起来的。如果说埃及的金字塔、中国的莫高窟、美国的自由女神这些历史文化遗迹，都是当年人们完成的很有创意的项目的话，那么在文化产业已经成为一大产业和项目管理已经成为一门科学的今天，人类必将成就更加辉煌璀璨的内容创意项目。

第一节　项目策划与规划

文化产业内容创意项目大多以多种多样的、复合的内容形式存在。越是那些给人以震撼的永载文化产业史册的内容创意作品，其创意内容越是综合、复杂。所谓文化产业创意大师，大多是在大型综合性创意项目中显露其才华并被人们认可推崇的。

一、内容创意项目运作流程

1. 项目运作流程图

大型综合性内容创意项目运作，一般要经过项目策划与规划、项目实施与监控、项目收尾与交接三个流程（图 31 - 1）。对于一个文化企业或创意主体而言，项目运作存在两种情况：一是从项目发起开始，经过项目策划、实施，收尾后交接付合同单位使用或直接销售，承担项目全部流程中的工作；二是外接项目，从组建项目管理机构开始，经过制订项目规划、项目实施，收尾后交付合同单位，承担项目流程中的部分工作。上述情形也可以从另一个角度去理解，有些项目的策划者项目策划好了之后，把项目的规划和实施外包给

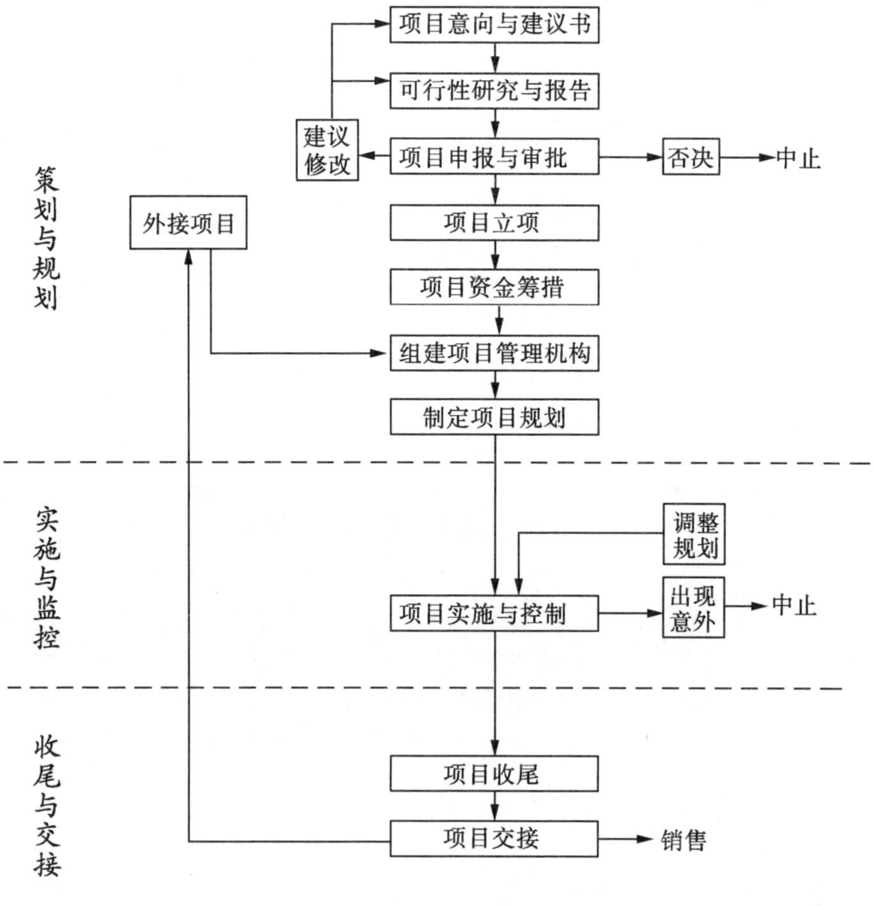

图 31 - 1　文化产业创意项目运作流程

了其他文化企业完成①。

2. 创意与项目运作的关系

第一，创意贯穿于项目运作的全过程。内容创意项目之所以称之为创意项目，其特色表现在项目运作的各个环节中都充满了创造性思维的挑战。内容创意项目是项目运作全过程“全天候”的创意，最深刻地表现了文化创新与经济创新相结合的思维基本路径。在内容创意项目运作流程中，从第一个环节的项目意向的酝酿到最后一个环节的项目交接，每个环节中都存在基本路径指导下的若干创新性思维的命题，都要以基本路径为指导。有无文化创新和经济创新，文化创新与经济创新结合的成功与否，是项目运作成败的试金石。

第二，项目策划中的创意是关键。在内容创意项目运作中，虽然说创意贯穿于项目运作的全过程，但是不等于说创意在整个项目运作流程的每个环节中的作用是相同的。一般认为，创意在项目策划环节中的作用最为突出，是项目成败的关键。如果把创意项目运作流程中各个环节的创意划分层次的话，最初的项目意向和策划中的创意是最高层次的创意，这个环节中的创意决定着创意项目可否立项，立项后的项目具体规划、实施、收尾和交接活动中的创意是从属于服从于最初策划创意的。从创意规程角度分析，项目策划属于创意提出命题的规程，能否提出问题比解决问题更重要。

第三，不可忽视项目创意意外。所谓项目创意意外，是指本来创意策划看上去有成功把握的项目，由于环境和条件的变化在实施中很难进行下去，导致创意无法实现的现象。大家知道，创意生成率为30%左右，这样的创意生成率必然反映在创意项目运作中。当然这并不是说创意项目的成功率也为30%左右，因为已经生成的内容创意并非百分之百的被当成项目加以立项，创意意向到创意立项

① 邱菀华、邓达、刘晓峰：《现代文化产业项目管理》，第61页。

还有一个复杂的可能性分析环节。创意项目在实施中是经常出现意外的，或者说创意项目是出现意外比较多的一种项目。人们对此不可掉以轻心，必须时刻关注项目运作流程各个环节的工作。当出现意外时，找出解决问题的办法，以防止项目中途流产。当然，如果有充分的依据证明原创意策划不可行时，就要断然终止项目，以免造成大的损失。

二、内容创意项目策划与规划

1. 内容创意项目策划的含义

在中国词汇“策划”中的“策”有“计谋”的意思，而“划”为“画”。《后汉书·隗嚣传》中说：“是以功名终申，策画复得。”在西方语词中，策划包含三种意思：一是指对未来采取的行动做准备的过程，二是指一种构想，三是指一种理性思维的程序。所谓内容创意项目策划，是指关于内容创意项目有目的性的前期流程中的谋划活动。项目策划有以下四点含义：

其一，内容创意项目策划是对未来行动的一种谋划活动。这个谋划有明确的目的性，就是以项目运作的方式通过文化产业资源配置把文化产业创新性思维成果与物质载体结合起来，形成有物质载体依托的创意产品，并且把产品推向市场从而赚取利润。为达此目的，谋划中的要义是文化与经济的结合、文化创新和经济创新。

其二，内容创意项目策划是复合叠加的创新性思维活动。文化产品内容创意本身是一层创意，对项目运作的策划是又一层创意，即复合叠加的创意。当然在实际工作中，对于创意主体和项目运作主体而言，上述两种创意是交织在一起的，并不做严格的区分。

其三，内容创意项目策划是多种方案的比较选择活动。谋划有多种形式，其中之一是提出多种方案进行比较，权衡利弊，扬长避短，筛选择优。当一个内容创意生成之后，把它转化为项目运作，一般要凭借市场分析，依据市场供求提出若干项目运作预案，并对这种种预案进行对比，其中主要是分析对比项目运作条件、资金（及项目赞助）来源、工期质量、成本投入、预期市场效果等，然后选择最佳方案，形成项目建议书。项目方案的对比分析选择是策划活动的主要内容。

其四，内容创意项目策划是项目运作流程中的子系统工程活动。如前所述，文化产业创意项目运作包括策划、实施和收尾三个基本流程，是一个大的系统工程。其中，策划是第一个流程。就策划流程而言，本身又是一个系统工程，是项目运作大系统中的一个子系统工程。内容创意是一种发散性、想象力思维，但当创意一旦生成，并且转入与物质载体相结合的项目运作时，就必须遵循项目工程操作流程。项目运作讲究的是程序步骤，在程序步骤问题上来不得质疑、发散、想象和模糊，必须严格、规范、一丝不苟。唯此，才能确保项目成功并规避项目风险。

2. 内容创意项目策划与规划程序

项目策划从提出项目意向或接受项目策划任务开始，依次经过市场需求和条件分析、撰写提交可行性研究报告、申报项目立项（获准立项）、筹措项目资金、组建项目管理机构、制定项目实施规划等六个程序。下面分别讨论这六个程序中的工作内容：

第一个程序：对项目意向进行市场需求和条件分析。人们对文化消费的需求是产生项目意向的基础，文化消费需求是文化产业创意项目内容的驱动力量。文化产业创意项目策划中第一位的工作内容是对项目意向所反映表达的市场需求做出分析，以获得对创意项目在满足市场需求方面的准确判断。分析市场需求，主要是看社会经济水平、人们的文化程度、人均收入水平、人们的平均闲暇时间、文化消费水平和结构、社会文化艺术传统和氛围等。另外，还要看有无同类项目或相近项目的竞争对手，分析市场供给状况，找出市场容量或发展趋势，从而确认项目值不值得做，如何做？当确认项目值得做之后，还要对做项目的条件进行分析。所谓条件分析，无非是能否找到合适的创意策划团队，有无项目实施人力，有无资金技术力量，项目完成之后有无营销力量，在项目运作过程中风险有多大，有无规避风险的能力。对市场需求和条件进行分析，主要采取调查、研究、计算、预测方法，可通过访问、观察、抽样、指数平均与回归分析和研讨，并运用必要的经验进行决断。

第二个程序：在充分论证的基础上撰写项目可行性研究报告。在对项目进行市场需求和条件进行分析之后，就要撰写项目可行性研究报告。在此报告中，首先要就项目运作所要达到的目标进行描述，为实现目标要同时设计出几种项目运作方案，并对这几种方案的利弊优劣进行分析，提出最可行的倾向性的意见，或者是直接提出推荐或最佳的方案。在项目运作方案中，要就项目的市场前景、主客观条件、赢利方式、支出收入预算、人力资本、项目分工、成本控制、风险预测和破解方式等一一写明。项目可行性研究报告主要是作为项目建议书或项目申报书的附件，起着支持项目建议或审批的作用，是项目策划、立项和实施的依据。

第三个程序：提出项目建议或申报项目争取获准立项。在项目可行性研究并提出可行性研究报告之后，创意主体可向项目投资的决策者提出项目建议或者向政府有关部门（有些大型文化产业创意项目比如大型会展、节庆纪念、主题公园、文化艺术竞技活动，须经政府有关部门批准立项）提交立项申请书。申请项目立项一般会发生三种后果：一是获准立项；二是政府原则上同意立项，但须按照政府建议进行若干修改后，再次报批，获准立项；三是政府不批准立项，项目终止。

第四个程序：获准立项后筹措项目资金。项目被批准立项后，就要按照项目运作方案进行资金筹措，不管是独资还是合资，只有筹措起资金来，项目才能付诸实施。项目实施有两种情况：一是投资者直接运作，二是投资者招标请他人（公司）运作。

第五个程序：组建项目管理机构。承担项目首先要组建项目管理机构，以具体承担项目规划、实施和控制。在市场经济条件下，内容创意项目运作有两种基本形式：一是注册一个项目公司，以现代文化企业制度法人治理结构进行独立运作；二是作为在位文化企业中的一项内部工作，在科层制度体制下进行运作。目前这两种项目运行形式比较普遍。随着文化产业发展高级化，那些大型的综合性创意项目大都以注册一个项目公司的形式运作。项目完成，甲、乙方移交之后，项目公司也随之注销。

第六个程序：制订项目实施与监控规划。实施规划创意项目由项目管理机构根据项目建议书、申报书和可行性研究报告所确认的项目目标、运作方案和资金投入来计划。项目实施规划，包括项目内容、项目分工、时间进度、质量要求等，同时还要对假如出现意外的替代方案做出措施安排。对项目实施中的监督和控制，是项目实施规划必不可少的内容。如同盖一座摩天大厦，修一座跨海大桥，不可忽视监工一样，大型综合性创意项目的监控非常重要。这是因为：其一，许多创意项目是一次性成果表达。建筑物施工中存在的问题，即便是交付使用了，也还有纠正返工之可能。但文化产业创意项目不同，比如一台大型的节庆综合艺术表演，往往是一次性演出，错了就是错了，没有纠正的机会，将成为永远的遗憾留在人们的记忆中。其二，许多创意项目的成败表现为创意时效。建筑项目工期是项目甲方与乙方关注的焦点，涉及双方经济利益的分割。创意项目的工期拖延，在这个拖延期中他人可能就会生成同样的创意项目而上马运行。其三，许多创意项目实施中的一个要害问题是保密，对保密的监控事关项目的生死存亡。总之，内容创意项目实施中的监控十分重要，要搞好监控的规划。

第二节 项目实施与监控

所谓内容创意项目实施，是指落实项目规划确定的各个方面与各个时段中工作任务的活动。任何项目的实施都离不开实施过程的管理、监督和控制。创意项目的实施需要对规模、成本、变更、进度、质量、沟通、风险、保密等进行严格的管理、监督和控制。

一、项目规模管理与监控

项目实施中的规模管理与监控包含两层意思：一是在项目实施中通过管理与监控确保实施规划中既定规模落实到位，既不扩大也不缩小规模；二是在项目实施中依据需求或条件的变化，在必须对既定规模进行更改时，确保变动的合理、“合法”（指经过项目甲、乙双方认可）。通常情况下，项目实施规划中对项目规模所做出的规定，是经过可行性研究论证而提出来的，规模大小与项目创意所要达到实现的目标相一致，同时与项目费用预算和工期连接在一起，而且作为项目甲、乙方协议合同中的重要条款予以确认，因此规模管理与监控主要是上述第一层含义的管理与监控。所有的内容创意项目在策划中都会碰到规模问题，都必须对规模做出明晰的规划。有些创意项目实施过程中，会碰到要求规模变更的问题，变更的提出有的是科学合理的，有些则是项目甲、乙方各自利益的驱使，未必合理。为了确保项目创意目标的实现、工期和成本预算的执行，必须实行严格的规模管理与监控。

二、项目成本管理与监控

人们投资内容创意项目的目的是获取利润。提高创意项目效益的重要途径之一是降低项目运作中的费用，要以尽可能小的投入

（成本）获取尽可能大的产出。所有的创意项目实施规划中都对费用做出预算，在项目实施中要对预算的执行进行严格的管理与监控。成本管理和监控涉及许多方面，项目雇用人力的数量和工资水平、项目采购原材物料以及工装设备的品种型号与价格、工期的提前或拖延等都对成本产生重要影响。成本控制依赖于科学的管理制度、机制和工作责任心。比如，原材物料、工装设备的采购必须通过招标和采购合同机制加以控制，要防止原材物料、工装设备发生质量问题，也要防止到货时间拖延影响工期进度，还要防止采购人员在价格问题上的“猫腻”，杜绝“吃回扣”事件的发生。大型的综合性创意项目运作中的成本控制是一件非常复杂细致的工作，必要时要在集中管理监控的前提下，采取分类、分层管理的办法。

三、项目变更管理与监控

变更管理与监控是所有项目运作管理与监控的重要内容之一，对于创意项目而言也不例外。在一定的意义上，变更管理与监控对创意项目实施更为必要和重要。大家知道，项目实施中之所以要变更原规划，是因为出现了需要变更的因素。在创意项目实施中引起变更的种种因素中，有一个不可忽视的可能引起变更的重要因素为创意内容本身，创意内容发生任何细微的变化，项目实施中的许多环节都要随之相应地变化。创意内容任何积极意义的变化都是应当受到欢迎的，需要通过项目实施中的变更管理与监控予以兑现。创意项目实施管理与监控是一种动态中的管理与监控。由创意内容变动引起的实施中的变更是规模、成本、进度、沟通、风险等一系列问题的变更。这一系列变更的“代价”，同时又是对创意内容变动有无必要的一种鉴定识别。通过综合性的对比分析，如果确认变更有利于提高项目绩效，就应当变更；反之，就不要盲目变更。在创意项目实施过程中，任何变更都必须履行严格的批准手续。如果是承接项目必须经过甲、乙双方签署变更合同或协议，否则不得变更。

四、项目进度管理与监控

内容创意项目实施进度管理与监控，是指对项目各个领域、各个环节的工作进度实施跟踪、管理与监控。其中，跟踪分为日常观测跟踪和定期观测跟踪两种形式。日常观测跟踪，通常采用查看工程报告表、进度前锋线、工程系统图表和现场观测查验的方法，对项目进度进行管理与监控。定期观测跟踪，是指每隔一定时间对项目进度进行全面系统的检查，并对项目进度做出综合评估。调整变更进度计划，也常常在定期观测评估之后做出决断。进度跟踪、管理与监控对项目如期完成发挥效益非常重要。项目协议中通常有项目完成期的要求，不能如期完成要进行理赔。

五、项目质量管理与监控

质量管理与监控，包含三项工作：一是确立质量标准与目标，质量标准既有定性指标，也有定量指标；二是衡量项目已完成部分的质量是否达到了质量标准和目标；三是纠正质量偏差，如果发现项目运作中某项活动的质量发生了偏离质量标准和目标问题，就要采取相应措施加以纠正。影响大型综合性创意项目实施中的质量的因素是多方面的，其中主要表现为工作团队的素质和业务水平，其次是社会环境尤其是社会创意指数环境。只有那些高素质、高业务水平的项目实施团队和优良的创新型社会环境，才能产生高质量的创意项目。当然，内因与外因相比，项目自身的质量管理与监控是第一位的，外部条件的不足是可以通过内部强化管理监控适当加以弥补的。如同其他项目质量控制可以采用质量排列图、矩阵图、系统分解图等工具一样，创意项目质量也可以应用这些工具进行控制。需要强调指出的是，大型综合性创意项目质量的成败在于人力的协调，人力协调决定项目质量；人力协调的成败在于细节，细节决定人力协调的成败。比如一台很有创意的大型综合性艺术表演，如果演职力量协调不好，或者协调中不注重细节，就很有可能在表演衔接中出现纰漏，而制作不出一台令人赞绝的好节目。

六、项目沟通管理与监控

项目实施是系统工程，在这个系统中的纵向环节之间和横向领域之间必须保持顺畅的沟通，才能使工程顺利进行。为什么沟通如此重要而且要对沟通进行管理和监控呢？这是因为存在着种种沟通障碍。项目实施中的沟通障碍，主要表现为实施团队的组织障碍和个人障碍两个方面。所谓组织障碍，是指项目实施团队组织机制、分工、责权模糊造成的沟通障碍。所谓个人障碍，是指项目实施团队的成员个人，因知识、人品、素质、能力、心理、信息掌握充分程度不同乃至语言文字不同，而造成的沟通障碍。沟通障碍是客观存在的。沟通障碍实质上是项目实施障碍。必须排除沟通障碍，项目才能顺利实施。如果出现团队组织障碍，就要调整组织机制、分工，明确责权利；如果出现个人人品素质障碍，就要教育引导，教育引导无效就要适时调整人员；如果出现个人业务能力障碍，就要换人，聘请那些水平高的人来承担相应的工作；如果出现信息掌握充分程度不同造成的障碍，就要及时交流信息，使每个岗位上的人全面掌握应当知道的信息；如果出现语言文字不同造成的沟通障碍，就应当请高水平的专业翻译充任语言文字交流的桥梁。总之，不能因为沟通障碍，使项目实施中上下环节之间造成脱节，也不能使横向领域之间造成断裂，影响项目进度和质量。

七、项目风险管理与监控

文化产业是一个投资少、见效快、风险大的产业。文化产业的这个特征也表现在创意项目运作之中。如前所述，在创意项目的策划流程中的项目实施规划中，要对可能发生的风险及其应对措施做出预见和规划。项目实施中的风险管理和监控主要是落实风险规划，关注项目实施情况的变化，识别风险。如果发生风险，要及时评估，采取恰当的应对措施。创意项目实施中，该聘用的专业人员请不到、该购置的材料工装设备断货、资金链发生断裂，诸如此类的风险是时刻会发生的。再完备的应对风险的预案，都可能依然存在不可预见性因素，因此风险管理与监控要贯穿于项目运作的全部流程之中。可以这样讲：内容创意项目，重在防范意外风险。

八、项目保密管理与监控

内容创意项目的核心价值体现在项目的创新性思维方面。创意知识产权保护是一个很复杂的社会法制现象，法律法规还做不到对进行中的创新性思维予以彻底的保护。因此对于创意主体而言，保密是自我保护创新性思维成果的常用手段。在许多情况下，保密成了项目成败的关键。然而，当创意从思维形态转化为项目形态，要以物质载体形式变成产品的过程中，也即项目实施中，保密的难度和泄密的可能性越来越大了。泄密的风险对于创意项目而言是致命的。要建立十分周密的保密管理与监控机制，防止发生泄密事故。创意项目公司通常通过与团队成员签署严格的保密合同的方式，以杜绝泄密，实施保护。

第三节　项目收尾与交接

内容创意项目运作的最后一个流程为收尾并交接。项目收尾意味着项目完成，可以投入使用。一台大型的艺术表现项目经过较长时段的创作排练，最后走上舞台正式演出，这台创意项目也就收尾了。一个主题公园创意项目，经过策划、规划、实施建成了，收尾并交付投资者进行商业运营，这个项目也就完成了。项目收尾交接有许多工作要做，做好这些工作对于项目善始善终尤为重要，要防止项目在收尾交接阶段功亏一篑。

一、创意项目收尾交接程序

项目收尾交接，意味着项目合同履行完毕。项目收尾交接要做的工作：一是对项目实施中的全部档案进行清理，分类归档，准备好项目说明书等交接需要的文件材料；二是按照项目合同条款，对项目完成情况进行验收，甲乙双方要在项目验收书上签字，以确认项目已经完成；三是结清账务，正式交接。项目收尾交接是项目的最后环节，甲乙双方都要严肃对待，因涉及甲乙双方的经济利益。

二、创意项目后评估的意义

实际生活中，有的文化企业或创意主体在项目收尾时或项目交付使用之后对项目进行后评估。项目后评估的意义如下：一是项目收尾时的项目后评估作为项目验收交接的支撑，有助于项目验收与交接成功；二是通过评估有助于项目创意、策划或实施团队总结经验，提高业务水平；三是对于做得好的项目而言，评估结论的传播实质上起到了对团队资质的广告宣传作用，有助于项目创意、策划或实施团队承揽新的项目。

优秀的文化产业创意人、创意团队、文化企业都非常重视项目完成后的评估工作。项目后评估主要以创意主体自我评估的形式进行，评估内容包含了项目运作从项目意向、项目市场和条件分析、可行性研究结论、申报项目、立项、资金筹措、组建项目管理机构、制订项目实施规划、项目实施管理与监控到项目收尾与交接，对项目创意方法、技术的采用、人员组合构成、资金运转使用、原材物料工装设备配置、对外形象、项目交接后的经营效益等一系列问题进行回顾、检讨、分析和总结，找出做得好的方面与做得不够好的方面，分析做得好或做得不够好的原因，设想从项目意向提出到项目收尾交接中的每一项工作，如果采取其他做法会不会更好或避免“做得不够好”的问题发生，究竟有没有更理想的做法等。

人们做任何事情往往是事后才能意识到事情做得好与坏、恰当与不当。“前事不忘，后事之师”“以史为镜，可以知兴衰”道出了总结经验教训的重要作用。创意项目后评估是加强项目团队思想与业务建设的基本功。

为了加强思想业务建设，更准确地进行项目后评估，有的项目团队邀请社会上的内容创意专家、有项目实施经验的人员以及项目用户单位的有关人员对项目进行后评估。外请人员对项目进行后评估，最大的益处在于避免当事者迷，发挥旁观者清的作用。邀请项目实施团队以外的人进行评估是一种高标准的评估形式，对项目和项目团队而言是更为严峻的检验。

三、关于平遥国际摄影大展项目的评述

平遥国际摄影大展是中国文化产业的一个品牌节庆项目，该项目吸引了世界各地的摄影家的参与和观众的目光，也走向了世界，并进入联合国总部展览。国际节庆活动权威认证机构国际节庆协会为平遥国际摄影大展颁发了“中国最具国际影响力十大节庆活动奖”。评语如下：“平遥是唯一列入世界文化遗产的汉民族古城，距今已有 2 700 多年的历史。她构造寓意独特，是中国古代民居的实物标本。平遥国际摄影大展的前身是平遥国际摄影节，已成功举办了六届，吸引了数十个国家的摄影大师和摄影家的数千幅作品参展，通过不断拓宽题材和丰富活动内容，把中国和外国、历史和现代、艺术和经济有机地结合起来。大展已成为（中国）内陆省份对外文

化交流的一个成功范例，也为繁荣摄影艺术做出很大贡献。”

1. 平遥国际摄影大展项目创意元素

平遥国际摄影大展是把现代摄影艺术元素和东方古城文化元素结合得很完美、很有品位的创意项目。平遥古城位于中国内地晋中地区，较为完整地保留了1368～1911年明清时期的建筑风貌和格局，在2.25平方千米的城内，纵横交错100多条街巷，两旁坐落着两层楼的古店铺、钱庄以及庙宇和四合院民居。城池以市楼、城墙、街巷组成了八卦图案，整个县城建筑布局及其城内的古寺、市楼、街巷、民宅，向世人展示了10世纪以来中国北方黄土高原上的一种传统建筑风格，折射出一种古代文明。1997年12月，平遥古城被联合国教科文组织世界遗产委员会列入《世界文化遗产名录》，成为人类重点保护的文化财富，其拥有的文化价值凸显。策划者们以敏锐的文化创新思维，把平遥古城作为创意元素，成功打造了平遥国际摄影大展项目。

2. 平遥国际摄影大展项目内容与主题策划

迄今平遥国际摄影大展已成功地举办了多届，每届都有主题，内容不断充实，每届都有鲜明的创意特征，经久不衰。

2001年平遥国际摄影大展的前身平遥国际摄影节在平遥古城举办，项目内容包括大型歌会、图片展览、高级摄影研讨班、幻灯晚会等。大型歌会以“新大运·新山西”为主题。图片展览通过12个展区展出58种风格的作品。有10位著名国际级摄影家在摄影研讨班上亲自授课，200多位摄影家听讲。来自法国、美国、德国、西班牙、新加坡、瑞典、俄罗斯、韩国、日本等16个国家和地区的100多位摄影家和国内4 000余名摄影工作者与会，群星荟萃，场面宏大，共达成图片交易协议20多项，经济效益初显。

2002年平遥国际摄影大展在项目内容策划上国际性更强，文化品位更高，氛围更加喜庆祥和。国内外203位摄影家的作品参展，两大著名跨国公司阿尔卡特公司和欧莱雅公司加盟。整个大展展出作品4 000余幅。大展开幕式文艺晚会主题为“三晋文明之光”，节目品位高雅。大展安排了系列民俗文化活动，异彩纷呈。此届大展招商引资取得新进展。

2003年平遥国际摄影大展在组织框架、运作机制、投入力度以及展览作品、布展规模、艺术风格、活动内容、图片交易等方面均有新的运作、拓宽和提高，最宝贵的是增强了品牌意识，确立了“把大展办成既具国际性又具民族性、既具国际水准又将中国摄影艺术推向世界的盛会”的项目指导思想。此届大展在主办、承办和协办单位共同努力下，取得了巨大的成功。

2004年平遥国际摄影大展在打造摄影品牌上做出了新的努力，大展主题为“文明·发展”，把艺术摄影与纪实摄影作为展品的姊妹篇，着力推出新人新作，强调摄影艺术的新思路、新手法、新理念，同时组织享有盛誉的摄影大师的个人作品展，提高了大展的国际性、权威性和学术性，使大展的摄影艺术品位进一步显现。

2005年平遥国际摄影大展以“和平·进步”为宗旨，以“纪念中国抗日战争和世界反法西斯战争胜利60周年”为主题，五大洲近30个国家和地区的摄影家与会。大展安排了摄影讲座、论坛、大师点评、摄影比赛、图片交易、幻灯演示、民俗展演、策展人学院和创作采风活动。大展作品充分表达了人类和平进步的历史进程和丰硕成果，大展各项活动内容更加丰富多彩，大展的吸引力进一步增强。这一年，大展被国际节庆协会授予“中国最具国际影响力十大节庆活动”称号。

2006年平遥国际摄影大展围绕文化产业品牌创意大做文章，在文化创新和经济创新及其两者的结合上均实现了新的突破。本届大展的主题为“放眼天下，迎接数码时代的挑战”，策划了“世界艺术院校摄影展”，与会院校成立了“世界艺术摄影院校联盟”，安排了九大展场，41 个国家和地区的 1 200 余名摄影家与会，参展作品 1 万余幅，提升了大展的艺术品位。本届大展正式形成了图片交易市场，邀请法国巴黎拍卖行带来 100 幅国际一流摄影家的原作在大展期间拍卖。同时设置了“优秀摄影师奖”“优秀画册奖”和“新人奖”，安排了多种形式的艺术交流、颁奖晚会和文化娱乐活动。

2007 年平遥国际摄影大展项目策展更趋成熟，已经成为一个能够展示当代摄影艺术水准的国际知名品牌。世界 30 多个国家和地区的 300 多位摄影家与会，美国著名摄影家罗伯特 · 弗兰克、著名摄影艺廊总裁波德 · 麦吉尔、著名战地记者卡风琳 · 德尔、法国著名战地记者米歇尔来到平遥，为大展增色不少。埃及、印度、日本、墨西哥作为主宾国应邀参加。法国珈玛图片社在平遥举办建社 40 周年影展庆祝活动。尼康、佳能、爱普森等摄影器材名牌厂商也参加大展的多项活动。美国等专业摄影家协会成员的作品参展并标价出卖。大展作为产业运作的味道更浓。

3. 平遥国际摄影大展项目效果和基本经验

每届平遥国际摄影大展结束之后，项目主办、承办、协办单位都进行总结并开始策划下年的大展。平遥国际摄影大展项目的主管部门、社会各界，包括传媒已经对这个项目进行了若干正式或非正式的评估。

一位中国报社记者报道了平遥国际摄影大展举办时平遥的景象：“漫步在古色古香的街道上，满眼都是各类摄影展的大幅招贴画和宣传横幅，高鼻梁蓝眼睛的外国友人三五成群，来自国内各地的著名摄影家和众多的摄影爱好者你来我往，数量多、品位高的摄影艺术展览吸引了国内外以及世界各地的数以万计的游人，而这些人的到来不仅有效地提高了古城平遥的知名度，更为平遥人带来了可观的经济收入，家家宾馆饭店都是爆满，平遥古城里的地方特产如冠云牛肉、推光漆器、各种古玩、民间月饼等都卖疯了。”资料表明，平遥国际摄影大展期间，中外数千万摄影爱好者和旅游者齐聚平遥，使平遥及其周边的旅游景点的门票收入和旅游综合收入每年以60%至80%的速度增加。大展期间平遥古城的盛况，大展已经获得的经济效益和社会效益表明，平遥国际摄影大展已经成为一个文化产业创意品牌项目①。

平遥国际摄影大展项目的基本经验：一是项目创意元素选择得好，把古城文化与现代摄影艺术嫁接，反映了项目的巧妙构思；二是项目内容策划思路开阔，立意高远，具有国际眼光和时代精神；三是坚守“民族的就是世界的”的理念，充分挖掘发挥了晋中古城文化价值，着力于把国内外客人引来平遥，把平遥推向世界；四是重视打造每届大展的主题，使每年大展的主题富有新意；五是强调文化创新与经济创新的有机结合，逐渐加大市场机制的基础性作用，不断提高经济效益；六是在项目策划实施中倾注了大量心血，创造性地建构起“策展人学院制度”，以不断提高项目策划和实施水平。

人们可以相信：只要平遥国际摄影大展坚持先进文化前进方向，重视借鉴吸收各种有益文化，加强中外文化交融，不断创新，选准每届大展的主题，打造出亮点，不断吸引扩大投资，充分发挥市场在资源配置中的基础性作用，同时注重古城文化遗产资源的保护，就一定会越做越大，越做越强，必将成为世界级的文化产业创意品牌项目中的一颗明珠。

四、关于青岛国际啤酒节项目的评述

青岛国际啤酒节是中国文化产业的一个品牌项目。2005年，该节庆项目荣登“2005年度中国十大节庆”排行榜榜首，2007年，其

---

① 郭玉兰：《山西文化品牌的成功案例》，载高建民主编《2008山西文化产业发展报告》，山西人民出版社，2008，第307－314页。

与北京国际旅游文化节、哈尔滨冰雪节、上海国际艺术节、中国（曲阜）国际孔子文化节等知名节庆项目一起荣获“2007 年中国节庆产业十大影响力节庆”奖，同时荣获“2007 年中国节庆产业十大品牌节”大奖。青岛国际啤酒节不仅是青岛这座美丽的海滨城市最靓丽的一张名片，成为东方啤酒城青岛的一个象征，也已成为堪与德国慕尼黑啤酒节相媲美的东方最大的国际性啤酒盛会。

在有着红瓦、绿树、碧海、蓝天的美丽城市青岛的东部，有一座啤酒主题公园即青岛啤酒城，每年的青岛国际啤酒节在这里举办。啤酒节举办期间，来自世界各国不同肤色的中外游客友人齐聚啤酒城，观赏艺术家们的表演，品尝啤酒，彻夜狂欢。15 个彻夜狂欢的日子，充分展示了啤酒文化的风采和酒文化产业的魅力。青岛国际啤酒节给青岛带来的经济收益是可观的，不愧为中国节庆产业的一个品牌。

“青岛国际啤酒节在宗旨和主题的选择上，始终遵循‘打造国际一流狂欢节庆，促进经济社会和谐发展’的宗旨，秉承‘青岛与世界干杯’的主题。这种国际化目标的追求在赋予了青岛国际啤酒节永恒主旋律和持久生命力的同时，也通过高超的市场化运作、成熟的专业化办节方式等国际化的运作模式，使青岛国际啤酒节具有了浓厚的国际色彩”。① 2007 年的第 17 届青岛国际啤酒节，有 13 个国家和地区的包括美国百威、丹麦嘉士伯、德国柏龙、德国贝克、英国纽卡索、日本朝日、中国青啤等 45 个著名啤酒品牌参加节庆。这与慕尼黑啤酒节上只出售慕尼黑本地优质啤酒的风格明显不同，青岛国际啤酒节更有国际味，而慕尼黑啤酒节更具本土特色。

青岛国际啤酒节借助啤酒载体，融入了音乐、舞蹈、焰火等创

---

① 蔡连卫：《立足青岛地方特色发展啤酒文化产业》，载朱自强主编《中国文化产业（第一辑）》，中国海洋大学出版社，2008，第 116 页。

意元素，打造出了节庆的激情，呈现出了娱乐性狂欢场景，但是与慕尼黑啤酒节相比，人文底蕴和民族艺术特色显得淡薄。“在慕尼黑啤酒节上，人们按照传统习俗用装饰华丽的马车运送啤酒，在巨型帐篷里开怀畅饮的同时欣赏铜管乐队演奏的悦耳的巴伐利亚民歌民调，欣赏游行队伍和民族音乐会。最能体现民族风情的是慕尼黑啤酒节的服装与步兵游行：7 000 米长的游行队伍，从展示地区服装的队伍到身穿古典服装的军队，从军乐队到步兵，从纯种马、公牛、母牛到山羊，从慕尼黑各个酿酒厂的马拉大车、展示当地典型传统的彩色到有名的马车……通过这些活动，慕尼黑人充分展现了自己民族多元深厚的文化以及民族热情、豪放、活跃的性格”。[①] 这一切使人们对这个国家的多元文明有了更为深刻的印象，从而表现出节庆活动的吸引力。青岛国际啤酒节的文艺活动策划少了些许人文、民族性和地域性的元素，从而使得吸引力不足。人们期盼青岛国际啤酒节在坚持开放和国际化的前提下，以大手笔的创意展示古老中国的东方文明文化，“越是民族的，就越是世界的”，青岛国际啤酒节遵循这样一个理念，必将越办越好。

① 蔡连卫：《立足青岛地方特色发展啤酒文化产业》，载朱自强主编：《中国文化产业（第一辑）》，中国海洋大学出版社，2008，第 116 页。

第三十二章　内容创意绩效

所谓内容创意绩效，是指创意生成概率、创意综合指数、创意竞争力所表达的创意效果。创意绩效作用于文化产业发展、文化产业结构、文化产业布局，影响着文化产业效益，最终反映了文化产业给人们带来的经济的、文化的、社会其他方面的福利状况。创意能够变成生意，生意能够带来实惠。

第一节　创意生成概率

所谓内容创意生成，意味着关于内容的创新性思维转化成了文化产业项目、产品、有效的经营模式、实实在在的文化生产力。在不同的思维路线与效率下，创意生成概率是不同的。创意生成概率取决于创意思维路线效率、创意活动的数量规模、创意密集度、产品生命周期。

一、从全产业看影响创意生成概率的因素

1. 社会对文化产业产品的消费需求

社会文化消费需求是拉动内容创意的动力之一。文化消费水平和结构越是高级化，对内容创意的要求越高。在大众文化消费和新一轮分众文化消费中，必然要求文化产业提供更加丰富多彩的内容创意产品。这就是说，市场供求规律决定了文化产业创意产

品生产的数量和规模，这也必然影响创意生成的绝对数量及其生成概率。

2. 内容创意活动的数量规模

在整体创意能力既定的前提下，创意生成数量取决于整个创意活动数量和创意生成概率。在创意生成概率不变的情况下，整个创意活动数量规模越大，创意生成的数量越多。在整个创意活动数量规模不变的情况下，创意生成概率越高，创意生成的数量越多。在具备一定的创意水平和能力的前提条件下，扩大整个创意活动的数量规模，是提高创意生成绝对量的途径之一。创意生成数量越大，反映了内容创意绩效越好。

3. 产品的创意密集度

按照经济学原理，商品的价值由生产这种商品使用的原材料、设备损耗价值转移和劳动力价值以及劳动力新创造的价值构成。其中，劳动力包含了管理和研发劳动力，劳动力新创造的价值中包含了经营管理和产品研发中的创意带来的价值。商品（包括文化产业的产品、服务活动、项目商品）价值构成中，可以按包含的材料、设备、技术、创意、管理、资金、品牌、劳动等细分为物质材料密集型、（硬）技术密集型、资金密集型、劳动密集型、知识密集型等产品。在知识密集型产品中，以创意为核心的产品又称创意密集型产品，文化产业产品大多属于创意密集型产品。通过商品价值构成中的不同成分的比重可以区分产品类型，原则是以某一生产要素转移或新创造的价值在商品中占的比重超过50%。比如，技术要素转移到新商品中的价值占的比重最大且超过50%，该商品即为技术密集型产品；劳动要素占的比重最大且超过50%，即为劳动密集型产品；如果创意要素占的比重最大且超过50%，则为创意密集型产品。文化产业产品中的创意密集度是不同的。创意密集度高的产品数量越大，在文化产业产品中的比重越大，反映了内容创意绩效越好。

4. 产品的生命周期

任何商品都是有生命周期的，文化产业产品也不例外。通常情况下，某一以创意为核心的文化产业产品的生命周期越长，说明了该产品创意生成的绩效越好。如果一个文化产业产品走上市场之后，很短时间内被另外一个新产品取代，则说明前者的产品创意不是太成功。文化产业产品生命周期与产品创意密集度有关，一般说来，越是创意密集度高的产品，创意生成的难度越大，越不容易被取代。由此可见，在整个文化产业产品中产品生命周期长的产品占的比重越大，整个产业的内容创意绩效越好。当然，在产品更替问题上还应当辩证地分析，生命周期长的产品占整个文化产品一定比重且这个比重不变的情况下，整个文化产业产品更替越快，说明创意生成的概率越高，反映了内容创意绩效越好。

5. 创意主体队伍的创意能力

从整个文化产业来看，从业人员中专事文化产业创意工作的人员数量、规模及其比重，与文化产业创意生成概率息息相关。创意主体队伍人员少、规模小，创意生成概率必然小。另外，创意主体队伍本身的素养、专业结构及其年龄结构也是影响创意生成概率的重要原因之一。创意主体队伍本身的素养高、专业结构合理、年龄结构合理，创意生成概率就大，反之则小。文化产业发达国家的文化产业之所以发达，源于他们有一支数量规模大且结构合理的文化产业创意主体队伍。广大发展中国家的文化产业的发展，受文化产业创意主体队伍的掣肘。

二、从创意主体看影响创意生成概率的因素

每个创意主体（个体、团队或文化企业）的创意生成概率是文化产业全产业创意生成概率的基础。把全产业每个创意主体所进行的创意活动数量相加作为分母，把全产业每个创意主体所生成的创

意数量相加作为分子，算术结果即为全产业的创意生成概率。

创意主体创意生成的概率取决于创意活动能力，影响创意主体创意能力的因素如下：

1. 创意主体的知识素养

文化产业创意：作为文化创新、经济创新以及文化与经济相结合的创新为一体的一种思维，作为把自然信息、文明信息以及未来信息当作元素进行信息搭配组合的创新性的一种思维，作为一个可运用质疑、异变、发散、聚合、想象、联想、类比、组合、臻美、系统、非系统等多种思维方法的创新性的一种思维，作为与信息数字技术、新材料技术、艺术技法等多种技术相连接的衔技术应用的一种思维，作为在追求经济利益的同时也必须兼顾社会利益的一种思维，作为讲求意识形态、“意象”形态和职业道德的一种思维，作为在市场激烈竞争中必须确立正确的竞争战略战术的一种思维，是建立在丰富的科学文化知识基础之上的。一个创意主体，如果没有扎实的哲学、美学、文化学、历史学、经济学、艺术学、管理学、科技学知识，不可能具有较强的内容创意能力。从事内容创意起码要对哲学、美学、思维学、文化史、经济学、艺术学等都有一定的掌握。

2. 创意主体的专业水平

创意主体的专业业务水平，是指包括项目策划、创意方法、创意技术、项目实施水平等一系列创新性思维规程中的思维水平或创意项目流程中的工作水平。创意主体的创意水平高，意味着创意选题、创意生成、创意完善过程中的思维能力强，即具有较强的市场意识、敏锐的观察与分析能力，对创意方法和衔技术的有效掌握。创意主体的项目运作水平高，意味着项目策划、项目实施和项目成果运作中的工作能力强，突出表现为能够承揽较多的项目，能高效高质地完成项目。创意主体的专业业务水平是能力的一种表现，而能力直接决定着文化产业创意绩效。

3. 创意主体的人格智能

按照美国心理学家加登纳的理论，人格智能是判断人才的最重要的标准。文化产业内容创意是复杂的脑力思维和创造性的社会活动。创意主体内省智力和人际智力的高低，与其创意能力强弱有重要关系。比如，知道他人在想什么，社会有什么样的文化消费需求，就可以顺势策划创意项目。知道自己的优势和劣势，就可扬长避短或取人之长、补己之短。唯有人格智能高的人，才有较高的创意能力。

4. 创意团队的组织协调

当创意主体以团队形式工作时，除团队中每一个人应当具有较高的知识素养、业务水平和人格智能之外，影响团队创意能力的重要因素之一是团队的组织协调管理。团队组织协调管理的目标是调动每一个人的工作主动性、创造性和积极性，发挥群脑创意的最佳效力，避免群脑创意的负面作用。创意团队是否具有浓厚的创新意识和尊重每个成员的思维个性的宽容氛围，是否既有群体集体意志又有个人心情舒畅且团结实干的团队精神，对于培养团队创意能力和提高团队创意生成概率至为关键。

三、创意竞争力

1. 竞争力与创意竞争力

整个自然界和人类社会的发展，在和谐当中也存在着竞争，社会进化中的适者生存反映了竞争的客观存在。竞争从本质上是一种追求和谐的竞争，竞争力主要表现为追求和谐的力量。一个生命体在成长当中能够把自身的各种器官的功能调动起来，发挥最大的和谐之力，同时与自然界以及外部社会生活环境和谐相处，就可以生存、发展、壮大起来。中国古人讲的“天时、地利、人和”，其实质也是一种追求和谐的竞争。谁顺“天时”、取“地利”、得“民心”，谁就具有强大的竞争力量。

经济学领域关于竞争力的研究由来已久，其代表性的思想如下：

一是亚当·斯密的绝对成本优势理论、大卫·李嘉图的相对成本优势理论和马歇尔的集聚优势理论。他们认为，竞争力的强弱取决于产品生产中的成本优势，谁拥有更多的廉价的原材料、大规模的生产设备、先进的生产组织形式，以其低生产成本提供了优质而便宜的商品，谁就会在市场竞争中取胜。

二是约瑟夫·熊彼特的创新理论和诺斯的制度优势理论。他们认为，竞争力的强弱取决于创新优势和有利于技术创新的制度优势，要引进新技术、新产品、新设备，掌控新原料，营造有利于技术创新的组织制度。

三是普拉哈德和哈默尔的企业核心竞争力理论。他们认为，拥有最新的技术对竞争是至关重要的。所谓核心竞争力，是指能使公司（企业）为客户带来特殊利益的一种独有技能或技术。这种技能或技术很难被竞争对手效仿、抄袭，公司（企业）借此在市场上保持了强大的竞争力量，获得长足发展。

四是创意竞争力理论。创意竞争力理论与企业核心竞争力理论在相辅相成中发展起来。普拉哈德和哈默尔的企业核心竞争理论以及他们提出来的创意指数已经深含创意竞争力内容。2004 年，理查德·佛罗里德和爱里·适格尔两位学者在一份报告中明确指出，创意阶层的增长、研发经费的投入、科技与艺术的交融、创意与技术的结合正在成为欧美经济增长的新动力。需要指出的是，这里讲的创意竞争力的外延还是比较宽泛的，是全社会层面上的创意竞争力，当然也涵盖了文化产业内容创意竞争力。

2. 内容创意竞争力

所谓文化产业内容创意竞争力，是指通过市场竞争表现出来的由多项能力构成的文化产业创新性思维能力。创意竞争力是创意绩效的直接支撑力量，同时也是文化产业竞争力和文化产业效益的核心支撑力量。内容创意竞争力是文化产业竞争力的五大能力之一。文化产业竞争力的五大能力为文化企业经营能力、文化市场运营能力、文化产业创意能力、文化产业政府规制能力和文化产业永续发展能力。

内容创意竞争力主要指文化企业产品或服务内容的创新能力。在文化产业初级发展阶段，产品复制为创意的主要方向；到了文化产业高级发展阶段，内容创新则为创意的主要方向。在当今文化产业比较发达的欧美、日本、韩国、澳大利亚等地区和国家中，内容创新占主导地位。文化产业越是向前发展，由产品内容创新能力所表现出来的竞争力越显重要。

第二节 创意综合指数

所谓创意综合指数，是指衡量一个国家或地区文化产业发展状况，主要反映文化产业的创新性和竞争力的指标体系。目前关于地区创意综合指数的典型性报告主要有美国、欧洲和中国香港创意综合指数。

一、美国创意综合指数

美国学者最早提出了创意综合指数。经济学家理查德·佛罗里德认为：文化产业发展依靠创意阶层的带动；创意阶层喜欢生活在多元化、包容性强、思想理念开放的地区中；这种地区更有利于创意人才的组合和资本集中，更可加速知识流通和带来更高的创新能力。在以上认识的基础上，理查德·佛罗里德提出了美国创意综合指数。该指数主要由技术、人才和宽容度三个指数构成（图 32－1）。

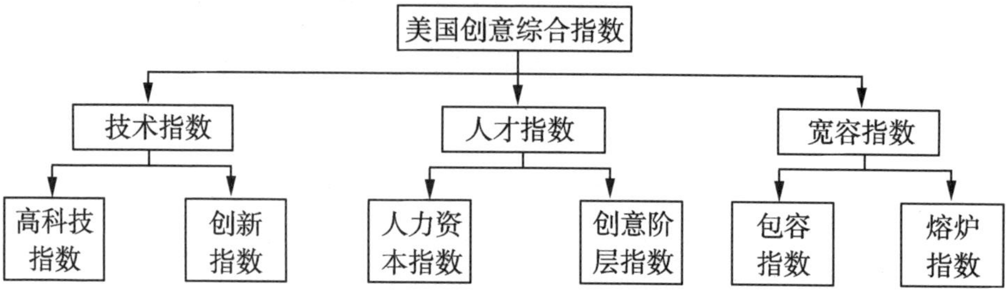

图 32－1　美国创意综合指数体系

1. 技术指数

技术指数由高科技指数和创新指数构成。高科技指数，是指一个地区科技产出平均成长率与全国科技平均成长率的比率。一个地区科技成长的计算方法是“地区高科技产业占全国高科技产业的比例”乘以“地区高科技产出占当地产出的比例”，其结果为技术标杆指数。技术成长指数，是指技术标杆指数的动态变化，即报告期与基期的（环比或平均）增长。

创新指数是评价一个地区创新能力的指数。创新指数反映了两点：一是生产技术创新的“质”，即研发了新产品、采用了新方法、获得了新的能源原材料、开拓了新市场等；二是技术创新的“量”，即技术发明的数量、技术进步水平以及技术创新的投资额等。目前世界上关于创新指数的报告，主要为瑞士洛桑国际管理学院创新指数和欧洲综合创新指数，前者由 3 大项 14 个指数组成（表 32－1），后者由 5 大项 26 个指数组成（表 32－2）。

需要说明的是，发明专利的申请数量反映了一定的创新能力，专利申请的年增长率反映了创新能力的变化程度。瑞士国际管理学院和欧洲综合创新指数中都涉及了专利的状况。在美国创意指数的构成中，创新指数主要采用了专利申请增长率。

2. 人才指数

文化产业发展中内容创意是核心，内容创意中人才是关键。“创意资本”密集的地区，拥有众多接受高等教育人才的地区，大多为文化产业比较发达的地区。人才指数通过两个指数体现：一是创意阶层指数，即在文化产业各行业中就业的人数占总人口的比例；二是人力资本指数，即接受高等教育的人数占总人口的比例。

表 32－1　瑞士洛桑国际管理学院创新指数体系

<table>
<tr><td rowspan="3">洛桑国际管理学院创新指数</td><td>研发人员</td><td>1. 研发人员总人数
2. 每4人中研发人员数量
3. 企业每4人中研发人员数量</td></tr>
<tr><td>研发经费</td><td>4. 人均研发经费支出额
5. 研发经费支出占 GDP 的比重
6. 企业人均研发经费支出额</td></tr>
<tr><td>技术与环境</td><td>7. 企业间技术合作普遍程度
8. 企业与高校合作研究及技术转移程度
9. 技术开发应用的法律环境
10. 基础研究支持经济和技术长期发展状况
11. 科技教育水平
12. 批准授予的专利权数量
13. 专利与知识产权保护程度
14. 人均 GDP</td></tr>
</table>

3. 宽容度指数

宽容度指数与人才指数相联系，从创新机制上更深刻地反映了创意所需要的社会氛围条件。多元化、自由性、开放性、包容性是创意人才赖以聚集的环境条件。宽容度指数由包容指数和熔炉指数构成。包容指数在美国学者那里称为同性恋指数，该指数所要表达的是接受同性恋程度反映了社会包容的程度，意味着人力资本进入的障碍程度。包容指数是指一个地区中同性恋人数占总人口的比例。美国学者用对同性恋的包容和容忍来衡量美国社会的多元包容性，这是美国的文化现象。在其他国家，同性恋未必反映社会的多元包容性。

表 32－2　欧洲综合创新指数体系

欧洲综合创新指数	创新人力	1. 受高等教育人员占劳动人口的比重 2. 参与终身教育人员占劳动人口的比重 3. 每百人中宽带使用数量 4. 20～29 岁年龄段中新毕业的理工科学生所占比重 5. 20～24 岁年龄段中受过中等以上教育人员的比重
	知识创新能力	6. 公共研发经费投入强度 7. 企业研发经费投入强度 8. 中高技术及高技术制造业研发经费支出在制造业中的比重 9. 接受公共研发劳动的企业占全部企业的比重 10. 大学研发经费中来自企业的经费的比重
	企业创新能力	11. 创新经费投入强度 12. 初期风险投入资本与 GDP 之比 13. 自主创新的中小企业占全部企业的比重 14. 合作创新的中小企业占全部企业的比重 15. ICT 支出与 GDP 之比 16. 开展非技术性创新活动的中小企业占中小企业的比重
欧洲综合创新指数	创新绩效	17. 高技术产品出口额所占份额 18. 高技术服务人员占制造业和服务业的比重 19. 企业销售总额占市场新产品销售额的比重 20. 企业新产业销售额占企业销售总额的比重 21. 制造业和服务业中中高技术和高技术制造业就业人员的比重
	知识产权	22. 每百万人口中（欧洲专业组织）专利数量 23. 每百万人口中三方专利数量 24. 每百万人口中新注册的商标数量 25. 每百万人口中新的工业设计数量 26. 每百万人口中（美国商标局）专利数量

熔炉指数，是指外国移民人数占总人口的比例。美国是一个移民国家，美国人承认移民对美国的贡献。在美国，国外移民投资企业占了所有硅谷新型企业中的30%，这些企业中的外籍科学家、工程技术人员在科技研发队伍中占了很大的比例，具有研究生学位的计算机技术人员移民约占一半，各个科技领域中的重大发现者大多数为移民。美国高明的移民政策和教育国策吸引着世界各地的优秀科学技术人才和学生，一代又一代的移民对美国的发展发挥了“良性循环”的作用。

世界各国的地缘条件和历史条件不同，有些国家不可能大量吸收移民。但熔炉指数所透露出来的核心思想是宝贵的：一个社会必须开放，吸收容纳各种人才。学术和思想的近亲繁殖难以产生新思想，国家应当对外开放，积极地吸收他国人民创造的思想成果。一个国家要自立于世界民族之林，既要继承本民族优秀的传统思想，也要不断吸收其他民族优秀的新思想。一个国家要走在世界的前列，就必须融入世界大家庭，在推进国际文化交流中不断地自我更新，建设创新型国家。

二、欧洲创意综合指数

欧洲创意综合指数更适合用来对不同国家的文化产业进行比较研究，是目前全球影响力最大的创意综合指数（图32－2）。欧洲创意综合指数在结构框架上与美国创意综合指数相同，由技术指数、人才指数和宽容度指数构成，但在具体内容上有一些变化，是在美国创意综合指数基础上的拓展、丰富和完善。

1. 欧洲创意综合指数对美国创意综合指数的发展

第一，在技术指数中补充了研发指数。研发指数，是指研发经费支出占GDP的比重。一个国家或地区研发经费投入占GDP的比重越大，技术创新和文化产业创意能力越强。研发经费投入增长越快，取得的技术创新和文化产业创意成果越多。

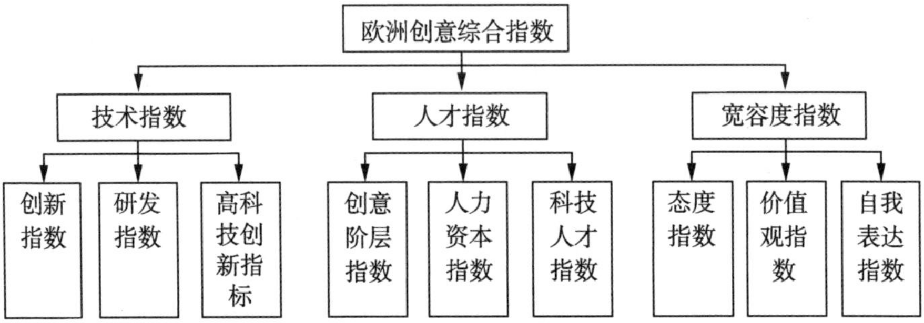

图 32－2　欧洲创意综合指数体系

第二，在人才指数中补充了科技人才指数。科技人才指数，是指每千名员工中从事研发工作的科学家和工程师的数量。很明显，仅仅考察人口中从事创意职业的人数和具有大学学士学位的人数，还不足以反映创意的发展。员工中从事研发工作的科学家、工程师的数量，更直接地表达了创意人力状况。科技人才指数是对创意阶层指数和人才资本指数的细化。

第三，在宽容度指数中，采用了态度、价值观和自我表达三个指数，这与美国宽容度指数的概念不同，但反映的意思大致相同。态度指数，是指一个国家或地区中社会包容中的积极包容和消极包容之比。价值观指数，是指一个国家或地区中对现代或世俗的价值观表现出的传统的或宗教的反对程度。自我表达指数，是指一个国家或地区中的人们对个人权利和自我表达的重视程度。

2. 部分国家的创意综合指数

以下图表为部分国家的创意综合指数资料，其中，图 32－3 为某些国家的技术指数、人才指数和宽容度指数的比较。表 32－3～32－5分别为技术、人才和宽容度指数中的结构性指数数据①。

① 蒋三庚、王晓红、张杰主编《创意经济概论》，首都经贸大学出版社，2009，第 284、286、288 页。

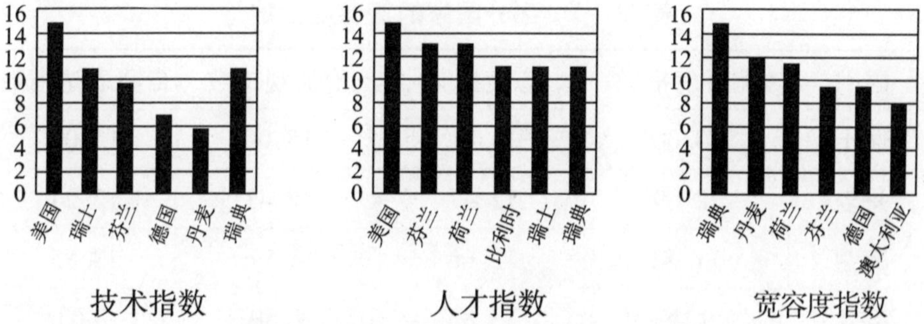

图 32－3　部分国家的创意综合指数

表 32－3　部分国家的技术指数

国别	技术指数	创新指数	高科技指数	研发指数
美国	15.00	15.00	15.00	10.62
瑞士	10.92	9.33	5.25	15.00
芬兰	9.57	6.14	6.39	13.38
德国	6.97	6.33	2.56	9.97
丹麦	5.89	4.48	3.08	8.39

表 32－4　部分国家的人才指数

国别	技术指数	创意阶层指数	人力资本指数	科技人才指数
美国	15.00	15.00	15.00	11.41
芬兰	13.22	14.27	7.22	15.00
荷兰	12.86	14.73	13.65	7.13
比利时	10.95	14.95	6.65	8.63
瑞士	10.81	13.33	8.68	7.82
瑞典	10.72	10.56	7.11	11.92

表 32－5　部分国家的宽容度指数

国别	宽容度指数	态度指数	价值观指数	自我表达指数
瑞士	15.00	14.81	15.00	15.00
丹麦	12.09	12.47	10.41	13.24
荷兰	11.42	12.66	7.59	13.85
芬兰	9.49	13.83	7.50	7.03
德国	9.45	10.32	10.59	7.30
澳大利亚	7.76	11.10	2.06	10.00

三、香港创意综合指数

2004 年，中国香港特别行政区政府委托香港大学对香港城市创意进行数量化研究，该项研究成果中报告了香港创意综合指数，其结构框架体系（图 32－4）主要借鉴了美国创意综合指数，并从香港

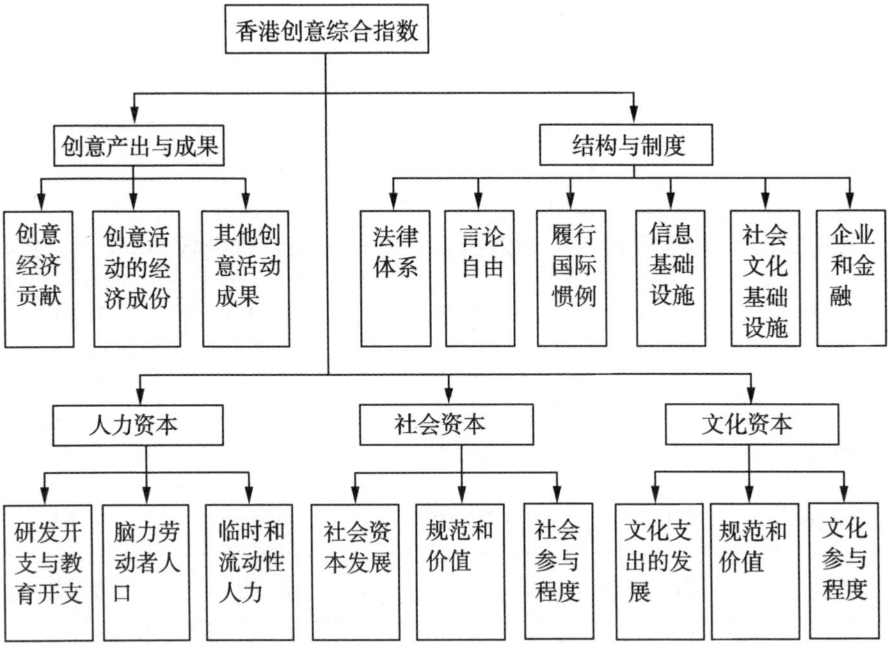

图 32－4　香港创意综合指数

数据采集的实际出发对美国创意综合指数框架作了若干改良，补充了与文化产业创意有关的经济、文化、社会环境参数，使得创意综合指数更适合反映香港的现实状况。

四、上海创意综合指数

进入21世纪，中国政府把发展文化产业作为一项文化与经济发展的战略性任务提了出来。伴随文化产业的兴起，中国文化产业创意研究越来越深入，发表了上海创意综合指数（表32－6）和北京创意综合指数两项报告①。

中国内地创意综合指数借鉴了美国、欧洲和中国香港创意综合指数，从中国内地文化经济体制和统计体制的实际出发，创建了适合中国国情的创意综合指数结构框架体系。当然，伴随中国文化经济体制改革的深入，中国内地创意综合指数的框架体系还将逐步完善，目标是：一是进一步精炼规范，以适用于各省、市、自治区之间的比较研究；二是尽力与国际创意综合指数（比如欧洲创意综合指数）的结构体系接轨，以适用于各国之间的比较研究。

五、创意综合指数的计算方法

1. 创新指数的计算方法

创新指数的计算程序和方法是：收集相关数据，对数据进行标准化处理，并进行主成分分析，选取其中最具代表性的因素与权值加权计算。计算公式如下：

$$I = \sum_{i=1}^{n} Y_i \times V_i$$

---

① 蒋三庚、王晓红、张杰主编《创意产业概论》，首都经贸大学出版社，2009，第307－309页。（表中数据引自：上海创意产业中心编《上海培养发展创意产业的探索与实践》，第27－28页）

表 32－6　2005 年上海创意综合指数

指数名称	指标	计量单位	2004 年	2005 年	计算结果	权重
产业规模指数	创意产业增加值占全市增加值的百分比	%	5.8	6.0	107.2	30%
	人均 *GDP*	万元	4.63	5.14		
科技研发指数	研究与发展经费支出占 *GDP* 的比值	%	2.11	2.34	125.2	20%
	高技术产业拥有自主知识产权产品实现产值占 *GDP* 的比值	%	10.9	11.9		
	高技术产业拥有自主知识产权拥有率	%	26.9	27.5		
	每 10 万人发明专利数	件	39	59		
	每 10 万人专利申请数(按常住人口计算)	件	118	184		
	市级以上企业技术中心数	个	157	189		
文化环境指数	家庭文化消费占全部消费的百分比	%	8.65	8.26	94.4	20%
	每百万人公共图书馆拥有量	个	1.61	1.57		
	每百万人艺术表演场所拥有量	个	10.16	9.00		
	每百万人博物馆、纪念馆拥有量	个	5.17	5.62		
	人均报纸数量	份	113.15	107.20		
	人均期刊数量	册	11.08	10.69		
	人均借阅图书馆图书的数量	册	0.77	0.58		
	人均参观博物馆的次数	次	0.27	0.32		
	举办国际展览会项目数	项	383	276		

（续表）

指数名称	指标	计量单位	2004 年	2005 年	计算结果	权重
人力资源指数	新增劳动力人均受教育年限	年	13.0	13.5	105.2	15%
	高等教育毛入学率	%	55.0	57.0		
	每万人高等学校在校学生数	人	278	293		
	户籍人口与常住人口比例		3.5∶1	3.3∶1		
	国际旅游入境人数	万人次	491.92	571.35		
	因私入境人数	万人次	26.27	27.76		
	外省市来沪旅游人数	万人次	6 346.24	6 804.98		
社会环境指数	全社会劳动生产率（按常住人口计算）	万/人	88 893	98 545	114.9	15%
	社会安全指数		100.3	92.1		
	人均城市基础设施建设投资额	元	3 861	4 982		
	每千人国际互联网用户数	户	363	452		
	宽带接入用户数	万户	158.82	247.4		
	每千人移动电话数	户	750	812		
	环保投入占 *GDP* 百分比	%	3.03	3.07		
	人均公共绿地面积	平方米	10.1	11.0		
	每百万人拥有的实行免费开放公园数（按常住人口计算）	个	8	8		
2005 年上海城市创意综合指数			109.1			

式中：I 为创新指数，Y 为主成分因素，V 为权重数（主要依靠经验方法确定）。

计算创新指数时，要注意把握以下几个问题：一是主成分因素依据国家或地区的不同情况，可以选取不同的指数指标；二是主成分因素权重的确认，在同一个国家或地区发展的不同阶段可以选择不同的数值；三是在对不同国家或地区的创新指数进行对比分析研究时，必须选择大体一致的主成分因素并采取相同的权重，否则就不可比。

2. 竞争力指数的计算方法

竞争力指数 = [（当前水平 - 基期水平）×N ÷ 基期水平 + 1] × 当年各对象当前水平的平均值。

式中：N 为第 N 年的竞争力。

3. 创意综合指数的计算方法

以上海创意综合指数计算方法为例：表 32 - 6 中的 5 个方面，根据它们对文化产业发展的重要程度分别确定权重如下：产业规模指数 30%，科技研发指数 20%，文化环境指数 20%，人力资源指数 15%，社会环境指数 15%。将 2004 年设为基准年，即 2004 年为 100，以后各年与基准年的 100 相比，即报告年度的创意综合指数。

在此要强调指出的是，计算创意综合指数通用方法是数值法，权重选择非常重要。由于各国各地区的产业规模、科研水平、文化环境、人力资源以及其他重要的社会结构状况不同，权重的选择是不同的。这要从各国各地的实际出发，反复论证，切实把握准确①。

① 蒋三庚、王晓红、张杰主编《创意经济概论》，第 269、272、309、310 页。

第三节　提高创意绩效

发展文化产业必须努力提高内容创意生成概率、创意综合指数和创意竞争力。

一、提高内容创意生成概率的途径与方法

提高创意生成概率，主要通过两大途径：一是就文化产业全局而言，要不断扩大创意活动项目的数量和规模；二是对创意主体（个体、团队、企业）而言，要不断提高创意水平和能力。这两大途径在提高创意生成概率中的作用是相辅相成的，全产业创意项目的数量和规模（分母）大了，一般来说创意生成的数量和规模（分子）也就大了。当然这要取决于创意主体不断提高的创意水平和能力，全局上创意项目数量和规模的扩大是创意主体不断提高的创意能力推动的结果。

1. 扩大内容创意活动的数量规模

文化产业创意在文化产业不同的发展阶段中内容是不同的，创意内容只有适应了文化产业不同的发展阶段才能提高生成概率。在文化产业“复制的创意”初级发展阶段，创意的主要方向为对文化艺术品进行工业化复制，即把存在于宫廷贵族圈中的文化艺术品或存在于民间中的文化艺术品，复制后推向文化市场，促成大众文化和文化产业。此时，复制的文化艺术品的种类越多、来自地域越广，意味着创意数量越多、规模越大。在文化产业“创意的复制”高级发展阶段，文化产业创意主要方向从文化艺术品的复制转向产品内容的创新，即转向文化艺术品的原创、研发和设计。此时，以内容创新为特征的原创型文化艺术品创意活动种类越多，意味着创意数

量越多，规模越大。

2. 提高创意水平和创意能力

每一项内容创意的生成，与创意主体的创意选题能力、创新性思维原则、创新性思维方法和创意技术能力有直接关系。如果所有从事文化产业创意职业的人，都具有较强的创新性思维水平和创意能力，则创意生成概率就会较高。现实生活中文化产业创意生成平均概率为30%左右，这就是说70%左右的创意活动失败了。当前人们还说不清楚总体上创意成败的“三七开”是不是一个“带规律性”的常数。但就不同国家和地区而言，由于创意阶层的创意水平和创意能力不同，创意成败比例是不同的。因此，对于创意者而言，不仅要懂得什么是内容创意，而且要知道怎样搞好内容创意，努力增强创新性思维水平和创意能力。

3. 排除创意活动中的障碍

导致文化产业内容创意生成概率低的因素有以下两点：一是国家文化经济体制障碍，这一障碍表现为创意综合指数低，阻碍着创意主体从业的积极性；二是创意主体的思维方法、技术、道德乃至市场竞争中的思维障碍，这一障碍直接造成了创意生成概率低。提高内容创意绩效，必须自觉地着力排除以上两大障碍。

二、提高创意综合指数的途径与方法

创意综合指数是综合反映创新及其竞争力的指标。文化产业创意综合指数包括了文化产业创意生成概率和创意竞争力。提高创意生成概率和创意竞争力的途径和方法，同时也是提高创意综合指数的途径与方法。在这里，我们侧重讨论提高文化产业创意技术水平和创意宽容度的途径与方法。

1. 关注并重视高新技术的发展与应用

现代文化产业发展的重要特征或趋势之一，是创意与高新技术相结合的衔技术的创新与进步。文化产业创意综合指数的提高，很大程度上取决于创意与硬技术、软技术及艺术技法结合的紧密程度。创意是核心，技术是手段，二者结合起来，形成的文化产业创意产品才能具有观念价值与功能价值。创意的创新成分越多，技术手段越高越新，产品中所蕴含的观念与功能价值越大。内容创意要十分关注技术的发展，十分重视信息数字技术、新材料技术、艺术新技法等技术的应用。在此需要特别强调的是，内容创意要特别重视人类信息传播高新技术手段的发展，因为文化依赖于传播，传播是创意产品观念价值升值的重要途径。人类信息传播的媒介经过了从语言、文字、广播、电影、电视到计算机网络的转变过程，文化作为意识形态，经过传播技术的改造，许多已表现为意象形态，内容创意已经越来越依赖于意识与意象的现代传播技术与手段。比如音乐传播本来是靠演唱会，现在可以通过广播、电视、网络进行传播，把音乐录入芯片，可以装入玩具、文具、服装、饮料、纪念品、饮料瓶，传播方式花样翻新。诸如此类的衔技术的发展，使音乐的价值大大不同了。与过去的音乐家相比，现在的音乐家借助现代传播技术，通过音像光盘和音乐衍生产品的制作出售，可以赚很多的钱。音乐早已从音乐厅飞了出来，俨然成了一个大产业。

2. 强化不同技术、技法领域之间的衔接

我们之所以把文化产业创意技术称之为衔技术，关键点在于一个“衔”字。这个衔字，既包括了文化与科技的衔接，也包括了不同技术技法之间的衔接。信息技术与数字技术的衔接而成的信息数字传播技术，是现代传媒文化产业得以发展壮大的引擎。美国科幻片是多媒体技术与电影创作制作技法的巧妙衔接。现代美术工艺品的生产许多都是新材料技术与艺术品创作技法的衔接。越是大型的文化产业创意项目，越是需要各种技术技法的衔接，衔技术创新的空间特别巨大。美国夏威夷是世界著名的旅游胜地，有许多应用现代技术策划的旅游项目，比如旅游项目的策划者们把潜艇略加改造(开了许多窗户)，供游人乘坐潜艇观光海底世界，考察水下地形、地貌、海洋动植物。夏威夷海域生活着许多海洋巨龟，给人留下难以忘怀的记忆。凡到夏威夷旅游度假的人，谁不愿意去海底游览一次，一睹大海龟的风姿呢？这样一个潜艇技术与旅游项目结合的创意使旅游公司赚了大把的美元。

3. 营造民主、包容、宽松、和谐的创意环境

内容创意特别需要包容民主、宽松、和谐的创意环境。美国文化产业发达，除了经济基础实力强、科学技术先进等原因之外，包容、宽松、和谐的社会氛围也是重要原因。世界各国的文化产业创意综合指标体系中都有一个包容度指数，绝非偶然。有些发展中国家是从农耕自然经济社会迈向现代社会的，依然残留着封建主义的许多东西。反封建不彻底，是当今许多发展中国家缺少民主氛围的根源。现代文化产业的核心是创意，创意是一种发散性的新思维，不能有框框，缺少包容和谐的社会氛围，创意者左顾右盼，顾虑重重，很难产生大手笔的创意。因此，必须营造民主、包容、宽松、和谐的创意环境，建设创新型社会离不开民主的社会氛围。

在此需要申明的是，所有的国家包括美国这样自我标榜为最自由民主的国家，对文化产业意识形态的包容也是有底线的。文化产业内容创意，可以奇思妙想，目的是发展文化产业，创意者自己赚钱，也给社会带来经济的、文化的、社会其他方面的（比如就业）

福利增长，但是不可超越底线，不能动摇社会主流意识形态和根本社会制度。

三、提高内容创意竞争力的途径与方法

内容创意竞争力主要包括文化内容创新和经济创新两大能力，还同时表现为创意竞争战略、战术的谋划运筹能力。

1. 着力提高打造品牌产品和衍生产品的能力

广大发展中国家发展文化产业，目前创意的方向恐怕还处于复制与内容创新并举的发展阶段。在中国内地，复制和内容创新均存在巨大的空间。因此，既要重视复制创意，也要重视内容创意，唯此才能提高创意竞争力。在进行产品内容创意当中，要重视产品或活动品牌的打造，品牌创意是提高竞争力的重要手段，有了品牌就有了竞争力。同时还要重视衍生产品和衍生活动的创意，创意产品衍生链的规模对于提高竞争力至为重要，形成了衍生产品链，有了衍生产品的规模，就有了竞争力。

2. 着力提高文化经济市场运营能力

对于广大发展中国家，特别是从计划经济向市场经济转型的国家而言，文化产业经济运营的问题还是一篇有待做好的大文章，其中文化经济管理体制和文化企业经营机制都有待于深化改革。对中国来讲，文化产业经济运营创新的总题目是使市场在国家宏观调控下发挥文化产业资源配置的决定性作用。改革的路径主要有两条：一条是改革政府对文化的管理职能，政府要从过去直接办文化转变为间接管文化；另一条是改革文化微观经营机制，把过去从属于政府的绝大多数的文化事业单位改为文化企业，在现代文化产权制度基础上建立起现代文化企业制度，实行董事会领导下和监事会监督下的企业法人治理结构。

3. 着力提高创意竞争战略战术筹划能力

有竞争就存在竞争战略战术，选择正确的竞争战略战术在竞争中才能取胜。竞争战略战术，既是竞争的一种手段，同时也是竞争力的有机内容。战争中有许多“以少胜多、以弱胜强”的战例，说明了战略战术也是一种无形的军事力量。军事家不仅重视战力硬件建设，更重视战力软件建设，战略战术就是一种软实力。创意竞争是市场中的竞争，竞争是以存在对手而成立的，那么在竞争中就必须“知彼知己”，采取正确的战略战术。竞争战略战术的筹划能力是创意商战中不可或缺的竞争能力。

国家出版基金项目
NATIONAL PUBLICATION FOUNDATION

On Cultural Industry

Volume Three Government Regulation of Cultural Industry

文化产业论

文化产业组织、核心生产暨政府规制

第三卷　文化产业政府规制

江奔东　著

泰山出版社 · 济南 ·
Taishan Publishing House

目　录

第三十三章　文化产业政府规制概述 …………………………… 637

第一节　国家与文化产业 …………………………………… 637

第二节　政府规制的依据和内容体系 ……………………… 644

第三节　政府规制理论变迁 ………………………………… 653

第三十四章　政府规制制度背景 ……………………………… 662

第一节　市场经济制度 ……………………………………… 664

第二节　混合经济制度 ……………………………………… 672

第三节　制度文化传统 ……………………………………… 679

第三十五章　政府规制机构 …………………………………… 688

第一节　规制主体构成 ……………………………………… 688

第二节　规制机构模式 ……………………………………… 690

第三节　规制权力制衡 ……………………………………… 696

第三十六章 政府规制特征 …… 702

第一节 社会公共管理特征 …… 702
第二节 国家法制保障特征 …… 708
第三节 文化经济调控特征 …… 713

第三十七章 政府规制类型 …… 719

第一节 规制类型体系 …… 719
第二节 政府公共规制 …… 723
第三节 行业企业规制 …… 728

第三十八章 政府规制目标 …… 733

第一节 规制经济目标 …… 733
第二节 规制文化目标 …… 738
第三节 规制社会目标 …… 744

第三十九章 政府规制工具 …… 748

第一节 规制工具选择 …… 748
第二节 宏观规制工具 …… 753
第三节 微观规制工具 …… 759

第四十章 政府规制过程 …… 767

第一节 规制立法 …… 767
第二节 规制实施 …… 773
第三节 规制解除 …… 776

第四十一章　政府战略规制 …………………………… 780

第一节　战略规制依据 …………………………… 780
第二节　战略规制框架 …………………………… 797
第三节　战略规制效用 …………………………… 809

第四十二章　政府经济规制 …………………………… 815

第一节　价格调整规制 …………………………… 815
第二节　进入退出规制 …………………………… 823
第三节　投资融资规制 …………………………… 834

第四十三章　产品内容规制 …………………………… 851

第一节　文化全球化与多元化 …………………………… 852
第二节　主流与非主流文化 …………………………… 865
第三节　文化内容先进性标准 …………………………… 873

第四十四章　政府环境规制 …………………………… 888

第一节　外部性与环境规制 …………………………… 888
第二节　文化生态环境规制 …………………………… 892
第三节　可持续发展环境规制 …………………………… 903

第四十五章　政府反垄断规制 …………………………… 909

第一节　反垄断规制理论 …………………………… 909
第二节　反垄断规制变迁 …………………………… 919
第三节　反垄断规制趋势 …………………………… 925

第四十六章　知识产权规制 …………………………………… 932

第一节　知识产权与文化产业 …………………………… 932
第二节　版权、商标与专利法 …………………………… 939
第三节　知识产权规制实践 ……………………………… 953

第四十七章　政府规制博弈 …………………………………… 961

第一节　博弈的变迁 ……………………………………… 961
第二节　博弈复杂性 ……………………………………… 967
第三节　博弈理性化 ……………………………………… 971

第四十八章　政府规制绩效 …………………………………… 977

第一节　规制绩效框架 …………………………………… 977
第二节　调整缓和规制 …………………………………… 984
第三节　提高规制绩效 …………………………………… 990

主要参考文献 …………………………………………………… 999

第三十三章　文化产业政府规制概述

人类自远古时代起，就开始了从不自觉到自觉地认识和改造世界、谋求自身生存和福利增长的发展历程。人类的发展活动创造了人类文明。国家和产业都起源于人类谋求发展的活动，它们既是人类文明的产物，又是人类进一步发展的基础条件。

第一节　国家与文化产业

人类文明产生过程中形成的众多成果，不是孤立存在的，它们之间都有着直接或间接的联系。人们进行科学研究，是为了找寻事物之间的必然联系，即发现规律，从而按照规律指导人更好地生存发展。

一、国家

国家是人类发展到一定时期之后才出现的，国家现象是人类社会最复杂的现象之一。

由于时代条件不同，不同时代的政治家、理论家提出了不同的国家学说。由于各门社会科学学科研究的角度不同，不同学科也对国家的含义做出了多方面的解释。迄今，人们对国家的定义、性质和功能，依然存在若干认知上的差异乃至分歧。

传统的各种国家学说均有其历史时代条件和学科专业视角的局

限性。人们应随着时代的发展，在思想认识上与时俱进，吸纳融汇各学科有创建性的关于国家学说的思想精华，使国家学说逐渐丰满完善起来，使人类最终走向民主与法治的政治文明发展道路。

国家是指一定的领土区域和具有公民身份的人口的总和①。国家是人民基本认可并服从的、具有强制性权力的、并为全体公民提供公共服务的组织体系和制度形态。这里讲的国家组织体系和制度形态，主要是指议会、政府、法院、军队、文化传统和主流价值观等。

1. 国家意味着制度设计安排

国家制度设计安排，主要包括政治体制、社会体制、经济体制、文化体制四大制度，政治体制中包括立法体制、行政体制、教育体制、卫生体制、福利体制、司法体制、监督体制等制度。衡量制度设计安排科学与否的标准为：是否有利于社会生产力发展、人的全面发展和人民生活的幸福美满。

科学的国家制度设计安排，是建立在全体人民民主选择程序基础之上的。如果一种国家制度设计安排，长期不能促进社会生产力和人的全面发展，不能使人民生活水平和质量提高，国家就不会和谐安定，势必发生内乱或者横遭入侵、肢解和吞并，这种制度设计安排下的国家就可能不复存在。

国家的本质，是指从制度设计安排上，追求先进的生产力、促进人的全面发展和使人民生活幸福美满。

2. 国家表达为公共关系和公共服务

一个国家内的人必然发生交往，交往产生关系，关系构成网络，形成公共关系。因地缘不同，各国公共关系的特征和传统是不完全

---

① 胡乐明、刘刚：《新制度经济学》，中国经济出版社，2009，第214页。

相同的。国家公共关系的存在，表达为需要国家提供公共服务。

国家公共服务主要由独立于其他社会组织的国家组织体系（政府）来完成，其职能主要包括：第一，设计制定制度，维护公共秩序，管理经济和文化（包括对外经济和文化贸易），维护民众产权，规范竞争行为；第二，对资源和财富进行再分配，解决社会矛盾，协调民众利益，保障福利增长；第三，维系国家组织体系运转，组织民众应对各类自然灾害或重大事件；第四，掌管外交事务，维护国家安全，当遇到外来侵略时宣布战争、组织抵抗。

国家组织（政府）及其成员的公共权力必须为全体人民服务，而不是为社会某个阶层、利益集团或个人服务，唯此才能最大可能地优化资源配置，促进生产力发展，保证社会和谐安定，实现全体人民平等地共享发展成果，走向文明幸福。须指出的是，国家组织（政府）及其成员的价值观不同，国家权力可能会为某一利益集团或个人服务，因此国家权力应当被限制、监督和制衡，以防止其可能代表某一集团或个人的私利。

国家的意志，是指代表全体人民的利益，而不是代表某个阶层、利益集团或个人的利益。

3. 国家体现为文化传统和主流核心价值观

文化和价值观是维系一个国家的终极力量。国家之所以存在，不能仅靠物质生产力的发展，更不仅靠暴力潜能，最终要靠文化和价值观的凝聚力。

在信息全球化的今天，任何一个国家的文化和价值观都难以孤立地存在，都必须在开放中与其他国家和民族的优秀文化思想相互交融，才能更具生命力。但是，这绝不意味着可以随意丢掉本国的传统文化和主流核心价值观。国家必须维护、继承、丰富和发展自己的传统文化和主流核心价值观。文化安全则国家安全。国家只有体现先进文化和文明的价值观，国运才能长久。

国家的内核，是指优秀的文化传统和主流核心价值观。

4. 国家是人民基本认可并服从的

国家只有得到人民的基本认可并服从才表明它的存在。人民对国家的基本认可并服从有两个前提：一方面，国家的所作所为遵循了人类共同认知的最基本的道德行为规范，确保了人类生存、发展、自由、平等、追求幸福的“天赋”权力，反映了人类共同的人本、人性、人权和人道思想；另一方面，国家潜含着暴力，用来防止外来侵略，保卫领土完整，建立公共秩序，保障全体人民正常的工作和生活，维护国家利益和人民的根本利益。

国家暴力具有排他性，国家是唯一可以行使暴力的主体，其他任何组织或个人都不具备这一权力，不得以任何理由使用暴力。民众都清楚，国家具有强制性暴力潜能，必须服从国家，对抗国家公共权力将受到制裁。

国家的根基，不仅在于暴力潜能，还在于人本、人性、人权和人道，更在于人心所向。

二、国家与文化产业的关系

对于国家与文化产业的关系可以做出若干解释。这里侧重从国家文化经济制度、国家社会体制和结构、国家公共管理服务三个视角讨论国家与文化产业的关系。

1. 国家文化经济制度与文化产业

制度是人类相互交往的规则，它具有抑制可能出现的机会主义行为、使人们的行为可预见且促进人的全面发展的功能。制度有两种：一是内在制度，内在制度是人们在长期的社会交往中依靠经验形成的，内在制度通行于公众之中，它的产生是社会利益群体和谐博弈的结果，通过渐进式反馈和调整过程被公众所接受，并且循着稳定的路径演变；二是外在制度，外在制度由高踞于社会之上的权威组织体系（一批公共代理人）设计安排，形成法律、政策、规定或指令且强制性执行，外在制度也是社会利益集团博弈的结果，但它的形成不像内在制度那样潜移默化，有时候突发事件或偶然因素会发挥重要的作用。

国家制度为外在制度，由国家组织体系安排。国家制度是一个由经济制度、文化制度、政治制度和社会制度及其他多个制度组成的庞大体系。只有当国家从制度上把文化当作商品，造就了文化经济主体且形成了文化经济市场体制的时候，文化才能成为一个大产业。文化产业的诞生、成长、壮大，既是伴随文化经济内生制度“自然”的过程，又是伴随国家文化经济外生制度“人为”的过程。抽象掉“自然”过程，人们不难发现文化产业成长与国家文化经济制度安排有深刻的联系。

只有成熟的文化经济制度才能造就发达的文化产业。欧洲、北美、东亚、大洋洲的某些国家之所以有发达的文化产业，概缘于他们有成熟的市场文化经济。

曾经实行计划经济体制的国家，在文化建设上有两大失误：一是把文化与经济割裂，断然分开，否认文化产业化的经济功能和经济作用；二是实行了高度集权的、僵化的计划经济体制和行政垄断，政府职能的界定阻碍了文化产业的发展。在这些曾经实行计划经济的国家中，国家把文化生产单位作为“事业”置于政府行政部门“附属物”的地位，否认其企业的性质，政府直接包揽文化生产要素（人、财、物）的调配，排斥市场在文化资源配置中的决定性作用，造成了生产效率低下的“短缺文化”现象。

高度集权的、行政性的、计划经济包揽一切的、政府直接办文化的、乌托邦式的制度架构，不可能生成发达的文化产业。文化产业欠发达，意味着文化生产力落后。文化生产力落后，其结果首当其冲的是文化传统和主流价值观即国家内核的枯萎。

2. 国家社会体制和结构与文化产业

国家社会体制是由国家设计安排的制度，社会结构则是经济发展水平与经济结构状态基础上的产物。社会体制与社会结构之间，既相辅相成，又相互掣肘。按照制度内源性成长的规律，一般情况下，经济结构决定社会结构。实际生活中，由于外在制度的作用，在特定的时空中也会发生社会体制和社会结构阻碍经济、文化和社会发展的反常现象。

比如，计划经济体制基础上的社会体制及其管理存在许多弊病：一是人口不能自由流动，户籍管理方法导致了城乡分割，形成二元社会结构，严重地阻碍了人力资源优化配置，遏制了城市化进程；二是社会基层管理行政化，缺乏居民自我民主管理，社区环境等诸多项目建设和管理长期落后，人民的生活享受不到应有的公共服务，效果不理想；三是在短缺经济和短缺文化背景中，潜伏着不同社会阶层的矛盾，社会缺乏和谐也就缺乏效率，社会发展进步缓慢，文明程度不高。

文化产业是工业化产物，但并不是一国进入工业化之后就一定能有发达的文化产业。这是因为一国经济进入机器大工业生产，并不意味着同步进入工业化的社会，社会体制和社会结构的变化往往滞后，在工业化的初期还不具备使文化产业崛起成长为支柱产业的社会结构方面的条件。一般认为，当中产阶层人口占总人口40%以上的时候，也就是工业化社会的中后期，才能有发达的文化产业。可以说，文化产业生发于工业化社会初期，是工业化初期经济结构的产物；文化产业发达于工业化社会中后期，则是工业化中后期社会结构的产物。

文化产业发达起来，成为国民经济的支柱产业。反过来，又大大推进城市化，并促进中产阶层的成长。与此同时，文化产业产出的文化、思想、理论、价值观，势必引领社会体制和管理的变革，反映出文化产业的社会性特征。通过以上论述，不难理解国家社会体制和社会结构与文化产业的联系。

3. 国家公共管理服务与文化产业

社会文化经济活动有两大领域：一个是公共文化经济领域，即公益性文化建设中的经济活动，公益性文化主要由政府承办，目的是为了提高人民群众的公共文化福利水平；另一个是文化产业经济领域，即经营性文化活动，经营性文化活动由文化企业承担，目的是盈利。

国家公共关系的存在，需要国家提供公共服务。面对文化经济两大领域，国家文化公共服务职能主要体现在两个方面：首先，必须明确的是公益性文化产品的生产者为文化企业，国家承办公益性文化是指政府财政向文化产业采购文化产品，提供给公众无偿享用；其次，文化企业有完全独立自由的经营权，国家只对企业提供公共服务，而不介入企业的经营生产，国家对文化产业和文化企业的服务主要体现为法律、经济和必不可少的行政等间接管理手段。因此，国家文化管理职能主要体现为“办”公益性文化和“管”文化产业两个方面。国家正确地行使文化公共服务职能中的“办”和“管”，文化产业必将迅速崛起。

三、国家与政府

政府是指国家进行统治和社会管理的机关，是国家表示意志、发布命令和处理事务的机关，实际上是国家代理组织和官吏的总称。政府的概念有广义和狭义之分，广义政府是指行使国家权力的所有机关，包括立法、行政和司法机关；狭义政府是指国家权力的执行机关，即国家行政机关。

政府是国家公共权力的象征、承载体和实际行为体，担负着维护国家安全、消除社会隐患、发展国民经济、推进科技进步、优化社会结构、促进生态文明等职责。政府权力的行使受宪法和法律的保护与制约，在符合宪法和法律的前提下，以国家武装力量为后盾强制执行，从这个意义上讲，政府是国家权威性的表现形态。

政府的一个重要职能是管理经济，包括管理各个产业。在市场经济体制背景下，政府管理产业的主要手段是对各产业进行规制。既然政府是国家权威性的表现形态，那么政府规制产业所体现的政府与产业的关系，也即国家与产业的关系。前述国家与文化产业的关系，在政府对文化产业规制当中体现出来。

第二节　政府规制的依据和内容体系

规制，是指按照规则进行规范、激励或制约。规制有三个要素：一是规制主体，即由谁来进行规制，规制主体分为私人规制主体和公共规制主体；二是规制客体，即规制谁，被规制的对象和内容；三是规制机制，即通过什么途径、方法、程式和顺序进行规制，规制机制涉及规制制度，解决怎样进行规制的问题。

一、文化产业政府规制定义

文化产业政府规制，是指政府在行使文化产业的管理职能中制定法律、颁布政策和下达指令等活动。这里讲的政府指广义政府。

我们对文化产业政府规制定义做如下解析：

1. 政府规制反映了国家与文化产业的关系

文化产业规制学中讲的规制同规制经济学中讲的规制不完全相同。规制经济学中的规制主要是针对微观经济领域，文化产业规制学中规制的领域、范围和内容要宽泛丰富得多。文化产业规制作为国家规制的一个重要组成部分，同国家其他领域中的规制一样，具有公共权力的强制性，反映了国家与文化产业的关系，体现为国家的本质、意志、内核和根基。我们从国家文化经济制度、国家社会体制和社会结构、国家公共管理服务三个角度讨论了国家与文化产业的关系，其实构成这些关系的重要载体或者说通道是文化产业规制。

2. 政府肩负文化产业规制职能

在不同的国家政体下，文化产业规制机构分设于立法机构和行政机构中，他们的职权架构十分复杂，有的可单独行使职能，有的则必须共同行使。当立法机构中的文化产业规制机构履行职能时，为广义政府行使文化产业规制；当行政机构中的文化产业规制机构履行职能时，则为狭义政府行使文化产业规制；当立法和行政机构中的文化产业规制机构共同行使职能时，显然指广义政府行使文化产业规制。

政府行使文化产业规制职能。那么，文化产业规制所反映的国家与文化产业的关系，就具体化为政府与文化企业的关系。我们知道，政企关系是市场经济形成以来一个永恒的重大命题，文化产业规制则是破解这一永恒命题中的课题之一。寻求这一课题的答案，绝非易事。

这是因为：

其一，作为文化企业来讲，面对政府和文化市场，特别是在政府职能错位、不到位或越位的情况下，如何应对政府对它的规制，又谋取最大的市场份额，实现利润最大化，绝非易事。

其二，作为政府来讲，在自由企业制度和企业追逐利润最大化的社会环境中，使企业自觉地遵守政府规制，保持文化产业健康快速持续发展，绝非易事。

其三，就政府与文化企业的关系而言，通过文化产业规制或缓和规制，使文化产业资源配置实现帕累托最优，塑就和谐的政企关系，使政府和文化企业承担起各自的社会使命，造福于人类福利的增长，更非易事。

政府规制是政企关系这一永恒经济学命题中的一个重要课题。即使在文化产业发达的国家，这一课题也还没有完美的答案。文化产业政府规制所反映的政企关系，比之第一、第二产业的政府规制所反映的政企关系，更为复杂和丰富。文化产业政府规制将伴随实践的发展而不断创新，并逐步成熟。

3. 规制与法律、政策、指令的关系

文化产业政府规制定义中，涉及法律、政策、指令等概念范畴。政府规制运用法律、政策、指令等手段来完成。弄清楚规制与法律、政策、指令的关系，对于理解文化产业规制十分必要。

规制是按照规则进行规范、激励或制约。法律是指国家专门机构创制的以权利和义务为调整机制并通过国家强制力保证的调整行为关系的规范，从而实现某种社会目标的公共管理手段或工具。我国古代思想家管仲曾有言曰："法律政令者，吏民规矩绳墨也。"古罗马思想家西塞罗说："法律乃是自然中固有的最高理性，它允许做应该做的事情，禁止相反的行为。"庞德说："法是按照一批在司法和行政过程中使用的权威性法令来实施的高度专门形式的社会控制。"① 结合上述论断，我们说法律是由国家专门机构制定并得到国家认可，以国家强制力保障实施，以权利和义务为基本内容，调整人的行为社会关系的规范。法律的这些基本特征与规制的规范作用是高度统一的。法律不是规制的一般性手段，而应当是终极手段。

"政策是国家机关、政党及其他政治团体在特定时期为实现或服务于一定社会政治、经济、文化目标所采取的政治行为或规定的行为准则，它是一系列谋略、法令、措施、办法、方法、条例等

① 张文显主编《法理学》，法律出版社，2007，第100－101页。

的总称”。[①] 从纵向上看，有总政策、基本政策、具体政策之说。从横向上看，有政治政策、经济政策、文化政策、社会政策、生态文明政策等。政策还有公共领域（国家社会）的政策与私人领域（社会团体组织）的政策之分。政府在文化产业规制中运用的政策手段当属公共政策。公共政策的基本特征有三：一是规范行为，中国古代语词中“政者，正也”，其意包含规范。伍德罗·威尔逊把政策在规范的意义上与法律和法规相联系，他说：“公共政策是由政治家，即具有立法权者制定的而由行政人员执行的法律和法规。”[②] 二是调节利益，政策作为公共管理工具发挥着政府调整社会各方面利益关系的重要功能，通过利益调整推动发展和福利增长，使人民过上幸福生活。三是维护稳定，政策比之法律更具灵活性，政策根据社会政治、经济、文化和科技的发展变化可以适时地做出调整，以确保社会稳定。公共政策的基本特征与规制的规范作用是同一的。在许多国家中，政策是文化产业规制使用的手段之一。在市场经济成熟的法制社会中，规制较少使用政策手段，人们更接受法律手段。这是因为规制本质上应当是法律规制。政策比之法律，稳定性要差。

指令是政府运用公共服务职权，依照法律、法规和公共政策，就某一具体事项发布的指示。指令是一个复合性的范畴，公布某一法律的施行为指令，公布某项政策开始生效为指令，就某件事情发出具体解决办法也为指令。文化产业政府规制定义中的指令主要是指政府就文化产业具体事项发出的指示，这种指示一般讲是已有的法律、法规和政策因比较笼统无法解决的问题。政府指令因政府的权威性，具有规范文化企业行为的作用。从各国规制实践上看，文

① 陈振明主编《公共政策分析》，中国人民大学出版社，2003，第43页。

② 伍启元：《公共政策》，香港商务印书馆，1989，第4页。

化产业发达的国家其政府对文化产业规制很少或基本不使用指令手段。政府指令不可能完全取消，除非极为紧急和特殊的事态出现，政府原则上不能运用指令手段去规制。过多过滥地进行指令规制，肯定是不可取的。指令比之法律和政策，稳定性最差。

综上所述，政府对一个产业的规制通过法律、政策、指令等手段予以实现。在不同的国家，这些手段运用的结构是不同的。政府的法律、政策、指令在规范目标前提下，有着同一性、互通性。但就规范功效而言，又有明显的差异性、不可替代性。我们的基本观点是：在市场经济及其法制经济背景中，规制基本表达为法律法规规制；从计划经济向市场经济转轨的国家，政府规制政策和指令应当逐步减少，要靠法律法规规制，这是建立市场经济和振兴文化产业的必然选择。

二、文化产业政府规制的依据

文化产业是文化与经济一体化的现代产业形态。文化产业最基本的特征是经济性、文化性和社会性。国家对文化产业进行规制，主要依据国家干预经济理论、干预文化理论和社会建设管理理论。文化产业规制涉及国家经济治理、文化治理、社会治理，是国家治理的重要组成部分。实证研究说明，国家恰当地规制，文化产业才能迅速发展壮大起来。

1. 关于国家干预经济理论

从15世纪西欧封建自然经济解体，到现代市场经济产生以来的几百年间，经济的快速增长和不断爆发的经济危机，给人们提出了一个重大的经济命题，即政府和市场在经济发展中的功能和作用的合理边界在哪里。这是迄今经济学界面对的一道难题。

面对这个难题，先后出现了原始国家干预主义、自由放任主义、凯恩斯主义、新自由主义和新凯恩斯主义等学说。总揽分析这些经济学流派的思想观点，可以得出以下三点认识：

第一，这些学术流派的产生或其思想观点深受大经济周期的影响，他们是局部的经济实践或试图解决一个时期的经济问题的产物。他们的理论在解决经济问题上都曾取得过巨大成就，但都不可避免地带有时间或空间的局限性。

第二，这些学术流派提出来的“药方”未能“包治百病”，没有全能永恒的经济学说。比如，大家认可“市场失灵”“政府失灵”理论，却幻想经济长时期的快速增长。其实，自由放任过度、国家干预过度，都会导致经济大起大落，经济危机有时是由反经济周期不当造成的，正是人们治理经济的某些错误举措引起了经济的混乱。

第三，越来越多的经济学家赞同现代经济为混合经济。大家认同市场在资源配置中具有决定性的作用，在这个前提下支持国家对经济必不可少的干预规制。现代市场是国家干预规制下的市场，现代市场竞争是国家管理规制下的竞争。经济发展离不开“看不见的手”（市场），也离不开“看得见的手”（政府）。各经济学派认可了政府干预经济的必要性，只是在政府干预规制经济的着眼点、范围和力度上存在分歧。

2. 关于国家干预文化理论

文化以其深厚的底蕴吸引和凝聚着在特定国家文化背景中生活的人们，使他们产生认同感、亲近感和归属感。文化犹如“社会基因”，把人和社会按一定的方式秩序不断地复制出来，使人的精神情感归属于不同的国家。人的国籍可以改变，但其文化的认同、亲近和归属感很难改变。

一个具体的人群的生命是有限的，但他们创造的文化所携带的信息，如果一代又一代的传递下去，当这一人群及其后人为生活在特定国家疆域中的人群时，就深刻地表现为国家的内核。相反，如果一个具体的人群创造的文化所携带的信息，在他们的后人中并未得到传承，那么，这一人群的后人即便依然生活在他们祖先生活的疆域中，当初意义上的国家也已不复存在或者名存实亡。意识形态的考量、本国优秀文化传统的继承以及本民族主流价值观的维护，是国家文化规制永恒的主题。

文化属于人的精神产物，人的所思所想在大脑中经历的一个自由组成的过程，文化产业与国家干预规制是并行不悖的，这是因为：

其一，人类创造了文化，享受着文化，同时又受文化的约束。一个人来到这个世界上，从幼年起在与父母和周遭的人互动中形成了一种价值观，他的一生都要受这一价值观的支配。价值观是文化的核心。人的价值观一旦形成很难改变，也就是说，“每一个人都被某种文化规制着”。

其二，文化是国家的内核，国家文化规制的永恒主题是维护特定的价值思想体系，这同“每一个人都被某种文化规制着”是一致的。一个真正的爱国者必然爱自己祖国的文化，总具有希望祖国文化代代相传的情感，国家文化规制同人们的这种情感愿望是一致的。

其三，在文化与经济一体化的当今社会，文化已经不单单是一个文化问题，而是一个带有经济性质的问题，发展要依靠文化经济实力的提升，自然需要国家对文化经济进行规制。

3. 关于社会建设管理理论

规制是社会管理的一种手段。任何产业都是社会的一部分。任何产业的从业人员都从属于不同的社会阶层或社会群体。任何产业都对社会结构的变迁发生影响。社会建设管理职能中，不仅包含着对产业从业人群的社会管理，也包含着为企业营造良好的社会环境，还包含着为公众（人）的全面发展提供社会公共服务。产业与社会有着千丝万缕的联系。国家对产业的规制，依据国家的社会建设管理职能。

这里需说明的是：市场经济背景下，政府对一个产业的规制，从社会建设角度来讲，主要是促其容纳更多的就业，保障员工的利益，并为企业的经营创造良好的社会环境。

今天各国文化产业学者都主张国家对文化产业进行干预规制，当然各国学者提出的文化产业规制理论存在许多差异。各国文化产业规制机构也差异很大，规制机制、规制职能和内容也不完全相同，因此文化产业发展水平相去甚远。正如现代产权制度和现代企业制度属于人类文明的共同成果一样，现代文化经济制度和文化产业规制制度也属于人类文明的共同成果，这个成果有多种模式。不管什么样的规制模式，只有透过各国文化产业规制复杂的现象，探寻那些属于人类文明的先进的文化经济治理思想，并付诸文化产业规制实践，才能使文化产业真正崛起，给国家和人民以福祉。

三、政府规制内容体系

政府规制内容是指规制客体或对象，回答规制谁或规制什么的问题。文化产业规制内容是一个体系。这个体系不是独立存在的，有些内容包含在政府经济规制、文化规制和社会规制之中。政府专门针对文化产业的规制以及适用于文化产业的经济规制、文化规制和社会规制构成了文化产业政府规制内容体系。为了加深对文化产业政府规制内容体系的理解，有必要首先了解政府经济规制、文化规制和社会规制的内容。

1. 政府经济规制、文化规制和社会规制

考察世界各国的经济规制，可发现主要包含以下内容：一是制定、改革和完善经济体制，包括产权制度、企业制度，确立市场在资源配置中的决定性地位；二是制定国民经济发展战略和中长期发展计划，制定国家产业政策（包括产业发展、布局、结构调整、扶持和保护政策），制定保护竞争反垄断的法律法规；三是调控国民经济运行，主要是利用货币政策和财政政策反经济周期、反通货膨胀和滞胀，管理对外经贸，平衡国际收支，努力实现充分就业，保持经济增长；四是调节市场和企业，对微观经济活动进行必要的间接管理。

考察世界各国的文化规制，可发现主要包含以下内容：一是制定、改革和完善文化体制，包括公共文化制度、知识产权制度和文化企业制度；二是制定国家文化发展战略和中长期文化发展计划；三是制定公共文化设施建设规划，投资公共文化设施，提高公民的公共文化福利水平；四是制定文化产业发展规划和政策，促进文化产业发展；五是管理对外文化交流，促进对外文化贸易；六是对文化市场和文化企业层面的微观经济活动进行必要的间接管理；七是对文化生产的产品内容进行意识形态管制，维护文化生态平衡，防止精神污染，维护国家安全；八是保护国家文化资源和文化产业资源，使其合理开发利用。

考察世界各国的社会规制，可发现主要包括以下内容：一是制定、改革和完善社会体制，包括社区自我民主管理制度、社会团体的非营利非政府组织制度、志愿者制度等；二是制定社会发展战略和中长期社会发展规划；三是制定社会建设管理政策，推进社会进步，促进社会文明；四是重视民生，促进就业，实现充分就业；五是维护公平正义，化解社会矛盾，保护公民合法权益，惩治和防范腐败，建设和谐社会；六是建构正常的社会秩序，维持社会稳定，防范恐怖暴力，确保社会安全。

2. 文化产业政府规制内容

文化产业政府规制的内容大致如下：

第一，制度性规制，主要是制定、改革、完善国家文化经济制度，核心是确认使市场在国家宏观调控下发挥文化产业资源配置的决定性作用的文化经济体制，与此相联系的是确认现代文化产权制度、现代文化企业制度等，明确政府监管文化的职能。

第二，政策性规制，主要是制定文化产业发展战略和中长期发展规划，对文化产业发展、布局、结构以及相关政策做出安排，文化产业政策包括产业扶持、保护、激励、限制等措施。

第三，调控性规制，主要是对文化产业经济运行进行宏观调控，运用货币政策、财政政策和必要的行政手段确保文化产业经济可持续发展，推动国际文化贸易的增长。

第四，经济性规制，主要是对文化商品价格进行必要的监控，对文化企业进入和退出做出规定，规范文化产业的投融资行为，保护知识产权，反垄断和不正当竞争，维持市场正常秩序。

第五，文化性规制，主要是对文化企业的文化开发利用进行监控，保护文化资源特别是非物质文化遗产资源，制定产品质量标准，确保先进文化前进方向，防止低劣文化商品泛滥，保持文化生态优良，维护国家文化安全。

第六，环境性规制，主要是防止文化产业外部性负面影响，对文化商品内容实施必要的社会监督。同时，为文化企业创造良好的外部环境，鼓励文化企业容纳更多就业，维护文化消费者合法权益，确保社会和谐稳定，提高社会文明程度。

显而易见，政府对文化产业的规制与政府对其他产业的规制的主要区别是多了一项文化性规制。文化性规制是极其复杂、敏感且难以把握的规制。

第三节　政府规制理论变迁

文化产业政府规制理论是规制经济学理论在文化产业中的创造性运用。规制经济学论述了经济规制，文化产业政府规制在论述经济规制的同时，增加了文化内容规制，它是在文化产业政府规制领域对规制理论的一种丰富和发展。

规制，是一种管理行为和手段，是社会法律法规层面的东西。规制一旦形成，就具有了强制性和稳固性。规制从法律的角度来讲，规范着被规制者（产业、公司、企业、社会组织、个人）的社会行为。改变已有规制，需要经过相对漫长或比较艰巨的社会博弈，而且必须依循一定的社会法治程序进行。规制源自社会的方方面面，但主要表达为社会调动的博弈实践活动。

理论，是一种概念和原理的体系，是系统化的理性思维。理论具有指导社会实践、引领社会行为（包括管理行为和手段）的作用。理论来源于社会实践，社会实践是活跃的、不断变动的。所以，理论作为人们思维的产物，也是活跃的，并且是不断变化的。理论不具有强制性和稳固性，更强调变化和创新。

规制与规制理论的关系，实质上是哲学层面上实践和理论的关系。规制理论来源于规制实践，规制理论科学与否，要经受规制实践的检验。

需要指出的是，东方文化具有强调理论作用的传统，如中国古代“半部《论语》治天下”之说，就反映了人治成分较重的文化理念。西方文化具有强调法律作用的传统，如古希腊雅典城非奴隶制民主政治下的公民大会，就反映了法治成分较重的文化理念。

当然，这绝不是说东方文化没有法治思想，西方文化没有人治成分。

在现代社会中，科学的管理理论要运用到制度建设中去，使之形成规章制度，减少人治成分，扩大法治成分。用规制来规范人们的行为，才能确保社会运行的高效和稳定。因为规制制度是强制性的、稳固的，而理论是活跃的、不断变化的。

理论是时代的产物，这是指理论形成的决定性因素，即理论形成的外部环境和历史条件。理论又是思维的产物，这是指理论形成的另一个因素，即理论创建主体（人）的因素。

考察分析人群不难发现，处于同样的时代背景和外部条件下，有些人可以成为理论家，有些人却不能，甚至有些人哪怕是经过学习与训练最终也难以成为理论家。有的哲人和理论家在青壮年时期创建了正确的理论，直到晚年依然在丰富完善他的科学理论；有的在青壮年时期颇有成就的哲人和理论家，到了晚年却提出了荒谬的理论，经不起实践的检验。

上述现象充分说明，理论的形成除了时代背景和外部环境的决定性成因之外，还与理论创建主体（人）相关。我们认为，理论与理论创建主体（人）的人格智能高低不无关系，理论与理论创建主体（人）的行为道德水准不无关系，理论与理论创建主体（人）的生理精神健康状况不无关系。

显而易见，可以运用认知发生学、行为学派和精神心理学原理，对某种理论的创建主体（人）加以分析，从而找寻这一理论形成的某些成因。

诚然，人的人格智能、行为道德水准和生理心理与其所处的时代背景和外部环境是紧密关联的，但也不可忽视人的人格智能和生理心理与先天遗传基因。讨论分析一种理论的形成与这一理论创建主体（人）的人格智能、行为道德水准和生理心理的关系，目的是探索一种理论的成因当中有哪些属于理论创建主体（人）的个人因素，即探索人的生理心理与认知活动间的相互作用在理论形成中的某些规律性。制度建设以相关理论建设为先导。理论来源于社会实践，由外部条件所决定，但也深受理论创建者个人因素的影响，只有全面把握一种理论的成因，才能全面把握一种制度的成因，进而才能找到优化制度的正确途径。

规制理论大致经历了“规制公共利益理论”“规制经济理论”“规制俘虏理论”“可竞争市场理论”“激励性规制理论”的变迁。

这些理论的变迁从时间上讲是交叉的，而不是截然分开的。

需要特别指出的是，规制理论或多或少都有一些前提或条件的假设，这些假设的前提或条件恰恰与现实生活有一定距离，所以，规制理论都是有局限性的。

经济学常常运用“抽象法”或“假设法”进行理论推理，很难通过实验来证明其理论逻辑的正确性。但是经济学家又认可存在若干“抽象”“假定”的研究成果，政治家也运用这些研究成果。这说明存在若干“抽象”“假定”的经济学理论，虽然人们对它有质疑的充分理由，但在市场经济条件下解决经济问题时确实富有实效。

一、规制公共利益理论

1. 规制公共利益理论的要点

规制公共利益理论起源于国家干预经济的思想，是产业组织理论哈佛学派的政策主张。规制公共利益理论指出：规制之所以存在是因为国家代表了公共利益，反映了公众需求；只有国家才能矫正市场失灵和杜绝不公平现象。这个理论有三个假设前提：一是国家（规制机构）拥有完全的信息；二是国家（规制机构）处以公心，而没有私利；三是国家（规制机构）说话算数，有完全的承诺力量。

2. 规制公共利益理论的缺陷

很明显，上述三个假设前提只是理论假设而已，现实生活中这三个条件没有一个能够完全满足。国家（规制机构）不可能拥有完全的信息，不可能完全处以公心而没有私利，也不具备完全承诺的力量。所以，按照公共利益理论所做出的国家产业规制制度安排，总是碰到规制失灵的困扰，公共利益理论在规制实践中常常表现为脱离实际，目标与结果相悖。

二、规制经济理论

1971 年，诺贝尔经济学奖获得者施蒂格勒运用“需求与供给”的经济学方法分析规制的产生，在经济系统内生因素角度符合逻辑地推理了规制现象，从而建立了规制经济理论，并且由经济学家佩尔兹曼和贝克尔等进一步发展完善。

1. 规制经济理论的要点

规制经济理论有两个假设前提：一是国家具有强制力，利益集团能够游说国家（规制机构）做出有利于自己利益的规制；二是国家规制是理性的，追求效用最大化，这与利益集团追求收入最大化相适应。在这两个前提基础上，规制经济理论的逻辑推理为：由于生产者（企业）数量少，消费者（公众）数量多，前者组织起来比后者组织起来的成本低，故前者具有组织起来影响规制的积极性，所以规制最终结果是有利于生产者的。

佩尔兹曼模型显示，社会分为大集团、小集团，消费者（公众）为大集团，大集团存在“搭便车”偏向，最难形成影响规制的力量，越是小集团（垄断生产者）越能够协调起来影响规制机构，因而规制会倾向于组织更为完善的集团利益，往往有利于厂商（图 33－1）。

贝克尔模型显示，所有利益集团都有“搭便车”现象，是否“搭便车”并不重要，重要的是各利益集团“搭便车”的程度；大集团相对于小集团“搭便车”更为严重，往往在政治博弈中处于劣势；规制是政治影响力的较量，其客观结果可以提高帕累托效率，这是因为对垄断性市场比对竞争性市场实施规制更可实现不同利益集团的利益均衡（图 33－2）。

波斯纳的补贴和税收规制是规制经济理论的内容之一。他主张，对不同收入的社会群体用不同的价格（补贴）分配资源，对发达地区和落后地区采取不同的税收规制，以消除不同消费者之间的实际利益差别，使社会趋于公平。

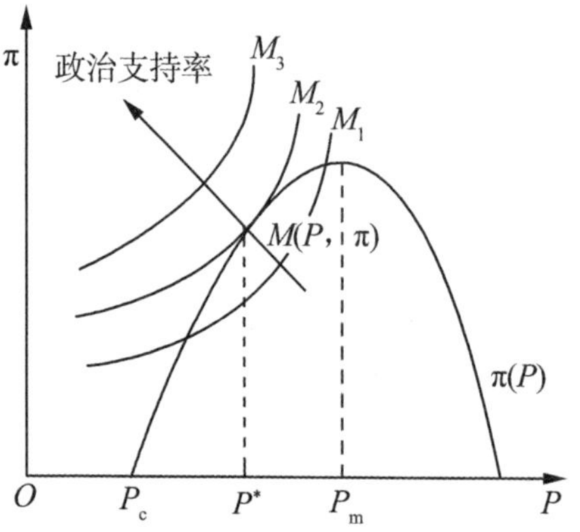

图 33－1　佩尔兹曼模型

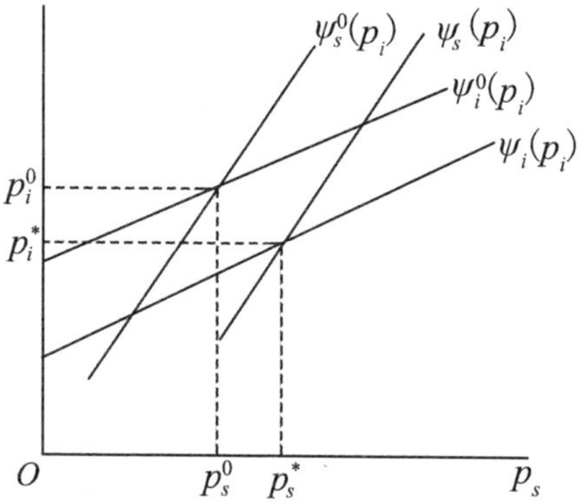

图 33－2　贝克尔模型

2. 规制经济理论的局限

规制经济理论受到实证研究的质疑：一是利益集团只关心自己的利益选择，不关心其他，这并不完全符合实际情况；二是规制执行者面对组织起来的高昂成本，无法改变已有规制，但他们中间存在大量摆脱规制的行为；三是面对规制执行，经常出现司法结果与立法不一致的情况。对上述现象，规制经济理论难以做出令人信服的解释。

三、规制俘虏理论

1. 规制俘虏理论的要点

产业组织理论芝加哥学派通过实证研究发现国家规制并非完全针对市场失灵，许多时候与矫正市场失灵无关。在潜在竞争的领域，存在限制进入者而有利于已有企业的进入规制；在自然垄断的领域，存在有利于生产者而不利于消费者的价格规制。这说明，国家（规制机构）已被规制的某一方俘虏，代表了某一集团的利益，其中主要是被某一生产者俘虏，代表了某一产业（行业）集团的利益。

2. 规制俘虏理论的缺陷

规制俘虏理论仅是对规制实证的一种陈述，另一种规制实证的陈述则与之相矛盾，从而对规制俘虏理论提出了质疑。另一种实证陈述的论据有二：一是价格规制导致了企业的交叉补贴，某些产品多样化的企业将某些产品的价格定于平均成本之下，而以价格高于平均成本的其他商品的销售收入来弥补定价低于平均成本的商品的亏损，这样就不能说规制是有利于生产者的，进而也就不能说规制一定代表了某一产业（行业）集团的利益；二是现实生活中存在许多导致产业利润水平下降而不被生产者支持的规制，还存在许多缓和规制的时期。如果规制代表了生产者（利益集团），为什么还会有缓和规制一说，并通过了缓和规制的法案。规制俘虏理论不能解释一些产业起先被规制后来又被缓和规制的内在原因，更不能解释某些有利于公众消费而不利于生产者（企业）的规制的发生。

四、可竞争市场理论

1. 可竞争市场理论的要点

可竞争市场理论在一定程度上对规制失灵做出了合理的解答，其核心主张为缓和规制。在可竞争市场理论看来，限制潜在竞争者（进入）是产业失去活力和规制失灵的主要原因；取消或降低潜在竞争者进入的限制与壁垒，保持进入者的自由，是解决官员腐败和产业停滞的出路；只要保持可竞争的市场结构，无需国家规制也可达到资源配置的帕累托最优（图 33－3）。可竞争市场理论绝不是

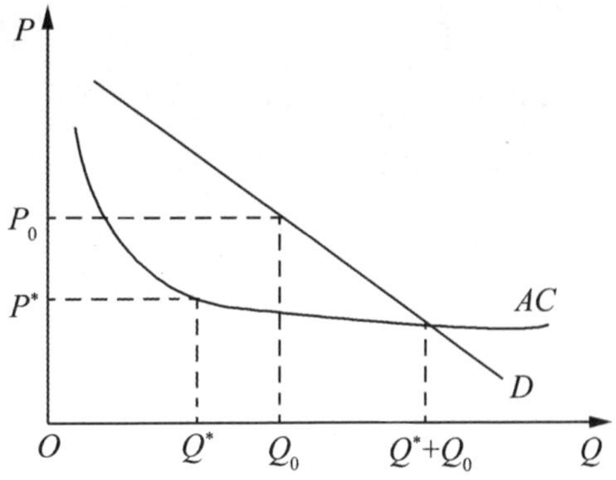

图 33－3　可竞争市场模型

主张放弃规制，而是主张缓和传统的规制措施，代之以促成可竞争市场的新的规则，融汇了自由放任主义和国家干预主义思想，使得国家对经济规制的政策措施更加贴近市场经济运行的实际。

2. 可竞争市场理论的局限

可竞争市场理论虽然接受国家干预主义思想，主张对经济进行规制，但其本质仍属于自由放任主义。这个理论没有回答在什么时候调整缓和规制和缓和到什么程度为宜的问题，不能在规制的需求与供给之间保持平衡。实证研究说明，当规制失灵时，缓和规制是矫正规制失灵的“妙药”，往往能够加快经济增长；但缓和或过度缓和规制，又埋下了市场失灵甚至经济危机的种子，西方国家的经济危机常常是过渡缓和规制导致的。由此可见，解决规制需求与供给平衡中的激励问题，是国家经济管理制度架构设计中的一大课题。

五、激励性规制理论

20 世纪 70 年代起，规制经济理论指导下的价格和价格结构规制，引起了企业低效、规制成本提高、寻租成本产生和产业停滞等一系列规制失灵问题。为了应对规制失灵，激励性规制理论逐渐形成。

1. 激励性规制理论的要点

激励性规制是为了摆脱规制俘虏模式而提出的，目的是在保持规制结构的情况下，提倡更为主动的激励方式，最大限度调动受规制产业（及企业）的市场竞争活力。试图通过规制和激励的结合以达到维护市场有效竞争的规制目标。

激励性规制的主要形式有特许投标制、标尺竞争制和价格上限制等。特许投标是指通过扶持潜在竞争者的竞标来维护市场的良性竞争。标尺竞争制是指通过区域之间的产业对比来激发区域中的垄断企业提高内部效率、降低成本以及改善服务。价格上限制是指在低于通货膨胀率的范围内赋予某些企业一定的自由定价权，以激发其提高效率。

2. 激励性规制理论的局限

激励性规制理论和上述各个规制理论同属针对微观经济领域进行规制的理论。但现实生活中，微观经济是在宏观经济背景中运行的，国家经济规制不仅仅针对微观经济（企业或者市场），还有针对宏观或中观经济活动的规制，比如产业发展规划或产业发展政策。在宏观或中观经济规制中，也存在规制公共利益理论、规制经济理论、规制俘虏理论和可竞争市场理论所描述的那些理论逻辑。激励性规制理论在微观规制层面发展了公共利益理论、规制经济理论、规制俘虏理论和可竞争市场理论，但没有回答宏观或中观经济规制中的激励问题。所以当大范围、大面积经济危机到来之时，在激励性规制理论指导下形成的规制条款，有些就显得十分苍白无力。

第三十四章　政府规制制度背景

制度是指一系列正式和非正式规则及其实施机制的结合[①]。我们知道，传统经济学侧重于研究天赋资源、资金、技术进步等硬元素对发展的推动作用；制度经济学则侧重于研究制度创新等软元素对发展的推动作用；公共管理学强调公共管理发生的制度背景。在公共管理学看来，既然公共管理被假定是在一种明确的政治和制度的背景上发生的，那么，关于背景的问题就必须弄清楚[②]。制度存在于社会政治、经济、文化等各个领域且动态发展着，新的制度要么是对原已存在的制度的补充和丰富，要么是对原已存在的制度的否定和变革，制度创新是社会发展的不竭动力。那么，对制度变迁起决定作用的是什么呢?

在这个问题上曾有两种观点：一是以哈耶克为代表的社会达尔文主义制度进化论，认为制度变迁是一个自然演进的过程，人们在相互交往中经由“试错过程”，“适者生存”形成制度以及引起制度的变迁，制度变迁是无主体的；二是以诺思为代表的建构理性主义制度变迁论，认为制度是人选择设计发明的，且由人来改变着，制度是人的意志表达的产物，人是制度变迁的主体。上述两种观点，

---

① 胡乐明、刘刚：《新制度经济学》，第293页。

② 王乐夫、蔡立军主编《公共管理学》，中国人民大学出版社，2008，第5页。

都有一定道理，但又都存在缺陷。我们认为：

其一，制度变迁是有主体的，制度由人来选择、设计和安排。制度变迁既取决于又不取决于制度设计主体，人之所以会对制度进行选择、设计、安排，是由外部客观条件所决定的。社会客观因素对制度变迁起决定性作用，人的主观能动性在制度变迁中也起着重要作用。

其二，制度变迁的外部条件是多方面的，既包括经济基础，也包括原已存在的各种制度。当经济基础发生变化，原已存在的制度不适应时，制度就要变迁。当人们认识到将有更好的制度优化资源配置、促进人的全面发展和社会福利增长时，制度也会变迁。

其三，在现代文明社会中，制度安排的重要作用是保证社会合理分工，激励各主体的积极性，相互协作，正常博弈，体现公平与正义，制约有限理性和机会主义行为，减少不必要的矛盾与摩擦，降低社会运转的成本，确保社会系统的效率，促进人的全面发展，实现全体公民的生活幸福美满。

文化产业政府规制是反映国家与文化产业、政府与文化企业关系的一种制度安排，它是市场经济制度、混合经济制度和制度文化传统三大制度性背景中的产物，同时也是对它们制度性的补充、丰富和发展。

在现代文明社会中，市场经济制度是根基性的制度，混合经济制度是市场经济成熟的表现。文化产业规制制度是市场经济制度链条中的一个环节，存在于混合经济制度中“看得见的手”的层面。各国制度文化传统不同，当今各国的市场经济制度、混合经济制度和文化产业规制制度，必然带有传统制度文化的烙印，表现为不同的模式和特色。只有弄懂了市场经济制度、混合经济制度和不同国家的制度文化传统，才能加深对文化产业政府规制的理解。

第一节 市场经济制度

所谓市场经济，是指市场发挥资源配置的决定性作用的自由企业制度，可从现代产权制度和现代企业制度两个方面来理解市场经济制度。

一、现代产权制度

1. 产权的含义

所谓产权，是指由社会规则约束和保障的关于财产使用的一系列排他性权利的集合。资源的市场配置，本质上是一个经济主体之间以权能和利益为内容的交往过程，这里讲的权能和利益即产权。产权是市场经济的核心问题，产权清晰是市场经济运行的必要条件。

第一，产权具有社会性。产权的社会性包含两个方面：一方面，是指产权主体的权利受到社会规制的约束，不能超越这一社会约束，同时又得到社会规则的保障。这里讲的社会规则，有的是法律条文，有的则是约定俗成的道德规范或风俗习惯。另一方面，是指产权的排他性权利。产权归于产权主体，社会的其他组织和个人都不得染指，没有排他性属性的产权是不存在的，无论私有还是公有产权均具有排他性权利。

第二，产权是一系列权利的集合。财产有多种用途。依据财产的多种用途以及人在使用财产时的能力和目标差异，完整的产权包括占有权、支配权、使用权、转让权、剩余索取权、继承权以及逃避灾难、索赔、要求履约、阻止侵犯等权利，其中最基本的权利为占有权、使用权、收益权和让渡权。占有权是指对财产拥有或所有的权利。使用权是指财产所有者在允许的范围内自由使用其财产的权利。收益权是指财产所有者在不损害他人的条件下可以享受从其财产使用中所获得各种收益的权利。让渡权是指财产所有者将其财产的全部或一部分权利转让给他人的自由权利。

第三，产权表达为一系列关于财产使用的制度。财产的所有者并不能无约束地使用其财产，而是在一定的正式和非正式规则及其实施机制中选择如何使用其财产。产权所能带来的利益，也须在一定的正式和非正式规则及其实施机制中通过使用财产来获得。财产的出租或转让及其给转让者和被转让者带来的收益，取决于转让权利的多少。产权界定清楚，才能确定产权的价值。产权界定需要法律，是一种制度安排。现代产权制度是市场经济制度中一个根本性制度。

2. 产权的形成

人类社会经历了从无产权到有产权的变迁过程。产权作为一种社会关系，是人与人之间相互博弈的产物。

第一，产权形成的前提为资源的稀缺性。人类消费包括物质消费和文化消费，其欲望是无限的，相对于人类消费欲望的无限性，资源永远是稀缺的。在人类社会早期，人口数量少，资源稀缺性并不明显。随着人口增加、消费需求扩大和人们获取资源的能力增强，资源稀缺性日益显现出来，为争夺资源而展开的竞争愈演愈烈。此时如果没有一种制度划清资源的归属，人们都随心所欲、无限制地掠夺、滥用和争夺资源，资源必然被耗尽枯竭，人类将无法生存。17 世纪著名哲学家托马斯·霍布斯认为，“在‘自然状态’下，人既是自由的、平等的，也是自私的、理性的，人们可能为求利而竞争，为防范保全而猜疑，为求荣誉而侵犯，而‘自然法’则赋予了每一个人某些‘自然权利’（生命、自由、财产权利）。如果没有对‘自然权利’的尊重，人类就会陷入‘所有人反对所有人的战争’。为了保全生命与安全，人们放弃、转让在‘自然状态’中拥有的权利，从而达成所谓的‘社会契约’，确立了人类社会生活的基本条款”。① 总之，资源的稀缺性以及防止滥用争夺资源造成资源枯竭的恶果，注定了人类社会必须明确财产的归属，以约束人们盲目追逐资源的行为。

第二，产权形成的动力是潜在利益。人类明确资源归属，一方面，除了上面所讲的防止滥用资源造成资源枯竭的恶果之外，另一方面，还在于节约资源获取的成本。如果为了争夺资源陷入“所有人反对所有人的战争”，人类为获取资源所付出的成本（代价）就太高了，投入和收益之比就太不划算了。著名制度经济学家德姆塞茨认为，当内在化的收益大于成本时产权就会发生。之所以发生产权：一是因为界定产权后获取资源的成本，低于未界定产权前获取资源的成本；二是因为界定产权后获取资源的收益，高于未界定产权前获取资源的收益。可见产权制度形成的动力是潜在的利益。

第三，产权形成的机制是争夺博弈。资源的稀缺性导致了人们对资源的争夺。人们对潜在利益的追逐导致了人与人之间的博弈。争夺博弈使随意使用控制资源过渡到财产的排他性权利产生。产权的排他性权利的形成通过四个机制：一是用武力或武力威胁建立排他性；二是用意识形态价值体系力量影响私人动机，降低排他性的成本；三是遵循沿用习俗习惯中的某些行为规则；四是国家组织体系强制实施一些规则。无论是私有产权还是公有产权的形成都离不开上述四个路径机制。

3. 产权的交易

交易与市场相联系。交易是市场经济的普遍现象。传统经济学侧重于分析具体的有形的或无形的物品的配置问题，以实现帕累托最优。制度经济学则把目光深入到物品背后的产权，通过产权交易的分析，研究实现帕累托最优。制度经济学认为，交易是经济主体

---

① 胡乐明、刘刚：《新制度经济学》，第44页。

之间所发生的产权的转让，即交易的对象为产权。作为交易对象的产权，可以是附着于同一物品上的整束、一束或一项产权。作为交易对象的产权，也包括虚拟形态的知识产权，比如创意产权。产权交易可以以货币为媒介，也可以以产权换产权。

产权交易比之物品交易复杂得多：一是产权的价值比较难以估量，价格比较难以计算，尤其是知识产权，其价值或价格计算更加困难；二是由于资产专用性、不确定性程度和交易频率等问题的存在，致使产权转让的过程比较复杂，交易谈判的时间较长，产权交易双方往往需要维持一种较长时间的稳定的设计契约、签约以及履约的关系。这样，交易费用就成为一个突显性问题。

所谓产权交易费用，是指经济主体之间为实现产权的转让所需的一系列费用。只要交易或多或少就会发生费用，交易费用在市场经济中普遍存在。交易费用与成本的概念基本一致，可理解为机会成本并区分为固定与可变成本。交易各阶段所发生的费用是不一样的，交易费用为它们的总和。新制度经济学认为，制度是交易的结果，制度确定前的博弈是一种特殊的交易。制度交易中所耗费的资源为制度交易费用或成本。制度或规制建立的成本比较是制度分析中不可忽视的因素，对于研究制度或规制具有重要意义。

4. 产权的安排

产权交易费用理论的重要意义在于：过高的交易费用可能使得交易无法进行，资源的最优配置无法实现，因而导致“低效率”问题。由此引申到制度领域，有些制度或规制机制的成本可能过高，导致资源配置的效率很低，制度安排明显不“经济”，不能给人们带来应有的福利增长，更不能实现最大化的福利增长。

20 世纪初，无线电广播业兴起，为解决电台过多相互干扰的问题，美国联邦通信委员会实行广播电台营业执照办法并规定了若干经营细则，这是一种行政而不是市场配置资源的做法。后来罗纳德·科斯提出了划分电台频率产权，通过产权交易来解决电台相互干扰的措施，从理论上阐明了产权明晰的情况下，通过市场交易可实现资源配置的帕累托最优的思想，勾画了被人们称为科斯定理的基本内容。

资源配置效率的标准是帕累托最优，为实现帕累托最优所进行的降低交易成本的工作为帕累托改进。科斯第一定理：如果定价制度的运行毫无成本，最终的结果（产值最大化）是不受法律状况影响的。科斯第二定理：在市场交易费用为正的情况下，合法权利的初始界定会对经济制度运行的效率产生影响，不同的产权界定会带来不同的资源配置效率。科斯第三定理：权利的界定是市场交易的前提，可理解为交易是既定产权安排下的交易，产权不清晰，交易是扭曲的。根据科斯定理，帕累托改进的目标有以下两个：一是有利于将外部化收益转化为内在激励，二是有利于降低产权转让中的交易费用。其前提包括三个方面：一是产权归属明晰，二是产权交易自由，三是产权收益明确。

产权归谁所有直接影响资源的最优配置。按产权归属划分产权类型并对这些类型进行效率分析是必要的。在成熟的市场经济中，存在私有产权、共有产权、集体产权、政府产权和公有产权五种产权类型。私有产权的归属清晰、交易自由、收益明确，能够实现最优效率。共有产权交易比私有产权交易困难，共有产权的共有组织内部不具有排他性，与外部交易中要达到一个最优行为，谈判成本高，“搭便车”行为难以避免，一般会导致较大的外部性。集体产权的交易比共有产权要容易一些，集体产权的收益也比较明确。政府产权一般由政府选择的代理人行使，比私人产权脆弱，政府对代理人监督费用很高，外部性也大，效率较低。公有产权是非实在的产权类型，建立排他性的代价高昂，有极大的外部性，效率损失最大。

二、现代企业制度

现代企业制度是市场经济制度的基石。工业革命后，资本主义生产关系形成，一批又一批现代企业出现，形成了现代企业制度。现代企业制度生成的根本原因在于追求资源的帕累托配置。罗纳德·科斯指明了市场经济条件下企业资源配置主体的身份，并提出了企业内部的资源配置是对企业外部的资源配置市场价格机制的取代。科斯认为之所以产生企业，是将外部（市场）交易转变为一个组织（企业）内部的交易，从而节省了某些交易费用或成本。现代企业制度恰是科斯定理描述勾画的帕累托改进的产物，其条件是产权清晰的现代产权制度。现代企业制度的要点为企业内部的契约制度和法人治理结构制度。

1. 企业内部契约制度

契约也称合同或合约，它是与交易共生的一个概念。契约是在自愿的基础上交易双方为了进行交易而达成的协议，其中交易双方分别承诺了各自的义务与获益。契约是一个法律概念。在大陆法系中，契约被定义为双方自愿基础上达到的“合意”，强调了双方的自愿和契约双方的互动性。在英美法系中，契约被定义为签约者所做出的承诺，强调了双方对其所承诺义务的履行。

契约有多种类型，基本可归为三类：一是理想化的契约，签约时对签约各方的权利和义务都做出了明确详尽的规定；二是长期契约关系，契约设计中对各方权利义务的规定留有余地，具有灵活性；三是关系性契约，强调双方专业化合作和维持长期的契约关系，一般不涉及第三者，为了保证预期收益最大化，双方认可续签性契约设计。

契约设计对于交易费用和提高资源配置效率具有重要意义。这是因为：其一，不同的契约设计意味着规定了不同的交易架构，契约使交易变成具体的操作过程，并且规定了交易的内容、方法和执行等一系列问题；其二，交易架构从制度上规定了交易各方利益关系的形式，体现了不同交易架构（制度）中交易成本节约的程度。

2. 现代企业治理结构

交易的过程和契约的执行通过不同的组织管理方式进行。经济学把交易和契约的组织管理方式称为治理结构。交易、契约、治理结构三者是相互对应的匹配关系，交易架构由契约设计认定，契约设计决定着治理结构。交易者通常选择交易费用最小的契约设计及治理结构。治理结构大致分为四类：一是市场治理，指市场上业已形成的组织安排和标准化的交易行为规范（法规）；二是三方治理，指交易双方借助第三方（仲裁人）依法共同维护交易的进行和保证契约的执行；三是双方治理，指交易双方保持各自独立自主基础上的共同管理交易过程和契约执行；四是统一治理，指交易双方组成同一个经济实体，相关问题在这个经济实体内部解决，将交易的外部性转化为内部性治理方式。

现代企业制度是将契约设计交易架构外部性转化为企业内部契约设计交易架构的产物。现代企业法人治理结构，主要涉及企业董事会的功能、结构、股东与董事会及经理层的权利配置与监督方面的制度安排，也包括影响企业运行的其他交易与契约安排。企业发展先后经历了业主制企业、合作制企业、公司制企业的组织制度变迁。现代企业大多为公司制企业。公司制企业又分为封闭公司（不公开发行股票且不上市的有限责任公司）与公开发行股票且上市的公司。上市公司有四项特征：一是投资者的资本可自由转让；二是股东的责任是有限的；三是股份公司具有独立法人地位，可以诉讼或被诉讼；四是公司的经营控制权高度集中。公司制企业中委托代理现象十分普遍。

委托代理是一种契约关系，即董事会作为委托人选定雇佣经理作为代理人为其服务负责管理企业，前者授予后者经营决策权并付给后者相应报酬。现代企业内部的委托代理制度安排之所以发生，其原因通俗讲，就是代理人比委托人掌握更多的企业经营管理信息，更懂得管理企业，董事们为了投资获利，希望委托一位代理人来经营管理企业。这当中包含两层交易契约关系：一是董事会层面的董事们之间的交易契约，大家认同聘请经理并赋予其一定的经营决策权；二是公司与经理即委托人与代理人之间的交易契约，其核心设计通过公司业绩与代理人的收益表达出来。

现代企业内部的委托代理存在若干问题，突出表现为三点：一是信息分布的非对称性，通常情况下代理人比委托人掌握更多企业经营管理中的信息，也就是说代理人知情而委托人不知情，这样代理人很容易做出有利于自己而不是委托人的决策；二是经营环境（包括外部市场）的不确定性，这样公司业绩不只表现为代理人的努力，还表现为其他不可控因素，委托人很难仅仅根据公司产出判断出代理人的行为选择、管理水平和努力程度；三是契约的不完全性，再严密的契约也不可能是完美无缺的，委托人与代理人之间的契约不可能将所有条件下的双方权利义务详尽，没有详细规定的权利与义务的契约设计必然影响代理人的行为选择。产生上述问题的根源是委托人和代理人各自的目标和利益不同，对代理人而言节约成本扩大销售并不一定能提高自己的收益，增加在职消费和偷懒的成本都会记入公司成本，这样企业运行就不可能实现帕累托最优。

为解决委托代理制存在的上述问题，就必然产生对代理人激励约束的制度安排，这就是专门设立监督者的制度安排。现代公司一般都设有监事会，专门对企业生产经营进行全程监督。监事制度设计中的核心环节为剩余索取权，即委托人给予代理人和监督者签约报酬之外的剩余利益（通俗地理解为奖金、“红包”）。监事制度包括两层交易契约设计：一是委托人承诺给予代理人剩余索取权，经营业绩突出可以得到奖金，监事会主要是对经营业绩（包括成本和产出等）进行监督核实；二是委托人承诺给予监事剩余索取权，监督认真、业绩突出可以得到奖金。在激励机制建立的同时，又建立了风险分摊机制。这样就在一定程度上解决了委托代理制中代理人激励约束问题。

3. 现代市场交易竞争

在市场经济条件下，资源配置通过两大途径：一是在企业内部，资源在企业内配置依循节约交易成本的制度安排；二是在企业外部，整个社会资源的使用、开发、配置依靠市场。可以这样说，由于社会生产要素资源配置主体为企业，所有企业构成了一个大市场。企业生产要素的提供和产品的销售靠的是市场。这个大市场中交易的各方为享有独立法人资格的企业。社会经济的运行是靠千百万个企业之间的交易来完成的。

市场经济是千百万个企业之间交易契约的制度形态。市场是买者与卖者相互交易，并确定商品或劳务价格及交易数量的机制。市场机制的分析，通过市场结构、企业行为、市场绩效及其相互关系的框架进行。

市场经济是实现资源配置帕累托最优的制度安排，其内在动力为市场竞争。实证研究说明，实现完全竞争的条件是不具备的，人们只能尽可能地做出靠近完全竞争的制度安排。总之，企业间的竞争是市场经济的基本特征，没有企业间的竞争则难成为现代市场，没有哪个现代市场不存在企业间的竞争，市场供求与竞争这只“看不见的手”在市场经济运行中起着决定性的作用，是现代经济运转的动力和魅力所在。

第二节　混合经济制度

市场经济中，资源配置纯粹凭借根据自由主义的帕累托最优实现价格信息传导理论的制度架构，而计划经济中资源配置则纯粹依靠由“社会生产指挥中心”（政府）的计划指标进行信息传导的制度设计，这些都是理想主义的乌托邦。实际上，现代市场经济的真实机制是“看不见的手”（市场）与“看得见的手”（政府）混合作用的制度。

一、混合经济制度的逻辑起点

市场供求与竞争这只“看不见的手”是现代经济运转的动力和魅力所在，但是，有了“看不见的手”，市场还需要另一只“看得见的手”。这是因为市场不是万能的，也会失灵。当“看不见的手”失灵的时候，“看得见的手”就会伸出来。市场失灵是混合经济制度安排的逻辑起点。

1. 市场失灵及其原因

在传统经济学理论中，竞争性的市场会导致资源配置的帕累托最优。所谓市场失灵，是指市场均衡状态偏离帕罗托最优配置。狭义市场失灵，主要表现为资源配置无效率或不公平。广义市场失灵，则包括微观经济无效率、社会不公平和宏观经济不稳定。此外还存在一种市场失灵的特殊形式，即文化市场的失态。在文化市场中流转的文化商品承载着意识形态成分，当文化商品中承载的文化掺杂了低劣庸俗的成分，有害于人的全面发展和青少年健康成长，背离了传统优秀文化和主流价值观，违背了国家意志，损伤了国家内核，削弱了国家根基，不体现国家本质时，就是文化市场失态。文化市场失态，是文化经济主体片面追逐利润，不讲社会公德，或者是持不同政见的反对派利用文化市场实现其政治图谋的结果。这也是广义市场失灵中所描述的资源配置无效率的一种表现。当然，文化市场失态远比通常的市场失灵的原因复杂得多，其中包含了政治博弈的种种因素。

市场失灵是相对于市场资源配置的帕累托而言的，市场失灵缘于市场资源配置帕累托制度设计的条件假设。

第一，信息不对称。自由经济学派认为在竞争性市场中各个企业可以完全了解市场供求信息，企业相互间获得的信息对称。但事实是由于各个企业主知识、能力、经验和经济实力（获取市场信息要发生费用，也需要经济力量支撑）的不同，企业与企业获取的信息不可能实现完全对称，这必然造成市场脱离资源配置的帕累托假设条件而失灵。

第二，外部性。自由经济学派忽略了企业和个人经济活动的外部性问题。所谓外部性，是指那些生产或者消费对其他团体强征了不可补偿的成本或者给予了必须补偿的收益的情形。外部性的表现是多种多样的。外部性的实质是私人收益与社会收益不等。私人收益大于社会收益为负的外部性，私人收益小于社会收益为正的外部性。有些外部性能够计量，可建立起排他性的权利制度安排。但也有些外部性比如没有专利保护的发明已被众人所用，无法再通过谈判交易收回全部社会收益，市场就失灵了。

第三，自然垄断。资源配置的帕累托最优是排除垄断的。然而现实中却实实在在地存在自然垄断现象。萨缪尔森把垄断看作偏离帕累托最优的一个重要表现。所谓自然垄断，最初被认为是由于对自然资源的垄断造成的，其实垄断更深层的原因为规模经济、范围经济和成本的弱增性。当一个企业规模很大，产量很大，产品品种很多的时候，就会形成垄断。因为在这种情况下，生产相同数量和品种的产品比将该企业肢解为两个或两个以上的企业成本要低，即成本的弱增性导致了自然垄断。当发生自然垄断的时候，市场就失灵了。

第四，公共物品。社会生活中公共物品的存在是一个普遍现象。经济学上的公共物品，是指一种提供给某一消费者使用而他人不必另付代价亦可同时享用的物品。公共物品的特征：一不具有竞争性，二不具有排他性。如果人们都在“搭”公共物品的“便车”，市场就失灵了。

第五，非理性。自由放任主义帕累托假设条件之一是把市场经济主体看作完全理性的经济人。但是市场经济几百年的历史证明，市场竞争中充满了欺诈、陷阱和血惺的争斗；冒险主义、机会主义无时不在，无所不在；毒品、伪劣食品、假药、黄色文化商品在市场中从来就没有根绝过。市场经济主体存在着非理性，市场就失灵了。

2. 国家干预的发生

尽管市场存在种种缺陷，不是万能的，但就当今世界的各种经济体制比较而言，市场有效还是主要的。因为理论上的两大理想的资源配置制度设计，即市场经济体制和计划经济体制相比较，后者更加难以满足其假设条件，否则市场经济就不会成为世界性的制度选择。

在讨论市场失灵的时候要明确两点：一是肯定市场在资源配置中的决定性作用；二是肯定市场总体的有效性。我们是在充分肯定这两条的基础上分析市场失灵问题，从小的方面讲，各种产品市场、各个产业市场、各个地域的市场都广泛存在失灵现象；从大的方面说，某一产品或产业（如金融）或地域（如美国）的市场失灵，还可能引发整个世界经济市场的失灵，爆发全球性的经济危机。

由于市场失灵现象广泛存在，国家对经济的干预就必不可少。发生于20世纪30年代的世界经济危机促成了凯恩斯（国家干预主义）学派。国家干预主义真正成为一个较为系统的理论体系完成于凯恩斯学派。

国家干预主义理论的要点如下：

其一，市场原本就不是万能的，市场失灵之后往往不能通过市场自身的机制来解决；

其二，市场失灵必须借市场之外的力量来解决，国家对经济干预是消除市场失灵的必然选择；

其三，保持经济持续增长、消除经济危机和保证社会公平离不开国家干预，国家干预的有效性不容置疑。

现代经济演化的进程证明，国家对经济干预的存在已是不争的事实。越来越多的经济学家已经认同现代市场经济是市场（看不见的手）和政府（看得见的手）共同发生作用的混合经济制度。

二、混合经济制度特征

混合经济制度最显著的特征是市场（看不见的手）起决定性作用的前提下政府（看得见的手）也在积极发生作用，即当市场失灵的时候政府干预加大，当市场正常的时候政府干预缩小。现代市场经济运行就是这样一个状况。

1. 市场和政府并非简单意义上的交替发挥作用

政府干预加大一般发生在市场大面积、大范围失灵的时候，政府干预缩小一般发生在有效市场步入正常轨道的时候。这种情况，往往被理解为混合经济制度是市场和政府交替作用的结果。这是一种不够完整和准确的理解。正确的解读是：混合经济制度是市场（看不见的手）和政府（看得见的手）在时空上共同发挥作用；市场失灵并不意味着市场机制不存在，政府干预是在市场机制基础上起作用；市场和政府的作用是共存关系，而不是简单的交替关系。

2. 市场和政府作用的边界不同

现代市场作用的边界是极其宽泛的，“看不见的手”在任意时间、任何领域都会发生作用。政府作用的边界是有限定的，即局限于预防市场发生失灵或者已经发生失灵的那些时间中或领域中。

市场经济与计划经济制度安排的根本区别是：在市场经济中，市场（看不见的手）的作用无时无地不在，政府（看得见的手）的作用有时出现有时不出现，在有些领域出现在有些领域不出现；在计划经济中，则是另一番情景，政府（看得见的手）的作用无时无地不在，计划经济的计划指标指令充斥社会管理、经济运行的各个部门和领域，政府作用的边界是无限的，而市场（看不见的手）被人为地束缚压制着无力发挥作用。显然，以上区别是经济制度设计的结果。

从社会经济运行的“自然法则”（规律）上讲，计划经济的制度设计是违背“自然法则”（规律）的，因为市场体现了价值规律和供求规律的交织作用。所有曾经实行计划经济制度的国家都以短缺经济（或短缺文化）的结果，宣告了政府（看得见的手）无限边界作用的失败，因而走向了以建立市场经济为目标的改革之路。

从计划经济向市场经济改革，其要义在于确立市场（看不见的手）在资源配置中的决定性作用，同时改变政府（看得见的手）在资源配置中的全能性作用，政府要退出直接取代了企业功能的那些领域，确定自己在市场经济中发生作用的有限边界。应当清醒地看到，市场经济取向的改革是一个利益调整的过程，其实质是制度设计安排的变革，政府职能的每一项转变都涉及一部分当事人的切身利益，市场和政府作用边界的重新确定，绝非易事，是相当艰巨的。

3. 市场和政府的最佳耦合是一个永恒的课题

政府干预是纠正市场失灵的重要手段，但不是唯一手段，并不是所有的市场失灵都由政府干预来解决，比如有些外部性问题，当事人双方私人谈判交易也能解决。市场自身还是有纠正自身失灵路径的。政府干预有时造成行政成本过高，甚至高于市场失灵造成的损失。

政府干预也存在信息不充分、干预不理性的问题。政府干预政策的形成是各规制机构交易博弈的结果，未必不被利益集团俘虏，造成干预失灵。

市场和政府都有失灵的可能。两者耦合在一起，去面对千百万时刻变动着的资源，以最佳的方式将它们组合起来，并试图以最小的投入获得最大产出，使经济持续健康平稳增长，显然是一个永恒的课题。

人们不应幻想找到“两只手”的最佳耦合，从而使经济永久性地持续增长。经济波动是不可避免的，甚至经济危机也是无法杜绝的。人们只能在顺应经济发展规律的前提下，提高对经济运行的预见性，尽最大努力适时出台恰当的政府干预经济的方法、手段和政策，以纠正和预防市场失灵。同时还要在纠正市场失灵的时候，防止政府干预失灵给经济发展造成新的损害。

美国著名经济学家保罗·萨缪尔森曾说：“让我们提议向市场欢呼两次，而不是三次。最后那一次，我们认为应当保留到未来的某一天，即我们的国家乃至世界上每一角落的人都能有好的工作、高的收入、健康的生活和安全的环境。这才是经济学和经济学家们在即将到来的新世纪中的最有价值的目标。”① 萨缪尔森为新凯恩斯主义学派代表人物，他对市场的作用持保留意见，毫无疑问是正确的。人们只能根据变化着的经济实际，寻求市场和政府作用的耦合，随机处理经济发展中的包括危机时期的问题。第三次欢呼要给市场与政府作用的最佳耦合，但它是一个永恒的命题。

古典经济学的均衡理论具有经济哲学的高度。经济总是从均衡到打破均衡、再到均衡不断往复提升的发展过程。我们发现，“时空

① ［美］保罗·萨缪尔森、威廉·诺德豪斯：《经济学（第十七版）》，萧琛译，人民邮电出版社，2004，第 607 页。

最大化均衡经济”是推动经济前进提升的内源性永恒动力。但遗憾的是，人们常常在局部的时空中逆“时空最大化均衡”而动。市场和政府都是人造出来的，都是局部时空中的产物，有时是逆“时空最大化均衡经济”而动，自认为在追求均衡。殊不知，人们造出来的市场和政府不可能达到时空最大化，只是以有限的目光追逐所谓均衡发展。即使是持续若干年的世界性经济危机，也不可能阻断时空最大化均衡经济，人们总是要想方设法消除危机，摆脱失衡，从而靠近时空最大化均衡。从哲学高度上，市场与政府的最佳耦合是一只魔盒，每次经济灾难来临，魔鬼都会从盒子中跳出来挑衅经济学家，但它又是经济学家的天堂，是经济学家们孜孜以求的最有研究价值的课题之一。

第三节　制度文化传统

从人类文化学意义上讲，制度是一个广义文化现象。我们知道器物、制度和观念三个层次的文化当中，器物文化变动最频繁，观念文化最为稳固，制度文化介于器物文化与观念文化之间。现代社会中众多的制度不可能脱离传统制度文化的影响而凭空产生，市场经济制度、混合经济制度、政府规制制度在不同国家中，必然深受所处国家制度文化传统的影响，带有所处国家中制度文化传统的某些烙印，而呈现出不同的模式和特色。

须强调指出的是，单纯用制度经济学理论和方法研究市场经济制度、混合经济制度及政府规制制度是远远不够的，还要用制度文化学理论和方法把今天的市场经济制度、混合经济制度及政府规制制度放到特定国家的制度文化传统中去考察分析，才能更真切地解释这些制度在不同国家中的不同表现、不同变迁、不同效果以及今后不同的发展趋势。

一、东西方制度文化传统

1. 东方制度文化传统

东方文化深受中国春秋时期伟大思想家孔子儒学思想的影响，形成了以儒学思想为核心的伦理中心主义和道德理想主义社会思想体系。这一思想体系坚持性善论学说，认为“人之初，性本善，性相近，习相远”，特别重视并强调理论导引和道德修养的作用，基本主张为敬天、奉祖、修身、齐家。东方文化中的价值观念，个人主义成分不占主导，家庭和集体主义占支配地位，讲究仁、义、礼、智、信、忠、孝、廉、耻、节，是一种恃德文化，相信“恃德者昌，恃力者亡”，并依此形成了稳固的制度文化。

东方制度文化的核心是仁爱，讲求集体主义，国家大一统，崇尚爱国主义。东方制度的架构，以君权代表人民的利益和希冀为理想，以“君仁”“善政”治天下为激励，以“君君、臣臣、父父、子子”等级分明的服从为运转机制。君临天下，天子高于一切，决断一切。但天子并非造物主，当天子权力的行使违背了仁爱，不再体现人民的希望时，民众可以推翻他，另出明主。东方制度文化中的人治特色来源于伦理中心主义和道德理想主义。

东方制度文化有三个突出的特点：

第一，家国一体。家庭作为社会的细胞非常稳固，以稳固的家庭及家族连接构成了社会系统。最高统治者皇帝是国家的化身，各级官吏为老百姓的衣食“父母”，家长制贯穿社会生活的各个层面。家国一体的制度文化追求“孝”“忠”，讲究服从长辈，孝敬父母，忠君报国。这种带有家庭性特色的制度文化，使得社会比较和谐稳定，较少出现内部争斗和动荡。

第二，全能政府。家国一体的制度文化表现为各级官府的全职全能。政府对老百姓的衣、食、住、行……事无巨细都要管理起来，并且亲力亲为。在这种制度文化中，老百姓对官府的依赖性很强，缺少自主自治的自觉，社会运行管理缺少民主环节，成本很高，政府的负荷也很重。全能型政府往往引起两个后果：一是政府力不从心，无法有效掌管所有事务；二是政府机构臃肿，加重了人民的负担。这是制度设计中的先天性缺陷。

第三，缺乏制衡。家国一体的制度架构的弊端是社会民主与权力制衡薄弱，故而统治者决策正确与否、吏治清明与否成为两个治国难题，这是传统东方制度文化中的一个突出现象。在这种缺乏民主、人治大于法制的制度架构下，最高统治者和执政集团的决策能力、修养德行、统治艺术，显得尤为重要。同时也显露出三大问题：一是人们把国家发展和个人的美好生活寄托于国家统治者，从而缺少了个人奋斗的精神，从整体上看个体的创造性和进取性受到抑制，社会发展的内源性动力不足；二是绝大部分社会资源的调配权系于最高统治者和各级官吏手中，最高统治者和各级官吏即使非常“君仁”、“善政”、尽职、敬业，也难免出现决策失误，由决策失误造成的社会资源配置不合理及资源的巨大浪费（这比腐败造成的浪费还要严重）成为一种社会常态；三是缺乏监督的统治集团极易权力寻租腐败，为了反腐，最高统治者或统治集团往往在人治框架内寻求各式各样的统治方法，且吏治的成本很高，但又不能从根本上解决问题。当官吏腐败严重且吏治成本使国家不堪负担时，社会就会发生混乱，必然改朝换代以矫正大面积的腐败。这就是所谓东方制度文化传统中的“周期率”怪圈。

以伦理中心主义和道德理想主义思想体系为基础架构的东方制度文化，在历史上曾经有过非常辉煌的成果，在华夏大地上成就了一个历经数千年的统一的多民族国家。其政治、经济、科技和文化水平曾领先于世界。

2. 西方制度文化传统

西方文化是以理性为基础的哲学和以信仰为基础的神学相融合

的社会思想体系。

西方制度文化表现在两个方面：一是宗教制度文化，二是世俗制度文化。宗教制度文化主导着西方社会意识形态，影响着人们的社会精神生活。

西方以理性为基础的哲学和以上帝信仰为基础的神学相融合的社会思想体系表达的价值观，核心为个人主义，讲求个人自由、个人幸福和个人奋斗。在西方最早的神话传说和迄今的文学艺术作品中，处处透露着它崇尚实力、权力和暴力的恃力文化特点。

西方世俗制度文化与东方的家国一体制度文化完全不同。早在古希腊时期，雅典城邦就出现了早期的奴隶主民主政治，包括三个重要方面：一是公民大会，城邦的全体成年男性公民可以参加公民大会，直接或间接参与城邦管理，公民大会少数服从多数，具有最高决策权；二是五百人会议，主要职责是执行公民大会的决议，负责日常行政事务；三是陪审法庭，即最高司法机关，法庭审判员由30岁以上无不良记录的成年男性公民抽签选出。另外，还有十将军委员会，由各部落选出的将军组成，负责统率军队。古希腊雅典民主政治制度，久远而深刻地影响着当代西方民主政治。

从长期的历史发展来看，西方制度文化传统下由于诸如科学革命和局部生产关系变革等因素的推动，往往在历史长河的某一时期，可以成就一个或几个经济、技术、军事的强国，这些强国无一例外地都进行了对外扩张侵略，并最终走向衰落。古代欧洲和近代欧洲中某些民族国家的兴衰说明，西方制度文化传统下存在民族国家由兴盛到对外扩张侵略然后走向衰弱的怪圈。

二、东西方传统制度文化的比较

1. 东西方传统制度文化的差异

第一，价值观基础不同。东方哲学讲求人性本善。东方文化以集体主义伦理为基础价值观。东方文化中的个人，追求的是一种群体特征和身份，个人通过在集体中的身份地位寻求安全感和价值。东方文化之于经济，夫妇父子情如一体，财产共有，彼此顾恤，互相负责。西方哲学讲求人性本恶。西方文化以个人主义伦理为基础价值观。西方文化中个人追求的是个性、个人自主和个人幸福，以个人主义为核心，利己主义为行为准则。西方文化之于经济，亲如夫妇、恩如父子而异财，子女成人即独立，不注重儿女奉养老人的理念。

第二，主流信仰不同。“西方之路，基督教实开之，中国之路则打从周孔教化来的，宗教问题实为中西文化的分水岭。”① 世界各国民众信仰多种多样，但各国各民族中总存在一种主流的信仰。东西方文化背景下生活的人们，最显著的差异是他们的主流信仰不同。西方人大多信仰上帝，宗教支配着人们的精神生活。东方人大多沿袭儒学伦理道德教化。东方人精神生活中宗教的影响比之西方人弱得多。儒家伦理是中国古代先哲们针对人自身，从实际生活中提炼出来的处世哲理，力图正确地解释人自身。这与宗教在不能正确地解释人自身时，简单地统归上帝及身外的天堂，形成强烈的反差。东方先民早熟于西方先民，但儒家学说对人们精神的控制力不及宗教，这是因为宗教与教化学说，前者较为稳固，后者会因时代的变化或统治者的需要而发生解读上的变化。

第三，权力架构不同。东方制度中的权力，本质上表达为最终价值，与社会集体福祉联系在一起，政府扮演家长角色，权力很大，为“大政府”，政府从人民的态度中反观自己，但权力与责任并不清晰分明。西方制度中的权力比较清晰分明，农耕经济时代的庄园和商会经济自主性很强，政府一般不掌管经济，而是主要负责公共事

---

① 梁漱溟：《中国文化要义》，上海人民出版社，2005，第85页。

物，政府各权力机关的权力有限，为“小政府”，政府统治方式是功利主义，必须给选民一定的好处来换取他们的支持。

第四，制度怪圈不同。东方制度文化的怪圈是由于缺少权力制约、民主监督，导致腐败引起的内部改朝换代以矫正腐败的一种循环。西方制度文化怪圈是由于强势民族国家利己主义，导致对外扩张侵略引起的其他国家联合起来的对抗，从而由强转衰。这两种怪圈有本质的不同，前者通过加强社会民主建设，可以从怪圈中跳出来；后者个人主义价值观难做根本性的改变，所以很难从怪圈中跳出来。

2. 制度文化传统与当代经济制度

东西方制度文化传统与目前各国的经济制度不会完全割裂，当代市场经济制度、混合经济制度乃至政府规制制度不可能不带有相应国家中传统制度文化的烙印。

第一，在西方国家，从总体上，人们更主张产权主体格局的分散，经济主体的自主自由度大，市场“看不见的手”的作用发挥得更到位。而在东方，人们观念上更多地寄望于政府发挥应有的作用，因而产权主体格局分散不够，政府“看得见的手”的作用往往越位，侵占市场机制，致使经济发展受限。走市场经济体制之路是东西方的共识，混合经济制度是市场经济成熟的特征。但东西方政府对经济干预的程度，表现有所不同。

第二，在西方国家，经济危机往往是市场失灵引起的，而在应对经济危机中政府的作用，比之东方国家的政府显得脆弱。东方政府在应对经济危机中比之西方政府强大而有力得多。东方制度文化传统下的政府可以集中力量为民众福祉办大事，且效率较高。当然，不能否认的是，东方制度文化传统下，政府决策失误是很可怕的，政府失灵往往为经济混乱与衰退的根源。

第三，在西方国家，意识形态控制很大程度上由宗教体系承担，人文教化控制的任务基本不在政府身上。而在东方国家，政府担负着思想教化、精神文化和意识形态控制的重任。面对国家文化安全，东西方政府的责任程度是不同的。因而，东西方国家的规制机构对文化产业中文化的规制目标及其机制有所不同。

第四，市场经济制度、混合经济制度源自西方工业革命之后建立的资本主义生产关系，为现代资本生产关系中成长起来的制度设计架构。这种制度设计架构经过不断地调整完善，迄今依然具有强大的生命力。但它们绝不是西方独有的东西，市场经济制度、混合经济制度也适用于东方，当它们与东方传统制度文化相结合时会显现出许多优势。中国改革开放以来取得的举世瞩目的成就恰恰说明了这一点。

第五，西方当今经济制度表现的传统制度文化主要是个人主义、恃力强权。这一文化，对世界经济发展的阻碍越来越明显。比如，美国次贷危机引发的全球性经济危机，就暴露出了美国制度文化传统的种种先天不足和巨大缺陷。

第六，必须明确指出的是，市场经济制度、混合经济制度的基础是资本主义生产关系。资本主义生产关系是一种决策权分散且有严格监督的资源配置体制，这同高度集权的经济制度完全不同。在世界范围内广泛建立市场经济制度、混合经济制度的要义在于打破高度集权，实行经济民主，建立法制经济，体现社会公平，尽可能避免行政垄断，克服权力寻租，防止经济腐败。唯此，才能建立起长治久安的经济制度。

三、文化产业政府规制独特的产业基础

文化产业作为文化与经济一体化的产业形态，一方面，是文化发展规律和经济发展规律共同起作用合二为一的过程，即文化产业运行，既要符合文化发展的规律，也要符合经济发展的规律；另一

方面，文化产业运行过程当中，必然要出现一些单纯就文化领域或单纯就经济领域所不具备的双边或多边的必然联系，也就是说除了文化发展规律和经济发展规律之外，还存在一个文化与经济一体化（文化与经济合二为一）之后的发展规律问题，即文化经济发展规律问题，其中主要是文化产业发展规律问题（另一个是公共文化发展规律问题）。由此可见，文化产业的发展主要是文化领域、经济领域和文化经济领域三个方面的发展规律起作用。文化与经济一体化的产业形态是文化产业政府规制独特的产业基础。

通过以上关于文化产业规制的市场经济制度、混合经济制度和制度文化传统背景的讨论，集中归纳可得出以下观点：

第一，市场经济制度是文化产业政府规制根本性的背景。政府规制作为国家干预文化产业的一种形式，不是否定市场机制，而是充分肯定市场机制。政府规制是在认定市场天生就有缺陷、市场不是万能的、市场也会失灵的情况下，对市场的一种补充和矫正。从市场经济制度设计上看，政府规制有两个前提：其一为根本性的，即认可市场（看不见的手）的机制；其二为判断性的，即市场也会失灵。

第二，混合经济制度是文化产业政府规制的又一个重要背景。从政府规制实践上看，政府规制的内容不少，但其作用讲究边界。政府规制作为国家干预文化经济的一种制度性安排体现了看得见的手的作用。从混合经济制度设计上看，政府规制有两个前提：其一为实证性的，即政府（看得见的手）是有作用的；其二为限定性的，即政府的作用是有限的，政府干预也会失灵。

第三，制度文化传统是文化产业政府规制的历史性背景。这个背景给政府规制提出两个前提：其一，东西方文化背景下政府规制可以表现为不同的模式和特色；其二，政府规制可以有不同模式和特色，但不能违背文化、经济、文化经济三者中任何一个发展规律。

文化产业政府规制是复杂制度背景下的产物。这种制度背景是现代制度设计与传统制度文化交织重叠在一起的。由于世界各国市场经济制度发育程度不同、混合经济制度表现出来的特征存在巨大差异，以及世界上存在以集权为核心特征的计划经济制度或从计划经济制度向市场经济制度过渡中的经济，这些都导致了各国文化产业政府规制的多种模式和特色。当然，不管各国文化产业政府规制表现为多少模式，呈现出多少特色，最终必然在市场经济制度、混合经济制度和文化与经济一体化的产业背景下表达出基本的共性。文化产业政府规制中所表达出来的基本的共性的东西，作为一种制度安排最终目的是做大做强文化产业，给国家和人民以福祉。

第三十五章　政府规制机构

文化产业政府规制机构，是指直接承担文化产业规制制度设计安排和规制任务的政府机构。政府规制制度设计安排，由国家立法、行政、司法、政党和社会团体等多个部门或组织参与或共同完成。文化产业规制机构是一个体系。这个体系，在不同的国家、不同的历史时期，其构成与运作模式是不同的。

第一节　规制主体构成

规制是由人来完成的，人是文化产业规制的主体。文化产业规制作为一种制度安排，归根结底，体现了社会不同人群的利益诉求。规制机制和规制机构体系的形成，都是社会不同人群利益诉求博弈的产物。

一、文化产业规制主体与客体

从制度是利益博弈的产物意义上讲，凡与文化产业产品生产、交换、分配、消费发生直接或间接关系的人，都可能自觉或不自觉地参与到规制制度建设中来，成为规制的主体。

同一个人可能是规制者，也可能同时又是被规制者。在国家立法、行政机关中工作的人员，在行使规制制度设计安排时，他是规制者；作为一个消费者，他又是被规制者。文化企业和文化消费者作为社会利益集团中的成员，也要参与到规制制度的博弈中来，在规制的设计和决策阶段，他们是规制者；在规制的执行阶段，作为文化中间或最终产品的消费者，他们则变为被规制者。

制度设计安排博弈的格局中，每一个人都可能成为被规制者，正因如此，多数人也都谋求规制者的作用。只充当规制者，规制他人，而不被他人规制的人是不存在的。现代社会中的人不可能完全没有文化生活，作为文化消费者要维护自身文化消费的权益。在一定意义上讲，文化消费者对自身文化消费权益的追求，导致了他们对规制主体身份的追求，这是规制客体同时又是规制主体的逻辑。作为文化产业规制者，也有文化生活，也要进行文化消费，不可能只规制他人而不被他人规制，这是规制主体同时又是规制客体的逻辑。

二、文化产业规制主体构成

文化产业规制主体主要由国家权力机关中专门的规制机构、文化产业行业协会和文化消费者协会三个部分组成（图 35－1）。

1. 国家权力机关中的文化产业规制机构

政府有关机构直接承担文化产业规制制度的命题、调研、设计、听证和安排等工作。按照规制公共利益理论，上述机构代表了公共利益，按公众利益最大化机制来行使文化产业规制安排职能。按照规制利益集团理论，上述机构中的成员有可能代表了不同的社会利益集团，规制安排为政治博弈的结果。

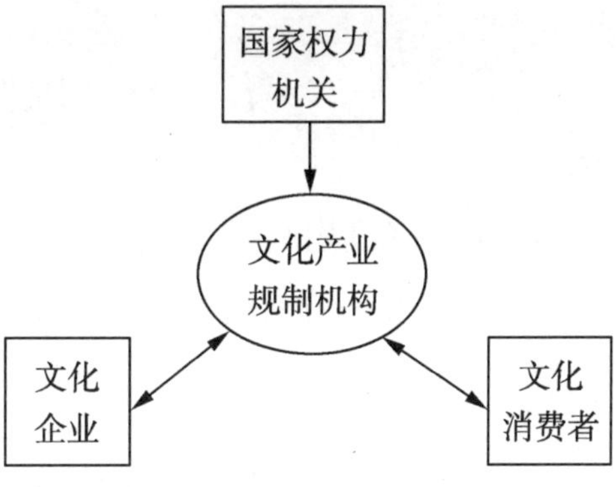

图 35－1　文化产业规制主体相互关系

2. 文化产业的各个行业协会

文化产业行业协会团体代表各行业文化企业（文化产品生产者）的利益参与文化产业规制制度安排的博弈。文化企业既是被规制的对象（规制客体），同时也是规制主体。作为规制主体：其一，文化企业及其行业协会，一般都会千方百计对政府规制机构施加影响，以期做出有利于自己企业或行业的规制条款。正常情况下，国家立法和行政机关在对文化产业规制制度进行设计安排的过程中，要征询或听取文化产业行业协会或文化企业的意见。其二，各个文化行业协会一般都有行业自律方面的规定，行业自律是规制的重要形式之一。

3. 代表广大文化消费者利益的消费者协会

文化消费者协会具有双重身份：一是作为规制主体代表广大文化消费者参与文化产业规制制度设计安排的博弈（正常情况下，国家立法机关和行政机关在对文化产业规制制度进行设计安排的过程中，要采取一定的方式邀公众磋商），并维护广大消费者的合法权益；二是引导广大文化消费者合理消费，承担消费者自律规制的设计安排工作。

第二节 规制机构模式

政府规制机构与国家政体、国家机构和政党制度相联系。在不同的国家政体、国家机构和政党制度模式下，政府规制机构表现为不同的模式。

一、国家政体、国家机构、政党制度模式

1. 国家政体模式

国家政体即国家政权组成形式。古往今来的国家政权组织形式

多种多样，依据最高掌权者的人数多少、产生方式和任期，大致划分为君主政体和共和政体两大类。

君主政体一般由君主执掌国家最高权力，终身任职并世袭。君主政体有以下两种模式：

一是专制君主政体，主要特征是君主拥有绝对至上的权力，不受任何限制与监督，君主意志即国家意志。这是封建制国家的常见政体，中国历朝皇帝都是专制君主。专制君主政权又可分为等级君主政体和贵族君主政体。等级君主政体由君主建立一个由僧侣、贵族、商人、市民组成的等级会议作为咨询机关并具有纳税批准权，这种政体曾存在于中世纪后的西欧诸国。贵族君主政体名义上国家最高权力在君主手中，实际上君主受到他人（贵族）的幕后操纵。明治维新到二战之前的日本就是这种政体。

二是立宪君主政体，它是资产阶级革命与封建阶级政治妥协的产物。根据对君主权限的规定及形式可分为二元君主制和议会君主制。二元君主制存在两个权力中心，即君主和议会，君主掌握政府任命、解散议会和钦定宪法等权力，议会在国家管理中享有一定权力，君主权力受议会和宪法的限制。第一次世界大战前的德国，今天的摩洛哥、约旦为二元君主政体。议会君主制中议会是国家最高权力中心，议员选举产生并有任期。政府由议会产生。君主世袭且终身任职，受宪法和议会限制，一般仅具有象征意义。当今的英国、日本、西班牙为议会君主制。

共和政体一般由若干人共同执掌国家最高权力，这些人由选举产生且有一定任期。共和政体分为贵族共和制和民主共和制。贵族共和制存在于古希腊雅典共和国和古罗马共和国，共和限于奴隶贵族和自由民，不包括奴隶，是一个历史性政体。现代共和政体为民主共和制，最高国家权力为多人执掌行使，且由选举产生并限定任期。民主共和制主要有以下两种模式：

一是议会共和制。议会共和制中最高国家权力归议会，内阁由议会产生并对议会负责，总统为虚位（国家）元首，并不掌握实权。当今的意大利、奥地利、印度为议会共和政体。

二是总统共和制。总统共和制中最高国家权力由总统和议会按不同职能分别执掌行使，总统和议员由选举产生，并有任期。总统既是国家元首又是政府首脑，内阁由总统所组。总统和议会之间有权力制约关系。美国为典型的总统共和政体。

2. 国家机构模式

国家机构复杂多样，一般来讲，主要包括国家元首、立法机关、行政机关、司法机关。

国家元首是一个国家对内对外实质上或形式上的最高代表，处于国家机构体系的首要地位，是国家主权的执掌者或象征。国家元首的职权在各国有所不同，一般来说具有公布法律，任免国家机关高级官员，召集议会，以国家最高代表身份对外交往，宣布戒严、大赦或对外宣战，代表国家颁布荣誉证书等职权。

立法机关是国家立法权的组织体现，指具有制定、修改、废止或恢复法律的权力机关。立法机关一般具有以下职能：一是制定、修改、废止、恢复法律；二是审查和通过国家财政预算、决算，并监督实施；三是组织和监督政府；四是决定国家重大事项，如审查通过国民经济发展计划、批准对外宣战等。

行政机关是国家行政权的组织体现，为贯彻国家政治决策、管理行政事务和各行政职能部门的权力机关。各国行政机关由首脑、行政机关职能部门负责人和一般公务员三部分组成，产生办法是不一样的。行政机关具有以下主要职能：一是贯彻立法机关通过的决策、议案、提案；二是管理国家社会经济、文化、科学技术、教育、卫生、福利等；三是处理国家外交事务；四是负责或协助处理国家武装力量的编制、训练、调遣和指挥事宜。

司法机关是国家司法权的组织体现，为维护法律的部门，主要职能如下：一是诉讼，由检察部门担任；二是审判，由法院担任。

3. 政党制度模式

政党制度，是指关于政党的社会政治地位、作用，执掌政权或参与政治的方式、方法、程序等规定性或惯例性的制度。政党制度的核心为政党参政和执掌政权的形态，从这个意义上讲政党制度模式主要包括两党制（如美国、英国）、多党制（如法国、德国、意大利、比利时、西班牙、葡萄牙等）、一党制（如非洲一些民族主义国家）。

中华人民共和国的政党制度为中国共产党领导的多党合作和政治协商制度。中国共产党为执政党，其他八个民主党派（中国国民党革命委员会、中国民主同盟、中国民主建国会、中国民主促进会、中国农工民主党、中国致公党、九三学社、台湾民主自治同盟）为参政党。各参政党接受中国共产党的政治领导，与执政党关系的基本准则为：长期共存、互相监督、肝胆相照、荣辱与共①。中国共产党领导的多党合作和政治协商制度是现代民主和政治文明的创新。

二、文化产业政府规制机构模式

国家政体、国家机构、政党制度不同，导致了文化产业政府规制主体传达意志的渠道不同、表达意见的场所不同、利益博弈的政治机制不同，从而形成了不同的文化产业政府规制机构模式。

比如，在立法、行政、司法三权分立相互制衡明显的国家机构架构中，国家行政机关中设有与文化产业规制有关的机构，在国家

① 王浦劬：《政治学基础（第二版）》，北京大学出版社，2006，第197－201页，第205－207页，第216－223页。

立法（议会）机关中也设有类似的规制机构，这两种文化规制机构从行政和立法的不同角度对文化产业进行规制，但规制条文的最终生效，有些则必须获得双方共同认可，在美国有些行政法规必须经过议会通过，议会的有些立法必须经过总统签署才能生效；在立法、行政、司法三权分立相互制衡不太明显的国家机构架构下，国家行政机关中的有关部门承担了对文化产业进行规制的职能，规制主要由行政机关完成，文化产业规制机构模式及其运作方式则相对简单。

再比如，在两党制和多党制政党制度下，代表不同社会群体利益的政党在议会中，形成了对文化产业规制的一种（政）党团（体）政治博弈模式；在一党制和一党领导的多党合作制模式下，执政党则直接或间接通过立法机关、行政机关，领导或参与对文化产业的规制，立法机关、行政机关同时发挥应有的独立作用。

可见，在不同的国家政体、国家机构、政党制度模式下，文化产业规制主体表达利益诉求，有的要通过行政机关和立法机关，有的则要通过政党和行政机关。这样，自然而然地形成了不同的规制机构及机制模式。

1. 立法和行政机关混合型

混合型文化产业政府规制机构模式，是指主要由国家立法和行政两大机关共同（混合）进行规制制度设计安排的社会组织机构模式。在共和政体和两党、多党制的国家中，通常为混合型规制机构模式。政府规制制度博弈主要在立法机关（议会）和行政机关中进行，文化企业及其文化产业行业协会、广大文化消费者的利益诉求，通过议会中的党派社会团体代表予以表达，或者通过游说行政机关中的官员予以表达。其实，在选举中文化产业规制的各个主体（个人）通过投票，已经间接表达了他们的利益诉求，他们希望对他们有利的人担任议员或上台执政。在混合型政府规制机构模式下，国会议员的构成和由谁来担任行政首脑，在各个文化产业集团和广大文化消费者看来，绝不是无关紧要的，每一届立法和行政机关的人员组成对他们的企业和个人都是利益攸关的。

2. 行政机关主导型

行政机关主导型文化产业政府规制机构模式，是指主要由国家行政机关进行规制制度设计安排的社会组织机构模式。在共和政体、一党执政的某些国家中，行政机关担负着管理经济和文化的职能，规制主要由行政机关设计安排，议会一般不讨论经济和文化的具体事务，由此形成了行政机关主导型的文化产业规制机构模式。在行政机关主导型规制机构模式中，执政者为了尽可能做出科学的决策，往往建立一个为其决策提供意见的咨询机构（智库），这个智库实质上承担了反映各文化产业规制主体利益博弈的任务。这个咨询机构，一般来说，在行政机关出台有关政策之前，要充分听取文化企业的意见，进行大量的社会调查研究工作，协调他们的诉求，以使所设计的规制制度科学可行。当然，不可否认的是，有些行政首脑并不重视决策前的咨询研究程序。实证研究表明，首长靠个人专断决策往往失误的可能性较大。在行政机关主导型规制机构模式下，行政首脑的个人素养和领导风格，对文化产业政府规制制度建设水平的影响是至为重要的。

3. 政党和行政机关协同型

政党和行政机关协同型文化产业政府规制机构模式，是指主要由执政党和国家行政机关协同进行文化产业规制制度设计安排的社会组织机构模式。在共和政体、一党执政（或一党执政多党合作）的某些国家中，执政党领导并参与了文化产业规制。执政党的上述作用是与国家行政机关协同完成的。从具体方式上考察：一是执政党直接就某些文化产业规制制度进行设计安排，运用执政地位直接或通过行政机关部署贯彻执行；二是执政党提出有关方向性、原则性意见，行政机关按照执政党提出的意见，就具体事项做出规制并加以落实；三是国家行政机关对文化产业规制制度做出设计安排报告执政党研究批准，然后由行政机关下达部署执行。在政党和行政机关协同型文化产业规制机构模式中，政党和行政机关均要发挥智库的作用，以提高规制制度设计安排的民主化、科学化水平。

综合世界各国情况，文化产业政府规制主要由以下四部分机构组成：一是国家权力机关，二是政府及其部门，三是文化产业各行业协会和非营利、非政府文化中介组织，四是消费者协会。

第三节　规制权力制衡

世界各国文化产业政府规制机构结构时常处于变动中。当前，在广大发展中国家和从计划经济向市场经济体制转轨的国家中，文化产业政府规制机构的变动更为明显。

一、文化产业政府规制机构变动的主要原因

1. 文化产业发展推动了文化产业政府规制机构的变动

文化产业作为经济基础，在它兴起与发展的进程中，必然要求国家上层建筑与之相适应，因而推动了文化产业规制机构的建立、完善和变动。以美国广播业为例：美国早期的广播为公共广播，没有规制约束。后来广播商业化运作，经过商业电台的院外（议会）游说，1917 年美国国会通过了《无线电法章》，承认了商营电台的合法地位。之后美国国会成立了管理广播事务的联邦无线电委员会，专门负责对广播业颁发营业执照，并且负责对广播频率进行分配。这个机构的工作极大地促进了广播业的发展，广告以广播为信道，使广播产业进入鼎盛时期。如果没有广播的产业化运作，也就不会有美国国会的联邦无线电委员会。

2. 规制理论的变迁影响着文化产业政府规制机构的变动

现实的种种文化产业规制机构模式是趋利避害的博弈演化的结果。比如，根据规制俘获理论：每一种具体的规制，其背后都可能隐藏着规制机构与受规制企业的合谋问题；大企业（或垄断性大企业）可能会控制政府机构，规制机构有可能被设计成鼓励寻租的模式，立法者、执法者有可能最终被产业所俘虏。

针对上述问题，产生了对规制权力进行制衡的规制分离理论。根据这个理论，为了防止规制机构被产业（企业）俘获：一是在事前的规制机构模式设计中，应当在两个或两个以上的规制机构中分割权力，并达到相互制衡的目的；二是在事后的运作机制中应当以有效的激励，防止规制机构被产业（企业）所控制。

通常情况下，某一种文化产业规制机构模式刚建立时，规制机构的自由裁量权是充分的，规制倾向于公共利益，规制是有效率的。随着时间的推移，由于利益集团和俘获的形成，规制机构的自由裁量权降低，合谋分量增加，规制效率降低。当规制效率降低至各利益集团都感到影响自身利益并难以承受（也即阻碍文化产业整体发展）时，大家就会提出改变旧的规制机构设置模式与游戏规则的要求。这意味着，旧的规制机构模式的生命将终结，一种新的规制机构设计将取而代之。

影响某一种文化产业规制机构模式生命周期的主要因素有以下两点：一是规制者与被规制利益集团合谋的交易成本，当某种规制机构模式使合谋成本高到被规制者们难以承受时，此模式就会退出舞台；二是规制机构模式中规制权力制衡分离的程度，当某种规制机构模式缺乏规制权力制衡，权力过分集中时，文化产业整体上发展不起来，此模式也不会具有长久的生命力。

二、政府规制权力制衡

管理权力是一个社会历史范畴。管理权力对于发展而言是一把双刃剑。发展需要强有力的规制权力，由这一权力的行使来实现人们的共同利益和追求。但不受约束、缺少监督的权力，则往往导致权力滥用而阻碍发展。因此权力架构必须有一种制衡机制，防止权力过分集中是现代市场经济运行中必不可少的条件。

实际生活中存在文化产业被规制者与规制机构合谋的威胁。这一威胁实质上是各文化产业行业或企业国民待遇不公的威胁，也是阻碍文化产业整体发展的威胁。面对这一威胁，对文化产业政府规制权力进行制衡就是必不可少的了。破解合谋威胁的路径是对文化产业规制机构进行适当分离，把规制权力分解于不同的规制机构中，而不是集中于一个或极少数机构中，以防止规制权力过分集中的规制机构与文化企业合谋，防止规制权力被少数人控制。

1. 政府规制权力制衡的目的

对政府规制权力进行制衡，对规制机构进行分离的目的有以下两点：一是直接目的，即防止规制权力集中于一个或少数机构手中，而被文化企业俘获，造成规制对其他文化企业的制度性不公。二是最终目的，促进文化产业整体的崛起，满足全民的文化消费需求。对政府规制权力进行制衡，既可确保文化产业 GDP 的较快增长，又可确保文化产业携带的先进文化的发展；既可确保文化产业私人投资者获得投资收益，又可确保政府向文化产业采购公共文化品能够顺利实现。

2. 政府规制权力制衡的形态

实证研究说明，政府规制权力分离的形态是多种多样的，大致为四种形态：一是在国家行政机构、国会、政党组织之间分离，使规制权力分属于上述三个不同的社会组织实现相互制衡，在西方两党制和多党制国家中同时通过政党制衡实现相互制衡；二是在国家行政机构内部不同的部门之间分离，使文化产业规制权力属于不同的委员会、部或办公室实现相互制衡；三是在国家不同行政级别，即国家、州（省）县（主要是中央和地方）之间分离，使文化产业规制权力分属于不同的行政级别实现相互制衡；四是在政府组织与行业协会及社会中介服务组织之间分离，使有些规制权力划归行业协会或中介服务组织而实现相互制衡。

3. 政府规制权力制衡的效果

政府规制权力制衡的目的和作用是防止合谋与俘获，但是由于规制权力分散，必然带来规制的效率问题。如果某种多规制机构结构模式带来了比单一规制机构高的规制工作效率，为规制权力制衡正效应。如果某种多规制机构结构模式带来了比单一规制机构低的规制工作效率，为规制权力制衡负效应。影响规制效率最突出的问题有两点：一是各规制机构的职责划分科学清晰与否，二是规制形成和出台的程序设计科学与否。也就是说，在各规制机构的职责分工中和规制形成的程序（制度）设计中，既要防止规制者与被规制者的合谋，防止规制者利用规制权力寻租；又要防止各规制机构之间扯皮，带来制衡负效应，造成官僚主义。

三、规制权力的社会化

文化产业规制权力的社会化，是指对文化产业管理、监督和调控的权责，由国家有关机关或部门为主承担，转变为由国家有关机关或部门、文化产业自身和整个社会三者共同承担的过程。从 20 世纪 70 年代起，发达国家以传媒产业规制为代表的规制权力社会化浪潮兴起，大大提高了文化产业管理的现代化、民主化和科学化水平。之所以发生文化产业规制权力社会化，基于以下原因：

1. 文化产业规制主体构成原本就是社会性的，规制的过程原本就是社会性规制主体间的一种社会博弈

从世界范围看，在文化产业发展的早期或某国的某个阶段中，国家权力机关和政党承担对文化产业管理、监督和控制的主要角色，这仅仅是社会博弈的历史性、阶段性现象。当主要由国家权力机关和政党规制文化产业出现失灵或弊端时，规制权力必然回归它本来的位置，分散于各个规制主体，而表达为权责的社会化。规制是规制主体间的社会博弈，人们的任务是让这一博弈变得更加理性、更有秩序、更有效果。

2. 文化产业规制系社会公共管理事务，公共管理社会化是社会管理的最佳形态

政府对一个产业的规制属于社会公共管理事务，社会公共管理的最本质特征就是为全民公众服务，其表现之一是规制向公众公开，向公众公开意味着规制权力的社会化。文化产业规制事务公开化，体现了两层意思：一是公众拥有规制制度建设的知情权，可对规制评头品足，表达自己同意或反对的意见；二是公众拥有规制制度建设的建议权，可游说规制的直接操作人员按照某种方案或意见规制。实证表明，某些国家的文化产业规制对文化产业的促进作用有限，根本原因是文化产业规制权力集中于少数人手中，国家机关的公共管理职能未能代表公众的利益。只有当文化产业规制权力社会化了，不排斥任何社会组织和成员参与规制博弈，权为全体公民所用，它才真正能表达为公共管理服务职能，发挥较实在的作用。

3. 文化产业规制权力行使须掌握比较充分完整的信息，社会管理资源有效配置要求规制权力的社会化

我们知道，信息不对称、不充分、不完整是资源市场配置的障碍。同理，它也是社会管理资源配置的障碍。只有规制权力社会化，才能收集掌握最充分完整的相关信息，才能克服和防止信息的不对

称，从而设计出代表公众利益的规制制度。20 世纪 70 年代后，随着政务公开、信息自由、公民知情、公共管理社会化等一系列现代管理思想的确立，文化产业规制权力社会化加速。在市场经济体制比较成熟的一些国家中，非营利的社会中介组织、文化产业各行业协会、消费者协会和个人参与到文化产业规制博弈中来，呈现出国家机关、中介组织、行业协会、文化企业、消费者共同参与社会化规制权力架构的趋势。

第三十六章　政府规制特征

促进文化产业发展，进而有利于国家发展和人的全面发展，既是文化产业政府规制的目的，又是文化产业政府规制的归宿。文化产业政府规制所反映出来的国家与文化产业的相互关系，体现了社会上层建筑与经济基础相互作用的客观运动过程。这一过程表现出若干重要特征。

第一节　社会公共管理特征

社会公共管理是文化产业政府规制的重要特征之一，可以从以下两个方面理解这一特征。

一、文化产业规制与社会公共关系

1. 社会公共关系及其公共性

在现代社会中，无论是人，还是组织，为了生存和发展，无一例外地需要和社会各个方面交往，发生关系，并结成公共关系网络。一方面，在这种关系中，个人和组织在追求自身生存和发展的同时，也必须顾及其他个人、组织和社会的利益，具有社会性；另一方面，这种关系时刻处于变化之中，每一个人和组织都可能把其他人和组织或被其他人和组织需求或需求的变化，发展成交往的对象，这种交往关系具有变动性。以上社会性和变动性相统一，构成了社会公共关系的公共性。

汉娜·阿伦特认为，人或组织“在公共领域展现的任何东西都可为人所见所闻”完全公开，“世界处于共同拥有它的人群之中”，公共世界“是我们一出生就进入、一死亡就弃之身后的世界”，“不仅是我们与我们共同生活的人共同拥有的世界，而且是与我们的前人和后代共同拥有的世界。”N. 卢曼指出，凡是正确按照法律程序制定的决策都具有正当性，从而也就具有公共性。J. 罗尔斯提出了基本自由的平等原理、机会均等原理和差别原理，并把平等原理放在最高政治层次上，他认为通过这些原则形成的社会制度才具有社会正义和公共性。李明伍提出，以往公共性理论的着眼点过分集中在“应当如何”上，从而轻视了“现实如何”的问题，公共性归根结底是平等问题，某一文化圈里的公共性为该圈里成员能共同（其极限为平等）享受某种利益，因而共同承担相应义务制度的性质。J. 哈贝马斯则认为，只有在根据批判理性进行“对话”过程中所形成的“生活世界”里才能实现不排除任何成员的社会整合机制，即真正的公共性①。

2. 政府规制的公共性

文化产业规制具有显明的社会公共关系的公共性。这是因为：

第一，文化产业规制本身就是一种社会交往并结成公共关系网络，从而展示出公共性。

文化产业规制主体主要由国家组织、文化中介（非政府、非营利）组织、文化产业行业组织和文化消费者组织构成，分别代表了在发展文化产业中的各自的需求、立场或利益。文化产业规制过程是上述规制主体各方参与、追求各自利益，并顾及其他人和组织利

---

① 廖为建主编《政府公共关系》，中国人民大学出版社，2010，第3－6页。

益的社会博弈。这种博弈是在相关各方结成的社会公共关系中进行的。比如，文化企业的发展战略、经营策略、营销行为、定价行为、兼并行为，必然以文化消费者的消费需求水平和消费结构变动为依据；文化产业各行业之间结成了“天然”的行业关联，这种关联关系依技术进步和产业链的变化而变化；每个行业的发展，对国家文化产业规制中的行业政策存在一定祈求，各行业协会必然与国家规制机构发生关系；社会文化非政府组织和非营利组织，作为一种中介服务行业，是文化产业规制社会公共关系网上的重要结点，往往起着政府与文化企业之间的桥梁作用，在文化产业规制中发挥重要的不可替代的公共性作用。

第二，各个文化产业规制主体参与文化产业规制的共同目标为发展壮大文化产业，从而展示出公共性。

文化产业各规制主体的需求、立场和动机千差万别。比如，文化消费者追求消费提升，期望花尽可能少的钱，买到尽可能好的文化产品或服务；文化生产者则讲究利润，千方百计以尽可能少的投入，获得尽可能大的产出。再比如，各文化企业都有一种追逐市场占有率的冲动，在垄断利润和规模效益的驱使下，阻止同行进入或兼并同行。但是，各个文化产业规制主体参与文化产业规制有一个共同的高于自身祈求的目标，那就是发展壮大文化产业，保证文化产业良好运行，可持续发展。发展壮大文化产业为各文化产业规制主体可接受的公共性目标。

第三，各文化企业需建立平等的平台享受平等的待遇，从而展示出公共性。

在成熟的市场经济中，各个文化企业都希望国家对文化市场进行必要的干预，通过规制建立起文化企业平等竞争的平台，每个企业都要求享受平等的国民待遇，都反对垄断。这是因为，垄断意味着在激烈的市场竞争中机会的不均等，意味着市场结构的失衡，甚至导致市场的失灵，从而导致市场绩效下降。各国文化产业发展壮大的过程中，不可避免地产生某些自然垄断文化企业。国家对自然垄断文化企业要有所规制，不能让自然垄断文化企业的享受高于竞争性文化企业的待遇。在竞争性文化产业领域，当有的文化企业形成垄断时，国家应及时采取措施，将其拆分，打破垄断。总之，平等竞争的市场法则，展现了文化产业规制社会公共关系的公共性。

二、文化产业政府规制与社会公共管理

1. 政府、社会与国家公共管理

因存在公共关系，而发生公共管理。公共管理，一定意义上讲，就是构建公共关系。政府公共关系、社会公共关系、国家公共关系是三个不同但具有紧密联系的概念，其定义分别如下："政府公共关系是政府通过各种信息传播手段，在行使其职能的过程中与社会公众进行平等互动的交流，从而争取达成共识，创造和谐环境。"① 社会公共关系是社会各主体通过平等互动的交流，从而达成共识，创造和谐环境。国家公共关系是国家运用国家组织和社会组织，通过各种信息传播手段，与公众进行互动交流，从而达成共识，创造和谐环境。

构建政府、社会与国家公共关系是有目的的公共管理活动。目的是共同的，那就是创造和谐的发展环境。手段也是共同的，那就是通过信息传播，进行平等的互动交流，并达成共同的认识。

社会发展的特定阶段所形成的政府公共关系、社会公共关系、国家公共关系中公众参与度存在差异。这是因为政府尚未意识到构建社会公共关系的重要性之前，政府公共管理局限于政府与公众之间的双向关系，而忽视了公众参与或公众自治，造成了公众参与范

---

① 廖为建主编《政府公共关系》，第15页。

围狭窄和深度不够。同理，当国家仅仅重视构建政府公共管理，而忽略了构建社会公共管理时，也容易造成公众参与范围狭窄和深度不够。

从理论上讲，理想的公共管理是公众最大限度地参与，即构建国家权力机关、政府组织、社会组织、公众最大限度参与的全社会公共关系，使公共管理从少数人的精英管理扩大为多数人参与的公众社会管理。一个国家的公共事务人民群众参与度越高，决策失误的情况越少，社会越具活力且稳定。反之，国家发展则缓慢。

虽然政府公共管理、社会公共管理、国家公共管理的具体职能有所不同，但其共同的最高境界是人民当家做主。这与公众最大限度参与是一致的，公众最大限度参与才能实现人民当家做主。实现人民当家做主是人类发展文明进步中共同面对的世界性的现代公共管理课题，也是一个实践中有待突破的难题。

人民当家做主不应当是政治家们的一个口号，这需要从源头上改革公共管理，最关键的是建立起有利于国家可持续发展和人的全面发展的公共管理制度。这个制度应当是以国家可持续发展和人的全面发展为目标的、人民广泛参与的、社会各主体和谐博弈的、程序透明信息完全公开的、权力相互制衡的、社会监督到位的、利益共赢的、政府管理与民众自治管理有机结合的、高效率、低成本的现代公共管理制度。

2. 文化产业政府规制与社会公共管理

社会公共管理的职能包括两个方面：一是任务性的，诸如信息传递、沟通协调、教育引导、咨询建议等；二是功能性的，诸如社会日常事务管理、交往交际管理、服务性管理、征询性管理、矫正性管理等。文化产业规制具有社会公共管理的显著特征。

第一，文化产业规制是公共关系基础上的社会公共管理。文化产业规制是国家对文化产业的公共管理，就规制主体而言，包含政府公共管理、非政府非营利中介组织公共管理、行业自我（主要为自律）公共管理和文化消费者自我（主要为自律）公共管理几个层面上的相关主体，通过平等互动交流，从而达成共识，创造和谐（发展）环境，也就是构成社会围绕文化产业的公共管理。这一通过平等互动交流、达成共识、创造和谐（发展）环境的过程，是人民广泛参与的、社会相关主体和谐博弈的、利益共赢的过程，是政府管理与民众自治管理、高效率、低成本的现代公共管理制度的建设过程。

第二，文化产业规制任务性职能隶属社会公共管理。文化产业规制的任务，包括相关信息在规制各主体间的传递、各规制主体间祈求的沟通与利益的协调，对文化企业的产业政策引导及其文化消费者消费的教育疏导，各规制主体之间的规制内容手段的咨询建议等，这些都是社会公共管理的任务性职能。一方面，文化产业规制是社会公共管理的有机组成部分，是社会公共管理大系统下的一个专门针对文化产业的子系统，从而彰显了社会公共管理的特征；另一方面，文化产业规制诸如信息传递、沟通协调、教育引导、咨询建议等构成了完整的任务，这种任务职能的完整性同社会公共管理任务的完整性是一致的，也彰显了社会公共管理的特征。

第三，文化产业规制功能性职能体现社会公共管理。文化产业规制功能中，包括规制事务的日常管理、规制活动的交往交际管理、规制服务管理、规制征询意见和祈求管理、规制矫正性管理。这些职能恰恰是社会公共管理的功能性职能在文化产业规制领域的体现，从而表达为成熟市场经济条件下的社会公共管理职能的功能性特征。市场经济体制中社会管理的特征是：主要靠经济手段、法律手段和市场机制，多向度管理，社会管理权力分散，政府权力有限，公众参与度较高。结果是：较能反映公众需求，社会活力较大，生产力发展较快，人民生活改善较快，社会矛盾表面化。

改革是经济、政治、文化、社会改革“四位一体”的系统工程。所谓改革要配套，主要是指经济改革、政治改革、文化改革、社会改革要配套。当经济改革深入以后，必然要求政治的、文化的、社会的改革与之相适应，否则，改革就不可能最终取得成功。文化产业规制是规制文化产业的，但其功能性职能又是社会公共管理的一部分。搞清楚什么是文化产业政府规制，怎样搞好文化产业政府规制，建立科学的文化产业政府规制制度，无疑是对优化国家公共管理格局的贡献。

第二节　国家法制保障特征

国家法制保障是文化产业政府规制的另一个重要特征，可从以下两个方面理解这一特征。

一、法制保障与规制

1. 法制和法制保障

所谓法制，是指依法办事的原则和制度。法制是一系列活动过程的总称，包括了立法、执法、司法、法律监督与教育等相关环节，是这些环节的有机统一。如何理解法制呢?

首先，法制是指一系列制度，它包括在立法、执法、司法以及法律监督中形成的各项原则和规范。这些原则规范构成了法律体系。世界各国法律形成的历史道路不同，大致归为条文法和案例法两大类型。条文法系中，通常认为法律体系由以宪法为统帅、以宪法相关法、民法商法等多个法律部门的法律为主干，由法律、行政法规、地方性法规等多个层次法律规范构成。案例法系中，通常认为除上述构成之外，判例也进入法律体系，这是指那些法律条文没有明确规范的事项，法院的首次判决即成为法律，成为未来相同案情的判决规范。

第二，法制要求国家各项事务，诸如经济生活、政治生活、文化生活、社会生活以及生态文明生活中的事务，通过法律规范，实现有法可依、有法必依、执法必严、违法必究。法制是一系列活动环节的有机统一。只有立法、执法、司法以及法律监督活动高度统一完整，法制才能具备它应有的效力。如果仅仅通过立法形成了法律，而有法不依，或者执法不严，甚至违法不究，那么法制效力就要大打折扣。

第三，法制与人治、法治相关联。在人治社会和法治社会中都存在法制，但法律的地位不同。在人治社会中，法律不是至高无上的，统治者的个人意志有时会超越法律，破坏法律的执行，表现为司法异化。在法治社会中，法律是至高无上的，不允许任何人凌驾于法律之上，不可视法律为儿戏，不管何人违法必究。之所以出现人治、法治模式，与社会的集权和民主有关。在集权社会和民主社会中都存在法制，但法律的价值表现不同。通常来讲，人治社会与集权相链接，法律的价值往往异化为权力的集中，法律为集权服务。法治社会与民主相链接，法律的价值表达为公民的自由平等，法律为民主服务。

那么，法制有哪些基本的保障功能呢？

第一，法制首要的功能是保障发展。只有发展经济繁荣文化，才能满足公众日益增长的物质文化生活需求，实现人民的根本祈求，促进人的全面发展。一个文明进步的社会，必然是始终紧抓发展经济、繁荣文化不放松、不动摇。通过法制建设确保发展是法制的最高境界和根本价值。

第二，法制必须保障人与人关系的和谐，人与自然的和谐，调节好人与人、人与自然的关系。一个文明的社会必然是稳定和谐的。只有人们和谐相处，保持社会稳定，才能致力于发展。人类只有保护好身处的自然环境，才能可持续地发展。

第三，法制和建设法治社会与构建现代民主相链接。构建市场经济体制、建设法治社会、实现现代民主，这是人类文明进步的三大成果。要达到构建市场经济体制、建设法治社会、实现现代民主的目标，依赖于法制保障。这是因为：其一，市场经济就是法制经济，离开了法制保障，市场竞争就会一片混乱，市场必然失灵，政府干预也无制度的依据；其二，法治社会的建设凭借法律体系至高无上的地位，离开了法制制度的完备与完整的法制环节，建设法治社会就是一句空话；其三，现代民主与以法治国相辅相成，没有相应法制确保人权，使公众最大限度地参与国家或社会公共管理，并对国家权力行使有效的监督制衡，现代民主就不可能形成，现代民主呼唤健全法制。

2. 规制与法制

规制与法制是两个既相关又有区别的概念。两者同为制度设计，但作用和功效不同。

第一，从功能上看，规制和法制都是制度设计，都表达为针对社会事务通过规范方法制定、形成、执行、监督、检查及其惩处教育的一系列完整活动，都须经过严格的程序体现为国家或社会公共管理，目的是建立起有章可循的秩序，以保障发展，实现人民的根本利益。虽然，规制和法制都是规范性的活动，理论上规制和法制都应坚决执行。但实践中，法制比规制的严肃性要强。这是因为：人们普遍认同法律的至高地位，法律是必须执行的。规制不同，有些规制本身（比如产业引导政策）是引导、疏导性质的，原本就没有设想被规制者完全执行，或者已预料到不可能完全被执行。

第二，从作用上看，规制往往是针对社会某一方面或领域的，比如文化产业规制是针对文化产业的，而且规制的手段很多，法律只是手段之一。法制通常是针对全社会的，社会各层面、各领域中都存在法制空间。法制依靠法律法规，有严格的界定。法制手段就是法律法规，其他手段比如行业自律手段，不能称之为法制，但可称之为规制。规制中包括了法制，但是法制不能完全包含规制。

第三，从时效上看，规制可以针对某一时期的经济、政治、文化、社会生活中出现的新情况、新矛盾、新问题予以引导或规范。当情况发生变化，矛盾或问题得以解决，便可以缓和规制或取消规制。但是法制不行，一旦立法就必须保持较长的时间，不得轻易修改。规制中除法律之外，还有政策和指令，政策和指令规制比较灵活，法制相对稳定，两者功能时效有明显的区别。

二、文化产业规制与国家法制保障

文化产业规制是政府针对文化产业的法律、政策和指令。经过立法的文化产业规制成为国家法律的一部分，表达了国家法制保障的特征。

第一，国家法律体系的许多内容表达为文化产业规制，法律层面的文化产业规制为国家法律。

成熟的法治国家中，不管是条文法系还是案例法系，都有一套完整的法律体系。这个体系，因国情的不同，构成可能有所不同，但大都是以宪法为统帅、以法律为主干、以行政法规和地方性法规为重要组成部分，由宪法相关法、民法、商法、行政法、经济法、社会法、刑法、诉讼与非诉讼程序法等多个法律部门组成。

审视各国法律体系的内容，从宪法起，到行政法规、地方性法规的法律组成部分，在宪法相关法、民法、商法、经济法、社会法等多个法律部门中，存在许多直接或间接地涉及对文化产业规制的内容。这些法律内容，形成了文化产业规制体系的重要组成部分。

文化产业规制实践中，各规制主体的博弈最终取得共识大都依据已有的国家法律，包括案例法系中以往案例的判决。当以法律手段出台新的文化产业规制时，新的文化产业规制也就成为国家法律体系的新内容。由此可见，在法律层面领域中，针对或涉及文化产业的国家法律和文化产业规制其实是一回事。

第二，文化产业规制体系的建立，须凭借国家相关法律依法进行规制博弈。

程序对于制度的建立是极为重要的。文化产业规制作为国家对文化产业管理职能行使中的活动，作为多手段管理一个产业并形成一系列规制内容的规制体系的活动，作为一种多规制主体进行公共性博弈的社会化趋向的社会活动，必须遵循严格的程序。这当中，不仅包括法律方面的程序，还包括行政方面的程序，乃至社会团体方面的程序和公众参与方面的程序。在成熟的法治社会中，这个程序一般要通过立法给予保障，体现着依法对一个产业进行规制。

第三，文化产业崛起的最初阶段，更多地依赖于国家法制保障和文化产业规制的法律手段。

考察各国文化产业发展史，不难发现，在文化产业崛起的最初阶段，国家法律的保障作用特别明显，即文化产业的起步更多地依赖于法制保障。在美国，当美国文化产业学派提出了“金融经济”与“文化经济”两个概念，文化产业开始崛起的时候，美国就意识到了文化产业对国民经济发展的巨大潜力，而没有过多地对它进行法律限制，把文化企业视同一般企业，享受其他企业同等的国民待遇，由市场看不见的手主导文化产业的发展壮大。

在日本、韩国则是另一番景象，日本、韩国是继欧、美之后文化产业兴起的国家，他们在欧美文化产业已经成为国民经济支柱产业的激励下，为了奋起直追，从国家层面制定了若干促进文化产业振兴的规划，并且形成了国家法律，指导或引导文化产业崛起。

中国也是这种情况，国务院颁布了《文化产业振兴规制》，政府各部门出台了一系列引导扶持文化产业发展的法规，推动文化产业振兴。2011年10月，国务院新闻办公室发表的《中国特色社会主义法律体系》中，在论述进一步完善中国法律体系时，明确指出："更加注重文化科技领域立法。适应推进文化体制改革、促进科技进步的要求，完善扶持公益性文化事业、发展文化产业、鼓励文化科技创新、保护知识产权等方面的法律制度，推动社会主义文化大发展大繁荣，建设创新型国家。"① 文化产业规制的国家法律保障特征，由此可见一斑。

第三节　文化经济调控特征

文化经济调控是文化产业政府规制的又一个重要特征，可以从以下两个方面理解这一特征。

一、文化经济与国民经济

1. 文化经济与文化产业

考察当今世界各国文化经济，大都包含了公益性文化经济与经营性文化产业两个领域。

公益性文化经济是指公益性文化活动中发生的经济行为，诸如政府财政公益性文化投入、公益性文化项目招标、公益性投入效果评估、公益性文化容纳就业的状况、公益性文化经济管理等。公益性文化主要由政府操作，或者由社会文化团体或文化中介组织操作。公益性文化不以营利为目的，但这并不意味着不讲经济核算、不讲投入效果、不讲经济管理。公益性文化涉及国民经济二次分配，是文化经济的一个领域。

文化经济的另一个领域是文化产业。文化产业承载了文化经济

① 新华社北京2011年10月27日电，《光明日报》10月28日第14版。

的大头。文化产业为文化企业的集合。自从有了文化产业，社会文化生产力发展的主要承载者就成了文化企业，包括公益性文化所需要的文化设施、产品也大都由文化产业所提供。文化企业以盈利为目的。文化产业由市场“操作”，遵从价值规律和文化供求规律。

需要指出的是，在不同国家中，文化经济中的公益性文化与文化产业体量的比重不同。一般来说，福利型国家公益文化的比重相对高一些，非福利型国家文化产业的比重相对高一些。这种情况同国家的再分配政策和文化福利政策相关，同文化产业的发展水平及规模没有必然联系。

任何一个国家不管采取什么样的再分配政策和文化福利政策，都不能忽视发展文化产业，因为文化产业是社会文化经济基础。基础不牢固，实力不雄厚，公益性文化也不可能兴盛起来。公益性文化与文化产业同属文化经济。公益性文化与文化产业是相辅相成的，二者中任何一方的发展都会对另一方提出新的要求，并促进另一方的发展。它们的发展共同推动了文化经济的发展。

2. 文化经济运行与国民经济运行

在成熟的市场经济国家中，公益性文化虽由政府承担，但政府一般不直接组织文化的生产供应，而是向市场采购。比如建一座博物馆、一座科教馆、一个文化广场、一个休闲公园、一个园艺植物园，理性的路径是政府财政投入，由文化企业来投标承建。这就是说，公益性文化的投资者是政府，生产者是文化企业。文化生产包含着生产、交换、分配、消费四个社会化生产的环节。政府只不过是市场中的购买者，政府以税收收入购买文化产品，然后提供全体纳税人（公民）全体无偿消费。显而易见，文化产业不仅承载了经营性文化的生产任务，也承载了公益性文化的生产任务。

在发达国家中，文化产业是国民经济的一个支柱产业，文化经济的运行状态事关国民经济全局，当把文化经济运行同国民经济运行全局连接起来时，文化产业规制也就自然而然地具有了文化经济运行调控的特征。

中国改革开放以后，伴随国家经济改革进入攻坚阶段和对外开放进入更高层次，人们的观念和视野发生了巨大变化，中国由此提出了大力发展公益性文化事业和加快发展文化产业的“二分法”思路，让文化走向市场成为改革的热点，并且开启了发展文化产业、建设文化强国的伟大实践。国家提出到2020年要把文化产业打造成国民经济支柱性产业。伴随文化产业崛起，文化产业运行状况必然对国民经济全局的运行造成一定影响。因此，文化经济运行的调控问题势必要提到国民经济运行宏观调控的议程上来。

二、文化产业政府规制与文化经济运行调控

文化经济运行调控作为经济运行调控的一部分，与经济调控的内容大致相同，其中主要为五项内容：一是文化GDP的增长率，二是文化产品和服务价格指数，三是文化产业对就业的贡献率，四是文化进出口指数，五是文化产品和服务的质量指数。上述调控的目的，一是确保文化产业有一个恰当的增长速度；二是保持社会文化总需求与总供给的平衡，防止文化产品和服务“通货膨胀”；三是促进文化产业吸收容纳更多的就业；四是保持文化进出口贸易平衡；五是保持文化产品和服务中所包含的先进文化和较高品位文化占有一定的比重，防止不健康文化，确保文化安全。

上述文化经济运行调控的五项内容，政府可通过法律、政策、规定和指令等手段予以实施。

第一，政府通过立法制定产业政策，对文化产业增长予以调控。

世界上许多国家通过立法颁布振兴文化产业的产业引导政策，并在产业政策中规定了整个文化产业或某些文化产业行业的发展目标。比如中国提出到2020年要实现文化产业成为国民经济支柱性产

业，这实际上就规定了文化产业的增长率。一般而言，一个产业的增加值占 GDP 的比重达到 5% 以上，才能称之为支柱产业。

须指出的是，支柱性产业的规制目标，不仅涉及产业增长率，还涉及产业集中度、关联度、产能和布局。文化产业规制面对着解决文化产品供求失衡和有效供给不足的任务，表达了文化产业规制的文化经济运行调控特征。

目前国内部分学者认为，文化产业有逆经济周期增长的特点，这是不确切的。世上没有逆经济周期的产业，某些产业逆经济周期是有其背景和条件的。只有在文化产业不发达、增加值占 GDP 比重很小、短缺文化的背景条件下，经济危机到来或经济低迷的时候，通过着力发展文化产业，通过文化产业增长带来 GDP 的一定增加，才会给人以逆经济增长的印象。如果文化产业已经为国民经济的支柱产业之一，它绝对不会呈现逆经济周期的现象。这就是说，逆经济周期不是文化产业固有的特点，仅仅是一种特殊背景和条件下的经济现象。在经济低迷时期，任何一个产业或领域的较高增长，都可以表述为逆经济周期，但不能认定这些产业或领域本身具有逆经济周期的固有特点。其实，有些经济危机恰恰是产业结构落后引起的，此时科技进步或新兴产业出现，国民经济结构升级，才能从根本上摆脱危机。也就是说，科技进步或者说新兴产业的出现，对于抑制经济衰退或复苏经济具有引擎作用。

第二，政府运用货币或财政政策，调控文化产业的运行与发展。

政府宏观经济调控的手段，主要是货币政策和财政政策。各国在振兴文化产业和保持文化产业可持续发展方面，一般会采取多重的特殊的货币（金融）扶持手段和财政（减免）税收手段。比如，2009 年中国国务院发布的《文化产业振兴规划》中明确提出，中央和地方各级人民政府要通过贷款贴息、项目补贴、补充资金等方式加大对文化产业的投入；中央财政大幅增加“扶持文化产业发展专项资金”和“文化体制改革专项资金”规模；加大对文化产业税收扶持力度；鼓励银行金融机构加大对文化企业的金融支持力度；鼓励担保和再担保机构大力开发支持文化产业发展；支持文化企业进入主板、创业板上市融资、并购重组，中央财政注资设立中国文化产业投资基金，促进文化产业发展，等等。

再比如，2011 年 10 月《中共中央关于深化文化体制改革、推动社会主义文化大发展大繁荣若干重大问题的决定》中提出：“在国家许可范围内，引导社会资本以多种形式投资文化产业，参与国有国营经营性文化单位转企改制，参与重大文化产业项目实施和文化产业园区建设，在投资核准、信用贷款、土地使用、税收优惠、上市融资、发行债券、对外贸易和申请专项资金等方面给予支持，营造公平参与市场竞争、同等受到法律保护的体制和法制环境。”该《决定》中还要求制定和完善文化市场管理法律法规，“严格执行文化资本、文化企业、文化产品市场准入和退出政策，综合运用法律、行政、经济、科技等手段提高管理效能。”该《决定》中强调，文化要走出去，“培育一批具有国际竞争力的外向型文化企业和中介机构，完善译制、推介、咨询等方面扶持机制，开辟国际文化市场。”

第三，政府运用文化引导，保证文化内容质量和国家文化安全。

各国负责任的政府都把文化产业产品内容质量和国家文化安全放在极为重要的地位。政府在微观经济运行控制中，通常通过制定质量标准以及通过质量检查部门定期、不定期检查或抽查对各行各业的产品质量进行控制。文化产业的产品是一种兼有商品经济性与思想精神性双重属性的特殊产品，其质量不仅反映在产品的物质、经济价值层面，更反映在政治、文化、思想、精神等意识形态价值层面，文化产业的意识形态表现又与国家文化安全相连接。因此，对文化经济运行的调控比之对其他产业运行的调控要复杂得多，难度也大。文化产业发达国家积累了丰富的文化产业内容质量管理的经验，主要是内容审查制度，不批准的就不得发行。对传媒中不适合青少年观赏的内容，许多国家规定了严格的播放时间（一般在深夜之后，电视台才可播放）。许多国家还通过立法，确保本国本民族传统主流文化得以传承，维护国家文化安全，巩固国家根基。

第三十七章　政府规制类型

文化产业政府规制类型，是指从不同角度把文化产业规制归类划分的不同形态。掌握了文化产业政府规制类型有助于搞好规制。

第一节　规制类型体系

文化产业政府规制类型归属是多向度的。按不同的角度划分可以获得不同的类型体系。

一、按六个角度划分的类型体系

图 37 – 1 是从六个角度划分获得的一个类型体系。

其中，每一种规制类型还可再细分为若干类型。比如，文化产业宏观规制可细分为产业增长规制、产业集中度规制、行业结构规制、产业布局规制、所有制格局规制、反垄断规制等；文化产业文化规制可细分为主流与非主流文化规制、优质与低俗文化产品规制等。因划分类型的角度不同，一项具体规制可能归属于不同的序列，在不同的规制类型体系中具体的规制是交叉重叠的。比如，如果按文化产业行业划分得出一个规制体系模型，就经济规制和文化规制而言在每个行业中都存在，它们将在各个行业之间交叉重叠。

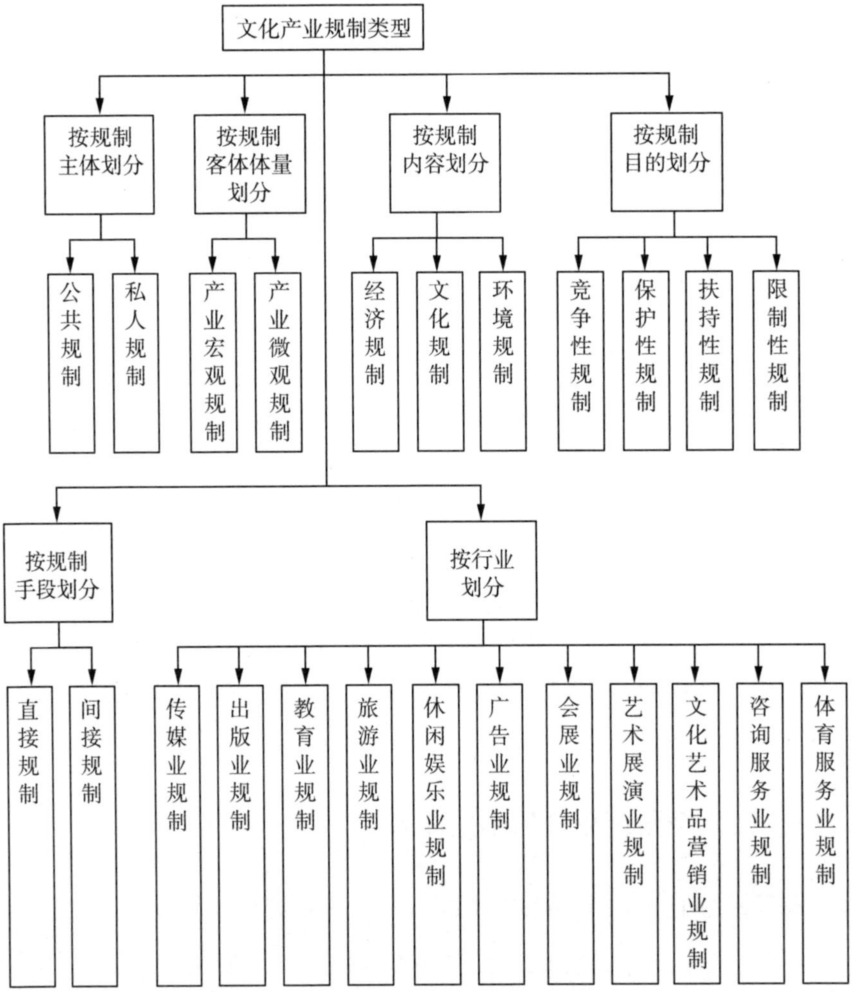

图 37－1　文化产业规制类型体系

二、文化产业规制分类经典模型

1. 经典模型体系

从世界各国看，文化产业规制包含三个层次，一是政府主导的规制，二是文化产业各行业协会自律规制，三是文化企业自律规制。因此，按文化产业规制主体划分，可获得一个政府规制、行业规制、企业规制的规制类型体系（图 37－2）。

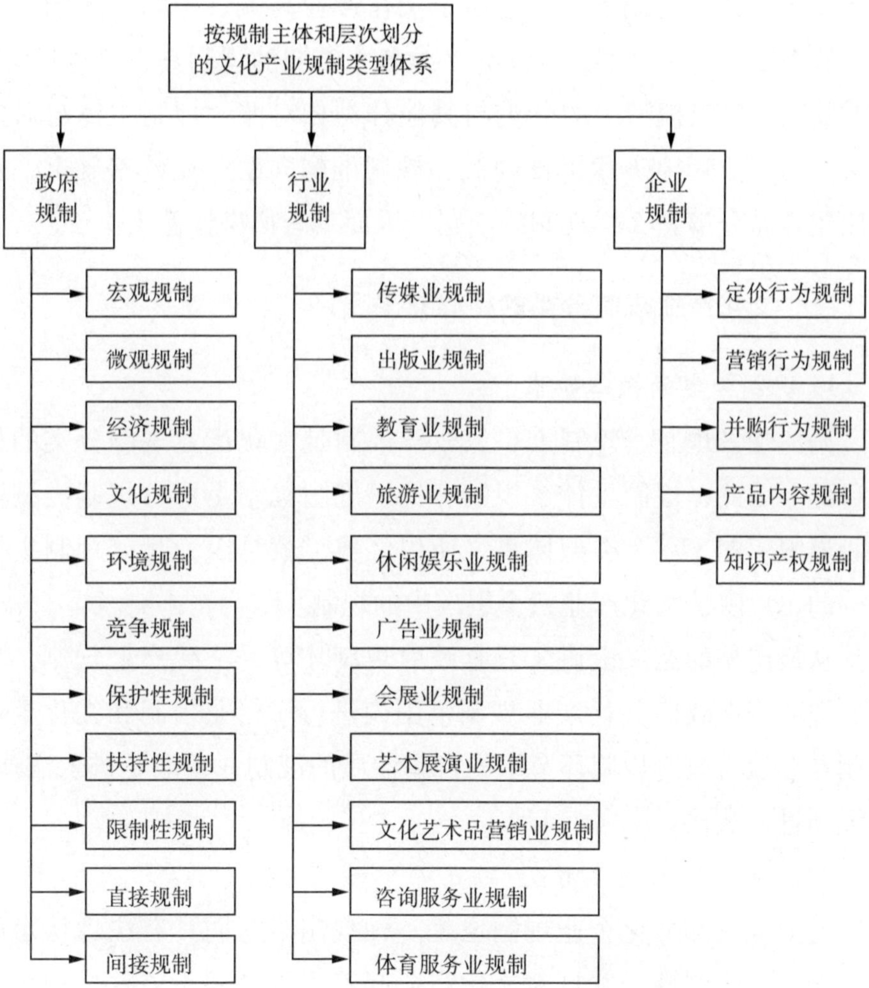

图 37－2　文化产业规制分类经典模型

2. 经典模型意义

文化产业规制分类经典模型具有抽象的、普适的、典型的意义。具体阐述如下：

其一，从理论研究的方法上讲，经典模型体系中把文化产业不同行业中的具体规制的特殊性东西舍弃了，瞄准了那些渗透于文化产业各领域各行业的规制，体现了“规制一般”。

其二，正是由于经典模型体现了文化产业“规制一般”，它涵盖了文化产业各种规制类型，显示了文化产业高端、中间、基础三个层面的规制。这一分类，对文化产业各个领域的规制具有普适意义。

其三，经典模型中的分类与其他分类相对照，规制主体与对象界限分明，清晰地表达了谁规制、规制谁的问题，在此基础上，也就比较容易分辩怎么样规制的问题，因而具有典型性意义。

三、文化产业规制分类的核心界限

1. 规制分类的核心界限

搞清楚谁规制、规制谁、怎么样规制是文化产业规制分类的根本目的。因此，规制主体、规制客体、规制机制是划分规制类型的核心界限。图 37－2 类型体系之所以经典，就是因为是按规制主体划分的，反映了文化产业三个层次中的规制。

从最严格的意义上讲，只有政府规制才算是文化产业规制，规制分类应当在政府文化产业规制范围内进行。行业规制和文化企业规制是在执行政府规制环节中的自律性质的规制，一般不进入法律，也无须进入法律。

2. 政府规制的衍生形态

行业规制和文化企业规制也是一种规制，它们具有法理认定的社会契约的强制性，并且对文化产业起着不可忽视不可替代的规范作用。文化产业的行业规制和文化企业规制不是严格意义上的政府法律规制，它是从属于或实施中的政府规制的特殊衍生形态。

在市场主导型的国家中，政府对文化企业规制不多，主要是文化产业行业和文化企业自律规制起作用。在政府引导或主导型的国家中，也不应忽略行业和企业自律规制的作用。凡是文化产业比较发达的国家，都是文化产业行业和文化企业自律规制做得比较好的国家，这是一个具有规律的现象。

第二节　政府公共规制

我们知道，经济学中的政府泛指国家权力，包括了国家组织机构中的立法（国会）、行政（政府）和司法（法院）等权力机关。实际生活中的政府仅指国家行政机关。政府公共规制是国家权力机关（广义政府）主导的规制。

一、政府文化产业规制权力

各国政府对文化产业干预的程度是不相同的。各国赋予政府文化产业规制的权力是千差万别的，这无疑影响着文化产业的表现。为了估量政府在文化产业规制中的作用，就有必要弄清楚政府在文化产业规制中究竟应该有哪些和不应该有哪些权力。

1. 政府应有的权力

考察各国政府文化产业公共规制，政府一般具有下列权力：

——从宏观上规划文化产业发展的权力；

——在微观层面规制文化企业的权力；

——对文化产业经济行为规制的权力；

——对文化产业产品内容规制的权力；

——对文化产业外部环境规制的权力；

——对文化产业竞争性规制的权力；

——对文化产业保护性规制的权力；

——对文化产业扶持性规制的权力；

——对文化产业限制性规制的权力；

——对文化进出口贸易规制的权力；

——对文化产业直接规制的权力；

——对文化产业间接规制的权力；

——对文化产业强化或缓和规制的权力。

2. 政府不应有的权力

考察各国政府文化产业公共规制，政府一般不具有下列权力：

——在宏观层面强迫命令的权力；

——文化产业资源直接调配的权力；

——经营文化产业项目的权力；

——干预文化企业经营的权力；

——在竞争性领域纵容支持垄断的权力；

——放弃对文化商品内容监管的权力；

——忽视国际文化贸易中国家文化安全的权力；

——在不应规制领域滥用规制的权力；

——立法和行政共同批准生效的规制架构中一方单独行使权力。

几百年来，市场经济、混合经济中最难处理和解决的问题之一是政府权力的边界问题，上述关于政府权力的归纳主要参考总结了文化产业发达国家的情况。按照上述边界规范政府权力，有利于文化产业早日崛起为国民经济支柱产业。

二、政府文化产业规制职能

文化产业政府规制权力行使的过程，即政府文化产业规制职能针对规制对象（规制客体）发挥作用的过程。政府的职能主要体现在以下几个方面。

1. 文化产业战略规制

从宏观上制定文化产业发展规划是政府的责任。一个国家的文化产业发展规划，通常指5年、10年或20年中长期规划。这种规划依据的是中长期发展战略。中长期发展战略研究是制定规划的前期准备工作。文化产业发展战略是关于文化产业中长期发展的全局性谋划。当发展战略完成之后，就可以此为基础制定发展规划。发展规划按法定程序立法（即立法机关形成法律或行政机关形成法规）之后就是一种战略形式的文化产业规制，行政机关各部门、文化产业各行业、各个文化企业就要遵循执行，司法机关可据此进行违法查处。需说明的是，不少国家的文化产业战略规制中的一些条款，比如产业政策，其中有些方面是引导性的，而非强制执行的。在发展规划实施和司法环节中，应当区分引导性与强制性条款。

2. 文化产业微观规制

对文化产业微观层面即文化企业进行规制是政府的责任。政府对文化企业的规制，主要是针对企业的进入与退出、反垄断、产品价格、产品内容进行的，而且主要是通过规制市场手段间接地作用于文化企业。政府规制文化市场的手段，主要有竞争性规制、保护性规制、扶持性规制、限制性规制等。这些规制手段所要达到的核心目的是给文化企业平等竞争的待遇，激励文化企业效率，防止和解除垄断，限制文化企业行为，维护社会公共利益，保护消费者合法权益。当然，在政府规制中，也存在遵循国家文化产业发展规划有所倾斜的现象。但是这种倾斜（通过特许权或服务权的分配）所带来的机会是面向所有文化企业的。

但必须指出的是，政府对文化产业微观进行规制，不得干预文化企业的经营管理，不得包揽文化产业资源的配置。通常情况下，政府对文化企业管得越少越好。特殊情况下，比如发生经济危机或文化市场失态，政府就必须对文化企业进行必要的干预，这种干预绝不可超越政府权责的合理边界，不得滥用规制权力。

3. 文化产业经济规制

文化产业作为一个以文化为产品经营对象的产业，大量的活动是经济活动。文化产业是国民经济的一个组成部分，政府对国民经济担当着管理规制的责任，当然也包括对文化产业进行经济规制的责任。政府文化产业经济规制责任的行使表现在两个方面：一方面，是针对各种经济体（第一、第二、第三产业国民经济各部门各领域）的经济规制中，有些内容适用于文化产业或文化企业，比如针对自然垄断、价格和反垄断进行的规制；另一方面，是专门针对文化产业或文化企业的经济规制，比如国家文化产业发展规划、文化产业微观层面规制中的价格规制、进入或退出规制、投融资规制等，政府还要行使知识产权规制责任。

政府在行使文化产业经济规制职能时要注意以下三点：第一，政府文化产业经济规制，主要是通过建立公平的竞争市场来实现的，而不是直接介入插手文化企业的经营；第二，政府不可经营文化企业和文化产业项目，政府是国家政权组织，代表了公众公共利益，肩负着国家公共管理职能，不能通过经营企业与民争利；第三，由于文化产业经营的产品为文化，文化这种特殊商品内含价值观，文化的生产经营实质上是价值观的生产经营，所以在文化产业经济规制中，可以用经济办法但又不能简单地用经济规制去回应文化市场失态问题。比如，对低俗的文化内容，可以用经济办法但又不能简单地罚款了事，不能单纯地命其退出了之，必要时应当追究责任人的其他法律责任。

4. 文化产品内容规制

文化是一国公众的精神家园，体现为国家根基。对文化产业进行文化规制是政府的重要责任。文化规制的任务是对文化企业产出品的内容进行规制。文化产业内容规制的行使主要通过六种途径：一是对国家提倡什么样的文化，予以立法；二是引导文化产业行业协会在行业章程自律条款中规范文化内容；三是政府有关部门在文化产品投入市场前进行审查，审查不合格的禁止进入市场；四是政府对文化产品实行评优奖励措施，鼓励先进文化和主流文化的经营生产；五是对腐朽落后文化内容做出明确界定，禁止文化企业经营生产，对违禁者依法惩处；六是在文化产品进出口领域，通过检验手段确保国家文化安全。

政府文化产品内容规制是一项政策性极强的工作，必须科学地操控：一是文化规制必须在宪法的范围内进行。文化产业规制与宪法相比是具体法律法规与国家根本大法的关系，具体法律法规必须服从宪法，要尊重人们的先进信仰和信仰自由，坚守先进文化和文化的多元化。二是文化内容规制要注重处理好国家倡导的主流文化与其他非主流文化的关系。政府在鼓励支持主流文化生产经营的时候，不能歧视阻止非主流文化的生产经营。三是文化规制要正确处理高雅文化与通俗文化的关系。政府不能把通俗文化简单地视为低俗。在休闲娱乐文化领域，高雅与通俗有不同的受众，都是人民大众所需要的。四是科学地对待本土传统文化与外来文化并处理好二者的关系。本土传统文化与外来文化中都有优秀的或落后的东西。政府要鼓励支持继承本土传统文化中优秀的东西，积极引进吸收外来文化中优秀的东西，抛弃本土传统文化中腐朽落后的东西，抵制外来文化中落后低劣的东西。

5. 文化产业环境规制

为文化产业发展创造良好的环境、促使文化产业对国民经济做出更大贡献、防止文化企业经营活动发生外溢造成对社会的危害是政府的责任。文化产业环境规制的目的有三个方面：

一是政府要围绕营造优良的文化生态和文化可持续发展提供良好的外部环境，这包括国家宏观产业政策环境、文化企业公平竞争的市场环境、文化产品走出国门进入国际文化市场的政策环境等。

二是政府要对文化产业对 GDP 的贡献率做出规划，政府对文化产业容纳就业的贡献给予政策鼓励。

三是防止文化企业的产品内容造成社会精神污染，引起社会消极、动乱。文化产业环境规制在有些方面与经济规制、文化规制是相互交叉重叠的。

6. 文化产业规制博弈的规范

上述五项文化产业规制讲的是政府文化产业规制的主要职能。政府主导的文化产业规制是在特定法律框架下进行的，而且文化产业规制的各个主体往往通过各种可能的途径，以各种手段，试图影响甚至左右政府公共规制，从而参与到文化产业规制博弈中来。这样，就必然需要对政府文化产业规制的“游戏”规则做出规范。

政府是由立法、行政、司法三大国家权力机构组成的。针对文化产业规制，三大权力机关之间也在博弈，因此需要对三大机关之间的“游戏”规则做出规范。再深一步说，在立法机关、行政机关和司法机关内部，工作人员有可能代表不同的社会利益集团，对他们参与文化产业规制或主导文化产业规制的行为，也必须做出规范。对文化产业规制博弈进行规范的任务，非政府莫属。

第三节　行业企业规制

文化产业行业和文化企业自律规制是文化产业政府规制衍生的规制类型，对文化企业行为发挥着不可替代的重要作用。研究文化产业政府规制，不能忽略行业和文化企业自律规制。

一、文化产业行业和文化企业自律规制的性质

从各国看，文化产业行业和文化企业自律规制具有以下特点。

1. 文化产业行业和文化企业自律规制是规制的重要类型

规制就是规范，不同规制的区别在于规制主体、客体和机制的不同。文化产业行业规制的主体是行业协会，客体是整个行业中的企业，机制是会员协商通过的社会契约形态的章程或其他文本，具有一定的强制力。毫无疑问，它属于社会群体组织的公共规制类型。需要指出的是，在有些国家像行业协会这种社会组织的建立必须经

政府批准，政府对其章程和行为准则是要审查的，从法理上讲经过了政府程序。

文化企业自律规制的主体是企业法人，客体是企业本身或员工，机制是自我控制、自我约束，并且有一定的强制力。毫无疑问，它也是一种规制类型。文化产业行业和文化企业自律规制中的强制力来源于外部的文化产业政府规制的强制力，以及行业、企业发展壮大的内生动力。在政府公共规制科学、合理和恰当的前提下，行业企业只有执行政府规制才能发展壮大。

2. 行业企业自律规制是政府规制的衍生形态

文化产业行业和企业自律规制的职能是双重性的：一方面，它们是为了执行政府规制而做出的从属于政府规制的规制；另一方面，它们对自己的规制对象行业或企业的行为发挥着政府不可替代的作用。从一定的意义上讲，它们是从属于政府规制，在政府与规制对象之间起着桥梁作用，为文化产业政府规制衍生的规制形态。

在发达国家中，政府直接规制文化企业的情况比较少，原因就是文化产业行业和企业自律规制比较健全。此外，文化产业行业规制还能起到制约文化企业与政府串谋、防止政府被利益集团俘获的作用。

3. 行业企业自律规制的约束力较弱

由于行业企业自律规制仅仅是一种“社会契约”或企业内部科层管理组织制度中的规章，与经过立法的政府规制相比，其约束力要弱得多。文化产业行业和企业自律规制，既是规制的衍生形态，又是社会规制的怪异形态。其怪异主要表现为不管是文化行业还是文化企业，面对政府公共规制，有时对它有利的就执行，对它不利的就不执行。

为什么会发生这种情况呢？通常认为，在市场经济条件下，文化企业有完全的自主权，政府不是万能的，政府规制失灵是常见的，何况行业规制和企业自律规制？这样讲，仍然停留在现象层面，并没有回答规制执行力的问题。追根溯源，恐怕还是要从市场与政府作用的最佳耦合中去寻找。这是一个从理论到实践有待深化研究的课题。

二、文化产业行业规制

1. 行业规制主体

文化产业行业规制的主体为行业协会、职业协会、行业工会及其他相关的非政府非营利社会组织。在发达国家中，行业协会、职业协会、行业工会、非政府非营利社会组织名目繁多，职权各异，功能不同。在发达国家中，行业协会组织比较发达，这应视为市场经济比较成熟的表现，视为文化产业规制比较深入的表现。

2. 行业规制职能

面对复杂的经济，在市场和政府原本都有缺陷、都有可能失灵的命题中，行业协会等非营利非政府中介组织进入人们的视野，并逐步发展壮大起来，发挥着市场和政府不可替代的作用。

我们认为，在现代经济“看不见的手”（市场）和“看得见的手”（政府）之外，还有一种“既看不见又看得见”的手，即非营利非政府行业协会等中介组织。

为什么说非营利非政府中介组织是“既看不见又看得见”的手呢？

第一，在市场和政府正常发挥作用的过程中，行业协会等非营利非政府组织也会隐避地发挥作用。此时，行业协会只是按照章程为本行业的企业在服从政府公共规制前提下参与市场竞争，提供协会章程规定的服务；只是向政府和社会提供关于本行业的信息服务；只是为本行业产品或服务的消费者提供维护消费者权益的服务。行业协会等非营利非政府组织的上述职能与市场和政府作用相比，在大多数人的感觉中是微不足道的，这是社会道义供求规律在发挥作用。在这种意义上，我们说行业协会的功能是看不见的手。

第二，在市场和政府调控失灵时，行业协会等非营利非政府组织的作用就会浮出水面。比如就市场而言，当出现垄断和文化内容失态的时候，协会按照章程有责任向政府建议采取反垄断规制，对造成产品内容失态的企业采取惩罚性规制；再比如，就政府而言，当政府不公正地损害了某行业利益时，该行业协会将出面代表本行业的企业与政府交涉，争取合法权益或利益，企业也往往通过行业协会寻找解决办法，行业协会的作用凸显。这是政府失职引起的社会关注，在这种意义上，协业协会功能是看得见的手。

第三，行业协会等非营利非政府中介组织的规制功能是政府规制的衍生形态，对政府规制是一种补充。行业协会等非营利非政府组织具有“既看不见又看得见”的手的功能，绝不是说这些功能能取代市场和政府的功能，更不能落入“市场失灵，政府失灵，靠行业协会来矫正”的逻辑中去。如前所述，行业协会规制是政府规制的衍生形态。所谓衍生，是指政府干预经济深感力不从心或遭受质疑的情况下，把有关规制下放给行业协会等社会组织，这是政府规制功能通过行业协会的一种特殊延伸。另外，行业协会在制定诸如产品质量标准、消费服务标准等方面也发挥了政府规制的有力补充作用。

第四，行业协会等非营利非政府中介组织的规制功能是文化企业和文化消费者参与文化产业规制博弈的社会机制，为政府规制的一种制约力量。文化产业行业协会和消费者协会的功能之一是分别代表文化企业和广大消费者主体参与文化产业规制博弈。由于文化产业规制由政府主导，行业协会和消费者协会因其身份对政府规制持两种态度：一是配合；二是反掣。当本行业的文化企业和广大消费者普遍认为政府规制符合他们的利益时，协会作为他们的代表，一般采取与政府配合的态度，协助政府推动政府规制的实施。当本行业文化企业和广大消费者普遍认为政府规制不符合他们的利益时，协会将代表会员反对政府规制，以矫正政府规制失灵。

三、文化企业自律规制

1. 企业自律规制主体

文化企业自律规制的主体是企业或企业法人自己。文化企业执行政府规制和行业规制，采取严格措施对自己的行为进行自律规制。通俗地讲，依法经营是企业成熟的表现，也是企业做大做强的必经之路。

2. 企业自律规制职能

第一，文化企业自律规制是由企业自己主导并以自己为规制对象的文化产业规制衍生的行为规范，它是国家（政府）文化产业规制实施落实中的一个重要环节。文化企业自律规制是单向度的，是为执行政府和行业规制而进行的自我约束。

第二，文化企业自律规制不是被动性的规制，而是能动性的规制。企业规制主体为了依法经营，执行好公共规制，往往创造性采取若干措施，通过企业内部科层管理机制，使企业经营管理的各个环节杜绝违法违规问题。

第三十八章　政府规制目标

文化产业政府规制目标，是指通过规制所要达到的理性发展文化产业、消除或避免文化产业中的非理性行为的目的。文化产业政府规制目标，表达为宏观和微观两个层面，每个层面上又有若干具体目标。下面主要讨论规制经济目标、规制文化目标和规制社会目标。

第一节　规制经济目标

文化产业规制经济目标，是指文化产业运行和发展所期望达到的经济水平。研究文化产业规制经济目标，其意义在于使文化产业更自觉地对国民经济发展做出较大贡献。

一、文化产业发展对国民经济的影响

文化产业发展对国民经济的影响是多方面的。下面着重讨论几个比较突出的方面。

1. 提高 GDP 的总量和质量

GDP 是一个量的概念，从量上反映了一个国家的经济实力。但是，对 GDP 的认识不能局限于量的角度，还应当透过一国获得 GDP 来源的三大产业分布、生产要素构成乃至社会资源支撑动力剖析 GDP 的质。学术界提出了绿色 GDP 的概念。所谓绿色 GDP 是指更多

地依靠技术、人的知识和管理获得的GDP，而不是仅仅依靠消耗资金、能源和人的体力获得的GDP，绿色GDP从质上反映了一个国家的经济结构实力。

发展文化产业，首先是对GDP总量的贡献。在文化产业尚不发达的国家，文化产业兴起是一个新的增长点或增长极。如果文化产业的发展对GDP的贡献率达到较高水平（比如占5%以上），则提高了GDP的质量。我们知道，文化产业是以（文化）内容创意为核心层的一种产业，对技术应用、知识经济和管理经营水平的要求比较高。文化产业是第三产业的一部分。文化产业增加值在GDP中的比重增加，意味着GDP中第三产业增加值、知识经济增加值的比重提高，整个GDP中的绿色成分增加，质量攀升。

2. 促进国民消费方式转型

经济学常识告诉我们，在生产、交换、分配、消费社会生产环节中，生产决定消费，消费反过来又对生产发生巨大的反作用。一国国民的消费水平、消费结构都存在一个高级化或低级化的问题。一般而言，发达国家的国民消费水平比较高，消费结构处于高级化层次上。广大发展中国家的国民消费水平还比较低，消费结构处于较低层次上。消费结构主要是指物质消费与文化消费的比重，居民可支配收入用于前者的比重大则消费层次低，用于后者的比重大则消费层次高。通常认为人均GDP为1 000美元左右时，就具备了文化产业崛起的基本条件。此时大力发展文化产业，提高大众文化产品的供给，将对国民消费结构升级起到重要作用。也就是说，文化产业的发展将促进国民消费由吃、穿、住、行、用等物质消费向旅游、文艺欣赏、收藏艺术品、接受教育、休闲娱乐等文化消费转型。消费转型反作用于国民经济，将优化国民经济第一、第二、第三产业的结构，推动经济增长方式转向更高级阶段。

3. 增强外向经济能力

当文化产业在发达国家已经成为支柱产业的时候，在整个世界市场中，发达国家的文化产品占了绝大份额，电影、图书、期刊、音像、艺术设计、传媒设备、演艺等高端商品被少数文化产业发达国家所控制，发展中国家投入国际市场的大多为原材料、日用物质消费等低端商品。高端和低端商品的价格相去甚远，价格歧视明显存在。在知识经济时代，衡量一国外向经济能力，主要是看在国际市场高端商品中的竞争力，因为高端商品是知识、文化、技术含量高的产品，其中很大一部分是文化产业产品。改革开放以来，中国外向经济能力大大增强，但在国际文化市场中，所占份额与文化大国地位还不相称。我国必须通过大力发展文化产业，特别是着力于推进那些瞄准国际文化市场产品的生产，从而进一步增加国民经济外向能力。

二、文化产业政府规制的宏观经济目标

1. 文化产业增加值占 GDP 5% 以上

一般认为，文化产业的增加值占 GDP 5% 以上，即成为国民经济的支柱产业。美国、英国、法国文化产业增加值占 GDP 已分别达到 25%、15%、10% 以上。发达国家的实践证明，文化产业不仅需要而且能够成为一个支柱产业，从而对国民经济结构升级做出应有贡献。

2. 形成较强的文化产业“带”或“点”

从全球看，文化产业发展是不平衡的，已经形成了北美、欧洲、印度、东亚几个聚集带，这是经济技术基础所决定的一种状态。一般认为，国土面积较大、人口较多的国家，当文化产业成为国民经济支柱产业的时候，必然形成一个或数个文化产业集聚区。科学地布局文化产业是文化产业规制的重要宏观目标。

3. 形成文化企业集团“航母”

文化产业必须有一批规模经济实力显著的“航空母舰”式的大型企业集团。这些文化企业集团“航母”代表着一国文化产业的组织实力、创意实力和市场能力，其产品不仅对满足国内市场做出较大贡献，且能在国际文化市场中具有较强的竞争力，是抢占高端国际文化市场的主力舰队。

4. 形成优良的文化产业行业结构

文化产业是一个行业关联度较高的产业，文化产业资源禀赋不同的国家，文化产业行业结构是不相同的。伴随文化产业发展，文化产业行业结构也在不断变化。文化产业内部的行业结构，事关文化产业的整体实力，事关对 GDP 的贡献度，事关在国际市场中的竞争力。适应具体国情的优良的行业结构是文化产业规制的目标之一。

5. 确保文化产业可持续发展

任何一个产业都要面临可持续发展的问题，文化产业也不例外。文化产业规制要关注文化产业的可持续发展。在文化产业起步阶段，要遵循市场供求规律和价值规律办事，既要大力扶持，又要防止不切实际地一哄而起。文化产业的发展是有条件的，不能无视必备的条件搞人为的“大跃进”，只能按规律逐步推进。文化产业起步之后，应充分重视技术、智力对产业升级的促进作用。

三、文化产业政府规制的微观经济目标

1. 建立良好的文化市场秩序

良好的文化市场秩序，是指以明晰的产权为基本制度基础、以价格为资源配置信息传导中介、以有效竞争为市场结构特点的文化经济系统运行中，呈现的有规律、可预见、和谐稳定的状态。在这样的市场状态下，首先表现为市场主体与社会公共利益、私利之间

的和谐；还表现为制度面前人人平等，文化企业享受平等的“国民待遇”；文化企业追求利益最大化都会遵守市场规则规范自身行为。总之，体现为市场竞争有序。由此而形成稳定的市场，即市场不会因为某些小的干扰而偏离其运转轨道，市场具有自我维持运行的良好机制。

2. 规范文化企业的经济行为

市场结构、企业行为和市场绩效及其相互关系，是传统产业组织学的研究对象。传统的观点，把企业行为局限于定价、促销、并购三大行为方面。如今，产业组织学的学者们，研究对象已大大突破了市场结构、企业行为和市场绩效范式，企业行为也早已不局限于三大行为方面。企业行为对一个产业的发展始终处于关键环节。哈佛学派和芝加哥学派对市场结构、企业行为、市场绩效三者的相互关系有不同的看法，但是都认可对企业行为进行规范。只有规范企业行为，才能建立良好的市场秩序，优化市场结构，提高市场绩效。规范文化企业的经济行为是文化产业规制极为重要的经济目标。

3. 为文化企业提供良好的公共服务

任何一个产业的发展都离不开外部经济环境，经济环境的提供是政府的责任。政府通过公共服务（即通过文化产业规制）为文化企业提供良好的工商、财税、金融、交通运输、社会保险等经济政策环境是必不可少的。其中，有些政策（比如工商、财税政策）可由政府通过行政手段直接实施，有些政策（比如金融、保险政策）则可由政府引导有关方面去做。在文化产业起步阶段，政府也可制定一些向文化产业倾斜的扶持政策，以激励文化产业起步。当然，文化产业兴起后，文化企业与其他企业一样，应享受平等的政策待遇。

第二节　规制文化目标

文化产业政府规制文化目标，是指文化产业产出内容所期望达到的文化水准。研究文化产业规制文化目标，其意义在于使文化产业更自觉地担当起发展繁荣文化的社会责任。

一、影响文化发展的因素

文化是一个民族的血脉，是一国人民的精神家园，是一个国家的根基。没有先进文化的积极引领，没有国民精神的极大丰富，没有强劲的文化软实力，一个国家不可能屹立于世界民族之林。世界强国最终的表达，不仅是经济强盛、科技强盛、军事强盛，更是文化强盛。那么，文化的发展繁荣取决于哪些因素呢？

1. 影响文化发展的历史因素

文化是历史的。文化是一代又一代人精神劳动的积累。一个世代相传、生生不息、迄今独立而行的民族，从他的祖先开始就逐渐形成了一种文化基因，打造了一个精神家园。一个民族迄今自立于世界，说明其祖先们在长期的文化生活中形成的文化基因、构建的精神家园，有得以存在并遗传的合理性。

文化的器物、制度、观念三个层次中，都有基因的存在，最为稳固的是观念基因。观念基因，是一个民族一代又一代先哲们集体智慧的结晶，是哲学层面根基性的东西。当今一个国家、一个民族的文化发展繁荣，不可能割断历史形成的文化血脉，不可能脱离历史形成的精神家园，必然深受传统文化的影响。

历史之于文化，是双向的。越是历史悠久的国家，文化底蕴越是深厚。但也容易背上文化包袱，偏于保守，缺乏文化创新，难以突破自我。历史不太长的国家，文化底蕴浅，但无历史包袱，往往善于吸收各种文化，具有文化创新的动力，文化反而比较丰盛多元。当今国家文化的强弱，不在于国家历史的长短，而在于文化吸纳和创新能力。创新是文化发展繁荣的灵魂。

2. 影响文化发展的经济因素

人首先要解决物质需求，然后才有可能提出并解决精神文化需求。文化需求是物质需求之后的东西，经济发展逻辑性地影响着文化的发展。人类最初的文化与经济活动是同一性一体化的，后来经济发展了，有一部分人可以专事文化才分为文化和经济两大社会领域。工业革命使文化艺术品的复制成为可能，在文化产业中文化与经济又实现了一体化。上述变化中起重要作用的是经济因素。

文化产业是文化企业的集合，就企业而言，本质上是为了赚取利润，盈利是企业的经济祈求。文化产业对利润的追逐决定了它的成长，同时也深刻地影响着文化的发展繁荣。在后工业化时代，文化的发展繁荣主要依托文化产业，文化产业的发展水平很大程度上决定着文化的发展水准，决定文化产业发展水平的主要因素为国家GDP总量、城市化水平、信息化水平、人均收入水平等经济因素。

3. 影响文化发展的政治因素

文化与政治，虽为两个范畴，但紧密相连。翻开世界政治史，可举出许多政治与文化紧密相连的事件。中世纪欧洲的文艺复兴运动有其深刻的政治背景，它实质上是一场以复兴古典文化为外衣的新文化运动，是当时欧洲宗教改革政治变革条件下的产物。中世纪欧洲的宗教改革是政治性的改革，反对的是教皇对世俗政治的干涉，目标是政教分离，建立适合现代商品经济发展和资本阶层利益的国家。文艺复兴运动，把文化艺术发展推向了划时代的高峰。

翻开各国文化史，凡是文化的鼎盛时期都是政治上开明宽容的时期。倡导各种思想文化交流、切磋、传播、争鸣、批评，“海纳百川”，文化才能发展繁荣。中国唐朝政治上对外开放，盛唐的景色之一就是东亚、南亚、西域各国各民族文化艺术荟萃于长安，展现出大唐宽广的文化胸襟。中国晚清政治上闭关锁国，排斥外来科技文化，使文化的发展落伍于当时的世界潮流，国家日益陷入衰弱。

二、文化发展共性目标

观察当今世界，绝大多数国家文化产业规制共性的文化目标如下：

1. 推行“人人平等、自由和追求幸福”的精神文化

近代欧洲启蒙运动形成“人人平等、自由和追求幸福”的精神文化，是社会进步和文明的表现。启蒙运动高举民主、科学的大旗，宣扬自由、平等、博爱，用理性之光照亮了欧洲近代社会发展的道路。它的这些精神文化成果传向世界，对各国都产生了巨大影响。

近现代中国的文化发展也深受这种精神文化的影响。辛亥革命中大批革命知识分子就是以“人人平等、自由和追求幸福”精神目标作为民主革命的思想武器。

党的十八大以来，党中央在社会层面倡导践行“自由、平等、公正、法治”的社会主义核心价值观，这既是对人类优秀精神文化成果的继承与发扬，也是引领现代文明走向人类共同价值准则和理想社会的目标。我国宪法规定：公民在法律面前一律平等；公民有言论、出版、集会、结社、游行、示威、宗教信仰、进行科学研究、文学艺术创作和其他文化活动的自由；等等。这充分说明，自由、平等不仅是一种价值理念，更是宪法规定的我国公民得以幸福生活的基本权利。

2. 发展传统主流文化价值观

“文化产业是关于文化的生产和经营的活动，这种生产和经营是满足人们的精神文化消费需求的活动，是在实现了基本的物质消费需求后的人类精神地把握世界的活动。”文化的生产和经营“无不包

含着巨大的文化追求和文化利益，并通过这种利益的追求实现更大的政治和经济利益”。文化生产和经营是最直接的价值观生产和价值观经营，通过价值观的生产、经营与传播来实现政治和经济利益①。

所谓价值观，是指人们对价值的性质、构成、标准和评价的根本看法和态度，是人们从主体需要和客观能否满足主体需要以及如何满足主体需要，考评各种物质和精神现象以及主体行为对个人、群众或社会的意义。人们持各种各样的价值观。在一个社会中，各种各样的价值观构成了一个体系。在这个体系中，价值观的地位不同，可分为一般价值观和主流价值观。主流价值观处于主导地位，代表了一个社会价值观体系的基本特征、基本倾向、长期稳定的社会关系，反映了绝大多数人的价值目标、价值观念、价值追求和核心利益。

所谓主流文化价值观，是指透过主流文化表达出来的价值观，是一个社会绝大多数人认同的文化精神家园。传统的主流文化价值观，则指历史形成的主流文化价值观，是一国的根基性文化价值观。大家知道，文化生产及其产品内容的多样性是文化发展的一个规律。也就是说，文化产业所表达出来的价值观生产和价值观经营是多样性的。由此反映到文化产品内容中的文化价值观必然是千姿百态、绚丽灿烂、丰富多样的。

就一个国家而言，文化产业规制的文化目标在倡导文化多样化、鼓励文化发展繁荣的同时，也一定会主张并弘扬传统主流文化价值观，这是因为文化是一个国家的根基。任何一个迄今自立的国家和民族不管多么宽松包容，文化多么丰富多彩，客观上一定存在一种历史塑就形成的主流文化价值观。

发展本国本民族传统的主流文化价值观是绝大多数国家文化产

① 胡惠林：《文化产业学》，高等教育出版社，2006，第72页。

业规制共性的文化目标。

3. 铸就多样性先进文化

所谓先进文化，是指当今优秀文化、古代优秀传统文化、外来优秀文化相互交融铸就的推动社会文明进步和人全面发展的文化及其价值观。先进文化具有鲜明的时代性。衡量当今的文化先进与否，标准就是看其是否引领人们的思想、精神和价值观去推动社会走向文明，去促进人的全面发展，并使广大民众过上幸福生活。先进文化是多样性优秀文化的集合。文化繁荣的内涵是多种优秀文化及其价值观共同发展。唯有多种文化共同发展繁荣，各国的主流文化及其价值观才能更好地发展。铸就先进文化，源于多样性文化的发展。

第一，从时间与空间上看，多样化文化价值观是一个现实存在。就一个国家而言，客观上是三种文化形态并存：一是当今文化及其价值观，二是传统文化及其价值观，三是外来文化及其价值观。当今文化与传统文化及其价值观是不同的，具有时间上的差异；外来文化与本国文化及其价值观也是不同的，具有空间上的差异。就一国国内空间而言，世界上大多数国家都是由多民族构成的，文化传统多种多样。一国的主流文化价值观之中，各民族特别是少数民族还有自己的文化、信仰和精神家园。发展主流文化价值观，绝不能忽视、限制少数民族文化及其价值观的发展。任何一个国家走向现代化，文化也要走向现代化。文化现代化不可能割断与传统文化的血脉关系，但也绝不是全盘继承传统，固守过时的东西。文化僵化与现代化无缘。任何一个国家实现现代化，必须实行开放，外来文化走进国门不可避免。对外来文化不应当一味排斥，应当包容和吸纳其优秀的成分。排斥外来文化，也是一种僵化。排斥外来文化与现代化无缘。传统的，不一定都是优秀的，更不一定都是先进的。外来的，不一定都是低劣的，更不一定都是消极的。文化的多样化是一个客观存在，存在着的东西有其内在的必然，要遵循多样化文化互补、交融、并存的文化发展规律。

第二，从文化发展机制上讲，多样性价值观是文化发展繁荣的前提。一个国家因价值观的多样性，奠定了文化发展繁荣的强大内在生机和活力，才具备文化发展繁荣的前提。一个国家或民族长时期只存在一种文化、一种声音、一种价值取向，这个国家或民族必然缺乏生机活力，就会僵化停滞。

4. 坚持爱国主义为核心的民族精神文化

国家是人类社会历史的产物。自国家诞生之后，人类就出生、成长于不同的国家，因此每个人都有了祖国的概念。祖国是人类共同具有的一种情感、一种精神、一种文化。所谓民族精神是以爱国主义为核心的，爱国主义是指个人或集体对祖国的一种积极和支持的态度。

世界绝大多数国家文化产业规制都把爱国主义作为重要的文化目标，高扬爱国主义旗帜。爱国主义对一个国家的建立、生存、成长、兴旺、发达而言，具有其他任何东西和力量均不可替代的功能和作用。

古老的中国在几千年的历史长河中，历经辉煌，也饱受灾难，迄今生生不息，根本的原因之一就是有爱国主义的民族传统和民族精神。中国近代自鸦片战争之后100多年里，横遭西方列强凌辱，几度面临亡国灭种的危险，无数仁人志士为了救国图强，不惜抛头颅洒热血，一次次抗争，一次次探索，终于把祖国引向了民族复兴的光明大道，靠的就是爱国主义的强大精神支柱。

5. 追求文化交融创新

创新是发展的灵魂，经济、文化、政治、社会的发展无一例外。交融是创新的必要条件，学习借鉴他人，才可能增强自主创新的能力。自我封闭，不与他人交流融汇，不可能实现创新。综观各国文化发展史，凡文化强势的国家，都是主张文化开放、追求文化交流融合、文化内容及其载体和形态不断创新的国家。

文化实践的本质特征之一为文化传播，文化传播必然引起不同文化间的交流，其效应或结果是不同文化的融合，带来文化的发展。文化传播交流，包括文化内容、文化载体、文化形式、文化手段的相互激荡、学习、补充、启发、批评，兼收并蓄，博采众长，从而创新文化。文化只有广泛的交流，才能更具时代感和吸引力。

现代文化产业把“追求文化交融、内容及其形式创新”作为文化生产经营目标，才能发挥好文化生产主力军的角色，才能做大做强自身。这是因为，文化产业是以文化内容创意为核心的一个产业，文化内容创意，依赖创意元素，创意元素来源于世界各个文化圈、各国、各地区、各民族、各种特色的文化。如果不与各种文化进行交流，创意主体头脑中创意元素贫乏，就不能生成创意。文化产业创意能力不强，文化产业就不可能做大做强。

第三节　规制社会目标

文化产业政府规制社会目标，是指文化产业运行和发展对社会发展的影响所期望达到的社会水平。所谓社会水平，是指社会发展的阶段性特征，主要表达为社会阶层结构、就业结构、城乡人口结构等。文化产业政府规制的社会目标是一个间接目标。文化产业的经济和文化溢出须经过一些环节的转化才能影响社会水平。

一、文化产业发展对社会发展的影响

文化产业发展对社会发展的影响是多方面的，并且是深刻的。下面着重讨论几个比较突出的方面。

1. 优化社会阶层结构

大力发展文化产业，毫无疑问将容纳更多的就业，对国家实现充分就业做出贡献。文化产业对人力资源的要求是比较高的，经过专业教育训练的人才能胜任文化产业岗位。文化产业是一个高回报的产业，在文化产业岗位上从事经营管理、创意设计、文化培训、传媒编辑、艺术制作等工作的人一般具有较高的收入。大力发展文化产业，不仅可以增加总人口中在第三产业的就业比重，优化社会就业结构，而且可以优化社会阶层结构，从而提高社会发展水平。

2. 推动城市化进程

发达国家文化产业发展史告诉我们，城市化率达到一定水平(50%以上)，是文化产业崛起的重要条件。反过来，文化产业的发展壮大，又会推动城市化进程。这是因为：其一，文化产业是以文化艺术的工业化复制为特征的一个产业，文化企业的发展一般要靠文化产业资源相对集中的城市，文化产业的市场一般也在城市，文化产业容纳的就业越多，客观上增加了城市就业人口，推进了城市化进程。其二，世界不少城市因文化产业而兴。比如，美国加利福尼亚州的洛杉矶就是因电影产业的聚集而兴盛起来的；内华达州的拉斯维加斯起初是赌彩业，后来大力发展会展业、演艺业、旅游业，成为世界闻名的文化产业都市。遍布世界各地不少的旅游城市，原来只是身处海滨，或者有一种奇特的自然风光，原来无人居住或者只是一个小村庄，但因旅游、休闲、娱乐产业的兴起，而发展为城市。文化产业对城市化进程的作用是显而易见的。

3. 有助于社会和谐、充满活力

现代化建设是经济、文化、社会、政治、生态文明五位一体的建设系统。在这五个方面的建设中，经济建设是基础性的、决定性的，当经济现代化基本实现之后，文化、社会、政治、生态文明现代化也必须跟上，否则经济现代化的成果很难巩固。五位一体的含义充分说明这五个方面是相辅相成的，也是相互制约的。文化产业本身就是经济基础的一部分，又承载着发展繁荣文化的重任。文化产业发展，表达为经济建设和文化建设双重身份，又与社会建设相辅相成。文化产业裹挟着先进的文化内容进行传播，使广大公众确立起社会主流价值观。这对于构建开放包容、诚信友爱、充满活力的和谐社会，对于实现民主法制、公平正义，对于化解社会矛盾、增强社会效率，都将起到重要的精神推动作用。

二、政府规制宏观社会目标

1. 增加就业

通过大力发展文化产业，容纳更多的就业，是文化产业对社会建设的重要贡献之一。日本、韩国振兴文化产业相关国策的考虑之一，就是产业结构的调整中将重化工业的一部分劳动力转移到第三产业包括文化产业中来，以确保就业率。文化产业的行业众多，就业形式也多种多样。中国大力发展民间艺术和工艺品产业，比如剪纸产业、乡村观光休闲旅游业，就可以使从事种植业的农民逐渐转移到文化产业上来，增加农民的收入。

2. 推进城市化

通过文化产业集聚区规划，将原无人居住的地域或乡村建设成为影视拍摄基地、动漫产业园区、图书期刊交易基地、旅游城等，吸引更多的人口会聚，演变为文化产业聚集新兴城市或新兴城镇。依据大中城市，在城市郊区、城乡接合部规划建设文化产业聚集区。发展各县特色的文化旅游休闲小镇，是建设新农村的路径之一。上述举措都将推进城市化。城市化水平提高了，文化产业发展又会有更大的发展空间，文化产业产品也会有更大的市场。

三、政府规制微观社会目标

1. 优化社区环境

一个城市或城镇的街区环境建设与艺术设计产业特别是建筑艺术设计产业不无关系。建设有文化品位的城市，展示一个城市的优美形象，给广大居民一个宜居环境是美丽国家社会建设实实在在的内容。法国法律规定，城市建筑总投资中必须有一定的比例用于外观的浮雕美化和周边环境的美化，否则不予立项。社区是社会的细胞，社区环境是社会建设的微观领域，直接关乎民生。文化产业规制要把优化社区环境作为不可忽视的内容。

2. 推进社会文明

在工业化、信息化、社会化大生产条件下必须有发育良好的社会环境。正如工厂的烟囱不能冒黑烟污染社会环境一样，文化企业也不能冒精神的黑烟污染毒害人的心灵。社会是否和谐取决于精神文明程度。文化产业规制的社会目标与文化目标，在提高精神文明程度这个前提下是一致的。人是社会的主体，执政者、管理者、公众的精神文明水平提高了，一个国家化解社会矛盾、应对社会风险的能力也会增强，社会就会更加稳定、有序和高效。

第三十九章　政府规制工具

文化产业政府规制工具，是指为实现文化产业规制目标使用的具体手段。政府对一个产业的规制，离不开适当的工具。

第一节　规制工具选择

社会管理离不开工具，理性的做法是借助尽可能少的工具去实现平稳高效的社会运转。

一、社会管理工具理论

1. 工具主义

工具主义认为，社会依赖于管理工具，社会运行的成败皆因政府管理工具选择的成败；工具有优劣之分，只要通过经验研究确认各种工具的工效及其应用范畴和原则，并辨别提炼出普适性工具，管理就会取得优异效果；人们懂得工具的功能、作用和使用效果，并运用到社会管理控制中去，这是非常现实的。工具主义推崇工具，为工具至上主义。

2. 过程主义

过程主义认为，社会运行中没有普适性的工具，各种管理工具之间存在重要的差别；工具的运用是一种在动态中适应性地解决问题的试探手段，工具选择恰当与否，因具体情况而定；工具的创制与发展是一个重复性过程，过程决定着工具的发展，过程决定着工具特性的变化，而不是工具自身决定了工具的发展。过程主义强调社会管理过程对工具创制的作用，强调各种工具的功能差别，强调过程比工具特性重要。

3. 权变主义

权变主义认为，工具多种多样，可搭配为各种用途的工具箱；选择工具要依解决问题的社会背景和目标而定，背景和目标清晰就可选择恰当工具解决它；选择工具凭借工具的特性且依赖解决问题的背景和目标。权变主义，讲究针对具体问题采取灵活多变的办法，使用工具与否依环境背景和管理目标而定，而不是工具至上。

4. 建构主义

建构主义认为，工具是一种建构再建构的实践过程；工具只是管理决策过程中众多因素中的因素之一，不起决定作用；决定社会运转的是管理体制、管理网络、决策机制和执行过程，而非工具。建构主义已经没有了工具至上主义痕迹，丰富发展了权变主义，强调环境、过程、管理体制和网络，只把工具看作管理系统中的一个因素，重视工具的创新。

工具的使用和进步是生产力包括文化生产力发展的产物，是社会公共管理水平不断提高的标志之一。但是，我们必须搞清楚在社会领域，并非社会管理工具越多越好，更非越复杂越好。这是因为，工具的创制、生产和选择要付出社会博弈的巨大成本，与社会发展和人们追求福利增长和幸福生活的祈求存在相悖的一面。

二、文化产业政府规制工具理论

通过以上工具理论，透过各国文化产业政府规制工具应用的实践，对文化产业规制工具做如下理论归纳和描述：

1. 实现文化产业规制目标离不开规制工具

规制工具是各国政府在长期的规制实践中创制并且经过了一定实践检验的东西。不能片面地认为规制工具是人们主观主义的产物。各国的规制工具既然被普遍使用，就有其存在的天然合理性。文化产业规制是一个管理制度系统，工具只是其中的一个因素。工具至上主义是不对的，但是没有规制工具是完不成规制的。

2. 规制工具是文化产业规制环境的产物

规制是一次又一次反复实践的过程。每一次的实践过程都面对不同的发展变化着的环境。规制工具要随着过程的变化、环境的变动而发展变化。在什么样的环境中，在什么时点上，适应解决什么问题，取得较高的规制效率和绩效，就会相应地产生什么样的规制工具。规制工具是人为了适应环境而创制的，但是不由环境所决定。

3. 文化产业规制工具的认知存在较大差异

现实中，人们对文化产业规制的主张不同，有的主张政府多规制，有的主张政府尽量少规制。这就势必造成对规制工具认识和态度的差异：一是在规制公共利益理论、规制经济理论、规制俘虏理论、可竞争市场理论、激励性规制理论的全部语境中，人们对规制工具功效的讨论，众说纷纭，观点差异巨大；二是在既定的规制理论内部，人们对在什么样的环境中，在什么节点上，针对什么问题，选择何种工具，以及规制效率和绩效的讨论不断深化，但观点相左，分歧甚大；三是在实践层面，由于各国宪政体制、政党制度、经济体制、文化体制不同，政府对特定规制工具的地位和作用的认识相去甚远，所选择的规制工具存在较大的差异。

4. 文化产业规制工具创新永无止境

由于对各种规制工具特征可以做出一定的概括和归纳，因此可以按规制工具的特性分类并组成不同用途的工具箱，这有助于提高规制效率和绩效。从这个意义上讲，存在普适性的文化产业规制工具。普适性文化产业规制工具是人类文明的共同成果，是人类集体智慧的结晶。运用规制分类和规制工具箱理论方法，从事规制制度设计或进行规制实践，要防止犯经验主义、本本主义的错误。文化产业政府规制，最重要的是从本国本地区实际出发，善于权变，创造性地进行规制。规制工具不是一成不变的，要勇于创制新工具，规制工具的创新永无止境。

5. 振兴文化产业是规制工具选择的原则

选择什么样的规制工具，深受以下因素的影响：一是文化产业发展的目标。这包括文化产业增长幅度、文化产业增加值占 GDP 的比重、文化产业行业布局、文化产业区域分布等一系列产业发展目标。二是各个文化产业规制工具的特性。有些工具适用于宏观领域战略规制，有些工具适用于微观领域文化企业规制，有些工具是法律层面的规制，有些工具是政策层面的规制。三是运用工具的环境背景。文化产业所处的社会经济文化背景对规制工具选择起着重要作用，有什么样的基础就运用什么样的规制工具。四是以前的工具选择。文化产业规制是一个连续性的过程，以前采用的工具及其效果是今后工具选择的重要依据。以前的工具发挥着很好的效果，就没有必要更换另外的工具；以前的工具效果不佳，就必须选择新的工具。以前的工具基本方面是好的，但是有缺陷，就要设法改进。

6. 市场化与法律工具有机结合是最佳选择

在市场经济、混合经济体制中，政府对文化产业规制不去采取过多具体的规制工具，而是着力于应用好市场化工具和法律两大规制工具，充分发挥市场在文化产业资源配置中的决定性作用，充分发挥法律在产业发展中的规范功能，将市场化工具同法律工具紧密结合起来，应是规制工具选择的最高境界，必将收到最好的规制效果。

三、政府规制工具箱

规制作为法制活动所采用的工具深受法律的约束。政府在规制中使用什么工具，不是随心所欲的，而是由法律规范的。法律的规范表现为两种情况：一是已有法律法规中提供的工具；二是采用新的工具必须经法律法规认可。

1. 政府规制与行业、企业规制工具问题

实际生活中，除政府公共规制采用的工具之外，行业和企业自律规制也须采用一些工具才能完成。政府规制是在国家法律法规范畴中进行的活动，行业规制是在行业章程规则范畴中进行的活动，企业规制是在企业科层规则范畴中进行的活动。政府规制工具与国家法律行政法规挂钩，行业规制工具与行业章程及企业间的契约挂钩，企业规制与企业内科层管理规章挂钩。它们在规制中的功能和发挥作用的方向不同，因而地位不同。

2. 诱导性与强制性规制工具问题

规制工具关乎怎样规制，政府公共规制是法律法规活动。一般认为，法律法规具有强制性特点。但是，许多法律法规条文中也具有诱导性的特点。现实生活中的道路路标，有指示方向的，有禁止通行的。指示方向的为诱导性规制，禁止通行的为强制性规制。文化产业政府规制也存在指示方向的诱导性规制和禁止通行的强制性规制。

文化产业的发展情况复杂，政府采用强制性规制，管不了也管不好那么多事。许多事政府完全可以用“指明发展方向、提出基本要求、提示主要措施、明确大致边界”的诱导性规制去管。

综合考察各国政府使用的文化产业规制工具，依政府规制目标可分为宏观规制和微观规制两大类，在微观规制工具中又分为经济规制工具和内容规制工具两组（表39－1）。

表 39－1　文化产业规制工具

	政府规制目标	主要工具
宏观规制	文化经济体制变革 文化产业发展规划 文化产业运行调整	选票、游说、协商、产业规划、产业政策、金融政策、财政政策、就业政策、外贸政策
微观规制	自然垄断规范 反串谋与垄断 维护消费者利益	禁止、认可、投资、价格、税赋、费率、补贴、拆分、反串、产权、产品标准、产量、信息
	文化内容激励 文化内容限制	内容引导政策、文化基金、政府奖项、金股、文化监察、公诉、惩罚

在此需要说明的是：首先，依政府规制目标把文化产业规制工具分类分组，组成不同用途的工具箱，是为了形象地理解各种规制工具，为工具选择提供便利，上述分类分组仅仅是一种分法，还可以有若干其他的分法；其次，在任何一种分类分组的规制工具箱中，有些工具比如信息工具在各个工具箱中都存在，应当了解这种重叠，也就是说各分类分组中的工具实际上并非截然分开，有些工具在各组中的交叉混合是正常现象。

第二节　宏观规制工具

从宏观层面，政府对文化产业进行规制的主要任务是设计安排文化经济体制、制定文化产业发展规划和调控文化产业运行。在这些不同的规制领域，须采取相应的规制工具。

一、文化经济体制规制中的工具

1. 选票

选票，是政府行使文化经济体制规制职能中采用的主要工具。文化经济体制规制属于制度规制范畴。制度变迁及其根源是学术界尚无共识的一个问题。现代国家的经济体制、文化体制、政治体制和法律体制的模式是一个极为复杂的社会现象，在既定的国家宪政环境中，政府采用什么工具对文化经济体制及其变革进行规制呢?

新制度经济学认为制度变迁也可以用“需求—供给”这一经典的理论框架进行分析。制度被划分为三种类型：一是宪法秩序，界定社会的产权和控制的基础性规则；二是制度安排，指在宪法秩序下界定交易关系的一系列正式规则；三是规范性行为准则，可以理解为植根于文化传统的非正式规则。在这一分析框架内，宪法秩序和规范性行为准则被视为外生变量，制度安排及其利用程度则被视为内生变量。因为前二者一经形成就不易变动，后者则相对活跃，容易变动①。

诺思认为，有意识地推动制度变迁或者对制度变迁施加影响的组织或个人，都是制度变迁的主体，其中包含个人、团体和政府三个层次。在诺思看来，制度变迁的主体分为两个团队：一是推动制度创新和策划的初级团队，二是承担制度变迁具体实施的团队。不管诺思把政府归为哪个团队，在制度变迁的推动、创新、策划和具体实施中，政府都担当主要的角色。这是因为来自各层面制度变迁主体的设计方案都要通过政府立法才能实现，政府显然主导着制度规制，文化经济体制变迁也是由政府主导的。

政府主导文化经济体制规制，借助选票工具才能实现。这是因

① 胡乐明、刘刚：《新制度经济学》，第 297 – 298 页。

为文化经济体制不是一般的规制，它是关于文化产业资源配置机制、产权关系和规制博弈规则的规制，属于文化产业各种规制中最为核心的规制，既决定着文化产业的命运，也与各消费群体利益攸关。原则上，文化经济体制这样重大的问题，须在国家立法机关中经由法律规制，国家行政机关难当此任。

一般来讲，文化经济体制的变革，可能最初的酝酿在民间（公众、利益集团、学术界），但最终变为现实则发生于立法层面。政府要想使它主导的文化经济体制变革主张变成国家规制，须借助于国会中的选票，获得多数议员的支持。从理论上讲，取得大多数国会议员的支持，相当于得到社会大多数人的支持，选票反映了民意。民意与规制供求规律相联系，在这个意义上选票体现为制度的供求。政府只有借助选票工具主导文化经济体制规制，才能顺应制度“需求—供给”规律。

2. 游说

游说，是文化经济体制规制中为了获得议会批准而采取的工具。游说是选票衍生的工具，游说的目的为拉选票。游说者可能是行政机关，也可能是议会的专门委员会（比如文化委员会）、政党组团或议员组团。游说对象无非是议会的议长、专门委员会、政党组团或议员。议会的听证会有一种是专门提供给行政机关或议员的。游说不仅仅局限于议会内部，一种主张或提案为了获得广泛的社会支持，进而影响议员的态度，游说者也利用媒体和集会宣传自己的主张。游说是立法博弈必不可少的工具。

3. 协商

协商，是政府规制中采用的工具。协商是选票衍生的工具，目的也是为了争取选票。协商常常在三个场合进行：一是行政机关与议会之间协商，二是议会的政党组团之间协商，三是议会专门委员会内部协商。通过协商，促进共识。协商是立法博弈的高级工具。

当今是一个改革进步的时代，各国在寻求文化产业发展的进程中，必然碰到或面临文化经济体制变革问题。政府关于文化经济体制规制的主张，顺应了制度供求规律，在国会中获得多数票才能立法。明智的政府，应当认真研究制度供求状况，顺应广大人民变革的祈求，尊重人民群众的选择，与时俱进，积极地主导推动文化经济体制改革，为文化产业发展营造良好的体制环境。

最后，有必要对选票、游说、协商工具做两点说明：第一点，选票、游说、协商是规制立法过程中使用的工具，为规制博弈的间接性工具，这同后面讨论的直接性规制工具尚有区别；第二点，选票、游说、协商不仅仅是在文化经济体制规制过程中采用，之所以把它们放在宏观规制工具箱中，并具体放在文化经济体制用途当中讨论，可视为“举例说明”，便于理解这些工具，选票、游说、协商工具在需要议会立法的各项事务中大都采用，它们是普适性工具。

二、文化产业发展规制中的工具

政府对文化产业发展的规制，主要通过文化产业发展规划和文化产业政策进行。文化产业发展规划和文化产业政策，经议会立法或行政机关立规之后，具有一定的强制力。但就规制内容或政策内容分析，其诱导性又十分明显。因此，发展规划、产业政策是强制性和诱导性兼备的规制工具。

1. 产业规划

产业规划，是指依据产业发展战略所做的实施计划。规划工具被广泛应用于政府对国民经济公共管理之中。政府对文化产业全局的发展、各领域（比如产业布局、行业结构调整、高新技术应用、人力资源集聚）的推进、各行业的发展，都可以运用规划工具进行规制。世界上不乏运用产业规划工具，收到良好规制效果的国家。

英国、日本、韩国、澳大利亚都是通过振兴文化产业规划，促使文化产业崛起的。

2. 产业政策

产业政策，是指政府为指导和调节产业活动所制定的目标、规划和措施。产业政策作为工具，就运用时间周期而言分为两种：一是中长期产业政策，中长期产业政策往往成为产业发展规划的有机组成部分，被政府同产业规划工具一并使用；二是短期产业政策，短期产业政策常常同产业运行调控政策交织在一起，与经济运行调控政策工具一并使用。

就产业政策本身而言，类型也有区别。产业政策工具有市场主导型、政府引导型、政府主导型之说。美国采用市场主导型的文化产业政策，日本、澳大利亚采用政府引导型的文化产业政策，英国、法国、德国、韩国等采用政府主导型的文化产业政策。

三、文化产业运行调控规制中的工具

政府对经济运行的调控无疑是政府公共规制的重要领域。政府对国民经济运行调控的工具，也都适用于对文化产业运行的调控。

在此须说明三点：

第一，文化产业是国民经济的一个部门，它的运行状态同国民经济全局的运行状态紧密相连。通常情况下，文化产业运行状态与国民经济全局运行状态是一致的。国民经济全局的经济周期不可能不波及文化产业，当社会总供给与总需求严重失衡时，不可能不导致文化供给与需求的失衡。因此，政府对国民经济全局运行的调控包含了文化产业。

第二，当文化产业已经成为国民经济支柱产业的时候，政府对国民经济全局运作调控所采取的政策措施，文化产业相对于其他产

业而言，感觉更加灵敏，反应更加敏捷，顺应更加积极。这是因为：与第一、第二、第三产业中的若干行业相比，文化产业属于知识分子大量会聚的产业，对形势与政策具有天然的高灵敏度；另外，文化产业即使成为国民经济支柱产业，其体量在国民经济中的比重也并不大，它是国民经济舰队中一只比较小的船，船小好调头。这恐怕是有些人误认为文化产业具有逆经济周期增长特征的原因之一。文化产业不可能逆经济周期增长，它只不过是对经济波动或政府举措反应比较灵敏快捷罢了。从这个角度看，对文化产业运行调控也可以采用对国民经济全局运行调控的工具。

第三，政府对文化产业运行的调控不能单纯地笼统地使用国民经济全局运行调控中使用的那些工具，还要辅以专门针对文化产业的若干具体政策或指令，或者说在运用经济运行调控工具的时候附加若干倾向性的政策指令，使之更具有文化产业运行的调控工具的特点。

1. 金融政策

在宏观经济学那里，金融政策是宏观经济运行调控的重要工具之一。货币供给的积极与从紧，影响着投资、物价和消费，对经济增长发挥着巨大作用。金融政策工具多种多样，有信贷政策、融资政策、基金政策、企业上市政策等。政府采用上述金融政策都可以对文化产业运行进行激励或约束调控规制。

2. 财政政策

财政政策同金融政策一样，也是宏观经济运行调控的重要工具之一。在不同的时期中，积极、稳健与紧缩的财政政策，对经济发展和经济增长的作用是不同的。有时积极的财政政策促进经济发展和经济增长，有时稳健与紧缩的财政政策促进经济发展和经济增长。政府对文化产业运行调控中财政政策工具的运用，主要是政府发行的债券、补贴和税率（包括免税）措施。

3. 就业政策

充分就业是政府宏观经济运行调控的重要目标，其手段为控制失业率。实现充分就业对政府来讲是一个综合性的重大命题。这是因为：在不同的社会发展时期或经济发展阶段中，能够容纳较大就业的产业、行业是不相同的；对微观经济实体而言，总有一种用尽可能少的人赚尽可能多的钱，追求效益的冲动，这是无可指责的；从公平与效率的关系上看，社会保有一定的失业率对于人的成长、人才竞争和实现充分就业未必是坏事。在上述繁杂的背景和机制中，政府用好就业政策工具绝非易事。文化产业对就业的贡献表现在多个方面，既有高端人才就业的空间，也有普通人才就业的空间。政府采用有倾斜的文化产业就业政策，鼓励支持人才在文化产业创业从业，将推动文化产业的崛起。

4. 外贸政策

在经济全球化的今天，国际收支是一国经济运行顺畅与否的重要因素，外贸政策是调控国民经济的重要工具。国际文化贸易除具有一般国际贸易特征之外，还具有自己的显著特点。国际文化贸易与国际文化经纪、国际资本运营相互交织，比第一、第二和第三产业中其他行业的国际贸易更为复杂。外贸政策工具主要包括进出口文化品种、规格、数量配额等规制手段，在文化产业国际贸易中还包括兼并许可和合资股比等手段。

第三节　微观规制工具

在微观层面，政府对文化产业进行规制的主要任务是经济规制和产品内容规制。需说明两点：其一，文化产业微观规制与宏观规制相联系，服从并服务于宏观规制，因此选择了更加具体化的工具；其二，文化产业微观规制中的经济规制和文化内容规制不是截然分开的，经济处理有时针对文化内容，内容规制有时也采用经济规制工具。

一、经济规制工具

从微观层面，政府对文化产业进行经济规制，主要是解决文化产业发展阶段中存在的自然垄断的不公平、反对竞争性领域中的文化企业串谋与垄断、保护广大文化消费者的合法经济权益等。在这些方面，政府相应地主要采用价格、进入退出、投资、拆分等经济规制工具。需说明的是，微观经济规制工具中有些是可普遍使用的，政府针对解决不同的问题通常综合地使用各种工具。因此，不宜对经济规制工具再按规制用途细分，否则它们将出现许多重叠。

1. 禁止

禁止，是政府通过立法规定文化企业不得进行的产品的生产或服务项目，或不得进行的经营组织活动，或不得造成的市场绩效与社会效果的工具。比如，多数国家禁止色情产品的生产，特别是向青少年销售色情产品；禁止基于企业内部信息的股票和期货交易活动；禁止竞争性领域中基于控制市场准入退出的企业串谋、合谋与垄断；禁止自然垄断企业随意定价。

2. 认可

认可，是政府控制文化企业或文化市场进入或退出的典型性规制。准入规制有三种工具；一是特许制，二是注册制，三是申报制。特许制是指文化企业必须得到政府有关机构批准，方可进入法律禁止随意进入的领域。注册制是指由政府有关机构确认潜在文化企业是否具备进入资格，对申请进入的企业加以审查，登记注册后准其进入。申报制指文化企业按一定格式向政府有关机构申请进入法律禁止随意进入的领域，批准后方可进入。同样道理，已经进入的文化企业如退出须经政府有关机构批准，具体规制工具有撤回认可、注册除名、批准破产等。

3. 投资

投资规制，主要是控制文化产业投资方向、资金来源性质、资金能力等。文化产业投资规制，与文化产业禁止或特许相联系，与金融政策相交叉。文化产业投资人不得在政府禁止的领域投资，不得未经政府批准办文化企业，文化企业融资和上市要接受政府有关机构监管。许多国家对外国资本进入本国文化市场（特别是传媒市场）有明确的股比规定。

4. 价格

价格，是政府对文化产业规制的普适性工具之一。这包括对自然垄断文化企业的产品价格控制、对保护性文化产业行业的产品价格控制、对高风险文化企业的产品价格控制、对市场严重失灵通货膨胀时期的价格控制、对不正当价格行为的监管等。政府采取价格规制工具，主要是运用冻结全部或部分价格、实行最高限度、规定价格上涨率等手段。

5. 税赋

政府有施加税赋的权力。税赋工具包括税种、税率、减免税等手段。税赋工具的使用分为激励性规制与限制性规制，激励和限制都可以通过设立与撤销税种、改变税率、减税免税等手段实现。税赋工具的使用，可以面向文化的生产者，也可以面向文化的消费者。交易税和消费税对于调控文化市场防止市场失态，具有极其重要的作用。不少国家国内市场中文化艺术品私下交易盛行，文化艺术品走私猖獗，缺少恰当的交易税和消费税规制是根源之一。

6. 费率

费率，是政府对文化产业特殊领域或行业实施的保护性规制工具。在文化产业的某些行业诸如旅游和传媒行业中，由于文化企业未必拥有充分的信息，以在服务项目和价格中进行最优选择，难以实现盈利最大化，如果竞争使得一些企业倒闭，则难以保证企业的财产安全。因此，政府常常对利率、保险费等施以规制。在那些以非物质文化遗产为创意元素的文化产业项目中，政府实施费率保护常常是很有必要的：一可以保证经营者有利可图，二可以起到保护非遗的作用。

7. 补贴

补贴，是政府对文化产业一些项目或环节实施财政扶持的规制工具。比如，政府财政出资设立文化产业创意风险基金；政府对重大节庆活动中高雅主流文化及其价值观的文化生产给予一定的资助；政府财政出资设立的文化奖励项目。

8. 拆分

拆分，是政府对竞争性领域中已经形成垄断的企业进行分制的规制工具。在竞争性文化经济领域，当一个文化企业垄断了某一行业或环节时，整个市场结构、企业行为和市场绩效都将发生扭曲，文化产业资源的配置呈现低效率，并表达为社会不公。为了维护公正的社会秩序，政府就要出面依据反垄断法，将垄断文化企业分割为两个或两个以上的（法人）企业，从而守护竞争性。拆分工具的使用手段多种多样，有的是平行拆分，有的是按经营环节将生产与销售拆分，还有的是按上、中、下游产业链拆分。

9. 反串谋

反串谋与合谋，是政府在竞争性文化产业领域的规制工具。在文化产业的竞争性领域存在文化企业以非法竞争与垄断为目的的串谋或合谋现象。比如，一部分企业串通一气合谋定价；一些专事生产和销售的企业合谋垄断某文化产品的生产与销售；某文化企业垄断某产业链中一个环节的生产，而相邻产业链上的企业与之配合，阻止其他企业进入。上述现象实质上是准垄断行为，政府有责任予以纠正，打破串谋或合谋，维护公平竞争。

10. 产权界定

产权与产权界定，是政府公共规制的重要工具。“一般认为，大多数市场失灵可以通过政府规制建立清晰的产权制度得到弥补，而这种产权制度将使得民事补救和合同法更容易应用”。① 个体受到文化企业行为或不健康产品或不诚实合同条款的侵害时，政府关于产权的规制就给予被侵害者寻求赔偿的依据。文化产业为知识经济的重要领域，知识产权被侵犯的现象不断，知识产权纠纷颇多，特别需要政府履行知识产权保护职能，加强知识产权规制。

11. 产品标准

产品标准，是指对产品结构、规格、质量和检验所做的技术规定。文化产业产品也有一个经济技术标准问题，产品标准是政府文化产业规制的重要工具。政府通过制定和实施产品标准，以确保文化产品的质量，维护文化企业职工权益，保护广大消费者的利益。须指出的是，文化产品质量标准是多重性的：一是产品内容的价值观标准，二是生产的技术标准，三是产品与服务的经济标准。政府对文化产品标准的规制既包括生产技术与经济标准规制，也包括产品内容标准规制。

12. 产量

产量，是政府不太使用但有时也不得不使用的一个规制工具。通常情况下，政府无权干涉文化企业的生产经营活动，产量由企业自行决定，政府无权也无须干涉。但是，从理论上来讲，在以下三种情况下政府有权使用产量控制工具：一是当文化产品过剩可能导致市场失灵并引发危机的时候，二是在日渐稀缺或濒危的文化资源领域，三是在进出口配额限定的产品中。各国实证说明，由文化产

---

① 徐晓慧、王云霞：《规制经济学》，知识产权出版社，2009，第14页。

品过剩导致的市场失灵或经济危机很少见，迄今还无明显案例；由文化资源日渐稀缺导致的产量规制是非常必要的；由进出口配额限定导致的产量规制司空见惯。综合来看，政府大都不轻易使用产量规制工具。

13. 信息

信息规制，是政府文化产业规制的重要工具。政府运用信息规制分两种情况：一是要求文化企业对其产品的性能、规格、文化艺术价值、售后服务等方面的信息向社会消费者如实介绍标示；二是对文化企业及其产品违法或因违法受到惩罚的信息向社会公告。信息规制工具对文化企业行为起到了警示功能，对于防止和矫正市场失灵发挥着其他规制工具不可替代的作用。企业更为敬畏信息规制，因为它有舆论监督的巨大作用。当公众舆论不再信任某个文化企业时，它实质上就丢掉了市场。

二、内容规制工具

政府从文化产业产品内容上对文化产业进行规制，主要从两个方面呈现出来：一方面，顺应文化市场需求，丰盈公共文化娱乐生活，坚守国家主流文化价值观，推进文化融合与发展先进文化；另一方面，抵制腐朽落后文化，反对文化帝国主义和霸权主义，维护国家文化安全。政府文化产业产品内容规制工具，主要分为激励性工具和限制性工具。需说明的是，政府文化产业宏观层面和微观层面的规制中所采用的某些工具也适用于产品内容的规制。比如，宏观规制中的发展规划、产业政策工具，必然涉及产品内容的方向性问题。再比如，在微观规制中的许可、投资、补贴工具，有些也涉及产品内容。

1. 内容引导政策

文化内容引导政策，是政府文化产业规制极其重要的工具。这个工具的使用往往与制定文化产业发展规划暨文化产业政策相结合。许多国家把文化内容政策提炼为国家主流文化、核心价值观和先进文化内涵，并公之于世，制定相关的发展措施。政府的文化内容引导政策，主要是通过指明文化发展方向、确定先进文化内涵、制定相应措施等手段加以实施。

2. 创意基金

文化创意基金是政府财政出资设定的基金，用以支持文化内容创意，发展繁荣文化创作。在文化产业发达的国家中，文化基金会名目繁多，出资人千姿百态，文化倾向各异。为了激励国家主流文化产品的生产，丰富文化市场，政府设置一些文化基金，这是文化内容规制的重要工具。有的国家的政府还专门设置面向国际市场的文化基金，用以支持本土文化走向世界。

3. 政府奖项

政府设置各种文化奖项，是文化内容规制通常使用的工具之一。考察各国，政府出资设定的文化奖项大致有四类：一是文化艺术奖，主要包括文学创作奖、电影奖、电视片奖、戏剧奖、音乐奖、美术奖等；二是传媒奖，主要包括图书奖、报纸奖、期刊奖、音像制品奖等；三是学术奖，主要包括哲学人文社会科学若干学科的奖项，学术奖属于基础研究领域，这类奖对于文化产业人才培养和文化产业内容创意有着不可替代的作用；四是针对个人的综合奖，比如终生文化成就奖、创意大师奖等。政府设置的文化奖项，大多由政府委托指派相关机构组织，促进了文化发展繁荣。

4. 金股

金股是政府对特定企业、特定领域行使否决权的一种股份。金股可作为文化产业规制的重要工具。金股体现为特别管理权：一是由政府持股，非政府机构、企业或个人没有这个持股权；二是金股权益主要表达为否决权，而不是表决权或受益权；三是通常只有一股，没有实际经济价值；四是由政府与其他股东商定，在公司（企业）章程中予以确认。政府在特大或大型文化企业中设立金股，有利于对文化产品内容实行控制。

5. 文化监察

文化监察，是政府文化企业产品内容规制的重要工具。文化监察主要手段是监督检查文化市场上违法的文化产品，通常由政府设置的专门机构承担。文化监察机构的工作机制是定期不定期地对文化市场中的商品进行抽查或普查，或接受公众举报后对文化市场文化企业进行侦察检查。监察内容主要是黄色的文化作品或盗版行为。

6. 公诉

公诉，是指政府有关机构对查实的违法文化产品的生产者、销售者依法向法院起诉，由法院进行判决。公诉是政府文化产业产品内容规制的手段，是法律规制不可逾越的一个环节。

7. 惩罚

惩罚，是政府对违法文化产品生产者、销售者处置的手段，是文化产品内容规制的工具之一。惩罚，通常采取罚款、限期整改、撤销营业执照、关闭企业等方法。

第四十章　政府规制过程

规制为一种制度，制度都有生命周期，每一项规制都遵循制度的自然法则，经历孕育出生、成长壮大、衰退死亡的过程。文化产业政府规制过程，是指政府从决定对文化产业某一问题立法立项、立法执法，甚至解除这一规制所经历的环节。

第一节　规制立法

在文化产业政府规制制度比较成熟的国家中，规制环节是既定的。许多国家法律体系中有一部立法法。政府依法律确定的既定程序，使用法理确认的工具，对文化产业治理予以立法。这个环节中，由于各规制主体参与立法的孕育酝酿，有时情形就比较复杂。

实际生活中，政府往往采取两种方法：一种是直线实现立法的直接方法；另一种是通过影响改变规制制度或左右各规制立体力量对比，曲线迂回地实现立法的间接方法。影响规制制度和左右规制主体力量对比的方法，显然是政治方法。

各国文化产业政府规制制度的成熟程度是相对而言的，没有尽善尽美、一成不变的规制制度。文化产业立法的直接方法和间接方法都在成长变动之中。广大发展中国家由于文化产业起步较晚，与发达国家的文化产业规制制度建设相比相对滞后，立法还很薄弱。从计划经济向市场经济转轨的国家，文化产业立法与国家领导制度改革及政府职能转换紧密相连，国家领导制度改革和政府职能转换不到位，文化产业规制也不可能成熟起来。

一、文化产业政府规制的法律地位

1. 文化产业规制与现代法制社会的逻辑关系

为什么要运用国家立法和行政立规去规制文化产业呢？这是由文化产业所处的外部制度环境所决定的。市场经济是法制经济，现代社会是法制社会，文化产业的成长与健康发展离不开法制。当今的市场经济制度、混合经济制度以及传统制度文化所形成的“三者有机融合”的制度背景提供了一种法制环境，它是文化产业政府规制赖以发生发育的社会制度基础。文化产业政府规制与这一社会制度基础的逻辑关系如下：

其一，在上述“三者有机融合”的制度环境中，不管市场的作用和政府的作用混合的方式与程度如何，不管传统制度文化影响的方向与程度如何，其根本性的、基础性的制度机制是市场经济。市场经济是自由经济，经济自由本质上要求由法律法规做保障，因而文化产业及其市场必须由国家法律或行政法规做保障。

其二，在上述“三者有机融合”的制度环境中，政府面对市场和产业，其基本的公共服务职能是为市场竞争和产业运行提供法制保障环境。文化产业各规制主体参与规制博弈也要在法律法规框架内进行，当规制制度尚不健全的时候，各规制主体都一致认同必须完备规制博弈的法律游戏规则。

其三，在上述“三者有机融合”的制度环境中，任何传统制度文化的基因都必须渗透到现实生活中来，与当今制度有机融合才能发挥作用。在这个意义上，都是传统的制度文化向现代法制经济和法制社会的制度文化的变革。任何一种传统制度文化都必须去其糟粕、取其精华、推陈出新，转变为现代先进的制度文化，才能在当今社会发挥积极作用。

2. 文化产业政府规制为终极规制

在文化产业政府规制的各种方法中，法律手段为终极环节的、大量使用的、最为重要的方法。这是因为：

第一，从文化产业政府规制博弈全过程看，规制具有终极作用。在法制社会中，对于一个产业规制的博弈相当复杂，如果按照规制的利益集团理论和俘获理论，各种相关利益集团都可能参与其中，都可能采取法律的、经济的、政治的、其他的各种规制博弈手段，但是不管采取何种方法，大家最终都希望进入法律层面立法立规，立法立规之后就相对稳固了。文化产业政府规制的稳固性可从以下两个角度去理解：第一个角度，政府是不断更替的，不同届的政府（国会）执政的理念、关注点和风格可能不同，政府（国会）可能被社会利益集团俘获而代表的利益集团不同，一届政府（国会）下台了，下一届政府（国会）就可能采取与前任政府（国会）完全不同的产业政策。但是，下届政府（国会）要想改变上届政府（国会）已经立法立规的东西，比之改变尚未立法立规的东西，从途径和程序上困难得多；第二个角度，当规制主体认为当今政府（国会）的立法立规对他不利的时候，在规制博弈中要运用政治方法游说政府官员或国会议员，甚至要更换政府或国会，推选对他有利的人执政或进入国会。这一切的终极目的还是力图形成对自己有利的立法立规，终极环节是法律方法，政治方法只是迂回的间接手段而已。

第二，从文化产业政府规制实施环节看，规制立法最可靠。法律具有强制力，一旦立法，人人必须遵守，各级政府和各个企业必须遵守，有法必依，执法必严。文化产业政府规制的可靠性可从两个角度去看：第一个角度，就文化产业行业或企业规制主体的心态而言，把法律规制作为博弈的终极手段，是因为他们懂得只有立法才最稳固，由稳固性引申出可靠性；第二个角度，就执政者规制主体而言，法律与其他规制形式相比较，法律执行起来更顺畅、更可靠，从法制的内涵上表现出可靠性。

第三，从文化产业政府规制效果看，立法规制效果最佳。立法规制的社会成本低。规制立法为直接规制，只要按照法律程序实现了立法，就基本上可实现规制。政治规制为间接规制，还要经过过渡才能转换为法律规制，要动员调度更多的社会资源，付出的社会成本较高。一般讲，政治规制存在两种情况：第一种情况，在实行一党执政的国家中，执政党对文化产业规制的意见，须通过国家最高权力机关转换为国家立法，或者通过政府转换为行政法规；第二种情况，在实行多党制的国家中，对文化产业的规制须经议会的政治博弈，有时还要通过推动议会换届或政府换届才能达到规制主体的目的。

二、文化产业政府规制立法

1. 规制立法的基本框架

规制立法是规制过程的第一个环节。文化产业规制立法主要通过立法机关立法和行政机关立规两条途径实现。在立法中，又有国家（中央）层面的立法和地方州（省）市（县）层面的立法之分。图 40－1 是世界各国文化产业政府规制立法的基本框架。

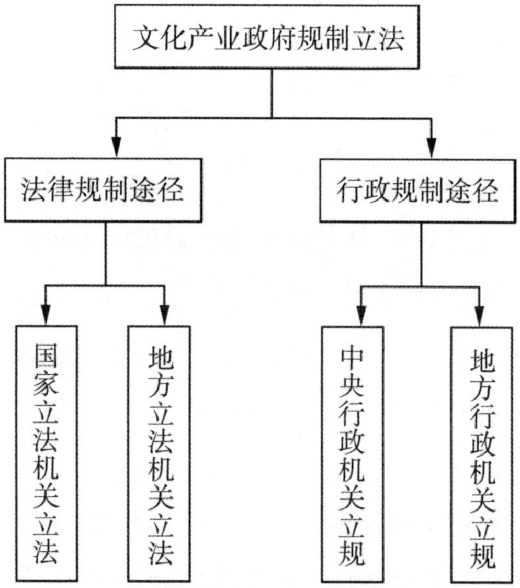

图 40－1　文化产业政府规制立法框架

需要说明的是，由于

各国政治体制、政党制度、行政体制和法律体系存在巨大差异，造成了文化产业政府规制机构模式不同，因此规制立法在基本框架下，立法的途径、方法等还存在若干差异。在立法和行政机关混合型、行政机关主导型、政党和行政机关协同型三种不同规制机构模式的国家中，规制立法的方法存在差异。文化产业规制主体遵循所在国既定的文化产业规制立法途径参与规制博弈，按“游戏规则路线”行走，才有可能实现自己的目的。

当然，各国的政治体制、行政体制、法律体系都在变革进步，但政府对文化产业政府规制立法的两种形式、两个层面的基本框架不会变化，也不应变化。所有相关改革都应瞄准建立或完善两种形式、两个层面的文化产业规制立法进行。

这是因为：其一，当今世界绝大多数国家文化产业规制立法的途径，基本是上述两种形式、两个层面，实践证明行之有效；其二，与上述两种形式、两个层面的立法相比，其他形形色色的途径和方法，付出的社会成本要高，规制的效果要差。

2. 规制立法的基本程序

在法制社会中，文化产业政府规制立法的法律程序大同小异，主要经过以下基本的步骤：

第一步，政府规制机构就文化产业某一领域或某一问题提出立法项目。政府规制机构之所以提出针对文化产业某一领域或某一问题的立法项目，其缘由无非是立法机关、行政机关、文化企业或文化消费者等规制主体中的一个或数个提出了有关要求，规制机构采纳了他们的要求，或者是规制机构自己判断应就某一领域或某一问题采取规制立法行动（比如立法机关中有议员提出或多个议员联名提出某项文化产业规制议案）。规制机构决定着手进行规制立法行动，也可以理解为规制立法意向。

第二步，政府将规制机构提出的规制立法意向纳入规制立法管理程序。规制机构的规制立法意向经政府相关机关批准，纳入立法管理程序，规制机构才能付诸行动，否则不能进行规制立法行动。规制机构的立法行动意向能否纳入立法管理程序，在于规制内容的必要性。分析规制立法内容的必要性主要看两点：一是规制立法意向内容同过去已有的规制是否相一致，新的规制不能同过去的规制相冲突相矛盾；二是规制立法意向内容同过去已有的规制重点是否相重复，不能做重复规制。通常情况下，规制机构提出的与同业已存在的规制法律相一致的不重复的规制立法意向，政府将纳入规制立法管理程序，批准进入规制立法行动。

第三步，规制机构进入规制立法行动。政府文化产业规制机构获准进入规制立法行动后，其工作内容大致如下：一是制定规制立法行动计划（包括行动经费预算）；二是制定规制法律条文或规制法规条例草案；三是将草案公示社会，征求各方面的意见；四是根据来自各方面的意见进行论证，对规制法律条文或法规条例草案进行修改。这样的规制立法行动，可能产生两种结果：一是规制机构在规制草案文本征求意见过程中，发现本规制实无必要或不可能获得国会或行政首脑批准，中途取消规制立法行动；二是规制草案文本反复修改后，规制机构将草案终稿送达国会或行政首脑审查，争取予以立法立规。

第四步，规制机构将规制法律条文或法规条例送达国会或行政机关审查。这个过程中，规制机构如果拟通过国会立法，文本送达国会，国会专门委员会将对规制法律条文进行审查并召集若干听证会，机制机构要到会予以答辩。如果规制机构拟通过行政机关立规，行政机关将对规制条例进行审查，并召集若干听证会予以论证，并将规制条例与论证报告一并呈送行政机关首脑审批。

第五步，国会或行政机关予以立法立规。根据国会立法程序，某一文化产业规制条文经过国会专门委员会投票通过，或经过国会上院或下院投票通过，即成为法律。根据行政机关立规程序，某一文化产业规制条例经过行政机关会议研究通过或经行政机关首脑签字批准，即成为法规。有些国家国会通过的法律，须经行政首脑签字同意，才能生效。有的国家行政首脑批准的法规，须经国会通过，才能生效。还有的国家所有的法律法规立法立规之后，确定一个时限须经司法审查，法院无异议才能生效，如果法院判决某一规制违背法律，则不能生效。

第二节 规制实施

文化产业政府规制立法之后，就进入实施过程。规制实施是规制的实质性过程，因而是规制的最重要环节。规制实施包含两项内容：一是规制执行，二是违规查处。

一、规制执行与违规查处的关系

规制执行与违规查处构成了规制实施统一有机的完整过程。规制立法之后，不去执行，有法不依，规制就是一句空话。为了保证规制的实施，必须对那些不执行规制或违犯规制的行为进行查处，做到违法必究。唯此，才能起到规制的作用。这是因为：

第一，在成熟的市场经济和法制社会中，政府对一个产业的规制是极为慎重的。一般情况下，政府不会对一个产业轻易立法规制。产业遵循价值规律和供求规律在“看不见的手”的作用下，自由运作，配置相关资源，进行生产经营。只有当市场失灵或为了防止市场失灵，政府才不得不通过立法对一个产业实行谨慎的有限规制。一旦立法规制，实施是坚决的，有法必依，执法必严，违法必究。

第二，政府对一个偌大的产业进行的宏观立法规制，往往涉及国家产业政策，常常带有国家战略的含义。国家战略是国家发展大局和长远利益中的谋划。涉及国家战略的产业规制，一旦立法，实施应是坚决的，有法必依，执法必严，违法必究。

第三，在成熟的市场经济和法制社会中，产业规制中的各规制主体之所以在规制立法博弈中都非常“较真”，并且立法进程比较艰难，争论剧烈，原因之一就是大家都明白，规制一旦立法，都要遵守，违法必究。

第四，产业规制能否做到有法必依、执法必严、违法必究，这是法制是否健全和成熟的表现。发达的文化产业呼唤成熟的市场经济体制，也呼唤成熟的规制制度。

总之，文化产业规制要想顺利地执行，离不开对违法的追究处理。只有违法必究，才能实现有法必依，从而使规制顺畅地实施。

二、规制执行

1. 规制执行者

规制立法之后，进入法律法规实施期，就开始执行了。比如，国家文化产业振兴计划经过立法之后，国家或地方行政机关要依据“国家文化产业振兴计划”这个法律文本，制定具体措施，组织力量，抓好规划的落实。再比如，立法机关通过了对文化产业扶持的财税政策，财政税收行政部门要按照已经立法了的政策，对文化产业进行扶持，抓好相关法律的实行。再比如，立法机关通过了民营资本进入文化产业的法律法规，民营资本创办文化企业，必须遵守相关法律法规才能进入文化产业。又或者，立法机关通过了有关文化商品消费税率的法律，文化消费者就要执行。由此看来，文化产业政府规制主要有国家行政机构、文化企业和文化消费者三方面的执行者。

2. 规制执行态度

各个法规执行者都应当认真地执行规制。但是，实际上，规制执行者因种种动因对某一规制的执行态度是不同的，不能天真地认为规制立法之后都会得到很好的执行。究其原因如下：

其一，全社会法制成熟程度决定着人们对规制执行的态度。在法制成熟的国家中，人们的法制观念强，遵法守法的自觉性高，对规制执行态度相对认真一些，执行情况就好一些。反之，在法制尚不成熟的国家中，规制执行情况可能就差一些。

其二，各规制执行者因种种动因决定了对某项文化产业规制执行的态度。规制执行者在规制立法之前，也都是规制立法博弈的参与者。规制得以立法是力量对比的产物。即使在法制成熟的国家中，各个规制执行者在规制执行中也会有不同的态度。

首先，对于国家行政机构（狭义政府）而言，如果是本届政府推动制定的规制，它对规制的执行肯定是尽力尽责的；如果是往届政府制定的规制，而且也不是本届政府的关注领域，它对规制的执行就可能是消极或者是敷衍的。在西方国家宪政下，政府规制可能代表了某些利益集团或被某些利益集团俘获，不同届别的政府对某项规制执行态度可能大不相同。

其次，对于文化企业而言，往往是规制对它有利的执行起来积极，对它不利的便消极。有的甚至铤而走险，千方百计违反规制。比如，各国都严禁文化商品的走私和盗版，但是都难以杜绝。

最后，对于文化消费者而言，由于价值观的不同，文化消费观念存在巨大差异。有些国家严禁传播的影片、图书，有的人却总要在黑市上购买“观赏”、阅读，从而表现了文化产业规制的不同执行态度。各国都存在文化消费领域的违法者。

三、规制执行监督与违规查处

上述分析说明，文化产业政府规制效果问题是理论和实践中提出来的一个有待解决的命题。文化产业政府规制博弈不仅存在于立法之前、之中，也存在于立法后的执行中。

1. 执行监督

各国为了提高文化产业政府规制的执行效果，大都采取了一定措施，形成了一定的监督。一是在政府中设置了专门机构，负责规制执行情况的督促；二是政府就某项规制执行情况，组织力量，进行专项检查；三是行政首脑的执政报告或年度咨文面临着国会议员或公众评论，政府执行文化产业规制的情况不佳将受到议员或公众的批评；四是社会公众舆论对政府、文化企业、文化消费者执行规制的态度具有不容忽视的监督作用，舆论监督常常比政府监督检查效果更明显。

2. 违规查处

文化产业政府规制违规查处机制包含三个环节：一是举报，政府设立相关举报电话、网站等渠道，为公众举报违规事项提供通道；二是侦查审理，政府检察机构接到举报，要对违法违规立案侦查、取证、审理，查实之后向法院提起公诉；三是判决，法院依法律有关条款，对违规者进行判决惩罚。

第三节　规制解除

文化产业政府规制的第三个过程为解除规制。某项规制的目标已经实现，或者规制的时限已过，或者环境条件发生了变化再执行规制，将产生负面效果，这时就要解除规制。规制解除与规制立法、规制实施共同构成了规制的完整过程，其意义不亚于规制立法和规制实施。从一定意义上讲，解除规制意味着改变原有的法律，重新立法。

一、规制解除的两种方式

1. 自行解除

文化产业规制自行解除，是指那些具有规制时间限定的规制，时间限定已过，无须经过法律程序而自然解除规制。比如，经过立法的中长期（五年、十年）文化产业发展规划，不管执行情况如何，五年、十年已过，规制自行解除。通常情况下，下一个五年、十年应当再制定新的文化产业中长期发展规划，并经过立法。在新的中长期发展规划中，一般对上一期中长期规划的执行情况有所总结和评估，这是制定新规划的基础和依据之一。有些国家经过一轮五年的发展，推动文化产业成了国民经济支柱性产业，政府有可能不再做新一轮中长期发展规划，由市场看不见的手推动文化产业发展，这也是很正常的。

2. 立法解除

文化产业规制立法解除，是指那些必须经过法律程序，以新的立法解除规制。立法解除通常适用于以下两种情况：一是某项规制的目标已经实现。比如，政府对某文化行业垄断企业做出了拆分的规制，经过规制的执行，该文化企业已被拆分，不再垄断。这种情况，在有些国家无须再经过立法，但在有些国家则须向立法机关反馈执行结果，通过法律程序解除规制。二是情况发生了变化，原规制需要解除。比如，政府对电影的进口配额做出了规制，当初做出这一行政法规的前提是为了保护国内国产电影市场。当本国电影生产能力大大提升，并且有能力大量出口的时候，电影的进口配额规制就需重新考虑，原配额就要通过行政法规解除。

二、规制解除法理

文化产业规制解除同文化产业规制立法在法理上是一样的。这是因为：

其一，法告诉人们“可以做什么，不可以做什么”。规制立法和解除，都是告诉人们“可以做什么，不可以做什么”。某项规制告诉“人们可以做或不可以做的事”，当这项规制被解除之后，“可以做的事可能不可以做了”，“不可以做的事可能可以做了”。这依然是解决“可以做什么，不可以做什么”的问题。

其二，不管是规制自行解除还是立法解除，都是在法制框架内的行为。自行解除，也是在法的既定秩序中认可的。规制自行解除是一个严肃命题。由于各国文化产业规制机制不同，规制自行解除的现象也不同。这当中，要从法律的角度加以判断，把自行解除同违法严格区别开来。

其三，从具体程序上看，立法解除同规制立法是相同的，大体要经过同立法一样的基本步骤，即提出解除规制立法立项、纳入解除规制立法管理程序、进入解除规制立法行动、送达立法机构审查、立法机构解除规制等五个步骤。

三、规制解除的实践意义

第一，从规制立法到规制解除是一个辩证统一的过程。没有规制立法也就不会有解除规制。文化产业政府规制是政府干预文化产业的行为。这一干预：一是必要的、必需的；二是尽量少干预，尤其不要包揽本应由文化企业自己做的事。规制解除的意义是当政府发现对文化产业干预过多或存在不恰当干预时能够解除干预。

第二，规制解除为政府管理文化产业提供了灵活的手段。当市场失灵或有失灵的征兆时加以规制，当市场危险消除时解除规制。

但我们必须懂得从规制立法到规制解除是一个多方博弈的过程。不管是规制立法还是规制解除都要遵循严格的程序，使各规制主体参与其中，充分表达其意见，以使规制的立法和解除更民主、科学、合理。规制上升到法的层面就要保持一定的稳定性、可靠性，规制草率立法和解除都是不足取的。既要看到规制解除给规制带来的灵活性的一面，又要懂得规制立法和解除绝非易事。

第三，从计划经济向市场经济转轨的国家，面临着文化体制改革的任务：一是文化单位要向文化企业转制，二是政府要转变管理文化的职能。这个过程当中，政府的主要任务是文化产业规制立法，而绝不是文化产业规制解除。但是，必须清醒地看到，在计划经济时代绝大多数管理文化的办法到市场经济时代已经不适用了，要勇于破除和放弃旧体制时代的老办法，积极探索用尽可能少的规制激励文化产业发展的法制办法。当前中国文化产业规制运用政策工具和指令工具多一些，运用法律工具还稍显薄弱。今后应当进一步加强文化产业规制立法。各地政府出台的文化产业规制中，有些沿用了计划经济时代的老办法，直接干预文化产业资源配置，这样的规制无助于振兴文化产业，应当果断解除。

第四十一章　政府战略规制

1958 年，美国耶鲁大学出版社出版了赫希曼的《经济发展战略》一书，将原本为军事术语的“战略”一词引入经济领域。在军事上，战略指基于对战争全局的分析、判断而做出的筹划和指导。战略被引入国家发展乃至经济、政治、文化、社会、科技、教育、卫生、产业发展，泛指国家或某个领域中重大的、全局性的、中长期的发展谋划。发展战略具有全局综合性、系统层次性、长期稳定性、实践指导性、自觉主动性等五个显著特征。当今世界所有发展比较快的国家或地区都采取了正确的发展战略。一个国家中某一领域或某一产业发展比较快也皆因在这个领域或产业中采取了正确的发展战略。发展战略在立法机构中立法或在行政机构中立规，便具有了战略规制的意义和作用。文化产业政府战略规制，是指文化产业发展战略的立法、实施、解除全过程的活动。政府战略规制是文化产业宏观规制的重要手段，通常以“文化产业发展规划”“文化产业振兴计划”等法律法规体现。

第一节　战略规制依据

文化产业发展战略是一种谋划，它在两种状态中存在：一是作为一种思想理念存在于文化产业发展的决策咨询研究过程中；二是作为一种宏观公共管理规制存在于相关法律法规的实施过程中。前者为一种思想理念，后者为一项法律规制。前者转化为后者的关节点是立法。文化产业发展战略通过立法就演化为文化产业战略规制。文化产业战略规制的依据，就发展战略内容而言与发展战略本身是一致的，主要依据产业发展战略理论、文化产业生产要素资源禀赋和经济、政治、文化、社会发展等基础条件。

一、发展战略理论依据

文化产业是文化与经济一体化的当代产业形态，隶属于经营性文化经济范畴。经营性文化经济是国民经济的一个领域，它的发展是国民经济一个新的增长点，又是转变经济发展方式、调整经济结构的一个重要方面。从战略高度谋划规制文化产业，要依据相应科学理论的指导。

现代经济学的若干分支诸如宏观经济学、发展经济学、产业经济学、结构经济学、制度经济学、循环经济学中的许多理论思想对产业发展战略具有重要的指导作用，科学的文化产业发展战略规制要依据经济学上述分支学科宝库中提供的思想。当代经济学在学科细分的同时，各分支学科也有互相借鉴、跨学科融合的趋势。这种融合绝不是研究对象的混淆，而是解决各自特定研究对象命题的路径的丰富。正是从这个意义上讲，当今产业发展战略理论体系，采纳融汇了宏观经济学、发展经济学、产业经济学、结构经济学、制度经济学、循环经济学及其他经济学分支中若干思想观点，使得以产业发展战略为研究对象的产业发展战略理论体系的知识新颖、丰满、贴近实际，具有指导作用。

1. 发展理论模型

产业发展战略理论所要解决的命题是现代产业发展的本质及其决定因素。经济学中的下列发展理论模型对文化产业发展战略具有一定的指导作用。

一是凯恩斯乘数理论。20 世纪二三十年代爆发了世界性经济危机。凯恩斯主义的创始人英国经济学家约翰·梅纳德·凯恩斯提出了乘数理论，他认为，投资不足导致失业增加，要扩大就业就必须进行有效投资。乘数理论模型如下：

已知 $Y = C + I$，$\Delta Y = \Delta C + \Delta I$

故 $\Delta Y/\Delta I = I/(I - \Delta C/\Delta Y)$

设 $K = I/(I - \Delta C/\Delta Y)$，则 $\Delta Y = K \cdot \Delta I$

由于 $0 \leqslant \Delta C/\Delta Y \leqslant 1$，所以 $K > I$

式中：Y 为国民收入，C 为消费，I 为投资，$\Delta C/\Delta Y$ 为边际消费倾向，K 为收入增加倍数。

凯恩斯认为，投资增加一点，收入就会增加 K 倍，边际消费倾向越大，乘数就越大。由于受到种种限制，现实生活中的乘数一般为 2～3 倍。限制乘数扩大的主要因素：一是增加的收入用于还债；二是增加的收入用于购买存货；三是需求增加，供给不能同比例地增加；四是增加的收入用于购买外国货物，乘数转移到国外。

乘数理论强调投资对经济发展的作用，认为只要扩大有效投资，国民收入就会增加，消费也随之增长，又能增加新的就业，如此循环下去，总供给与总需求失衡就会化解，就将摆脱经济危机，走向持续增长。凯恩斯主义主张政府对经济干预，要求国家加大投资。

凯恩斯学派是现代经济学中极具影响力的一个学派，目前已演变为新凯恩斯主义。新凯恩斯主义认为现代经济是市场和政府两只手共同发挥作用的混合经济，政府对经济发展的调控作用不容忽视。

二是哈罗德－多马增长理论。英国经济学家哈罗德和美国经济学家多马根据凯恩斯主义储蓄等于投资的观点，以新凯恩斯主义代表萨缪尔森的加速原理为基础，在 20 世纪 40 年代中后期提出了第一代经济增长理论，其模型如下：

$$G = S/V$$

式中：G 为产量增长率，S 为储蓄率，V 为资本产出率。

哈罗德和多马认为，发展速度、储蓄率、资本产出率三个因素之间存在一定的比例关系。已知其中一个因素，追求另一个因素的发展水平，要使第三个因素达到一定的水平。他们为解决投资不足问题，主张引进外资。由此哈罗德定 - 多马理论变形如下：

$$G=(sd+sf)/V$$

式中：sd 为国内积累率，sf 为外资与国民总收入比。

这样，就获得了比只有国内储蓄更高的投资率，从而支撑较高经济增长。

三是索洛 - 斯旺增长理论。美国经济学家索洛和斯旺认为，生产中的劳动和资本是可替代的，其比例可变，在技术水平不变的情况下，只增长劳动或资本投入，而不增加其他生产要素，劳动或资本要素的边际生产率递减，因此技术进步对增长的作用极为重要。他们在 20 世纪 50 年代后期提出的经济增长模型如下：

$$\Delta Y/Y=\alpha(\Delta L/L)+\beta(\Delta K/K)+T$$

式中 $\Delta Y/Y$ 为产量增长率，$\Delta L/L$ 为劳动增长率，$\Delta K/K$ 为资本增长率，T 为技术进步造成的产量增长率，α、β 为权数。

索洛和斯旺强调劳动与资本的可代替性，总结出了劳动和资本边际生产率递减规律，认为一半左右的产量增加应归于技术进步，提示人们技术是经济发展的引擎。

四是科布 - 道格拉斯生产函数理论。凯恩斯、哈罗德、多马注重资本投入对经济发展的作用，索洛和斯旺重视劳力投入与技术进步对经济发展的作用。美国经济学家科布和道格拉斯认为，发展经济不能只注重资本和简单劳动力，还要重视智力的作用，通过发展教育，培养人才，增加知识，推动经济增长。他们在 20 世纪 50 年代后期提出的生产函数模型如下：

$$P=A\cdot L^{\alpha}\cdot K(1-\alpha)$$

式中：P 为总生产，L 为劳动力，K 为资本，α 为小于 1 的正数即劳动力对生产的贡献，$1-\alpha$ 为资本对生产的贡献成分，A 是常数。

根据当时美国较长期统计资料计算，发现上述模型中的 K 和 L 仅推动了经济增长率的 55% ~60%，还有 40% ~45% 的余差是 K 和 L 以外的因素决定的。于是，模型改为动态的，如下：

$$P = A \cdot L^{t\alpha} \cdot K^{t(1-\alpha)} \cdot E^{\beta t}$$

式中：E 为余差，β 为余差对增长的贡献。

科布和道格拉斯论证了资本、劳动力和技术以外的软因素对经济发展的作用。科布－道格拉斯生产函数模型为第二代增长理论，又称新古典增长模型，这一模型对经济学发展做出了重大贡献。

五是罗默－卢卡斯内生增长理论。20 世纪 80 年代罗默和卢卡斯等提出了第三代增长理论，即内生增长理论。他们认为，并没有一种力量能够导致所有封闭经济增长的均衡，其创新之处在于设法处理递增规模效益，论证了可积累要素的边际收益至少是常数（即非递减），在生产函数中排除诸如劳动、自然资源等稀缺要素投入（如内贝罗德的 AK 模型、卢卡斯的人力资本模型、巴罗等的政府支出增长模型），并引入某种外部性（如阿罗的干中学模型、罗欧的知识资本外溢模型、斯多克的新产品引进模型、阿温·扬的发明模型）。由于内生增长模型都比较复杂，下面仅介绍较为简单的 AK 模型：

$$Y = AK$$

式中：Y 为生产函数，A 为影响技术的任何要素，K 为资本存量。

假定储蓄都转化为资本增量，则 $\Delta K/K = SA$，$\Delta Y/Y = SA$。这样，储蓄率 S 越高，产量的增长率也将越高。再将 AK 模型与索洛－斯旺模型相结合，可得出：从长期看，即使不出现外生的技术变化，人均资本的增长也能够出现，人均收入和人均消费也以与人均资本相同的增长速度增长，它们的增长率也都依赖于储蓄率和人口增长率①。

2. 新结构主义理论

分析上述增长理论，最初的发展经济学家发现发达国家是资本密集、技术先进的产业结构，发展中国家则是传统农业或自然资源经济的产业结构，产业结构的差异造成了发达国家与发展中国家在生产水平、收入水平、贫富的巨大差距。于是，20 世纪四五十年代第一波的发展理论盛行结构主义。

结构主义认为，现代经济发展的本质及其决定因素是产业结构。那么，影响产业结构变动的因素和推动产业结构升级的动力是什么呢？围绕这个命题，从 20 世纪四五十年代迄今的六七十年间，从凯恩斯主义的政府干预，到新自由放任主义的私有化、市场化、自由化“华盛顿共识”，经济学理论及许多国家的经济政策都发生了巨大变迁。混合经济的主张也被越来越多的经济学家所接受。

半个多世纪以来能够缩小与发达国家差距的国家的主要经验：一是他们首先从传统劳动密集型中小产业、由国内国际市场最初的简单加工制造业开始，以出口为导向，创造了利润，积聚了资本之后，产业结构才一步步升级，向发达国家逼近；二是他们的经济体制改革，由于种种原因有意或无意间所形成的结果，几乎比发达国家更呈现或贴近混合经济体征，这从制度层面为发展方式转变和产业结构调整提供了某些条件。通过观察分析中国、印度、俄罗斯、巴西、南非等金砖国家的经济转型发展实践，从企业在市场中的自生能力和政府推动软硬基础设置建设等方面，探讨产业结构的变化，成为发展战略新的研究视角，这就是新结构主义。

---

①　张培刚、张建华主编《发展经济学》，北京大学出版社，2009，第 38－39 页。

新结构主义的基本原理是以新古典经济学的方法，研究经济发展过程中的结构及其动态变化。其理论框架中，把经济体的禀赋作为分析经济发展的起点，强调两个概念：一是经济体的基础设置，即有形的高速公路、港口、机械、电信、电力、公共设施等硬件和无形的制度、规则、社会资本、价值观、社会与经济体制安排等软件；二是企业自生能力，即在一个开放竞争的市场当中，一个正常经营管理的企业在没有外部性保护补贴的情况下，获得被大家接受的利润率的能力①。新结构主义为在混合经济中政府干预经济和自由放任主义交织更替背景下，认识经济发展的本质和动力提供了思路。

3. 发展理论与文化产业发展战略

第一，国民经济中第一、第二、第三产业的比例是衡量一国、一地区产业结构优劣的尺度之一。文化产业是第三产业的一部分，文化产业发展水平对第三产业发展水平有重要影响，进而影响整个国民经济产业的高级化程度。发达国家中，文化产业增加值皆占GDP的5%以上，已成为国民经济的支柱产业。依据结构主义理论，文化产业发展战略目标之一是把文化产业打造成国民经济支柱性产业。

第二，依据经济增长模型，劳动力、资本、技术、知识是产业结构升级的主要生产要素，发展文化产业这些要素缺一不可。不同的国家和地区要从本国本地区的资源禀赋实际出发，选择适合本国本地区情况的文化产业发展道路，绝不可原封不动地照搬他国的道路。文化产业行业众多，既有劳动密集型，也有资本密集型，还有技术密集型、自然资源型。文化产业是知识创意含量很高的新兴产

① 林毅夫：《现代经济增长的本质是什么?》，《国际经济评论》2013年第11期，第13-15页。

业，要重视技术、知识、创意人才集聚的可能，发达的文化产业更需要这类要素。

第三，新结构主义理论是制定文化产生发展战略的重要依据。提高文化企业在文化市场竞争中的自生能力和发挥政府在软硬件基础设置建设中的作用，应成为文化产业发展战略两大措施。半个多世纪以来的经济发展，总脉络是市场与政府关系引起的经济波动，是自由放任与政府干预引起的经济变化。可见，除了劳动力、资本、知识生产要素决定产业结构之外，经济体制和政府规则因素也是决定产业结构的重要因素。按照新结构主义理论，一是不管制度性因素如何变动，企业具备自生能力，至关重要；二是政府着力软硬基础设置建设，为发展提供优良环境，至关重要。这两个至关重要的事情办好了，将最大可能地避免经济危机的发生（完全避免经济危机是不可能的）。

二、生产要素资源禀赋依据

文化产业资源是指文化产品生产和服务中的一系列要素。自然资料、社会物质文明资料、社会精神文明资料中，凡是能够作为文化产业创意、生产、服务要素的都可以成为文化产业资源。

从产业组织学视角分析，诸如土地、资金、技术、人力等要素，在文化产业与其他产业中的性质大致相同，而文化和艺术要素在文化产业生产和服务中占有重要位置，这是文化产业生产要素与其他产业生产要素的区别之处。

从创意视角分析，文化产业生产和服务的核心环节是文化产业创意，自然、文明、未来等文化产业创意元素的信息，对发展文化产业至为关键，这是文化产业创新领域与其他产业创新领域的区别之处。

文化产业资源禀赋是制定文化产业发展战略的依据之一。那些土地、资金、技术、人力（人才）、文化、艺术等文化产业资源丰盈和创意元素信息充分的地方，才具备快速发展文化产业的条件。文化产业资源匮乏，创意元素信息不足，不具备条件的地方，不可贸然发展文化产业。

从各国各地区文化产业发展史上看，文化产业资源禀赋条件好的国家和地区，只要重视发展文化产业，文化产业就可迅速崛起。因此，文化产业资源的调研、分析、评估、判断，对于制定文化产业发展战略非常重要。作为文化产业发展战略依据来讨论文化产业资源禀赋，要了解文化产业资源的如下特征：

1. 文化产业资源潜在性

文化产业资源可作现成资源与潜在资源之分。文化产业资源，有些是现成的，可直接作为文化产业生产要素纳入文化产业生产之中。有些则是潜在的，当把它们作为文化产业生产要素时才成为文化产业资源。这类潜在资源，当不把它们作为文化产业生产要素开发时，它们只是一种自然资源、文化资源存在。不同的国家和地区文化产业现成资源和潜在资源禀赋条件不同。制定文化产业发展战略，既要重视现成的文化产业资源，更要重视潜在的文化产业资源，尤要善于识别潜在资源，善于把潜在资源转化为文化产业资源。

2. 文化产业资源可增性

文化产业资源具有可增性特征，资源禀赋有存量和增量之分。某一时点上，某国某地区的现成的文化产业资源可视为存量资源。随时间推移，在发展文化产业过程中必然增加一些新的文化产业资源。这个过程中有两种情况：一是原为自然资源或人文资源的，在文化产业开发中转化为文化产业资源，成为文化产业资源的增量；二是在文化产业开发中，吸纳、汇集、成长起来的文化产业生产要素成为文化产业进一步发展的文化产业资源，这也是新增的资源。制定文化产业发展战略，既要对文化产业资源的存量做中肯的评估，更要善于预见文化产业阶段性发展中增加的文化产业资源。文化产业是行业关联度极高的产业，产业链很长，衍生品分支较多。某一发展阶段的产品，很可能就是另一发展阶段的资源。某一行业的产品，很可能就是另一行业的资源。不同的国家和地区文化产业存量资源和增量资源禀赋条件不同，发展文化产业必须具有这种走一步看三步的战略眼光。

3. 文化产业资源可流动性

文化产业资源中有些具有可流动性，资源禀赋具有本地和外来资源之分。比如，资金、人才、创意元素等文化产业资源是可流动的，土地、山川、湖泊等自然资源和古建筑等人文遗产资源是不可流动的。总体来讲，文化产业可流动资源多，不可流动的资源少。不同国家和地区的文化产业本地资源和外来资源禀赋条件不同，制定文化产业发展战略，既要重视本地不可流动的资源，也要重视可流动的资源，尤要重视吸纳外地可流动资源，并且防止本地资源流失。从各国文化产业发展状况看，文化产业发达程度与本地不可流动资源赋存程度有重要关联，但这不是绝对的因果关系。许多不可流动本地资源并不富裕的地区，也有非常发达的文化产业，这缘于它们吸纳外来的可流动文化产业资源的能力。

三、环境基础条件依据

文化产业生产要素资源禀赋条件主要是为文化产业提供生产要素，经济、政治、文化、社会发展基础条件则是影响文化产业发展状态的环境因素。对于文化产业发展而言，经济、政治、文化、社会发展条件是指一定时间内经济、政治、文化、社会发展长期积累的结果。从世界各国或地区文化产业发展史看，以下三项综合性环境基础条件对文化产业振兴极为重要。

1. 人均 GDP

一般认为，当人均 GDP 达到 1 000 美元的时候，文化产业开始崛起。这是因为：一方面，人均 GDP 达到 1 000 美元，人们普遍解决了吃、穿、住、行的基本生活需求，消费开始向现代文化需求和精神需求迈进，此时就需要通过文化产业向人们提供精神文化产品，以满足不断增长的精神文化需求；另一方面，人均 GDP 达到 1 000 美元，意味着工业化达到一定程度，意味着公众受教育的水平达到一定程度，意味着劳动力的素质达到一定程度，具备了文化产业必需的生产要素（诸如文化产业创意、生产或服务所需人才以及文化艺术品工业化机械复制能力等），此时满足不断增长的精神文化需求的文化艺术品的供给成为可能。在供求规律支配下，文化产业必然开始崛起。

2. 城市化率

一般认为，当城市化率达到或超过 50% 的时候，文化产业开始崛起。城市化主要是指乡村人口向城市流动的过程，还包括城市数量与规模不断扩大的过程，以及城市文化与生活方式不断向农村扩展并最终使农村实现城市文化与生活方式的过程。

城市化有两个前提：一是农业生产力的提高，高效率农业是城市化的基础；二是工业化的推进，按照聚集经济理论、城市发展乘数原理、城市发展循环累积因素机制及理论等，工业化推动刺激了城市化。

城市化具有以下正效应：一是带来企业的集中及专业化与协作化生产水平的提高，带来资本、劳动力和企业家的集中，带来商业和金融业的集中，带来消费的增长；二是人口的集中和消费增长，反过来刺激了生产向广度和深层发展，对劳动力、资本、技术提出了更高的要求，使社会生产生活方式向现代化迈进；三是推进产业结构变化与升级，工业化程度提高必然促进第三产业的发展，这种结构的变化带来累积与循环效应，将引发各产业部门全面成长。

城市化的上述正效应恰恰是发展文化产业所需要的基础条件，城市化为文化产业发展提供了文化产品消费市场，提供了生产要素。文化产业发展演进与城市化有个对应关系，那就是当城市化率达到或超过50%的时候，文化产业便由零星文化企业逐步变为大批文化产业，文化产业开始崛起，逐步成为国民经济一个支柱产业。

3. 中产阶层比重

一般认为，当中产阶层人口达到总人口40%以上的时候，文化产业开始崛起。一国一地区人均GDP达到一定水平，工业化进入一定时期，城市化达到一定水平，必然产生一个中产阶层。各国对中产阶层的界定不同。一般来讲，个人收入在社会中等或中等偏上水平，政府公务员、中小企业家、大型公司企业的高层管理人员、高中级科技人员、高中级演职人员等凭管理、知识、技术等脑力劳动谋生，衣、食、住、行有保障，且有闲暇时间外出旅游的阶层为中产阶层。

中产阶层具有以下特征：一是受教育的程度较高，绝大多数受过高等教育，许多人具有硕士、博士学位，属于社会知识群体；二是从事职业的特点是管理、科技、教育、卫生、艺术等较高级的脑力劳动，有稳定的收入；三是追求新的生活方式，除了物质消费之外，精神文化消费在其消费中占有相当的比重；四是独立自主的社会道德价值观念，具有社会责任感。中产阶层既是生产力发展与社会进步的产物，又是促进生产力发展和推动社会进步的力量。

一个国家中产阶层的比重与该国发达程度有关，发达国家中中产阶级占绝大多数，社会阶层结构呈橄榄型，富豪阶层、贫困阶层两头小，中产阶层中间大。发展中国家，还没有达到这种状态。

当中产阶层达到40%的时候，文化产业就将崛起，这是由中产阶层的特征所决定的。中产阶层的成长壮大，除了为文化产业准备生产要素和消费市场之外，更重要的是为文化产业准备了经营管理力量。中产阶层当中很大一部分是企业家群体。正常状态下，中产阶层壮大，意味着企业家群体的壮大。按照熊彼特的理论，企业家在经济发展和产业结构变迁中具有创新引领功能。文化企业家必须具备既懂文化又善经营两种素质，为知识复合型人才。当中产阶层特别是企业家群体规模还比较小的时候，还不足以产生能够驾驭文化经济的文化企业家群体。中产阶层规模达到总人口40%以上，文化企业家群体成长水到渠成，文化产业就将崛起。

四、关于发展战略依据的评价

将某一文化产业发展战略而不是另一文化产业发展战略立法形成战略规制，必须对这一文化产业发展战略依据做出有说服力的分析论证。这是因为，文化发展战略取得国会议员或政府决策参与者的多数人的赞同，才能立法或立规，形成战略规制。

1. 关于资源禀赋和环境基础条件的评价

制定文化产业发展战略，依据文化产业资源禀赋和经济、政治、文化、社会等环境基础条件禀赋，那就必须对禀赋条件做出科学的评价，找寻各种禀赋条件中对于发展文化可用的经济价值、文化价值、技术价值、人才价值、市场价值乃至社会价值。评价禀赋条件的价值，要着重从以下六个方面逐一对它们进行研判：

一是从数量与质量上进行分析。资源和环境基础禀赋的数量关系到资源开发和环境利用的潜力及其保证程度，资源和环境基础禀赋的质量则更能反映开发利用的经济、文化和社会价值，资源和环境基础禀赋的质量对文化产业发展的影响往往比数量更大。因此，判断文化产业资源禀赋和环境基础条件禀赋，既要摸清数量，更要摸准质量。

二是从绝对量和相对量上进行分析。资源和环境基础条件的禀赋丰度有一个绝对量与相对量的问题，相对量是指绝对量与需求量的对比。从相对量上看禀赋的绝对量，能够更真实地反映禀赋的潜力，判定其开发利用的价值。有些表面上禀赋绝对量很大的资源，当与需求量对比之后，常常发现远远不能满足市场需求，不可持续，没有多少开发利用价值。市场需求量一般与人口数量有关，所以人均资源和环境基础条件禀赋，常被当作一个重要指标。

三是从空间分布及其组合状况上进行分析。资源禀赋和环境基础禀赋都存在一个空间分布及其各类资源、各种基础条件的组合状态问题，这对发展文化产业是更具价值、更为重要的条件。很多情况下，就单一资源和环境基础禀赋看，其质量或相对量很理想，但从空间分布或与其他必不可少的资源与环境基础禀赋组合上分析，则不能满足发展文化产业的需要。因此，必须全面地、交叉地、综合地分析整个资源和环境基础。

四是从静态与动态上进行分析。如前所述，文化产业资源具有待转性、可增性和可流动性特征，对文化产业资源既要从静态上分析，更要从动态上分析，唯此才能全面地判定资源状态。动态分析，对于找寻潜在资源尤为重要。文化产业发展所依据的经济、政治、文化、社会基础条件时刻处于变动之中，对它们的评价则更须具有动态性和前瞻性。

五是从硬件与软件上进行分析。发展文化产业的依据，无论是生产要素资源条件禀赋还是环境基础条件禀赋，都可分为硬件部分和软件部分。新结构主义认为，一国一地区基础设置中的硬件与软件，对于产业结构成长具有不可替代的作用，因此分析文化产业条件禀赋既要重视硬件也要重视软件。从一定的意义上讲，文化思想、价值理念、体制制度、经营管理、法制氛围等软件资源对发展文化产业更显重要。

六是从可能性与合理性上进行分析。凡是具备一定的文化产业资源条件禀赋和环境条件禀赋的地方，都有发展文化产业的可能，但同时也存在一个发展文化产业经济上是否合理的问题。所谓合理性，将涉及投资规模、人力支撑、经济管理水平、利润高低一系列问题。具体的文化产业项目，还将涉及投入产出比以及回报期等问题。因此，在看到可能性的同时，对合理性进行严格的论证是不可少的，发展文化产业不仅需要热情，更需要科学严谨的态度。

2. 关于文化产业现状的评价

今天文化产业的发展是过去文化产业的继续，未来文化产业的发展是今天文化产业的继续。文化产业发展战略一般不会是在文化产业完全空白的情况下谋划的。为了确保文化产业发展战略的科学性，必须把文化产业的现状搞清楚，进行准确的评价，总结过去的经验，找寻存在的问题，分析存在差距的原因，提出发展战略构想。从这个意义上讲，文化产业现状也是制定发展战略的重要依据，现时的文化产业是未来文化产业的起点。

评价文化产业现状，应当通过一系列指标体系来完成。从国际上看，与文化产业发展状态有关的指标为美国经济学家理查德·费罗里达的创意综合指数，其中主要指标包括人才指数、技术指数和包容性指数三个方面，并被欧美国家采用。从国内看，香港大学文化政策研究中心编制了香港创意指数，其中主要指标包括创意效益、结构与制度资本、人力资本、社会资本、文化资本五个方面。上海借鉴欧美和香港创意指数编制了上海创意综合指数，其中主要指标包括产业规模、科技研发、文化环境、人力资源和社会环境五个方面。此外，还有北京创意综合指数等。目前，我国还没有统一的指标体系用以评价文化产业的发展状况，大家尚在探讨研究之中。

中国人民大学彭翊教授提出了一个中国省市文化产业发展量化指数体系。该指数体系从文化产业生产要素投入、文化产业外部环境驱动、文化产业产品与服务产出及影响力三个角度建构，并把它们放在一个循环系统中考量（表41－1）。框架共三级指标，其中一

表 41－1　中国省市文化产业发展量化指数体系

一级指标	二级指标	三级指标
产业生产力	文化资源	文化场馆资源
		人文类资源
		文化产业基地数量
	文化资本	文化产业人均固定资产投资
	人力资源	文化产业从业人员数量
		非物质文化遗产传承人数量
产业影响力	经济影响	文化产业总产出
		文化产业人均收入
		集聚效应
	社会影响	影响人次
		文化氛围
		文化包容度
		文化形象
产业驱动力	市场环境	文化消费支出
		行业协会组织所起的作用
		知识产权保护的满意度
		市场需求
		融资渠道
	公共环境	专项基金支持力度
		政策支持
		公共服务的满意度
	创新环境	文化科技、科研单位人均科研经费
		文化部门科研机构高级职称从业人员每百万人数量
		国际交流

级指标3个，二级指标8个，三级指标24个。此指数体系三级指标中的文化产业基地数量、非物质文化遗产传承人数量、基金支持力度等对文化产业发展的意义尚须具体研究探讨。但这是一个值得称道的关于文化产业评价指标体系的尝试，其优点是指标层次清晰、指标数量精炼。计算公式如下：

$$xi' = [xi - \min(xi) / \max(xi) - \min(xi)] \times 40 + 60$$

式中：xi'为单项指数标准值，xi 为单项指标实际值，$\max(xi)$ 为单项指标各省市最大值，$\min(xi)$ 为单项指标各省市最小值。

指数合成模型：$Y = \sum_{j=0}^{m} xj/m$

式中：Y 为评价对象综合指数，xj 为评价指标，权重为等权。

该指数体系可从量上看出某地域中文化产业发展的基本状态，反映文化绩效，发现文化产业发展中的短板，为制定文化产业发展战略提供依据①。

3. SWOT 分析方法

20世纪80年代美国旧金山大学的管理学教授们提出了SWOT分析方法。SWOT分析方法，最初是根据企业既定条件，找出企业优势、劣势及其发展态势的分析方法。后来，这一方法广泛应用于分析经济体内外环境所形成的机会、风险、优势、劣势四个方面的情况，以谋划发展战略，成为分析战略依据的重要工具。

SWTO分析具有明显的系统性、结构化特征。就系统性而言，把经济体放在一个系统中进行战略谋划，从系统全局上综合分析优势与有利因素、劣势与不利因素、机遇与突破口、威胁与风险。就结构化而言，把机会、风险、优势、劣势排列为一个矩阵，从对应角度上诸如优势提供机会、劣势须规避风险等进行态势预见。

---

① 彭翊：《中国省市文化产业发展的量化与指数》，《中国文化产业》2013年第4期，第44－45页。

运用SWOT方法对文化产业资源禀赋和环境基础条件禀赋进行分析，可把禀赋条件分为几类，先就每一类禀赋进行SWOT分析。然后，再应用经验研究方法，对每一类禀赋条件在文化产业发展中的作用确定恰当的权重，综合地判断优势、劣势、机会与风险因素，得出整体性的资源变动趋向，从而获得发展战略的可靠依据。

运用SWOT方法对文化产业发展进行分析，主要运用现实已经实现的投入产出经济指标以及影响力指标，采用趋势推延法计算出发展态势，再把新增有利和不利因素叠加进来，从而找出新的优势，可能发生的不利因素、可能的威胁和新的机会，获得一系列可供选择的发展战略方案。

第二节　战略规制框架

文化产业发展战略通过立法或立规即成为战略规制。所谓文化产业战略规制框架即文化产业发展战略内容形式。

一、文化产业战略规制经典框架

文化产业战略规制主要是对文化产业发展战略目标、产业结构、产业布局、发展重点、政策以及措施做出规定（图41－1）。在有些国家中长期文化产业政策中，包含了文化产业发展战略目标、结构、布局以及政策。虽然规制文本名称不同，但内容基本一致，均属文化产业战略规制。

1. 发展战略目标

所谓文化产业发展战略目标，是指文化产业发展战略执行期中所要达到的基本要求，即决定产生发展全局的重要方面所瞄准的鹄的。文化产业发展战略目标，在整个文化产业战略规制中占有显要的位置。战略目标选择是否正确，是整个发展战略是否正确的突出

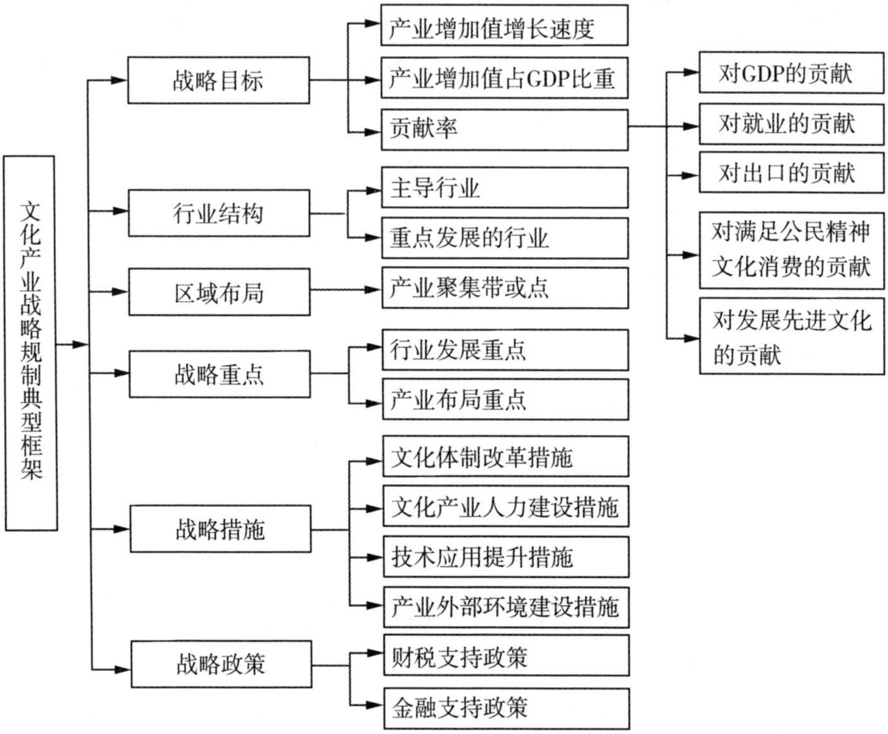

图 41－1　文化产业战略规制典型框架

标志。在文化产业不同发展时期，战略目标是不同的。开始往往以数量增长为目标，有了基础之后则转向质量增长。

在一定时期中，文化产业增加值增长速度、文化产业增加值占 GDP 的比重、文化产业对容纳就业的贡献、文化产业对出口的贡献、文化产业对满足居民文化消费的贡献、文化产业对发展先进文化的贡献等构成了战略目标体系。

选择文化产业发展战略目标应坚持的原则如下：一是把文化产业放在国民经济发展全局中规划，通过发展文化产业促进经济发展方式转变和经济结构升级，使文化产业增加值在 GDP 中的比值增加，成为国民经济支柱产业；二是立足于国家工业化发展阶段的实际，着眼于改善人民生活，不断满足居民日益增长的精神文化需求；三是把需要与可能有机地结合起来，发展目标既要积极，又要稳妥，宁肯留有余地，也不急躁冒进；四是运用简练、科学、恰当的具体量化指标表达战略目标，便于执行中把握，利于执行期末评估。

2. 文化产业结构

所谓文化产业结构，是指文化产业内部从一定视角按一定标准划分的不同经济体（比如行业）之间的相互联系与比例关系。文化产业包含通信广播电视、手机网络新传媒、纸质传媒、教育、旅游、休闲娱乐、广告、会展、艺术（表演及艺术）品生产与销售、研究咨询、体育等行业，有的国家把建筑内外装饰设计与工业产品外观设计也归为文化产业。一个国家或地区文化产业发展战略当中，必然有一个文化产业内部结构选择问题。一般地讲，不可能平行地发展所有行业，应当从文化产业资源禀赋、环境基础条件禀赋以及原有的文化产业状况出发，有所选择地侧重发展几个或部分行业，从而形成适合本国本地区实际的有特色的文化产业行业结构。

文化产业是一个行业关联度较高的产业，确定文化产业行业结构，要充分考量文化产业行业关联度。一般地讲，要选择那些关联度高的行业作为主导行业，以期发挥辐射带动作用，取得较大的行业关联效应。确定主导行业的基准：一是选择文化产业资源禀赋丰裕的行业，二是选择需求收入弹性系数高的行业，三是选择容纳就业空间大的行业，四是选择消除文化产业发展制约“瓶颈”的行业，五是选择新技术含量高的新兴行业。从而通过战略实施推动文化产业行业结构的合理化与高级化。

3. 文化产业布局

所谓文化产业布局，是指文化产业在一国一地区范围内的空间分布和组合。影响文化产业空间分布的因素，除文化产业资源禀赋、环境条件禀赋和市场机制作用之外，政府文化产业布局规制往往起着不可忽视的作用，许多国家的文化产业聚集区是政府规划实施的结果。

产生布局理论先后有古典区位理论、新古典均衡区域增长理论、比较优势理论、非均衡区域增长理论、区域增长极理论。在这些理论指导下，文化产业发展空间布局主要应把握好以下几点：一是按照文化产业资源禀赋和环境基础条件禀赋，搞好行业、产品在地域上的分工和布局；二是依据文化产业行业关联和产品链的衔接，确认专业化区域和综合性区域；三是遵循产业成长规律、优化资源配置和技术引擎原则，选出重点发展的区域，并给予重点扶持；四是布局一批瞄准国际市场、外向型的文化产业园区，在这类园区中要给予特殊政策，既要充分利用国外技术资源，又要防止利用国外资源和技术时，外资对本国意识形态的渗透，维护国家文化安全；五是做一个地方的文化产业布局战略时，必须考量国家总体布局因素，地方布局必须服从国家总体布局，在行业分工和项目上不可违背国家布局。

4．发展战略重点

所谓文化产业发展战略重点，是指那些对文化产业全局发展起重大作用的举措，通常是指一国一地区在战略执行期中重点发展的行业、重大项目和重点布局的区域。战略执行期中，完成战略重点，将对文化产业全局的发展起举足轻重的影响。文化产业发展战略必须包含科学的发展战略重点。干好任何一件事情，不能眉毛胡子一把抓，平均使用力量。抓住那些影响全局的部位，集中各种资源和力量进行突破，将收到事半功倍的效果。

在一些国家特殊的发展阶段，文化体制有可能是文化产业发展的主要障碍。此时，文化产业发展战略重点，应当首先突破体制性障碍。所以，文化产业发展战略重点，又不局限于文化产业本身的重点行业、项目、布局乃至产品问题，有时还体现在战略措施、战略政策和文化体制改革方面。

5. 发展战略措施

所谓文化产业发展战略措施，是指战略执行期中所采取的事关全局的重大步骤和方法。文化产业发展战略一般为五年或十年甚至更长，通常须分期分步实施，科学地分期并确认每一个分期中完成的任务，对战略实施极为重要。战略执行中任务不同，采取的措施往往也不同，对这些措施早做筹谋至为关键。文化产业战略措施，通常讲：一是文化体制改革方面的措施，重点是培育市场主体；二是文化产业人力建设方面的措施，重点是培育懂文化艺术善经营的人才，消除人才制约"瓶颈"；三是技术应用提升的措施，目的是改造传统业态和发展新兴业态；四是跨界融合，目的是发挥文化产业关联性强的优势。

6. 发展战略政策

许多国家重视营造文化产业成长的外部环境，重点是财税、金融和意识形态支持与约束政策。比如财税支持政策，采取免税或低税率政策。金融方面利用各种文化基金机制扶持文化产业成长。文化产业创意是一个有风险的行业，发达国家设置专门的创意风险基金，扶持内容创意。在文化意识形态控制方面则采取宽严相济政策，一方面，对外国资本进入本国文化产业市场，大多数国家有严格规定，一般不允许外资控股在本土设置文化公司；另一方面，对弘扬本民族文化传统、走出国门的文化项目和产品则采取鼓励扶持的政策。

二、国外文化产业战略规制

综观世界文化产业发达或成长迅速的国家，皆因政府采取了正确的文化产业战略规制。下面重点介绍几个国家的情况。

1. 美国文化产业战略规制

美国是最早把文化与经济、文化经济与金融经济相融合，把文化作为一个产业纳入市场经济和国家发展的国家。当前，支撑美国经济大厦的不是其传统的农业和工业，而是以知识经济和文化产业为核心的第三产业。美国的第三产业已经占其GDP的70%以上，其中文化产业占GDP的25%以上。文化产业早已成为美国的一大支柱产业。

美国文化产业一直处于世界领先地位。从美国法律看，并不存在像其他国家出于赶超目的、以文化产业发展战略或文化产业振兴计划命名的文本。但是，这并不意味着美国没有文化产业发展战略，恰恰相反，美国通过法律手段对文化产业实施进行了有效的战略规制。美国依靠1965年通过的《国家艺术及人文事业基本法》以及文娱版权法、合同法、劳工法等一系列法律保障文化产业的发展。

美国文化产业的发展战略目标主要有两条：一是把文化产业打造成国民经济的一大支柱产业，推动美国经济结构不断升级；二是保持美国文化产业在全世界的领先地位，不断扩大美国文化产品在全球文化市场中的份额，维护其国家软实力与文化霸主地位。

美国长期奉行自由放任的文化产业发展战略措施，由市场看不见的手调控文化产品的生产，用法律手段维护公平竞争、优胜劣汰的文化市场秩序。美国文化产业结构和市场绩效始终处于世界领先水平，传媒、电影、演艺、出版、网络、知识产权为文化产品中的主导行业。

美国最富有的400家公司中，文化企业有72家，占18%；全球50%以上的文化巨无霸企业是美国企业；美国控制了全球75%的电视节目制作生产；美国电影占据全球放映时间的一半以上；美国网络内容产业出口额占其出口总额13%以上，雄踞全球网络市场；美国知识产权2001年达889.7亿美元，2002年为美国创造了8.41%的就业岗位①。

---

①　熊澄宇：《世界文化产业研究》，清华大学出版社，2012，第1页。

美国鼓励支持文化产业技术创新，非常重视知识产权保护和维护文化消费者的利益。20 世纪 80 年代以来，美国对原有的涉及文化产业的法律进行了若干修正，并且颁布了一系列新的法律。比如，《版权保护期限延长法》《数字千年版权法》《防止数字法侵权及强化版权赔偿法》《家庭娱乐和版权法》《未成年人在线保护法》《未成年人互联网保护法》《儿童隐私保护与父母授权法》《联邦电子通讯隐私权法》《全球电子商务发展框架》。

美国在国际上极力推动知识产权保护，为其文化产品和知识产权占领全球文化市场扫除障碍。比如，《与贸易有关的知识产权协议》《世界知识产权组织版权条约》《世界知识产权组织表演和唱片条约》等都是美国联合西方国家推动纳入国际法体系的。美国还利用其贸易法中的“特别 301”条款，在与其他国家打交道时，允许其知识产权进入其他国家的文化市场。知识产权保护是美国文化产业最为重要的战略规制措施之一。

美国运用财税手段支持文化产业：对出版物不征商品销售税；对非营利性出版机构不征税，还给予一定财政资助；对出口图书免征增值税和营业税（先征后退）；对进口图书免征进口税；对软件研发和文化创意研发支出减免税高达 20%。美国还积极倡导鼓励企业和个人捐助文化艺术，并采取相应的减免税政策。这些显然是深谋远虑的战略规制措施。

美国政府对文化的扶持主要通过非营利文化组织机构，这是美国文化产业战略规制的一个重要特色。所谓非营利文化组织机构的主要特征：一是有正式的组织机构，有章程、制度和固定工作人员；二是不隶属政府，实行独立决策和自我管理；三是不以财富积累和盈利为目的。美国把那些反映美国传统文化、对大众具有教育功能、自身营利能力较弱的文化机构大都归入非营利机构，比照慈善机构给予税收方面较大的优惠，而且给予财政直接拨款支持。美国有数千家非营利文化组织机构，主要集中于大型博物馆、国家公园、传统的高雅艺术创作演出团体、大学或宗教的出版社、文化产业行业协会等。美国政府为了加强对传媒的掌控成立了美国发行量认证署和国际媒体认证公司两大非营利文化组织机构。

需说明的是，美国非营利文化组织机构大多是创造利润的。比如，2002 年美国 4 086 个非营利性演出团体创利润 46 亿美元，而同期的 5 287 个营利性演出团体创利润仅 61 亿美元①。可见，美国的非营利文化组织机构，还是立足于自负盈亏，而不是靠政府供养。这是美国文化产业规制的高明之处。

2. 英国文化产业战略规制

英国是文化产业的故乡，但是文化产业后来落后于美国。第二次世界大战后相当长的一个时期中，英国经济结构调整缓慢，经济不景气，从 20 世纪 90 年代起英国开始重视文化产业。1997 年 7 月英国政府成立了文化媒体体育部，着手谋划文化产业发展。经过几年的酝酿，最后形成了较为系统的英国创业产业发展战略。

英国文化产业发展战略目标有二：一是把发展文化产业的目标瞄准创意，并把其命名为创意产业；二是把发展创意产业作为摆脱英国经济困境、拯救并振兴经济的有效方法和聚焦点。

英国提出了界定创意产业的三个标准：一是就业人数或参与人数众多；二是产值或增长潜力大；三是原创性或创新性高。创意产业即“源于个人创造力、技能与才华，通过知识产权的生成与取用，可以创造财富并提供就业机会的产业”。英国将创意产业划分为三大类：第一类为产品类，包括出版、广播和电视、电影和录像、互动休闲软件和时尚设计 5 个行业；第二类为服装类，包括软件与计算

① 孙有中等：《美国文化产业》，外语教学与研究出版社，2007，第 258 页。

机游戏、设计、音乐、广告和建筑 5 个行业；第三类为艺术和工艺类，包括表演技术、艺术品和古玩、手工工艺 3 个行业①。英国抓住了文化产业的核心特征，具有前瞻性战略眼光。

英国发展创意产业注重打造产业聚集区，收到了良好的产业布局效果。目前形成了伦敦、格拉斯哥和曼彻斯特三个文化产业聚集区，推动这些城市由传统工业城市转型为文化城市。伦敦聚集了几百家创意企业、大量的国际知名艺术家和创意设计大师，不仅是英国文化创意产业的中心，也是世界创意之都。格拉斯哥为英国电子工业区，有大量的软件企业，是软件与电子产品融合的文化创意产业聚集地。曼彻斯特通过发展创意产品对传统老工业实施了有效改造，产业结构趋向高级化，是英国的第二大创意产业基地，成为欧洲许多大城市效仿的对象。

英国文化产业的成功之处表现为它的战略规制措施。英国文化产业采取三级管理体制：中央机构是文化媒体体育部，职责为制定宏观政策，负责政府文化拨款，管理国家级文化单位，协调与非政府文化公共机构的合作；中间机构为地方政府和非政府公共文化执行机构，职能是执行文化政策和具体分配文化经费；基层结构是地方的各类艺术董事会、行业联合组织。英国文化管理的重要原则是“一臂之距”，即在中央政府部门与接受政府拨款的文化艺术团体机构之间设置了一级中介的非政府公共机构，负责向政府提供有关咨询，分配文化拨款，协助制定政策，具体实施政策。英国视“一臂之距”为文化管理的法宝，避免了政府文化行政部门陷入具体事务，可集中力量制定宏观政策，同时又保证了文化机构独立运行。

英国是文化产业战略政策最完整的国家之一。1993 年，英国艺

---

① 毕佳、龙志超：《英国文化产业》，外语教学与研究出版社，2007，第 2 –5 页。

术委员会、英国电影协会等经过研究，经国家文化遗产部审定发表了题为《创造性的未来》的“国家文化艺术发展战略”，全面阐述了英国政府的文化政策。要点如下：一是不仅把发展创意产业作为提升经济的重要手段，而且作为增强综合国力的重要手段和增强民族凝聚力的因素；二是充分利用英国传统文化资源，促进文化资源向文化资本转化；三是多渠道、多形式筹集资金，扩大文化产业投资，鼓励企业和个人赞助、投资文化产业；四是加强英国与其他国家在创意产业领域的合作，加强人员交流，消除贸易壁垒，互补互利共赢①。在文化产业发展战略引导下，十多年来英国文化产业的平均发展速度是经济增长的两倍；年均产值接近600亿美元，占GDP的11%，超过了其他传统制造业产值；就业人口195万，居各行业之首；俨然成为英国第二大产业②。

3. 日本文化产业战略规制

日本文化产业比较发达，源于它的国家文化产业战略规制。2001年日本通过了《文化艺术振兴基本法》，2002年通过了《知识产权基本法》，2004年通过了《内容产业振兴政策》和《关于促进创造、保护和活用内容的法律》等。2010年4月，日本经济产业省的咨询机构产业构造审议会上讨论了《文化产业大国战略》，把文化产业作为日本新成长的战略主轴之一。

综合日本有关法律和政府政策文本，日本文化产业战略规制目标有三：一是文化立国；二是把文化产业作为新产业战略的主轴之一；三是推进内容创意行业飞速发展，促进文化产业行业结构升级。

为了实现上述战略目标，日本提供了文化振兴的六项基本计划：

---

① 毕佳、龙志超：《英国文化产业》，第11－15页。

② 熊澄宇：《世界文化产业研究》，第2页。

一是搞活艺术创造活动；二是继承和发展传统文化；三是振兴地域文化与生活文化；四是培育和确保继承文化的人才；五是在文化上做出国际贡献与传播；六是加强基础设施建设，以有利于文化的对外传播。

日本文化战略政策的主要内容如下：一是建设大型国立文化基地；二是制定与文化政策相配套的环境政策、观光政策和产业政策；三是实施地域性文化街区建设计划；四是加强充实文化建设的内容与功能；五是建设文化信息综合系统；六是完善著作权制度；七是加强日本语地位；八是建立多元化文化支持体系；九是扩大文化遗产保护，设立世界文化遗产保护与修复合作基地和支持体系；十是重视与亚洲国家的文化交流合作。

在文化立国战略引导下，通过实施文化振兴计划和政策，日本文化产业迅速崛起，在动漫、网络游戏、软件服务等行业成效特别突出。2006 年的数据显示，日本内容产业的市场规模为 14 兆日元，占亚洲内容产业市场规模的 50%①。

4. 韩国文化产业战略规制

韩国是政府通过战略规制主导文化产业且取得成功的典型国家之一。20 世纪 80 年代的亚洲金融危机对韩国经济冲击很大，为了走出经济的阴影，韩国认识到发展文化产业是一条可供选择的战略途径。1999 年 2 月生效的《文化产业振兴基本法》是韩国文化产业发展史和文化产业战略规制的一个里程碑。依据《文化产业振兴基本法》，韩国又陆续出台了《关于游戏相关产业振兴的法律》《关于电影等振兴的法律》，修订了《唱片、视频出版物与游戏出版物相关法律》。为了鼓励文化产业创业，2004 年修改了《税收特例限制法》，减免相关税收，从而形成了完整的文化产业战略

① 熊澄宇：《世界文化产业研究》，第 164、181、182 页。

规制法律体系。

韩国文化产业战略规制目标有二：一是通过培育和提升国家软实力，建设以文化愉悦社会，以文化构建和谐，以文化图谋发展的先进一流国家；二是把内容产业，文化艺术、体育、观光产业等产业打造成未来韩国的核心成长动力。

韩国文化产业的界定在《文化产业振兴基本法》中有明文规制，指从事于文化产品的开发、制作、生产、流通、消费等有关服务的产业，包括四类：一是电影、音乐唱片、录影带、游戏产品、出版、印刷物、定期刊行物、放送影像、文化财产等相关产业；二是体现艺术性、创意性、娱乐性、休闲性创造经济附加值的人物造型、动画、设计、广告、演出、美术品、工艺品等相关产业；三是从事数字化文化内容收集、加工、开发、制作、生产、储存、检索、流通等相关服务的产业；四是由总统令确定的运用传统素材、技法、形象的服装、食品、住宅、造型场、装饰用品、小商品与生活用品相关产业暨文化商品展示会、博览会、商品交易会、节庆活动的策划运营相关产业以及其他文化商品相关策划活动。

韩国采取了有力的文化产业战略措施和扶持政策，主要表现如下：一是加强文化产业基础设施建设；二是强化文化内容创意制作，支持数字化技术应用；三是加强对出版、新闻、广播、电视、广告等传统行业的支持；四是强化电影、动漫、音像、游戏、卡通行业，使其成为韩国文化产业的优长领域；五是扩大文化产业投资，支持文化产业振兴基金融资①。

三、中国文化产业战略规制

中国进入 21 世纪高度重视发展文化产业，采取一系列政策措

---

① 姜锡一、赵五星：《韩国文化产业》，外语教学与研究出版社，2009，第 5－7 页。

施，深化文化体制改革，加快文化产业发展。2009 年 9 月 26 日中国政府颁布《文化产业振兴计划》，这是中国中央政府专门针对文化产业的第一个战略规制，其要点如下：

中国文化产业战略规制目标：完成文化单位转企改制，文化市场主体进一步完善，活力进一步增强，文化产业规模不断扩大，推动经济社会发展的功能和作用得到较好发挥。具体目标：一是文化市场主体进一步完善；二是文化产业结构进一步优化；三是文化创新能力进一步提升；四是现代文化市场体系进一步完善；五是文化产品和服务出口进一步扩大。

中国文化产业战略重点包括文化创意、影视制作、出版发行、印刷复制、广告、演艺娱乐、文化会展、数字内容和动漫。具体任务如下：一是发展重点文化产业；二是实施重大项目带动战略；三是培育骨干文化企业；四是加快文化产业园区和基地建设；五是扩大文化消费；六是建设现代文化市场体系；七是发展新兴文化业态；八是扩大对外文化贸易。

中国文化产业战略政策：一是降低文化产业准入门槛；二是加大政府财政投入；三是加大税收扶持力度；四是加大金融支持；五是设立中国文化投资基金。同时采取以下保障措施：一是加强组织领导，要求把文化产业发展规划纳入经济社会发展总体规划；二是深化文化体制改革，进一步解放和发展文化生产力，激发全社会的文化创造活力；三是培养文化产业人才，为文化产业发展提供强有力的人才保障；四是加强文化产业立法，完善相关法律体系，依法加强规范管理。

第三节　战略规制效用

考察各国文化产业战略规制实施状态，不难发现存在很大的差异，战略规制绩效也不一样。分析文化产业战略规制效用，找寻实施效果差异的原因，是尚待开拓的研究领域之一。

一、战略规制类型

文化产业战略规制类型，是指与最初的规制设计理念相关且影响战略规制效果的不同的战略规制模式。考察各国文化产业战略规制，主要有以下几种类型：

1. 潜隐型

美国的文化产业起步早且发达，但在其法律体系中却没有相对明显的“文化产业发展规划”或“文化产业振兴计划”一类法律文本，可视为潜隐型文化产业战略规制。潜隐型文化产业战略规制的特点：一是多为市场主导的文化体制，政府对文化产业干预不多，而是放任市场发育形成了发达的文化产业；二是政府运用法律手段管文化产业，与文化产业相关的法律条款（潜隐）大多散见于各种法律文本之中，而不是集中于专门针对文化产业的法律之中，或者很少有专门针对文化产业的法律；三是潜隐型文化产业战略规制并不意味着没有文化产业发展战略，这是因为文化产业比较发达，无需再制定专门推动文化产业的法律而形成一种规制。

2. 规划型

以日本、韩国为代表的文化产业后起且比较发达的国家，在其法律体系中，有明显的专门针对文化产业的“战略发展规划”或“振兴计划”的法律文本，可视为规划型文化产业战略规制。规划型文化产业战略规制的特点：一是政府主导或引导文化产业发展战略，在市场配置文化产业资源的基础性机制体制下，政府通过宏观规制干预文化产业全局的发展；二是在法律体制中有专门针对文化产业的法律，而且从法律上规定了若干支持文化产业的政策措施；三是规划型文化产业战略规制的目的性很强，往往是针对经济结构调整或文化产业的国际性赶超，战略期中的规制绩效明显。需要说明的是，规划型文化产业战略规制有两种情况：一是有的国家仅仅制定出台文化产业发展总规，总规比较原则和传统，这属于政府引导性的战略规制；二是有的国家的文化产业发展规划中，不仅有总规，而且有一系列相应的措施和政策的具体规制，这属于政府主导型的战略规制。这两种情况的规划型战略规制，因国情的不同，规制绩效不同。

3. 突显型

以英国、法国、德国、意大利为代表的文化产业比较发达的国家，在其法律体系中没有全面的关于文化产业“发展规划”或“振兴计划”的法律文本，却有针对性很强突显文化产业某个领域的法律，可视为突显型文化产业战略规制。比如，英国发展文化产业主要是针对文化产业创意进行扩展；法国发展文化产业立足于与法国艺术传统相结合；德国发展文化产业着眼于制造业产业结构调整；意大利发展文化产业则与文化遗存保护紧密联系。这些国家针对文化产业一个侧面、一个行业或一个领域重点发展的战略规制，都收到了良好绩效。突显型文化产业战略的特点：一是立足于国情和文化产业资源禀赋，着力于发展那些优长行业或领域；二是着眼于国际文化市场中的竞争，保护民族文化传统和国内市场。突显型文化产业战略规制对若干国家发展文化产业有重要的借鉴意义。

二、战略规制类型的成因

为什么文化产业战略规制会有以上不同的类型呢？主要原因如下：

1. 文化经济体制不同

现代经济体制是市场和政府共同发生作用的混合经济，在不同国家的不同时期，市场和政府的作用是不相同的。文化产业战略规制的不同类型，反映了政府对产业干预程度的不同。美国对文化产业干预较少，表现为潜隐型战略规制。日本、韩国由政府主导或引导文化产业，表现为规划型战略规制。

2. 法制建设水平不同

因国家制度文化传统不同和对法制重视程度不同，各国法制建设水平实际上存在巨大差异。在市场经济和法制成熟的国家中，规制会得到严格遵守；在市场经济和法制不成熟的国家中，规制的执行可能大打折扣。这种法制环境的不同，对文化产业战略规制主体的影响，必然形成不同的规制设计理念，由此导致不同的战略规制类型。在规划型文化产业战略规制中，之所以存在总规和总规配以具体措施与政策的规制，大多出于对法制执行绩效的考虑，与法制建设水平不无关系。

3. 文化产业资源禀赋不同

英国、法国、德国、意大利之所以采取突显型文化产业战略规制，大多源于其文化产业资源禀赋不同。其中，最为典型的是意大利，意大利古典建筑遗存丰富，着力于发展旅游产业，同时又非常重视文化遗产保护。英国、法国和德国面对美国文化产业的强势，先后出台了若干保护欧洲文化传统的战略规制法律，一是为了保护民族文化产业；二是为了抗衡美国，维护本国在欧洲文化市场中的利益。显而易见，除了文化产业资源禀赋不同之外，维护文化传统和经济利益，也是文化产业战略规制类型的成因。

4. 规制绩效的考量

任何一项制度设计，都与设计主体对这一制度执行效果的考量有关，都与设计主体所设想达到的目的紧密相连。但是，任何一项制度的实施结果与设计主体最初的目的之间，都存在一定差距，并不是百分之百吻合的。法律与法律执行永远存在差距，并非百分之百吻合。同理，文化产业战略规制目的与规制绩效之间，也会存在差距，也不会百分之百吻合。可是，对于规制主体而言，总想通过规制达到既定目的，于是就会产生基于规制效果考量的不同的战略规制类型。各国文化产业战略规制在不同的规制期中，规制内容大都发生一些变化，这源自上一个战略执行期实施效果考量的反馈。从规制绩效上研究规制，将产生若干新的规制思路。

三、战略规制效用

从国家层面观察，一个产业的发展战略规制，实质上是法律化了的产业政策，又是政府对经济的一种干预。对文化产业战略规制的效用，学术界存在不同的认识，实际上是产业政策有效或有限争论的一部分。我们应当客观、准确、恰当地认识文化产业战略规制的效用，重视分析和深入研究战略规制的绩效。

第一，文化产业战略规制是有积极作用的，这种作用依战略期（时间）、范围（地点）、领域、条件的不同，特别是规制本身的科学化水平，呈现出不同的效果。只有透彻地把握战略依据，在战略期中选准战略目标，找准规制类型，抓住重点领域，拿出适合的政策措施，才能取得良好的效果。各国文化产业发展的经历说明，有战略规制与无战略规制，文化产业起步的速度、崛起的程度、发展的质量大不一样。对于广大发展中国家来说，应充分认识文化产业战略规制的积极作用，着力做好文化产业战略规制，推动文化产业发展。对于从计划经济向市场经济转轨的国家来说，由于在计划经济时期人治色彩较浓，文化法制淡薄，更应重视文化产业战略规制，从战略高度运用法律手段推动文化产业发展。

第二，文化产业战略规制也会发生失误，失误的战略规制对文化产业将产生负面消极作用。规制是一种制度设计，是人为的、主观的产物，制度设计主体的主观与客观相悖，就要发生脱离实际的错误。文化产业战略规制中，如果对战略依据调查不充分，分析不透彻，就有可能选错战略目标，抓错重点领域，找错规制类型，提出不恰当的政策措施，从而出现战略性失误。这样的战略规制，非但无用，而且有害。避免文化产业战略规制出现失误：一是要建立完备的战略规制机制。科学的规制一定是政府、文化企业和文化消费者三方面规制主体博弈的结果。文化产业战略规制一定要建立在各规制主体充分参与的基础上，广泛吸取大家的意见，按法律程序立法立规，切忌少数人操作。二是要从本国本地本规划期的实际出发，摸透文化产业资源禀赋及经济文化社会发展环境条件，把振兴文化产业的热情与科学严谨的态度有机结合，使战略规制有可靠、扎实的依据。

第三，各国文化产业实践说明，文化产业战略规制的作用是有边界、有限度的，绝不是万能的。这是因为，文化产业战略规制作为政府干预文化的经济手段，与市场作用的边界极难把握。即使正确的战略规制，实施当中也可能许多方面不到位。这就是说，从战略规制本身和战略实施效果上考量，都说明战略规制的作用是有限度的。对于从计划经济向市场经济转轨的国家而言，要认识到文化产业战略规制的局限性，把培育市场主体当作一项重要任务，充分发挥市场配置文化产业资源的决定性作用。

第四十二章　政府经济规制

经济学家卡恩、施蒂格勒、维斯库斯等主张经济规制主要针对自然垄断公共事业。日本经济学家植草益则认为，经济规制仅仅针对自然垄断公共事业是不完整的，还应针对信息不对称领域。他主张："经济规制是指在自然垄断和存在信息不对称的领域，主要为了防止发生资源配置低效和确保利用者的公平利用，政府机关运用法律权限，通过许可和认可等手段，对企业的进入和退出、价格、服务的数量和质量、投资、财务会计等有关行为加以规制。"① 经济规制针对自然垄断和信息不对称两个领域存在的问题，以实现优化资源配置、提高企业效率、推进社会公平为目标。政府对文化产业的经济规制主要包括价格、企业进入退出、投资融资、反垄断、知识产权保护等涉及文化经济活动的诸多方面。

第一节　价格调整规制

在文化产业发展过程中，文化市场曾经出现或不可避免地仍将呈现以下价格现象：

——电影、戏剧、戏曲、魔术、音乐等演艺的票价过高，超越了消费者的支付能力，或者是有的价格过低，演出方经营难以为继。

---

① 马云泽：《规制经济学》，经济管理出版社，2008，第95页。

——某些旅游景区的门票过高，超越消费者的支付能力，或旺季过低、淡季过高，不能适应市场变化。

——报纸、图书、期刊因价格过高或过低，导致报社、出版公司和杂志社关门倒闭。

——广告公司因媒体收费过高，经营举步维艰或倒闭。

——涉及文化产业的某些新技术转让推广的价格过高，限制了新技术的应用。

——涉及文化产业的某些新设备的价格过高，阻碍了文化产业工装设备的更新和技术进步。

为什么会发生上述现象？主要是因为文化生产当中存在自然垄断企业和市场失灵的情况。

文化产业价格规制，是指政府对文化商品或服务的价格水平和价格体系进行调节控制。通常状态下，如果市场是完全竞争或靠近完全竞争的市场，人们就要承认其价格水平及其变动都是正常的。政府的价格规制限定有两个前提：一是存在自然垄断企业，可能发生市场垄断价格；二是市场竞争秩序混乱，价格对资源配置的信息传导作用发生大的扭曲。

我们知道，价格对消费者、生产者、资源配置绩效均有重要影响。政府对文化商品和服务的价格实施规制，目的是为了维护文化消费者的合法权益，限制垄断文化企业不良的价格行为，阻止某些企业价格合谋，维护良好的市场竞争秩序，提高文化企业效率，保证文化商品或服务的社会供给。

具体讲，就是在存在垄断和市场失灵时，政府通过价格调整，维护恢复价格的本来面目，使价格反映资源的稀缺程度，发挥价格在资源配置中正常的信息传导杠杆作用，提高资源配置效率，防止资源的浪费与破坏。

一、边际成本定价、平均成本定价

1. 边际成本定价

边际成本定价，是指在自然垄断存在的背景下，假定垄断企业只生产一种产品，消费者每增加一个单位产品的消费所付出的代价等于生产这一单位产品所花费的成本，按照边际成本定价所形成的价格水平，可实现资源配置的帕累托最优。然而，按边际成本定价将使垄断企业发生亏损。经济学家霍特林主张，为了实现资源配置帕累托目标，企业按边际成本定价，然后由政府财政补贴企业的亏损。

科思反对按边际成本定价。他认为，按边际成本定价使一部分消费者获得基础产品的好处，但另外的纳税人并没有获得这种好处。政府补贴垄断企业，导致收入再分配，使企业缺少了提高效率的压力（图42－1）。

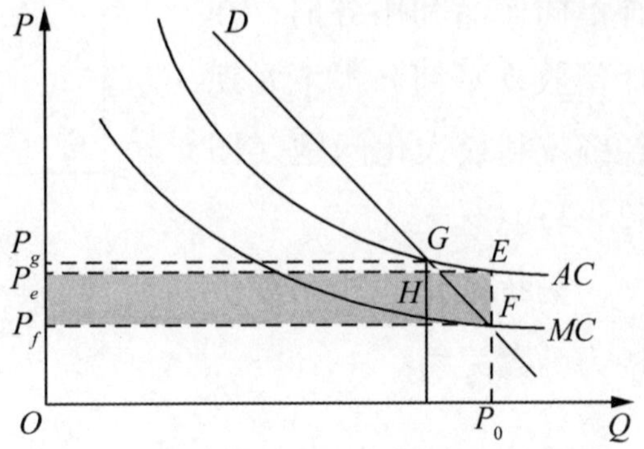

图42－1　不同定价方式下的规制价格水平

植草益则直接讲明了按边际成本定价的三个弊端：一是给税收和财政造成困难；二是靠政府补贴自然垄断企业，不能刺激这些企业提高效率；三是企业争取财政补贴，必然产生政府与企业勾结、寻租和腐败。

2. 平均成本定价

针对垄断企业按边际成本定价的弊病，有人提出按平均成本定价。其逻辑为：在报酬递增及盈亏平衡约束条件下，如果价格高于平均成本，企业将获得正利润，此时价格小幅下调不会导致亏损；

在报酬递减及盈亏平衡约束条件下，如果价格高于平均价格（平均成本），调低价格则提高盈利水平。因而，企业按平均成本定价是确保盈利最大化的定价方法。按平均成本定价，将价格限定于接近边际成本定价与企业盈亏平衡需求之间，只是维持了企业不盈不亏运转，且难免一定的福利损失，并非最佳定价方式。

二、拉姆塞定价

拉姆塞定价规制，也是针对存在自然垄断企业而言，解决企业在提供多种不同产品和服务时，在保持收支平衡前提下实现经济盈利最大化问题（图42－2）。

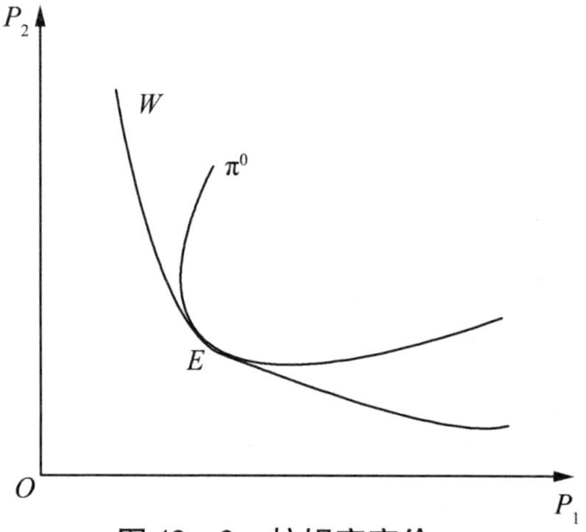

图 42－2　拉姆塞定价

垄断企业的利润与价格为函数关系：

$$\pi(P)=\sum_{i=1}^{n}PiQi(P)-C[Q(P)]$$

上式中：P 为市场价格，Q 为产量，C 为成本，π 为利润。同时，社会经济盈利可为消费者剩余和生产者利润未加权之和，即 $W=S(P)+\pi(P)$

因为$\frac{-\alpha S(P)}{\alpha P_1}=QiP$，所以 $P_1=MCi=\frac{\alpha C}{\alpha Qi}$（边际定价）。

为了 $\pi\geqslant 0$（政府不补贴，企业又追求盈利），故结论（拉姆塞定价）：

$$\frac{Pi-MCi}{Pi-MCj}=\frac{MRi-MCi}{MRj-MCj}\quad(i\neq j)$$

从理论上讲，拉姆塞定价与单一垄断定价对比，减少了盈利损失，增加了社会盈利剩余。但与竞争定价相比，减少了消费者剩余，增加了生产者剩余，实质为社会盈利的转移。由于信息采集困难，实际工作中很难或很少采用拉姆塞定价方式①。

三、报酬率定价、最高限价

1. 报酬率定价

根据社会平均利润率和垄断企业的生产成本确定公正的报酬率，并定价，即

$$R\left(\sum_{i=1}^{n} Piqi\right) = C + S\left(RB\right)$$

上式中：R 为企业收入函数，P 为产品价格，q 为产品数量，C 为成本费用，S 为政府规制的投资报酬率，RB 为企业资本投资总额。

报酬率定价刺激企业投资，是美国广泛采用的价格规制之一。企业的投资报酬率将由政府与企业“讨价还价”决定。企业资本投资总额的计算有原始成本法、重复成本法和公平价值法三种方法。原始成本法计算比较简便，但易受通货膨胀影响，常使规制价格过低，因此需要周期性调整。

根据报酬率定价也有其局限性，即发生 A－J 效应（图 42－3）。所谓 A－J效应，是指政府对垄断企业采取报酬率定价规制的时候，企业为增加利润而增加投资，企业过度投资势必增加成本，从而发生降低生产效率的

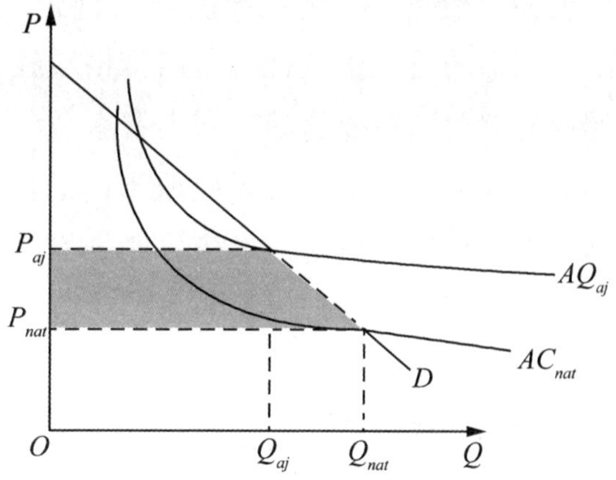

图 42－3　价格规制的 A－J 模型

---

① 马云泽：《规制经济学》，第 96－98 页。

扭曲。

2. 最高限价

最高限价即 RPI－X 模型。该模型是由斯蒂芬·李特查尔德设计的。式中：RPI 为零售价格指数（通胀率），X 是政府规制确定的一定时期中生产效率增长的百分比。该模型针对报酬率定价的缺陷，把规制价格和零售价格指数与生产效率挂钩，对垄断企业各种被规制产品综合最高限价。实施综合最高限价规制，通常采取加权平均价格的形式，各种产品价格权数则根据该种产品的收益确定。

RPI－X 模型使政府控制了垄断企业产品价格，而不直接限制企业利润水平，促使企业在最高限价下提高生产效率。RPI－X 模型操作比较简单，实际工作中比较好用。英国广泛采用此价格规制方式。但是，确定合理的 X 值比较讲究，需要周期性调整。

四、差别定价

差别定价，是指在相同生产成本条件下，同一种供量的商品，对不同需求弹性的用户群实行不同的价格。其动机是获取比单一价格更多的利润。微观经济学告诉我们，当市场出现垄断企业的时候，随之而来的是价格歧视。所谓价格歧视，是指垄断企业为了增加利润，能够对同一种商品不同消费者的特点收取不同的价格，或者能够对不同的商品量消费者收取不同的价格。价格歧视广泛存在，大多数合理可行。但是，不能放任价格歧视，价格不能无边界地歧视下去，需要政府进行规制。

1. 二部定价

所谓二部定价，是指将价格分为两个部分，一部分为消费者获得某一产品或服务的使用权，首先支付一个基本费用；另一部分为在使用中依据消费量再支付一定的价格。二部定价简便易行，文化产业一些企业采用此定价方式。模型如下：

$$T(P) = A + Pq$$

上式中：T 为总价格，A 为基本费用，Pq 为按消费量支付的价格（图 42－4）。

自然垄断文化企业采用二部定价的原因是企业的平均成本随着产量增加而递减（$MC<AC$）。由于企业在 AC 曲线（图 42－5）下降的规模经济段生产，此时如果按边际成本定价，企业是亏损的。若设计一种价格，将亏损转嫁到消费者身上，企业便收支平衡了。简便的方法就是让消费者分摊企业固定费用，此费用又与消费量大小无关。从社会分配效率看，二部定价劣于边际成本定价，但优于平均成本定价。

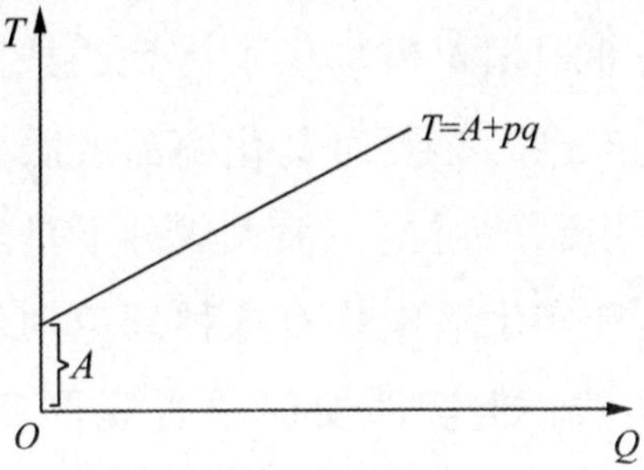

图 42－4　二部定价

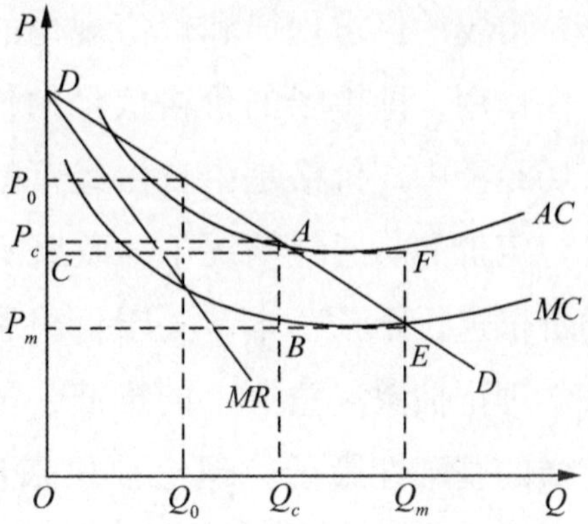

图 42－5　二部定价的原因

2. 高峰定价

所谓高峰定价，是指在一些需求波动巨大的企业，对需求高峰制定高价，对需求低谷制定低价的定价方式。比如，一些旅游景区的门票，在旅游旺季和淡季不同的价格定价方式即为高峰定价。某些文艺表演或影视剧也采取高峰定价方式。但是需要指出的是，价格对需求波动是有一定作用的，如果对高峰需求期的价格定得过高，有可能使高峰需求变低（使旺季变淡）。对于文化产业的演艺、旅游、传媒行业而言，通过高峰定价引导消费避免大起大落，适度放缓需求波动，提高消费质量，还是一个待解决的课题。理想的结果是：通过科学的高峰定价，消费旺季不要超过企业的供给能力，旺季适当旺，不要过旺；淡季适当淡，不要过淡，避免淡季企业能力闲置。中国旅游黄金周旺季票价过高，供给质量下降，长此以往将导致总体经济效益下降。破解此题，除政府切实推行带薪休假外，还应通过高峰定价规制实现两个分流：一是时间的分流，不要都集中在公共假期；二是空间的分流，不要都集中在著名景点。中国旅游业已处在观光旅游为主、观光旅游向休闲旅游过度并行的阶段，所有旅游产品的价格都应适应该阶段的消费需求特点科学地定价①。

最后，须特别指出的是，文化产业资源配置的基础性机制是市场，市场的供求规律和价值规律的合力在文化产业资源配置中起决定性作用，即市场的价格信号的传导作用起决定性作用。在成熟的市场经济中，价格是由自由经营的企业根据对市场供求信息的把握自行定价的。通常情况下，政府不应该也无必要对文化商品或服务的价格进行干预。本节关于价格调控规制的讨论，很大成分上是经济学理论抽象法意义上的推演，虽然现实生活中均有这种理论抽象推演的基础性影子。理论抽象来自实践，但实践要简单直观得多。拿中国文化产业而言，它刚刚起步十多年，有些行业的垄断状态仍在继续，有些商品的价格是在计划经济时期形成的，价格背离价值现象比较严重。中国处在文化事业改为经营性文化企业的过渡期中，价格总体上尚处于新旧文化经济体制、机制交织的状态，定价过高或过低的现象不可避免。这是因为，体制、机制变革有一个过程，市场对价格的作用也需要一个过程。建立市场主导的价格体系不可能一蹴而就。在这一过程中，政府的主要工作目标是放权，把不该管、实践证明也管不好的事交还市场，由市场去调节文化商品或服

① 马云泽：《规制经济学》，第98－112页。

务的价格。但是，这不等于说政府对价格放任不管。现实的状态：一是本不该垄断，然而继续垄断的行业，价格歧视依然故我；二是国有大型文化企业的工资总水平特别是高端管理层的工资水平偏高，这势必形成因成本过高而导致最终产出品价格过高。这种情况下，政府必须大力推动深化改革，打破本不该垄断的行业垄断，对国有大型文化企业的工资特别是管理层人员工资有所规制。

第二节　进入退出规制

在存在自然垄断、可能发生过度竞争或不正当竞争等背景下，为了市场结构合理化，政府有必要对企业（或个人）进入退出一个产业、行业或产品的生产经营进行规制。

一、企业进入退出原理

1. 政府对企业进入退出规制的目的

政府对文化企业进入退出规制，包含经济与政治两个方面的目的。经济方面的目的：一是对自然垄断行业，只允许一个或少数几个文化企业进入，将其纳入依法经营、接受政府监管范围；二是依整个产业的供求平衡状态，限制或允许文化企业的进入，以防止过度竞争，提高企业经营效率；三是对存在不对称性领域的企业竞争进行监管，保证竞争秩序，防止不正当竞争。政治方面的目的：一是对私人资本进入文化产业进行控制，防止私人资本对利润疯狂追逐，造成产品内容、社会效益走偏；二是对外国资本进入进行限制，防止外国资本对广播、电视、出版等企业控股，不利于国家文化安全。为了实现上述目的，政府一般运用两类规制工具对文化企业进出予以规制：一是注册制，即对所有文化企业注册登记，规定企业进入必备的条件，履行有关手续，领取营业执照，方可进入经营；

二是审批制，即对某些行业实行审批或特许经营，履行有关手续，才能进入经营。

2. 文化企业进入退出壁垒

以经济规制为目的的企业进入退出壁垒的含义，不是针对政府规制条件本身而言的，而是针对企业竞争状态、产能或效益的比较而言的，这是经济学抽象分析研究意义上的。这个意义上的进入退出壁垒，不同的经济学家有不同的认识，尚无定论。J. 贝思认为，进入壁垒是“在位厂商可以长时间地把产品的售价定在最小平均生产成本之上，却不会引起潜在进入者进入的程度”。斯蒂格勒认为，进入壁垒是“一种生产成本，这种成本是打算进入这一产业的潜在厂商必须负担的，而在位厂商是无须负担的”。韦尔泽克认为，进入成本是“为了保护市场上已经存在的资源所有者，而对进入资源的社会性的不合理限制”。波斯纳认为，进入壁垒实为必要资本壁垒，“由于先进入者前景的不确定性而迫使（潜在进入者）在贷款的时候，要比在位厂商支付更高的风险费用”，这种风险费用阻碍了有能力的潜在进入者的大量进入①。可见，进入壁垒是指在位企业可以使用的阻止新企业进入的手段。这种手段：一是经济性的，即潜在进入企业碰到的包括技术、成本、消费者偏好、规模经济、市场容量等障碍；二是策略性的，即在位企业阻止其他企业进入所采取的经营行为。

退出壁垒，是指在位企业不能赚得利润而决定退出时所负担的成本，即已经投入而企业退出时还不能收回的成本。这种成本，相对于潜在进入企业，经济学称之为沉没成本，是注定有风险的成本。显然，沉没成本相对于在位企业为退出壁垒，相对于潜在进入企业则为进入壁垒。

---

① 徐晓慧、王云霞：《规制经济学》，第275－277页。

二、进入退出规制效应

政府对企业进入退出规制的实质是对社会盈利的追求，目标是需求与供给的均衡。在政府实行规制或不实行规制的环境中，均衡表达为企业投资（成本）、规制（价格）、社会盈利三者关系对企业进入退出的影响，呈现出资源配置优劣程度。如果某文化行业仅有一家或几家企业，且有一定的规模经济，如果没有潜在进入企业的压力，竞争性均衡是不可能实现的，不会达到社会福利最优。

1. 完全竞争最优选择效应

在一个竞争性均衡经济体中，如果价值规制导致价格偏离边际成本，一定会导致资源次优配置；如果价格超过边际成本，则导致产量、消费减少。一般来说，政府规制价格偏离竞争性价格越远，社会福利损失越大。在给定价格规制条件下，进入规制将增加社会盈利。很明显，总体上价格和进入规制减少了社会福利（图 42－6）。

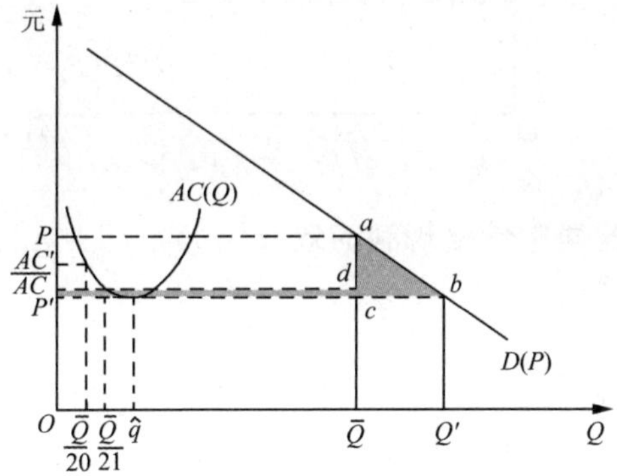

图 42－6　价格和进入规制的效应

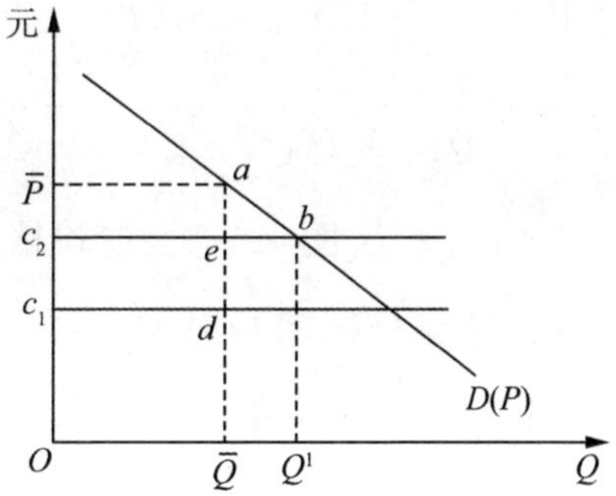

图 42－7　价格规制的次优效应

2. 完全竞争次优选择效应

在一个竞争性均衡经济体中，只对其中一个产品实施规制，使价格偏离原来的竞争性均衡价格，必然降低社会福利。如果对所有产品都实施规制，则有效率的企业将大大节约生产成本，且足以补偿因价格提高带来的社会福利损失（图 42－7）。

3. 进入规制间接效应

如果价格规制允许在位企业获得超额利润，进入规制对这些利润的阻止就会因进入企业的竞争而消失。那么，必然导致在位企业的低效率。允许低效企业运营，整个行业也将是低效率的。一旦解除这方面的规制，可以预期将发生低效企业退出、高效企业取而代之的局面。

在价格作为进入规制的情况下，企业可以通过改善产品质量、产品特性、提供或扩大售后服务以及做广告等手段提高竞争力，进而导致过度的非价格竞争泛滥（图 42－8）。

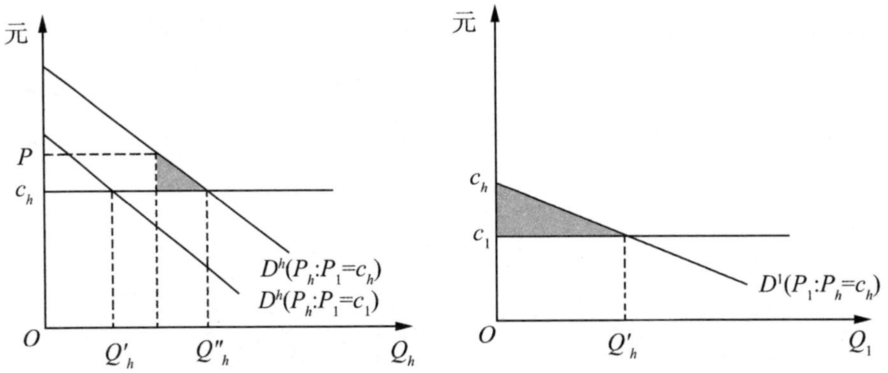

图 42－8　非价格竞争中价格规制的效应

4. 退出规制间接效应

如果要求在位企业在一定的价格水平下，保证一定的产量与质量，并且禁止它们退出，这就可能发生以同样价格销售前提下，成本低的地区补贴成本高的地区或者成本低的产品补贴成本高的产品的交叉补贴现象（图 42－9）。

如果要求在位企业在一个无利可图的领域，而又不让它退出，从短期看，必然导致这些在位企业降低资本积累的热情，造成企业

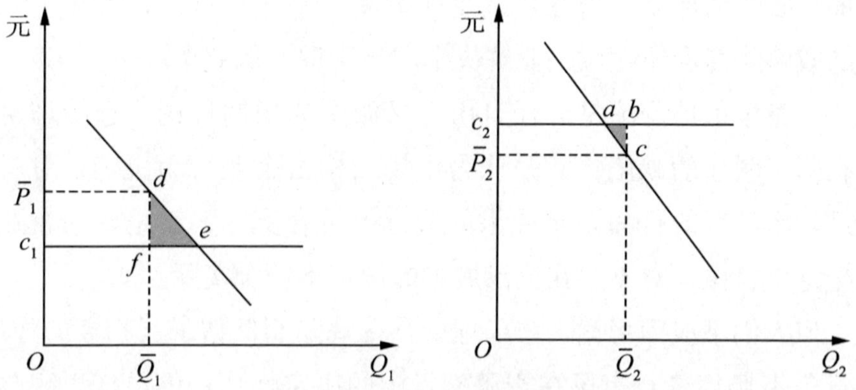

图 42－9　交叉补贴

自有资本的恶化。从长期看，这一恶化必然导致在位企业产能、生产效率和产品质量下降，从而增加企业破产的可能性①。

三、可竞争市场理论与进入退出规制

20 世纪 80 年代初，美国经济学家鲍莫尔等指出，即使是寡头市场甚至独家垄断市场，只要保持市场进入的完全自由，不存在特别的进出市场成本，潜在竞争的压力就会迫使任何市场结构条件下的企业采取竞争行为，在这种环境条件下包括自然垄断在内的高集中度的市场结构是可以和效率并存的。这就是可竞争市场理论。

可竞争市场理论在三条假设前提下表达了两点主张。三条假设是：其一，不存在沉没成本、企业进出市场自由；其二，市场为可竞争性市场；其三，市场是动态均衡的。两点主张：第一点，在竞争性市场上不存在超额利润，因为任何超额利润都会吸引潜在进入企业进入，并分割市场份额和利润，在位企业只能放弃超额利润与新进入企业竞争，遂使超额利润转化为可维持利润；第二点，在可竞争市场上不存在任何形式的生产与管理低效率，因为低效率都会

① 徐晓慧、王云霞：《规制经济学》，第 279－289 页。

增加不必要的成本，潜在进入企业以高效率谋求进入，潜在进入企业的威胁终究会使在位企业解决生产与管理的低效率。

可竞争市场理论是放任自由主义派生的规制理论。它的理论假定有两个明显的缺陷：一是认为市场结构由企业行为决定，对新企业进入市场后的行为乃至结果的假定不符合实际；二是认为企业可完全进出自由，对不存在沉没成本的假定不符合实际。

但人们不应因可竞争市场理论存在缺陷而低估了其积极的作用。可竞争市场理论对市场在资源配置中的决定性作用的经济思想弥足珍贵，对政府何时进行规制或调整缓和规制提供了重要指导。具体讲有以下几点：

第一，发挥市场在资源配置中的竞争作用，尽量消除进入退出壁垒，让企业比较容易进入退出。

市场经济走过的路一次次证明：垄断无益于资源配置效益最大化；限制企业进入或退出特定市场，必然妨碍相关市场中的竞争；没有竞争的市场，必然陷入生产低效率窘境，导致供给不足，降低社会福利；确保可竞争市场是政府产业规制中极为重要的考量，宗旨是企业进入退出的门槛设置不可过高。

中国传统计划经济体制时期，把文化生产单位规定为事业建制，政府直接包揽文化的产、供、销，实践证明这是文化生产一条走不通的死路。文化体制改革之后，将一些文化事业单位改制为文化企业，文化市场主体涌现，市场的竞争性有所加强。但是，企业进入退出文化产业的壁垒依然存在，划定了若干不合理、不科学、妨碍竞争、过高的门槛。比如，按照市场经济机制，企业进入本可以改为注册制的依然坚持审批制；社会私人资本本可以进入的一些行业或环节依然不允许进入；本可以允许外资参股（当然不是控股）的一些行业依然对外资关门；有些在位国有文化企业长期经营管理不善、靠财政补贴度日依然难以退出破产。这些现象，违背了市场竞争原则。因此，中国文化市场的进入退出问题，尚需深化改革。

第二，把消除沉没成本作为深化改革的成本，鼓励潜在进入企业进入，化解原在位企业包袱，使其轻装上阵。

可竞争市场理论关于沉没成本的观点，对于我国文化事业单位改制为企业过程的政策制定是一个重要的启迪。我们知道，改革是有成本的。既然沉没成本是企业进入退出的壁垒，那么就可以把消除这一壁垒作为改革成本，由政府财政负担起来。在一定意义上讲，我国在文化体制改革中，对新加入企业的若干优惠政策（贷款、免税）就带有消除沉没成本的味道；对在位老企业“老人老办法、新人新办法”（老职工福利工资依然由政府财政负担）也带有消除沉没成本的味道。我们认为，在改革初始阶段的一定时间里这样做是可以的，好处是避免引起不必要的动荡，有助于改制启动。但是，当市场主体逐渐形成，已经接近可竞争市场之后，政府则应当放弃上述规制。因为政府补贴老企业，代其卸包袱，或者给新企业信贷财税优惠政策的做法，对企业不是一个（国民待遇）平等的规制，从长期看无助于建立可竞争市场。

第三，重视价格规制的作用，搞好价格规制与进入退出规制的协调配合。

价格规制对企业进入退出有重要的影响。比如，我国广播电视台改革以来，首先实行了内部栏目承包经营。内部栏目承包经营相对于计划指令、平均主义时期的经营生产而言，调动了职工的创作生产积极性，提高了效率。但是，栏目承包经营实施几年之后，作用逐渐弱化，文化生产力释放走到了尽头。在此情况下，为了进一步激发效率，继而在制播分离思路下，允许社会资本进入，制作一些项目，在电台、电视台播出。但是，广播电视台对外来项目的价格压得很低，或者是没有台内人员的参与，再低的价格，电台、电视台也不予购买。这等于是筑起了社会进入的壁垒，依然维护原来的垄断地位。在这种情况下，政府如果不对价格进行必要的规制，市场主体可能依然只是原在位的电台、电视台，社会人员、资本和技术难以进入，广播电视就不是可竞争市场，产品质量和效率就不可能有大的提升，经济效益和社会效益均不可能有大的提高。

五、技术创新与企业进入退出

古典经济学中有一个“马歇尔冲突”，即自由竞争与规模经济推动市场集中度提高，从而形成垄断，垄断阻碍竞争，在缺乏竞争威胁的情况下，在位垄断企业会失去技术研发创新的积极性，甚至会故意压制新技术推广使用，以保护原有的资本价值，从而阻碍技术创新。

熊彼特认为，垄断并不会阻碍技术创新，因为技术研发创新需要大量的资金支撑且存在风险，大型垄断企业具有这种资金能力与抗风险的力量，历史上许多新技术都源于大企业，这与市场垄断结构关系不大，况且自由竞争的市场必然使市场结构趋向集中，垄断的形成只是一个时间问题。

科斯认为，即使在存在明显垄断的市场结构中，潜在的竞争也会产生竞争性的市场，在位企业受潜在进入挑战的威胁，必然产生竞争环境中的行为，因此市场能够对技术创新、技术发展做出有效配置。言下之意，不赞成垄断市场结构下的进入退出规制。

我们认为，当代经济中技术本身已经形成了一个市场，技术市场与经济大市场是相辅相成的关系。几百年市场经济发展的过程中，确曾存在垄断对技术创新的扼杀现象，但更多的是技术创新推动市场竞争，促进市场结构趋向合理。

因此，人们应当从以下两个角度正确对待技术创新与企业进入退出的关系，破解马歇尔冲突。

第一个角度：技术壁垒与企业技术创新能力。技术本身也是一种壁垒。技术之所以成为壁垒，很大程度上是人为规制的产物。技术创新虽然需要一定的资金力量并存在风险，但不应成为市场集中、垄断大企业的“专利”，中小企业也具有技术创新的“天赋”权力和可能性。事实上，众多的高新技术，不仅来自大企业，也来自中、小企业。技术壁垒，分为企业内生性和制度外源性两种，阻碍技术创新的主要是政府规制制度造成的外源性技术壁垒。在国内市场中地方保护主义、科技投入的偏颇，在国际市场中发达国家对他国和发展中国家的技术封锁，都属于规制制度外源性技术壁垒。

第二个角度：技术创新与企业进入退出。技术作为一种生产要素，应当具有进入退出市场的自由。培育技术市场，形成技术竞争，是技术创新发展的决定性驱动力量。有了技术市场，才能有技术竞争。有了技术竞争，必然促进技术创新发展。我们知道，科技是第一生产力，第一生产力的释放必须借助科技市场平台，建构起发达的技术市场才可能形成发达的市场经济。今天，在政府对企业进入退出规制恰当和反垄断的背景下，技术创新是在位企业、潜在进入企业进行竞争的重要手段，不会导致市场集中度过度，更不会形成垄断，也就不会发生垄断阻碍技术创新的事情。

六、调整缓和规制与企业进入退出

调整缓和规制，是激励性规制理论和规制俘获理论的成果政策选择之一。所谓调整缓和规制，是指完全撤销、部分撤销对被规制企业的各方面（包括进入退出）限制，或者通过改变规制工具，缓和对被规制企业的有关限制。

之所以调整缓和规制，是因为规制造成了一些不良后果：一是政府过多、过滥、过严的规制，增加了企业负担，导致了企业低效率，阻碍了公平竞争，助长了企业垄断；二是政府僵化、死板、教条的规制，不能适应瞬息变化的技术进步和信息革命新环境，阻碍了企业技术创新与发展，阻碍了科技向生产力的转化；三是政府日益膨胀的规制，导致规制者与被规制者的利益结合，寻租行为泛滥，政府腐败滋生，这样也就失去了规制的公平公正性，规制使个人或少数企业受益，绝大多数企业或公众受损；四是在规制存在寻租漏洞的情况下，政府扩大规制、从严规制的动力越来越强，导致规制泛滥，规制泛滥势必增加政府规制成本，增加财政对规制活动的支出，从而加重纳税人的负担。

调整缓和规制是一个规制机构、规制机制和规制工具运用等制度重建的系统工程。这当中，面临着规制指导思想（理论）、调整缓和哪些规制、调整缓和到什么程度、采取什么新的规制手段等一系列问题。总体上讲，要把握好以下几个方面的问题。

第一，调整缓和规制的目的是引入竞争，从而降低企业进入退出产业的门槛。当政府调整缓和进入退出规制之后，人们会发现：在位企业在竞争的威胁下，将努力提高生产效率，不一味向政府寻求补贴；潜在进入企业在竞争的鼓励下，将提高投资热情，积极进入；对消费者而言，生产者竞争的存在，必将导致市场产品价格的降低，消费者将获得更多物美价廉的产品或服务，消费群体必然扩大。

第二，调整缓和规制将碰到新老规制制度变动中的利益重组，要重视解决政府权力寻租和腐败问题。调整缓和规制中，要认真调查研究哪些老的规制、哪些规制程度、哪些规制手段，导致了政府权力寻租且被企业俘获。要设法割断政府寻租、被企业俘获的环节与路径。可以撤销的规制坚决撤销；可以部分撤销的规制，对保留的部分尽量寻找替代的规制工具，比如对有些行业的文化企业进入审批制，可以改为注册制。

第三，调整缓和规制面临着规制形成机制的变革，这当中主要涉及规制机构和规制程序等问题，还面临着规制与被规制的博弈等问题。为了确保调整缓和规制顺利实施，要着力解决政府对文化产业规制中的机构重叠、多头管理、条块分割、责任交叉等问题。按照法律授权、独立、机构相对集中、公开透明、强化监督等原则建立规制机构。彻底改变过多的行政规制取代法律规制的弊病，并通过强有力的监督体系制约杜绝规制者与被规制者的“寻租”“俘获”勾结。须指出的是，调整缓和规制不是不再规制。在建立新的规制机构、程序、机制的时候，还要重视对规制激励的研究，找寻调动政府规制人员规制积极性的办法，将激励与约束有机地结合起来。

七、所有制结构改革与进入退出

从传统计划经济向市场经济体制转轨的国家，面临着不同所有制性质的资本进入文化产业的问题。中国在传统计划经济体制时期，把企业划分为全民所有、集体所有和个体所有三种所有制性质的企业，把文化生产单位列为事业单位由政府直接管理。文化体制改革以来，国家要求一大批文化事业单位改制为企业。我们认为，仅仅把计划经济时代的文化事业单位改为文化企业，不足以把文化产业做大做强，使之成为国民经济支柱性产业。所有制结构改革与文化产业进入退出，已经成为深化文化体制改革和发展文化产业中必然碰到且绕不过去的命题。破除这一命题必须回答以下问题：

一是有些文化事业单位长期由国家政府财政包养下来，即便改制为企业也是一个无效率的负债沉重的企业。这样的企业可不可以宣布破产？政府如何对其实施破产保护让其退出文化产业领域？

二是上述文化企业如果宣布破产必然带来人员安置的一系列问题。如果不宣告破产，可不可以由社会资本或私人资本介入对其进行股份制改造？允不允许社会资本或私人资本控股？哪些行业的文化企业允许私人资本控股，哪些行业的文化企业不允许？哪些行业的文化企业允许私人资本进入，但不允许私人资本控股？

三是对新建股份制文化企业全民、集体、个体资本的比例，因文化企业行业的不同会碰到由谁控股的问题。在一定时期内，一个旅行社可允许私人资本控股，一份时政性报纸恐怕不会允许私人资本控股。生活类报纸可否允许私人资本控股？诸如此类规制对文化企业进入退出都是重要的壁垒，在深化改革中如何对待？

四是从一个文化企业比如电台、电视台而言，其生产流程中的一个环节（制作环节）允许社会资本进入，而播出环节仍由电台、电视台控制。如前所述，电台、电视台购买社会制作提供的节目，价格上政府应当有所规制。否则，价格就会成为阻碍社会资本进入的壁垒。

五是整个文化产业中哪些行业什么产品性质的文化企业允许外国资本进入，外国资本所占的股比政府均应当有所规制。通过什么途径吸纳国外强势媒体先进技术和管理经验，是需要认真思考的。

六是对原在文化事业单位工作的职工，特别是编创专业人员自愿“下海”领办文化企业，应当予以鼓励支持。这样也就带来一个专业人员进入退出的政策问题。

我们可喜地看到，中国在文化体制改革中，上述问题已经得到触及。当然，解决力度还很不够。我们相信，伴随改革的深入，政府对所有制结构改革将进一步解放思想，政策会更自信，规制将日益宽松，让市场发挥资源配置的决定性作用，调动更多的人、财、物到文化产业中来。

第三节　投资融资规制

文化产业投资融资规制，是指政府对文化产业投资与融资行为实行的干预。文化产业投资融资规制，既包含对文化产业资本市场的规范、约束，又是对该资本市场的保护与促进。

一、文化产业投资融资

经济学界一般将投资、融资当作两个概念、两种行为进行研究。最近一二十年，国内一些学者将它们合并，统称为投融资，予以综合地研究。

1. 投资

著名经济学家保罗·萨缪尔森认为："投资的意义总是实际的资本形成——增加存货的生产，或新工厂、房屋和工具的生产……只有当物质资本形成生产时，才有投资。"① 李道明认为："广义的投资既包括对企业内部进行生产经营活动的投资，如购置各种固定资产、无形资产以及建立存货周转储备等；又包括购买其他企业发行的股票、债券以及与其他企业进行联营投资。企业将筹集的资金用于收购（兼并）其他企业，实现扩大经营规模以期获得规模经营效益，其实质也是一种投资行为。"② 谷秀娟认为，投资是指"一定经济体为了获取预期的效益而将现期的一定收入转化为资本"。③ 通俗地说，投资就是拿钱去从事生产经营活动，以便挣更多的钱。

投资可分为直接投资、间接投资，直接投资又分为固定资产投资、流动资产投资。根据资本来源，还可分为本国投资、外国投资。直接投资，是指将资本直接用于企业的生产经营活动的行为。间接投资，是购买股票或债券的投资行为。固定资产投资，是指将投资用于购置和建造固定资产。流动资产投资，是指将投资用于补足和增加流动资产。国内投资，是指来源于国内的投资。外国投资，是

① ［美］保罗·萨缪尔森：《经济学》（上册），高鸿业译，商务印书馆，1979，第263－264页。

② 李道明主编《财务管理》，中国财政经济出版社，2001，第5页。

③ 谷秀娟：《现代投融资——理论、工具与策略》，立信会计出版社，2007，第1页。

指来源于境外的投资。文化产业投资，是指投资于文化产业进行生产经营活动以期获取经济效益的行为。

2. 融资

杨大凯认为，融资是指融资主体根据资金余缺融通的客观需要，运用一定的融资形式、手段和工具，实现资金的筹集、转化、运用、增值和回偿等融资活动的总称①。刘宇认为："融资是具体经济组织从自身经济活动及资金运用情况出发，根据未来发展需要，经过科学地预测和决策，通过一定渠道，采用一定方式，利用内部积累或向外部筹集资金，以保证经济活动对资金的需要。"② 简言之，融资就是企业筹集资金的活动。文化产业融资，是指文化企业筹集资金的活动。

融资可分为内源融资、外源融资、短期融资、长期融资、股权融资、债权融资、直接融资、间接融资等类型。内源融资，是指企业利用内部资金追加的投资，其能力取决于企业创利和内部分配比例。外源融资，是指企业从外部筹资，包括发行股票、银行贷款、票据融资等，其能力取决于企业创利、资本市场供给状况。短期融资，是指使用或归还期限一年（含一年）以内的融资。长期融资，则指使用或归还期限一年以上的融资。股权融资，是指企业股东通过出让部分股权引进新的股东，使企业增资的融资活动。股权融资筹措的资金具有永久性，无限期日，不需归还。债权融资，是指企业通过借贷方式进行的融资活动。企业借债，到期后要归还并付息。直接融资，是指资金需求者与资金初始供应者的直接借贷活动。间接融资，则指资金需求者通过金融中介机构间接进行的融资活动。

---

① 杨大凯：《投融资学》，上海财经大学出版社，2006，第 6 页。

② 刘宇：《中国上市公司股权再融资效率》，经济管理出版社，2007，第 21 页。

3. 投融资

在市场经济条件下，企业的投资融资是紧密联系在一起的，要投资必须先融资，融资的目的是为了投资，投资融资化、融资投资化已经是企业资本运作的常态。当然，在投融资活动中，就资金运作过程（筹集与投放）而言，还是完全不同的。文化产业投融资，顾名思义，是面向文化产业生产经营或文化企业的投融资活动。

文化产业投融资有以下特点：

第一，投融资额度小、见效快。与第一产业、第二产业和第三产业中的建筑业、交通运输业等相比较，文化产业的多数行业具有投融资额度小、见效快的特点。比如，工业中建一座钢铁厂、化肥厂、机械制造厂等项目，往往需融资投资数百上千亿元，从设计、建设到投产需要数年时间，收回投资产生效益又得数年。文化产业，比如制作一部电影，哪怕是大片，从剧本策划、拍摄、剪辑到发行上映，也只需要几亿元的投入，一两年内就可完成，收回成本并盈利。上个世纪末爆发了亚洲金融危机，韩国正是看到了文化产业投融资额度小、见效快的特点，把发展文化产业作为应对危机的一条国策加以实施，收到了奇效，很快从金融危机的阴影中走了出来。

第二，流动资产投融资比重较大。与第一产业、第二产业和第三产业中的建筑业、交通运输业等相比较，文化产业的多数行业或绝大多数项目的投融资中，流动资产投资所占总投融资的比重较大，其中主要是创意策划及其劳务报酬支出费用较大。这是因为文化产业是以创意为核心的知识经济产业，文化产业生产经营的效益很大程度上取决于内容创意的成败，取决于创意策划人才的积累，取决于广告宣传和营销，而不是固定资产的投入。这也是文化产业投融资额度小、见效快的一个重要原因。

第三，投融资风险较大。与第一产业、第二产业和第三产业中的建筑业、交通运输业等相比较，文化产业的大多数行业和项目的投融资风险较大。这是因为，文化内容的生产与纯物质产品的生产不同，从生产环节和最终消费环节都有许多不确定因素和不可预见性。比如，生产一种新型号的汽车和生产一部新电影相比，对未来市场的预期，后者比前者困难得多，投融资失败的可能性也就大得多。一部电影生产出来，往往未与市场见面，在审查阶段就被否定，化为泡影。当然，辩证地分析，正是由于文化产业的一些行业（比如演艺产业）投融资风险较大，也就变相地存在收益高、利润大的可能。风险大收益也大，风险与成功成正比。文化产业的投融资成功与否，就看经营者对生产环节不确定因素和市场的预见能力。文化产业投融资事先应当有一套完备的化解风险的预案。

第四，政府监管比较严厉。与第一产业、第二产业和第三产业的其他行业相比较，政府对文化产业投融资的监管比较严厉。这主要表现为政府对资金来源监控较严和对产品质量审查较严：一是有些文化产业行业，主要指广播、电视、报刊等传媒行业，从私人和国外渠道融资受到严格管控，不可使用或不可大量使用私人和国外资金。在有些国家，办一份报纸、刊物，成立一家电视台、广播电台都须经过政府十分严格的审查批准，这比第一产业建一个农场、第二产业办一家工厂，审批要严格得多，条件要苛刻得多。欧美国家广播电视产业，对外资所占股比有非常明确的规定，不允许外资控股。何以至此，道理很简单，文化产业是一个深含意识形态的产业，意识形态管制使然。二是不允许政府官员参与文化企业的融资。有的国家规定，高级行政官员的配偶和子女不得在其权力涉及的部门或行业投资办企业。这主要是为了避免政府官员利用手中权力寻租酿成腐败。三是政府对文化产业文化产品内容的审查很严格，比如一部电影拍摄完成，必须送交政府指派的组织进行审查，审查通不过的，不得发行上映。这对投融资者而言是一种严酷的（投融资）事后规制，审查通不过，意味着投融资的失败。

二、投融资结构规制

投融资结构，是指融资不同来源渠道的资金比例和投资不同使用方向的资金比例。从全球看，文化产业投融资结构规制集中于跨国投融资领域，主要是针对境外融资和境外资本到国内投资进行规制。从计划经济体制向市场经济转轨的国家，文化产业投融资会碰到投融资所有制结构的特殊问题。

1. 文化产业跨国投融资规制

当今世界，文化产业跨国投融资已经是一种常态，若干大型文化企业都有跨国业务。基本情况如下：例如，美国文化产业发展中，除了广播、电视业对外国资本所占股比有明确规制外，大多行业允许外国资本进入，实行自由放任主义的文化经济投融资政策；英国、法国、德国等文化产业发展中，国家（政府）直接掌控少数实力雄厚、影响力大的广播、电视和报纸文化企业，其他的文化企业允许国外资本进入，实行抓大放小的文化经济投融资政策；印度对演艺产业，一方面到外国（比如美国）投资办文化企业，另一方面允许外资到印度本地办影视制作企业，实行文化产业行业有选择的跨国投融资政策；中国一方面鼓励本国文化走出去，倡导到国外办文化，另一方面对外资进入本国文化产业则采取比较谨慎的文化经济政策。

上述各国的文化产业投融资政策为我们提供了宝贵的经验，具体阐述如下：

第一，文化产业的跨国投融资是不可阻挡的大趋势。在经济全球化和世界贸易高度发展的今天，任何产业都有追求规模经济效益的动力，都想在世界市场中抢占份额，跨国经营是必然的选择，文化产业也不例外。中国经过几十年的发展，今天之所以能够成为全球第二大经济体，其中经验之一是跨国投融资。改革开放初期，我国大力吸引外资，发展外向型经济；近些年，中国向境外投资迅速增长，跨国投融资规模不断扩大，成为经济发展的重要支撑。我们常讲，文化产业是中国经济的一个新的增长点，同时也必须认识到文化产业也是中国外经贸的一个增长点。我们要把文化产业做成国民经济的一个支柱性产业，仅靠文化产业的国内部分是远远不够的，还要凭借文化的对外贸易，凭借文化产业跨国经营。因此，一要积极吸引外资来华兴办文化产业；二要投资到国外兴办文化产业。唯此，才能促进文化产业快速崛起。

第二，实行行业有选择的跨国投融资政策。对外融资发展文化产业要区别行业，有选择地实施。文化产业有多个行业，诸如广播、电视、报纸等传媒行业，对外资开放要慎重，不可使外资控股。对于文化产业的其他行业，比如演艺、旅游、广告、会展、生活类图书期刊等产业则可积极引进外资，以有利于增强规模经济效益。我国可以划定地域范围建立外向型文化产业园区，制定特殊政策，吸引外资进行文化产业创意、策划、生产、经营，对外销售产品。

第三，实行稳步推进逐渐扩大的跨国投融资步骤。我国文化产业的发展，无论是吸引外资还是向外投资总的趋势是逐渐扩大，最终恐怕是国家（政府）直接掌控少数实力雄厚、影响力大的广播、电视、报刊企业，其他文化企业则允许国内外多渠道资本进入。正如英、法、德等发达国家那样，实行抓大放小的文化产业投融资政策。实行这一改革的路线图须稳步推进。这是因为，我国实力雄厚、影响力大的广播、电视、报刊等文化企业还不多，实力还不够强，在国际舆论舞台上的声音还比较弱。很明显，我国传媒产业还存在碎片化、力量分散、影响力小的问题，恐怕要经过一个较长的兼并、整合、重组过程，才能实现靠传播实力引领舆论的地位。当一个国家的传媒产业处于力量分散、影响力小的阶段时，贸然引进外资，很可能出现灾难性的后果。但是，当一个国家的传媒产业生产集中度较高、规模经济大、具有引领社会舆论实力的时候，依然不敢大量引进外资，必然阻碍文化产业和文化走向世界。文化产业跨国投融资力度不够，文化产业的国际竞争力提高不快，也就不可能实现建设文化强国的目标。

第四，跨国投融资与文化内容掌控的关系。在扩大文化产业跨国投融资中，首先碰到这样的问题：外资进来、进入传媒产业，还能保证文化生产与传播的本土意识形态和核心价值观吗？这是一个非常现实又严肃的课题。首先，在当代信息技术的条件下，文化生产与传播早已跨越国界，与其进行意识形态管制严防死守，不如主动出击。文化产业跨国投融资恰是文化主动出击、文化走出去的路径之一。其次，我们承认文化企业所有者与文化内容生产有一定关系。但是，也并不是说外资来中国办文化企业，其产品内容就一定存在问题。政府如果对外资股比进行恰当的规制，在某些（比如传媒）行业不使其控股，文化产品内容可以确保不出现大的问题。再次，如果设置一些外向型的文化产业园区，其产品销往国外，我们也大可不必担心其文化内容的性质与方向问题。最后，文化产业跨国投融资只会扩大中国文化的影响力，而不会削弱中国文化及其核心价值观，这是因为一国文化的传播与文化所在国的实力联系在一起。英语成为世界语言，与当年英国“日不落帝国”的经济、军事实力有关。美国文化成为一些国家民众推崇的文化，与美国今天的国家实力也有密切的关系。中国今天已成为全球第二大经济体，许多国家看中了中国潜力巨大的市场，也渴望得到中国的资金，并希望了解中国文化。总而言之，只要政府在文化内容上有明确的规制，跨国投融资只会助推中国文化，而不会损害中国文化，中国文化走向世界的前景会越来越广阔。

2. 文化产业融资所有制结构

文化产业融资所有制结构，主要是曾经实行计划经济体制向市场经济体制转轨的国家在发展文化产业中碰到的问题。解决这一问题，须在破除传统陈腐观念和采取恰当切实的政策两个方面入手。

第一个方面：破除文化规制的陈腐观念。

文化治理是国家治理的重要组成部分，文化发展繁荣是国家发展繁荣的重要方面，实践证明靠政府直接包揽文化生产的人、财、物难以使文化发展繁荣起来。因此，曾实行计划经济体制的国家在市场化的改革中，选择了文化事业单位改制为文化企业，走大力发展文化产业的新路。但是在走新路的同时，不少的人依然担心意识形态失控，反复强调文化企业的所有制性质问题。这种计划经济体制遗留的陈腐观念，已经严重阻碍了文化体制的改革。

从认识上来说，文化内容的生产与文化企业的所有制性质不应当挂钩。优秀的文化内容产品的生产，应当寄希望于文化产业内容生产的法律规制，而不是文化企业的所有制性质。市场经济是法治经济，文化经济也是法治经济，用法治来保证文化内容的正确方向才是根本出路。文化内容的意识形态管制，应该更多地依靠法治，这是治国理政文化管理理念的根本性转变。有了这一转变，文化产业才能做大做强。

当今是知识经济时代，文化产业作为文化与经济一体化的新兴业态，文化本身不仅是上层建筑，也是经济基础的一部分，即文化经济。文化的生产经营者不管是公有经济还是民营经济都是社会主义的劳动者，都在为社会主义文化发展繁荣做贡献。只要政府加强文化内容规制，对生产损害国家文化安全或国家利益的文化产品的企业实行严厉的惩罚，相信不管何种所有制性质的文化企业都不会冒犯规制的底线。当文化产业成为国民经济一个重要产业的时候，文化已经带有文化经济经济基础的特征，此时的上层建筑更多地表达为文化规制制度，文化规制制度对文化经济经济基础的反作用凸显，只要文化产业规制科学，文化必然发展繁荣。因此，大可不必过分担忧文化企业的所有制性质问题。

第二个方面：矫正文化企业所有制结构国民待遇。

改革开放以来，我国第一、第二和第三产业中的大多数行业，已经是多种所有制并存蓬勃发展的局面，在一些地区民营经济已是主体，对经济发展做出了巨大贡献。中国成为全球第二大经济体，所有制结构改革是最大的贡献之一。但是，在文化体制改革中，对文化产业所有制结构的改革却存在畏首畏尾的现象。按照国际大多数国家的规制，企业进入实行注册制，中国对文化产业的若干企业进入仍坚持审批制。出现这一问题的关键恐怕不在于对文化企业进入采用审批制还是注册制，核心问题在于门槛条件的规制。除了主要的广播、电视和报刊应当由国家（政府）直接掌控外，积极鼓励、支持和引导多种所有制文化企业的发展，以及实行由政府担当“金股”的多种所有制参股的文化企业法人治理结构都是做大做强文化产业的可选路径。当给予文化企业与其他产业的企业同等的国民待遇时，文化企业的融资渠道是不是会更多、前景是不是会更广阔呢？回答是肯定的。

三、中国文化产业投资基金的状况

据中国新元文智公司发布的报告，截至2012年中国内地共有文化产业股权投资基金、艺术品投资基金、文化产业专项投资基金等116家，其中文化产业综合股权投资基金35家。这35家综合股权投资基金设计总募资金规模1 300亿元左右，首期实际募资约459亿元（图42－10）。参考归纳业界、学界的观点，对这些基金的运行状况分析如下：

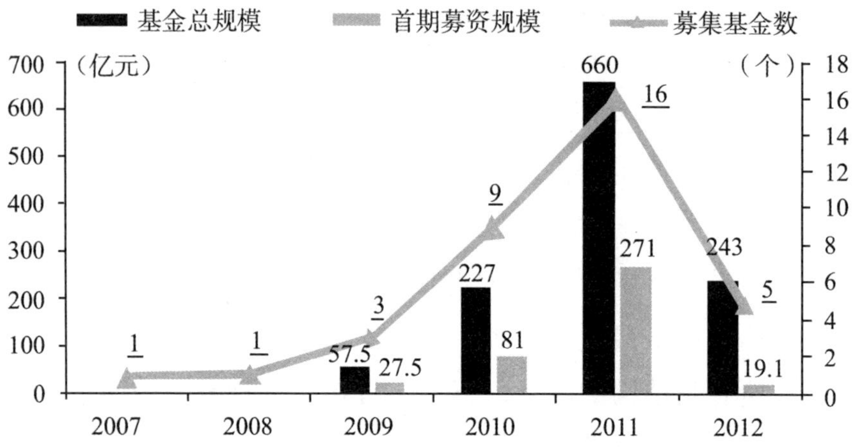

图 42－10　中国文化产业基金数量与规模①

1. 基金的基本状态

第一，2007 年至 2012 年是中国文化产业各类基金阶段性井喷期，上述 35 家综合股权投资基金有 16 家是 2011 年成立的（表 42－1）。这主要是政府大力推行文化产业财政政策和金融政策刺激的结果。

第二，2011 年是中国文化产业投资基金成长的“拐点”，改变了外资和国内投资的对比。在 2011 年之前，中国文化产业投资中外资占到 60% 以上的份额，分别投向了分众、盛大、完美世界、新浪等公司。中国文化产业投资兴起，到 2013 年初外资投资比重降为 40% 以下。

第三，按照一般私募股权投资机构 2～3 年的投资周期计算，到 2012 年中国内地综合股权投资基金每年能够投到文化企业的资金为 150 亿～200 亿元。实际总投资额不超过 100 亿元，占基金可投放规模的 50% 左右，呈现有钱投不出的状态。

2. 基金有钱投不出的原因

中国文化产业投资基金有钱投不出，原因如下：一是基金都偏

① 陈恒制图，《光明日报》2013 年 3 月 7 日第 15 版。

表 42－1　中国文化产业投资基金①

（单位：亿元）

基金名称	地区	基金总募资规模	首期募资规模
华澳文化产业投资资金	深圳	5	5
华人文化产业投资基金	上海	50	20
东方星空文化传播投资基金	浙江	2.5	2.5
中科·安广股权投资基金	安徽	50	10
星长城文化产业投资基金（北京）	北京	50	5
皖港文化产业投资基金	安徽	40	10
江苏紫金文化产业发展基金	江苏	20	20
华映苏州文化产业基金	上海	10	10
泛城文化创意产业基金	浙江	2	2
北京中外名人文化产业投资基金	北京	5	5
星空大地文化传媒基金	北京	20	10
中国文化产业投资基金	北京	200	60
凤凰文化产业基金	香港	53	53
广东文化产业投资基金	广东	50	10
广东广电基金	广东	50	10
云南省文化（旅游）产业发展基金	云南	50	50
广东中科南华旅游文化产业投资基金	广东	50	10
海峡文化产业投资基金	福建	30	10
湖南旅游文化产业基金	湖南	30	9
建银国际文化产业基金	北京	20	20
华映东南文化产业基金	上海	10	2

① 杨君制表，《光明日报》2013 年 3 月 7 日第 15 版。

（续表）

基金名称	地区	基金总募资规模	首期募资规模
华映无锡文化产业基金	无锡	10	2
湖南富坤文化产业投资基金	湖南	10	3
深圳市鹏德文化创意产业投资基金	深圳	5	5
南京文化创业投资基金	南京	1	1
浙江文化产业基金	浙江	1	1
天津文化产业投资基金	天津	20	4
上海文化产业股权投资基金	上海	100	30
陕西文化产业投资基金	陕西	50	3
张江文化产业孵化器基金	上海	3	3
乐视星云影视文化基金	北京	30	10
山东省文化产业基金	山东	10	3.1
中诚腾龙旅游文化产业投资基金	北京	150	3.1
上海东方惠金文化产业投资基金	上海	暂无数据	
北京歌华文化创意产业发展基金	北京	暂无数据	

注：截至2013年3月

好投资未来两三年能上市的成熟文化企业，而这样的企业实在不多；二是基金偏好国有大中型文化企业，而国有大中型文化企业多数尚处于事改企过程中，扩大再生产的时机未到，基金忽视了小微文化企业对资金的需求；三是文化企业项目同质化、低水平重复建设较普遍，预期效益并不看好，基金怕有风险；四是文化产业有些项目名不副实，“以文化的名义圈地、抢滩、贷款”①，行房地产之实，

① 王蒙：《文化瑰宝与文化泡沫》，《光明日报》2012年4月6日第16版。

使得基金不敢贸然进入。所以到2012年，文化产业投资增长回落。

3. 基金状况分析的结论

2012年中国文化产业投资基金投资回落是前几年文化产业热的理性回归，是市场供求的自然回落，这只是文化产业发展过程中投融资阶段性的起伏状态，并不表明整个文化产业投融资情况好转；中国文化产业整体上投融资规模，还不足以支撑文化产业做大做强，资金依然供不应求；中国文化产业基金经过短暂的调整与理性判断之后，扬鞭奋蹄再出发，投融资第二次高峰不久就会到来①。

四、中国文化产业投融资趋向暨规制预期

依据发达国家文化产业走过的道路、中国文化产业投融资现状和经济发展迈向新常态的背景，综合分析预测，中国文化产业投融资趋向暨规制预期如下：

第一，文化产业投融资规模将不断扩大，投融资规制要引领文化生产相对集中和鼓励中小文化企业成长。

在中国全局的经济发展进入新常态的背景下，文化产业作为新兴产业，将继续保持较高的增长速度。之所以做出这样的判断，基于以下考虑：一是消费需求将拉动文化产业较高增长，人们消费需求的热点将从汽车、住房逐渐向文化、旅游、教育消费需求过渡；二是创新驱动将成为文化产业创意策划和整个产业较高增长的新引擎，信息技术与传统传播手段的融合和文化产业跨界融合将出现新局面，文化产业衔技术发展将迈上新的台阶；三是政府宏观产业引导、经济结构调整、转变经济增长方式三大政策，将推动文化产业更加理性地持续稳定增长，文化产业盲目上马、假大空、泡沫、低

---

① 张玉玲：《文化产业投资基金："有钱投不出"症结何在?》，《光明日报》2013年3月7日第15版。

水平重复的问题将大大消减，产业发展的质量将提高；四是经过十多年文化产业快速发展积聚起来的各种生产要求，其存量和质量为文化产业继续快速增长奠定了良好基础，人才和经营管理两大制约“瓶颈”的状态有了较大改观；五是文化产业投融资平台建设有了较大进展，必将成为文化产业保持较快增长和健康发展的关键性推动力量。因此，文化产业投融资规模将不断扩大。十多年来，中国文化产业发展较为迅速，保持了较快增长的态势。但是，与发达国家相比，中国文化产业的发展水平还不高，主要表现在三个方面：一是缺乏具有较大规模的强势文化企业“航母”，特别是缺少大型的传媒企业，在国际文化经济贸易和文化传播中的竞争力尚弱。二是文化企业的数量还少，中型特别是小型文化企业发展缓慢。中国文化产业发展中，通过战略性资产兼并重组投融资方式，推动生产相对集中不可避免，为此需要加强顶层设计，提出明确的投融资规制政策，调动财政、金融乃至国外资金，争取在较短的时间内，打造一批文化企业航母。三是小微文化企业发展缓慢。要下气力调动资金投向小微文化企业，促使小微文化企业有一个较大的发展。今后十年间，投融资拉动依然是文化产业发展的关键，投融资市场的培育，既表现为投融资规模的扩大，也表现为对文化产业存量资本的整合、兼并、激活，更表现为融资的质量与投资的效益。这三个方面的投融资工作做好了，文化产业就会更快更好地发展。

第二，文化产业投融资需求将不断扩大，投融资规制要有利于创新金融和开辟多元的投融资渠道。

中国未来至少十年间，在经济发展新常态下，政府极力创新金融形式，民营银行将有一个大的发展；另外，在传统产业饱和产能过剩的状态下，许多基金恐怕要到新兴产业包括文化产业中来寻找出路，将大大有利于文化产业不断增长的投融资需求。在这种情况下，文化产业投融资面临着提高投融资水平的三项任务：一是善于开辟多方融资渠道，眼睛不能仅仅盯着财政（基金）、国有银行。民间金融机构对于小型文化企业而言，也是一个很好的融资渠道。国外资金对外向型文化企业而言，或许是一个战略性融资渠道。二是文化产业投融资要注重不同产业的跨界融合，运用企业兼并、重组等间接融资手段，把其他产业中过剩、闲置、可供文化产业应用的资产整合过来，以满足文化产业需求。计划经济体制下和改革开放以来，我国文化产业资产的存量规模不能算小，其中有一部分因碎片化、行政条块分割，产能并未充分发挥，也存在过剩闲置的问题。在推动文化产业生产相对集中、文化企业集团化、打造文化产业航母的过程中，挖掘文化产业存量资本也是一个重要的融资路径。三是大力发展文化产业发展基金、风险基金、担保基金等投融资平台，提高基金运行水平。基金经营者要充分调研我国文化产业对资金需求的阶段性状况，做到看得准、把得住：对那些以搞文化产业为名、行房地产之实的企业，坚决杜绝投资；不要仅瞄准那些大型国有文化企业，也要支持中小文化企业，文化产业具有投资小、见效快的特点，把资金投向中小文化企业，资金效益可能更好；要善于从改革中谋取基金的红利，改革需要资金支持，在现阶段基金要向事改企、文化企业兼并、重组倾斜，向文化产业创意、策划与经营管理人才培养培训倾斜，可能是一种有远见的长期投资，具有培育资本市场的战略性意义。

第三，文化产业投融资风险可能不断增加，投融资规制要在防范风险和把风险限定于可控范围内下大力气。

文化产业投融资风险较大，是其固有特征之一。在未来文化产业投融资需求不断扩大、投融资规模不断扩大、投融资渠道不断扩展的新情况下，未来一定的时间段内，投融资风险可能将不断增加。从文化产业发达国家走过的道路看，文化产业投融资风险表现为一个“∧”字形过程，即在文化产业发展的初期，因人们对文化产业不甚了解，投融资一般比较谨慎（我国若干文化产业基金前些年就是这种心态），此时失败的投融资不是太多。当文化产业有了一定发展和基础，有了一定经验，进入崛起、上升、做大做强的时期，投融资需求急剧扩大，规模急剧扩大，渠道大有拓展的时候，因生产中不确定因素对市场的不可预见性，甚至一些投机行为等原因，投融资失败的数量大增，风险大增，达到“∧”字形顶端。正是由于文化产业投融资失败的案例太多，风险太大，政府开始注重加强防范文化产业投融资风险的规制，有的国家财政直接补贴某些文化企业或财政出资成立风险基金、担保基金，在减免税收上出台特殊政策，加之文化产业投融资者经验积累和资金运作水平的提高，在一系列内外力量的综合作用下，文化产业投融资的风险在经历了“高峰”之后回落，进入正常或可控范围。中国文化产业经过十多年发展，大致也将进入投融资风险的高峰期，政府应根据文化产业高投融资风险的特征，加大对防范风险的规制，强化对文化产业投资基金、风险基金、担保基金的管理监督，加强对民营金融机构和外资机构的管理监督。在市场经济条件下，少量的投融资失败是竞争的正常现象，文化产业投融资失败的项目数量比其他产业多一些也属正常现象，但是大量的失败或不可控现象发生则是危险的。从宏观上必须通过规制，尽力防范投融资风险或把风险限定于可控范围之内。

第四十三章　产品内容规制

文化需求主要为文化内容的需求，文化消费主要为文化内容的消费，文化生产主要为文化内容的生产。文化内容的供给连接着人的存在价值、人的全面发展、人的生活幸福指数。文化+衔技术+创意=财富，这个公式道出了人们通过文化产业追求财富中创意因素的重要性，创意任务之一是文化内容创意。文化产业真正崛起并成长为国民经济支柱产业，取决于文化产业产出品能够在国内国际两个市场中具有强势的竞争力。提高文化产品竞争力的核心问题是产品内容能否满足消费者的文化需求。文化产业面对的消费者是一个庞大的对象。这个对象身处世界各地不同的国家，身处社会各个不同的阶层，成长于各种不同的环境，其信仰、思想、习俗、价值观、追求，既相同，又不同。他（她）们对文化内容的需求多种多样，既有相通之处，也有区别差异。

文化内容供求的平衡依赖于市场。市场在文化产业资源配置中起决定性作用，同时也要积极发挥政府的作用。文化产业内容供给应当是经济效益与社会效益相统一的，政府对文化产业内容规制也应当是经济效益与社会效益相统一。但是，由于企业与政府是职能不同的两个组织，它们的职能目标实际上不同。一般说来，企业追逐利润，更讲求经济效益；政府管理社会，更讲求社会效益。因此，在文化内容生产中，各国都面对着如何处理市场与政府的关系这一永恒课题。一方面，政府要鼓励支持文化企业按照市场文化内容需求组织生产，把文化产业做大做强；另一方面，政府又要对文化企业产出品的文化内容进行必要的指导、引领与管束，发展繁荣主流文化和先进文化，并防止文化市场内容失态。政府对文化产品内容的指导、引领与管束，即文化产品内容规制。

第一节　文化全球化与多元化

当今是一个文化差异冲突、文化经济竞争、文化求同融合三者并存的世界。在这样的世界中，不同文化的激荡是必然的。当前世界文化激荡的焦点，集中在文化全球化与文化多元化的争辩上，并由这个争辩派生异变出文化冲突论以及对文化冲突论的批判。

在讨论上述争辩之前，首先对引起这些不同观点争辩的主要原因陈述如下：

1. 经济全球化与文化本身发展规律使然

人类社会进入20世纪的最后20年间，经济全球化已成为不争的事实。经济全球化，是人类通过世界市场配置资源寻求发展的必然选择，是信息及传播技术迅猛升级的必然产物，是各国追求国际合作力图双赢或共赢文明进步的必然结果。经济全球化裹挟着文化不可避免地引发世界文化格局和发展趋向的纷争，由此形成不同文化的激荡。从文化自身发展规律上讲，文化常常是在争辩、争鸣、激荡中发展起来的。文化争论越大，文化发展越快。文化激荡的浪花越高，文化发展的硕果越多。

2. 文化产业的竞争激发，并驱动着文化争论

20世纪下半叶，文化产业在发达国家已成为国民经济支柱产业，大大促进了文化经济成长，国际文化贸易成为国民经济一个新的增长点。弗雷德里克·马特尔认为，“全球化以及由互联网带来的贸易格局的重构导致贸易各方力量的变化”，“客观上，这是

一个重新洗牌的过程”，“文化贸易兼具了趋同与差异的特征”，“一切文化都在加速发展……又都交织在一起”。① 围绕世界文化市场占有份额的经济竞争，激发并驱动着世界文化发展趋向的纷争。此外，人类已经迈入知识经济的门槛，软硬两个实力的竞争被提到综合国力竞争的议程中，许多国家把文化实力列入软实力范畴，这就势必发生文化问题的纷争。上述纷争很大程度上表达为文化产品内容的规制。

一、文化全球化思想

文化全球化思想的核心主张为经济全球化必然导致文化全球化，具体依据是文化普遍主义理论和文化同质化理论。

1. 文化普遍主义理论

文化普遍主义认为，文化有普遍含义，先进文化应广为传播。文化普遍主义的学者借用美国著名社会学家帕森斯的人类社会进化论，加上自己的逻辑和例证，形成了一套新的理论。

帕森斯的主要思想观点如下：其一，人类社会的进化表现为间断性、跳跃性，呈“之”字形迂回前进的过程，而不是单一、均匀、有限线性过程，人类社会分化和整合经历了不同阶段，每个阶段都有许多特殊形态；其二，人类的行动由文化、社会、人格和行为四个子系统组成一个大系统，这四个子系统相互联系操控人类行动，其中文化位于顶端，文化的发展领先并决定着经济技术发展；其三，文化具有独立价值并且能够重新改变人的生存环境，地理位置、自然环境等仅仅是人类生存的条件而不是决定因素。文化可以从进化程度较高的社会照搬到进化程度较低的社会，使进

① ［法］弗雷德里克·马特尔：《主流——谁将打赢全球文化战争》，刘成富译，商务印书馆，2012，第368页。

化程度较低的社会通过采纳先进文化实现向进化程度较高的社会的跨越式发展。

研究文化全球化思想的学者戴维·兰德斯在帕森斯人类进化论的基础上，提出先进文化具有普遍意义。他以日本为例，日本从明治维新开始认识到自己与西方的差距，积极主动地向西方学习，取得了成功，其中起决定作用的是文化因素。兰德斯认为，应该在世界上广泛传播先进文化，使落后社会形态的国家进化为现代化国家；西方发达国家的文化是先进的，美国最发达、文化最先进，美国的文化产品应该在世界畅通无阻。

2. 文化同质化理论

文化全球化思想的另一依据是文化同质化理论。这个理论认为，各种形态的人类社会，不管其文化差异有多大，都会有一些共同的东西，这种共同的东西将成为世界文化发展的趋势。

劳伦斯·哈里森明确表示，存在超越地理、政治和人种背景的普遍文化因素。他相信世界上绝大多数人都会同意：活比死好，健康比疾病好，自由比受奴役好，富裕比贫穷好，教育比无知好，正义比非正义好①。以此证明文化同质化具有社会思想基础。

迈克尔·波特认为，在以往的综合国力竞争中传统的比较优势起决定性作用，在经济全球化背景下传统比较优势已让位于知识、投资和创新能力等比较优势，新的比较优势蕴含着价值观和文化；为了提高竞争力，各国必须抛弃传统观念，选择诸如竞争、效率、创新、责权、教育、技术、合作等概念所包含的价值观和文化；各国都寻求提高生产率，因此世界文化趋向均质②。

---

① ［美］劳伦斯·哈里森：《文化为什么重要》，载《文化的重要作用》，程克雄译，新华出版社，2010，第34－35页。

② 李怀亮主编《国际文化贸易导论》，中国传媒大学出版社，2008，第162－175页。

马里奥·互尔戈斯·略萨认为，如果还有与文化普遍主义不一致的观点的话，那就是民族主义；文化民族主义是一种“地域性的、非他性的和混乱性的东西”，“试图强加某种文化认同于个人”，是对“人选择最珍贵的自由的否定”。①

二、文化多元化思想

文化全球化思想涌动的同时，文化多元化思想也在世界范围内形成。文化多元化思想是与文化全球化思想相对立的一种思想，其核心思想为维护民族文化传统、主张世界文化多样性，反对文化帝国主义与霸权主义。文化多元化思想的依据是文化帝国主义理论和多样性文化理论。

1. 文化帝国主义理论

早在20世纪中叶冷战时期，文化帝国主义理论就被美国、加拿大、法国的一批学者提了出来。赫伯特·席勒指出，第二次世界大战之后，美国利用传播领域的霸权地位，组成了一种庞大的军事、商业、传播复合体，排斥第三世界的信息。

法国的阿芒·马特拉对布热津斯基用全球化代替文化帝国主义的做法进行了分析。他指出，根据布热津斯基的说法，在东方国家只存在一种使人感到无聊和烦恼的文化，美国代表了唯一行得通的人类演变模式；布热津斯基总结出通过网络外交方式来实现炮舰外交和实力外交不能实现的目的的国际战略；我们所抵抗的是那种全球化的意识形态。

面对美国文化产业产品在世界文化市场中的强势，欧洲的英国、法国、德国和意大利的一批学者为了维护民族传统文化、发展本国

① ［法］马特拉：《世界传播与文化霸权》，陈卫星译，中央编译出版社，2001，第296页。

文化经济、抵御美国文化产品大肆涌入欧洲文化市场，也指责美国文化帝国主义和霸权主义。这些国家的政府出台了相关政策，大力发展本国文化产业，以对抗美国。

2. 多样性文化理论

文化多元化思想的另一个理论为多样性文化理论。这一理论认为，世界文化本来就是多样性的，各国有本民族的文化传统。1998年联合国教科文组织斯德哥尔摩会议提出的《文化政策促进发展行动计划》中指出："文化多样性是人类最宝贵的财富，对发展是至关重要的。"

许多国家的学者还从国家文化安全的角度，加入到坚持文化多样性学者的队伍中来。他们主要有以下观点：其一，世界四大文化圈的文化都基本上按照固有的轨迹独自演进，经济全球化不等于文化全球化，经济全球化不可能改变世界文化多样性的格局；其二，文化产业的发展，传播技术的创新，只能使世界文化多样性的格局更加丰富多彩，而不可能由一种文化取代多样化的原有格局；其三，为了维护国家安全，必须重视国家文化安全，各国要立足本国文化传统发展文化产业，坚持世界文化的多元化格局，坚持国际文化贸易双赢共赢原则，切实保护国内文化市场，实行民族文化走出国门政策。

须指出的是，文化多元化思想中也有一些极端的观点，提出了狭隘文化民族主义和消极文化保护主义政策。狭隘文化民族主义和消极文化保护主义，是错误的，是不足取的。

三、文化冲突论思想

文化冲突论是文化全球化思想与多元化思想争辩博弈中派生的机会主义文化思想，其创建者为美国著名学者塞缪尔·亨廷顿，他从1993年夏季起发表了一系列文章，并最终出版了《文明的冲突与世界秩序的重建》一书，完成了文化冲突论体系①。这是一本影响广泛且极富争议的著作。文化冲突论曾一时潮起，它代表的不是一个人，而是西方的一批人。美国前国务卿基辛格说："亨廷顿是西方最优秀的政治学家之一，他为理解下个世纪（21 世纪）全球政治的现实提供了一个极具挑战性的分析框架。"② 布热津斯基认为，《文明的冲突与世界秩序的重建》是一本理性的杰作，思想开阔、想象丰富、发人深省，它将使我们对国际事务的理解发生革命性的变革。

亨廷顿的主要观点如下：

——文明是人的最高文化归属，是人必不可少的文化认同的最大层面。冷战后的政治由西方文明、中华文明、印度文明、日本文明、伊斯兰文明、东正教文明、拉丁美洲文明和可能的非洲文明等七八个多极主要文明构成。国际关系的主要行为者不再是一般的民族国家，而是文明的核心国家。

——现代化不同于西方化，它不会导致非西方社会西方化。西方文化正在衰落，文明均势正在变更。非西方社会都在重新肯定自身的文化价值。21 世纪初期，人类将经历非西方文化的复兴，经历非西方文化内部以及与西方文化之间的冲突。

——全球政治正沿着文化界线进行重组，相似文化的人民和国家正在复合，不同文化的人民和国家正在分离。一个以文化为基础的世界秩序将取代冷战集团和超级大国界定的联盟的世界秩序。

——文化冲突有两种形式：一是地区不同文化之间的断层线冲突，断层线冲突具有相对持久、时断时续、暴力水平高、意识形态混乱、自下而上、难以协商解决的特点，正在变成全球冲突的中心

---

① 亨廷顿把文化定义为文明的实体，行文中常把文化与文明混用，他讲的文明冲突即文化冲突，两者实无大的区别。

② ［美］塞缪尔·亨廷顿：《文明的冲突与世界秩序的重建（修订版）》，周琪、刘绯、张立平、王圆译，新华出版社，2010，第 336 页。

地带；二是全球不同文化的主要国家之间的核心冲突，核心冲突引发战争的可能性较小，但并不是不可能的。

——断层线冲突的休止，需要参与者的疲惫衰竭，须自上而下解决。要防止断层线冲突升级为全球冲突战争，这要依靠世界文化核心国的利益和介入。防止核心冲突战争，取决于核心国的均势，需要各国遵守三个原则：一是核心国避免干涉其他文化的冲突；二是协商遏制和休止断层线战争；三是不同文化中求同共存。

——文化的冲突是对世界和平的最大威胁，而建立在多文化基础之上的国际秩序是防止世界战争的最可靠保障。我期望唤起人们对文化冲突危险性的注意，这将有助于整个世界文明的对话。

四、关于文化全球化和多元化思想的评述

经济全球化并不代表世界经济的平衡，它是在世界经济极不平衡状态下进行的。当人们认识到文化产业可以成为国民经济的一个支柱产业并且抢占国际文化市场激烈竞争的时候，必然出现对世界文化发展趋向的两种态度。

一种态度是以美国为典型的文化产业强势国家，期盼自己的文化产品被其他国家接受。美国鼓吹美国文化代表了当代文化，是最先进的文化，代表了文化发展的未来方向，试图以美国文化引领全球文化，于是就出现了文化全球化思想。

面对美国文化产业的强势，出现了对世界文化格局和发展趋向的另一种态度，这就是包括欧洲一些国家在内的绝大多数国家的态度，即坚持多样性世界文化、反对美国文化帝国主义霸权主义乃至夹杂着狭隘民族文化主义和消极文化保护主义的文化多元化思想。

当然，上述两种思想的出现，绝不仅仅是由文化产业发展引起的，绝不仅仅是由国际文化贸易市场中的竞争引起的。国际文化市场的竞争只是诱因之一。任何一个时代涌起的文化思想，还另有政

治的、历史的和意识形态的原因。英国学者马丁·雅克认为：“实际上，要让一个充满矛盾现代性的全球化世界以相对安宁和睦的方式存在，价值观的共存共容是前提。这将使西方面对前所未有的挑战，因为它是迄今最后一个习惯于认为自己的价值观是正确的、强加于其他国家合情合理，并要求国际社会接受这些价值观作为准则的文明。”① 冷战结束了，但在某些人的头脑中，冷战思维根深蒂固，这是形成一个时代不同思想文化不可排除的一个重要原因。

我们对文化全球化、文化冲突论、文化多元化三种思想的评述如下：

1. 文化全球化的主张是违背世界文化格局现实的，经济全球化不可能导致文化全球化，当今世界文化绝对没有全球化

当今世界，各民族国家的文化之间存在差异，呈现文化的多样性。世界几千年的文明史是一部多种文化共同发展的历史。文化多元化格局历经数千年，不是当今经济全球化轻易改变得了的。文化普遍主义和文化全球化挑起了不同文化的冲突，成为当今地区动荡、阻碍人类和平发展的祸根之一。

联合国教科文组织认定：“经济的发展是一个民族的文化的一部分，脱离人或文化背景的发展是一种没有灵魂的发展”，“发展可以最终以文化概念来定义，文化的繁荣是发展的最高目标”，“文化的创造性是人类进步的源泉，文化多样性是人类最宝贵的财富”，“发展不仅包括得到商品和服务，而且包括过上充实的、满意的、有价值的值得珍惜的共同生活，使整个人类的生活多姿多彩。”② 物之不齐，物之情也。世界文化总是千差万别、异彩纷呈的。各个民族的

---

① ［英］马丁·雅克著：《当中国统治世界——中国的崛起和西方世界的衰落》，张莉、刘曲译，中信出版社，2010，第316页。

② 李怀亮主编《国际文化贸易导论》，第196页。

各种文化经过各自的发展，优胜劣汰，物竞天择，迄今依然存在，就应当受到尊重。

在此须指出两点：

第一，文化普遍主义并不仅仅表现在少数美国学者和美国人身上。中外学者中有一种观点，他们认为21世纪将是儒学的世纪，这是有偏颇的。“儒家思想中，有许多属于人类共性的、朴素的、合理的、精华的东西，至今还有生命力，这是要继承和弘扬的”，“儒家思想中，也有许多与现代社会、文明、思想和文化，特别是与社会主义世界观、伦理观和价值观相悖的、过时的、陈腐的、糟粕的东西”，“儒家思想毕竟反映了封建、小生产、小农的世界观、伦理观和价值观”，“儒家思想不可能统治21世纪的地球，儒学本质上也不是宗教，它不可能占领整个太平洋周边地区”，“如果说儒家思想经过现代学术转换，在21世纪多元文化中将占有重要的一席，展示重要的作用，再现中国传统文化的光辉，这大概比较符合世界多元文化发展的未来趋势”。[①] 总之，在文化多元化的世界中，不能轻易地认定某一种文化就是最先进的，并让地球村的居民都尊崇归属唯一文化。

第二，经济全球化对不同文化的交流和融合还是有巨大作用的，要承认并肯定这一作用。经济全球化使不同文化背景的人有了更多的接触，不同的文化产品进入国际市场引领着人们的消费。文化的进步需要文化的交流与融合，文化的交流与融合客观上存在使文化趋同的作用，要承认并肯定这一作用。“在现实生活中，世界上大多数民族国家的人民能够正确区分不同性质的文化交流和文化融合，以积极的态度来对待经济全球化和文化汇合，一方面对文化霸权和

---

① 江奔东：《社会科学研究与管理》，济南出版社，2000，第165－166页。

文化侵略进行坚决的抵制，另一方面也以建设性的态度对经济全球化与文化的未来发展进行积极的探索。狭隘的民族主义和文化保守主义早已被大多数民族所抛弃。”①

承认并肯定经济全球化对世界文化有一定的趋同作用，由此引起世界文化“未来同质还是多元”的命题，一点也不奇怪。我们认为，就当下的文化生产力发展水平和人们的思维能力，这一命题的提出没有多少积极的现实意义，只会诱发文化摩擦、破坏和谐。

2. 文化冲突论提供了一个观察文化的视角，道出了存在文化冲突的某些事实，但其根本立意和基本观点都是错误的

文化冲突论者绘制的由七八个多极文化构成的当今世界文化版图，是主观臆造、不符合实际的。亨廷顿认识到现代化不同于西方化，承认西方文化正在衰落，预见到非西方文化在 21 世纪初期的复兴，这是智慧的。但他提出的全球政治正沿着文化界线重组，并把伊斯兰文化和东亚文化的复兴，视为世界新秩序的潜在威胁，预言中国崛起将导致全球文化冲突，则是浅薄的，或者说是别有用心的。古老东方的中华文化是恃德文化，博大、开放、仁厚、包容。中国优秀传统文化是一座蕴藏着解决当代人类面临的难题的思想宝库，“比如，关于道法自然、天人合一的思想，关于天下为公、大同世界的思想，关于自强不息、厚德载物的思想，关于以民为本、安民富民乐民的思想，关于为政以德、政者正也的思想，关于苟日新日日新又日新、革故鼎新、与时俱进的思想，关于脚踏实地、实事求是的思想，关于经世致用、知行合一、躬行实践的思想，关于集思广益、博施众利、群策群力的思想，关于仁者爱人、以德立人的思想，关于以诚待人、讲信修睦的思想，关于清廉从政、勤勉奉公的思想，关于俭约自守、力戒奢华的思想，关于中和、泰和、求同存异、和

---

① 李怀亮主编《国际文化贸易导论》，第 184 页。

而不同、和谐相处的思想，关于安不忘危、存不忘亡、治不忘乱、居安思危的思想，等等”①，具有丰富的哲学根基、人文精神内涵，迄今仍闪耀着智慧的光芒。中华文化复兴对世界发展是一个贡献，只会使世界更加和谐，对谁都构不成威胁。恰恰是西方某些人，总想使东方接受他们的价值观、生活方式和制度文化。西方某些政治家和文人，对东方文化知之甚少，对东方文化表现了神经质的排斥。

亨廷顿预见的全球文化冲突的文化断层线战争和核心战争，以及他提出的防止断层线战争升级的“避免、共同调解、求同”三原则，仅仅提示人们观察和处理“冲突与战争”的一个角度，并无大的价值。他依然延续了意识形态冷战思维，依然信奉大国政治，是文化帝国主义、文化霸权主义手段的变换而已。

亨廷顿在遭受批驳之后，反复申明西方文化并无普世价值、现代化并不等于西化。他的这些新言论，同他过去奉若神明的“西方文化普世主义”即“西方代表了现代化”形成了180°的反差。何故如此？语境发生了重大变化！世界新兴经济体在崛起，文化产业被越来越多的发展中国家所认识，一切文化都在发展并相互融合。西方文化开始衰落，其他文化走向复兴。亨廷顿深感忧虑、恐惧，更极力倡导文化冲突论。这就是亨廷顿内心深处忧虑恐惧之后的逻辑与态度。文化冲突论的根本立意和基本观点都是错误的。

许多西方学者不赞成亨廷顿的观点。卢本斯特恩和克罗克认为亨廷顿犯了两个错误：一是“他没有认识到种族和民族都将会像抵制殖民帝国对他们的侵略一样，抵制多民族文明集团对他们的兼并”；二是“把文化差异看作是国际冲突最根本的促动力，而不是诸

---

① 习近平：《在纪念孔子诞辰2565周年国际学术研讨会暨国际儒学联合会第五届会员大会开幕会上的讲话》，《光明日报》2014年9月25日第2版。

多因素中的一种”。[①] 麦哲认为：“文化与一些冲突并无必然的关联，而只是作为诸多因素中的一个起作用，或许在有些情况下，文明的差异甚至有助于避免战争。”[②] 福勒认为：“因权力、财富、影响分配不公以及大国不尊重小国引起的世界性冲突大大超过基督教、儒教与伊斯兰教之间的文明冲突。文化是表达冲突的载体，而非原因。”[③] 理查德·施韦德坚持文化多元论，反对第一世界绘制道义地图，在全世界推行其“先进文化”和“新秩序”[④]。《文明的共存——对塞缪尔·亨廷顿“文明冲突论”的批判》一书的作者哈拉尔德·米勒说，不是文化的对抗，而是文化的共存与对话。他不仅针锋相对地驳斥了文化冲突论，而且警示人们，简单地渲染或者接受文化敌对论或世界观是极其危险的。中国学者大多反对亨廷顿的观点。他们认为，当今世界向多极化发展，不同文化可以相互交流，可以求同存异，可以共同繁荣，而绝不应该只是引起冲突。

亨廷顿在众人的批评声中，表白他所期望的是唤起人们对文化冲突危险的注意，将有助于促进整个世界上文明的对话。这只不过是自找台阶下台罢了。我们认为，当今是一个文化差异冲突、文化经济竞争、文化求同融合三者并存的多元文化迅速发展的时代，不能仅仅拿文化冲突说事。

3. 文化多元化的主张符合当今世界文化发展的实际，一切文化都在迅速发展，又都交织在一起

回首历史，文化因交织而多彩，因互鉴而丰富，因交织互鉴而

---

① ［美］塞缪尔·亨廷顿：《文明的冲突与世界秩序的重建（修订版）》，第336页。

② 同上。

③ 同上。

④ ［美］塞缪尔·亨廷顿、劳伦斯·哈里森主编：《文化的重要作用》，程克雄译，新华出版社，2010，编者序言第2－3页。

发展进步。文化是一个国家或民族的集体记忆，世界上有200多个国家和地区，有2 500多个民族和多种宗教，各个国家、民族、宗教的集体记忆，是不会轻易消逝的。人类在漫漫历史长河中创造和发展的多姿多彩的文化，因交织互鉴而构成的波澜壮阔的文化图谱，迄今依然闪烁着多元的光辉。

观察现实，交织多元的文化图谱，是当今世界文化最鲜明的特征，也是信息技术塑就的当今世界文化最深刻的现象。经济全球化推进了不同文化的交织互鉴，但是文化的交织，不能以独尊某一种文化或者贬损某一种文化为前提。当今世界各国、各民族和地区的文化，各有千秋，各有不足。十全十美或一无是处的文化是不存在的。作为一种文化，能够存在于现实中，就有一定的合理性。

放眼未来，文化平等、包容、交织、多元是必然趋势。一种文化与其他文化的交织，一种文化的变迁，均有其必然性。人们不能在自感本身文化衰落之时，为了独尊自己的文化，而去贬损另一种文化，或者挑起文化冲突。

我们必须看到，当今世界各种文化的发展是在极不平衡的状态下进行的，不同文化间的相互激荡，使得各民族国家和地区文化的特殊性与独立性得到了空前的关注，世界文化的交流与融合必然呈现共性与个性、同质化与多样化的交织。没有共性或个性，没有同质或多样，都不成其文化的进步。

经济全球化进程越是往前，世界不同文化共性与个性、同质与多样的交织就愈加紧密，文化的同质化与多元化就越难以遏阻。虽然今后异质文化之间的碰撞和冲突依然存在，但不同文化间的相互对话、沟通、理解和融合将成为主要趋势，各民族国家和地区文化将在保持自己优秀传统的基础上，以更加包容开放的心态，积极吸纳其他民族或地区的优秀文化成果，共建多元共存的先进文化。先进文化绝对不会是唯一的，而是多个多样的。由多样性先进文化聚集而成的和谐的世界多元化文化格局，将给人类带来极大的福祉。此处所表达的思想观念，应该成为文化产业产品内容规制的指导思想。

第二节　主流与非主流文化

文化是人类社会历史的产物，文化一刻也不间断地流淌、发展、前行。不同时代的文化流是不一样的，不同地缘中的文化流也是不一样的。同自然界的河流一样，文化的河流成千上万，也汇集形成了若干文化体系。在每个文化体系内部，人们能界定哪个历史最长、底蕴最深厚、融汇了众多其他地域文化的文化为主流文化吗？从全世界看，文化产业带来了空前的文化生产力，今天少数几个文化产业发达国家产出的文化内容，就是主流文化吗？待将来众多国家加入到发达文化产业国家行列中来的时候，哪一种文化又是主流文化呢？如果有人加封一种文化为主流文化，或者认定一种文化为非主流文化，其依据又是什么呢？讨论并回答上述问题，对文化产业产品内容规制非常必要。

一、主流与非主流文化的含义

1. 主流与非主流文化指广义文化

广义文化是反映人的信仰、思想、道德、价值观、行为方式和习俗的文化，而不是仅仅指文学、艺术、知识的狭义文化，其核心是价值观。所谓主流与非主流，主要是以价值观区分的。在文化反映的价值观层面，不同文化具有主流与非主流的可比性；在文化的器物或艺术表达等外在层面，不同文化不具有主流与非主流的可比性。

2. 主流与非主流文化的边界

所谓主流与非主流文化的边界，最大的外沿是数千年中已经形成的世界四大文化圈，其次是民族国家的边界，再次是地域的边沿。这就是说，在一个文化圈中，在一个民族国家中，在一个地域中，在它们各自的内部，存在或可以区分主流与非主流文化。主流与非主流文化是针对一个文化圈、一民族国家或一地域内部的文化而言的，而不是针对全球文化而言的。

3. 主流或非主流文化是历史范畴

主流文化或非主流文化是历史塑就形成的特定地缘中人们的精神家园，是一种文化传统。在一个文化圈、国家或地域中形成的文化传统，迄今绝大多数居民依然坚守并且用这一文化去观察世界、判断是非、决定行动，这就是主流文化。主流文化，是一个文化圈、国家或地域中历史形成的绝大多数人遵循的、主导的价值观传统。在一个文化圈、国家或地域中，在遵循主导的价值观前提下，另外客观存在的非主导的信仰、思想、道德、行为方式、习俗、价值观等，即非主流文化。非主流文化具有双重性：一是它服从主导的价值观，有这一文化自觉；二是它有自己独立的价值观，体现为价值取向的复合性，反映了一文化圈、国家或地域价值观体系的包容性。

4. 主流与非主流文化是变化的

一个国家文化发展变化有三种可能：一是主流与非主流文化共同发展，彼此地位不变；二是主流文化发展缓慢乃至停滞，非主流文化发展迅速，地位互换；三是外来文化侵入并逐渐取得主导地位，原有的主流与非主流文化衰落，退出历史舞台，传统的精神家园丧失。须指出的是，外来文化侵入通常是伴随军事与经济入侵发生的，而且要经历数代人的岁月。这就是说，改变一个国家或一个地域的主流文化，绝非易事。

5. 文化内容对发展主流文化十分重要

文化生产主要为内容生产，文化生产力主要表达为文化产品内容的生产力。在经济全球化的当今时代，文化产业所裹挟的文化内容，对文化受众价值观起着不可忽视的影响和作用。在开放的环境中，世界各种文化的激荡，对各个文化圈、各国、各地域的主流文化和非主流文化都将产生影响。这种影响的前景有二：一是一国文化在继承传统的基础上，与时俱进，积极吸收其他文化的先进内容，自觉地丰富和发展了本国的主流文化，确保了国家文化安全，巩固了国家根基；二是一国文化放弃传统，不加区别任由其他文化内容侵入，丧失本国主流文化，沦为文化殖民。主流文化，主要从内容中体现，而不是从文化产业的业态种类和艺术形式中体现。

二、全球语境中无主流文化

主流与非主流文化的边界是一个文化圈、一个国家或一个地域。全球是多个主流文化和非主流文化并存的分众文化集合体。

下面着重讨论两个问题。

1. 不存在全球主流文化

在全球语境或框架中不存在主流文化。在全球范围中，基督教文化、东亚文化、印度文化、伊斯兰文化，哪个是主流，哪些是非主流？不能做这种区分，客观上也不存在这种区分。这是因为：其一，客观上，全球语境或框架中找不到主流文化，这是全球文化生态平衡规律在发生作用，是文化前进发展的“自然法则”；其二，如果人为地鼓噪全球性主流文化，挑起主流之争，这是欺人又欺己的行为。然而，从20世纪90年代开始，美国的少数学者开始宣扬全球主流文化，并认为他们自己从属的文化是全球主流文化。

各主流文化是独行发展的。文化的世界领袖，过去没有过，今后也不会有。人类越是前行，将越民主，越是和谐，也就越不可能产生文化的世界领袖。基督教文化、东亚文化、印度文化、伊斯兰文化及其他现存的文化或者今后新生的其他文化，都不可能成为全球性的主流文化，更不可能充当世界文化领袖。

2. 主流文化为分众文化

人类在不同的地缘中创造的不同文化及其彼此间的摩擦与冲突、传播与影响、对话与沟通、演变与整合，体现了人类文化发展的多元化。这种多元化，是各个文化圈、各民族国家、各地域内主流文化与非主流文化集合的外在表达。古往今来，各国家、各民族秉承各自的历史与传统，凭借各自的智慧与力量，创造了各自的文化，形成了各自的主流文化，共同建构了多元辉煌而璀璨的世界文化。

在前面的讨论中，我们已经明晰：在全球语境中无主流文化，没有哪个文化是统率全人类的，是引领全球的。在跨文化的语境下观察，文化是分文化圈的、分国的、分地域的；各个文化圈、各个民族国家、各地域中的文化，是由相应的民众创造的；各文化圈、民族国家和地域中主流文化的引领对象是不同的民众，接受各主流文化者也是不同的民众。由此可知，主流文化为分众文化。

所谓分众文化，本来是文化产业诞生之初，在“精英文化”与“大众文化”的争辩中产生的一个名词。意思是，文化艺术品的复制使经典文化艺术从皇家宫廷进入了民间，使民间的艺术走上了文艺舞台，满足了社会各阶层不同民众不同的文化消费需求，分众文化服务于社会不同群体。把分众文化的概念借用到主流文化的研究中，是不是形象地勾画了主流文化的多元性质呢？答案是肯定的。这里的众，是指不同的文化圈、民族国家或地域中的民众。

三、文化产业与主流文化

法国学者弗雷德里克·马特尔的《主流——谁将打赢全球文化战争》一书，受到文化产业学者的关注，产生了一定影响。由于该书把文化产业的诸多业态和产品形式界定为主流文化，所以我们不能不对“文化产业与主流文化”的联系进行必要的研究，这涉及文化产业产品内容规制。

1. 马特尔的文化观

马特尔的主要观点如下：

世界文化大战已经爆发。这是一场各个国家通过传媒进行的旨在谋取信息控制权的战争，在电视领域为谋取音像、电视连续剧和脱口秀节目“形式”的支配地位而战，在文化领域为占领电影、音乐和图书的新市场而战，这还是一场通过互联网而展开的全球内容贸易的战争。

国际文化贸易兼具了趋向与差异的特征。以美国为主导的娱乐成了全球娱乐的主流。各地的民族文化仍然在不断强化，一切文化都在加速发展，一切文化又都交织在一起。全球化以及由互联网带来的贸易格局的重构导致贸易各方力量的变化，这是一个重新洗牌的过程。

美国因其所拥有的独特地位而成为娱乐和传媒产业毫无争议的领导者。美国文化得以占据全球统治的原因大致可以归纳为：在各所大学推广原创性研究；将公共资金的权力下放；向传统文化价值观挑战；让人才流动以发挥其能量；美国社会根深蒂固秉持的“发展驱动”理论；对艺术家的高度信任；对少数民族独特灿烂文化的包容，以及用美国的方式对多元文化的捍卫。

创意产业不再是大型企业，而是由成千上万个各自独立的专业化公司组成企业联合，通过独立公司运营成为主流，形成了一种真正分散化，或者说大企业与独立公司紧密联系、相互依存不再进行彼此竞争的文化企业体制。这一体制在美国已经发展到相当高的水平，位于这一体制中心的是人力机构，它们充当了全球创意市场的机场调度员的角色。电影制片公司、大型企业以及传媒集团是企业联合真正的掌控者和财富拥有者，取得了创意产业中最有价值的“知识产权”核心资产。

美国创意产业的模式是一个独特的生态系统，所有的参与者既各自独立又相互关联，这就使得既存的行业规制以及相关的制度能够正常实施并努力纠正那些偏离轨道的行为。在全球化与技术革新的情况下，这种模式表现出了前所未有的效率。美国实行积极的全球化策略，将主流大众产品与进口国的需求结合，按进口国本土需求制作出口的电视节目、唱片、图书、电影，目的是迅速增加和扩大国际市场。

21 世纪文化贸易的新格局大致可归纳为：南北之间的贸易愈来愈不对称；南南贸易中新兴国家与贫困国家之间的贸易愈来愈不均衡；占据主导地位国家中的美国愈来愈强大，将很快成为唯一占领制高点的国家，但也同时伴随新势力的入伙；新兴经济体国家也在发展他们的创意产业；原来处于主导地位的那些欧洲的国家可能会被淹没。总体来看，虚拟经济领域里文化与信息的变化将成为 21 世纪初的重大事件，主流文化正在不断地成长，今后将出现更多的主流文化，我们正在进入一个全新的世界①。

2. 关于马特尔文化观的评述

马特尔是一位工作认真、投入、勤奋的学者，《主流》一书是他进行的一项大规模调查后的研究报告。这项调查历时 5 年，遍及 30 个国家 150 个城市，采访了 1 250 名人士，其中不乏世界著名学者、知名跨国娱乐公司和传媒企业的总裁及高管。《主流》一书以翔实的资料，向人们展示了当代文化产业业态发展及其市场变动的诸多特性和情况，客观地介绍了诸多学者和文化实业家的思想观点，同时

① ［法］弗雷德里克·马特尔：《主流——谁将打赢全球文化战争》，第 366、367、368、370、371、374、391 页。

也发表了作者个人调研之后的见解。

马特尔《主流》一书的贡献如下：

第一，较为客观地反映了当前文化产业特别是美国娱乐产业经营的状况，介绍了其中的一些有益经验。

美国是把文化经济与金融经济结合得最好的国家。当今的美国文化产业是通过资本为纽带的企业联合体制来运营文化的。美国诸如传媒集团、电影制片公司和休闲娱乐集团公司等大型文化企业主要是掌控知识产权核心资产、人才和运营资金，具体的生产、营销任务则分散于众多的专业化独立公司去做。在这种联合企业体制中，构建了相互依存、避免竞争的机制。美国实行全球化的文化产业发展战略，积极推动文化产品占领国际文化市场。美国将出口品与进口国的文化需求紧密结合，按进口国的本土需求制作电视节目、唱片、图书和电影，或者吸引进口国的文化企业在美国注册、生产。美国境内生产的不少文化商品，实际上是他国在美国注册和落地的文化企业生产的，美国是容纳了最多跨国文化公司的国家，美国的文化产业强势地位是靠吸引他国资金、创意人才、创意元素和文化内容而建立起来的。

第二，调研了若干跨国文化企业的运营媒略，提示人们做大做强文化产业必须走出国门。

一个国家发展文化产业，成为文化产业强国，必须使文化企业走出国门。文化企业走出去，包括两层意义：一是把本国文化带往世界，使世界了解本国文化，这有助于不同文化的沟通、对话、理解、互补、交融；二是把文化经济触角伸向世界，占有更大的国际文化市场份额，为本国赚取更大的经济利益。对外文化贸易显然是国民经济一个新的增长点或增长极。国际文化贸易兼具趋向与差异特征。一切文化都在加速发展，又都交织在一起。经济全球化和新传媒技术的进步与应用，文化产业的发展与升级，导致国际贸易格局的重构。在这一重新洗牌的过程中，文化产业要想做大做强，必须想方设法走出国门，进入世界文化市场。日本索尼公司、印度宝莱坞公司把文化子公司开到了美国，利用美国文化产业衔技术发达和创意人才聚集的优势，提高了公司文化的产能，取得了较大的收益。

第三，洞悉了文化产业的重要作用，肯定了文化产业文化生产力的主力军地位。

文化产业诞生后，随着文化产业规模扩大、衔技术进步和经营管理水平提高，其产能不断增长，逐渐成为社会文化生产的主力军。人们不断增长的精神文化需求主要由文化产业提供，文化产业产出品的内容在引领人们的信仰、思想、道德、价值观和习俗诸方面承担主要的角色，文化产业在不同文化的沟通、交流、融合中发挥着主要的载体作用。一言以蔽之，在当今文化生产力发展当中，文化产业居主力军地位。文化产业自诞生以来，所创造的文化生产力超越了以往文化生产力的总和。文化产业溢出的文化，极其深刻地改变着人类社会的精神文明、社会文明、政治文明以及物质文明形态。文化产业所承载的文化及其价值观，渗透到各个领域，引领着人们的社会生活和政治、经济、文化乃至军事行为，驱动并改变着整个世界。

马特尔文化观的缺陷如下：

第一，马特尔的主流文化概念含混，认定美国是主流文化的主导国家和领导者是错误的。

马特尔的《主流》一书之所以受到一些学者的关注，是他针对文化提出了主流的概念。他所讲的主流究竟是什么意思，连他自己都感到“朦胧”。综观《主流》全书，他把文化产业的娱乐业态、传媒业态包括新传媒业态视为当今主流文化。他认为，由于美国的娱乐业、传媒业最发达，所以美国主导文化并领导世界主流文化。在这里马特尔犯了两个错误：其一，文化产业仅是文化的载体而不是文化本身，文化产业也不仅仅是娱乐、传媒、电影、音乐几个行业，还要多得多。主流文化通常指一个文化圈、一民族国家或一个地域中起主要引领、规范作用的价值观。把具体的文化产业业态或艺术形式冠以主流或非主流文化，显然是不妥的。其二，马特尔在并非严密的“主流文化”概念驱使下，因美国文化产业最发达，得出了美国代表主流文化、领导世界文化的错误结论。事实是，美国代表不了更领导不了世界诸多的主流文化及其价值观。美国电影产业最发达，但美国电影进入诸多国家要受到进口配额的严格限制。

第二，马特尔深受文化冲突论思潮影响，他以大量的调查资料试图说明世界文化大战已经爆发是幼稚的。

马特尔是法国的社会学家，著述不能说不丰，对法国文化政策颇有影响。他多次造访美国文化冲突论代表人物塞缪尔·亨廷顿，认为亨廷顿有关世界文化之战的文章颇有先见之明。马特尔《主流》一书呈现给读者的大量资料，客观地反映了美国、新兴经济体和诸多国家文化产业发展的现状及其经营管理的某些经验。但也不难发现该书资料或访谈内容的展示是桎梏于一定框架之下的。这个框架就是文化冲突论者绘制的冷战结束后的全球文化版图。马特尔试图用他的调研“成果”佐证文化冲突论，告诉人们世界文化战争已经爆发，显然是幼稚的（本书前面对文化冲突论思潮，已经进行了分析评论，此处不再赘述）。

费雷德里克·马特尔是勤奋的，他对当代文化产业有贡献，但其言论也存在许多片面性。

第三节　文化内容先进性标准

文化产业的生产主要是文化内容的生产，文化内容的核心是价值观。当今是一个文化多元化的世界，在不同的文化圈、不同的国家、不同的地域中，存在多元化的不同的主流文化与非主流文化，也即存在多元化的主流价值观与非主流价值观。各国都表示要发展先进文化。那么，什么是先进文化？人们期望各种文化求同存异，“同”在哪儿？这是文化产业产品内容规制中必然碰到的问题。

一、文化的先进与后进

文化的先进和落后与时间紧密相连，在固定的时点上，先行的文化为先进文化，后行的文化是跟进文化。人类从史前走来，最初有“记忆”的文化是游牧文化，在那个时点上游牧文化就是先进文化，后来出现了农耕文化，最早进入农耕文化的就是先进文化。以此类推，人类再后来又出现了工业文化和后工业文化，谁最先进入工业文化、后工业文化，在那个时间点，谁就是先进文化。

文化的先进与落后是一个时代的历史的范畴。人类是发展前行的，越来越进步。文化也是发展前进的，越来越进步。人类认识自然改造自然的能力越来越大，社会生产力不断发展，与此相伴的文化也越来越先进，这是毋庸置疑的。但是，须指出的是，由于人认识世界改造世界能力的局限性，在文化的发展中，也会滋生出一些不符合自然法则和违背社会发展规律的文化。古代文化中，可能深涵迄今大有价值的先进思想。现当代文化中，可能有一些非常腐朽的思想。

不同文化圈、不同民族国家、不同地域之间的文化可以比较，但短时间内难以用先进与落后妄下结论。文化的核心是信仰、思想、道德、价值观、习俗、行为准则这些东西。文化的发展是地域性信仰文化与时代性全球文化交汇对接、融合前行的复杂过程。我们不赞成文化相对主义，也不反对“对短时期难以用先进与落后妄下结论”的文化观。地缘信仰文化与全球文化交汇融合之后的文化极为复杂，不能简单地用先进与落后妄下结论。价值观是多元化的，主流文化是多元化的，它们都推动了所在国家和地区的发展，推动了人的全面发展，不能简单地用先进与落后来描述各个文化圈的文化和各国、各民族的文化。

二、先进文化的多元化及其元素

1. 先进文化为多元文化

我们已经指出世界由多元的主流文化构成文化的集合体，那么，还须指出这种由多元的主流文化构成的文化的集合体，同时又是由多元的先进文化构成的文化的集合体。世界文化的集合体中，主流文化不是唯一的，同理，先进文化也不是唯一的，它们都是多个多样的。世界发展到今天，各国各民族创造的丰富璀璨的多样性文化及其软实力，推动了人类的进步。社会的物质文明、精神文明、政治文明和社会文明已经达到前所未有的水平，这是众多先进文化共同推动的结果。世界前行，走向更加美好的明天，仍然要靠多元的先进文化合力推动，把先进文化归为唯一或少数几个文化，只会把世界引向灾难。

2. 先进文化的元素

文化是有元素的，先进文化的元素很多。我们不赞成西方的文化普世主义。但必须寻找人类共同认可的基本精神追求，这是世界和谐、文化共存、和平共处的基础。文化从古代走来，从人类早期形形色色的自然崇拜到今天形形色色的价值观，其中有哪些是大家共同认可的东西呢？

罗伯特·埃杰顿说：“不同社会里的人，不论是城里人还是乡下人，都能够有同情心、慈善心，甚至是爱心。”①

① ［美］罗伯特·埃杰顿：《传统信念与习俗：是否有一些比另一些好?》，载《文化的重要作用》，程克雄译，新华出版社，2010，第 179 页。

劳伦斯·哈里森认为，长寿一些、健康一些、负担轻一点、更满足一点的进步概念，并非局限于西方，也清楚表现在儒家学说以及一些非西方非儒学的高成就的少数民族（如印度的锡克教信徒）的信念之中。

马里亚诺·格龙多纳认为："价值观有两大类，一类是内在的；一类是工具主义性的。内在价值观是指我们不计个人得失而均予遵循的价值观。例如爱国主义作为一种价值观，要求人们做出牺牲，有时就个人得失而言，它是'不利的'。然而自由以来，千百万人都为捍卫祖国而献出了生命。"①

联合国《世界人权宣言》中有下列内容条款：

——人人享有生活、自由和人身安全的权利。

——人们应享有言论和信仰的自由。

——法律面前人人平等。

——人人有权得到无任何歧视的同等保护。

——人人有权直接地或通过自由选择的代表参与自己国家的治理。

——人人有权得到相当的生活水平，以保证其本人及其家人的健康和福祉，包括食、衣、住房和医疗照顾及必需的社会服务。

——人人享有受教育的权利。

我们认为，以下是各国人民普遍接受的文化先进性的标准：

——劝人行善、多做好事的朴素理念，人追求生存、发展和幸福生活的理念。

——人人平等、民主和自由的理念，坚守民族优秀传统主流文化的理念。

---

① ［阿根廷］马里亚诺·格龙多纳：《经济发展的文化分类》，载《文化的重要作用》，程克雄译，新华出版社2010，第89页。

——不同文化和谐相处、融汇创新、共同繁荣的理念。

——祖国强盛发达的追求。

——爱国主义的精神。

——维护社会安宁、和谐与稳定的理念。

——保护自然资源、人与自然和谐、可持续发展观。

——反对以富压穷、以强凌弱、关爱扶持弱势群体的理念。

——发展科技与教育、重视科技与尊重人才的理念，通过对话和平解决国际争端，反对恐怖主义、侵略和战争的理念。

——《世界人权宣言》中罗列的那些权力体现的价值观。

各文化圈、各民族国家、各地域中的人民发扬光大自己文化中的上述内容，我们生活的这个世界就会更加美好！

三、落后与低劣文化

当代文化并不都是先进的，在文化史的长河中难免泥沙俱下，落后的、腐朽的、恶劣的、丑陋的东西也会在文化产品内容中反映出来。文化产业产品内容规制任务是双重的：一是发扬光大先进文化，二是抵制消减拒绝落后文化。

什么是落后文化？落后文化是比先进文化还难界定的一个东西。固执的文化相对主义者认为，同文化的先进性一样，文化的落后性在不同文化圈、不同民族国家、不同地域中标准是不一样的，甚至认为不可比。事实上也确实存在某一文化圈、某一民族国家、某一地域中人们公认落后的文化，而在另一文化圈、另一民族国家、另一地域中的人们却不认为是落后文化的现象。各国不少的文化学家、社会学家、政治学家和经济学家从其学科角度，对文化的先进与落后做了多角度的对比分析，常常出现对同一文化理念做出截然相反评价的现象。如果人们站在文化相对主义的立场去回答什么是落后文化，由于价值观的不同会得出若干彼此看来离奇古怪的答案。

人们的文化背景不同，价值观不同，不能把在本国或本地区畅销的文化内容，随意销往那些不受欢迎的国家或地区。否则，要碰壁，甚至引起文化冲突、贸易摩擦。文化产业产品内容要依据消费对象的不同，规避那些不受欢迎、招致价值观冲突和引起贸易摩擦（文化冲突往往以贸易摩擦面目出现）的东西。

很明显，这就势必引出一个命题：在全球语境中什么是大家都不欢迎，普遍认为落后的文化呢？我们认为，落后文化是指阻碍社会文明进步、人的全面发展和大众过上幸福生活的文化，其元素如下：

——忽视人的生存、全面发展和幸福指数的观念。

——人与人的歧视、集权和违背自由的观念。

——忽视法律、不讲法制的观念。

——不尊重他国传统主流文化、主张文化冲突的观念。

——不爱祖国、背叛国家的思想。

——伤害动植物、破坏自然生态环境、不可持续发展观。

——以富压穷、以强凌弱的观念。

——忽视科技教育、不尊重人才的观念。

——恐怖主义、侵略和恃力战争观念。

——欺诈、淫秽、毒品、低俗、血腥等内容及其观念。

上述与先进文化相对立的落后文化观念，是世界各文化圈、各民族国家、各地域中民众共同反对的。各国在发展文化产业中，如果具有抵制落后低劣文化的自觉，并通过文化产业规划对文化产品的内容进行有效的引导与制约，文化产业就能够做大做强，给国家和人民以福祉，对世界文化经济发展做出较大贡献。

四、中国文化产品内容规制

中国提出了坚持中国特色社会主义文化发展道路，激发全民族创新创造活动，建设社会主义文化强国的指导思想、目标和一系列措施，这些为中国文化产业内容规制提供了依据。

1. 中国文化建设的指导思想、目标与措施

第一，发展中国特色社会主义文化，就是以马克思主义为指导，坚守中华文化立场，立足当代中国现实，结合当今时代条件，发展面向现代化、面向世界、面向未来的，民族的、科学的、大众的社会主义文化，推动社会主义精神文明和物质文明协调发展。中国特色社会主义文化，源自中华民族五千多年文明历史所孕育的中华优秀传统文化，熔铸于中国共产党领导人民的革命、建设、改革中创造的革命文化和社会主义先进文化，植根于中国特色社会主义的伟大实践。我们要坚定文化自信，坚持文化的创造性转化、创新性发展，不断铸造中华文化新辉煌。

第二，推进马克思主义中国化、时代化、大众化，建设具有强大凝聚力和引领力的社会主义意识形态，使全体人民在理想信念、价值理念、道理观念上紧紧团结在一起。加快构建中国特色哲学社会科学，加强中国特色新型智库建设；坚持正确舆论导向，高度重视传播手段建设和创新，提高新闻舆论传播力、引导力、影响力、公信力；加强互联网内容建设，建立网络综合治理体系；营造清朗的网络空间；牢牢掌控意识形态领导权，旗帜鲜明地反对和抵制各种错误观点。

第三，加强思想道德建设，提高人民思想觉悟、道德水准、文明素养和全社会文明程度。深化中国特色社会主义和中国梦教育，弘扬民族精神和时代精神，加强爱国主义、社会主义教育；树立正确的历史观、民族观、国家观和文化观；养成优良的社会公德、职业道德、家庭美德和个人品德；激励人们向上向善、孝老爱亲、忠于祖国、忠于人民；弘扬科学、移风易俗，抵制腐朽落后文化；强化社会责任意识、规则意识、奉献意识。

第四，弘扬中华民族伟大的创造、奋斗、团结和梦想精神。中华民族在几千年历史长河中，养成了伟大的民族精神。我国产生了老子、孔子、庄子、孟子、墨子、孙子、韩非子等闻名于世的伟大思想巨匠，发明了造纸术、火药、印刷术、指南针等伟大科技成果，创作了诗经、楚辞、汉赋、唐诗、宋词、元曲、明清小说等伟大文艺作品，传承了格萨尔王、玛纳斯、江格尔等伟大史诗，筑建了万里长城、都江堰、大运河、故宫、布达拉宫等气势恢宏的工程。这一伟大创造的民族精神，正激励中国人民实现新的伟大创造。中华民族在几千年历史长河中，养成了伟大奋斗的民族精神，始终革故鼎新、自强不息、开发建设了祖国辽阔秀丽的大好河山，开拓了波涛万顷的辽阔海疆，开垦了物产丰富的广袤粮田，治理了桀骜不驯的大江大河，战胜了数不清的自然灾害，建设了星罗棋布的城镇乡村，发展了门类齐全的产业，形成了多姿多彩的生活。这一伟大奋斗的民族精神，正激励中国人民实现更加美好的目标。中华民族在几千年历史长河中，养成了伟大团结的民族精神，始终团结一心，同舟共济，建立了统一的多民族国家，发展了 56 个民族多元一体、交织交融的融洽民族关系，形成了守望相助的中华民族大家庭。特别是近代以来，在外来侵略寇急祸重的严峻形势下，各族人民手挽手、肩并肩、英勇奋斗、浴血奋战，打败了一切穷凶极恶的侵略者，捍卫了民族独立和自由，书写了保卫祖国、抵御外侮的壮丽诗篇。这一伟大团结的民族精神，正激励中国人民更加团结一心，建设社会主义的伟大强国。中华民族在几千年历史长河中，养成了伟大梦想的民族精神，盘古开天、女娲补天、伏羲画卦、神农尝草、夸父追日、精卫填海、愚公移山等我国古代神话深刻反映中国人民勇于追求和实现梦想的执着精神，中华民族不仅形成了小康生活的理念，而且兼持天下为公的情怀。这一伟大梦想的民族精神，正激励中国人民实现伟大的民族复兴。伟大民族精神是流淌于民族的每一个成员的身体中的血脉。中国文化产业所产出的文化内容，要继承、发扬、丰富伟大的中华民族精神，为中国特色社会主义做出新贡献。

第五，坚持以人民为中心的创作导向，在深入生活、扎根人民中进行无愧于时代的文艺创造。坚持思想精深、艺术精湛、制作精良相统一。坚持为人民服务、为社会主义服务。坚持百花齐放、百家争鸣。提升文艺原创力，推动文艺创新。讲品位、讲格调、讲责任，抵制低俗、庸俗、媚俗；加强现实题材创作，不断推出讴歌党、讴歌祖国、讴歌人民、讴歌英雄的精品力作。推动文化生产观念、内容、风格、流派积极创新，弘扬民族优秀文化传统和革命文化传统，同时借鉴国外文化创新有益成果，兼收并蓄，博采众长，增强文化产品的时代感和吸引力。

第六，把遵循社会主义先进文化前进方向、人民群众满意作为评价文化产品的最高标准，建立公开、公平、公正评奖机制，开展积极健康的文艺批评，褒优贬劣，激浊扬清。文化不能迷失方向，不能在为什么人的问题上发生偏差。低俗不是通俗，欲望不代表希望，单纯感官娱乐不等于精神快乐。文化产业复制是复制优秀品牌，而不是复制传播低劣产品。

第七，完善文化法律体系，依法惩处生产、传播有害文化的行为，打击淫秽色情、毒害人们心灵的低劣腐朽文化垃圾，惩治文化侵权行为，保护知识产权，切实维护文化市场秩序，保证文化产业正常运行和可持续发展，确保国家文化安全。

2. 社会主义核心价值观

我们知道，综合国力的竞争与国家发展，最终体现为文化软实力。文化软实力，从根本上说，取决于核心价值观的生命力、凝聚力和感召力。文化分为器物、制度、观念三个层次。器物文化变化较大，制度文化相对平稳，观念文化最为稳固。一种文化之所以区别于其他文化，主要是观念文化的区别，而在观念文化的元素当中，精髓是核心价值观。核心价值观是决定文化性质和方向的最深刻的要素，是文化之魂。

中国提出“富强、民主、文明、和谐，自由、平等、公正、法治，爱国、敬业、诚信、友善”的社会主义核心价值观。这一核心价值观的提出，是国家治理、文化规制、社会进步的一个重要里程碑。观念文化虽为文化最稳固的部分，但“观念系统也具有可解析性、可重构性，观念要素之间具有可分离性、可相容性。一种文化形态所包含的观念要素，有些是不能脱离原系统而存在的，有些则可以经过改造而被别的文化形态所容纳”。① 中国社会主义核心价值观，继承了中国传统文化的思想精华和道德精髓，吸收了世界先进文化思想，是中国优秀传统文化与世界先进文化的融会，表达为传统性与时代性、民族性与世界性的有机统一，从而反映了当代中国民众的核心追求，为当今中华民族的精神家园。

中国社会主义核心价值观，包含下面三个层面的价值内容。

第一个层面，在国家层面培育确立“富强、民主、文明、和谐”的观念。把建设一个富强、民主、文明、和谐的国家作为国家发展奋斗的目标，我国才能在多元政治和文化的国际背景中，坚守适合我国国情的发展道路，最大限度地维护实现人民的根本利益。让人民感受到国家的富强、民主、文明、和谐，才能增强民族认同感、自豪感，提升国家凝聚力。国家层面的核心价值观，既是治国理政的一种观念，也是国家意识形态的一种精神文化状态，更是一个百万民众的实践进程，唯此，才能实现中华民族伟大复兴之梦。

---

① 杨耕：《当前马克思主义研究中的五个重大问题》，《新华文摘》2014年第20期，第38页。

第二个层面，在社会层面培育确立“自由、平等、公正、法治”的观念。把建设一个自由、平等、公正、法治的社会作为社会发展的目标，在社会管理中确保社会成员的话语权，建立自由、平等的公共舆论平台，人民的生活期待、需求和关切有正常表达的地方，使社会资源能够得到合理、科学、高效的利用，使民众合理地分享社会发展的成果。建设法治社会，法律面前人人平等，违法得以惩罚。只有让人民感受到社会的自由、平等、公正、法治，社会才能稳定，人的创造力积极性才能最大地发挥出来，社会运转才能高效。以这样一种核心价值观为灵魂的社会层面的文化确立起来，社会就能实现公平正义，人民就能实现自由、平等、幸福。

第三个层面，在公民层面培育确立“爱国、敬业、诚信、友善”的观念。把“爱国、敬业、诚信、友善”的素养作为公民群体建设的目标，使广大公民树立起爱国主义情操、优良的公共道德、职业道德、家庭道德、诚信美德和友善品格。这对于实现现代社会尊重个人自由、尊重个性发展、尊重个人利益，但又不妨碍他人自由、他人个性发展、他人利益，人与人之间和谐相处，关心弱势群体、关爱集体、互帮互助的社会氛围，是不可或缺的。当人们都把爱国、敬业、诚信、友善当作自己的文化修养加以操守的时候，人的全面发展和文化素养就大大提升了。

中国三个层面的核心价值观念是一个有机整体。培育、践行社会主义核心价值观，中国文化软实力必然迈上更高层次。

第一，践行社会主义核心价值观，文化必然体现人民性。社会主义核心价值观，把人民看作最高权力的拥有者，主张主权在人民，人民至上。国家是人民的，一切为了人民。文化产业产出品的内容，为了人民，为了人民的精神享受，为了人民的幸福美满。这一文化理念牢固树立起来，中国特色社会主义坚不可摧。

第二，践行社会主义核心价值观，文化必然体现平等性。社会主义核心价值观的文化取向是社会成员的全面自由发展、高效率下的最终共同富裕、全社会的公平正义，不仅没有否定自由，而且把平等看得非常重要。社会主义在实践中经历了高度集权的计划经济之后，向市场经济体制改革。在这一改革的进程中，在公平与效率的博弈中，有可能一时因经验不足，出现个人收入差距过大的不平等现象。在社会主义核心价值观引领下，这种一时的现象必定会得到解决，绝不允许走向两极分化。平等的观念将在中国当代文化中日渐显现光辉。

第三，践行社会主义核心价值，文化必然体现法治性。法治观念是先进文化的有机内容。社会主义核心价值观把法治当作核心价值观的一项重要内容，法治成为国家治理层面的文化，成为社会良性运行的文化规制，成为全民的基本文化素养。法治观念在国家、社会、公民三个层面的养成，将使社会文明程度大大提升，对国家软实力起到难以估量的促进作用。

总之，中国社会主义核心价值观的提出培育，表现了文化建设在继承传统基础上与时俱进的大气魄。在中国成为全球第二大经济体的当下，中国意识形态思维已经不是消极的严防死守，而是积极的以进代守了。比如，把社会主义核心价值观作为灵魂建设起来的中国当代文化，包含了“求同存异”“和平崛起”“合作共赢”等人类共同认可的文化理念，这对中国文化走出去具有决定性作用。

3. 关于中国文化走向世界

中国提出了文化走出去的问题。中国文化为什么要走出去？这是因为一个民族要真正走向世界，它的文化必须走向世界。中国文化走出去，具体讲目的有以下三个方面：

第一，改革开放的需要。在经济全球化的今天，中国同世界打交道，经济上要打交道，文化上更需要打交道。只有文化上进行交流，人家才能更加了解中国、理解中国，从而增加互信。文化的沟通、了解、理解、贴近，是心灵的沟通、了解、理解、贴近。我们实施改革开放的国家战略，不仅仅是经济的改革开放，更是整个国家的改革开放，理所当然地包含文化的改革开放。从一定意义上讲，只有文化的改革开放，改革开放的国家战略才能最终落到实处。如果仅有经济改革开放，而没有文化的改革开放，文化仍处于封闭锁国状态，那么经济的改革开放成果是很不牢固的，甚至有可能走回头路，阻碍乃至破坏经济的改革开放。

第二，向世界学习的需要。改革开放以来，我们向世界学到了许多东西，但主要是在经济领域。时代潮流浩浩荡荡，属于人类共同财富的新技术、新思想、新思维、新文化日新月异。如果没有中国文化走出去做铺垫，如果没有彼此的理解为基础，我们想向世界学到更多更有用的东西，恐怕障碍很大。

第三，国际文化市场竞争的需要。当今国际文化市场呈现西强我弱态势，我们缺乏对外国人有吸引力的电影、电视、戏剧、美术、音乐等文化艺术作品。我国出口工业制品外观设计方面，其文化艺术含量也缺少对外的吸引力。这种情况，与我国世界第二大经济体的地位是很不相称的。因此，必须加强外向型文化经济，扩大文化艺术品和设计艺术品的出口，在出口文化艺术品创意上增加对外的吸引力，在制造业产品设计中增加文化艺术元素。文化品出口是中国外贸一个大有潜力的新的增长点。

中国文化走出去前景非常广阔。这是因为：

其一，中国是一个多民族、多元文化的国家。中国有 56 个民族，中国文化既包含汉民族文化，也包括其他少数民族的文化。中国汉文化“如果它不是具有一种多元的文化特征，没有如历史上那般吸收了大量其他民族的人口和文化，无论在中国还是在世界上，它都不可能有今天这样的地位”。“中国文化不仅仅包括今天我们中国境内现存的文化，从历史上讲，也应该包括曾在中国境内的文化、部分藩属国的文化。”① 中国文化至今对东亚的一些国家依然有强烈的影响。

其二，中国文化具有极大的包容性。由于地缘文化的原因，中国文化近代以前是独立发展的。中国文化同其他某些古代文化不同，绵延数千年而不绝。佛教从印度传到中国，中国文化改变同化了佛教。佛教适应中国本土文化，有了中国文化与佛教结合的禅宗。古代北方蒙古的游牧文化适应了中原文化，被中原文化改变同化，才有了少数民族入主中原的情况。“在中国的历史上，所有外来的军事征服者最终都毫无例外地成为文化上的被征服者。”② 既然外来者包括靠军事力量进入中原的统治者都能够接受中原文化，甚至被中原文化改变同化，那么，中国文化走出去被其他国家理解并适当接受并非难事。

其三，中国文化包含走向世界的众多元素。有人认为，以儒学为骨干的东方文化与西方文化格格不入，这种观点是片面的。“儒家学说本质上是一整套规范正确行为方式的观念，从这个意义上说，尽管它是世俗的，与宗教无关，但与《圣经》和《古兰经》这样的主要宗教文献并无区别。”③ 以儒学为骨干的儒、释、道文化中的若干主张、观点，包括了人类普遍认同的价值观念和元素，并且对世界哲学和文化发展做出过巨大贡献。古往今来的哲人和思想家对中国文化曾有许多赞誉和肯定。“中国人之所以与众不同，有强烈的自豪感，其根源并不在于近代中国作为一个民族国家的经历，而在于

① 葛剑雄：《中国需要怎样的文化自信》，《新华文摘》2014 年第 23 期，第 109 页。

② 同上。

③ ［英］马丁·雅克：《当中国统治世界——中国的崛起和西方世界的衰落》，中信出版社，2010，第 316 页。

中国作为一个文明古国所拥有的悠久历史”。[①] “中国崛起为一个世界大国后，很可能会在相当长的一段时期内在文化等方面完全改写世界秩序”。[②] 讲文化自信，起码有两条：一是我们的文化绵延不绝，依然具有强劲的生命力；二是我们的文化具有人类普遍认同的价值元素，并不孤立。

可以预期，人类越前行，越需要从中国文化中寻找智慧乃至出路，中国文化走向世界是大势所趋。

---

① ［英］马丁·雅克：《当中国统治世界——中国的崛起和西方世界的衰落》，第208页。

② 同上书，第209页。

第四十四章　政府环境规制

文化产业环境规制是比第一、第二和第三产业中其他行业的环境规制更为复杂的社会性规制的一个组成部分。

第一节　外部性与环境规制

外部性是规制经济学非常重要的一个理论。因外部性的存在，才有了政府出面的社会性规制和产业环境规制。萨缪尔森认为，外部性是指一件事对他人产生有利（正外部性）或不利（负外部性）的影响，但不需要他人对此支付报酬或进行补偿的活动①。最早关注并提出外部性理论的是科斯。科斯指出：第一，当产权明晰时，无论初始产权如何确定，经济活动的私人成本与社会成本必然相等，经济外部性被内部化；第二，当交易成本为零时，无需政府干预，当事者双方通过协商，进行自愿交易就可解决问题，此时双方收益达到最大化；第三，当交易成本不为零时，需要通过政策手段解决外部性问题②。科斯定理为社会性规制和产业环境规制提供了逻辑性理论基础，从一定的意义上讲，它也是后来的经济生态理论、可持续发展理论的一个逻辑起点，在经济学学说史中占有重

① 徐晓慧、王云霞：《规制经济学》，第395页。

② 马云泽：《规制经济学》，第153页。

要地位。

一、外部性分类

外部性可分为生产的外部经济或不经济、消费的外部经济或不经济、（人）代际的外部经济或不经济，还有稳定的外部性、不确定的外部性之分。生产的外部经济，是指一个生产者的生产经营对他人产生了有利影响，而又没有从中获取报酬所产生的外部性。生产的外部不经济，则指一个生产者的生产经营对他人产生了不利影响，而又没能对他人进行补偿所产生的外部性。消费的外部经济，是指一个消费者进行消费对他人产生了有利影响，而又没有从中获取报酬所产生的外部性。消费的外部不经济，则指一个消费者进行消费对他人产生了不利影响，而又没能对他人进行补偿所产生的外部性。代际的外部经济，是指当代人的生产或消费对后代人产生了有利影响，而又没有从中获取报酬所产生的外部性。代际的外部不经济，则指当代人的生产或消费对后代人产生了不利影响，而又没能对后代人进行补偿所产生的外部性。稳定的外部性，是指可掌握的外部性，一般可通过协调予以解决。不确定的外部性，则指人们尚未掌握确认的外部性。

二、产品内容的外部性

文化产业外部性比之第一、第二和第三产业中的建筑业、交通运输业等要复杂得多。这是因为，文化产业在两个领域中存在外部性问题：一方面，在经济领域存在外部性经济与不经济的问题；另一方面，在文化内容领域存在外部性先进（正）与低俗（负）的问题。对于文化内容外部性影响，可以采用经济奖惩规制工具，以扶正压邪，但文化内容的外部性不是单纯的经济关系问题。

由此可见，理论上，文化产业内容环境规制，恐怕不能套用科斯定理的逻辑。科斯定理是关于两个经济体之间或者一个经济体与社会之间的外部性经济与不经济逻辑关系的分析。文化内容的先进与低俗，则是关于两个主体之间或者一个主体与社会之间的外部性影响正面与负面意识形态的讨论。一个文化经济生产者产出的文化产品内容对他人的影响，不能用“报酬”或“补偿”这种经济学思维方法去分析。绝不能说，不管什么样的文化内容，只要没有从中获取报酬，外部性就是正面的；或者对他人补偿了，外部性就是正面的。文化内容的先进与低俗，和生产者与他人、与社会之间彼此的经济利益没有必然的联系。总之，文化产业产品内容的外部性是一个社会意识形态问题，只能用意识形态的思维方法去分析。当然，这不是说不能用经济手段对文化产品内容进行奖惩规制。

此外，文化产业代际外部性更为特殊和复杂。文化产业代际外部性，除了经济领域之外，恐怕文化内容的外部性影响更为重要，事关民族文化与核心价值观的传承。当代人的行为（文化内容的生产）不要给子孙后代造成伤害，这种涉及文化可持续发展的外部性，既包含着经济关系，又是一个道德的关系。很明显，当代人的行为对后代文化内容的有利或不利影响，用“报酬”或“补偿”去分析外部性的“经济”或“不经济”意义不大，且很难分析得清楚。文化、价值观的外部性是一个意识形态问题，而不是一个经济利益问题。

三、政府环境规制工具

政府环境规制通常采取行政的、法律的和经济的手段，掌控文化经济主体的行为，以达到保护良好环境的目的。如前所述，文化产业环境规制面临着文化企业生产经营外部性不经济和文化产品内容外部性负面影响两个领域的问题，因此规制工具的选择要区别两个领域中的外部性，从而提高规制的有效性。

1. 文化企业生产经营外部性不经济的规制工具

我们知道，在工业或农业环境规制中，一是制定环境质量的标准，要求各生产主体照标准执行，减少对环境的损害，对各个企业排放污染超标准的，进行行政处罚或法律追究；二是利用经济杠杆，通常采用征收排污税、污染产品税、潜在污染押金返还、排污指标总量控制即污染单位间的交易、鼓励减污的财政补贴、减排污执行鼓励金等工具进行管制。文化企业生产经营中外部性的不经济，大多可仿照第一、第二或第三产业中建筑业、交通运输业，选择上述工具进行规制。比如，一个旅游景区中旅游设施宾馆、酒店污水排放问题，文化产业中造纸行业的排污问题，有些演出点对周边居民的“噪音”污染问题，均可通过上述工具进行规制。有些可通过双方协商补偿交易的方式解决；有些恐怕需要通过双方谈判，由行政机关协调裁定解决；补偿交易、谈判协调解决不了的，可付诸法律，依法解决。

2. 产品内容外部性负面影响的规制工具

关于文化产品内容的标准问题，各国均有一个总体要求，但无详细标准。文化产业产品内容规制还是一个世界性的难题。信仰、精神、思想、文化、价值观这些意识形态属性的东西不是通过颁布具体标准就可有效规制的问题。一方面，具体标准很难制定，标准太过生硬，有影响人的自由发展之嫌，标准太过松散，似乎又不管用；另一方面，具体标准的执行和监督也是难事，政府或社会组织均难担当此任。世界上许多国家由宗教来规范约束人的信仰、精神、思想、文化、价值观，政府基本上不触及文化内容优劣的管制。有的国家还对他国文化内容管制进行武断的谴责。

考察多数国家文化内容规制，大致有以下几种做法：一是在宪法或相关法中，对文化内容提出原则性基本要求，即不得动摇国家根本制度、文化安全和核心价值观；二是对动摇国家根本制度和损伤国家文化安全的文化内容，视情节给予经营者经济处罚、吊销营业执照或追究刑事责任；三是通过颁布自然遗产名录、人文遗产名录、非物质遗产名录，对可能被当作文化产业资源进行开发的资源进行保护，以避免非理性破坏；四是支持各种文化基金会的发展，扶持优秀文化产品的创意、策划与生产，规避相关风险；五是建立完善各类各级优秀文化产品评奖活动，鼓励正能量文化内容的生产；六是开展经常性的健康的文艺批评，褒扬优秀内容，抵制低俗作品；七是强化文化产业行业自律，协会章程中应有明确的文化内容自律条款，完善相关自律机制，确保自律有效。在文化产业发达国家中，行业自律发挥了重要作用。

第二节　文化生态环境规制

文化产品内容的外部性与文化生态紧密联系在一起。文化生态好，文化产品内容外部性负的影响就少一些；反之，负的影响可能就大一些。产品内容规制科学，文化生态就好一些；反之，可能就差一些。从一定意义上讲，营造良好的文化生态是政府环境规制的终极性目标与任务。

一、文化生态基本理论

1. 文化生态的含义

学术界关于文化生态的含义，大致有以下三种观点：

一是文化外部环境论。该理论最早由美国文化人类学家斯图尔德1955年首次提出，后来的学者做了若干发挥，他们将“文化生态视为影响文化发生、发展、变化的（文化）外部复合生态环境”。① 把文化生态定义为文化外部环境的学者们，特别重视外部生态对地域文化、民族文化的形成及发展的作用，强调外部复合生态环境造就的地域或民族的差异及特殊性。

二是文化内部结构论。该理论把文化的各个部分看成一个相互作用的整体，文化生态是指特定文化各构成要素之间、文化与文化之间的结构秩序。把文化生态定义为文化内部结构秩序的学者们，特别重视一国文化中各种文化的性质、地位及其各种文化之间彼此作用的研究，同时也特别重视民族国家的文化与外部世界文化之间相互影响的研究。

三是文化生态综合论。我们认为，文化生态是指各种文化的发展状态及其相互关系以及它们与外部的自然、社会的关系。该定义包含了三层意思：第一，文化生态揭示了各种文化的存在状态；第二，文化生态表达了各种文化（一国内的各种文化，一国与他国的文化）之间的相互关系（和谐共处、互相促进，还是彼此冲突、互相挤压）；第三，文化生态指明了文化与外部的自然、社会的相互关系（文化的外部性影响即外部对文化的影响）。文化生态综合论特别重视不同文化之间相互作用关系的研究，同时也特别重视文化产业外部性影响特别是负面影响的研究，因为这是文化产业环境规制的逻辑起点。

2. 文化生态的特征

文化生态具有以下主要特征：

一是整体性。讲文化生态通常指一国现时文化作为一个系统、整体的状态，而不是一个侧面、一个地区的状态。当然，从更大范围来说，文化生态也可指全球的整体的文化状态。不管是一国的文化生

---

① 马菁：《近十年来国内文化生态问题研究综述》，《哲学·科学》2011年第1期，第27页。

态，还是全球的文化生态，考察起来总是有时间限定的，通常指现时的文化状态。如果考察过去的文化生态，那是文化史或文化生态史研究的任务；如果探寻未来的文化生态，那是文化生态预测学研究的任务。因此，讲文化生态主要是指当今或现时的文化。另外，文化生态整体性还表达为文化类别和地域文化的完整性。很明显，文化类别不完整，地域文化不齐全，不可能反映文化生态的全貌。

二是动态性。文化生态是时刻变动的，这种变动主要指国内各地域文化的相互作用影响、国内文化与国外文化的相互作用影响、文化与外部的自然和社会的相互作用影响。这三个侧面的种种作用影响均表现为文化资源和文化产业资源的流动、配置，表现为文化生产要素的流动、重组。文化生态的动态性，因文化产业资源配置机制的状态呈现激烈变动或平稳变化两种状态。一般来说，当一种文化产业资源配置机制相对稳固的时候，文化生态相对平稳；当文化产业资源配置机制处在大变革的时候，文化生态往往呈现激烈变动的状态。

三是平衡性。文化生态的动态性特征引申出平衡性的特征。从哲学高度上讲，任何事物之所以存在是由于其各种变量的力量消长或相互作用总是绝对地追求或趋向平衡，否则，这个事物就会崩溃死亡。“全人类的历史实际上可看作是各种文化不断适应其境遇的变化历程”，① 这种不断适应其境遇的变化，其实是追求或趋向平衡的变化。“人类所创造的每一种文化都是一个动态的生命体，各种文化聚集在一起，形成各种不同的文化群落、文化圈，甚至类似食物链的文化链，它们相互关联成一张动态的生命之网”，② 这种类似食物

① 李亦圆：《文化与行为》，台湾商务印书馆，1993，第23页。

② 方李莉：《文化生态失衡问题的提出》，《北京大学学报（哲学社会科学版）》2001年第3期。

链的文化动态的生命之网，一定是平衡或趋向平衡的网，否则它就不可能存在。假如这个网破了，且不能得以恢复，它的生命也就完结了。文化生态具有平衡性特征，并不是说不存在不平衡的时候，文化生态总是从平衡到不平衡，再从不平衡到平衡反复交替运动中，原动力是趋向平衡，趋向平衡是绝对的，不平衡是一时的、相对的。在各种文化交互作用和文化与自然、社会交互作用下，文化生态每一次不平衡与平衡的交替，都把文化生态推向了更高水平的相对稳定状态，从而使文化发展迈上新的台阶。哲学上人们曾经有一种思维，即把事物间的对立、斗争、不平衡看作绝对的，而把事物间的调和、共处、平衡看作相对的。如果是这样，文化就要一直互斗、冲突、分裂下去，也不会形成历史上的文化圈，人类就不会有安宁的时刻，更不会走向世界大同。显然，这是不符合历史真实的，也是违背人类文化发展愿望的。

四是主体性。文化生态系统的主体是文化的管理者和生产经营者。诚然，“文化生态的形成虽然有外在的规律性和内在的逻辑性，但这些逻辑性和规律性都是社会结构的自然作用，并非社会某个团体或机构的组织结果，其形成从表面上看带有很大的自然性。因为文化生态的形成是非组织的，并带有一定的自然性和随意性，致使其运动的目的和方向也是有含糊性和不确定性的。这种目标不确定的文化运动，其功能往往具有多重性、利弊兼有性，其正向作用可能被负向作用抵消，或者相互销蚀，造成其社会作用的非直接性”。[①] 上述现象的描述，透彻地说明了文化生态的现实。但是并不说明文化生态建设主体不能通过组织机构或团体把文化生态问题解决好。当人组织起来并且关注某一件事的时候，就有可能把这件事办好。此时，这件事的结果既是社会结构自然作用的结果，也是社

① 王长乐：《论文化生态》，《哈尔滨师专学报》1999 年第 1 期。

会机构（政府或企业）有目的组织的结果。文化产业环境规制客观上要求政府规制机构进行相应的改革，目的就是通过规制主体主观能动性努力，治理好文化生态。文化生态系统主体是人，这是文化生态特征与自然生态特征的重要区别。

3. 关于文化生态的几个主要理论观点

学术界在文化发生、发展和文化生态的研究中，先后提出了以下几个主要的文化生态理论观点：

一是环境决定论与可能论。这一理论认为，自然环境决定人类文化。古希腊医生和学者希波克拉底认为人的黄胆汁、黑胆汁、黏液和血液等四种体液及其比重的不同决定了人的体格和人格上的差异。气候不仅决定了人的体格和性格，还决定着政治体制和宗教。柏拉图和亚里士多德也曾把气候与政体相连，认为希腊温和的气候是产生民主政体的理想气候。德国人文地理学家 K. 李特尔认为，地理环境尤其是地形和气候对人类文明（文化）起着决定作用，人类只是大自然捏造出来的泥土。德国的拉采尔深受达尔文进化论影响，他也认为，人的活动、发展和分布受环境的严格限制。拉采尔的学生森普尔则进一步阐明，基督教、伊斯兰教和犹太教全部起源于中东，这是由中东沙漠的干旱、单调、晴空等地理环境决定的。著名文化学家亨廷顿提出了宗教的最高形式存在于世界的温带的观点，他认为，温带的气候更有益于产生理智的思想。

20 世纪 30 年代之后，以博厄斯和马林诺夫斯基为代表的一大批学者看到了环境决定论的缺陷，不赞同自然地理气候环境决定文化的观点，他们发现：相同的自然地理气候条件也存在不同的文化；不同的自然地理气候条件也存在相同的文化。他们认为，民族文化不仅受自然地理气候的影响，也受社会、历史诸因素的影响。他们提出了环境可能性理论，即地理环境并没有直接决定文化，而只是提供了产生某些文化的可能性，至于哪种可能性能够变成现实性，则取决于人的选择。正是因为看到了文化是“人的一种选择”这一条，我们说地理环境可能性理论对地缘文化圈理论的形成做出了重要贡献。

二是文化生态论。文化生态论的创始人是美国人类学家斯图尔德，他提出了文化生态学的三个重要观点：其一，文化生态适应论，即一种文化生态是在自我改造中适应特定环境的结果，适者生存下来，不适应者消失；其二，文化核心构成论，即文化中最核心的部分，由社会的经济技术构成，与人的生计活动相关；其三，“凭借某些文化手段开发环境也可能强烈地影响到环境，如过度放牧、缺乏保护或是基本矿藏耗尽，文化就摧毁或损害了某些方面的地域基础”。① 不难看出，斯图尔德的文化生态学理论是对文化环境决定论与可能论的丰富、修正、补充，他不仅看到了文化是人适应自然环境的结果，而且充分肯定了博厄斯和马林诺夫文化也受社会、历史环境影响的思想，且认为核心文化来自社会的经济技术构成和人的生计，更重要的是指明了文化开发对文化外部环境的影响，或可产生负面破坏作用。这样，就完成了文化生态“是指各种文化发展状态及其相互关系以及它们与外部的自然、社会的关系”的基本理论体系，使文化生态学成为一门具有独立学科规定性的学科架构。

文化生态学关于文化生态是文化与环境相互影响作用的结果的观点，是唯物的，符合文化生态的实际。著名学者哈里斯认为，文化生态划分为三个部分：一是社会生产、再生产方式组成的基础结构；二是家族经济和政治经济；三是上层建筑。

文化生态与外部环境不是单向度的，而是双向度、互相影响的结果。最后，须强调指出，文化生态学理论中关于文化生态对外部

---

① ［美］朱利安·H. 斯图尔德：《文化生态学》，潘艳、陈洪波译，《南方文物》2007 年第 2 期。

社会环境的影响，特别是可能造成负面影响的观点具有重要的价值，为文化产业环境规制提供了逻辑前提。

三是文化生态层次论。文化生态是一个系统，凡系统就有一个层次问题。文化生态层次论是人们普遍接受的一个理论。该理论按层次将文化分为器物文化、制度文化和观念文化三个层次（图44－1）。该理论认为：器物文化处于文化生态的表层、外围，最为活跃，变动最大；制度文化处于文化生态的中间层，外连器物文化，内接观念文化，相对稳定，变动平缓，起着支撑文化生态架构的重要作用；观念文化处于文化生态的核心层，最为牢固，变动不大。一种文化区别于他种文化，核心是观念文化的区别。文化生态层次论按照文化的物质载体、制度和观念三个层次区分文化，较为全面深刻地反映了文化生态的全貌。

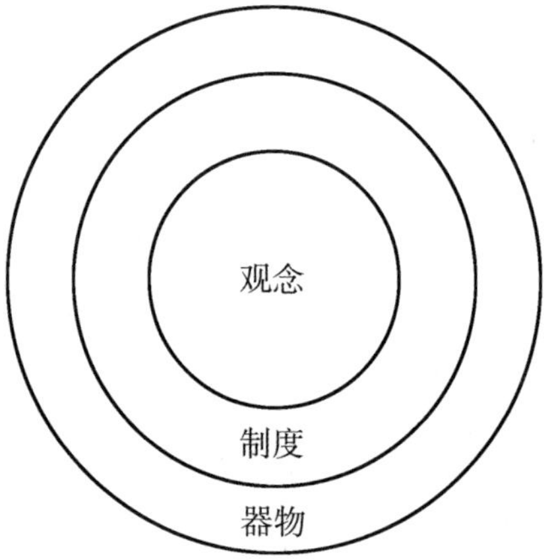

图44－1　文化生态层次

四是文化生态结论主义。该理论重视文化生态的主体性特征，按照社会人群差异划分文化，分析不同文化在整体文化中的地位、作用和彼此间的相互影响，从而反映一国的文化生态状况。邹广文、宁全荣认为，当今的中国文化存在主流、精英、大众三种文化。主流文化即中国特色社会主义文化，为中国经济和政治在观念层面上的反映，是居于统治地位、具有时代精神的主导型文化。精英文化是知识分子文化的主要表现形态，由知识分子精英阶层创造、分享和传播，起着传承人文历史、矫正不合理社会现实、引领社会风气的职能。大众文化是工业化之后形成的特定意义上的市民消费文化，由现代传媒传播、易复制、批量生产，体现了现代社会快节奏、高效率、便捷、时髦等生活方式。主流文化、精英文化和大众文化的关系是：主流文化引领社会风尚与文化前进方向；精英文化身兼文化传承与文化批判使命，批判反思文化的不足，保障社会文化合理性发展态势，以提高大众的审美趣味、生活追求和人生意义；大众文化是主流文化与大众文化的试金石，大众作为“受众”接受主流文化和精英文化熏陶的同时，是文化创新和文化建设的主体力量①。

4. 优良文化生态的标准

我们认为，优良文化生态的标准如下：

——在主流文化引领主导下，各种非主流文化（包括传统文化和外来文化）和谐共处，相互促进，表现为多元文化的共存共荣；

——文化产业内部结构合理，产业链兴旺，技术装备先进，产品内容坚持社会效益第一、社会效益与经济效益相统一；

——文化整体的发展，对自然和社会人文资源的利用合理，没有造成负面的损害，推动着政治、经济、社会的文明进步。

一个国家或地区的文化生态如果符合以上三个标准，则应判定为优良。总起来看，当今世界绝大多数国家从历史走来的文化生态是优良的。但是，也不可否认，在个别的国家或地区，比如原教旨主义、恐怖主义占据较大势力的地方，文化生态恐怕还是存在较大问题的。

二、文化生态失衡

1. 文化生态失衡的定义

我们认为，文化生态失衡是指世界（或一国）各种文化之间、

① 邹广文、宁全荣：《当代中国文化形态及其走向》，《新华文摘》2012年第21期，第112－113页。

文化与自然和社会之间的矛盾，使得文化趋向平衡的变动，长时间中断时出现的严重不平衡的现象。该定义内涵有三层意思：一是文化生态失衡反映了文化内部各种不同文化之间、文化与自然和社会之间的相互关系；二是文化生态失衡反映了上述相互关系处于什么样的状态，即不平衡的状态；三是文化生态失衡反映了上述相互关系不平衡的程度，即长时间的严重不平衡。可见，文化生态失衡是指一种相互关系、一种变动中的不平衡状态，一种一定时间中不平衡的程度。三个关键词相互关系、不平衡、程度，缺一不可。

人们不可把文化生态失衡理解为反映文化生态本质性的东西，文化生态的整体性、变动性、平衡性、主体性才是反映文化生态本质性的东西。文化生态失衡只是反映一定时间中文化生态不平衡程度的暂时的现象。须强调指出：其一，世界在发展，社会在进步，文化生态的平衡（和谐）是不可逆转的总趋势；其二，文化趋向平衡、从平衡到不平衡、再到平衡反复交替的运动中，一时的不平衡是正常现象；其三，人们对文化生态失衡与否的判断要慎之又慎，不可把一时的不平衡视作失衡，不平衡与失衡不可画等号，从而妄下失衡的结论。

2. 文化生态失衡的典型表现

显而易见，对文化生态做出失衡的判定是极为严肃的事情，事关文化整体状态、发展形势的全局性估价。这不单单是一个文化问题，更是触及政治的大问题。文化生态失衡的典型性表现如下：

——社会主流文化与非主流文化发生了尖锐激烈的对立冲突；

——作为文化生产力主要承载者的文化产业链大面积断裂；

——文化严重阻碍着社会正常秩序、和谐稳定和经济发展。

上述典型表现的描述中，有三个表达“程度”的关键词，即尖锐激烈对立、大面积断裂、严重阻碍。当文化生态的不平衡达到这三个关键词所描述的程度时，可判定失衡。当文化生态的不平衡尚未达到这三个关键词所描述的程度时，恐怕不能做出文化生态失衡的判定。

三、新媒体下的舆论文化生态

文化依赖传播才彰显其生命力。媒体所塑就的舆论文化对文化生态有着不可低估的作用。舆论文化与非舆论文化相比，它是活生生的现实生活中的文化，一种舆论文化潮水般涌来的时候，不仅对器物文化，而且对制度文化和观念文化都可能造成巨大的冲击，从而对文化生态形成颠覆性后果。新传媒（互联网、微信、微博、微视频、移动客户端）的发展，促成了新的舆论文化场，传媒舆论文化生态由一个传统（报纸、期刊、广播、电视）的舆论场，变成了由传统媒体与新媒体两个舆论场组成的新的舆论文化生态，且呈现着前所未有的新特点。文化产业规制必须十分重视对新媒体文化企业的规制，以确保媒体舆论文化生态优良。

综观中国新媒体舆论文化生态这些年来的变化，有喜有忧，喜忧参半。一方面，中国新媒体发展使中国成为用户最多的国家之一，新传媒产业和媒体舆论文化发展迅速，新媒体舆论在支持中国特色社会主义道路制度、宣传社会主义核心价值观、丰富人民群众的文化娱乐生活、发挥舆论监督反腐等众多领域起到了积极的作用；另一方面，新媒体舆论也存在与主流文化相悖、与主旋律不和谐、造谣生事、恶性炒作、虚假广告、黄色低俗等非理性的问题。之所以发生令人担忧的问题，除了政府的监控技术力量薄弱之外，忽视了对新媒体文化企业的规制是最主要的原因。

2015 年 1 月 9 日，光明网舆情中心发布《2014 年度网络舆论生态发展报告》。该报告认为，2014 年是中国互联网的转折之年，网络空间战略开局布阵，传媒业全面深化改革。优质深度内容与新传播形态的探索性融合，使传统媒体和新媒体两大舆论场交集显著扩大，推进了互联网信息的理性化进程。具体表现如下：

第一，网络整体理性上升。2014 年政府继续出台了一系列力度大、精细化的清网规制措施，呈现出依法治网的特性，“划设底线、规范人肉搜索、打击网络谣言”均有体现。公众对网络平台的运用、对网络信息的辨别趋向理性。曾经无限风光的激进的“拉帮结派”“叫阵约架”式的争论和极端表达，逐渐失去“市场”。官方应付舆论、化解危机的能力呈现逐渐成熟的趋势。反腐舆情持续深化，且有政府主导。中纪委网站被网民誉为“最大的正能量发布网站”。

第二，官民舆论场加速融合。进一步打通了“官方舆论场”和“草根舆论场”，网民热议话题成为主流媒体议题，官方积极开设官微加强了与网民互动（政府微信截至 2014 年 8 月底，总量已达 8 803 个），注重平等交流促使两个舆论场更加贴近亲密。这样，官方摆脱了严肃、刻板的形式束缚，使主流思想更有效地传播到民间。

第三，“三微一端”成为网络舆论的重心。微博活跃度总体降低，腾讯、网易先后退出，微博商业化走向较为明显。以微信公众号为代表的自媒体迅速发展壮大，“自媒体人”为核心的圈群文化开始在舆论场中发挥影响力。各大媒体运营的时政类公众号，常以独家、深度、内幕性信息而备受瞩目。移动客户端用户激增，截至 2014 年 6 月，手机网民规模达 5.27 亿，比 2013 年底增加 2 699 万人；手机上网的网民比重由 2013 年的 81.0% 提升到 83.4%。2014 年，移动匿名社交 App 兴起，对网民信息获取方式、讨论模式、传播形态、内容特点等均产生了全新的变革。

第四，传统媒体融合中寻求破冰。2014 年是中国传统媒体与新媒体融合破冰的一年，中央主流媒体融合成绩亮眼，人民日报上线新闻客户端和四个微信公众号迅速吸引关注，光明日报从采编流程、报道模式、产品形态等多方面实现转型。

第五，新传媒舆论生态趋向清朗。2014 年，总体来看，“顶层设计”“新常态”“主场外交”“打虎拍蝇”“依法治国”成为排名前五位的舆情热门话题，民间情绪与高层政治共振明显。通过政府网络规制进一步加大力度、扫黄打非净网专项行动，新传媒舆论生态趋向清朗①。

当然，新传媒舆论生态依然存在若干问题，主要是造谣生事、过度娱乐化、黄色低俗的东西并未完全根绝。这些东西，只能通过强化新媒体产业规制加以遏制。

第三节　可持续发展环境规制

文化生态与文化产业可持续发展紧密联系在一起。文化生态建设的目的之一是确保文化产业可持续发展。文化与文化产业可持续发展研究是文化生态研究的延伸。

一、文化产业可持续发展面临的问题

所谓文化可持续发展，是指既满足当代人的文化需求，又不对后代人满足其文化需求的能力构成危害的发展。文化产业是文化生产力的主要载体，文化可持续发展很大程度上依赖文化产业的可持续发展。文化产业可持续发展面临的挑战和问题，主要表现在以下几个方面：

---

①　光明网舆情中心：《两个舆论场加速融合、网络舆论日趋理性（2014 年度网络舆论生态发展报告）》，《光明日报》2015 年 1 月 9 日第 5 版。

第一，文化资源的掠夺性破坏。我们知道，文化生产力是人类和谐地利用自然资源、人文资源和财力资源的能力。人们在发展文化生产力的过程中，只有合理地利用文化产业资源，才能既满足当代人对文化消费的需要和对财富的追求，又能使后代人发展文化经济的力量得以延续，以满足后代人对文化消费的需求和对财富的追求。然后，现实是人们在发展文化产业当中，对文化资源掠夺性的开发，造成不可逆破坏的现象不少。虽然某些文化资源或文化产品（对消费者而言）具有非消耗性的特点，但并不是所有文化资源都有这个特点，物质文化遗产、非物质文化遗产绝大多数一旦破坏再难复原。比如，中国在发展旅游产业和非物质文化遗产开发利用当中，不少地方和单位存在严重的盲目开发、破坏自然和人文资源的问题。这是文化可持续发展面临的主要威胁之一。

第二，经济人假定的负面影响。现代西方经济学的经济人假定，使得一些文化产业所有者或经营者片面地认为，他们所追求的唯一目标是自身利益的最大化和最优化，对同一代人组成的社会利益基本不予考虑，对资源消耗导致的环境破坏基本不予考虑，对后代人的经济利益和社会利益基本不予考虑①。西方经济学经济人假定在受到多方批评之后，对经济人假定做了补充，试图说明经纪人假定也兼顾社会和宏观利益，但是还是没有考虑子孙后代的利益。文化企业单纯地追逐经济效益，不顾及社会效益，不顾及对人们特别是少年儿童的思想影响，甚至产出一些有损主流价值观的内容产品，使文化可持续发展面临思想观念上的深层威胁。文化企业既然是企业，追求利润无可厚非。但是，文化企业对利润的追求，不能建立在不顾社会大众利益和后代人利益的基础之上。任何国家明智的政

① 马传栋：《可持续发展经济学》，山东人民出版社，2002，第9－10页。

府，都不会对文化企业资源运作、产品内容乃至环境影响，视而不见、听之任之，都将通过规制手段对文化企业的社会效益进行必要的控制。聪明的文化企业家都是遵守法律法规、讲究社会效益，在此前提下追求经济效益最大化的企业家。

第三，文化生态中的不和谐冲突。当今世界文化虽然主导方面是相互交融共存共荣的，但是不同文化的冲突也客观存在，加之对国际文化市场份额的竞争，世界文化生态呈现复杂的局面。比如，在中东的一些国家，原教旨主义、恐怖主义还有一定的“市场”，左右着一些群体和个人的行为。再比如，在文化产业发达的国家中，有的人极力宣扬他们的文化是世界主流文化，排斥打压其他民族国家的文化。上述文化的种种冲突，都是可能威胁文化可持续发展的不利因素。任何一种文化，任何民族国家的文化，首先应当有一种理解、学习其他文化优长的自觉。文化在相互宽容、相互理解、相互学习中，才能可持续发展。反之，如果相互贬低、排斥、争斗，文化发展就会受阻。各民族国家的文化史说明，凡是各种文化相互理解、宽容、交融的时期，均是文化发展、繁荣和大进步的时期。所谓盛世，不仅表现为经济的繁荣，更表现为文化的繁荣。凡是各种文化相互贬斥、排挤、争斗的时代，均是文化停滞、凋零甚至倒退的时代。所谓乱世，不仅使战乱、经济混乱，也有文化的乱象隐藏其中。社会由乱而治，战乱或许很快就会消停，经济也会较快地复苏，但文化思想的治乱整合则要经过相对漫长的时间。从历史经验来看，防止和遏制文化生态中的不和谐冲突，是保证文化可持续发展的重要规制。

二、文化遗产与文化可持续发展

2003 年，联合国教科文组织通过的《保护非物质文化遗产公约》中指出：“各个群体和团体随着其所处环境、与自然界的相互关系和历史条件的变化，不断使这种代代相传的非物质文化遗产得到创新，同时使他们自己具有一种认同感和历史感，从而促进了文化多样性和人类的创造力。”黄永林认为：“文化遗产是拥有该文化的民族创造的、与时俱进而又能基本上保护原始状态的传统文化，是人类共同体传承到当今时代的原创性文化，是与时俱进，在时代的浪潮中不断创新、融入了时代元素的活的传统文化。”① 美国学者F. 卡普拉认为，当前的……文化不平衡，传统文化成为衰退中的文化，它不可避免地处于衰退、崩溃和互解过程中；新文化成为上升的文化，它将继续上升，最终将担负起领导作用；这场大规模的极为深刻的文化转变是不可抗拒的②。

归纳国内外众多学者对文化遗产保护、开发和利用与文化可持续发展关系的讨论，以下两个方面的问题应引起足够的重视。

一方面，文化遗产保护的核心是保护文化生命力。文化遗产有物质遗产和非物质遗产之分。就物质文化遗产而言，比如古代建筑、人文遗迹，其保护就是最大限度地减少自然与人为的损伤破坏，这类属于器物层面的文化遗产完整原始地保存下来，供人们欣赏研究，即是其生命力的体现。就非物质文化遗产而言，则是重在保护、挖掘、传承其蕴含的文化基因。非物质文化遗产的文化基因映射出不同民族的精神信仰、审美意蕴、价值取向、生活方式、思维模式，是一个民族生生不息的源泉与识别标识。“文化遗产保护不是对一个个‘文化碎片’或‘文化孤岛’的‘圈护’，而是对文化全局的关注，不但要保护文化遗产自身及其有形外观，还要注意它们所依赖和因应的结构性环境”。“从时间上来说，不仅要注意文化遗产的历

---

① 黄永林：《“文化生态”视野下的非物质文化遗产保护》，《文化遗产》2013年第5期，第3页。

② ［美］F. 卡普拉：《转折点：科学、社会和正在兴起的文化》，卫飒英、李四南译，中国人民大学出版社，1989，第23、316、317页。

史形态，也不能忽视和歧视其现实状态和将来发展”。① 文化遗产保护，不是封闭的保护，而应是开放的、与时俱进的保护。挖掘、保护、传承文化遗产中的文化基因，研究文化基因的变异，不仅可以复活一个民族丰富又生动的记忆，保存一个民族精神家园的历史发展血脉，更重要的是，还可以激活可能已被“尘沙”掩埋遗忘了的精神源泉，找回文化发展的精神动力，确保一个民族的文化可持续发展。

另一方面，文化遗产的开发利用应是理性的、有限度的。文化遗产的产业性开发利用，是激活文化遗产、延长其文化生命的路径之一。世界上许多著名的文化遗产，正因为科学地开发利用，才享誉中外。有些人文遗产，如果锁在深山老林中，自然风化中可能逐渐消失，文化生命力也就结束了。但是，人们必须明白，越是悠远的文化遗产脆弱性越大，对它们的开发利用，恐怕要慎之又慎，必须经过科学的论证，做到理性、有限度。所谓理性、有限度，包含两个意思：一是并不是所有的文化遗产都能拿来搞产业性开发利用，比如有些地方戏，当年因为交通不便，信息传输手段落后，在一定地域中形成了适合人们观赏的戏剧形式。今天在交通发达、广播电视现代传输条件下，有些戏曲，人们特别是青年人已经不喜欢了。这类非物质文化遗产，恐怕要必然地、永久性地进入艺术博物馆了。因为无论怎样搞产业性开发，这一类文化遗产都不会有市场。二是对可以用来搞产业开发的文化遗产，应当贯彻保护第一、开发第二的原则。因为只有首先保护好，才有开发利用的文化价值。器物形态的文化遗产的开发，绝对不能破坏其原态，要原汁原味地利用。有些地方，搞古镇开发，其实全部为重建，实践证明吸引力并不大。

① 刘魁立：《非物质文化遗产及其保护的整体性原则》，《广西师范大学学报》2004 年第 4 期。

非物质文化遗产的开发，重在文化基因的传承，即把文化基因作为灵魂要素，大胆创意，传承文化。

三、文化可持续发展环境规制

文化可持续发展环境规制，是指通过法律法规途径，运用规制工具消除文化不可持续发展的因素，确保文化生态环境有利于文化可持续发展。现代社会中，文化包括两翼：一翼是文化产业承载的经营性文化；另一翼是政府运筹的公共文化。这两翼文化在发展中紧密配合，才能确保文化可持续发展。从文化生态环境角度分析，在一定意义上讲，文化产业的经营性文化与公共服务的公益性文化是互为环境的。它们各有各的外部性，如果它们的外部性是正的，则相辅相成，有助于文化可持续发展；反之，如果它们的外部性是负的，则相互抵消，不利于文化可持续发展。就中国而言，当前文化可持续发展环境规制，重点是防止文化产业对环境的负面影响，同时加快构建公共文化服务体系。

对前面关于文化产业可持续发展面临的问题，以及文化遗产与文化可持续发展关系的讨论进行归纳，显而易见，对文化可持续发展环境规制主要解决的问题如下：

——防止文化产业对自然和人文社会资源的掠夺性开发利用；

——防止文化产业单纯追逐经济效益造成文化内容失态（低俗）；

——防止不同文化之间恶性冲突削弱主流文化核心价值观；

——防止文化遗产开发利用中对优秀传统文化的不可逆破坏。

第四十五章　政府反垄断规制

反垄断规制属于经济规制范畴，又是一个具有相对独立性的研究领域。文化产业政府反垄断规制，涉及反垄断规制的“一般”理论，又面对文化产业一系列“特殊”的垄断现象。从计划经济向市场经济体制转轨的国家的文化产业反垄断规制，在一定意义上表达为文化体制的深层改革，即大量的行政垄断规制转向市场经济的规制。

第一节　反垄断规制理论

反垄断规制源于政府对市场失灵的干预，是指在市场经济体制下反对企业垄断行为的法律法规规范。反垄断规制的任务，是判定哪些是非法垄断并对非法垄断做出处置。

一、垄断

所谓垄断，是指少数企业凭借其控制和巨额资本、足够的生产经营规模和市场份额，通过协定、同盟、联合、参股等方法，操纵与控制一个或几个部门的商品生产和流通，以获取高额利润①。

垄断是一个复杂的概念，文化产业垄断更为复杂。经济学家们

① 逄锦聚：《政治经济学》，高等教育出版社，2002，第 106 页。

对垄断的内涵已经做了若干描述。当我们讨论文化产业反垄断规制时，发现人们以往对垄断的认识与理解是远远不够的，很有必要补充新的见解，与时俱进，对垄断进行更加全面的分析。

1. 关于垄断企业数量

按照以上垄断的定义，垄断主体为少数企业。当垄断成为经济学家研究选题的时候，欧洲市场经济国家和经济体量并不是很大，确曾出现过一家、几家、十几家企业独占或寡占一个产业或行业商品生产流通的现象。从经济学研究方法论上讲，经济学家讲的少数垄断企业，也可理解为抽象分析工具的假设。

今天的情况与过去相比已经大不相同，世界各大经济体体量空前变大。我们看到操纵与控制一个部门或几个部门商品生产和流通的企业绝对不是一家或几十家企业，有的是几百家甚至上千家。当然，他们依然是少数。如果把曾经实行计划经济体制的国家垄断一并分析，那么在这些国家中一度推行的垄断，比如文化生产行政垄断，既不是少数，也不是多数，而是全部，即整个行业全部由国家行政垄断。显然，在理解垄断时，不能简单地认为垄断是少数企业的行为，有时可能是一个部门（或行业）全部企业的（主动或被动）行为，甚至是政府的行为。

2. 关于垄断与竞争

垄断是相对于竞争的一个概念。在市场经济条件下，垄断意味着破坏了竞争，具有排他性。垄断的手段是凭借巨额资金、规模经济和市场份额力量，设置壁垒，阻止其他竞争对手进入，直接后果是削弱了市场竞争。在今天，技术、知识产权和人才往往也被用来当作垄断的手段，以阻止竞争企业进入，直接后果是阻碍技术创新、推广和应用，妨碍人才流动，削弱或破坏了技术市场和人才市场中的竞争。显然，在理解垄断时，要把垄断与竞争放在一起分析，垄断的最明显的结果是破坏竞争，导致资源配置的低效，甚至致使市场失灵。

3. 关于垄断的弊端

垄断的直接结果是破坏竞争，终极弊端表现在以下几个方面：

一是资源配置无效率。根据亚当·斯密的观点，只有在竞争性市场结构下，才能满足资源配置“帕累托最优”的条件。“帕累托最优”状况，是指不存在一部分企业资源配置效率提高（福利增加），而使另一部分企业资源配置效率降低（福利减少）。但是，当垄断发生时，则恰恰是垄断企业损害其他企业，使其他企业资源配置效率下降，且导致全社会资源配置呈现无效率和福利减少。图 45－1 表示垄断导致的资源配置无效率和福利减少。其中，W 为福利净收益，P 为价格，SB 为社会总收益，SC 为社会总成本，MC 为厂商边际成本，M 为厂商边际收益，W = SB － SC。市场需求供给分别为 DWL、LRMC，竞争价格和产量分别为 P_1、P_2。但当出现垄断企业时，价格和产量则将是 P_2 和 Q_2。图中阴影部分就是资源配置无效率带来的社会福利损失。

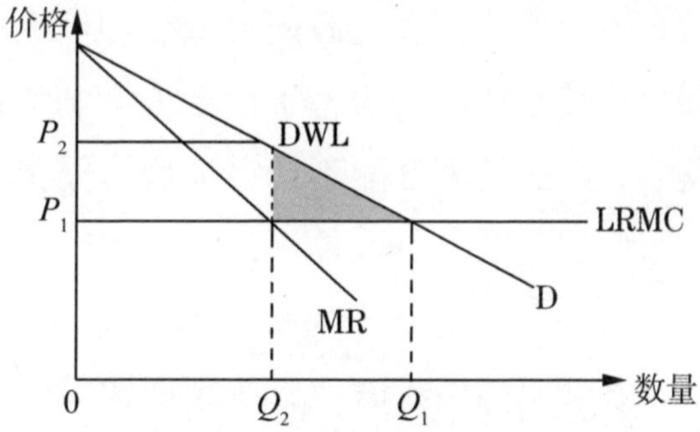

图 45－1　垄断资源配置无效率

二是生产无效率。图 45－2 中，在完全竞争条件下，P = LMC = LAC。但在垄断条件下，垄断企业的长期均衡点高于竞争条件的长期均衡点，表示价格远远高于平均成本（P > AC），

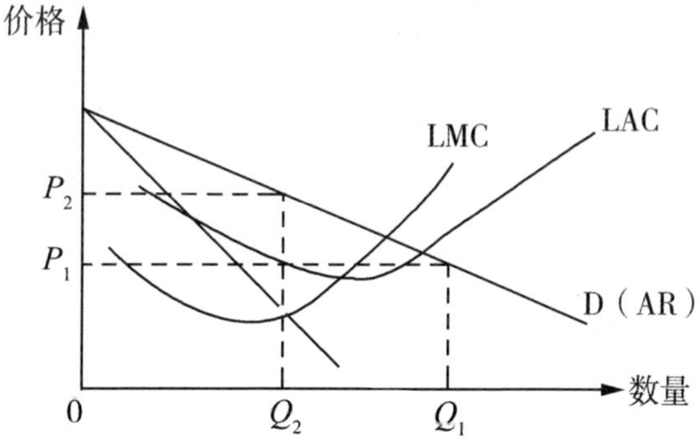

图 45－2　垄断生产无效率

即生产无效率。这说明垄断对资源的利用远不如竞争。在传统计划经济体制条件下，企业行政垄断造成的无效率十分明显。企业职工迟到、早退、磨洋工、跑、唱、滴、漏是常态。另外，从垄断企业自身看，由于没有了外在竞争压力，也就缺少了节能、降耗、技术进步的动力。随着企业规模的扩大，管理队伍庞大繁杂，人浮于事、官僚主义也必然滋生①。

三是发生寻租。我们知道，凭借垄断地位所获得的利润为垄断租金。垄断企业在寻求垄断地位或应对反垄断规制中，会利用其垄断利润的一部分去贿赂政客，以获得或保住垄断租金，经济学称这种行为为寻租。另外，垄断企业也会把垄断租金不恰当地用在个人消费或职工工资福利方面，而不是用在扩大再生产或技术进步方面。同时，垄断引起的寻租的破坏性也很大：首先，就资源配置而言，信息不对称，造成资源配置低效和巨大的社会浪费；其次，商品垄断价格偏高，严重损害了消费者的利益；再次，垄断行业职工收入偏高，造成社会分配不公；最后，俘获官员，败坏了社会风气，造成了政府腐败。

4. 关于垄断竞争市场模式

在亚当·斯密时代，垄断问题就引起经济学家的重视。亚当·斯密以及之后的马歇尔、庇古和斯拉法等新古典经济学派的经济学家认为：垄断与自由竞争是对立的，垄断破坏了“看不见的手”对市场的自动调节作用，竞争是市场的常态、普遍现象，而垄断是市场的失灵、个别现象，从而坚持反垄断。直到 20 世纪 30 年代张伯伦、罗宾逊夫人的“张伯伦革命”才颠覆了上述传统观念。张伯伦、罗宾逊认为：其一，完全竞争和完全垄断是市场的两种极端情况

---

① 经济学家莱宾斯坦分析了垄断企业内部出现的种种无效率现象和原因，被学界称为 X－非效率理论。

（又是经济学研究中的一种假定）；其二，市场真实的情况是垄断与竞争并存，即垄断竞争模式；其三，垄断导致了资源配置低效，又是竞争的手段之一，就竞争手段而言也有积极的作用；总之，市场是一个不完全竞争、也不完全垄断的市场。这些观点，比较贴近市场的实际，反映了市场通常的情况。

5. 关于垄断的双向作用

在现代经济中，垄断是一个双刃剑，既是经济发展中的破坏力，一定意义上讲又是经济发展的助推力。对于垄断，人们不能只看到它存在的种种弊端，研究其负的一面，还要看到它存在的正的一面。反垄断规制，并非完全禁绝垄断。在一定时间、一些领域，人们不可能禁绝垄断。那么，垄断有哪些正面的作用呢？首先，适度垄断有利于防止过度竞争或生产能力过剩；其次，在一些公共服务行业，垄断（或自然垄断）有利于提供公共服务；再次，在经济全球化和国际贸易规模日益扩大的背景下，国家垄断某些产业、行业、产品技术，有利于在国际市场竞争中维护国家利益；最后，在意识形态色彩浓重的行业（比如电台、电视、网络传媒行业），垄断有利于政府对文化内容的监管。可见，在特定的场景条件下，只要不滥用实力和垄断地位，适度的垄断对经济或文化经济发展而言，未必是坏事，可能利大于弊。许多国家在发展文化产业中，强调资本适当集中，打造文化企业“航母”，提倡集团化发展，强强联合兼并，就是通过适度垄断提高在国际市场中的竞争力。照此看来，对垄断与竞争的关系就应当有一种辩证的新认识，垄断在一定范围内破坏竞争，适度垄断在更大的范围中又是竞争的有力手段。需说明的是，计划经济体制下对文化生产的行政垄断，主观目的是对文化内容的控制，但是由于没有走产业化道路，缺少竞争，阻碍了文化发展，导致了文化短缺，垄断的效果很差。

二、垄断类别

1. 经济垄断

经济垄断，是指经济行为主体在市场竞争中形成的较强控制力或可以采取的排他性行为。判别是否形成经济垄断要从两个角度去分析：一方面，看企业在市场中是否形成较强的控制力；另一方面，看企业是否采取了排他性行为。

就企业控制力而言，经济垄断可细分为自然垄断、技术垄断、市场垄断和产品垄断。

所谓自然垄断，是指由一家比两家以上企业提供产品或服务成本更低的情形，从而表达为垄断经营的合理性，由政府准入规制予以保障。自然垄断通常指城市供水、供气、供电等行业。通信（电话）在有的国家曾为自然垄断行业，后来打破了此行业的垄断。有的学者把有线广播和电视也当作自然垄断，有的学者则不赞成有线广播和电视为自然垄断行业，我们认为对已经形成自然垄断的传媒产业，应当打破其自然垄断地位。否则，不利于传媒产业的竞争和发展。

所谓技术垄断，是指企业凭借技术专利获得的排他性占有和使用的权利，且这种权利受到国家法律界定与保护。技术垄断，既有阻碍技术推广的一面，又有推动技术竞争进步的一面。技术垄断与知识产权保护有一定关联。在国际技术市场中，高新技术垄断是普遍存在的现象之一。许多国家或国家联盟均采取技术垄断贸易政策，规定哪些技术对哪些国家或地区进行封锁。当然，封锁与垄断不是同一概念，当封锁表现为特定指向的市场控制力时便有了垄断的意思。

所谓市场垄断，是指少数企业排他性地控制要素和产品市场。市场垄断与技术垄断和产品垄断是交叉的。例如，国际技术市场中，就某些技术针对某些国家或地区的封锁，就是一种市场垄断。同理，就某些产品针对某些国家或地区的封锁，也是一种市场垄断。需要指出的是，封锁有时是政治原因，只有当封锁为经济原因且表现为市场控制时，才是经济学意义上的市场垄断。

所谓产品垄断，是指由产品差别（一企业相对于其他企业产品是独一无二，或不同品牌的同类产品）引起的垄断。其他企业没有的产品、同类产品的不同品牌，均具有排他性，在市场中极易造成垄断。产品差别垄断是市场垄断的普遍情形。

就排他性行为而言，经济垄断可细分为价格垄断、非价格垄断和组织垄断。

所谓价格垄断，是指具有市场强势的企业高于边际成本定价，企业之间合谋，以垄断高价获取高额利润，或以垄断低价购买原材料，谋求垄断的行为。

所谓非价格垄断，是指具有市场强势的企业通过广告、研发、建立营销体系、售后服务体系等非价格行为，旨在提高产品即服务差别化水平，谋求垄断的行为。

所谓组织垄断，是指通过企业并购手段，排斥乃至消灭对手，扩大自身优势，提高生产与资本集中水平，谋求垄断的行为①。

2. 行政垄断

行政垄断是指与行政控制相联系的排他性行为。在国际贸易市场或国内区域间市场竞争中，均有排他性的行政垄断现象发生。国际贸易中的保护主义、国内区域间贸易中的地方保护主义，都属于行政垄断行为。曾实行计划经济体制的国家，政企不分、政（府）事（业）不分，是典型的行政垄断的表现。在计划经济体制国家中，大面积的行政垄断是一种常态。实践证明，这种大面积的行政垄断，

---

① 马云泽：《规制经济学》，第182页。

弊病丛生，阻碍了生产力发展，其后果是“经济短缺”“文化短缺”“普遍贫穷”。

三、垄断成因

1. 垄断经济成因

垄断的形成，主要有经济和政治两方面的原因。从经济上讲，竞争引起的生产、资本、技术集中为垄断提供了可能与必要。在自由竞争中，单个资本规模小，生产分散于大量的中小企业，市场的自发调节力量，很难使大量的中小企业彼此间达成限制竞争的协定。自由资本主义时期，当时的技术水平下，即使某些企业串谋或达成某种联合，也不足以使其实现操纵市场的程度。后来，随着科学技术的发展，特别是企业股份制为代表的内部治理结构的创新，为生产、资本、技术的集中提供了可能，社会生产流通越来越集中于少数大企业，大企业主导操纵某些市场的时代终于到来。在一个产业、行业、产品领域，少数大企业占据绝对优势份额的情况下，这些少数的大企业便可通过协定、同盟、联合、参股等方法，并运用价格，阻止其他企业进入或逼迫其他企业屈从于自己，从而获得高额利润，垄断就形成了。

我们还应当了解，生产的集中使垄断具有一定的必然性。首先，生产集中促使大企业实现规模经济，在社会总需求一定的状态下，竞争引起的企业规模普遍扩大，必然导致产能过剩，造成资源配置的浪费。而此时，企业产品供过于求，销量减少，利润下降。为了保利润，有必要瓜分市场，甚至限产，于是少数大企业便“结盟”形成垄断；其次，大企业规模经济的另一个结果是树立了其在公众中的地位，使得其他企业很难进入，从而构筑了较高的进入壁垒，限制了自由竞争，形成了少数大企业垄断的市场格局；最后，为了避免过度竞争造成两败俱伤的灾难，少数大企业在势均力敌的情况下，彼此寻求某些妥协，结为垄断联盟，也是形成垄断的原因之一。

2. 垄断政治成因

企业的行政垄断的成因既简单又复杂，主要是政治制度造成的。说其成因简单，比如，实行计划经济体制的国家，曾出现大面积的企业行政垄断，就是因为工业革命“机器吃人”的时代，产生了种种社会矛盾，为了解决这些矛盾提出了由一个社会生产指挥中心，通过计划指标组织调度全社会生产的未来制度设计，在国家尚未消亡的情况下，这个社会生产指挥中心只能由政府代替。在这一制度设计指导下，实践中就发生了大面积的行政垄断。

说其成因复杂，是因为实行行政垄断的国家的国情很不相同，在极为复杂的时代背景与国情下形成了模式各异的行政垄断，绝不仅仅是由社会生产指挥中心设计造成的。比如，第二次世界大战前夕的德国，国家社会主义、法西斯思潮曾占统治地位，在其左右下，一度对企业实行行政垄断，二战爆发之后，所有企业都被拉上“战车”，为战争服务。再比如，在中东、南亚的一些国家中，部族掌控国家经济命脉，部族的代表轮流上台执政，这些国家的企业行政垄断带有明显的部族家族垄断色彩，部族家族垄断与行政垄断交织在一起，部族寻求政府保护，政府获得部族支持巩固政权，这是一种畸形的行政垄断。

四、反垄断依据

垄断造成的资源配置无效率、对公平竞争的损害、社会福利的下降等弊端，为政府反垄断规制提供了理论依据。

1. 依据之一：从“权利本位”到“社会本位”法理理论

以个人权利为本位的自然法学思想上形成的民商法体系中，主张私权神圣、身份平等、契约自由。保护自由竞争的结果之一，是垄断的出现。当人们认识到垄断给社会造成的弊端时，也就进行了一场从“权利本位”到“社会本位”法理思想的大转变。这一转变是指从强调绝对私权自由到允许国家（政府）出于公益目的对私权适度规制。“社会本位”法理思想是法理思想的重大发展与丰富。在“社会本位”法理思想看来，为了抑制垄断，消除不正当竞争，应当建立不同于以往民法秩序的一种新的民法秩序，通过反垄断法和反不正当竞争法限制企业间的契约自由，重振和维护自由竞争，也就是重建政府（法律）规制下的现代自由竞争经济体制。同样的理由下，“社会本位”思想还包括赞同政府通过行政法规、规则等形式（准立法权）进行反垄断和反不正当竞争。

2. 依据之二：结构主义和行为主义规制理论

哈佛结构主义学派为代表的结构主义规制理论强调，市场结构对市场行为和市场绩效起决定性作用，垄断存在的市场结构导致了寡占的市场行为、不良的市场绩效和社会福利不利的影响。因此，反垄断重点是控制市场集中度，包括拆分垄断企业，帮助维护和改进市场效率。芝加哥行为主义学派为代表的行为主义规制理论则强调，在市场结构、企业行为、市场绩效中，市场绩效起决定性作用，不同的企业效率形成不同的市场结构。因此，反垄断重点是促进经济效率，主张通过竞争、兼并推动市场集中，反垄断规制主要是禁止限制卡特尔等企业间的价格合谋与市场瓜分协调行为。结构主义和行为主义规制理论在第二次世界大战后的发达国家中，对反垄断和反不正当竞争实践都曾发挥了重要的指导作用。前者侧重于反垄断，后者侧重于反不正当竞争。今天，各国的大市场以及文化产业市场结构、文化企业行为、文化市场绩效千差万别，在文化产业规制当中应当灵活地运用上述两个理论，从本国实际出发，进行反垄断、反不正当竞争规制。

第二节　反垄断规制变迁

反垄断规制主要是通过反垄断法来实现的。反垄断法是调整市场竞争关系，防范和控制垄断，禁止企业以合谋、滥用经济优势等方式限制和破坏竞争，以保护和促进竞争的法律规范①。反垄断规制经历了传统性反垄断和新的反垄断变迁过程。在这两个过程中，反垄断的目的、方式和程度存在差异，表达为不同的特点。

一、传统性反垄断规制

传统性反垄断规制，是指主要针对一国国内的反垄断规制。其任务如下：

1. 禁止以垄断为目的的企业合谋行为

亚当·斯密曾经说过，生产同类产品的企业很少聚集在一起，如果他们聚集一起，其目的便是商讨如何对待消费者。企业为了对待消费者的合谋行为，主要是价格合谋、产量合谋和地域合谋，即统一定高价、限制产量和划分市场。企业上述合谋行为造成的垄断对市场竞争的破坏显而易见。在各国反垄断法中，都被视为违法。美国的《谢尔曼法》（反垄断法）规定，对上述合谋垄断行为，公司或个人将受到罚款直至三年以下刑事监禁处罚。

世界著名的英国克里斯蒂拍卖行和美国苏斯比拍卖行，因商定佣金的价格被指控违反了反垄断法，而被处以巨额罚款。从禁止企业以垄断为目的的合谋行为的反垄断实践内容看，主要是监控、处罚企业妨碍竞争的行为，贯彻了芝加哥行为主义规制理论。

---

① 马云泽：《规制经济学》，第195页。

2. 禁止以垄断为目的的企业并购行为

在市场经济中，企业并购是经常发生的。只要不是以垄断为目的，通常的并购，有利于企业资本集中、生产集中，优化资源配置、提高生产效率和企业竞争力。但是，正是由于企业并购的上述作用，有可能导致并购走上垄断。因此，在各国反垄断法中，都有关于限制企业并购的条款。反垄断法中限制企业并购，主要规定什么样规模的企业并购，须向反垄断法的主管机关进行报批。反垄断法主管机关视企业合并后，是否取得了市场支配地位，而判断该企业并购是否以垄断为目的。如果该企业合并，不会发生支配市场的后果，视为正常并购，予以批准。如果该企业合并被判定以垄断为目的，则不批准合并，从而达到反垄断的目的。德国的《反对限制竞争法》规定，如果合并后一家企业达到了 1/3 的市场份额，或者三家或三家以上的企业共同达到 1/2 的市场份额，或者五家或五家以下的企业共同达到 2/3 的市场份额，就可判定合并产生或者加强了市场支配地位，从而不批准并购①。

3. 拆分已经形成垄断的企业

为了防止生产过分集中，政府对已经形成垄断的企业进行拆分，是反垄断法中的重要条款。拆分垄断企业，可一分为二，一分为三，或分为更多个独立经营的企业。1982 年，美国法院将美国电话电报公司（AT&T）一分为八，打破了电信行业的垄断，是世界上运用拆分方法打破行业垄断的典型案例。世界各国运用拆分打破垄断的案例很多。拆分垄断企业，贯彻了哈佛结构主义规制理论。

4. 禁止行政垄断

自现代市场经济产生以来，政府的行政垄断（不仅指曾经实行计划经济体制的国家，也指实行市场经济体制的国家）始终是对竞

① 马云泽：《规制经济学》，第 197 页。

争损害最大的行为。政府禁止在某经济领域（比如文化经济的传媒领域）组建新企业、政府在组建企业集团中“拉郎配”、政府强迫某些企业加入某企业集团、政府限制某些商品在某些地区销售、政府对某些企业税收方面的特别优惠等，均属于行政垄断行为。这些行政垄断行为，使企业受到不公平的待遇，企业不是在一个平台中凭自己的本事公平竞争。行政垄断是官商勾结、寻租腐败的温床。许多国家的反垄断法将反行政垄断作为极其重要的条款。我国文化产业领域行政垄断还比较严重，文化产业反行政垄断的任务尚任重道远。

5. 禁止滥用市场支配地位

实际生活中，取得市场支配或垄断地位的企业是存在的，有些还是国家（政府）授权的。比如，当前中国的报刊、电台、电视台，在一定意义上讲，也是政府授权的公共服务型垄断性公司，对诸如此类的公共服务性垄断企业，滥用市场支配地位的行为主要表现为滥收费用、价格歧视、配售商品等。许多国家的反垄断法中，对禁止自然垄断或行政垄断企业滥用市场支配地位的行为做了规定。我国文化产业领域垄断企业滥用市场支持地位的行为时有发生，根绝这种不良行为还非常艰巨。

二、反垄断规制的新特点

反垄断规制在制约企业行为方面发挥了重要作用，但是也产生了一些不尽如人意的后果。其中，最具典型与讽刺意味的案例是美国政府对待 IBM 公司的态度。美国政府一度认为 IBM 公司垄断了计算机市场，花费 20 年时间试图拆分它，IBM 公司由于没有预见到个人电脑的巨大商机而逐渐衰弱，其垄断地位无从谈起。显而易见，反垄断规制在新的时代背景下与发挥规模经济效益，碰到了新的矛盾。从更广阔的角度看，主要是经济全球化与文化产业兴起，使反垄断的国际经济背景和产业结构基础发生了新的变化，由此引发一些新的问题。以美国为代表的曾实施严厉的反垄断规制的一些国家，在进入21世纪后，反垄断的指导思想、着力点和主要措施开始发生变化。在20世纪中，原来一些反垄断不够积极、规制制度不完善的国家，纷纷出台反垄断法，但他们的反垄断法与早年立法的那些国家的相关法律呈现了许多不相同的特点。这些新特点，归纳如下：

1. 反垄断规制强调经济效率原则

自由竞争与规模经济顾此失彼的“马歇尔冲突”由来已久，在经济全球化和文化产业兴起的新的时代背景下，传统的“马歇尔冲突”在国际经济舞台上和新的产业（市场）结构基础上再现。以萨缪尔森为代表的现代西方经济学竞争理论，认为不完全竞争是经济常态，垄断地位是“效率性的证明”。行为主义规制理论逐渐取代结构主义规制理论，对各国反垄断规制发生影响。反垄断规制越来越强调经济效率原则，实质上是放松了反垄断规制。越来越多的国家政府认为，企业通过高水平经营管理，以高质量的产品和规模经济实力占有市场较大份额，只要不滥用国内市场支配力，且阻止其他潜在进入者进入，未对竞争造成损害，就不应该被反垄断法所禁止。

2. 从国家战略利益高度谋划反垄断

经济全球化使得规模经济的较量越过国界成为国际竞争的手段之一。国家间的最终较量使国家软实力的竞争提上日程，而软实力的构成中文化软实力不容忽视，文化产业承载着绝大比重的文化生产，文化产业规模经济的较量也就越过国界成为国际竞争的重要手段之一。在这种情况下，反垄断规制比较成熟的发达国家，或反垄断规制尚不完善的（主要是）发展中的国家，均更加重视国家战略利益考量的反垄断。发达国家虽对原有的反垄断法未做修改，但在实施中更加灵活。比如，美国在线与时代华纳公司的兼并案，目的是与来自欧洲的企业抗衡，美国需要巨大的传媒企业参与全球垄断性竞争，因此这一兼并案没有遭到美国政府反垄断处置。

3. 打破行政垄断成为反垄断的重头戏

第一次世界大战后建立起计划经济的苏联和第二次世界大战后建立起计划经济的一系列国家，还有北非、南亚、南美等一些实行准计划经济的国家，经济的行政垄断色彩极浓。从20世纪80年代起，这些国家开始经济体制的改革，从计划经济体制逐步向市场经济体制转轨，其中改革的关键环节是打破政府对经济的包揽、控制，即行政垄断。在一定的意义上，计划经济体制变革为市场经济体制，就是经济的行政垄断的改革。这一改革，无论对于搞活经济，提高经济效益，还是对于维护国家战略利益都是非常必要的。中国、俄罗斯、巴西、印度、南非五个新兴金砖国家，在推行经济体制改革中，打破经济的行政垄断均为重要的改革内容，虽然这一改革尚不到位，却已释放出巨大的经济能量。从这个视角来看，打破行政垄断成为自20世纪80年代以来反垄断的重头戏。曾经实行计划经济体制的国家中，文化生产的行政垄断较甚，打破文化生产的行政垄断是改革的必由之路，舍此不可能激发文化生产竞争、提高文化生产效率、扩大文化经济规模效益。

4. 重视反垄断规制与产业引导政策的协调

从20世纪80年代起直至21世纪的前十年，局部的（比如亚洲金融危机）和全球性的（比如，美国次贷危机引发了全球经济危机）经济危机接连爆发。发端于美国次贷危机的世界经济危机，其影响之广、时间之长，都是历史上没有过的。究其原因，是美国自里根政府以来长期奉行的自由放任主义政策的必然结果。在经济全球化背景下，美国从里根政府起实际上大大放松了反垄断规制，任凭若干产业无限制从银行贷款，扩大经济规模，以抢占市场份额，造成了房地产泡沫破裂，引发金融危机。这场危机对世界主要经济体均有波及。各国在应对这场危机中，采取了产业导向与反垄断规制相协调的政策，适当收紧了反垄断规制。当然，在应对危机中，有些国家消极贸易保护主义抬头，此时此刻的贸易保护主义其表现之一是继续鼓励本国大型垄断企业在国际贸易中的排他性行为。但在国际社会共同努力下，贸易保护主义没有形成气候。否则，经济危机会更加深重。

5. 高新技术发展给反垄断规制提出新课题

经济学家熊彼特曾说，不断的创新就像是跳动的琴弦，演奏着经济成长的美妙乐章，而拨动琴弦的正是那些领导市场的巨型公司。在当今经济时代，高新技术日新月异，垄断大公司凭借自身力量在技术创新上比其他企业更具优势，因垄断高新技术获得高额垄断利润的现象比比皆是。在这种情况下，政府反垄断规制就碰到两个问题：一是反垄断与知识产权保护规制的关系如何处置；二是反垄断不能挫伤了垄断企业技术创新竞争的积极性。这样，反垄断规制势必要有一些新的思路，面临着复杂的博弈过程。就文化产业而言，我们知道，文化 + 衔技术 + 创意 = 财富。作为高新技术在文化生产中运用的衔技术进步，对文化产业成长壮大起极为关键的作用。文化企业对衔技术的垄断，比之其他产业中的技术垄断，恐怕欲望更甚。因此，文化产业反垄断规制必须开拓新思路，且面临着复杂的博弈。

6. 人力资源的巨大作用增加了反垄断规制的难度

在知识经济新时代，竞争已经不单纯是资本和物质要素的竞争，更关键更核心的竞争已转化为知识、技术、信息和人才要素，资本、物质要素退居次要地位，这是工业化时代与知识经济时代的重要区别之一。许多场景中，垄断一批高级技术创新或创意策划人才，就可垄断市场。但是，也不尽然。这是因为：其一，知识、技术、信息，特别是人才要素与资本、物质要素不同，资本、物质要素不易流动，而知识、技术、信息，特别是人才要素是比较容易流动的，知识经济时代通过支配生产要素达到垄断市场的路径、方式，已经不同于工业化时代，知识、技术、信息、人才的竞争极为激烈复杂，路径、方式千变万化，势必增加了政府反垄断规制的难度；其二，原有的反垄断法的规定是针对工业化时代的情况的，若干条款已经不再适合变化了的新情况，需要认真研究，出台一些新的规制条款，从而面临着新的复杂的规制博弈；其三，文化产业是以创意为核心的新兴产业，创意人才对文化产业的竞争发挥着关键性作用，可以想象，围绕创意人才的人才市场竞争与垄断极为复杂激烈，这种新情况呼唤文化产业反垄断规制创新。

第三节　反垄断规制趋势

世界发达国家和发展中国家的文化产业发展的水平不同，文化产业垄断的特点、模式和程度不同，反垄断所要解决的问题不同。因此，反垄断规制未来发展的趋势也大不相同。

一、发达国家文化产业反垄断规制的未来趋势

1. 未来趋势

我们认为，发达国家文化产业反垄断将从国内范围的较为重视反垄断，向默许鼓励本国文化企业跨国兼并、联合和垄断转变，以提高其文化产业在全球的竞争力，即呈现出逐渐缓和文化产业反垄断规制的趋势。

2. 基本论据

之所以做出上述判断，基于以下两个方面的理由：

其一，历史地看，以美国为代表的发达国家尝尽了垄断的甜头，他们对反垄断一直采取有限度的保留态度，他们的反垄断是（国内、国际）双重标准的规制博弈，这种状态将持续下去。预测文化产业

反垄断规制的未来趋势，不能仅仅着眼于文化产业本身的情况，须把文化产业反垄断放到反垄断历史变迁中去讨论。以美国为例：美国曾经历了三次垄断高潮。这三次垄断高潮，使得美国成为迄今全球经济集中度和垄断程度最高的国家，这也是美国的实力所在。19世纪70年代，美国开始了企业兼并和垄断的第一次高潮，"托拉斯"为兼并和垄断的主要形式，到20世纪初，主要工业部门都实现了联合与兼并。20世纪60年代中后期，美国出现第二次企业垄断高潮，控股公司和（不同产业、行业）混合型兼并成为主要形式，家族式公司逐渐被淘汰，到60年代末，全国最大规模的500家公司的发展速度高于同期国民经济发展速度，销售额占全国工业销售总额的66%，雇员人数占全国的75%，利润额占全国的75%。20世纪90年代初，美国出现了第三次垄断高潮，企业兼并和联合的规模巨大，涉及金额惊人，联合多于兼并重组，超大强强联合屡见不鲜，主要发生于第三产业和高科技产业领域，着眼点转向全球竞争，目的是实现美国企业对新兴产业全球性垄断①。

其二，现实地看，以美国为代表的少数发达国家，产业结构优化程度领先于世界，其第三产业和高科技产业将极力向国外扩张，势必通过跨国兼并、联合和垄断，追逐全球市场中的份额。仍以美国为例：为了保持新兴产业和高科技产业世界领先的霸主地位，美国不会放弃某种程度的牺牲国内公平（美国国内一直存在因反垄断不力，导致不公平的争论）而追逐国际竞争力的既定政策，不会贸然强化反垄断规制的力度。恰恰相反，美国默许甚至鼓励企业通过各种形式的兼并、联合和垄断，大大提高生产集中度，提升规模经济。文化产业是美国的一个支柱产业，面对着欧洲和新兴金砖国家

---

① 刘杰：《美国经济中的垄断与反垄断（兼论经济过程中的公平与效益问题）》，《世界经济研究》1998年第5期，第50－51页。

的竞争。进入21世纪，美国的一个重要动向是鼓励文化企业跨国兼并、联合和垄断。美国第三次垄断高潮，并未因美国次贷经济危机而中止，美国文化产业在国内兼并和联合的同时，把触角已伸向世界各地，进行跨国兼并、重组或联合。美国文化产业跨国兼并、重组或联合的路径有二：一是吸引其他国家的资本、技术、人才到美国本土，与美国文化企业联合，由美国控股，实现扩大规模经济和垄断的目的；二是美国输出资本、技术和人力到其他国家与当地文化企业联合，由美国控股，实现规模经济和占领所在国（及其周边国家）文化市场的目的。

反垄断是自由资本向垄断资本过渡时代，局限于一国内部的产业规制博弈中提出来的。在经济全球化的今天，垄断已成为国际竞争的一个重要手段。美国如此，其他发达国家也不例外。发达国家的文化产业的反垄断规制，今后恐怕不会加强，反而会呈现调整缓和的趋势。

二、发展中国家文化产业反垄断规制的未来趋势

1. 未来趋势

我们认为，发展中国家文化产业反垄断规制将呈现逐渐强化，到一定时候则调整缓和的趋势。其中，计划经济向市场经济体制转轨的国家，将强化文化产业反行政垄断的规制，以创造文化企业公平竞争的环境，而后则逐渐调整缓和反经济垄断规制，鼓励文化企业兼并、重组和联合，以实现规模经济和增强文化产业国际竞争力。

2. 基本论据

之所以做出上述判断，基于以下三个方面的理由：

其一，以中国为例：中国虽然已是全球第二大经济体，但从人均 GDP 全球排名、经济结构、高新科技水平、城市化率以及经济内源性发展支撑力诸方面综合分析，还是一个发展中的大国，远未达

到发达国家的现代化水平。中国现代意义上的文化产业自20世纪30年代起步之后，由于战乱的影响，其发展水平远远落后于发达国家。中国改革开放以来，开始重视文化产业，采取一系列政策推动文化产业发展。但是，文化产业毕竟起步迟，路程短，整体水平不高。中国文化产业当前存在的主要问题是其增加值占GDP的比重不够大，生产集中度不够高，集团化程度不够高，科技装备水平差，创新创意能力差，国际竞争力弱。究其原因，恐怕主要是传统计划经济时期文化体制遗留的问题即文化的行政垄断造成的。从一定意义上来讲，中国文化体制的改革就是以打破文化生产单位行政垄断为重头戏的规制变革。这一变革，已经有所突破，但远未完成。文化行政垄断的惯性，依然顽固、强势，严重阻碍着文化企业的市场公平竞争，阻碍文化产业快速健康发展。在这种情况下，文化体制的深层改革，必然是强化反行政垄断的规制，而代之为建立现代文化产业体系和市场经济公平竞争规制。

其二，仍以中国为例：中国文化产业要想做大做强，除建立起公平竞争的市场体制外，还需大力推进生产集中度，鼓励各种形式的文化企业兼并、重组和联合，打造文化企业航母，下气力实现规模经济效益。可能有人会问，在这个过程中，会不会出现经济垄断。我们说，这种可能性不大。这是因为，中国文化产业分布广、摊子大，碎片化严重，且条块分割、行政支配的惯性很大。即使文化企业有经济垄断之心，也无经济垄断的条件，更无经济垄断的实力。可见，担心文化体制改革之后，打破了行政垄断，在市场竞争中会出现经济垄断，是没有实际依据的（当然理论上自由竞争有可能导致垄断的形成）。因此，政府的规制目标，除防止经济垄断外，重点是推动文化企业的兼并、重组和联合，做大做强企业，而不是重点反经济垄断。强化反行政垄断、逐渐调整缓和经济反垄断规制是政府的正确选择。借鉴发达国家走过的道路，中国文化产业发展过程中，还应当引进来走出去，推动文化企业跨国兼并和联合，以提高文化产业在国际上的竞争力。

其三，从20世纪末经济全球化形成以来的几十年间，以金砖国家为代表的新的经济体经历了经济高速增长时期，将先后进入经济增长放缓、产业结构调整升级时期。这些国家转变经济增长方式、调整经济结构的重要路径是大力发展第三产业，当然也包括文化产业。然而，这些国家文化产业的基础，总体来讲，生产集中度不高，规模经济效益低，在国际文化市场中竞争力弱。为了改变文化产业的被动局面，恐怕将采取引导文化产业走兼并、重组和联合乃至跨界、跨国联合的产业引导、扶持政策。在这样一个产业政策的实施中，所谓反垄断不会引起重视。与上述产业引导政策相协调，预计将逐渐调整缓和文化产业反垄断规制，除此之外别无选择。其他的发展中国家，经历了爆发于美国的世界经济危机的冲击，许多国家认识到自己的经济结构、产业结构脆弱的一面，为寻求经济复苏和提升抗冲击的能力，也会把发展包括文化产业在内的第三产业作为出路之一。他们实无反垄断的必要，因为他们的第三产业特别是文化产业不可能形成垄断。

三、国际新闻传播中的反垄断问题

传媒企业承载着新闻传播的重任。多少年来，在国际新闻传播领域存在着垄断与反垄断的国际较量。以美国为首的西方少数强国，目前依然凭借少数传媒大企业的国际垄断地位，掌控着国际新闻传播中主导的话语权，左右着世界舆论。这种不正常的状态必须改变。中国文化产业未来的发展，战略规制的目标之一，是要下决心打造世界级的传媒大企业，争取更多的国际新闻传播的话语权，打破以美国为首的西方强国在国际新闻传播中的霸权地位。

2003年5月，伊拉克战争爆发，成为全球瞩目的焦点。对这场战争的报道，是窥视美国为首的西方强国垄断国际新闻传播、控制世界舆论的典型案例。

为了控制世界舆论，美国为首的西方强国派出了强大的传媒力量对伊拉克战争进行报道。美国几大广播电视网 CNN、CBS、NBC、ABC 共派出了 500 多名记者和工作人员，英国的 BBC、路透社派出了 340 多名记者和工作人员，日本派出了 50 多名记者。阿拉伯和其他国家派出的记者和工作人员的总和只有 200 多人。美、英、日三个国家 900 多人的报道队伍，占据了有力的报道地点。其他国家的记者，大多局限于战事周边地区，进行表面的报道。

在伊拉克战争报道中，美、英媒体使用了最先进的采访、传输技术，调动了美军黑鹰直升机，任何地方都能发稿，"全天候"转播战场实况。中国、阿拉伯国家的媒体只能通过临时租用的卫星线路或合作媒体的线路进行图像传输，传输时间、次数和图像质量均不尽如人意。

美国政府和军方对伊拉克战争报道施加了管制，要求记者"嵌入式"采访，但允许进入现场的外国记者名额非常有限。所以许多媒体对战争的报道内容都是美国记者报道内容的"二手货"，美国控制了这场战争的世界舆论①。

总之，美国凭借强大的媒体实力、先进传输技术和新闻管制手段，垄断、控制、主导了伊拉克战争的新闻传播和世界舆论。不仅是这场战争的报道，在世界各地发生的重大事件和热点问题上，都能找到美国媒体垄断新闻传播和操控舆论的影子。更有甚者，美国还利用其媒体的垄断地位，宣扬他们的制度和价值观，公然干涉他国内政，推动所谓"颜色革命"，颠覆他国政权。

---

①　袁雷：《国际新闻传播的垄断与反垄断》，《新闻记者》2009 年第 11 期，第 30 – 31 页。

传媒舆论生态是文化生态的重视组成部分。媒体舆论对一个国家的发展、稳定和安全极为重要。发展文化产业，第一位的是发展传媒产业。因传媒对一个国家政治、经济、文化、社会发展有着直接重要的作用，同时传媒对一个国家的国际关系和国家利益也有直接的影响。在美国为首的西方强国一定时期内国际新闻传播能力依然强势的背景下，处于劣势或守势的广大发展中国家，必须树立起国际新闻传播反垄断的强烈意识与自觉，以维护世界舆论话语权的公平正义。依靠本国媒体的发展和实力的强大争取国际舆论话语权，唯此才能打破以美国为首的西方强国的垄断。

中国在大力发展文化产业的进程中，要把实现世界媒体强国之梦作为一个战略规制目标，通过媒体企业的战略性兼并、整合、重组和联合，走集团化、规模经济的道路，着力打造世界级的国际传媒“航母”。

第四十六章　知识产权规制

在文化产业政府规制中讨论知识产权问题，是基于把知识产权当作与文化产业关系极为密切的一项政府规制的判断。文化产业涉及大量的知识产权问题。

第一节　知识产权与文化产业

知识产权，是指自然人、法人或者其他组织对其智慧创作物依法享有的专有权利①。智慧创作物是人们在公共物品上添加智力劳动后所取得的私人产品，这种私人产品依版权法、专利法、商标法或其他法律法规产生的权利，就是知识产权。

一、文化产业知识产权的意义

知识产权对于文化产业发展具有重要意义，这是因为：

第一，文化产业是以创意为核心的产业，其产品当中许多与创意有关，属于添加智力劳动后所取得的智慧创作物。虽然每个产业当中都有智慧创作物产品，但在文化产业中智慧创作物产品的比重及其在一定时间内产出的密集度，要比第一、第二和第三产

---

① 世界知识产权组织（WIPO）将知识产权定义为：Intellectual property is that persons have the exclusive rights over the creations of their mind by law.

业中的其他行业高得多。文化产业与其他产业或行业相比，涉及知识产权的现象比较普遍。在文化产业发达的国家中，文化产业知识产权已经成为有价商品，专门从事文化产业创意知识产权生产已经成为一个相对独立的行业，创意知识产权交易已经成为文化市场的常态。

第二，文化艺术品的现代工业复制标志着文化产业的诞生，复制为文化产业的重要特征。这就必然发生复制者与原创者之间深刻的经济利益。我们知道，创意表达为文化产业的核心竞争力，缺乏创意不可能有发达的文化产业。这就是说，复制和创意对于做大做强文化产业都是极为重要的。知识产权制度，对于明确原创者与复制者的权利关系，对于维护原创者的经济利益，对于推动文化产业智慧创作物转化为工业复制生产，是不可或缺的。知识产权制度关乎文化市场的秩序，关乎工业复制规模生产，关乎做大做强文化产业。

第三，知识产权规制与其他类型规制有所不同，表现为单向度的产权保护，即在任何经济形势和文化产业运行状态下都必须保护知识产权。这与其他一些规制，可依经济形势、市场（失灵程度）变化，加强、缓和或取消规制，完全不同。知识产权规制的这种单向度，要求各国或地区的政府，不能因国情、制度、条件的不同而有例外，大家都应当对文化产业知识产权进行保护。但是在文化经济实际生活中，存在一些国家与地区的政府对侵犯知识产权不闻不问乃至纵容的状态，因而文化产业知识产权规制又是多个规制主体相互博弈的产物。就规制形成机制而言，文化产业知识产权规制同其他类型的规制一样，没有多大区别。

第四，需说明的是，知识产权规制不单单是针对文化产业的，整个社会生产乃至社会经济领域都存在知识产权问题。应当说，知识产权制度是文化产业的重要外部环境。各国文化产业实践和知识产权规制实践证明，凡是重视知识产权规制的国家，文化产业成长就比较迅速；相反，凡是不重视知识产权规制的国家，文化产业成长就比较缓慢。

一言以蔽之，文化产业知识产权规制对于文化产业的崛起和永续发展具有特殊重要的作用。对那些专事文化产业创意知识产权生产的独立行业或企业而言，知识产权是其生命线。这种行业或企业的发展水平或规模，则标志着文化产业发展的整体水平。

二、涉及文化产业的知识产权基本概念

1. 文化产业知识产权客体及其特点

知识产权的客体，是指人们智慧创作物的成果。根据《建立世界知识产权组织公约》《知识产权协定》和《巴黎公约》等国际公约协定对知识产权客体的规定，文化产业中的知识产权客体如下：

文学、艺术作品；

图书、报纸、期刊、影像、音像制品；

艺术表演、广播、电视节目；

工业品、建筑外观设计；

文化产业产品商标、服务标记以及商号和标记；

文化产业产品中的集成电路布图设计；

文化产业产品或服务专利；

文化产业商业秘密；

文化产业数据库；

文化产业其他知识产权载体。

文化产业知识产权的客体，不是自然生长的，也不是人们简单劳动的成果，而是人类脑力创意思维复杂劳动的结晶。

文化产业知识产权客体一旦面世，就不仅仅局限于创意者自身享用，而是为其他人所共享。这里讲的其他共享者，不仅包括创意

产品的最终消费者进行精神消费，还包括复制生产者将其作为原体进行复制生产，或者创意生产者将其作为创意元素进行再创意。

2. 文化产业知识产权内容及其宗旨

文化产业知识产权客体的上述特点决定了文化产业知识产权的内容，即文化产业知识产权所有人依法享有自己实施或者许可他人实施其受法律保护的创意产品（智慧创作物）的权力，又具有依法享有禁止他人未经许可擅自实施其受法律保护的创意产品（智慧创作物）的权力。

具体来讲，文化产业知识产权包含文化产业知识产权所有人的人身权和财产权，法律规定人身权不能转让，财产权可以转让。但是，各国对知识产权所有人（知识产权主体）的规定是不同的。知识产权人身权归知识产权原始主体。

文化产业知识产权规制的宗旨：一是通过知识产权保护，禁止抄袭、剽窃、盗版、仿制、复制他人的创意产品（智慧创作物），支持鼓励文化产业创意，提升文化产业核心竞争力；二是通过知识产权有偿转让，扩大文化产品的供给，发展繁荣文化。

3. 文化产业知识产权特性及其性质

文化产业知识产权特性从属于知识产权总体特性，主要表现为以下四个方面：

第一，知识产权由法律即法定程序产生。一方面，文化产业的任何一项创意产品（智慧创作物）能否产生知识产权，必须依据相关法律，没有法律规定的或者法律规定不能取得知识产权的智慧创作物，不能产生相应的权力；另一方面，一项创意产品（智慧创作物）法律规定可以取得知识产权，必须依照法律规定的程序申请获得知识产权，办理有关手续后才可取得相应权利。可以取得知识产权，但未办理法定手续的创意产品（智慧创作物）不具有相应权利。两项或多项相同的可以取得知识产权的创意产品（智慧创作物），谁先办理知识产权法定手续，谁就产生了相应权利。其他相同的创意产品（智慧创作物），虽然确为独立的智慧劳动的产品，但不会再取得这个权利。

第二，知识产权是独有的。除法律另有规定外，未经知识产权所有人许可，任何人不得擅自实施其知识产权。知识产权归知识产权主体独有，具有排他性。这种排他性是针对其他任何人的。如上所述，文化产业创意产品（智慧创作物）可能同时被两个或多个独立主体创作出来，事实上同时被两个或多个主体支配，但法律规定只能由其中一个主体享有知识产权，确保一个主体的独占地位。谁先办理有关法律手续，知识产权就归谁所有。

第三，知识产权空间效力有限。依据一个国家或地区的相关法律取得的知识产权，仅限于该国或地区。如果某国或地区的知识产权所有者欲取得在他国或地区的知识产权，应当依据本国或地区与国际知识产权组织的协定，或与其他多边或单边的协定（公约）的规定。

第四，知识产权保护期有限。知识产权保护法律规定是有期限的。任何一项知识产权超过了法律规定的保护期，就进入公有，归人们共享。各国对知识产权保护期的规定不同：一是对不同的智慧创作物的知识产权保护期不同；二是不同的时代（时期）中对同一类智慧创作物的知识产权保护期不同；三是对同一类智慧创作物各国的知识产权保护期可能不同。有的国家规定，知识产权保护到期后，可以续展，且续展次数不限。

知识产权的性质有二：其一，从法理讲，知识产权是一种民事权力，并由民法所确认；其二，按照《知识产权协定》的规定，知识产权是私权。正因为将知识产权定性为私权，这为解决与国际贸易有关的知识产权保护奠定了共同基础。

三、知识产权制度及其演化

1. 知识产权制度

自古以来，人类创造出难以计数的智慧创作物。用法律法规对知识产权予以保护的制度，则是工业革命之后现代市场经济体制、国际经济与文化贸易、文化产业兴起共同推动下，逐渐成熟起来的。所谓知识产权制度，是指国家制定或认可的，调整智慧创作物产生的各种社会关系的法律规范的总和。通常来讲，因智慧创作物归属、知识产权取得、知识产权归属、知识产权保护、知识产权转让、知识产权利用所产生的社会关系，要依据知识产权制度来调整。知识产权制度作为社会一个领域的法律规范的总和，是由一系列法律构成的法律体系。在知识产权制度成长的过程中，从世界范围看具有里程碑意义的代表性法律如下：

1624 年英国的《垄断法规》，为现代专利制度的开端；

1710 年英国的《安娜法令》，系世界上第一部版权法；

1857 年法国的《关于使用原则和不审查原则为内容的制造标记和商标的法律》，为第一部较为成熟的商标法；

1865 年德国巴伐利亚的《保护文学艺术作者权法》。

2. 知识产权国际制度

知识产权国际制度，是指通过国际条约或国际组织机构协调国家（地区）之间知识产权制度，促进缔约国（地区）在知识产权领域合作的国际（法律）制度。知识产权国际制度，因各国的知识产权国内制度的差异、各国知识经济和文化产业发展阶段的差异、各国国家利益的着力点的差异，实质上是各缔约国相互博弈的产物。知识产权国际制度经历了逐步建设和发展的过程，其中代表性的制度或机制如下：

1883 年 11 个国家缔结《巴黎公约》，标志着知识产权国际制度的开端，是第一个知识产权国际公约，规定了缔约国的国民待遇、优先权原则、共同规则等权利和义务；

1886 年 10 个国家缔结《伯尔尼公约》，后经 100 多年的不断修改，目前已有 150 多个国家或地区参与，成为国际版权最重要的法律文件，该公约对缔约国的国民待遇、自动保护、版权独立原则，对作品起源国、受保护作品、不受保护作品、受保护人、受保护的精神权利和经济权利，以及权利限制与保护期限等做出了规定；

1891 年缔结《商标国际注册马德里协定》；

1961 年缔结《保护表演者、唱片制作者和广播组织罗马公约》；

1970 年缔结《专利合作条约》；

1994 年缔结、1995 年开始实施《知识产权协定》。该协定为系统的国际知识产权法典性文件。该协定将知识产权与国际贸易相连，在经济全球化时代推动许多国家把知识产权上升为国家发展战略，不仅促进了全球文化产业发展升级，而且激励了各国知识经济创新。

3. 中国知识产权制度

中国知识产权制度肇端于清朝末年。1898 年的《振兴工艺给奖章程》、1904 年的《商标注册试办章程》、1910 年的《大清著作权律》，标志着知识产权法三大支柱基本搭建完毕①。民国时期对上述法律进行过修改补充。

中华人民共和国成立后，在实行计划经济体制的背景下，知识产权领域有些文件规定，但总体来说没有得到充分重视。

中国改革开放以后，在以建立市场经济体制为目标的经济发展新时期中，加快了知识产权制度建设。1982 年出台《中华人民共和国商标法》，1984 年出台《中华人民共和国专利法》，1990 年出台

---

① 曹新明主编《知识产权法学（第二版）》，中国人民大学出版社，2011，第 13 页。

《中华人民共和国著作权法》，1993年出台《中华人民共和国反不正当竞争法》。迄今，基本完成了知识产权领域的法律体系建设。上述法律根据中国市场经济体制改革的深化与扩大对外开放的需要，从中国实际出发不断修改完善，日益同知识产权国际制度接轨，有了很大的进步。

中国先后参加了《建立世界知识产权组织公约》《巴黎公约》《伯尔尼公约》《商标国际注册马德里协定》《世界版权公约》《专利合作条约》《罗马公约》《知识产权协定》等。

2014年12月，中国政府印发《深入实施国家知识产权战略行动计划（2014—2020年）》，提出了努力建设知识产权强国的目标，“万人发明专利拥有量”计划从2013年的4件提高到2020年的14件，达到欧美发达国家水平。此“战略行动计划”，标志着中国在建设知识产权强国的道路上迈出了重要的一步。

第二节　版权、商标与专利法

知识产权以产生知识产权智慧创作物所蕴含的智力投入量，可划分为创造性知识产权、标记性知识产权和经验性知识产权。所谓创造性知识产权，是指产生知识产权的智慧创作物蕴含充分的智力投入量，法律保护的重点在于创新（新发现）、创造和创意，此类知识产权有版权、专利权、实用新型权、外观设计权、邻接权或相关权、集成电路布图设计权、植物新品种权、软件权、技术秘密权等。所谓标记性知识产权，是指产生知识产权的智慧创作物蕴含一般的智力投入量，法律保护的重点在于其标示功能，此类知识产权有商标权、服务标记权、地理标志权、域名权、商号权或企业名称权等。所谓经验性知识产权，是指产生知识产权的智慧创作物蕴含并不十分充分的智力投入量，法律保护的重点在于直接影响经营者的市场竞争力，此类知识产权主要指商业（经营）秘密和制止不正当竞争①。

从以上知识产权的分类，不难看出与文化产业密切相关的知识产权，主要涉及版权、商标权与专利权。当然，保护商业秘密、制止不正当竞争与文化产业也极为密切，对此本书在经济规制章节中从另外的角度多有涉及，这里重点讨论版权法、商标法与专利法制度，这是文化产业知识产权的核心知识。

一、版权规制

版权（即著作权），是指自然人、法人或者其他组织对文学、艺术或科学作品依法享有的财产权和人身权利的总称②。

1. 版权客体

版权客体即版权定义中的作品，是指文学、艺术和科学领域中具有独创性并能以某种有形形式复制的智力成果③。版权作品须符合两个条件：一是属于版权法所规定的作品，版权法没有规定的不成其为版权作品；二是具有版权法所明确的独创性，不具有版权法确认独创性的不成其为版权作品。

版权作品如下：

一是文字、口述作品。文字作品，包括小说、诗词、散文、论文、专著、译著、工具书、盲文读物、统计报表以及其他用文字、数字、符号、表格等元素创作，且表达特定思想内容的作品。口述作品，包括即兴演说、授课、法庭辩论等口头语言创作，没有固定物质载体的作品。

---

① 曹新明主编《知识产权法学（第二版）》，第 9 – 10 页。

② 同上书，第 26 页。

③ 同上书，第 34 页。

二是美术、建筑设计艺术、工业设计艺术作品。美术作品，包括绘画、书法、雕塑等纯美术作品，以及陶瓷、木刻、雕花、家具设计、服装设计、染织图案设计、舞台美术设计等工艺美术作品。建筑设计艺术作品，包括各种建筑外形设计和内外装饰艺术设计等。工业设计艺术作品，主要包括工业产品整体外观造型、零部件的造型作品。

三是艺术表演作品，包括音乐、戏剧、戏曲、舞蹈、杂技等艺术作品。

四是摄影、影视作品。摄影作品，主要指照片。影视作品，包括电影、电视、录音、录像、音像芯片、激光视盘等作品。

五是图形、模型作品，包括工程设计图、产品设计图、地图、线路图、解剖图、示意图以及各种模型作品。

六是计算机程序与有关文档构成的软件作品。

2. 版权主体

版权主体，是指对版权作品依法享有版权的自然人、法人或其他组织。版权主体从不同角度可分为不同种类：其一，可分为原始主体与继受主体。所谓原始主体，是指版权作品创作完成之后依法享有版权的人，通常为作者，也可能是雇主或委托人。所谓继受主体，是指通过继承、受让、受赠依法从原始版权主体取得版权的人。继受主体是不完整的主体，因为法律规定版权包括人身权和财产权，人身权不能转让，继受主体只能获得财产权。其二，可分为完整主体与不完整主体。如上所述，只有获得人身权和财产权才算完整的版权主体，仅获其中一项则为不完整主体。在职务作品或委托作品中，有的作者仅获人身权、署名权，也为不完整版权主体。其三，可分为本国、外国与无国籍主体。版权是各国国内法产生的权利，只在国内起作用。外国人或无国籍的人能否在某国取得版权，要看版权主体所属国与该国是否都是WTO或《伯尼尔公约》成员国，或有双边多边的相关协定条约。欲取得他国版权，必须在他国首先出版，或者版权主体在所属国与他国首先同时出版。在他国“首先出版”，“首先同时出版”是取得他国版权的重要前提。

知识产权中的最重要概念之一是作者。作者，是指依法律或合同对作品享有署名权的自然人、法人或者其他组织。一般来说，作品的创作者为完成作品投入了智力劳动，作品的创作者即为作者，作者享有知识产权，为版权主体。但是，在特殊情况下，有些国家法律规定作者不一定是版权主体或享有完整版权。

下面讨论特殊情况下的版权主体问题。需说明的是，各国对特殊作品版权主体的规制存在差异。这里仅讨论各国通常的或主要的规制。具体规定应当查阅各国有关法律文本或判例。

一是职务作品权利主体。职务作品，是指为完成法人或组织交给的任务而创作的作品。通常职务作品版权由作者享有，但由交给任务的法人或组织使用，并规定一定时间内作者不得随意将作品交给其他法人或组织使用。有些职务作品，交给作者创作的法人或组织提供了财力、物力、技术或其他支持，作者仅享有署名权，其他权利归法人或组织。

二是委托作品权利主体。委托作品，是指接受他人委托而创作的作品。通常委托作品版权由委托人与受托人通过合同约定。委托作品中，合同没有明确约定或没有合同的，版权由受托人享有。

三是合作作品权利主体。合作作品，是指两个以上的人共同创作的作品。通常合作作品版权由合作者共同享有。合作作品有些是不可分割的，版权由合作者共同享有，通过协商行使。合作作品有些是可以分割的，合作者通过协调，按照承担创作的分工分别享有有关环节的版权，但合作者往往约定不得影响整体作品版权行使。

四是汇编作品权利主体。汇编作品，是指将若干作品、作品片段、数据或材料进行不构成对原作侵权的内容选择或者编排再创作的作品。没有进行再创作的，只能算作数据材料库，不成其为汇编作品，不产生版权。汇编作品版权由汇编人享有，汇编人在行使版权时，不得侵犯原作品的版权。

五是演绎作品权利主体。演绎作品，是指对已有作品改编、翻译、注释、整理等再创作的作品。演绎者对演绎作品享有版权，但不得损害原作品的版权。

六是演艺作品权利主体。演艺作品，是指电影、电视以及其他表演艺术作品。通常这类作品版权归制片人。但有的国家规定，这类作品原始版权归参加创作的每个人（编剧、导演、演员、作曲等）。也有的国家规定，这类作品版权归制片人，其他参加创作的每个环节的每个人享有署名权①。

3. 版权内容

版权规制的核心是版权内容。版权内容在技术革命的推动下不断扩张，经历了模拟版权、电子版权、网络版权三个内容扩展阶段。版权内容主要如下：

一是人身权，指作者基于作品所享有的各种无直接财产内容的权利。各国对版权人身权的规定是不同的。一般而言，永久性、不可分割性、不可剥夺性是人身权的特点。人身权包括作品发表权、署名权、修改权和保护作品完整性四项具体权利，其中保护作品完整权多指禁止他人对作品进行歪曲、增删、篡改，改变作品内容与形式的完整，以维护作品原貌的权利。

二是财产权，指版权主体自己使用或授权他人使用作品而获得的经济权利。版权财产权可以转让、继承或者放弃，且受地域、时间的限制。财产权包括作品的复制权、表演权、展览权、广播权、发行权、改编权、翻译权、汇编权、摄制权、出租权、放映权、传

① 曹新明主编《知识产权法学（第二版）》，第 51－53 页。

播权等具体权利。

三是保护期，指版权受法律保护的时限。各国对版权保护的具体内容及其时限存在差异。我国法律规定：作品的署名权、修改权、保护作品完整性权不受时间限制；作品的发表权、财产权在作者终生及其死后 50 年内受保护；版权主体为法人或组织的作品的发表权、财产权在首次发表 50 年内受保护。

此外，版权规制中还有一个与版权相邻接的相关权。相关权，指自然人、法人或组织对其在传播作品中的创造性成果依法享有的专门权利。相关权的具体内容如下：

一是出版者权，指出版者对其出版物（报刊、图书、音像制品、电子出版物）依法享有的权利，包括专有出版权、版式设计权、禁止作者一稿多投权、转载权、修改权等。

二是表演者权，指表演者对其表演依法享有的权利，包括表明表演者身份权、保护表演形象不受歪曲权、许可他人现场直播权与公开传送并获报酬权、许可他人录音录像并获报酬权、许可他人复制并获报酬权、许可他人通过媒介传播并获报酬权等。

三是音像制作者权，指音像制作者对其音像制作品依法享有的权利，包括复制权、二次使用唱片权、传播权、发行权、出租权、与作者多享收益权等。

四是广播组织权，指广播、电视、网络组织对其制作的广播、电视、网络节目依法享有的权利，包括许可或禁止他人复制权、重播权，有偿使用权等。

需要说明的是，版权与版权相关权同根于作品，相关权是传播作品中产生的权利，没有作品就没有相关权。但两者的主体不同，客体不同，内容不同，保护期也有差异。

4. 版权限制

任何权利都不是绝对的。权利和义务往往是联系在一起的。对权利的某些限制，是为了使权利享用的同时尽到一定的义务。版权限制，是指通过版权的适当限制，协调平衡作品的创作者、传播者和使用者的利益关系。版权限制，可保证公众使用作品，促进文化艺术发展繁荣，并防止因滥用版权而阻碍文化艺术发展繁荣。广义版权限制，包括权能限制、时间限制。实际生活中大量碰到的是权能限制问题。通常讲版权限制，即指权能限制。版权权能限制主要有以下内容：

一是合理使用，指在特定条件下，不必征得版权人许可并向其支付报酬，自然人、法人或组织自由使用他人版权作品的合法行为。版权合理使用要旨是“特定条件”限制。从各国判例法与成文法看，合理使用的特定条件涉及作品的性质、使用者使用的目的与性质、使用内容与数量、使用后对作品潜在市场价格的影响等。大体来说，为了介绍、评论、宣传、报道已发表的作品而使用作品，或为了教学、研究已发表的作品而使用作品，或公益性图书馆、纪念馆、博物馆、艺术馆、档案馆为了陈列或保存版本而复制使用本馆收藏作品，或不是为了盈利并指明作品作者并维护作者版权而使用作品等，均属于版权合理使用。

二是法定许可，指依法以特定方式使用已发表的作品，可不经版权人许可但向其支付使用费，且尊重版权人其他权利。法定许可对版权的限制，主要对象是已发表的作品。各国法定许可限制的领域范围是不一样的。

三是强制许可，指在特定条件下，由版权行政机关准予申请人使用他人已发表作品。比如，准予申请人将他人的音乐作品录制为唱片。强制许可（证）主要是为保证公众接触、使用作品，促进文化、艺术、科学的发展繁荣，作品使用者应向作者支付报酬。

5. 版权利用

版权利用，通常指财产权的利用，这为版权人依财产权取得报酬和为他人使用版权作品提供了双向对应的手段。版权利用，主要包括以下两种形式：

一是版权转让，指版权人将财产权全部或部分有偿转给他人所有。各国对版权转让法律规定不同，有的规定仅转让财产权，有的则规定连同版权人身权一并转让。版权转让一般要通过书面合同进行。

二是版权许可使用，指版权人授权他人对其版权作品有偿使用。这是版权财产权而不是人身权的许可使用，一般要通过书面合同进行。

二、商标规制

商标，指由文字、图形、数字、三维标记或颜色组合等要素构成的，使用在商品或服务上，以区别于另外的商品或服务的标记。

1. 商标的功能

商标具有多种功能，从商品生产者和消费者角度看也不一样。综合归纳大致有两大功能：

一是标示商品来源。商品与服务有好有劣，价格有高有低。通过商标告知人们商品或服务由哪家厂商生产。对于生产者来讲，可保护自己产品或服务的信誉。对消费者而言，可提示选择自己喜欢的、信得过的、适合自己支付能力的厂家生产的商品或服务。

二是市场竞争作用。商标作为一种标记在相当程度上发挥着广告、宣传、引导消费的功能，并且还起着凝聚商誉的作用。商标是商品市场份额竞争中不可或缺的手段。大家知道，品牌战略是商战中的重要手段之一，商标在品牌战略中具有不可替代的作用。

2. 商标权

商标权，是指商标注册人对其注册商标享有的专用权。商标权主体为商标注册人，保护对象是注册商标。商标注册人对注册商标享有使用权和禁止他人未经许可擅自使用的权利。商标权与财产所有权具有相同的法律属性，神圣不可侵犯。从法理上讲，商标专用权与商标权概念的外延不同，商标专用权只是商标权的一项基本权利，商标权外延更大，还包含禁止权、许可使用权、转让权、质押权等。

商标权与版权一样，是知识产权的重要组成部分。文化产业作为经营文化商品或服务的一个产业，涉及大量的商标权问题。从前面的讨论中，我们已知版权是自动取得的，商标权则要通过注册取得，即商标注册人依法向国家商标行政管理机关提出商标注册申请并经核准，方可取得商标权。注册取得商标权又称直接取得或原始取得。另外，还有一种继受取得形式，指自然人、法人或组织依法律或合同从其他人那里获得的商标权，这包含受让取得、承继取得等。

3. 商标注册原则

从世界各国商标规制看，商标注册的主要原则如下：

一是自愿注册原则。市场中的商品商标实际包括注册商标与未注册商标两种。只有经过在行政主管机关注册的商标，才能取得商标专用权，并受法律保护。未注册的商标不能产生商标专用权，也不受法律保护。一般地讲，对于商品（或服务）生产者来讲，其商品（或服务）的商标注册还是不注册是自愿的，这是国际惯例。但有的国家规定特殊商品（比如，烟草商品）必须使用注册商标才能进入市场。

二是单一申请原则。一般来说，一份商标注册申请针对一件商品。如果一份商标针对多件商品，则要提供相应的多件商品的分类表，按商品分类表进行注册申请。这就是单一申请。

三是先申请原则。在同一种或类似商品上谁先申请注册商标，初步审定并公告在先的商标，其商标权就归谁。申请在先以申请日为标准。在这个前提下，在同一天同一种或类似商品上，申请了相同或近似注册商标，申请人在收到商标局通知30日内提交申请注册“在先使用”该商标的证据。如都不能提供的，则须申请人自行协商，不愿协商或协商不成的，商标局主持由申请者抽签确定一个申请人取得商标专有权。

四是优先权原则。按照《巴黎公约》，各缔约国要相互给予对方国民申请商标的优先权，即申请人在某一成员国第一次提出商标注册申请的6个月内，又有相同或近似主题的申请商标注册的，则以第一次提出的申请日为优先权日。该原则适用于国际展览会上的商品或服务的商标。

4. 商标权利用

商标权属于财产权。商标注册人可利用自己的注册商标进行若干经营活动。有效充分利用注册商标，使其发挥盈利最大化，是商标注册人经营能力和水平的体现。

商标权利用手段大致如下：

一是转让，即商标注册人通过合同将注册商标有偿转让给他人。这是注册商标所有权的转移。转让的原则：其一为连同转让，即将注册商标商品生产的企业一并转让；其二为自由转让，即可将注册商标连同商标经营转让，也可分开转让。

二是使用许可，即商标注册人通过合同许可他人有偿使用其注册商标。这是注册商标使用权的转移，所有权不变。使用许可包括独占许可、独家许可、普通许可等形式。

三是质押，商标权可作为质权标的进行质押。质押须到政府有关行政机关履行有关手续。

四是投资，注册商标有价，可以用来投资。世界上许多著名企业家以注册商标财产权为基础进行企业兼并、重组。商标权的买卖俨然成为知识产权经营的一个领域。

5. 商标权限制

如同版权限制一样，为了协调平衡商标注册人与社会公众的关系，对商标权法律也给予一定限制。商标权限制，是指不必经商标注册人许可而使用其注册商标，且不构成侵权。具体来讲，商标权限制有以下内容形式：

一是合理使用，指善意地利用他人注册商标时对自己的商品或服务做叙述性使用，以说明自己商品特性等，不视为侵犯商标专用权。叙述性合理使用他人注册商标，首先必须是善意的，不能误导公众该使用由商标人发起或授权；其次，在比较广告中不得诋毁使用注册商标的商品或服务，成为恶性竞争的手段。

二是商标权用尽，是指商标权人对其使用了的注册商标的商品，不得对该商品主张商标专用权。这就是说，具有商标注册的商品第一次销售用尽，该商品的第二次销售、转售、消费者使用，不受商标专用权约束。

三是非商业性使用，指在新闻报道、商品或服务评论、学术研究等非商业盈利活动中使用他人的注册商标，不构成侵犯商标专用权。

6. 注册商标的期限、续展与终止

注册商标的有效保护期限各国有不同的规定，美国为20年，德国、法国为10年，中国为10年。注册商标有效期满前一定时间内，到商标行政管理机关办理手续，可以续展，延长保护期。商标权终止，是指通过商标权人自动申请注销、保护期满自然注销、商标权人死亡无人继承注销、因商标权人违法被商标行政管理机关处罚撤销等而终止注册商标效力①。

---

① 曹新明主编《知识产权法学（第二版）》，第99－168页。

三、专利规制

所谓专利，是指国家专利行政机关依法审定确认的发明创造①。专利权同版权、商标权一样，是知识产权的重要组成部分。1886 年美国专利局大楼落成，美国总统林肯题词："专利制度是为天才之火添加利益之油"，表达了专利制度的意义。文化产业作为以创意为核心的一个产业，涉及大量的发明、创新、外观设计等专利问题。专利保护规制，对于推动文化产业创意及其产品创新有着重要作用。

1. 专利保护客体

专利保护客体，又称可专利对象，是指依法可授予专利权的发明创造。各国对专利保护客体的规定范围不同。《知识产权协定》规定专利指发明。我国专利法规定的三种专利类型，包括发明、实用新型和外观设计。专利保护客体细分如下：

一是发明，包括产品发明、方法发明和改进发明。产品发明，是指人工制造的一切有形物品、材料以及具有新用途的产品的发明。方法发明，是指发明人所提供的技术解决方法，使其发生新的技术效果的发明。改进发明，是指对原有产品通过改进，使其产生新的用途，或对原有技术通过改进，使其发生新的技术效果的发明。

二是实用新型。实用新型，是指对产品的形状、构造或者其结合所提出的适于实用的新的技术方案。实用新型，可以是关于产品的技术方案或方法的技术方案，也可以是关于独立产品或产品的构成部件的技术方案。

---

① 本节中关于专利规制的概念、规定，主要参见 1985 年 4 月 1 日实施的《中华人民共和国专利法》及之后 1992 年 9 月 4 日、2000 年 8 月 25 日、2008 年 12 月 27 日该法的修正案。

三是外观设计。外观设计，是指产品的形状、图案或者其结合以及色彩与形状、图案的结合所做出的富有美感并适于工业应用的新设计。

我国专利法中规定了专利的排除对象，其中与文化产业专利相关的规定：一是违反国家法律、社会公德，妨害公共利益的发明创造，不受专利保护；二是智力活动规则和方法、平面印刷品的图案或色彩或二者结合主要起标识作用的设计等，不属于专利保护范围。

2. 专利权主体

专利权主体，是指依法享有专利权并承担相应义务的自然人、法人或其他组织。专利权主体涉及发明人或设计人、共同发明人或设计人、委托发明创造、职务发明创造以及合法继受人等专利权主体概念。

一是发明人或设计人。发明人或设计人享有依法申请并获得专利权的权利。发明人，是指对发明或实用新型的完成做出实质贡献的自然人。设计人，是指对外观设计的完成做出实质贡献的自然人。发明人或设计人在获得专利权时，有权在专利文件中注明自己是发明人或设计人。仅提出设想或指导性、启发性意见，仅从事组织、领导，仅提供某些物质条件利用或方便，仅做了一些辅助性工作，而没有构成发明创造实质贡献的，不能当作发明人或设计人。

二是共同发明人或设计人。两个或两个以上的人共同完成的发明创造为共同发明。为共同发明的完成做出实质贡献的人为共同发明人或设计人。共同发明专利申请权由共同发明人或设计人通过协议确认。有两种处理办法：一是共有；二是归一方，其他方免费试用。

三是委托发明创造。所谓委托发明创造，是指受托人接受委托完成的发明创造。委托发明的专利申请权，一般通过委托方与受托方在委托合同中做出约定。有三种处理办法：一是双方共有；二是归委托方；三是归受托方。如果双方对此没有明确约定，专利申请权应当归受托方。

3. 专利申请及其审查制度

专利权由专利申请人向国家专利行政部门提出专利申请，经专利行政部门依法规定程序审查，符合专利法规定的，方可取得专利权。专利申请的原则如下：

一是专利权必须以书面的形式申请。

二是同领域同样的发明创造国家只授予一项专利权，且授予最先申请的人。

三是一般来说，一份专利申请只能包含一项发明创造。但在同一主题发明构思中两个以上的发明，也可作为一项发明合案申请。

4. 专利权内容

专利权是一种垄断权，属于财产权范畴。专利权主体对专利产品享有独占的制造权、使用权、许诺销售权、销售权和进口权，另外还有使用标记权，且应尽缴纳专利维持费义务。

5. 专利限制

为了防止专利权滥用，法律对专利权做了某些限制。主要有：一是对专利权有时间限制。《中华人民共和国专利法》规定，发明专利权期限 20 年，实用新型和外观设计专利权 10 年；二是合理利用，即自然人、法人或者其他组织依法可以不经专利权人许可，不必向专利权人支付使用费，对发明创造专利进行使用，且不构成侵权。比如，先用权、科学研究、专利权穷竭、临时过渡均为合理使用，且不侵权。

第三节　知识产权规制实践

知识产权规制的实践，包括国际实践与各国国内实践两个方面。国际实践的进展主要是《知识产权协定》所表达的内容、基本原则及其贡献。各国国内实践情况各异，进展不同。

一、国际《知识产权协定》

伴随经济全球化和文化产业迅猛崛起，早先的《巴黎公约》《伯尼尔公约》《罗马公约》《专利合作条约》《商标国际注册马德里协定》等已不能满足国际贸易中知识产权保护及其矛盾纠纷处置的需要。1995 年 1 月 1 日开始施行的《知识产权协定》，是经过关贸总协定乌拉圭回合谈判形成的重要文件，为知识产权国际规制的重要实践成果。

1.《知识产权协定》的主要内容

《知识产权协定》的宗旨是减少对国际贸易的扭曲与阻碍；促进对知识产权在国际范围内更充分、更有效的保护；确保知识产权的实施及程序不对合法贸易构成壁垒。

《知识产权协定》共七个部分 73 条。

第一部分，一般规定和基本原则。

第二部分，关于知识产权的效力、范围及使用标准。

第三部分，知识产权的执法。

第四部分，知识产权的获得、维护及相关程序。

第五部分，争端的防止和解决。

第六部分，过渡安排。

第七部分，机构安排，最后条款。

2.《知识产权协定》所确认的原则

《知识产权协定》中的基本原则，包含重申确认以往的国际公约中已经形成的若干基本原则和新提出来的一些基本原则。主要如下：

第一，国民待遇原则。所谓知识产权保护国民待遇原则，是指知识产权协定一成员对其他成员在知识产权保护上其待遇不得低于对本国（地区）国民的待遇。1883 年 3 月 20 日签订的《巴黎公约》中规定：本联盟任何国家的国民，在保护工业产权方面，在本联盟所有其他国家内应享有各该国法律现在授予或今后可能授予各该国国民的各种利益；一切都不应损害本公约特别规定的权利。因此，他们应当和各该国国民享有同样的保护，对侵犯他们的权利享有同样的法律上的救济手段，但是他们遵守各该国国民规定的条件和手续为限。

第二，优先权原则。《知识产权协定》重申确认《巴黎公约》中的优先权原则。已在缔约国之一提出发明专利、实用新型和外观设计专利申请或商标注册申请的人或其权利继承人，从首次正式提出申请的日期（即为优先权日）起，就同一申请事项在其他缔约国提出同样申请时，在公约规定的期间内（发明和实用新型专利为 12 个月，外观设计和商标为 6 个月）享有优先权；在优先权期间，申请人在其他任何缔约国提出的申请，均以优先权为准。

第三，独立保护原则。所谓知识产权独立原则，是指某成员国民就同一智力成果在其他缔约国（或地区）所获得的法律保护是互相独立的。知识产权在某成员产生、被宣告无效或终止，并不必然导致该知识产权在其他成员也产生、被宣告无效或终止①。

第四，权利用尽原则。所谓知识产权权力用尽（权力穷竭、首次售卖）原则，是指经权利人或经其委托将其享有权利的专利产品，

① 施新华主编《国际商法》，西南财经大学出版社，2010，第 154 页。

或带有商标标识的商品，或其他受知识产权法律或相关的国际条约保护的智力劳动成果合法处分，如销售、转让以后，权利人就该产品（或其复制件）所享有的已被处分的权利即告穷竭①。

第五，最惠国待遇原则。所谓知识产权保护最惠国待遇原则，是指知识产权协定一成员提供给第三国的知识产权保护的优惠、特权或豁免，应立即、无条件地给予其他成员国的国民。《知识产权协定》同时规定了这个原则的例外：来自有关司法协助或法律实施的国际协定的优惠等；来自《伯尔尼公约》《罗马公约》的互惠性保护；《知识产权协定》未规定的表演者、录音制品制作者和传播媒体的权利；《知识产权协定》生效前已经有的优惠等；世界知识产权组织主持下订立的、有关取得或维持知识产权的多边协议中所规定的程序（这一条同样适用于国民待遇例外）。

第六，透明度原则。所谓国际知识产权保护的透明度原则，是指各成员颁布实施的知识产权保护法律、法规以及普遍适用的终审司法判决和终局行政裁决，均应以该国文字颁布或以其他方式使各成员政府及权利人知悉②。

第七，司法终审原则。所谓知识产权司法终审原则，是指一切组织不能彻底解决的（知识产权）纠纷，均由法院通过审判的方式作为解决纠纷的最后手段。法院的裁判具有最高的权威性和法律效力③。

3.《知识产权协定》的贡献

第一，确认知识产权是私权，从而确立了知识产权为平等主体

---

① 李颖怡主编《知识产权法（第3版）》，中山大学出版社，2008，第327页。

② 施新华主编《国际商法》，第154页。

③ 杜鹏、马培培编《民事诉讼法与仲裁法学习小词典》，中国法制出版社，2005，第36页。

间的权利义务法律关系。

《知识产权协定》的序言中要求 WTO 成员方确认知识产权是私权。私权是神圣不可侵犯的，知识产权归属于作者、发明人或者其他智慧创作物的创作者。知识产权保护，不能因知识产权主体是本国人或者外国人而有所不同，不能因知识产权客体是在国内或者国外完成而有所不同。国家公权力不应对知识产权做不恰当的干预。知识产权不能像税收或进出口配额那样，由国家公权力进行调节。

第二，将知识产权保护与国际贸易相连接，构建了完整的国际知识产权保护规制体系。

我们知道，《货物贸易协定》《服务贸易协定》《知识产权协定》共同构成了世界贸易组织的三大支柱。在《知识产权协定》签署前，国际上已经缔结了二十多个知识产权保护条约，但这些条约只是从缔约时的条件出发，涉及知识产权某一方面的内容。《知识产权协定》签订的背景：一是世界经济步入全球化时代，国际经济贸易包括文化贸易的规模空前扩大；二是伴随文化产业在一些国家崛起，文化产业寻求国外市场的冲动大增，知识产权侵权现象也大增。为了建立国际贸易的良好秩序，世界贸易组织认识到必须完善世界贸易相关的协议，于是文化产业发达国家率先提出国际知识产权保护规制体系建设问题。经过关贸总协定乌拉圭回合谈判，最终形成了《知识产权协定》，使知识产权规制更加综合、完整且体系化，从而解决了之前的涉及知识产权保护条约不能解决的一些贸易纠纷摩擦问题。有人称《知识产权协定》为国际知识产权法典，不无道理。

第三，《知识产权协定》向世界发出重要信号，引发各国将知识产权列入国家发展战略规制。

20 世纪末《知识产权协定》签署的时候，世界各国的发展已经离不开经济全球化，文化产业的产品已经成为发达国家对外贸易的强势领域，尤以美国为甚。其他发达国家，如英国、法国、德国、日本、澳大利亚等，加上印度、中国、韩国、俄罗斯、巴西等经济上升中的国家，他们也想抢占国际文化市场中的份额，不满意美国独大的状态；同时，这些国家认识到自己国家的传统文化也可以滋养文化产业，产出若干具有自主知识产权的民族文化产品，不满意甚至担心美国的所谓当代文化艺术产品涌入，充斥国内文化市场。《知识产权协定》向世界发出了强烈且重要的信号，引发各国将知识产权列入国家发展战略，从而使人类知识产权规制水平迈上了新台阶。这对构建世界贸易良好秩序与各国文化产业发展而言，都是正能量的。

二、知识产权与不正当竞争

知识产权规制大量的实践工作表现为两个方面：第一个方面，组织管理知识产权申请，使应获得知识产权的取得相应权利，并受到应有保护；第二个方面，对侵犯知识产权的行为进行处理，使侵权行为受到应有惩罚，维护相关社会秩序。我国知识产权规制，在上述第一个方面已经取得了很多成绩，但在第二个方面还比较薄弱。2014 年有的省市专门成立了知识产权法院，意在加强对侵犯知识产权行为的审判，以此为标志，彰显了我国知识产权规制体制、机制与治理的巨大进步。

我们知道，实际生活中，知识产权侵权与不正当竞争有着非常直接或密切的关系。所谓不正当竞争，是指经营者（从事商品经营或营利性服务的法人、其他经济组织和个人）违反《中华人民共和国反不正当竞争法》规定，损害其他经营者的合法权益，扰乱社会经济秩序的行为。不正当竞争的手段五花八门，其中侵犯知识产权是重要手段之一。因此，研究知识产权规制，不能不讨论与知识产权有关的不正当竞争行为，以及对这类行为的处置。

1. 与知识产权有关的不正当竞争行为

《中华人民共和国反不正当竞争法》中规定的与知识产权有关的不正当竞争行为主要如下：

一是商业假冒行为，包括假冒他人的注册商标；擅自使用知名商品特有的名称、包装、装潢，或者使用与知名商品近似的名称、包装、装潢，造成和他人的知名商品相混淆，使购买者误认为是该知名商品；擅自使用他人的企业名称或者姓名，引人误认为是他人的商品；在商品上伪造或者冒用认证标志、名优标志等质量标志，伪造产地，对商品质量做引人误解的虚假表示。

二是虚假宣传行为，即利用广告或者其他方法，对商品的质量、制作成分、性能、用途、生产者、有效期限、产地等做引人误解的虚假宣传。虚假宣传的媒介主要是报刊、广播、电视、广告牌、宣传栏，以及商品信息发布会、商品展销会、产品说明书等。

三是商业诽谤行为，即捏造、散布虚伪事实，损害竞争对手的商业信誉、商品声誉。

2. 对不正当竞争行为的处罚

《中华人民共和国反不正当竞争法》规定，对商业假冒行为、虚假宣传行为、商业诽谤行为一经取证查实，视情节可给予责令停止违法行为、没收违法所得、罚款、吊销营业执照等行政处罚；给被侵害者造成损失的，还应给予赔偿；上述行为构成犯罪的，可处以有期徒刑或拘役，并处或者单处罚金。

综观我国文化产业规制中涉及知识产权的领域，当前主要是解决有法不依、执法不严的问题。伴随知识经济向更高层次发展，文化产业在信息、数字、技术领域的知识产权问题必将浮出水面，这方面恐怕还将面临无法可依的问题，加强相关立法不可避免。这是文化产业知识产权规制总的发展趋势。

三、中国建设知识产权强国的规制实践

如前所述，知识产权已上升为国家战略层面。2014 年 12 月 29 日，中国国家知识产权局在北京公布了国务院印发的《深入实施国家知识产权战略行动计划（2014—2020 年）》，标志着中国向建设知识产权强国迈出了重要的一步。

1. 知识产权规制的目标

《深入实施国家知识产权战略行动计划（2014—2020 年）》首次明确提出了“努力建设知识产权强国”的目标，并规定了具体目标，主要有：“万人发明专利拥有量”到 2020 年预期目标为 14 件，达到欧美发达国家水平；知识产权质押融资年度金额预期目标达到 1 800 亿元；逐步完善知识产权事业，与国际接轨。

2. 建设知识产权强国的思路措施

当前，我国知识产权的运用效益还不够高，知识产权密集型产业对 GDP 的贡献只有 27% 左右，远低于发达国家水平。建设知识产权强国主要是抓知识产权运用和保护两大关键。抓知识产权运用，必须大力推动知识产权密集型产业的发展（当然包括了文化产业的发展，文化产业是知识产权密集型产业之一）。大家知道，知识产权关乎国家创新驱动发展战略的两个问题：一是创新原动力；二是创新成果转化的中介。不管是政府驱动的创新，还是市场驱动的创新，都离不开知识产权。运用好知识产权可以激励创新，保护好知识产权就是保护创新。知识产权一头连着创新，一头连着市场，是创新和市场之间的桥梁。国家知识产权战略与创新驱动发展战略，是车之两轮，鸟之两翼，缺一不可。

3. 加强经济新常态下的知识产权保护

这年来，中国专利、商标等知识产权的申请量连续多年位居世界首位，成了名副其实的知识产权大国。

但中国知识产权工作也存在一些问题：一是知识产权创造水平还不够高，发明、专利的强项不多，还不能算是一个知识产权的强国；二是行政执法力量薄弱，司法保护跟不上，对侵犯知识产权的行为存在取证难、周期长、成本高、赔偿低、效果差的问题；三是知识产权运用和保护，从整体上同发达国家相比还有不小的差距，无论从制度、机制和效率上看，尚有很大的改革空间。

中国将在以下几个方面加强知识产权工作：一是在知识产权运用方面推动专利运营公共服务平台的建设，为专利收购托管、转移转化、质押融资等提供支撑；二是在知识产权保护方面发挥知识产权行政执法便捷、高效、成本低的优势，实现快速维权；三是推动知识产权法院建设，依法加强刑事处罚力度，提高侵权赔偿金额，发挥好司法保护主导作用①。

可以预期，伴随《深入实施国家知识产权战略行动计划(2014—2020年)》的推进，中国建设知识产权强国的目标一定能够实现，在这一战略行动计划的助推下，我国文化产业发展水平必将迈上新的台阶。

---

① 袁于飞：《怎样建设知识产权强国》，《光明日报》2014年12月30日第12版。

第四十七章　政府规制博弈

文化产业政府规制迄今存在着三大方面的博弈：一是各国政府与本国文化企业、消费者围绕规制的博弈；二是世界文化经济竞争引起的各国间规制变革的博弈；三是文化产业竞争所反映出来的不同民族国家文化内容规制的博弈。这三大博弈相互交织构成了一幅复杂多变、魅力无穷的画卷，吸引着文化经济学家去探索其中的奥秘。

第一节　博弈的变迁

J. 布拉德福特·德龙认为，现代市场经济只有在它是混合经济的时候才能取得成功。没有市场，没有民间工商企业，政府就不能兑现它对公民所做的创造和维护繁荣的承诺。同样，如果没有政府适当的规制作用和监督作用，市场和工商业就不能良性运转①。现代经济不是政府的独舞，也不是市场的独舞，而是政府与市场的双人舞。它们端正各自的舞姿，把握好用力的方向与边界，相互协调配合，才能演出成功。随着经济全球化的到来，知识经济在产业结构中比重逐渐大起来的时候，现代经济的舞台也大了，不再局限于

① ［美］J. 布拉德福特·德龙：《政府与工商业的双人舞》，转引自《比较》第 1 辑，中信出版社，2002，第 121 页。

一国，而是多国或整个世界了。

在现代世界经济舞台上，政府发生了变化，市场也发生了变化，一国国内政府与市场的双人舞，被国际多国政府与多国市场的集体舞取代了。此时，产业规制从一国政府与企业（市场）、消费者的博弈，扩大为多国政府产业规制之间的博弈，作为文化产业规制则从一国政府与文化企业（市场）、消费者的博弈，扩大为多国政府文化产业规制之间的博弈。

一、文化产业诞生以来政府与文化企业和消费者的博弈

丹尼尔·F. 史普博将规制看作政府规制机构与企业和消费者相互讨价还价的博弈过程。他认为，规制是由行政机构制定并执行的直接干预市场配置机制，或间接改变企业和消费者的供需决策的一般规则或特殊行为；规制的过程是由被规制市场中的消费者和企业、消费者偏好和企业技术、可利用的战略以及规则组合来界定的一种博弈[①]。王俊豪认为，政府规制“是具有法律地位的、相对独立的政府规制者（机构），依照一定的法规对被规制者（主要是企业）所采取的一系列行政管理与监督行为”。[②] 张红凤认为：“规制在西方国家由来已久，迄今经历了规制、放松规制以及再规制与放松规制并存的变迁过程。”张红凤对产业规制变迁所做的研究结论是扎实的，亚洲金融危机和美国次贷危机引发的世界经济危机证明了她对规制走势的预见：“西方国家放松规制的钟摆已经摆到终点，再规制和放松规制并存将继续下去。”[③] 文化产业规制大致也是上述变迁过

① ［美］丹尼尔·F. 史普博：《管制与市场》，余晖等译，格致出版社、上海三联书店、上海人民出版社，1999，第 2、45、47 页。

② 王俊豪：《政府管制经济学导论》，商务印书馆，2001，第 1 页。

③ 张红凤：《西方规制经济学的变迁》，经济科学出版社，2005，第 9、11 页。

程，目前和今后一个时期恐怕也将呈现再规制与缓和规制并存的态势。

政府与文化企业、消费者的博弈，导致了不同时期规制着眼点或重点的变化，呈现着规制的变迁。

1. 公共利益规制理论和利益集团理论所映射的博弈

现代文化产业诞生于工业革命中的文化艺术品的机械化复制，政府对文化产业的规制作为产业规制的一部分，它的变迁及其规制动因的博弈与产业规制是一致的。政府对产业规制碰到的第一个问题是“为什么要规制”的博弈。公共利益规制理论最早试图回答解释这个问题。公共利益规制理论隐含着“市场脆弱，会出现失灵”“政府规制无成本，且有效”“政府慈善、能实现社会福利最大化”等假设。然而，规制实践使人们看到，“规制并不总是出现在市场失灵领域”，“政府规制有私利，可能代表利益集团，被利益集团俘获（寻租）”，“政府未必慈善、公允，存在黑箱幕后操作”。利益集团规制理论和俘获规制理论揭示了利益集团之间的博弈决定着规制。

2. 激励性规制理论和委托—代理规制理论所映射的博弈

20世纪70年代末80年代初，在西方世界掀起了声势浩大的放松规制浪潮。肇始原因之一是对“怎么样规制”的博弈，以及由此产生的激励性规制理论和委托—代理规制理论。这两个理论认识到：由于政府信息不对称，造成规制的不当；由于利益集团的存在，造成了规制者被俘获的可能；被规制企业缺乏有利于降低成本和社会效率的长期投资的激励；在政府与企业两层规制架构机制下，很容易导致企业夺取政府补贴的“棘轮效应”发生，缺乏如实披露经营信息的动力。于是，经济学家梯若尔等设计了包含一个委托人（政府）、一个监督人（执行机构）、企业三层的规制代理机制，以限制规制者的自由裁度权，强化对规制的制衡监督。在梯若尔看来，合谋的威胁，使得低激励的规制合约显得更有吸引力，更为合理。与公共利益规制理论相比较，梯若尔和合作者的研究完全重写了规制经济学，他的三层规制代理框架贴近实际，具有政策含义①。

二、世界文化经济竞争引起的文化产业政府规制博弈

经济全球化的到来，世界文化贸易的扩大，各国对文化市场份额的争夺，使得各国政府文化产业的规制中增添了若干国际因素的考量，从而表现为强化规制或规制的变革，且进一步表达为国家间文化产业政府规制变革的博弈。

1. 区域间比较竞争激励性规制理论所映射的博弈

区域间比较竞争激励性规制理论，是由哈佛大学经济学家安德烈·施莱弗提出来的。该理论的本意是解决激励一个国家不同地区间产业发展政府补贴的标准问题，所以又称标尺竞争规制理论。该理论认为，政府为降低产业平均运营成本，提高总体市场效率，可将产业按照区域进行分割，并根据不同的成本制定规制价格，同时给予企业一定的财政补贴，以激励产业内部的间接性竞争。文化产业中的一些行业，比如广播、电视、有线网络业等大都以行政区域划分，跨区经营的不多。运用标尺竞争规制理论进行规制，确实提高了广电总体绩效。也正因如此，当经济全球化下国际传媒竞争更加激烈的因素出现之后，世界上许多国家为了发展壮大本国传媒业，纷纷对本国一些（可以走出国门的）媒体采取财政补贴或减免税规制，并且扩大到文化产业的另外一些行业。把本来是激励国内区域竞争全局谋划的规制政策，异化为争夺竞争优势的各自为政的国际的规制博弈。

---

① 钟鸿钧：《梯若尔如何重定规制经济学》，《新华文摘》2014 年第 24 期，第 57 页。

2. 引入直接竞争压迫的激励性规制映射的博弈

引入直接竞争压迫是政府激励特定产业的主要规制形式。“自20世纪70年代以来，欧美等发达国家广泛地引入直接竞争压迫的激励性规制，并取得了举世瞩目的成效，也成为最具可行性的政府规制手段”。①所谓引入直接竞争压迫，其本意是打破国内一些产业或行业存在的垄断。在一些人看来，诸如广播、电视、报刊、网络等传媒产业，因其关系意识形态，应当保持国家垄断状态，并通过国家扶持来促其发展。但正是因为这些行业的垄断，影响了其效率，造成了资源的巨大浪费。当经济全球化来临，人们逐渐认识到引入竞争，才能真正从根本上提升这些行业的规模和市场竞争力。

恰在此时，出现了文化产业反垄断双重标准的悖论：一方面，西方强国在国内依然坚持文化产业的反垄断规制；另一方面，西方强国又默认甚至鼓励本国文化企业尤其是传媒企业进行跨国兼并、联合和垄断。坚持国内反垄断、寻求国际垄断，已经成为西方发达国家占支配地位的文化产业规制博弈的常态。

三、文化产业竞争所反映出来的文化内容规制的博弈

1. 早期文化产业产品内容规制的博弈

在文化产业出现端倪、精英文化艺术复制走近平民、民间通俗文化艺术进入都市或上流社会的时候，不同社会阶层包括学术界对此情此景就有了不同的声音，从而引起了博弈。有人认为，文化产业糟蹋了高雅的艺术，艺术变得俗气了。也有人认为，文化产业使艺术贴近了百姓，大众文化到来，是一次革命。这就是法兰克福学派和英国文化学派生活的年代关于阳春白雪（高雅）与下里巴人（通俗）文化艺术的争辩。那时由文化产业引起的文化内容的博弈，

① 吴曼芳：《媒介的政府规制》，中国电影出版社，2008，第71页。

主要根源是新旧艺术观念上的差异分歧，还不是主要由文化经济市场竞争引起的。后来，到了美国文化产业学派生活的年代，文化产业的成长已是不争的事实。在美国，文化与金融经济相融合，利润的追逐成了文化企业的目标，文化内容低俗的东西大量出现，消费者不满，政府开始关注文化产业产品内容问题，引起了文化消费者、政府规制机构、文化企业围绕文化内容规制的长期博弈。

2. 文化产业激烈竞争背景下的文化内容规制的博弈

当文化产业有所发展之后，文化经济竞争开始激烈，与此相伴，文化内容规制的博弈也开始激烈。比如，在美国，一些州政府规定，有些涉及低俗内容的电视节目不得在黄金时段播出，只允许在少年儿童入睡之后的深夜播出，这是家长向政府施压、政府与文化企业讨价还价妥协的结果。美国内华达戈壁腹地的拉斯维加斯，是一座集会议、展览、旅游、休假、艺术表演、博彩业于一身的文化产业聚集城市，博彩是其支柱行业，这样一个文化产业畸形的“赌城”，其整个成长过程，深刻而真实地反映了美国文化产业内容规制博弈的状态。迄今美国文化产业产品内容，依然存在不少色情、暴力、血腥、淫秽、低俗的东西，这是美国根深蒂固的经济自由放任主义和过度宣扬思想言论自由的后果之一。

文化经济国际竞争加剧，文化产业内容规制逐渐带有国际性特征。在欧洲，英国、法国、意大利面对美国文化产业强势，强调传统文化内容的继承。巴黎市政府规定在新的建筑物预算中，必须拿出一定的比例用于外观装饰，以保持传统特色。欧洲的一批学者提出了反对和抵制美国文化帝国主义入侵的口号。欧洲许多国家的政府在文化内容规制上，或多或少地采取了防范美国的政策，以保护本国文化市场。

美国为了抢占世界文化市场的份额，除强力打入欧洲之外，也瞄向了许多发展中国家。美国电影占领了许多发展中国家电影市场的绝大份额。美国凭借文化产业实力，在世界贸易谈判中强烈地坚持知识产权保护。知识产权保护无可厚非，但是窥视美国知识产权保护的动因，其实质是维护其世界文化市场“霸主”地位和既得利益。如前所述，美国极力宣扬美国文化是当代文化、主流文化，通过文化产业向发展中国家兜售美国的价值观，甚至推动“颜色革命”。广大发展中国家，为了维护本国文化传统和主流价值观，抵御美国“文化入侵”，加强了文化产业产品内容规制。中国等国家以攻为守，提出了文化走出去战略。这种文化内容渗透与反渗透的较量必将继续下去。

第二节　博弈复杂性

文化产业是一个特征复杂的新兴产业，从而决定了文化产业政府规制博弈具有比第一、第二和第三产业中建筑业、交通运输业、金融业等行业规制博弈更为复杂的特点。文化产业规制博弈的复杂性，主要源于三个方面的交织和日新月异的高新技术的应用。

一、三个交织引起的复杂性

以下三个交织，引起了文化产业规制博弈的复杂性。

1. 社会不同阶层日益增长的不同文化需求的交织

文化产业快速成长阶段，通常发生在一国进入中等收入水平时期。而一国踏入中等收入的时期，恰是人们的消费需求由传统的住房、汽车等物质消费向旅游、文化、教育、娱乐等文化消费转型、文化消费旺盛且多元的时期。社会不同阶层对文化消费领域的重点和文化内容的需求大不相同，引起的社会矛盾比较突出，导致了消费者、政府与文化产业规制博弈的复杂性。比如，这个时期，家庭普遍重视对子女的培养教育，而文化产业提供给青少年的电影、电视、读物的内容，有些可能不利于青少年的健康成长，公众就会要求政府强化对文化产业的相关规制。再比如，人们在满足了吃、穿、用、住等消费需求之后，大都会利用闲暇时间去旅游或娱乐，旅游或娱乐因人的收入水平、受教育的水平以及审美情趣不同，需求差异很大，此时文化产业提供的蕴含在旅游或娱乐中的文化内容，可能满足不了这一多元化的需要，也将引起消费者、政府与文化产业规制的博弈。再比如，中等收入时期人们对书画、陶瓷、工艺美术品的需求大增，但是在交易市场规制不完善的情况下，大家的交易在“地下”进行，偷漏税现象严重。另外，进入中等收入时期，文化产业规制博弈还会因为人们对公共文化（公益性文化）服务需求的扩大变得复杂。公益性文化服务通常由政府规划、财政向文化企业购买，无偿提供公众消费。文化企业承担公共文化服务项目的建设，利益空间不大。无论是政府指派还是招标，大都要经过讨价还价的博弈。总之，社会不同阶层多元化的文化需求的交织，再加上人们对扩大公共文化服务及其水平的要求，使得文化产业规制博弈更加复杂。这是一国国内文化需求的多元性、多样性导致的文化产业规制的复杂性。

2. 文化产业经济规制与文化内容规制的交织

文化产业不同于第一、第二和第三产业中的交通运输、建筑和金融等行业，交通运输、建筑和金融等行业的规制是经济规制，而文化产业规制是经济与文化内容的双重规制。双重规制交织在一起，增加了规制的复杂程度。比如，在欧美发达国家，政府主观上对文化产业主要进行经济性规制，对文化内容不过多干预，因此出现了不少假、恶、丑的内容，甚至发生媒体监听政治家社会名流通信的事件。文化企业作为企业的原动力是追逐利润。对文化企业而言，单纯追求经济效益与讲求社会效益，是一个始终存在的矛盾。政府作为公共服务组织，为了对社会文化生态负责，必须讲求文化内容的健康和社会效益，始终对文化产业产品内容实施严密的监督，而文化企业为了赚钱总是想方设法逃避政府对文化内容的规制。再比如，中国大力发展文化产业以来，出现了“以文化产业为名、行房地产之实”的假文化产业项目，大多是地方政府与企业合谋而为，而且不是个别现象。这类项目钻国家鼓励、扶持文化产业的空子，逃避的是经济规制。

3. 文化产业国内发展与国外竞争规制的交织

各国都在努力发展文化产业，同时文化产业又面对国际激烈的竞争。这种情况，使得文化产业碰到国内发展规制与国外竞争的新矛盾。如前所述，在美国，有完备的反垄断法律，面对国际竞争时，这些法律的执行都大打折扣，又默许垄断的存在。美国对文化产业规制的执行，实际上是国内、国际两种思路。美国在文化产业规制中的表现，对其他西方强国起到了示范作用，各发达国家也大多采取国内、国际两种反垄断规制对策。这样，必然使规制博弈更加复杂。

须强调指出，中国正从计划经济向市场经济体制转轨，文化产业尚不发达，文化体制在变革之中，面对国内大力发展文化产业和参与国际竞争的双重任务，文化产业规制的博弈相当复杂。近二十年来，中国政府对文化产业规制做了大量卓有成效的工作，但规制尚不完备，对已有的规制的执行也不尽如人意。比如，当人们认识到发展文化产业的战略意义和政府引导大力发展文化产业时，许多地方政府不顾资源人力条件，一哄而起，“大干快上”，盲目冒进；当人们认识到文化产业的一个特征是文化艺术的复制时，许多旅游景区重复搞了若干实景文艺演出项目，大多经济效益不佳；当人们认识到文化产业也可以搞通俗娱乐艺术时，一些只为赚钱的低俗的，甚至淫秽的东西出现了；当国家一再强调文化走出去时，许多文化企业创意贫乏，能力不足，拿不出可以走出去的作品。此外，文化产业侵犯知识产权的现象也比较严重等。

二、高新技术应用引起的复杂性

在物质生产力和文化生产力发展当中，科学技术的作用均表现为第一生产力。科技是文化产业发展的引擎。文化产业中创意与科技结合的衔技术的发展，使得文化产业规制博弈变得复杂起来。具体表现如下：

1. 衔技术引起的演艺产业价格规制博弈的复杂性

声、光、电等技术在文化产业演艺业的运用，丰富了艺术表演的形式，扩展了艺术表现的空间，增加了艺术烘托的气氛，更加吸引人们的视听感官，提高了艺术的感染力。但是，人们发现声、光、电等技术的应用，也同时带来了两个方面的负面影响：一是艺术经营者过分重视声、光、电等技术在艺术表演业中的作用，使舞台流于形式，忽略了艺术本身的创新和内容的打造。舞台上，场面宏大，声、光、电强烈刺激观众的感官，但使人们心灵震撼、精神升华的文化内容不多。二是声、光、电等技术的运用，使艺术表演业的生产成本大大增加，转嫁到观众身上就是高昂的票价。这样就产生了一种矛盾，声、光、电技术应用使艺术表演提高了一定的娱乐性，而热衷于这种娱乐性的大多为青少年和普通市民，这些人恰恰是尚无收入或收入不高的人，经营者为了降低成本，对声、光、电的运用往往是粗制滥造的。当然，也有一些追求豪华“恢宏”的作品，成本巨大，票额天价。声、光、电等技术在表演艺术中的运用本来是好事，但是过度追求声、光、电，形式大于内容，增加过多的演出制作成本，转嫁给消费者，则使这些技术的运用走向了反面，从而导致政府对演艺业的价格规制博弈变得复杂起来。

2. 衔技术封锁与反封锁引起的文化产业规制博弈的复杂性

在国际语境中，任何一种新技术都存在封锁与反封锁的现象。

近现代社会中，军事对高新技术应用最为敏捷，封锁与反封锁最为明显。其次是经济领域，越是新的前沿技术，封锁与反封锁越甚。文化产业衔技术，是技术与创意的结合，为技术应用的一种技术形式，并非前沿高新技术。然而，就是这一并非前沿的文化产业衔技术，欧美文化产业发达国家对广大发展中国家却极力封锁。美国利用知识产权、专利保护的“大棒”，极力维护自己衔技术的优势地位，以获取高额利润。许多发展中国家因文化产业衔技术落后，在国际文化市场竞争中处于尴尬地位。衔技术封锁与反封锁，导致文化产业规制博弈的复杂化。

3. 新媒体技术引起的文化传播内容规制博弈的复杂性

伴随新传媒技术日新月异，文化传播内容的规制越来越困难。新传媒技术提高了信息传输效率，改变了人们的生产、生活、思维方式，是社会的巨大进步。但是，由于监管不力，也产生了一些负面影响。在一些国家，新媒体上侵权谣言屡见不鲜，淫秽低俗的东西久禁不止，对社会造成了极大的伤害。此外，还有网络黑客入侵等诸多问题难以解决。新媒体技术带来的新的社会文化现象是具有正反两面性的，需要人们用全新的思维去应对，才能建立起公正的传播新秩序，这个博弈需要一定的时间。

第三节　博弈理性化

文化产业政府规制博弈在两大领域展开：一是在一国国内的政府与文化企业、消费者之间进行博弈；二是在国际上国家政府之间进行博弈。迄今，这两大领域中的博弈既理性又存在非理性。人类创造了文化产业，为了使文化产业健康的发展，又不得不对它实施规制，这种规制带来文明与进步，但也潜伏着非理性的危机。当今的文化产业规制博弈，是理性与非理性并存且趋向更加理性化的变革时代。

一、政府规制博弈趋向理性化新背景

1. 历史上两次理性化博弈变革

如果说，工业革命中文化艺术品的机械化复制诞生了文化产业之后，经过“精英文化”与“大众文化”的争辩，以美国文化与金融的融合形成的文化经济与文化产业规制，标志着文化产业规制博弈的第一次理性化变革的话，那么，公共利益规制理论和利益集团规制理论到激励性规制理论和委托—代理规制理论所映射出来的规制博弈，则标志着文化产业规制博弈的第二次理性化变革。

2. 第三次理性化博弈变革到来

今天，文化产业政府规制的背景条件发生了时代性的变化：一是经济全球化使得文化产业的规制超越了国界，人们瞄准了国内、国际两个领域；二是文化产业中最大的传媒行业的科技水平实现了跨越式升级，传媒新技术进入众多文化企业，广泛地应用于公众的日常生活。恰恰是这样两个背景的形成，使得人们缺乏应有的准备，文化产业政府规制博弈呈现着若干非理性的乱象。凡事由乱而治，文化产业政府规制博弈的第三次理性化变革的时代到来了。

3. 规制博弈理性化是一个重大命题

对于文化产业政府规制各主体而言，如何理性地参与博弈，绝不仅是一个按规制制度秩序参与规制博弈的技术性命题，也绝不仅是一个正常地反映诉求、公平地实现个人利益、集团利益的功利性命题，而是一个以什么样的哲学理念、什么样的境界情怀、什么样的道德风貌、什么样的行为方式等参与博弈的极其深刻的重大命题。归根到底，它是一个实现公众与国家共同利益的法治实践问题。

二、政府规制博弈理性化的思路

1. 友好协商避免恶斗

无论是哪种政治制度和产业规制制度的国家，无论是在国内还是在国际，文化产业各规制主体在规制的博弈中，都应当采取“友好协商避免恶斗”的态度。

第一，从哲学高度讲，矛盾的对立统一，统一是常态和必然趋势，对立则是一时的状态。矛盾的各方采取温和的协商态度，可能更有利于矛盾的解决。政府、文化企业、消费者面对文化产业，由于其所处位置与角度不同，对文化产业的期待不同，存在矛盾分歧是正常现象。但是，各方对文化产业有一个统一的期盼，都希望文化产业发展壮大起来，所有的矛盾分歧都将在“文化产业发展壮大起来”的目标下求得统一。因此，对抗性的规制博弈是不明智的，应当采取友好协商的博弈方式。

第二，避免文化产业规制博弈恶斗，就是避免两败俱伤或多败俱伤。既然人们总结归纳了利益集团规制理论、俘获规制理论映射出来的规制不公平、寻租和腐败行为，总结归纳了国际文化产业规制中的霸权和恃强凌弱行为，并指出了这些行为很大成分上是规制博弈中非理性的产物，那么完全可以通过友好协商的方式，加以避免。

第三，当今世界用和平方式处理矛盾是一种趋势，标志着人类文化的进步。在这样一个文明进步的趋势中，越来越多的人认识到：在一个产业的规制博弈中，应当采取和平的方式，大可不必进行恶斗。

2. 用简单应对复杂

第一，用简单的方法处理复杂的事物，是高明的管理哲学思维之一。文化产业规制博弈的复杂性，许多是人为造成的。利益集团规制理论、俘获规制理论所映射的规制博弈中的负面现象，都是人为所致。当人们把文化产业规制越搞越复杂的时候，用逆向思维采取最简单的办法，调整缓和规制或不加规制，或许看似非常复杂的事情会变得简单清晰起来。

第二，用简单应对复杂，不能盲目，而是应建立在对事物透彻了解分析的基础之上。所谓复杂，无非是两种原因：一是各种新的因素进来，人们尚不掌握，未加认识，没有准备，引起了复杂性；二是人的不良动机，试图浑水摸鱼、乱中取胜，把本不复杂的事情搞得复杂了。对上述第一种情况的复杂性，“放一放”不进入规制程序，就是一种“简单应对复杂”的办法，待各规制主体对情况明晰之后再议。对上述第二种情况的复杂性，“视而不见，不予理会”，恐怕是避免落入圈套，“简单应对复杂”的理性选择。

3. 重视制衡监督

第一，古往今来中外国家的发展史告诉人们，权力必须制衡监督才能良好地运行，不受制衡监督的权力是可怕的。现代民主政治中对权力必须制衡监督的思想，是人类文明智慧光辉的共同思想成果。

第二，权力制衡监督为权力博弈的一种形式，公民参与国家对一个产业的规制博弈，这个产业才能又好又快地健康发展。放权与集权是相对的，适当简政放权有利于经济的增长。文化产业规制也是一种权力，应当重视对这一权力的制衡监督，强化制衡监督是理性的，否则就是非理性的。

第三，在一些国家中，建立了比较完善的文化产业规制权力制衡机制，一项规制的出台要经过漫长的各规制主体间的博弈过程，规制政策相对周全且规制执行监督及时有力，规制的效果较好。但是，也有一些国家，规制权力制衡差，一项规制的酝酿民主博弈流于形式或时间很短，基本是少数政府官员的操作，这样形成的规制政策大多存在偏颇，加之执行监督不力，规制的效果差。在这种规制效果差的国家中，强化规制制衡监督是规制博弈更加理性化的选择。

4. 强化道德规范

第一，凡博弈都有一个道德问题，政府规制博弈也不例外。试图通过规制的各种理论和方法，包括制衡监督，解决文化产业发展所需要的全部规制供给是不切实际的。经济学常识告诉人们，任何经济学理论都不是完美无缺的，任何经济方法都不是无懈可击的，任何制衡监督都不是天衣无缝的。任何规制，哪怕是经过充分博弈形成的规制的背后，总有反规制的力量存在。这种反规制的力量大多体现在道德领域。清醒地看到这一点是理性的。否则，就是非理性的。

第二，所谓反规制，是指在规制形成的博弈过程中和规制形成之后实施过程中的不道德行为。上述曾经列举的政府与文化企业勾结寻租、文化企业产品内容淫秽、消费需求低俗、媒体侵权监听等，都是反规制的行为。由此可见，任何规制都不是万能的，其作用总是有限度的。法律是极其重要的，但法律也不是万能的。因此文化产业政府规制博弈当中还要强化道德的规范，只有强化道德的规范才能有效遏制不道德的反规制行为，法律规制与道德规范相结合才能使规制收到更好的效果。

5. 努力降低成本

第一，做任何事情都存在一个成本的概念，规制作为一种制度的供给其形成过程是要付出成本的。这种成本为各规制主体付出的成本与政府博弈机构付出的成本的叠加。不同的博弈机制具有不同的成本。人们力求用最小的博弈包括制衡机制成本，获取最佳的规制才是理性的。否则，就是非理性的。同理，对规制的监督也要付出成本。人们力求用最小的监督机制成本，获取最佳的监督效果才是理性的。否则，就是非理性的。为什么要努力降低规制博弈的成本呢？道理很简单，成本不论是哪一个规制主体支付都是社会资源的一部分，一个规制制度如果消耗了过量的社会资源就是浪费。用尽量少的社会资源消耗，产出尽可能有效的规制制度，应当成为文化产业规制博弈的一个理性原则。

第二，比较不同的规制制度，与规制效果相联系，人们会发现有些规制效果好的，成本可能大一些。这就是说，具体的一项规制成本并非越低越好。同样的规制效果下，花费越少的成本才是最佳成本。一般说来，就规制个案而言，民主制衡体制下的规制比集权体制下的规制成本要高；但就规制整体而言，民主制衡体制下的规制比集权体制下的规制成本要低。这是因为：其一，民主制衡体制下，一项规制的出台方方面面的规制主体参与博弈，协商讨论的时间长，费力费时，成本较大。而集权体制下，一项规制的出台常常是政府少数人运作，花费较少，故成本较小。其二，在民主制衡体制下，放任自由主义经济思想占主导地位，产业规制的总量小，全社会产业规制的成本较低。而在集权体制下，政府事无巨细都要管，产业规制的总量大，故全社会产业规制的成本较大。其三，在民主制衡体制下，由于规制博弈充分，规制比较周全，且执行有力，规制效果较好。而集权政体下，规制民主化程度低，规制多有偏颇，且落实不力，规制效果较差。两者相比较，后者的成本或浪费较大。总而言之，这就是小政府与大政府的差异所在。

第四十八章　政府规制绩效

文化产业政府规制理论旨在解答什么是文化产业政府规制和怎么样搞好文化产业政府规制，而要解答这两个问题，相伴始终的是关于规制绩效的探索。正是对规制绩效的追求推进了规制理论一次次地丰富发展。政府对文化产业的规制是克服文化市场失灵的一种制度安排，规制在很大程度上发挥了矫正市场配置资源缺陷的作用。但是，随着背景条件的变化，原来的规制依据可能逐渐减弱，原来的规制设计的缺陷可能将逐渐放大，这样政府规制就可能失灵。实践证明，政府和市场一样，也不是万能的，政府规制也有缺陷，也会失灵。

必须指出，研究规制绩效的目标是为了走出市场经济中实际存在的“市场失灵了加强政府规制，政府规制失灵了放纵市场机制”的循环怪圈。人们应当以高度的自觉，随着时代条件的变化，与时俱进，确认市场与政府作用的合理边界。政府应该在与时俱进的作用边界内行使权力，提高规制的绩效。市场失灵、经济大起大落，乃至经济危机，许多恰恰是政府干预规制不当造成的。因此，研究规制绩效意义重大。

第一节　规制绩效框架

文化产业政府规制绩效，是指规制供求结构、规制博弈行为、规制职能绩效三者相互作用所反映出来的规制状态。规制绩效主要表现为规制成本、效率和效果。在一种背景条件下，有可能规制供求结构决定规制博弈行为和规制职能绩效。在另一种背景条件下，又有可能规制职能绩效决定规制博弈行为和规制供求结构。须强调的是，在规制绩效框架模型（图 48 －1）中，谁决定谁不是对它们关联的结构主义或行为主义的两种解析，而是依据背景条件的变动所做的或是“结构”或是“行为”起主导作用的一种动态的认知。

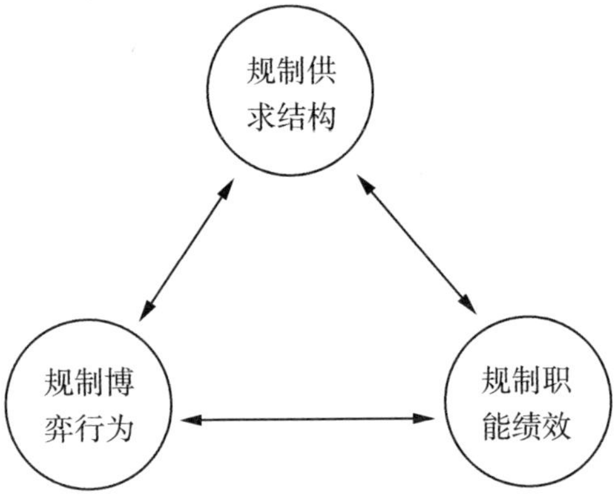

图 48 －1　规制绩效框架模型

狭义规制把规制对市场失灵的矫正效果作为规制绩效是有一定道理的。可是在广义规制中，比之狭义规制，规制的着眼点大大拓展了，事关文化产业整个的发展、成长和壮大。为此我们提出了规制绩效框架模型。规制绩效框架模型包含两个方面的函数关系：第一个方面是规制供求结构、规制博弈行为、规制职能绩效之间相互作用的函数关系；第二个方面是规制职能绩效本身的规制成本、规制效率、规制效果之间的函数关系。这两个方面关系的变动，体现为规制内生性成长的绩效，但是又深受外部背景条件变动的影响。规制绩效框架模型不是一个静止状态的函数模型，如果是一个静态的模型很可能发生结构主义或行为主义的解析，也就容易陷入“水多了加面、面多了加水”规制循环。规制绩效框架模型是一个动态的函数模型，这是它的灵魂，因此更贴近实际。文化产业规制绩效的研究重点为上述第二个函数关系即规制职能绩效本身的规制成本、规制效率和规制效果，同时又把第一个函数关系作为立意的基础加以综合分析考量，或许这对提高文化产业规制绩效是一个可行的路径。

一、政府规制成本

1. 规制成本的构成

政府规制成本，是指规制形成和实施过程中的费用（人、财、物的付出）。其构成如下：一是立法成本，包括立法前各规制主体的调研分析、组织听证、辩论等的费用，法律规则的创制、起草、咨询、通过等费用；二是司法成本，包括规制生效、宣传、实施以及实施监督的费用，新的规制实施的同时废止原来旧规制发生的费用；三是立法、司法组织管理和办公设施建设与维护的费用，以及与规制直接相关的其他费用。另外，规制中寻租、俘获、腐败行为中发生的费用，也应计入规制成本。

2. 规制供求结构、规制博弈行为与规制成本

文化产业政府规制供求结构，是指总规制供求中宏观和重大规制供求与微观和一般规制供求（数量）的比重关系。这一比重关系，直接决定着规制参与者（规制主体）的数量范围、规制博弈的阵势和程度、发生的费用（成本）。一般来说，当宏观战略规制、高新技术含量大的新业态（比如新媒体行业）规制在整个规制供求中所占比重大的时候，规制参与者的数量范围较大，博弈的阵势和复杂性较大，规制的总成本较高；反之，当微观和一般性规制在整个规制供求中所占比重大的时候，规制参与者的数量范围相对较小，博弈的阵势和复杂性相对较小，规制的总成本相对较低（图 48－2）。当然，对于原来规制不完备、实施监督环节薄弱的业态而言，强化规制的实施监督，也是要付出大量的人力、财力和物力的。另外，在规制进行重大变革的时候，无论是加强规制还是缓和规制，规制参与者的数量范围大大增加，博弈的阵势和复杂性大大增长，而且破

除废止原有规制也要发生费用，规制的总成本是比较高的。改革总是要付出较大成本的。

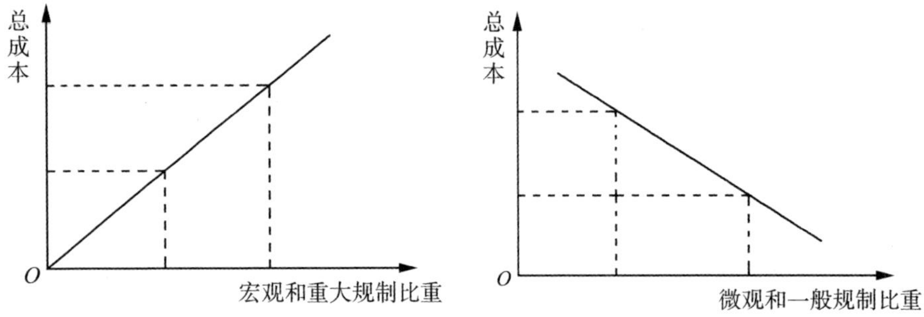

图 48－2　规制供求与规制成本

二、规制效率

1. 规制效率的内涵

效率是与时间相联系的一个概念。完成同样一件事情，用的时间少，效率高；反之，用的时间多，效率低。为什么把效率作为文化产业规制绩效的一个内容呢？主要是因为凡规制都有一个时效性的客观要求。文化产业运行不断变化，政府对它的规制依文化产业市场的变化而变化。假如市场失灵了，而矫正市场失灵的规制尚未形成，或者对已有规制违法行为侦察取证滞后，就有可能使违规者逃逸，从而失去了规制的作用。规制的时效性与规制最终的绩效是正相关的，没有效率的规制不可能收到大的绩效。

2. 规制供求结构、规制博弈行为与规制效率

在成熟的市场经济体制下，规制供求结构、规制博弈行为与规制效率之间正相关，一般来说，越是规制供求集中度高的时候，规制博弈越是激烈，规制的效率越高。规制供求结构、规制博弈行为与政府体制理政理念有关。小政府条件下，表面上看，一项规制的博弈花费很长时间，似乎效率不高，其实并非如此。第一，从全局看，小政府条件下，政府对文化产业干预的事项不多，因其规制量

小，而彰显着高效率；第二，就具体一项规制而言，小政府条件下，反复博弈费时费力，但形成的规制比较完备，因其规制质量高，而彰显着高效率。大政府条件下，情形就不同了：第一，从全局上看，大政府对文化产业管得多，规制量大，总计算与小政府比，规制效率并不高；第二，就具体一项规制而言，大政府是少数官员进行操作，博弈程度浅，花费时间少，表面上看有效率，但因形成的规制往往存在缺陷或缺项（比如，缺少规制实施监督细则），所以通常质量不高，实施中发现问题修正完善还得耗时耗力，统算表达为规制的低效率。

三、规制效果

1. 规制效果的内涵

文化产业规制绩效，是指以尽可能少的成本收到尽可能多的具有时效性的效果。文化产业规制的终极效果，表达为包括矫正市场可能失灵的文化产业整体的发展、成长、壮大的效果，具体包括文化产业发展战略规制、产品内容规制、经济规制、知识产权规制、环境规制、反垄断规制的效果。

2. 规制成本与规制效率、规制效果

人们对以尽可能少的成本，收到尽可能多的具有时效性效果的文化产业规制绩效的评估，只能做一个大致的定性的估量。学术界通过对世界各国文化产业规制绩效的比较分析大多认为：小政府体制理念下，政府管得少，规制数量少，规制成本低，规制效率高，规制质量高，规制绩效好；大政府体制理念下，政府管得多，规制数量大，规制成本高，规制效率低，规制质量差，规制绩效差。

现实生活中准确估量规制的成本与效益是困难的，甚至是不可能的。因为：第一，政府出于社会公共利益进行的规制是一种特殊的公共产品，公共产品及其社会后果很难用经济指标准确计算出来；

第二，规制在成本—效益方面存在着长期与短期的矛盾，如缓和环境规制后在短期内虽然降低了企业成本，但从长期来看却可能大大伤害社会公众的利益，社会将为之付出巨大的代价；第三，政治家们不希望公众了解政府用于规制的花费，公众很难了解规制的真实成本①。当然，还有一条，即规制中的寻租、俘获、腐败行为形成的规制成本更是难以计算。

四、基于规制绩效框架的考量

在成熟的市场经济条件下，文化产业政府规制绩效框架模型中的规制供求结构、规制博弈行为、规制职能绩效是一种什么状态呢？

1. 关于政府规制供求结构的分析

在成熟的市场经济体制条件下，市场在文化产业资源配置中发挥着基础决定性作用，总体来说，文化产业对政府规制的需求不是太大，规制供给也不是太大。最为典型的案例是美国，如前所述，美国政府没有文化部，甚至没有一个关于文化产业发展的总体规划。美国对文化产业的规制，大多分散于对所有产业或企业的规制文本中。但是美国的文化产业最发达，除了其他因素之外，不能不说美国文化产业规制的绩效是高的。欧洲的英国、法国、德国、意大利和日本、澳大利亚、韩国等国家文化产业规制的需求量也不是很大，主要集中在宏观和微观两个层面：一是宏观发展战略规制，即有一个中长期发展或振兴文化产业的规划，做得比较成功的是英国、日本和韩国；二是微观的文化市场意识形态考量的监管，经济性监管的内容极少。这样一来，文化产业规制的供给任务不重，规制的总成本并不是很高。在成熟的市场经济体制下，如果政府管得过多，规制花费太大，纳税人也是不会同意的。市场能办的事，政府绝不

① 马云泽：《规制经济学》，第231页。

去插手。这就是为什么市场经济体制下政府为小政府的奥秘所在。此外，从历史经验来看，政府对产业规制过多过滥，积累到一定程度，必然导致一种反弹，那就是经济的混乱乃至经济危机发生。也就是说，规制需求小，政府硬是扩大规制供给，必然造成供求失调，结果就是混乱和危机。

2. 关于政府规制博弈行为的分析

在成熟的市场经济体制条件下，原本不大的规制供给，通常要经过政府、文化企业、消费者等规制主体间的充分博弈。从规制题目的提出到规制立法、再到规制实施监督，每一个环节都渗透着权力制衡与监督。整个规制过程中，不同利益集团之间的博弈，从制度设计与秩序上看都是公开透明的。或许在博弈的背后，也会发生寻租、合谋、俘获等腐败现象，但是，一旦暴露是要受到严厉制裁的。西方发达国家的国会议员，大多具有产业背景，他们公开地为各自的产业后台代言，但是直接受贿的不多，一般不会拿议员身份为代价去冒险。具体到一项规制的形成，规制博弈中各方反复讨价还价，不断对国会议员游说，往往耗费的时间较长，有些规制经历一到二届政府还不能付诸立法。在如此漫长的博弈中，各规制主体要付出较大的费用，政府为组织管理规制博弈也要付出较大的费用，整个规制的成本是很高的。但是，正如前面所分析的，由于充分地发扬了民主，听取了各方意见，体现了规制权力制衡与监督，规制质量通常较高，规制实施也比较顺畅。一般来说，规制绩效较好。一项具体规制，费时费力，看似缺少效率，但规制绩效好，费时费力是值得的。

3. 关于政府规制职能绩效的分析

在成熟的市场经济体制下，通常规制供求量不是太大，规制供求结构比较合理，规制博弈和制衡比较充分，决定了规制职能能够较好地发挥，因而规制绩效较好。反过来，较好的规制绩效又是对规制供求量及其结构，以及规制博弈制衡行为的肯定，决定着规制博弈制衡行为和规制供给量及其结构，这是一种相辅相成的关联。从根上讲，成熟的市场经济是小政府、规制少、制衡强、博弈难、成本低、绩效好的制度。但须强调指出，不能把市场经济条件下的规制制度和机制理想化。因为，不管市场经济体制多么成熟，政府职能边界和市场职能边界总是要顺势而变，因时而动，始终面对新的课题。政府不是万能的，也有缺陷。政府规制也可能失灵，并且发生过多次失灵。政府规制之所以失灵，说明规制供给背离了规制需求，规制博弈环节存在盲目的行为，致使规制绩效不好，直至失灵。当规制失灵的时候，人们便呼吁调整缓和规制的改革。

第二节　调整缓和规制

调整缓和规制，是指政府调整、取消或放松对文化产业直接的行政、法律监管。调整缓和规制包含了三层含义：一是完全撤销对文化产业经济方面的限制，使文化企业处于完全自由的竞争状态；二是有些规制（比如文化内容规制）继续保留，有些限制性规制予以取消，补充或加强有些规制；三是将原来较为严厉、烦琐、苛刻的规制调整为比较开明、缓和、宽容的规制（比如进入规制由审批制改为注册制）。调整缓和规制的主导趋势是规制缓和，但在规制缓和中也有加强的领域。切忌把调整缓和规制，单纯片面地理解为放松规制。准确地理解规制的调整缓和，有助于避免踏入“水多了加面，面多了加水”的陷阱怪圈。调整缓和规制是矫正规制失灵、提高规制绩效的一种改革。

一、政府规制失灵及其原因

规制是为了矫正市场失灵而发生的。传统规制有效性建立在三个理论假设之上：一是政府无所不知，掌握充分的信息，包括被规制产业和企业的生产经营信息；二是政府和政府官员仁慈，大公无私，追求公众利益；三是政府言而有信，兑现承诺，说话算数。上述假设在实际经济生活中不可能满足。虽然政府规制在矫正市场中发挥了重要的作用，但政府天生也存在缺陷，规制低效乃至失灵实实在在地存在，其主要表现及其原因如下：

1. 规制脱离实际，背离规制需求

规制史证明规制之所以失灵，是因为有些规制本来就不需要。建立在若干假设条件基础上的规制理论指导下形成的规制机制是有重大缺陷的。虽然西方发达国家的规制博弈比较充分、制衡监督比较完备，但政府不可能无所不知，掌握充分的信息。不要说企业不可能把商业秘密全盘交给政府，即便企业不刻意隐瞒，政府也不可能得到有效规制所需的来自被规制者的全部信息。参与规制博弈的其他规制主体也是如此，谁都不可能充分地掌握规制博弈所需要的全部信息。在信息不充分的前提下展开博弈形成的规制，脱离实际需求是不奇怪的。

2. 规制促成企业依赖，且无效率

政府对自然垄断和行政垄断文化企业的规制，直接生成这些企业对政府的依赖，依赖变成懒惰，懒惰变成风气。自然垄断和行政垄断企业中，人浮于事、推诿扯皮、跑冒滴漏浪费、产品质量低劣现象比比皆是。由于企业外无竞争压力，内无效率，亏损并不鲜见，亏损了政府还给补贴，继续亏损。可见，政府在克服垄断企业内部无效率方面存在天然的缺陷，造成了规制失灵。

3. 规制费用过高，损伤社会公共福利

政府产业规制是为了提高社会公共福利，这是政府的初衷或许诺。政府为达此目的，不断扩大或加强规制机构、强化规制实施中的监督，致使规制的费用不断增加，越来越大。过高的规制成本，归根结底，都要由纳税人负担。资料显示，1995 年美国的 GDP 为 73 000亿美元，规制总成本 6 680 亿美元，规制成本占 GDP 的 9.2%，平均每个家庭负担约 6 809 美元①。人们在分析文化产业对 GDP 的贡献时，也应考虑规制成分占 GDP 的多少。美国作为一个规制不多的国家尚且如此，其他国家可想而知。这样就出现了事与愿违的一种悖论，追求社会公共福利增长的规制却增加了公众的负担。政府越是考虑增加社会公共福利，加强规制，规制成本就越高，公众负担就越重，由此引起的社会公共福利损伤就越大。当政府不堪负担沉重的规制成本时，规制就将出现疏忽或漏洞，规制绩效下降，直至失灵。

4. 规制俘获寻租，导致扭曲和腐败

政府和政府官员并非都是仁慈、大公无私的。文化企业的所有者和经营者包括消费者并非都是善良、道德高尚的。各规制主体在规制博弈和规制实施中并非都是循规蹈矩、安分守法的。俘获寻租存在的背景下，政府官员与文化企业的勾结：一是使立法不公正，不公正的规制最终肯定要失灵；二是使执法不公正，执法不公，必将导致规制失灵。官商非法勾结、不同利益集团非法合谋，使规制发生扭曲、异化甚至导致腐败，是规制失灵不可忽视的重要根源。

二、调整缓和规制的背景

垄断行业的变化、高新技术发展与应用、经济全球化引发的国际文化经济竞争是政府调整缓和规制的主要背景。

1. 文化产业垄断行业的变化

考察世界各国文化产业史，他们在不同的发展时期有一些行业。由于技术或经济原因（比如广播、电视行业）形成了自然垄断，还

---

① 马云泽：《规制经济学》，第 258 页。

有的行业由于政府的原因形成了行政垄断。政府对这类自然垄断和行政垄断行业，主要通过价格规制和财政补贴规制，维持其运转。人们逐渐发现，垄断行业在政府的庇护下，生产效率越来越低，产品质量越来越差，企业成本的劣加性使经济效益下滑，大量发生亏损，政府负担越来越重，苦不堪言，难以为继。人们逐渐认识到垄断行业“是世界上唯一能通过重新装修办公室而增加利润的行业”，“用规制失灵去代替市场失灵并不会产生一个完美的世界”。[①] 于是，开始寻找摆脱规制失灵困境的办法。事实上，伴随文化产业发展，文化产业自然垄断行业存在强自然垄断和弱自然垄断两种情况。强自然垄断行业其他企业很难进入，政府无须规制；弱自然垄断企业存在潜入者的竞争，政府需要适当规制。这样一来，缓和了某些规制，从而减轻了财政负担。某些曾实行集权经济的国家的行政垄断，是造成产业无效率、低效益、高财政补贴的主要原因。为了改变这一状况，文化企业要求政府放弃行政垄断，扩大自主经营权力，推进市场化经济体制改革。在这方面，最为典型的案例之一是英国，第二次世界大战期间英国政府直接承办了若干产业，到20世纪七八十年代推行国有企业改制，放弃了行政垄断。近年来，英国进一步调整缓和规制，不仅撤销了多数行政垄断，连同多年自然垄断的公共服务行业也逐渐转为民营。英国政府对媒体（报刊、广播、电视）、艺术设计、演艺、电影业的限制性规制很少，这些行业当中的特大文化企业对行业的垄断成分（局部的经营生产环节的垄断）很弱，享有充分的竞争自由，甚至因为一些媒体太过“自由”，受到人们对他们道德的指责，政府受到规制不严的质疑。英国20世纪七八十年代以来调整缓和规制的举措，使文化产业受益匪浅；英国文化创业产业发展迅速且很发达，得益于政府宽松的产业规制。

---

① 马云泽：《规制经济学》，第258页。

2. 高新技术的发展与应用

高新技术的发展及其在文化产业领域的应用，使文化产业某些行业自然垄断的边界发生了变化。比如，信息传输技术的发展，使得进入媒体行业并不需要太大的投资规模，潜在进入竞争的压力增大，在位媒体企业维持自然垄断已不可能。从传媒经营生产业务上看，既使政府坚持新闻播出环节的规制，可通过制播分离，调整缓和对节目或栏目制作的规制，连带地也可调整缓和广告经营规制。行政垄断的一些行业垄断整个生产经营环节越来越难，冲破传统规制门槛的空间越来越大。另外，在西方发达国家，公众对拿纳税人的钱去进行低效甚至失灵的产业规制，越来越反感。既然高新技术发展与应用提供了缓和规制的可能，那么调整缓和规制就必然是一种趋势。

3. 经济全球化下的国际文化经济竞争

经济全球化要求国际文化贸易、文化企业跨国投资经营、国际文化经济战略联盟等有一个开放、公平、自由的国际环境。但是文化产业规制是对文化经济人为地干预限制，极易产生国内文化市场保护主义，无益于文化产业资源国际配置。因此，在市场准入方面，经过长期磋商，达成国际妥协，共同调整缓和规制。前面曾经提到各国政府为了提高本国文化企业在国际上的竞争力，推动企业的兼并和联合，以增强规模经济力量，甚至默认垄断，实质上调整缓和了反垄断规制。国家之间追求自由竞争环境与各国追求文化经济竞争力的规制需求交织在一起，构成了围绕国际文化经济竞争调整缓和规制的趋势。

三、规制绩效与规制失灵

规制绩效与规制失灵的关系可做两种理解：一是规制绩效低或差，就是规制失灵，绩效低或差意味着等同于失灵；二是规制失灵是规制绩效低或差的程度的表达，是一种量变到质变的关系，绩效低或差到极致就是失灵。无论做何种理解，规制绩效与规制失灵的关系极为紧密。文化产业规制的调整缓和既是为了矫正规制失灵，也是为了提高规制绩效，提高规制绩效有利于防止规制失灵。

从20世纪60年代末起，西方发达国家陆续调整缓和产业规制，目的是提高规制绩效、矫正规制失灵。其中，与文化产业规制直接或间接相关的变化如下：

美国1968年最高法院不允许美国电话电报公司的设备和贝尔公司连接；1972年联邦通信委员会确定了开放国内卫星服务的政策；1980年联邦委员会取消了对有线电视和在消费者住宅内所置设备的规制；1982年联邦通信委员会取消了许多无线电规制；1980年至1982年取消利率上限规制、放宽了金融机构的地理限制等。美国的上述规制调整缓和，直接或间接地促进了文化产业的发展，收到了很好的绩效①。

英国1985年政府有关机构在有关报告的《附加负担白皮书》中反映过多规制对商业的负面影响；1986年至1994年先后设立政府“企业与减少国家干预工作组”，每个政府部门设立“减少国家干预部门大臣”；设立独立于政府的减少国家干预顾问委员会；成立规制工作内阁委员会；制定了《减少国家干预经济和执行法案》。1995年至1999年设立了由商界人士组成的顾问团；“减少国家干预工作组”转到内阁机关；设置了着眼于特定部门规制的七个商业工作组；“减少国家干预工作组”更名为“良好规制工作组”并公布一系列良好规制原则；“良好规制工作组”更名为“规制影响工作组”体现了对规制绩效评估的高度重视；成立了由内阁大臣任主席的“规制可靠性部级委员会”；政府公布新的规制影响分析指南。2001年

① 马云泽：《规制经济学》，第261页。

通过《规制改革法案》，宣布350项规制改革案例。英国从改革规制组织机构入手，大幅度调整缓和规制，有力地矫正了规制失灵，调动包括文化产业在内的中小企业的积极性，把国有企业改制为民营，提高了效率，降低了政府规制财政负担，规制绩效大大好转①。

德国、法国、意大利、加拿大、澳大利亚、日本、新西兰、韩国等国家，从20世纪80年代起进入文化产业规制调整缓和期，虽然具体起始时间不同，调整缓和的具体内容不同，但总的着眼点是提高规制绩效、矫正或防止规制失灵。这期间，全球经历了亚洲金融危机和美国次贷危机引发的全球经济危机，但对文化产业的冲击、破坏、伤害较小，应该说得益于文化产业规制调整缓和。中国、俄罗斯、印度、巴西、南非等新兴经济体（金砖）国家从20世纪80年代末起进入文化产业规制调整缓和期。这些国家的文化产业规制调整缓和的特点与美国、英国、德国、法国、加拿大等国家不同，基本表征是撤销、减缓或多或少存在的文化产业行政垄断，推动文化产业市场化；目标是振兴文化产业，把发展文化产业作为国民经济一个新的增长点；实质是缓和行政垄断、强化市场化规制有松有紧的改革，均收到了预期效果。

第三节　提高规制绩效

各国文化产业发展成长的阶段性不同，相应的政府规制状况不同，提高规制绩效的走向和着力点不可能完全一样。总结中国文化产业政府规制正反两个方面的实践经验与教训，借鉴发达国家文化产业规制的有益经验，从中国国情和文化产业发展的阶级性特点出发，今后一个时期中国提高文化产业规制绩效，应努力做好以下九

① 马云泽：《规制经济学》，第272－273页。

个方面的工作（图 48－3）。

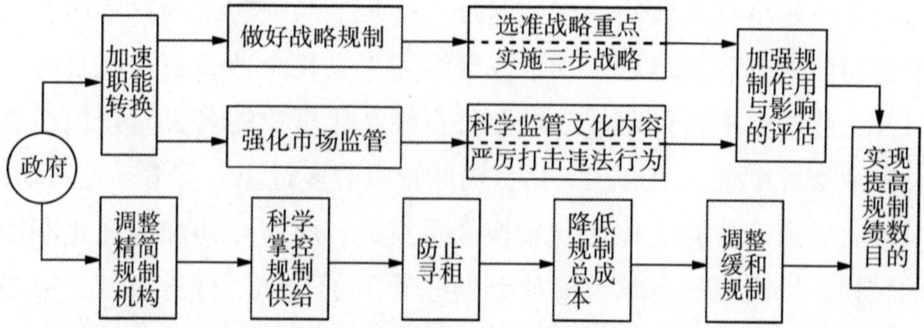

图 48－3　中国提高文化产业规制绩效路线图

一、按照混合文化经济趋向，加速政府文化职能转换，完善文化企业法人治理结构

中国肇始于 20 世纪 70 年代末的经济体制改革，到 21 世纪初启动的文化体制改革，目前已进入深水区。40 年的改革都是围绕从传统计划经济体制向市场经济体制转轨进行的，改革中矛盾的焦点没有离开过政府和企业职能边界的博弈。文化体制改革进入人们的视野时，这种博弈更加错综复杂。中国政府规制了在国家宏观调控作用下发挥市场在文化产业资源配置中的决定性作用的目标。实现这一目标，必须解决三个问题：一是改变传统计划经济体制时期文化与经济人为割裂的状态，把文化发展繁荣的大部分任务交给文化与经济一体化的新兴文化产业（另外一部分由公益性文化事业承担）；二是改变传统计划经济时期文化单位“事业编”的状态，推动“事转企”改制；三是改变传统计划经济时期政府包揽文化生产直接办文化的状态，向利用规制手段间接管文化的职能转换。

众多领域的改革实践证明，凡取得重大进展或成就的改革，无一不与政府职能的转换相关，无一不是一次利益格局的较大调整。文化体制改革中，中央政府明确提出了政府由直接办文化向间接管文化职能转变的要求，政府有关部门和地方政府大多遵从这一要求，进行了一些卓有成效的工作。但是，行政垄断根深蒂固，依然有一些部门或地方政府迟迟不动，或继续插手文化企业经营，或政府官员在文化产业项目兼职，或以办公益性文化事业的名义直接包揽文化产业资源配置，政府在文化上仍然管得过多过滥，等等。这一切，总体上导致了政府文化职能转换严重滞后。政府必须加速文化职能的转换，以高度的自觉果断放弃那些管不了、办不好的事情，应当交给市场的坚决交给市场，把力量转向为文化企业创造良好的环境和提供公共服务上来，通过规制管好文化产业。

文化体制改革以来，文化单位“事转企”改制取得了一定进展，市场主体培育成效比较显著，文化产业迅速成长。但是，“事转企”中表面文章、形式主义的东西也不少。因此，按照现代产权规制建立现代文化企业制度，构建文化企业法人治理结构，企业内部经营机制的改革还有大量工作要做，建立现代化文化产业体系和市场体系尚任重道远。

二、遵从规制供求规律，科学掌控规制总供给，确保文化产业的可持续发展

规制是公共服务。政府应当深入调研社会对规制的需求，并按需求提供规制服务。规制贫乏、供不应求，或规制过滥、供过于求，都不会产生良好的规制绩效。中国提出大力发展文化产业以来，政府相关部门和地方政府陆续出台了一系列相关规制，发挥了积极的作用。但是经实践检验，有些规制主要是地方政府出台的，一些规制存在缺陷。比如，关于文化创意园区、动漫产业园区的规制，严重脱离实际，一哄而起，低水平重复，泡沫不小。再比如，有的政府部门固守传统权力，企业进入审批制改注册制的改革裹足不前，规制供给明显滞后于“事转企”改制。人们必须正视不怎么需要的

规制不断出台、急需的规制迟迟不能出台的现象，或许这是改革进程中难以避免的现象，但是必须加以纠正，否则，提高规制绩效就是一句空话。

办任何事情都要区分轻重缓急，突出抓好急重任务，这是一个重要的思想方法。文化产业在起步成长的初期，对规制的需求是多方面的，但是总有轻重缓急之分。这些年来，若干文化产业规制大多是由不同行政部门酝酿、起草，然后按秩序报批、通过、出台的，缺乏全局的、顶层的分析设计，才出现了供过于求、供不应求并存的局面。今后，必须加强规制顶层的分析与设计，按照急事先办、突出重点的原则，着力抓好对全局起重大影响的急需的规制。各行政部门提交的规制题目，事先要请专家、文化企业和消费者代表参与规制“影响与作用”的预评估，预期不佳和模糊的一概不应进入立法程序。人们应当知道，搞好了重点规制可起到牵一发而动全身的作用，那些一般性或不重要的规制可能就无须出台了，从而改变规制过滥现象。

三、加强发展战略规制，搞好文化产业引领，推动文化产业成为国民经济支柱产业

发展战略规制是规制供给的重中之重。发展文化产业必须有一个指导性的发展战略蓝图。十多年来，地方政府出台了不少文化产业发展战略规制，其中大多数发挥了良好的产业引导和扶持作用。但是，有些地方还没有做战略规划。已经做了的战略规制，目标太高、重点不突出、步骤混乱、措施不得力，存在脱离本地文化产业资源禀赋、人才力量、可能性的缺陷。这就需要进一步加强发展战略规制，没有做战略规制的地方应抓紧做，已经做了但存在缺陷的应抓紧修正，切实提高战略规制水平。

中国经济进入新常态，人们消费需求倾向的变化与预期，经济发展方式的转变、经济结构调整政策，为文化产业成为国民经济支柱产业提供了良机。学术界一般认为，文化产业增加值占 GDP 5%以上，即为支柱性产业。中国文化产业增加值占 GDP 5%，不再需要太长的时间。美国文化产业增加值占 GDP 25%以上，英国 15%以上，法国 10%以上。中国至少 15%以上，文化产业才能真正成为一个名副其实的支柱产业。中国应围绕推动文化产业成为国民经济支柱产业，按照文化产业增加值达到占 GDP 5%、10%、15%以上三步来确定文化产业发展的战略步骤。

中国文化产业目前存在条块分割、碎片化、集中度不高、规模经济不强等问题。各地在文化产业战略规制中应当注意解决这些问题，把打破条块分割、实施跨行政区兼并与联合、提高市场集中度、增强规模经济实力、打造文化企业航母等作为发展战略重点，选择好重点突破的方向或项目。

四、规范文化市场秩序，鼓励市场竞争，重视文化市场监管，严厉打击违法行为

提高中国文化产业政府规制绩效，重点是抓好两头：一头是宏观战略规制；另一头是文化市场规制。当前，中国文化市场在若干领域存在规制漏洞，比如，书画、古玩、奇石等除在画廊、拍卖厅交易外，还有许多在“地下”交易，国家损失了大量税收。加强文化市场规制是当务之急。应当探讨研究书画、古玩、玉石、奇石交易税制和税种问题，规范交易行为，提高国家税收。

我国文化市场中，非法出版物、盗版侵犯知识产权行为、利用新媒体造谣诽谤、合谋操纵价格、非法操控市场、偷漏税现象并不鲜见，税务与商人勾结寻租、地域割据、保护主义也不是个别现象。总体考量，文化市场无法可依、有法不依、执法不严的问题比较严重。这种情况阻碍了市场竞争，对文化产业健康发展极为不利，应

当努力纠正文化市场中的不合理现象，严厉打击文化市场中的违法行为，做到有法必依，执法必严。

五、积极参与全球文化经济竞争，推动文化企业跨国经营，促进中国文化走向世界

经济全球化以后，综合国力和经济的竞争更多地表达为软实力的竞争，而文化经济恰是软实力的一个重要组成部分。中国 GDP 的总量已成为全球第二大经济体，但是我们的软实力与第二大经济体的地位还很不相称。究其原因之一，是文化产业尚不发达。比如，中国制造业产品中的附加值低，产品外观设计创意含量低，源于中国艺术设计行业规模小、能力弱、水平不高。从一定意义上讲，文化经济的竞争是下游产品、品牌和附加值的竞争。中国在国际市场中产品竞争不能长期地停留在主要为初级产品、上游产品、一般产品上，而是要通过规制，大力推进文化创意和设计艺术产业的发展，提高末端产品、附加值和品牌文化产品的竞争力。参与全球文化经济竞争，恐怕要把发展外向型文化经济与文化企业跨国经营作为战略规制措施之一。中国要打造一批跨国经营的文化企业航母，要有跻身世界十强的传媒集团、演艺公司、旅游企业。中国文化走向世界，文化企业跨国经营是一条重要的渠道。经过努力，这是完全可以实现的。

六、努力提高规制质量，降低规制总成本，减轻财政负担，提高规制投入产出效果

降低规制总成本，主要有两个途径：一是减少规制供给量，二是提高规制质量。规制质量：一是指规制立法质量，二是指规制实施质量。前面的讨论中，已经讨论了科学掌控规制供给量的问题。这里重点讨论提高规制质量的有关问题。

中国文化产业政府规制存在机构重叠、功能交叉、人浮于事等问题。这是计划经济体制行政垄断遗留下来的老大难问题之一。其直接影响是加重了财政负担，间接影响是损伤社会公共福利。本来政府对产业进行规制是为了确保社会公共福利，结果养了若干个重叠的、不堪重负的规制机构，这些机构没有充分开展业务的经费，反而损害了社会公共福利。这种情况必须纠正，否则，不可能提高规制的投入产出效果。

七、尊重经济和文化发展规律，科学地规制文化内容，促进文化的发展繁荣

文化有其自身的发展规律。文化产业作为文化与经济一体化的产业形态，也有其自身的发展规律。文化产业承载文化生产，在文化产业发展规律中，必然深受经济发展规律与文化发展规律的双重支配。遵从文化发展规律同时又遵从经济发展规律，是文化产业规制碰到的新课题。在文化产业规制当中，既要考虑把文化产业打造成国民经济支柱产业这一规制目标，又要考虑发展繁荣先进文化这一规制目的。文化产业规制是实现双重目标的规制。

我们知道，经济规律主要是市场供求规律与价值规律在起作用。适应市场需求，以较少的投入获取利润最大化。文化经济恐怕也要受市场供求规律与价值规律支配。那么，如何看待文化发展规律呢？文化发展主要受文化供求和社会文化生态的支配。文化供求是指社会审美意识引领的精神需求与供给，它与社会文化生态的多元化和主流核心价值观相联系。显然，文化顺应社会审美意识、文化生态和核心价值观的变化而变化，就是文化的发展规律。人创造了文化，又深受文化的约束，文化的需求与供给是相互影响、相辅相成的。所以，人们要求文化产业在追逐利润、讲求经济效益的同时，把社会效益放在第一位，社会效益与经济效益相统一，向社会提供健康

向上的精神食粮，这是天经地义的。

须强调指出，文化引领时代风气之先，是最需要创新的领域，文化发展繁荣寄希望于文化的创新。文化产业的核心生产环节是创意，理应承载文化创新的重任。我国文化产业处于刚刚崛起的阶段，文化产业创意能力、文化创新能力还比较弱，文化产业创意人才规模不大，文化产业所提供的文化还远远不能满足公民日益增长的文化需求。在这样的背景下，提出大力发展文化产业，促进文化发展繁荣是非常正确的选择。但是，必须清醒地看到，文化创新、发展和繁荣是多重因素促成的，文化成长有自身的规律，不是人为想发展繁荣就会很快发展繁荣起来的。违背文化发展规律、人为冒进，恐怕欲速则不达。在推进文化发展繁荣中要注意和防止急功近利的偏差。

八、调整整合规制机构，强化规制立法制衡和执法监督，构建高效廉洁、精干的规制体系

提高文化产业政府规制绩效，必须构建一个高效、廉洁、精干的规制体系。前面的讨论中，曾经指出文化产业规制存在政府部门多头管理、职责重叠、机构臃肿等问题。调整、合并、精简规制机构、强化规制立法制衡和执法监督，势在必行。否则，就不能从根本上遏制政府规制存在的一些低效率、低质量、高成本、绩效差的问题。为了加强规制制衡与监督，应当考虑把分散于各行政部门的相关权力适当集中，构建起透明的规制博弈制衡与监督机制，防范规制立法实施中的寻租腐败行为。

九、顺应时代潮流，调整缓和规制，提高规制效能和产业治理现代化水平

从一定意义上讲，中国文化体制改革实质上是一场逐渐消减政

府权力、行政垄断、计划杠杆作用，向逐渐增加市场作用、适当加强市场监管、政府总体上放权、规制调整缓和等转轨的过程。改革的主线是规制调整缓和，这也是时代的潮流。明确这条主线，非常重要。建立市场经济体制，政府就不要再去管那些原本不该管、管不了、也管不好的事，要由包揽众多事情的大政府向小政府过渡，要以高度的自觉放弃计划经济时期的权力，代之以市场经济体制下提供规制公共服务。根据目前中国文化产业规制现状，今后一个时期提高文化产业规制绩效的路线是：政府加速文化职能转换；主要做好发展战略规制，选准战略重点，实施推动文化产业成为国民经济支柱产业三步走战略步骤；强化文化市场监管，科学监管文化内容和严厉打击违法行为，加强规制作用与影响的评估。同时要调整精简规制机构，科学掌控规制供给，防止寻租腐败，降低规制总成本，调整缓和规制。照此路线，方能实现提高规制绩效的目的，中国文化产业治理的现代文化水平也必将迈上新的台阶。

主要参考文献

［美］F. 卡普拉．转折点：科学、社会和正在兴起的文化．卫飒英，李四南，译．北京：中国人民大学出版社，1989.

马云泽．规制经济学．北京：经济管理出版社，2008.

马传栋．可持续发展经济学．济南：山东人民出版社，2002.

王乐夫，蔡立军．公共管理学．北京：中国人民大学出版社，2008.

王国荣．信息化与文化产业．上海：上海文化出版社，2004.

王俊豪．政府管制经济学导论．北京：商务印书馆，2001.

王浦劬，等．政治学基础（第二版）．北京：北京大学出版社，2006.

文启湘．消费经济学．西安：西安交通大学出版社，2005.

叶取源，王永章，陈昕．中国文化产业评论（第二卷）．上海：上海人民出版社，2004.

田川流．艺术美学．济南：山东人民出版社，2007.

毕佳，龙志超．英国文化产业．北京：外语教学与研究出版社，2007.

朱自强．中国文化产业（第一辑）．青岛：中国海洋大学出版社，2008.

伍启元．公共政策．香港：香港商务印书馆，1989.

［法］费雷德里克·马特尔．主流：谁将打赢全球文化战争．刘

成富，译．北京：商务印书馆，2012.

刘宇．中国上市公司股权再融资效率．北京：经济管理出版社，2007.

江奔东．中国资源配置机制转换论．济南：山东大学出版社，2001.

江奔东．资源配置体制变革攻坚论．济南：泰山出版社，2005.

江蓝生，谢绳武．2003 年：中国文化产业发展报告．北京：社会科学文献出版社，2003.

池仁勇．管理经济学．北京：科学出版社，2005.

阮炜．地缘文明．上海：上海三联书店，2006.

孙有中，等．美国文化产业．北京：外语教学与研究出版社，2007.

孙安民．文化产业理论与实践．北京：北京出版社，2005.

Shu Shin Luh. 索尼之路．孙彦，译．北京：中国人民大学出版社，2004.

［美］理查德·E. 凯夫斯．创意产业经济学．孙绯，等译．北京：新华出版社，2004.

纪宝成．新型经济条件下的市场秩序研究．北京：中国人民大学出版社，2003.

花建．产业界面上的文化之舞．上海：上海人民出版社，2002.

花建，巫志南，郭洁敏，王国荣，吴文娟．文化产业竞争力．广州：广东人民出版社，2005.

李向民，王晨，成乔明．文化产业管理概论．太原：山西人民出版社，2006.

李亦圆．文化与行为．台北：台湾商务印书馆，1993.

李怀亮．国际文化贸易导论．北京：中国传媒大学出版社，2008.

［德］克劳斯·施瓦布．第四次工业革命：转型的力量．李菁，译．北京：中信出版社，2016.

李道明．财务管理．北京：中国财政经济出版社，2001.

李颖怡．知识产权法（第3版）．广州：中山大学出版社，2008.

杨大凯．投融资学．上海：上海财经大学出版社，2006.

杨公朴，夏大慰．现代产业经济学（第三版）．上海：上海财经大学出版社，2005.

杨海廷．世界文化地理．长春：长春出版社，2008.

吴曼芳．媒介的政府规制．北京：中国电影出版社，2008.

［美］丹尼尔·F. 史普博．管制与市场．余晖，何帆，钱家骏，周维富，译．上海：格致出版社、上海三联书店、上海人民出版社，1999.

谷秀娟．现代投融资——理论、工具与策略．上海：立信会计出版社，2007.

张文显．法理学．北京：法律出版社，2007.

张红凤．西方规制经济学的变迁．北京：经济科学出版社，2005.

张京成，周学政．创意为王：中国创意产业案例典藏．北京：科学出版社，2007.

［英］马丁·雅克．当中国统治世界：中国的崛起和西方世界的衰落．张莉，刘曲，译．北京：中信出版社，2010.

张晓明，胡惠林，章建刚．2005年：中国文化产业发展报告．北京：社会科学文献出版社，2005.

张培刚、张建华．发展经济学．北京：北京大学出版社，2009.

［法］马特拉．世界传播与文化霸权．陈卫星，译．北京：中央

编译出版社，2001.

［美］克洛泰尔·拉帕耶．文化密码．陈亦楠，李晨，译．海口：南海出版公司，2008.

陈放，武力．创意学．北京：金城出版社，2007.

陈振明．公共政策分析．北京：中国人民大学出版社，2003.

林存吉，周勇，李华，江成．知识经济学．济南：山东人民出版社，2000.

林拓，李惠斌，薛晓源．世界文化产业发展前沿报告（2003～2004）．北京：社会科学文献出版社，2004.

林毅夫．新结构经济学．北京：北京大学出版社，2012.

欧阳友权．文化产业通论．长沙：湖南人民出版社，2006.

罗乐勤．投资经济学．北京：科学出版社，2003.

［美］塞缪尔·亨廷顿．文明的冲突与世界秩序的重建（修订本）．周琪，译．北京：新华出版社，2010.

河清．艺术的阴谋．桂林：广西师范大学出版社，2005.

赵子忠．内容产业论．北京：中国传媒大学出版社，2005.

赵刚，汤世国，程建润．经济危机与新技术革命．北京：电子工业出版社，2010.

胡乐明，刘刚．新制度经济学．北京：中国经济出版社，2009.

胡惠林，李康化．文化经济学．上海：上海文艺出版社，2003.

胡惠林．文化产业概论．昆明：云南大学出版社，2005.

胡惠林．文化产业学．北京：高等教育出版社，2006.

南开大学哲学系逻辑学教研室．逻辑学基础教程（第二版）．天津：南开大学出版社，2008.

钟心．关注中国——对话经济学家大师．武汉：武汉大学出版社，2006.

逄锦聚．政治经济学．北京：高等教育出版社，2002.

施新华．国际商法．成都：西南财经大学出版社，2010.

姜锡一，赵五星．韩国文化产业．北京：外语教学与研究出版社，2009.

徐晓慧，王云霞．规制经济学．北京：知识产权出版社，2009.

高建民．2008 山西文化产业发展报告．太原：山西人民出版社，2008.

高鸿业．西方经济学（第四版）．北京：中国人民大学出版社，2007.

郭辉勤．创意经济学．重庆：重庆出版社，2007.

黄顺基，李庆臻．大动力．北京：中国人民大学出版社，1990.

［美］保罗·萨缪尔森、威廉·诺德豪斯．经济学（第17版）．萧琛，译．北京：人民邮电出版社，2004.

［澳］约翰·哈特利．创意产业读本．曹书乐，包建女，李慧，译．北京：清华大学出版社，2007.

曹新明．知识产权法学（第二版）．北京：中国人民大学出版社，2011.

梁漱溟．中国文化要义．上海：上海人民出版社，2011.

蒋三庚，王晓红，张杰．创意经济概论．北京：首都经贸大学出版社，2009.

蒋选，杨万东，杨天宇．产业经济管理．北京：中国人民大学出版社，2006.

［美］塞缪尔·亨廷顿，劳伦斯·哈里森主编．文化的重要作用——价值观如何影响人类进步．程克雄，译．北京：新华出版社，2010.

［日］中野晴行．动漫创意产业论．甄西，译．北京：中国传媒

大学出版社，2007.

裔昭印．世界文化史．上海：华东师范大学出版社，2002.

臧旭恒，徐向艺，杨蕙馨．产业经济学（第三版）．北京：经济科学出版社，2005.

廖为建．政府公共关系．北京：中国人民大学出版社，2010.

熊澄宇．世界文化产业研究．北京：清华大学出版社，2012.